Für Tanya, Gabrielle und Jason

Inhalt

»… verstimme diese Saite,
Und höre dann den Missklang!«

William Shakespeare,
Troilus und Cressida

Vorwort zur deutschen Ausgabe

Der 11. September 2001 war in Washington und New York ein frischer, klarer Herbsttag. In zwei der bedeutendsten Städte der Welt eilten morgens die Pendler zur Arbeit, in den Zügen und U-Bahnen herrschte das übliche Gedränge. Die Aktienkurse waren längst aus den schwindelerregenden Höhen des Vorjahres herabgesunken, und die Ökonomen in den Vereinigten Staaten befassten sich ernsthaft mit den möglichen Auswirkungen einer Rezession. Dennoch war Amerika, wie immer man es auch sah, weiterhin ein sicheres Land, die einzig verbliebene Supermacht der Welt – kulturell, politisch und wirtschaftlich ein Gigant mit übermäßigem Wohlstand und Einfluss. Terror mit biologischen Waffen, mit Sprengstoff, Chemikalien oder Atombomben schien eine entlegene Bedrohung zu sein – ein Gegenstand für Schlagzeilen über ferne Orte und Völkerschaften.

Um 8 Uhr 48 New Yorker Zeit – in Europa war es bereits Nachmittag – verschwand diese Welt der scheinbaren Gewissheiten in einem Feuerball, als sich ein Linienflugzeug mit etlichen tausend Tonnen Kerosin an Bord in den Nordturm des World Trade Center bohrte. Im Abstand von nur wenigen Minuten rasten dann zwei weitere Flugzeuge in den Südturm des World Trade Center und in das Pentagon in Washington. Gegen Mittag waren beide Türme zu einem riesigen Schutthaufen zusammengestürzt. Tausende von Menschen waren bei dem verheerendsten Terroranschlag, den die Welt je erlebt hatte, ums Leben gekommen.

Mit so etwas hatte in den Vereinigten Staaten niemand gerechnet, auch die Verantwortlichen nicht. Im vorangegangenen Jahr hatte es allerdings vereinzelt Geheimdienstberichte gegeben, dass Osama bin Laden und seine Terrororganisation Al Qaida Angriffe auf amerikanische Ziele planten. Auch hatte man ein Gespräch abgehört, in dem Mitglieder der Gruppe von Plänen sprachen, wonach gegen Amerika ein Angriff mit den Dimensionen von »Hiroshima« entfesselt werden sollte. In einem anderen Fall hatte ein Mitglied der Gruppe von einer laufenden Operation gesprochen, deren Kühnheit die Vereinigten Staaten zwingen werde, zurückzuschlagen. Solche Berichte machten der CIA und einer kleinen Gruppe von Experten der Terrorismusabwehr im Weißen Haus durchaus Sorgen. Aber die meisten Verantwortlichen waren, wie seit vielen Jahren, davon ausgegangen, dass Bin Laden Angriffe auf amerikanische Ziele in Europa, Afrika oder im Nahen Osten plante. Die letzten Bombenanschläge, die Amerikaner mit dem Namen Al Qaida verbanden – Anschläge auf zwei amerikanische Botschaften in Ostafrika im Jahre 1998 und auf das US-Kriegsschiff *Cole* im Jahr 2000 –, hatten im Ausland stattgefunden. Offizielle Stellen in den USA hingen der Theorie an, dass die Furcht vor Vergeltungsschlägen die Terroristen schon davon abhalten werde, auf amerikanischem Boden ein Massensterben auszulösen. Niemand vermutete, dass sich dieses eingespielte Muster gerade veränderte.

In den ersten Stunden nach dem Einschlag der Flugzeuge waren die Zuständigen in den USA noch völlig damit beschäftigt, sich das Unvorstellbare vorzustellen. Al Qaida war dafür bekannt, dass ihre Terroristen Wellen von Anschlägen planten. Welche anderen Bedrohungen hatte man unterschätzt? Wo sonst war Amerika durch verheerende Anschläge verwundbar? Wieviele andere »Schläfer« waren in den Vereinigten Staaten oder in Europa verborgen? Die Flugzeugentführer hatten sich die Freiheiten und die offene Gesellschaft Amerikas zunutze gemacht. Sie waren mit gültigen Touristenvisa in die USA eingereist, hatten in Florida Flugstunden genommen und einander aus Internetcafés und öffentlichen Bibliotheken Botschaften übermittelt.

Im Gebäude der *New York Times* in Manhattan, nicht weit entfernt von »Ground Zero« mit seinem Rauch und Aschenregen, stellten auch wir drei uns die Frage, was wohl als nächstes kommen werde. Unsere Perspektive war enger als die des offiziellen

Washington. Unser Buch *Germs* (dessen deutsche Fassung Sie jetzt vor sich haben) war in den Vereinigten Staaten soeben erschienen und kam gerade in die Buchhandlungen. Der Internet-Buchhändler Amazon gab als Erscheinungstag des Buches den 11. September an – ausgerechnet diesen Tag! Nach Jahren der Recherche und des Schreibens, nach Hunderten von Interviews mit Spionen und Naturwissenschaftlern aus der Forschung, mit Soldaten und Bundesbeamten waren wir überzeugt, dass die Gefahr eines Angriffs mit Biowaffen zunahm. Noch bevor die Zwillingstürme zusammengestürzt waren, hingen wir bereits am Telefon und riefen unsere Gewährsleute an. Wir fragten, ob sie von Indizien wüssten, die darauf hindeuteten, dass die Terroranschläge auf New York und Washington auch von einem biologischen Angriff begleitet seien. Nichts. Alle waren verblüfft. Niemand hatte Hinweise erhalten, dass die Terroristen auch Waffen eingesetzt hatten, die Krankheitsepidemien auslösten.

Als wir die Geschichte weiterverfolgten, erfuhren wir, dass Washington ganz unauffällig eine der rudimentären Sicherheitsvorkehrungen, die für den Fall eines Biowaffenangriffs vorgesehen waren, mobilisiert hatte. Nur Minuten, nachdem die beiden entführten Flugzeuge in das World Trade Center gerast waren, wurde eine Einheit von 22 Soldaten der New Yorker Nationalgarde aus ihrem Stützpunkt in Scotia, New York, an den Unglücksort in New York City beordert. An jenem Abend um 20.30 Uhr hatte das so genannte Civil Support Team (Zivilunterstützungsteam) seine Spezialausrüstung einsatzbereit. Mit Detektoren wurde die Luft analysiert, um zu sehen, ob die Terroristen tödliche biologische Kampfstoffe freigesetzt hatten. Doch man konnte keine finden.

In den Tagen, die auf den Anschlag folgten, beschäftigten sich die Beamten in Washington umfassender mit den Gefahren des Bioterrorismus. Man wusste, dass Bin Ladens Al-Qaida-Gruppe mit Chemikalien und biologischen Toxinen experimentiert hatte, wenn auch wohl auf recht elementarer Ebene. Trotzdem fehlten in den USA einige der grundlegendsten Voraussetzung dafür, biologischen Terrorangriffen wirksam begegnen zu können. Die Vereinigten Staaten waren so töricht gewesen, ihr öffentliches Gesundheitswesen verkümmern zu lassen. Es gab keinen wirksamen Impfstoff gegen Anthrax (Milzbrand). Die Antibiotika-Vorräte reichten nicht aus, um im Falle einer ernsthaften Epidemie die Nachfrage befriedigen zu können. Die Frage möglicher biologischer Terrorangriffe löste sich endgültig aus dem Stadium theoretischer Überlegungen, als die Öffentlichkeit nur wenige Tage nach den Angriffen vom 11. September erfuhr, dass mehrere der Flugzeugentführer großes Interesse daran gezeigt hatten, Sprühflugzeuge zu kaufen, wie man sie zur Ausbringung von Insektiziden auf großen landwirtschaftlichen Flächen benötigt.

Zwei Wochen später vertieften sich diese Sorgen noch, als Anfang Oktober 2001 ein Mitarbeiter einer Boulevardzeitung in Florida an Lungenmilzbrand starb. Der 63-jährige Robert Stevens hatte die Anthrax-Sporen eingeatmet, als er in der Poststelle der Zeitung mit einem verdächtigen Brief in Kontakt gekommen war. Überdies wohnte Stevens in der Nähe eines Flugplatzes, auf dem der Anführer der Terroristengruppe, Mohammed Atta, Flugstunden genommen hatte. Das sah nach einem seltsamen Zusammentreffen aus.

Drei Jahrzehnte lang war diese Krankheit bei keinem Amerikaner mehr festgestellt worden, doch die Regierung beeilte sich, aufkommende Ängste vor einem biologischen Terroranschlag zu zerstreuen. Damit tat sie sich allerdings keinen Gefallen. Der amerikanische Gesundheitsminister Tommy G. Thompson behauptete, das Opfer hätte sich die Krankheit auch beim Trinken verunreinigten Wassers zuziehen können – eine Aussage, die von Ärzten und Wissenschaftlern schnell als ungenau bezeichnet wurde. Schon nach wenigen Tagen war klar, dass Bob Stevens' Tod kein Zufall gewesen war. Irgendjemand, der Zugang zu sehr potenten getrockneten Anthrax-Sporen hatte, hatte damit Briefe gefüllt und sie an verschiedene Medienunternehmen in den Vereinigten Staaten versandt. Diese Briefe wurden in den hoch automatisierten Briefverteilungszentren von Trenton, New Jersey, New York und Washington bearbeitet. Die Anthrax-Sporen waren winzig, nur einen Mikrometer (ein tausendstel Millimeter) klein, viel kleiner als die Poren im Papier eines Briefumschlags.

Im Oktober wurde im Büro von Senator Tom Daschle, dem Mehrheitsführer im US-Senat, ein Brief geöffnet, der besonders tödliche Konzentrationen von Anthrax-Sporen enthielt. Schon bald erkrankten Angestellte, die mit der Postverteilung zu tun hatten, nachdem sie Sporen eingeatmet hatten, die vermutlich aus diesem Brief entwichen waren.

Wie wir bei der Arbeit an diesem Buch erfuhren, hatte die Regierung geprobt, wie sie auf verschiedene mögliche Anschläge mit biologischen Kampfstoffen reagieren könnte. Obwohl es in den vergangenen Jahren eine ganze Reihe von bösen Scherzen mit vermeintlichen Anthrax-Briefen gegeben hatte, kamen biologische Briefbomben in den Krisenszenarien so gut wie nicht vor. Man sah in solchen Briefen nur ein primitives, begrenztes Verteilungsmittel.

Sechs Wochen nach dem ersten Brief, der Mr. Stevens getötet hatte, waren insgesamt fünf der rund achtzehn Menschen, die sich durch verseuchte Briefe mit Anthrax infiziert hatten, gestorben. Rund 30 000 Amerikaner, die mit solchen Briefen in Kontakt gekommen waren, nahmen Antibiotika ein.

Die Briefe entpuppten sich zwar nicht als Massenvernichtungswaffen, wohl aber als Waffen, die massenhaft Durcheinander schufen. Sie lieferten lebhaften Anschauungsunterricht über die chaotischen Auswirkungen, die ein breiter angelegter Biowaffenangriff in einer modernen, industrialisierten Gesellschaft haben könnte. In der ohnehin schon nervösen Bevölkerung kam es schnell zu Panikreaktionen. Die Amerikaner kauften sich hektisch Gasmasken, sie hamsterten Cipro und andere Antibiotika. Manche richteten sich, indem sie Instruktionen aus populären Zeitschriften und aus dem Internet befolgten, sogar »sichere« Räume in ihrem Haus ein. (Experten hielten die meisten derartigen Vorsichtsmaßnahmen allerdings für relativ wertlos.)

Judith Miller, Mitautorin dieses Buches, öffnete an ihrem Schreibtisch in der Redaktion einen Brief, der eine pulvrige weiße Substanz enthielt. »Es sah wie Babypuder aus«, schrieb sie in einem

Artikel in der *New York Times.* »Eine Wolke krankenhausweißen, süßlich riechenden Puders kam aus dem Brief hervor – mein Gesicht, mein Pullover und meine Hände waren voll davon. Die schwereren Partikel fielen zu Boden. Ein Anthrax-Scherz, dachte ich.« Doch zufällig bestätigte gerade an diesem Tag der Fernsehsender NBC, dass ein an Tom Brokaw, den Nachrichtenmoderator in der New Yorker Zentrale des Senders, gerichteter Brief positiv auf Anthrax getestet worden war. Der Brief trug einen Poststempel aus Florida – genau wie der an Judith Miller adressierte Brief.

Die *New York Times* wollte kein Risiko eingehen und evakuierte ihre gesamte Nachrichtenredaktion. Beamte des Gesundheitsamtes in Schutzkleidung und mit Gasmasken suchten Millers Schreibtisch nach Spuren ab. Wie das ganze Land und die Autoren dieses Buches war auch unsere Zeitung weitgehend unvorbereitet darauf, wie man sich bei einem Anthrax-Anschlag zu verhalten hat. Mehrere Kollegen von Judith Miller, darunter auch Stephen Engelberg, ebenfalls Mitautor von *Germs*, marschierten unbekümmert kurz nach Öffnung des Briefes durch den potentiell kontaminierten Bereich. Schließlich erhielten ein Dutzend Mitarbeiter der *NY Times* als Vorsichtsmaßnahme Antibiotika. Das Pulver wurde negativ getestet. Wie Miller von Anfang an vermutet hatte, handelte es sich um einen üblen Scherz.

Die Briefe an Senator Daschle, Senator Patrick Leahy und an die Boulevardzeitung in Florida waren indes keine Scherze. Sie waren mit professionell zerkleinertem Anthrax-Pulver gefüllt, das, wenn es freigesetzt wurde, in der Luft beträchtliche Entfernungen zurücklegen konnte. Diese Briefe setzten nicht nur Tausende von Amerikanern potentiell tödlichen Krankheitserregern aus, sondern kontaminierten obendrein Sortier- und Stempelmaschinen in den Postämtern.

Der Kampf der Vereinigten Staaten gegen die mit Anthrax kontaminierten Briefe machte die enormen Lücken im wissenschaftlichen Kenntnisstand über Anthrax deutlich, einen der ältesten und zuverlässigsten Kampfstoffe, aus denen Wissenschaftler im

Dienste des Militärs Waffen hergestellt hatten. Wie sich herausstellte, gab es kaum Untersuchungen darüber, welche Minimaldosis für eine Infektion ausreichend ist. Die neuesten Fälle aus den Briefeingangs- oder Postverteilungsstellen legten den Schluss nahe, dass Anthrax sogar noch tödlicher war, als die Wissenschaftler angenommen hatten – speziell für ältere Menschen oder solche mit angeschlagenem Immunsystem. Andererseits hatten die Ärzte bei der Behandlung von infizierten Patienten mehr Glück als erwartet. Antibiotika-Kombinationen hatten, wie sie feststellten, einigen schwer erkrankten Patienten das Leben gerettet.

Auch für die amerikanischen Ermittlungsbehörden erwiesen sich die Anthrax-Briefe als frustrierend. Der Stamm der Bakterien, der sich in den Briefen fand, stimmte mit einer besonders virulenten Form des Erregers überein, die man Jahrzehnte zuvor in der Nähe von Ames, Iowa, entdeckt hatte. Während anscheinend nur rund ein Dutzend oder gar nur zwei Labors in den Vereinigten Staaten diesen speziellen Stamm in ihren Kulturensammlungen führten, hatten unzählige Leute auf der ganzen Welt Zugang zu solchen Anthrax-Sporen oder zu genauso gefährlichen Bakterienstämmen. Die Sporen waren offenbar behandelt worden, um ein Verklumpen zu vermeiden; so konnten sie leichter durch die Luft fliegen. Der zur Herstellung solcher Sporen erforderliche Prozess erfordert großes Können, großes Wissen und eine hoch entwickelte Ausrüstung. Daraus war der Schluss zu ziehen, dass der oder die Betreffende – und vielleicht gab es auch mehrere Beteiligte – irgendeine Verbindung zu einem staatlich geförderten Biowaffenprogramm wie dem des Irak oder der Sowjetunion hatte, zumindest aber über fortgeschrittene Kenntnisse in modernen biologischen Methoden verfügte. Andere spekulierten, es könnte auch ein Amerikaner sein, vielleicht ein rechtsradikaler Eiferer mit biologischer Ausbildung oder ein ehemaliger Laborant.

Wie wir im Lauf unserer Berichterstattung erfuhren, arbeiten sogar ehrgeizige Amateure mit Hochdruck an diesem Problem. Bei einer Waffenschau in Salt Lake City im November 2001 (»Crossroads of the West«) begegneten wir Timothy W. Tobiason, der von seinem Buch »Wissenschaftliche Grundlagen der improvisierten Kriegsführung und Heimatverteidigung, Band 6-1: Entwurf und Herstellung fortgeschrittener biologischer Waffen« gedruckte Exemplare und CDs verkaufte. Wie uns Experten für Bioterrorismus sagten, ist dieses »Kochbuch« für den biologischen Krieg hinreichend genau, um gefährlich zu sein. Tobiason, ein Unternehmer für Agrarchemikalien aus Nebraska, der gegen die amerikanische Regierung einen abgrundtiefen Hass hegt, sagte, er verkaufe auf Waffenschauen von seinem im Selbstverlag erschienenen Buch jährlich zweitausend Exemplare. Es enthält auch Anweisungen für die Herstellung von Anthrax und dessen »Übermittlung in Briefen«. Zwar reichen seine Instruktionen nicht aus, um äußerst hochwertige Formen getrockneten, zerkleinerten Anthrax-Staubs herzustellen, aber nach Auskunft von Waffenexperten sind sie gefährlich genug, um die Alarmglocken schrillen zu lassen.

Die biologischen Anschläge auf den US-Kongress und die Nachrichtenmedien haben einige grundlegende Wahrheiten über die biologische Kriegsführung unterstrichen – Wahrheiten, die sich nicht nur auf die Vereinigten Staaten beziehen, sondern weltweit gelten. Wenn das 20. Jahrhundert das Zeitalter der Physiker war, deren Theorien thermonukleare Bomben und ballistische Raketen hervorbrachten, dann wird das gerade beginnende 21. Jahrhundert das Zeitalter der Biologen werden. Wie die mit Anthrax kontaminierten Briefe gezeigt haben, sind biologische Angriffe als solche nur sehr schwer zu entdecken und zu diagnostizieren. Es dauerte Wochen, bis die Gesundheitsbeamten das ganze Ausmaß und die Gefahr erkannt hatten, die von den freigesetzen Bakterien ausging.

Anthrax-Angriffe abzuwehren, erwies sich als außerordentliche Herausforderung. Nur eine einzige Fabrik in den USA stellte Impfstoff gegen Anthrax-Erkrankungen her, der für Menschen geeignet war. Und ihr Produkt, der einzige von der Regierung zugelassene Impfstoff gegen diese Krankheit, stand für Massenimpfungen nicht in ausreichender Menge zur Verfügung. Trotz eines Eigentümerwechsels, wiederholter Finanzspritzen von der Regierung und einer ganzen Reihe von Aufrüstungen und technologischen Verbesserungen hatte die Fabrik noch immer nicht das Plazet der Arzneimittel-Aufsichtsbehörde FDA (Food and Drug Administration) für ihre Sicherheits- und Gesundheitsstandards erhalten, als der Anthrax-Impfstoff plötzlich dringend benötigt wurde. Doch selbst wenn der Impfstoff verfügbar gewesen wäre, hätte sich die Ausgabe von Antibiotika an Hunderttausende von Postangestellten als ebensowenig praktikabel herausgestellt.

Wenn man bedenkt, welch enorme Auswirkungen die Anthrax-Anschläge im Herbst 2001 hatten, mutet es schon eigenartig an, dass unser eigenes Interesse an den mit Biowaffen zusammenhängenden Themen ziemlich genau vier Jahre zuvor mit demselben Krankheitserreger begonnen hatte – Anthrax. Im Dezember 1997, sechs Jahre nach dem Golfkrieg, verkündete das Pentagon, man habe beschlossen, 2,4 Millionen Soldaten und Reservisten gegen Anthrax (Milzbrand) zu impfen. Ein seltsamer Schritt. Schließlich war Saddam Husseins Biowaffenprogramm schon vor mehr als zwei Jahren offengelegt worden. Was hatte sich in der Zwischenzeit verändert? War die Entscheidung, amerikanische Soldaten jeweils sechsmal impfen zu lassen und ihnen nach Jahresfrist Auffrischungsimpfungen zu verpassen, durch eine neue, noch schrecklichere Gefahr motiviert? Suchte die Regierung Clinton nach einem außenpolitischen Thema, bei dem sie Stärke zeigen konnte?

Wir machten uns daran, für die *New York Times* herauszufinden, was hinter dieser Entscheidung stand. Bei der Abfassung einer gründlich recherchierten Artikelserie arbeiteten wir drei als Team zusammen: ein Wissenschaftsjournalist mit Kenntnissen im Biowaffenbereich, eine erfahrene Auslandskorrespondentin mit Kenntnissen über den internationalen Terrorismus und ein Redakteur, der sich bei den Geheimdiensten und im Pentagon gut auskannte. Aus jahrzehntelanger Erfahrung als Reporter und Redakteure wussten wir nur zu gut, dass Bundesbehörden und Ministerien solche Gefahren oft übertreiben, um ihre Existenz und ihre Budgets zu rechtfertigen. Viele Regierungsbeamte bezweifelten ebenfalls, dass diese Gefahr so ernst zu nehmen sei. Manche sahen in Biowaffen eher eine Bedrohung in ferner Zukunft, einen Stoff für Science-fiction und Thriller.

Anfangs waren wir zwar skeptisch, doch schließlich waren wir so besorgt, dass wir uns vornahmen, dieses Buch zu schreiben. Wir kamen schnell dahinter, dass die Impfentscheidung Teil eines breiter angelegten Plans der US-Regierung war, mit dem der ihrer Meinung nach wachsenden Gefahr von Angriffen mit biologischen Kampfstoffen begegnet werden sollte. In den folgenden drei Jahren gingen wir der Sache auf den Grund, von Washington über Kasachstan bis nach Japan und Russland, und fassten am Ende den Entschluss zu diesem Buch. Die Themen, mit denen wir uns dabei auseinandersetzten, gehören zu den komplexesten, mit denen wir es je zu tun hatten, und stellen eine echte intellektuelle Herausforderung dar: Naturwissenschaften, Geheimdienstarbeit und Außenpolitik in einer komplexen Interaktion. Dabei erschienen uns die Debatten der neunziger Jahre darüber, wie man mit der Bedrohung durch biologische Waffen am besten umgehen sollte, in einem wesentlich umfassenderen Kontext. Es ging um ein halbes Jahrhundert weitgehend geheimer Geschichte.

Diese Geschichte hängt eng mit der Entwicklung der Naturwissenschaften zusammen. Die Fortschritte der Biologie im letzten Drittel des 20. Jahrhunderts trugen dazu bei, Krankheiten zu besiegen und die durchschnittliche Lebenserwartung der Menschen zu verlängern. Doch diese Entdeckungen verliehen auch all jenen eine nie dagewesene Macht, die Bakterien und Viren zur Zerstörung nutzen wollten. Mehr als 25 Jahre lang hatten sich die Vereinigten Staaten und die Sowjetunion ein Wettrüsten auch bei biologischen Waffen geliefert. Diese Bedrohung schien 1972 zu schwinden, als die Nationen der Welt ein Abkommen unterzeichneten, das solche Waffen verbot. Doch die biologischen Waffen verschwanden nicht. Die Konvention war gerade erst unterzeichnet, als die Sowjets heimlich beschlossen, ihr Biowaffenprogramm massiv und in industriellem Maßstab auszuweiten. Unweigerlich träumten dann im Zeichen der Ausbreitung naturwissenschaftlicher Erkenntnisse auch andere Nationen, Terroristengruppen,

Sekten und sogar Einzelne davon, sich in den Besitz von Biowaffen zu bringen.

Wir erfuhren, dass eine kleine Expertenrunde die Regierung Clinton gedrängt hatte, die Bedrohung durch Biowaffen ernster zu nehmen als bisher. Durch eine ganze Serie katastrophaler Ereignisse und Anschläge und durch aufrüttelnde Geheimdiensterkenntnisse über den Irak, Russland und andere Länder gewann diese Kampagne schnell an Gewicht. Nach dem 11. September hatten viele Beamte und Experten das Gefühl, dass sich ihre schlimmsten Befürchtungen durch die Art und Weise bestätigt hatten, wie die Anthrax-Briefe das ganze Land durcheinandergebracht hatten. Ein umfangreicher biologischer Angriff, zumal mit ansteckenden Erregern wie Pockenviren, würde eine auf biologische Attacken unvorbereitete Gesellschaft in ein fürchterliches Chaos stürzen. Im Herbst 2001 wurden zwei entscheidende Grenzen überschritten: Terroristen hatten Tausende von Amerikanern mit einem einzigen Schlag getötet, und tödliche Bakterien waren effizient als Waffe gegen Zivilisten eingesetzt worden. Ein biologisches Wettrüsten war wieder im Gange, wobei die Angreifer den Überraschungseffekt auf ihrer Seite hatten, vielleicht auch mit modernster Technologie im Bunde standen.

Wir alle leben in einer veränderten Welt, doch dieses Gefühl ist vielleicht nirgendwo stärker als in und um New York City. Wir als Journalisten leben in dieser riesigen Metropole jeden Tag mit dem Wissen, dass wir nach wie vor, vielleicht sogar mehr denn je, bevorzugte Zielscheibe für zukünftige Bioterroristen sein werden. Unsere Post wird jetzt durchleuchtet und speziell behandelt, um Anthrax-Sporen abzutöten. Die Sicherheitsmaßnahmen in unseren Büros, Läden und bevorzugten Erholungsorten wurden verschärft. Als Bewohner New Yorks und seiner Vororte kennen wir aus erster Hand die klaffende Wunde an der Stelle, wo einst die Zwillingstürme standen. Wir New Yorker haben den größten Anteil an den menschlichen Tragödien dieser Katastrophe zu tragen gehabt: Trauerfeiern und Beerdigungen, die Feuerwachen mit ihren Kerzen, Blumen und Porträts zu Ehren jener, die ihr Leben gaben, um unser Leben zu retten. Uns fehlen verschwundene Freunde und geliebte Menschen, und wir hören scheinbar endlos Geschichten von Trauer und persönlichem Mut. Wir kennen die Freundin eines Mädchens, das so glücklich war, kurz nachdem sie bei der Katastrophe ihren Vater und ihren Onkel verloren hatte, bei einer Geburtstagsparty eingeladen zu sein. Jeder von uns kannte jemanden, der oder die in den Türmen ums Leben kam, von einem Augenblick auf den anderen. Und wir alle, die wir diese Katastrophe gesehen haben, werden niemals vergessen, wo wir in jenem Augenblick gerade waren und was wir taten, als unsere bequem eingerichtete Welt mit jenen stolzen, himmelstürmenden Türmen aus Glas und Stahl in sich zusammenstürzte.

Wenn diese schreckliche Katastrophe ein Gutes hat, dann dies, dass jetzt auch die Welt außerhalb New Yorks endlich aufwacht, dass sie mit dem tödlichen Ernst der Bedrohung ringt und hart daran arbeitet, die Gefahr zu verringern. Das hat sehr lange gedauert, wie wir bei der Arbeit an diesem Buch erfahren haben. Und wir – Amerikaner, Europäer und andere, die in modernen, hoch technisierten Gesellschaften leben – haben noch viel zu tun, ehe wir die Behauptung wagen dürfen, dass wir nun vor solchen Terrorakten geschützt seien.

New York City, im Dezember 2001

Judith Miller
Stephen Engelberg
William Broad

Kapitel 1
Der Angriff

Es war Mittagszeit an jenem Sonntag, dem 9. September 1984. Einige Gemeindemitglieder der Kirche Saint Mary's in The Dalles, Oregon, pilgerten zu Shakey's Pizza hinüber. Dave Lutgens und seine Frau Sandy, die das einfache Restaurant mit seinen Holztischen und dem Linoleumboden im Jahre 1977 übernommen hatten, teilten sich soeben eine Pizza mit ihrem Freund Dan Ericksen von der Landerschließungskommission des Bezirks Wasco County. Sie unterhielten sich über jenes Thema, das mittlerweile so ziemlich jeden der zehntausend Einwohner dieser ruhigen Kleinstadt, in der spektakulären Columbia-River-Schlucht in der Nähe des schneebedeckten Mount Hood gelegen, in tiefster Seele beschäftigte: die zunehmenden Spannungen zwischen den Einwohnern des Bezirks und den umstrittenen Neuzugezogenen einer religiösen Sekte, deren Angehörige sich als Rajneeshees bezeichneten.[1]

Im Jahre 1981 hatten Jünger des Bhagwan Shree (auf Sanskrit: »Gott, der Erleuchtete«) Rajneesh in Wasco County 5,75 Millionen Dollar hingelegt für eine abgelegene Ranch von 26 000 Hektar, etwa zwei Autostunden entfernt von The Dalles, dem Sitz der Kreisverwaltung. Sie hatten sich vorgenommen, ein »Buddhafield« zu errichten, eine landwirtschaftliche Kommune, in der sie sich ganz dem Credo ihres »erleuchteten Meisters« – Schönheit, Liebe und Sex ohne Reue – hingeben konnten. Spötter behaupteten, es sei wohl eher der Sex und weniger die Meditation gewesen, was die vielen tausend Anhänger, wohlhabende Leute aus dem Westen zumeist, zunächst ins indische Poona, den ursprünglichen Sitz der Sekte, und später dann nach Oregon gelockt habe. Die Gruppe hatte Poona verlassen, weil sie sich aufgrund zahlreicher Berichte, denen zufolge die Anführer ihr Geld nicht nur mit der

Arbeit ihrer Anhänger, sondern vor allem mit Drogen und anderen illegalen Geschäften verdienten, wachsendem politischem Druck ausgesetzt sah[2], Anschuldigungen, die die Sekte vehement zurückwies. Doch ihr Guru, ein glatzköpfiger, bärtiger Inder mit dem Dauerlächeln eines religiösen Scharlatans, predigte, Reichtum sei keine Schande, sondern ein Segen. Er selbst besaß eine Sammlung von diamantenbesetzten Armbanduhren und neunzig Rolls-Royce.

Seine ergebenen Jünger, die »Sanyasin«, kleideten sich ausschließlich in verschiedene Rottöne und sangen unablässig bei ihrer Arbeit auf der Ranch, die sie zwölf Stunden täglich an jedem Wochentag zu leisten hatten.

In nur drei Jahren war auf diesem einstmals öden Stück Land eine kleine Stadt entstanden, die nunmehr mehrere Dutzend Fertighäuser und mobile Behausungen aufwies, eine 9000 Quadratmeter große Versammlungshalle, ein Hotel mit 160 Zimmern, ein zwei Straßenzüge umfassendes Einkaufszentrum sowie eine Spielbank und eine Diskothek. Zudem verfügten die Sanyasin über einen Staudamm und einen See, ein nagelneues Straßennetz, hervorragende Wasser-, Abwasser- und Transportsysteme und über ein Flugfeld auf dem Talgrund für die fünf Düsenflugzeuge und den Hubschrauber, die die Sekte ihr Eigen nannte. Allem Anschein nach also eine blühende Gemeinde von 4000 Einwohnern. Wenn die Gruppe Karten für ihr jährliches Sommerfest verkaufte, stieg ihre Zahl auf 14 000. Einige der Einheimischen hatten versucht, Einspruch gegen die ihrer Ansicht nach »götzendienerischen Orgien« der Rajneeshees zu erheben, aber die traditionelle Toleranz des Staates Oregon hatte dies verhindert.

Wie die meisten Behördenvertreter des Bezirks, hatte auch Dan Ericksen seine Vorbehalte gegen die Gruppe. Es gab jede Menge Anlass, ihr mit Misstrauen zu begegnen. Die Rajneeshees hatten ihre Gemeinde auf Land errichtet, das in erster Linie für die landwirtschaftliche Nutzung ausgewiesen war. Sie hatten die dort ansässigen Bewohner, die sich gegen ihre Expansionspläne gewehrt hatten, schikaniert und ihren Nachbarn, von denen sie zunächst freudig begrüßt, später aber aufgrund ihrer Aggressivität mit großer Skepsis beäugt worden waren, massiv gedroht.

Im Jahre 1982 hatten die Sanyasin ihren Einfluss auf das Städtchen Antelope ausgedehnt, dessen Einwohnerschaft vor ihrer Intervention aus fünfundsiebzig Personen bestanden hatte. Sie hatten die Mehrheit im Stadtrat erlangt und festgesetzt, das jede seiner Sitzungen mit einem Scherz zu beginnen und zu enden hatte. Schließlich hatten sie die Bewohner endgültig gegen sich aufgebracht, indem sie sich der örtlichen Schule bemächtigten. Sie hatten die Stadt in Rajneesh umbenannt und Antelopes einziges Geschäft, eine Kombination aus Laden, Restaurant und Tankstelle, in ein vegetarisches Restaurant namens »Zorba the Buddha« umgewandelt. Daraufhin fuhren die Einwohner mit Autoaufklebern herum, die »Besser tot als rot« kündeten oder »Für Geld ist das Erbe von Antelope nicht zu haben«.

Die Ansiedlung innerhalb der Grenzen ihrer Ranch hatten die Bhagwan-Jünger Rajneeshpuram genannt und nach ihrem eigenen Bebauungsplan gestaltet. Sie hatten ihre eigene Stadtpolizei gegründet, die sechzig Mann starke »Peace Force«, die sie großzügig mit Waffen und allerlei militärischem Zubehör ausstatteten. Einwohner von Oregon, die das Gebiet der Rajneeshees auf öffentlichen Straßen passieren mussten, klagten darüber, dass sie angehalten und von der Bhagwanpolizei misshandelt worden seien. Die Einbürgerung verschaffte der Rajneeshee-Polizei Zugang zu staatlichen Trainingsprogrammen für Gesetzeshüter und zu den Polizeidateien des Staates Oregon.[3] Das FBI allerdings, das sich mit verschiedenen Privatklagen seitens der Einwohner wegen der Verletzung von Bürgerrechten durch die Gruppe befasste, versagte der Sekte den Zugriff auf die sensiblen Informationen zur Kriminalität, die es in seiner Datenbank gespeichert hatte.

Mittlerweile versuchte die Gruppe erneut, ihren Einfluss auszudehnen – erneut unter Verletzung sämtlicher Bebauungsvorschriften und gesetzlichen Bestimmungen –, indem sie im Rahmen eines Umsiedlungsprogramms um die dreitausend Obdachlose aus New York und anderen Großstädten im ganzen Land auf ihre Ranch

einlud. Vor dem Hintergrund des liberalen Wahlrechts von Oregon, das es Neuankömmlingen extrem leicht machte, sich als Wähler einschreiben zu lassen, hatten die Rajneeshees den Plan gefasst, sich die Stimmenmehrheit in der Bezirksverwaltung und verschiedene Posten zu sichern, indem man die Obdachlosen für die Wahl im November 1984 registrieren ließ. Hatten die Bhagwan-Jünger erst Wasco County unter Kontrolle, wären sie nicht mehr aufzuhalten, fürchteten Dan Ericksen und andere Einheimische.[4]
Die Rajneeshees hatten Ericksens Kommission und die Bezirksverwaltung mit Anträgen, Petitionen und Prozessen bombardiert. Als ihre Forderungen abgelehnt wurden, ergingen sie sich in harten Angriffen und finsteren Drohungen.
Lutgens dagegen war, obwohl seine Familiengeschichte bis zu Oregons ersten Fallenstellern zurückreichte, der Überzeugung, dass die Gegend frisches Blut gebrauchen konnte. Die Rajneeshees arbeiteten hart und zogen eine gebildete, mit vielen Talenten gesegnete Anhängerschar an – Anwälte, Ärzte, Ingenieure. Und sie gaben Geld aus. Seit ihrer Ankunft hatten sie über 35 Millionen Dollar in die Ranch investiert. Für The Dalles, dessen Hauptarbeitgeber, eine Aluminiumhütte, vor zwei Jahren geschlossen hatte, war dies ein wahrer Segen. Lutgens wusste auch, dass eine Menge Bier an die Ranch verkauft wurde. Die ansässigen Farmer, die Kirschen und anderes Obst und Gemüse zogen, und manch anderer Geschäftsmann hatten an die Kommune reichlich Lebensmittel und sonstige Gegenstände des täglichen Bedarfs verkauft.
Sie mochten seltsam sein, dachte er, aber die Rajneeshees waren offenbar entschlossen, ihren Flecken Wüste zum Blühen zu bringen. Das in einem steilen Tal gelegene, von zwei Flüssen, felsigen Klippen und hohen Bergen umschlossene Stück Land dörrte im Sommer unter sengender Hitze vor sich hin und wurde im Winter von heftigen Regengüssen überschwemmt, die das vulkanische Erdreich in zähen Lehm verwandelten, weshalb es von den Einheimischen auch »The Muddy« genannt wurde. Dennoch hatte die Sekte es fertiggebracht, das überweidete Land in fruchtbare Obst- und Gemüsegärten zu verwandeln.

Gelegentlich aßen die Sanyasin in Dave Lutgens' Restaurant. Sie waren Vegetarier und hatten etwas für seine Salatbar übrig, die stets gut bestückt war mit frischen Gemüsen, verschiedenen Blattsalaten, gemischten Salaten, Beigaben und Salatsoßen. Lutgens schmeckte sein Essen ebenfalls, und so ging er an diesem Tag an die Theke, um für sich und seine Frau eine große Portion Nudelsalat und für Dan einen Teller gemischten Salat zu holen.

Die Magenkrämpfe begannen irgendwann im Verlauf des Tages. Zuerst waren sie harmlos. Lutgens spürte die ersten Krämpfe zusammen mit heftiger Übelkeit, als er am Spätnachmittag die Tageseinnahmen in der Kasse zählte. Bis zum frühen Abend waren die Symptome zu heftig geworden, als dass er sie hätte ignorieren können. Ihm war schwindlig, sein Gleichgewichtssinn versagte, und er schaffte es mit Mühe und Not aus dem Schlafzimmer ins Bad. Schüttelfrost, Fieber, heftiger Durchfall und Erbrechen ließen ihn jede Menge Flüssigkeit verlieren und machten ihn schwach und kraftlos.

Zwei Tage später wurde seine Frau krank, und Dan Ericksen ging es noch schlechter als den beiden. Man hatte ihn ins Mid-Columbia Medical Center, das einzige Krankenhaus der Stadt, bringen müssen. Ende der Woche waren dreizehn der achtundzwanzig Angestellten von Dave Lutgens erkrankt, und Dutzende seiner Gäste hatten sich telefonisch bei ihm beschwert, sie seien todkrank geworden, nachdem sie in seinem Restaurant gegessen hatten. Einige drohten, ihn zu verklagen.

Am 17. September erhielt das Gesundheitsamt für die Bezirke Wasco und Sherman einen Anruf von jemandem, der an einer schweren Gastroenteritis erkrankt war, nachdem er eine Mahlzeit in einem anderen Restaurant von The Dalles eingenommen hatte. In den folgenden Tagen gingen bei der Behörde über zwanzig weitere Beschwerden ein, die zwei weitere Restaurants betrafen. Weniger als achtundvierzig Stunden nach Ausbruch der Epidemie hatte ein Pathologe vom Mid-Columbia Medical Center anhand der Stuhlprobe eines Patienten herausgefunden, dass der Organismus, der die Leute in Scharen erkranken ließ, ein Bakterium der Gattung *Salmonella* war. Salmonellen gehören zu den zähesten Krankheitserregern, die Infektion verläuft jedoch in aller Regel nicht tödlich. Am 21. September, vier Tage nach dem ersten Bericht, hatten Wissenschaftler am Oregon State Public Health Laboratory in Portland die Stuhlproben genauer analysiert und den Krankheitserreger als *Salmonella typhimurium* identifiziert, einen häufigen Verursacher von Lebensmittelvergiftungen.[5] In diesem Falle stellten die Wissenschaftler fest, dass sie es mit einem höchst ungewöhnlichen Stamm zu tun hatten, der sich jedoch glücklicherweise mit den meisten Antibiotika behandeln ließ. Da es etwa zweieinhalbtausend bekannte Salmonellenstämme gibt, kann dieser Fall als überaus rascher Erfolg wissenschaftlicher Detektivarbeit gelten. Gegen Ende September nahm die Zahl der aktenkundigen Neuerkrankungen ab.

Carla Chamberlain, die das örtliche Büro des Gesundheitsamtes im Bezirk leitete, wusste, dass ihrer Behörde zwischen 1980 und 1983 lediglich sechzehn Salmonellenproben untergekommen waren. Bei acht von ihnen hatte es sich um *Salmonella typhimurium* gehandelt. Keine davon hatte Ähnlichkeit mit diesem Stamm. Als die Welle abebbte, dachte Chamberlain, die Epidemie sei vorüber.

Tatsächlich befanden sich die Einwohner von The Dalles in einer Art von biologischem Belagerungszustand. Sobald die stäbchenförmigen Bakterien in den Körper ihres Opfers gelangt sind, beginnen sie, sich binnen Stunden und Tagen wild zu vermehren, das Gewebe zu schädigen und rivalisierende Bakterienarten zu überwuchern. Ihre hauptsächlichen Waffen sind Toxine und klebrige Substanzen an der Außenseite ihrer Zellwand, mit deren Hilfe sie an der Schleimhaut von Dünn- und Dickdarm Halt finden und deren Zellen dazu veranlassen können, extreme Mengen Flüssigkeit abzugeben. Im typischen Fall beginnen die Bauchschmerzen irgendwann um die zwölf bis achtundvierzig Stunden nach der Infektion. Danach kommt es zu Durchfällen, Erbrechen, Schüttelfrost und Fieber, manchmal auch zu Erbrechen. Die Salmonellose kann bis zu vier Tage dauern und stellt vor allem für Kleinkinder, ältere Menschen und Patienten mit ohnehin geschwächter Widerstandskraft eine Gefahr dar. Die Durchfälle können lebensgefährlich werden, wenn es nicht gelingt, dem massiven Flüssigkeitsverlust entgegenzuwirken.

Am 21. September, einen Tag nachdem das staatliche Labor in Oregon den Salmonellen-Stamm identifiziert hatte, der die erste Welle ausgelöst hatte, trafen in Chamberlains Büro Berichte über eine zweite Erkrankungswelle ein. Dieses Mal waren Gäste von zehn verschiedenen Restaurants in The Dalles betroffen. Aufgrund seiner Lage unmittelbar an der Interstate 84, einer der Hauptverbindungen zwischen Westen und Osten, verfügte The Dalles über eine unverhältnismäßig große Zahl an Restaurants – alles in allem waren es um die fünfunddreißig.

Der Pathologe Arthur Eaton vom Mid-Columbia Medical Center und sein kleines Team wurden mit Patienten regelrecht überschwemmt und erstickten in Arbeit. In ihrem neuen, erst vor Jahresfrist eingerichteten Labor stapelten sich Proben, die an das staatliche Labor im neunzig Meilen entfernten Portland weitergeleitet werden sollten. Normalerweise benötigte das Labor alle zwei bis drei Wochen eine neue Lieferung von Kulturmedien (Nährbrühen, in denen man die Organismen aus den Stuhlproben vermehrt, damit man bestimmen kann, welche Arten von Bakterien im Darm des Erkrankten vorhanden sind). Während der zweiten Krankheitswelle aber brauchte das Labor drei Lieferungen pro Woche. Die normale Anzahl von etwa zwanzig Petrischälchen pro Woche schoss auf zweihundert alle zwei Tage hoch. Auf dem Höhepunkt dieser Welle gingen dem Labor die Nährlösungen ganz aus.

Zum ersten Mal in seiner Geschichte waren alle 125 Betten des Mid-Columbia Medical Center belegt; manche Patienten mussten mit dem Flur vorlieb nehmen. Viele Menschen waren feindselig, ärgerlich und völlig verängstigt, die Ärzte hatten Schwierigkeiten, sie zu behandeln. Wütende Patienten und ihre Familien verlangten ihre Testergebnisse, manche bewarfen Ärzte und Pfleger der Klinik mit Stuhlproben.

Am Ende der Epidemie hatten fast tausend Patienten ihrem Arzt oder dem Krankenhaus über Symptome berichtet. In 751 Fällen wurde das Vorhandensein von Salmonellen bestätigt. Damit handelte es sich um die größte Epidemie in der Geschichte Oregons.[6] Wie durch ein Wunder war niemand zu Tode gekommen, eine Schwangere erlitt allerdings eine Frühgeburt, und das Baby hatte unter der Wirkung des Toxins zu leiden.

Inzwischen arbeiteten Chamberlain und ihr kleiner Stab von Mitarbeitern rund um die Uhr an der Aufklärung der Infektionsursache. Ein Kollege inspizierte Restaurants, sprach mit Besitzern und Angestellten, Chamberlain befragte auf der Suche nach einem gemeinsamen Nenner Patienten.

Am 25. September, dem Höhepunkt der zweiten Welle, ersuchte der Staat Oregon die in Atlanta ansässigen U.S. Centers for Disease Control and Prevention und deren Seuchengeheimdienst EIS (Epidemic Intelligence Service) um Hilfe. Der EIS bestand aus siebzig meist jungen Ärzten, die sich ihre epidemiologischen Kenntnisse aus erster Hand erworben hatten, indem sie verdächtige Häufungen von Krankheiten im ganzen Land genauer unter die Lupe nahmen. Gegründet worden war der EIS in den ersten Tagen des Kalten Krieges. Seine Aufgabe sollte es sein, einen biologischen Angriff auf die Vereinigten Staaten im Frühstadium zu erkennen. Als Thomas Török, ein neuer EIS-Beamter, der seine Assistentenzeit in der Stadt Eugene in Oregon verbracht hatte, in diesem Bundesstaat eintraf, waren bereits sechzig Fälle von *Salmonella typhimurium*-Infektionen bestätigt worden. Chamberlains Büro hatte bei allen Patienten eine Gemeinsamkeit festgestellt: Die meisten der Erkrankten hatten unlängst eine Mahlzeit von einer Salattheke zu sich genommen. Noch am selben Tag empfahlen die Mitarbeiter des Gesundheitsamtes den Restaurants, ihre Salatbars vorläufig freiwillig zu schließen. Alle hielten sich an diese Empfehlung.

Unter Mithilfe von Chamberlains Büro begannen nun über zwanzig Mitarbeiter der örtlichen Gesundheitsbehörden, darunter die vor Ort zuständigen Hygieniker, Beamte des Gesundheitsamtes, Török und drei andere EIS-Beamte, mit einer umfassenden epidemiologischen Untersuchung der Erkrankungen.[7] Im Gesundheitsamt gab es keinen Computer, und bis es einem der EIS-Ärzte gelang, einen PC zu organisieren, wurden sämtliches Interviewmaterial und alle Daten von Hand aufgezeichnet und verglichen.

Die Untersuchungsbeamten befragten mehrere hundert Patienten, deren Familien und Freunde. Sie machten zwei Gäste von außerhalb ausfindig, die ihre Mahlzeiten mit Kreditkarten bezahlt hatten, und fragten sie, was sie gegessen hatten. Sie sprachen mit jedem der 325 Angestellten, die in den zehn Restaurants mit Lebensmitteln in Berührung gekommen waren. Ungefähr hundert von ihnen waren ebenfalls erkrankt, in vielen Fällen noch vor ihren Arbeitgebern. Sie überprüften die Temperatur der Kühltheken und den Umgang mit Lebensmitteln. Sie suchten eine amtlich nicht registrierte Molkerei im benachbarten Staat Washington auf und testeten Kühe, deren Kot und Rohmilch, sogar den Tümpel der Farm auf Salmonellen. Nichts.

Sie überprüften die beiden örtlichen Trinkwassersysteme, von denen The Dalles versorgt wurde, auf Verunreinigungen, ebenso das Wasser in den Restaurants. Beim Besuch einer Farm, die Gurken und Tomaten an einen der Betriebe verkauft hatte, kam ihnen zu Ohren, dass eine benachbarte Wohnwagenkolonie Anfang September Probleme mit einem ihrer Desinfektionssysteme gehabt hatte. Aus den Tests ging jedoch hervor, dass die benachbarten Gemüsefelder nicht kontaminiert worden waren.

Eine andere Farm hatte Melonen an eines der Restaurants geliefert, dessen Gäste erkrankt waren. Leider mussten die Inspektoren feststellen, dass sämtliche Früchte verkauft worden waren, also kein Exemplar mehr für Tests zur Verfügung stand.

Verschiedene verdächtige Lebensmittelproben, die in den betroffenen Restaurants auf den Tisch gekommen waren, wurden überprüft. Wieder fielen sämtliche Tests negativ aus. Von 120 Befragten, die sich Essen nach Hause bestellt hatten, war niemand erkrankt. Auch Leute, denen auf einer privaten Veranstaltung Essen serviert worden war, blieben gesund. Betroffen waren einzig und allein Personen, die sich Salat von einer Salatbar geholt hatten,

oder Gäste, die sich als Beilage einen gemischten Salat mit Nudel- oder Kartoffelsalat bestellt hatten.
Bei den verwendeten Lebensmitteln ließ sich kein gemeinsamer Ursprung nachweisen. Der Salat und alle anderen Gemüse waren von mehreren Lieferanten geliefert worden. Die Salatsoßen stammten von verschiedenen Großhändlern. Jede Zutat wurde bis zu ihrem Herkunftsort verfolgt. Die Inspektoren untersuchten sogar den Grünkohl, den eines der Restaurants zur Dekoration in seiner Salatbar ausgelegt hatte. Nichts. Sie fanden Salmonellen in der Kaffeesahne eines Restaurants und in der Gorgonzolasoße eines anderen, nicht aber in der Trockenmischung, aus der beide hergestellt worden waren. Alles deutete darauf hin, dass die Salatsoßen während oder nach ihrer Zubereitung kontaminiert worden waren. Aber wie, von wem, und vor allem warum?

Ein Mann in The Dalles war davon überzeugt, dass die Epidemie keine natürliche Ursache hatte. Richter William Hulse, der Vorsitzende einer dreiköpfigen Kommission des Bezirks Wasco County, die unter anderem in Streitfällen Entscheidungen über die Nutzung von Land zu fällen hatte, fürchtete, dass die Rajneeshees ihre Mitbürger mit Salmonellen vergiftet hatten, denn ihm selbst und einem zweiten Kommissionsmitglied war einen Tag nach einem Besuch auf der Ranch im vergangenen Jahr dasselbe widerfahren.
Aus den Krankenberichten geht hervor, dass Richter Hulse um ein Haar gestorben wäre, die Ärzte hätten jedoch keine Ahnung gehabt, woran. Auf Salmonellen hatten sie ihn nicht untersucht.[8]
Der Besuch auf der Ranch war unangenehm gewesen – aber damit hatte er gerechnet. Die beiden Kommissionsmitglieder hatte ihre obligatorische Inspektion vor dem jährlichen Sommerfestival der Ranch durchgeführt. Ma Anand Sheela, Bhagwans persönliche Sekretärin und der eigentliche Kopf der Kommune, hatte sie angewiesen, im Fond eines Lieferwagens Platz zu nehmen, der sie im Ashram umherfahren sollte.
Als sie zu ihrem eigenen Wagen zurückkamen, war einer der Reifen platt. Während die Rajneeshees ihn wechselten, boten sie den

Inspektoren Papierbecher mit Wasser an. Acht Stunden später erkrankten beide schwer, ihre Symptome ähnelten denen von Dave Lutgens zum Verwechseln. Hulse und das andere Kommissionsmitglied argwöhnten, dass die Rajneeshees ihnen etwas ins Wasser getan haben mussten, aber sie hatten keinerlei Beweise dafür.[9] Also reichte keiner von beiden Klage ein, niemand beantragte eine Untersuchung, und auch sonst unternahmen sie nichts, bis im Jahr darauf ihre Nachbarn und Freunde erkrankten.

Hulse teilte seinen Verdacht seiner Kollegin Carla Chamberlain mit. Sie war auf der Ranch gewesen, um die Gesundheitsbestimmungen und Meldepflichten für Krankheiten mit deren Bewohnern zu besprechen, und wusste, dass das medizinische Labor der Rajneeshees besser ausgestattet war als das des Bezirks. Viele Menschen in der Stadt waren ebenfalls argwöhnisch, denn sie hatten bereits manchen Zusammenstoß mit den Sektierern erlebt. Doch Hulse und Chamberlain waren sich einig, dass sie Schwierigkeiten haben würden, Tom Török und sein Epidemiologenteam oder gar die Gesundheitsbehörden in Portland oder Salem davon zu überzeugen, dass die Epidemie vorsätzlich herbeigeführt worden war. Zu den größten Skeptikern zählte Tom Töröks Mentor Laurence R. Foster, der dienstälteste Epidemiologe des Landes, eine in Medizinerkreisen hoch angesehene Persönlichkeit. Foster, ein bürgerlicher Liberaler, der aus der Region stammte, war der leidenschaftlichen Überzeugung, dass die Rajneeshees zu Unrecht und einzig wegen ihrer seltsamen religiösen Überzeugungen angegriffen würden.

Im Herbst 1984 hatten sich die Beziehungen zwischen der Sekte und dem Bezirk dramatisch verschlechtert. Führende Rajneeshees hatten ihre Kritiker öffentlich angegriffen, sie als Idioten, Frömmler, Bauern und Lügner bezeichnet. Sheela und andere Anführer der Kommune waren bewaffnet im Fernsehen erschienen und hatten mit Rache gegen »die Vereinigten Staaten der Aggression« gedroht, falls Sanyasin verletzt oder die Pläne der Kommune durchkreuzt werden sollten.

Bezirksbeamte hatten Drohbriefe erhalten und waren bei öffentlichen Versammlungen bedroht worden. Sanyasin hatten ihre Häuser und Büros beobachtet, Namen und Fahrzeugkennzeichen von Besuchern notiert. Die Sekte, die einige der prominentesten Rechtsanwälte des Landes angeheuert hatte, überflutete die Verwaltung mit Gerichtsverfahren. Karen LeBreton, die stellvertretende Leiterin des Kreisverwaltungsreferats, schätzte, dass sie damals mehr als sechzig Prozent ihrer Arbeitszeit damit verbrachte, auf Klagen und Petitionen der Sekte zu reagieren. Verstärkt wurde der Unmut der Anwohner auch durch die frustrierende Gewissheit, dass viele Außenstehende sie für intolerante Trampel halten mussten.

Die Lesart, dass die Rajneeshees nicht für die Epidemie verantwortlich zu machen seien, wurde von offizieller Seite bestätigt: Das Gesundheitsamt und die CDC gaben im Herbst 1984 und Anfang 1985 erste Berichte der medizinischen Untersuchungsbeamten an andere Gesundheitsexperten weiter. In einer vorläufigen Fassung vom November 1984 erklärte Foster, der stellvertretende Chefepidemiologe des Staates Oregon, es lägen »keine Indizien« vor, anhand derer sich die Hypothese erhärten ließe, dass die Epidemie Resultat einer vorsätzlichen Kontamination sei. Das vorliegende Beweismaterial, so schrieb er, spreche für die These, dass diejenigen, die in den verschiedenen Restaurants mit den Lebensmitteln zu tun hatten, für den Ausbruch der Seuche verantwortlich seien. Er gab zwar zu, keine gemeinsame Infektionsursache für die Infektion der Angestellten und der Gäste finden zu können, kam jedoch zu dem Schluss, dass es zu der Verunreinigung »überall dort hätte kommen können, wo sich Mitarbeiter nach dem Stuhlgang nicht die Hände gewaschen und anschließend rohe Nahrungsmittel angefasst haben«.

Zwei Monate später bekräftigte Tom Török Fosters Äußerungen. In einem vorläufigen Bericht vom Januar 1985 erklärte auch Töröks Team aus Wissenschaftlern der Bundesbehörden, dass es sich nicht in der Lage gesehen habe, eine eindeutige Quelle für die Epidemie ausfindig zu machen, und dass aller Wahrscheinlichkeit nach die Personen dafür verantwortlich zu machen seien, die in den Betrieben Lebensmittel verarbeitet hätten.[10,11] Da die Angestellten, die die Nahrungsmittel zubereiteten, vor ihren Arbeitgebern erkrankt waren, so der Bericht, und es überdies in einigen Restaurants zu geringfügigen Verstößen gegen die Hygienevorschriften gekommen sei, »könnte es sein, dass Mitarbeiter, die mit Lebensmitteln in Kontakt kommen, die Salat-Buffets kontaminiert haben«, schlussfolgerten die Wissenschaftler. Töröks Team versicherte, es gebe »keinerlei epidemiologische Indizien« dafür, dass die Kontamination vorsätzlich erfolgt sei. Der Bericht brachte die heimische Bevölkerung, die der einhelligen Überzeugung war, dass die Sekte für die Seuche verantwortlich sein müsse, ebenso auf wie die Gesetzeshüter, denen nunmehr ein »zureichender Grund« zur Einleitung eines Strafverfahrens abhanden gekommen war.

Über ein Jahr sollte nach dem Ende der Epidemie vergehen, bevor die Bewohner von Oregon dahinter kamen, dass die Rajneeshees die Stadt tatsächlich vergiftet hatten.

Am 16. September 1985, ein Jahr nach den Ereignissen, hielt der Bhagwan, dessen selbst auferlegtes vierjähriges Schweigegelübde vor kurzem zu Ende gegangen war, auf der Ranch eine Pressekonferenz ab. Er beschuldigte Sheela und ihre Verbündeten, die zwei Tage zuvor ihre Posten aufgegeben und sich nach Europa abgesetzt hatten, sein Vertrauen missbraucht zu haben. Sheela und ihre »faschistische Bande« habe, so verkündete er, auf der Ranch ein »faschistisches Regime« errichtet und nicht nur versucht, andere Sanyasin, die ihre Autorität angezweifelt hatten, umzubringen, sondern obendrein Geld gestohlen, die Geschäfte der Kommune schlecht geführt und einen Schuldenberg von 55 Millionen Dollar hinterlassen. Er behauptete, Sheela habe auch seinen Arzt, seinen Zahnarzt und den Staatsanwalt des Nachbarbezirks Jefferson County vergiftet und versucht, die Trinkwasserversorgung von The Dalles zu kontaminieren. Außerdem habe sie in einem geheimen Labor Experimente an weißen Mäusen durchgeführt, in denen sie Toxine testete, mit denen sich Menschen langsam und ohne äußerlich sichtbare Spuren würden umbringen lassen. Er forderte eine offizielle Untersuchung durch die Regierung.

Auf die Anschuldigungen des Gurus hin bildete die Bundespolizei zusammen mit der Polizei des Staates Oregon eine Task Force unter der Leitung von Dave Frohmaker, des Justizministers von Oregon, der FBI-Beamte, Angehörige der regionalen und staatlichen Polizei, das Büro des Sheriffs, die Einwanderungs- und Einbürgerungsbehörde und die Nationalgarde angehörten.[12]

Zivilbeamte und Polizei richteten ihr Hauptquartier auf der Ranch ein, dies allerdings auf ausdrückliche Einladung des Bhagwans. Dennoch mussten sie über den Zugang zu jedem einzelnen Eckchen und Winkel in jedem Raum eines jeden Gebäudes, in dem sie sich umzusehen gedachten, umständliche Verhandlungen führen. In den folgenden Wochen wurde ihnen des Bhagwans Segen so oft zuteil und wieder verweigert, dass sie schließlich zu der Einsicht gelangten, es bedürfe einer größeren Autorität ihrerseits, wollten sie hinreichend Beweismaterial zusammentragen, damit ihre Anklagen vor Gericht Bestand hätten. Die Polizei hatte allen Anlass zur Sorge: Die Sanyasin hatten die provisorischen Büros mit Wanzen bestückt und hörten heimlich jedes Telefongespräch mit den Kollegen in Washington bzw. in Oregons Hauptstadt Salem ab. Außerdem vernichteten sie unablässig Indizien, unter anderem auch medizinisches Beweismaterial für ihre Vergehen.

Am 2. Oktober erschienen etwa fünfzig mit Durchsuchungsbefehlen ausgestattete Beamte mit hundert Vorladungen für einzelne Sanyasin und der Genehmigung zur Durchsuchung von sieben Einrichtungen der Ranch, unter anderem der Pythagoras Medical Clinic und der Rajneesh Medical Corporation sowie eines Geheimzimmers unter Sheelas Haus, aus dem ein Tunnel zu einer nahe gelegenen Straße führte. Im Labor der Klinik fand Michael Skeels, der Laborleiter des staatlichen Gesundheitsamtes, Glasröhrchen mit sogenannten »Bactrol disks« von Salmonellenkulturen, die Ma Anand Puja, eine Krankenschwester, bei der in Seattle ansässigen Pharmafirma VWR Scientific bestellt hatte. Solche »disks« enthalten gefriergetrocknete Mikroorganismen – Krankheitserreger vor allem – in gepresster Form und werden in der Regel für diagnostische Zwecke verwendet. Als Experte für biologische Waffen kannte Skeels die »disks« und andere Substanzen aus seinem eigenen Labor bei den CDC in Atlanta. Die Analysen ergaben, dass die Salmonellen auf den Platten identisch waren mit jenen, an denen im Jahr zuvor die Einwohner von The Dalles erkrankt waren. Skeels hatte das biologische Äquivalent eines rauchenden Colts gefunden.[13] Das Salmonellenmysterium schien gelöst.

Dass die Krankheitsfälle von The Dalles nicht als Bioterrorismus erkannt wurden, überrascht nicht. Robert V. Tauxe, ein Wissenschaftler von den CDC, der an der Untersuchung der Epidemie beteiligt gewesen war, erklärte, die Biodetektive seien durch Dr. Fosters besorgte Äußerungen über die vermeintliche Bigotterie des Umfelds verunsichert gewesen und sie seien mit dem festen Vorsatz an die Untersuchung herangegangen, auf keinen Fall voreilige Schlüsse zu ziehen. Die Krankheitsfälle hätten, so erklärte er, ohne weiteres durch eine natürliche Häufung von Salmonellen ausgelöst werden können. Schließlich hat dieses erstaunlich komplexe Bakterium schon weit größere, sehr viel aggressivere Epidemien ausgelöst. Im Jahre 1986 kam es bei einem Vorfall in einem Chicagoer Milchverarbeitungsbetrieb zu siebzehntausend bestätigten Fällen. Die Wissenschaftler hatten sich daran gewöhnt, den Mikroorganismus und seine Fähigkeit, »dazwischenzufunken«, zu respektieren. Salmonellen erteilten den Forschern immer wieder neue Lehren. »Es ist selten vorgekommen, dass wir böse Absichten zu unterstellen hatten, wo doch in aller Regel Pech und Dummheit ausreichen«, erklärte Tauxe. Hinzu kam, dass die erste Reaktion der Untersuchungsbeamten – die Schließung der Salatbars – genau die richtige gewesen war, wenn auch aus den falschen Gründen.

Erfahrene Wissenschaftler und Ärzte werden darauf trainiert, Krankheiten zu analysieren, indem sie bei einer geheimnisvollen

Häufung von Erkrankungen zunächst einmal die wahrscheinlichsten Ursachen durchgehen. »Wenn etwas wie ein Pferd aussieht, dann denke nicht an Zebras«, wird ihnen beigebracht. Im Jahre 1984 war Bioterrorismus für amerikanische Wissenschaftler in der Tat ein Zebra. Warum sollte jemand den unschuldigen Einwohnern einer entlegenen Kleinstadt in Oregon Schaden zufügen wollen?

»Nennen Sie uns ruhig naiv«, erklärte Lutgens Jahre später, »aber wir hätten uns nie träumen lassen, dass Menschen so etwas tun können. Im Paradies rechnen Sie nicht mit Bioterrorismus.«

Je weiter die Untersuchung gedieh, desto mehr Anlass zum Staunen hatten der FBI-Beamte Lynn Enyart, der die Untersuchungen in Oregon leitete, und Robert Hamilton, der leitende Staatsanwalt, der die Task Force koordinierte, in Anbetracht des Ausmaßes und der Tragweite der kriminellen Machenschaften der Sektenmitglieder.

Die Untersuchungsbeamten deckten auf, was bis heute als größtes illegales elektronisches Abhörsystem in der amerikanischen Geschichte gelten kann. Bereits 1983, ein Jahr also vor den Salmonelleninfektionen, hatte ein Sicherheitsteam der Rajneeshees begonnen, ganze Zimmerfluchten in ihrem Hotel, viele Wohnungen ihrer Schüler, die öffentlichen Fernsprecher der Ranch, das Café »Zorba the Buddha« und sogar Bhagwans Schlafzimmer mit Abhörgeräten auszustatten.

Ihnen fiel auch eine Liste von weiteren, in den Jahren 1984 und 1985 geplanten Anschlägen in die Hände, bei denen Personen, die auf einer elf Namen umfassenden Feindesliste aufgeführt waren, hätten umgebracht oder infiziert werden sollen – darunter Staatsanwalt Charles Turner, mehrere Beamte der Kreisverwaltung, ein früherer Anhänger, der einen Prozess gegen die Sekte gewonnen hatte, und eine Journalistin von der Zeitung *Oregonian*.

Zwei führende Mitglieder der Sekte begannen als Gegenleistung für die ihnen zugesicherte Verringerung ihres Strafmaßes mit der

Polizei zusammenzuarbeiten und berichteten den Untersuchungsbeamten, wie Sheela und ihre Vertrauten Rivalen und Dissidenten innerhalb der Sekte aufgespürt und vergiftet hatten.

Die Untersuchung ergab schließlich zweifelsfrei, dass die Sekte in den Jahren 1984 und 1985 mit Giften, Chemikalien und Bakterien experimentiert hatte. Die Biowaffenexpertin der Kommune war eine 38-jährige amerikanische Krankenschwester philippinischer Abstammung, die seit den Tagen im indischen Poona eine enge Vertraute Sheelas gewesen war. Ma Anand Puja, deren wirklicher Name Diane Ivonne Onang lautete, überwachte die medizinische Versorgung der Kommune. Als eine der »Big Moms«, wie die drei führenden Frauen der Kommune auch genannt wurden, verfügte Puja über eine ungeheure Macht.

Die stämmige, untersetzte Frau mit den eng zusammenstehenden Augen, dem eingefrorenen höhnischen Lächeln und dem blauschwarzen Haar wurde von manchen Sanyasin auch »Schwester Mengele« genannt. Sie war besessen von dem Gedanken an Gifte, Krankheitserreger und Krankheiten.

David Berry Knapp, der Bürgermeister von Rajneeshpuram, dort bekannt unter dem Namen Krishna Deva oder K. D., sagte später, als man ihn in das Zeugenschutzprogramm der amerikanischen Regierung aufgenommen hatte, für die Anklage aus. Er berichtete, dass Puja viele der häufig geistig verwirrten, gewalttätigen Obdachlosen, die die Sekte auf die Ranch geholt hatte, um die Wahl für sich zu entscheiden, mit Haldol, einem starken Psychopharmakon, behandelt habe.[14] Auf Anweisung von Puja und Sheela hatten Sanyasin das verschreibungspflichtige Medikament mit Hilfe von Injektionsnadeln in Bierfässer injiziert und auch den an die Obdachlosen ausgeschenkten Tee damit versehen. Sie hatten es ihnen sogar in den Kartoffelbrei gerührt.

Ein anderer Kronzeuge berichtete den Anklägern, Puja habe, als die Gesundheitsbehörden wegen des hohen Haldol-Verbrauchs nachfragten, ihre Mitarbeiter dazu veranlasst, Krankenberichte zu fälschen, um dessen tatsächliche Verwendung zu verschleiern.

Einige hatten es daraufhin vorgezogen, die Sekte zu verlassen, um nicht mit dem Gesetz in Konflikt zu geraten.[15]
Puja war verantwortlich für den Einkauf rezept- und apothekenpflichtiger Arzneimittel, die die Rajneesh Medical Corporation in der Krankenhausapotheke der Pythagoras Clinic vorrätig hielt, und für die Beschaffung medizinischer Gerätschaften. Da sie einer Pharmafirma vorstand, war es ihr nicht nur möglich, von kommerziellen Lieferanten wie VWR Scientific solche Produkte zu erwerben, sondern sie konnte obendrein pathogene Organismen aus der American Type Culture Collection anfordern, einer riesigen privaten Kulturensammlung, deren Sitz zunächst in Maryland und später in Virginia war und bei der Ärzte, Kliniken und Labors für ihre Forschung und zu diagnostischen Zwecken Krankheitserreger bestellen konnten.
Aus einem Lieferschein der ATCC geht hervor, dass die Sekte eine ganze Palette an pathogenen Keimen angefordert hatte, unter anderem den Typhuserreger *Salmonella typhi*, der im Falle einer Infektion mindestens zwei Wochen lang anhaltendes hohes Fieber zur Folge hat und nicht selten tödlich wirkt.[16,17] Wäre statt *Salmonella typhimurium* dieser Erreger zum Einsatz gekommen, so Skeels, wären bei der Epidemie mit an Sicherheit grenzender Wahrscheinlichkeit Menschen ums Leben gekommen.
Der Lieferschein führt auch *Salmonella paratyphi* auf, der einen ähnlichen, wenn auch nicht ganz so schweren Krankheitsverlauf zur Folge hat, und, was besonders erstaunt, *Francisella tularensis*, den Erreger der Tularämie, einer kräftezehrenden, manchmal tödlichen Krankheit mit hohem Fieber.[18] Wissenschaftler der amerikanischen Streitkräfte hatten *F. tularensis* in den fünfziger Jahren zur Waffe entwickelt, und noch heute steht es auf der nationalen Gefahrenliste jener Erreger, die ein Feind bei einem potentiellen Angriff mit biologischen Waffen womöglich einsetzen könnte.
Schließlich hatte Puja noch Lieferungen von *Enterobacter cloacae*, *Neisseria gonorrhoe* und *Shigella dysenteriae* erhalten.[19] Bei Shigella reichen weniger als hundert Organismen, um eine schwere Durchfallerkrankung auszulösen – heftige Durchfälle mit blutig

schleimigem Stuhl und schweren Krämpfen –, die sogar bei zuvor gesunden Menschen in zehn bis zwanzig Prozent aller Fälle zum Tode führt.

Der Lieferschein war datiert auf den 25. September 1984, das heißt, die Erreger müssen zwischen den beiden Erkrankungswellen der Salmonellenepidemie geliefert worden sein.

Von den aus der Kulturensammlung bestellten Erregern wurde kein einziger auf der Ranch gefunden und die ganze Tragweite dieser Bestellung erlangte wenig Beachtung. Die Untersuchung wurde mehr als ein Jahr nach den Infektionen geführt, die Sekte hatte demnach reichlich Zeit, Beweismaterial zu vernichten, bevor die Behörden mit ihren Durchsuchungsbefehlen eintrafen. Auch wurde versäumt, den Mitarbeitern des Gesundheitsamtes die bei der Durchsuchung beschlagnahmten Lieferscheine vorzulegen, deren Bedeutung mit Sicherheit erkannt worden wäre. Den Experten, die Jahre später diese Bestellungen zu Gesicht bekamen, mussten sowohl die Erreger als auch der Zeitpunkt ihrer Lieferung an die Ranch höchst verdächtig erscheinen. Skeels erklärte, dass *Francisella tularensis*, *Salmonella typhi*, *Salmonella paratyphi* und *Shigella dysenteriae* in einem diagnostischen Labor von der Größe dessen, das Puja zur Verfügung stand, ganz und gar unnötig seien. Und jeder dieser Erreger hätte, so sagte er, als Biowaffe eingesetzt werden können.

Besonders faszinierte Puja offenbar das AIDS-Virus, über das zur damaligen Zeit noch relativ wenig bekannt war.[20] Der Bhagwan hatte prophezeit, dass dieser Erreger zwei Drittel der Weltbevölkerung das Leben kosten werde. Für Puja schien es das Mittel der Wahl zur Ausübung von Druck und Kontrolle. Sie hatte offenbar wiederholt versucht, es zu kultivieren, um es als biologische Waffen gegen die immer stärker werdenden Reihen der Gegner ihrer Sekte zu verwenden. Dass ihr dies allem Anschein nach nicht gelang, ist mit Sicherheit nicht auf mangelnden Einsatz ihrerseits zurückzuführen. Als einer ihrer technischen Assistenten auf der Ranch ihr erklärte, dass es dem Labor an der notwendigen Ausstattung fehle, das Virus für den Einsatz als Biowaffe zu stabilisie-

ren und zu trocknen, erwarb die Firma im September 1984 umgehend eine Gefriertrocknungsanlage.
Experten bezweifelten, dass Puja das Wissen, die Erfahrung und die notwendige Ausrüstung zur Kultivierung von AIDS-Viren oder anderer der von ihr bestellten Krankheitserreger gehabt habe. Doch mehrere Sanyasin sagten der Polizei gegenüber aus, dass sie in mindestens einem Falle Blut, das sie einem HIV-positiven Obdachlosen abgenommen hatte, einem rivalisierenden Sektenmitglied injiziert habe. Das Schicksal des Mannes ist nicht bekannt.

Die Untersuchungsbeamten des Staates Oregon und der Bundespolizei kamen schließlich zu dem Schluss, dass sich der Plan, die Bewohner von The Dalles mit einem biologischen Agens zu vergiften, an dem ungefähr ein Dutzend Personen beteiligt waren, aus dem Rechtsstreit zwischen der Sekte und dem Bezirk ergeben hatte und dass er aus der Entschlossenheit der Rajneeshees resultierte, die Bezirksregierung bei den Novemberwahlen unter ihre Kontrolle zu bringen.
Irgendwann im Frühjahr 1984 soll, eidesstattlichen Versicherungen aus den Jahren 1985 und 1986 und verschiedenen Zeugenaussagen vor Gericht zufolge, der innere Kreis wiederholt darüber nachgedacht haben, wie die etwa viertausend Mitglieder der Kommune die knapp zwanzigtausend Einwohner von Wasco County an der Wahl hindern könnten. Bei einem der Treffen versteifte sich Sheela auf die Idee, die Nichtsektenmitglieder außer Gefecht zu setzen, damit sie nicht zur Abstimmung würden gehen können. Mit Puja zusammen begann sie, Bücher zu lesen wie *How to kill: Volumes 1-4* und *Handbook of Poisons*, in denen sie Bakterien zu finden hoffte, die die Menschen krank machten, aber nicht umbrachten. Obendrein fragten sie einen Urologen an Pujas Klinik nach Giften und Bakterien, deren vorsätzliche Verabreichung schwer nachzuweisen sei. Der Urologe schöpfte angeblich keinerlei Verdacht, denn ihm wurde erzählt, dass die Frauen lediglich versuchten, die Kommune gegen biologische Angriffe seitens der

vielen Feinde der Rajneeshees zu schützen, und nannte Salmonellen als eine von mehreren Möglichkeiten.
Rajneesheepurams Bürgermeister K. D. erwähnte einem anderen Sektenmitglied gegenüber, dass Puja auch Experimente mit einem Hepatitisvirus durchgeführt hatte, das sie ursprünglich zur Infektion der einheimischen Bevölkerung hatte verwenden wollen.[21] Sie hatte auch erwogen, den Typhuserreger *Salmonella typhi* einzusetzen, den sie ebenfalls für das Labor erwarb. Doch eine Laborassistentin der Rajneesh Medical Corporation gab zu bedenken, dass Bestellungen für den Typhuserreger leicht zurückzuverfolgen wären, wenn es zu einer Epidemie käme. Soweit K. D. informiert war, wurde der Plan nie ausgeführt.
K. D. sagte zudem aus, dass Puja auch erwogen hatte, die Menschen zu infizieren, indem sie das Trinkwasser mit toten Nagetieren – Ratten und Mäusen – verseuchte. Sie war der Ansicht, dass tote Biber besonders wirkungsvoll waren, da sie von Natur aus einen Krankheitserreger beherbergten – *Giardia lamblia*, einen weiteren Durchfallerreger.[22] Als die anderen Beteiligten einwandten, dass Trinkwasserbehälter schließlich mit Filtern geschützt seien, schlug jemand »im Scherz« vor, den Biber in einen Mixer zu stecken und zu pürieren.
Sheela und Puja entschieden sich schließlich und endlich für *Salmonella typhimurium* als Biowaffe der Wahl. Der von ihnen verwendete Stamm trug in der American Type Culture Collection die Bezeichnung 14028.[23] Bevor sie im Frühjahr 1984 mit der Planung begann, bestellte die Sekte bei der in Seattle ansässigen Firma VWR Scientific besagte »Bactrol disks«. Aus den in den »disks« enthaltenen Bakterien kultivierte Puja in einer Abteilung ihres Labors, das als »chinesische Wäscherei« bekannt war, große Mengen des Erregers. Ava Kay Avalos, eine weitere wichtige Zeugin, innerhalb der Sekte bekannt unter dem Namen Ma Ava, der man ebenfalls in weiten Teilen Straffreiheit zugesichert hatte, berichtete, dass das Labor auf Drängen einer anderen technischen Assistentin später verlegt worden sei, und zwar in einen isolierteren Teil der Ranch, einen Komplex, der näher an den Gebäuden lag, in denen

sich die Leute mit AIDS und anderen Infektionskrankheiten aufhielten.
Die Produktionseinheit mit Handschuhen, Masken, weißen Kitteln, Spritzen, Containern, einem großen Gerät zum Gefriertrocknen und einem kleinen grünen Kühlschrank, in dem Puja die Platten mit den Salmonellenkulturen aufbewahrte, war in zwei Räumen untergebracht.

K.D. und Ava sagten später unter Eid aus, zu den ersten biologischen Kriegern der Sekte gehört zu haben. Puja und Sheela mussten ihr Produkt im Sommer und Herbst 1984 testen, um sicherzustellen, dass die Bakterien später die Wähler auch wirklich in großer Zahl matt setzen würden.
Avas Kommando erwies sich als das talentiertere der beiden. Im Jahr zuvor hatten Puja und Sheela ihr ein Röhrchen mit hellbraunem »trübem Wasser« von fauligem Geruch gegeben und sie in das Café »Zorba the Buddha« geschickt, um Richter Hulse zu vergiften, der dort vor seinem Routinebesuch auf der Ranch zu Mittag aß.[24] Sie fürchtete zwar anfänglich, Hulse könnte durch die Färbung oder den fauligen Geruch des Wassers, das sie ihm servierte, misstrauisch werden, aber er hegte keinerlei Verdacht, sondern bedankte sich bei ihr sogar für den Service. Bei seiner »Reifenpanne« während des Besuchs auf der Ranch erhielt er den zweiten Salmonellencocktail.
Obwohl die Ankläger die Vergiftungen vom Herbst 1984 nur in vier der zehn betroffenen Restaurants und einem Supermarkt im Westen von The Dalles nachweisen konnten, waren sie davon überzeugt, dass die Sanyasin in Salem, Portland und anderen Städten Oregons ähnliche Anschläge verübt hatten. Die Planer hatten sich damit gebrüstet, eine Privatklinik und sogar die Salattheke im Mid-Columbia Medical Center im Visier gehabt zu haben, die angeblich von zwei Rajneeshees kontaminiert worden seien, doch diese Versuche konnten vor Gericht nie nachgewiesen werden.[25]
Im Herbst 1985 lieferten K. D. und Ava vor Gericht lebhafte Dar-

stellungen ihrer Einsätze im Jahr zuvor. Die Gruppe hatte einen Lebensmittelladen aufgesucht und ihr »Salsa«, wie sie es nannten, auf dem Salat in der Gemüseabteilung verteilt. Puja hatte die Organismen ursprünglich in Milchpackungen injizieren wollen, aber K. D. erklärte, er habe ihr dies ausgeredet, weil die Kunden womöglich merken könnten, dass die Packungen manipuliert worden waren.

Zur gleichen Zeit hatten nach Aussage von K. D. und Ava andere Sanyasin, die meisten von ihnen in neutral gefärbter Kleidung und mit Perücken zurechtgemacht, Salmonellen in die Kaffeesahne von Restaurants und in besagte Gorgonzolasoße gegeben, wieder andere hatten die Bakterien auf Obst und Gemüse verschiedener Salatbuffets verteilt, auf Lebensmittel also, die selbst diesen recht zähen Keimen nicht gerade paradiesische Bedingungen boten.

Um diejenigen zu motivieren, die daran zweifelten, dass ihr Guru die Vergiftungsaktionen gutheißen würde, hatte Sheela den Jüngern auf einer Zusammenkunft in jenem Herbst Teile aus einer mitgeschnittenen Unterhaltung mit dem Bhagwan vorgespielt. Sie hörten, wie Sheela ihren »erleuchteten Meister« fragte, was mit Leuten zu geschehen habe, die seiner Vision im Wege stünden. K. D., der bei diesem Treffen zugegen war, bezeugte, er habe gehört, wie der Bhagwan geantwortet habe, dass auch Hitler missverstanden worden sei, als er versucht habe, den neuen Menschen zu schaffen. Hitler, so habe der Bhagwan erklärt, »war ein Genie«, dessen einziger Fehler darin bestanden habe, »die Russen anzugreifen und sich auf einen Zwei-Fronten-Krieg einzulassen«.

»Wenn etwas getan werden muss, um die Vision [Bhagwans] zu erhalten, dann tut es«, soll der Guru K. D.s Worten zufolge auf dem Tonband geantwortet haben. Sheela hatte dies dahingehend interpretiert, dass es in Ordnung ginge, im Namen des Gurus Menschen umzubringen. Wenn ein paar Menschen sterben müssten, damit die Botschaft des Bhagwan gehört würde, müssten sich die Jünger »nicht den Kopf zerbrechen«, erklärte Sheela den Zweiflern bei jenem Treffen. Wenn die Kommune zu wählen hätte zwischen tausend Nichterleuchteten oder ihrem erleuchteten Meister,

fügte sie hinzu, »solltet ihr euch stets für den erleuchteten Meister entscheiden«. Falls nötig, so habe Sheela Avas Erinnerung nach gesagt, »müssen eben tausend Leute sterben«.
Am Ende entschieden Sheela und Puja dann doch, dass kein Massenmord nötig sei, um die Wahlen zu gewinnen. Nachdem sie im Herbst 1984 mindestens 751 Personen erfolgreich infiziert hatten – ein Testlauf für die kommende Wahl –, weiteten sie im Oktober ihre Bestrebungen aus, weitere Obdachlose einfliegen und als Wähler registrieren zu lassen.
Doch den Behörden von Wasco County gelang es, sie auszuhebeln. Kurz vor Ende der Einschreibefrist stellten sich die Bezirksbehörden, denen die verdächtig große Zahl an Neuregistrierungen aufgefallen war, auf den Standpunkt, dass künftige Neuwähler von einer Sonderkommission zu befragen seien. Die Sekte war sich darüber im klaren, dass die Obdachlosen diese Überprüfung nie bestehen würden, und sah sowohl von den Vergiftungen als auch von dem Registrierungsplan ab. Die meisten Sektenmitglieder ließen sich nicht einmal selbst registrieren.
Die Einwohner von Wasco County hingegen, denen aufging, dass ihre Region in Gefahr war, trugen sich eifrig als Wähler ein und stimmten in Rekordzahl ab. Die Wahlbeteiligung im November 1984 war die höchste in der Geschichte Oregons. Die von den Rajneeshees unterstützten Kandidaten erlitten eine empfindliche Niederlage.

Am Sonntag, den 27. Oktober 1985, erhielt David Frohnmayer einen Anruf von Charles Turner, jenem Staatsanwalt aus Portland, den Sheela und ihre Getreuen in jenem Jahr im Visier gehabt und beinahe umgebracht hatten. »Der Bhagwan ist weg!«, rief er. »Er ist geflohen!«
Die Anwälte des Bhagwan waren sich darüber im klaren, dass der Guru der Umgehung der Einwanderungsgesetze angeklagt werden würde, und hatten mit den Bundesbehörden die Bedingungen für die Auslieferung ihres Klienten auszuhandeln versucht. Unterdessen hatte der Chef des regionalen FBI-Büros einen Plan zur

Ergreifung des Bhagwan ausgearbeitet, falls diese Gespräche fehlschlagen sollten, was sehr wahrscheinlich schien.[26]
Frohnmayer und manch anderer fürchtete, dass ein Blutvergießen unvermeidlich wäre, sollte das FBI diesen Plan durchführen. Außer durch die sechzigköpfige, schwer bewaffnete »Peace Force« von Rajneeshpuram wurde der Guru zusätzlich durch Uzis und Kalaschnikows schwingende persönliche Leibwächter beschützt, die bereit waren, ihr Leben für ihn zu geben.
Der Guru, dem offenbar entgangen war, dass ihm die Polizei dicht auf den Fersen war, wurde augenblicklich verhaftet, als sein kleiner Jet in Charlotte, North Carolina, landete. Er war in Begleitung einer kleinen Gruppe von Jüngern, außerdem fanden die Beamten einundzwanzig Koffer, in denen unter anderem ein Revolver, 58 522 Dollar in verschiedenen Währungen, fünfunddreißig juwelenbesetzte Armbanduhren und siebzehn Designerbrillen gelagert waren. Damit nicht genug, hatten es die Jünger sogar fertig gebracht, Bhagwans Thron ins Flugzeug zu hieven.
Am Tag der Verhaftung des Bhagwan nahm die deutsche Polizei Sheela, Puja und einen weiteren Sektenführer in einem Nobelhotel fest, und die Auslieferungsverhandlungen nahmen ihren Lauf. In den folgenden Monaten wurde von den Behörden eine Flut von belastendem Material vorgelegt. Da es zu jener Zeit noch keine Anti-Terror-Gesetze gab, erhoben die FBI-Untersuchungsbeamten Anklage gegen die Sektierer wegen Verstoßes gegen die Einwanderungsgesetze sowie gegen eine Verbraucherschutzverordnung, die der Kongress 1982 als Reaktion auf eine Vergiftung von Tylenol-Kapseln erlassen hatte.
Sheela und Puja, die beide von Deutschland ausgeliefert worden waren, erhoben im Sommer 1986 keine größeren Einwände gegen die Anklage wegen versuchten Mordes, illegalen Abhörens, der Vergiftung von Richter Hulse, der Urheberschaft der Salmonelleninfektion in The Dalles und anderer Delikte. Beide Frauen wurden zur Höchststrafe von zwanzig Jahren verurteilt. Sheela wurde zudem mit einer Geldstrafe von ungefähr 400 000 Dollar belegt und verpflichtet, dem Bezirk Wasco County 69 353,31 Dol-

lar Entschädigung zu zahlen. Doch durch kluges Taktieren hatten beide Frauen am Ende weniger als vier Jahre in einem Bundesgefängnis in Pleasanton, Kalifornien, einem Gefängnis für nicht gewalttätige Delinquenten, abzusitzen. Noch während der Staat Oregon versuchte, weitere Strafmaßnahmen gegen die beiden zu erwirken, die anzuwenden wären, sobald die auf Bundesebene verhängten abgebüßt sein würden, wurden Sheela und Puja wegen guter Führung vorzeitig entlassen und ergriffen, noch bevor das Justizministerium zugreifen konnte, die Gelegenheit zur Flucht nach Europa.

Die meisten der von der Kontamination betroffenen Restaurants erholten sich geschäftlich von diesen Vorfällen nicht mehr. Dave Lutgens, der zunächst überhaupt keinen Umsatz mehr zu verzeichnen hatte, änderte den Namen seines Restaurants. »Dave's Hometown Pizza« war das einzige Restaurant, das auch lange nach den Anschlägen noch an seinem ursprünglichen Standort und unter seinen ursprünglichen Besitzern weiter existierte.

Den Anschlägen der Rajneeshees ist seinerzeit nicht allzu viel Aufmerksamkeit zuteil geworden. Sie fanden vor der Ära konkurrierender Privatsender mit vierundzwanzigstündigen Nachrichtenprogrammen statt. Es gab keinen Aufschrei in Oregon, der die Zuschauer an die Fernsehgeräte fesselte, keine Nonstop-Dokumentation über Opfer, die sich entkräftet ins nächste Krankenhaus schleppten. Die strafrechtliche Verfolgung der Sektierer erfolgte an der Pazifikküste im Nordwesten des Landes, weit weg von Amerikas Medienzentren. Dave Frohnmayer, der Justizminister des Staates Oregon, hatte seine einflussreichen Freunde im Justizministerium und im Weißen Haus nicht für den Fall interessieren können. Und als die Gesundheitsbehörden sich darüber klar wurden, wie leicht es für die Rajneeshees gewesen war, die Infektion zu verbreiten, fassten sie den Entschluss, die Chronik der Ereignisse nicht zu veröffentlichen. Niemand wollte Trittbrettfahrern ein Modell liefern.

Dennoch ist die Bedeutung dieses Falles nicht hoch genug einzu-

schätzen. Es handelte sich um den ersten groß angelegten terroristischen Einsatz von Krankheitserregern auf amerikanischem Boden, die Zusammenführung moderner Phänomene mit uralten Mitteln der Zerstörung. Der ungewöhnliche Fall offenbarte eine Reihe schwerwiegender Mängel: Wie leicht es beispielsweise ist, sich pathogene Organismen aus einer Kulturensammlung zu verschaffen. Das Rajneeshee-Labor hatte sich wegen seiner geringen Größe nie beim Staat registrieren lassen müssen. Sein Status als Medizinunternehmen reichte jedoch aus, die Krankheitserreger legal erwerben zu können. Doch bisher haben die Giftangriffe der Sekte, laut Auskunft der Behörden, weder hinsichtlich der Gesetzgebung in den Einzelstaaten und auf Bundesebene noch, soweit sich das beurteilen lässt, beim Procedere der Kulturensammlungen irgendwelche Veränderungen nach sich gezogen.
Der Fall legte noch ein weiteres Problem offen. Die Zusammenarbeit zwischen den Ermittlern aus den Reihen der Polizei und ihren Kollegen aus der Wissenschaft gestaltete sich schwierig, glich einem Zusammenprall zweier Welten. Informationen wurden nicht ausgetauscht, Chancen nicht genutzt. Schon der Nachweis, dass überhaupt ein Verbrechen stattgefunden hatte, erwies sich als schwierig. Selbst für das geschulte Auge wirken eine Epidemie aufgrund natürlicher Ursachen und ein biologischer Anschlag zunächst einmal höchst ähnlich: Viele Menschen werden krank. Die Untersuchung machte deutlich, wie wichtig Insider-Informationen sind. Die Ermittler vermochten den Fall erst zu lösen, als einige Sektenmitglieder freiwillig ihre Taten gestanden.
Im Verborgenen fragte sich eine Handvoll Experten und Bundesbeamter, die sich der Gefahr durch Biowaffen bewusst waren, ob der Angriff in Oregon eine Ausnahme darstellte oder nicht eher ein Vorbote kommenden Unheils war.

Kapitel 2
Der Krieger

Bereits Jahrzehnte, bevor die Rajneeshees mit ihren Experimenten begannen, konnten die Vereinigten Staaten und die Sowjetunion als Veteranen im Umwandeln von Krankheitserregern in Waffen gelten. Sie hatten sich ein riesiges Arsenal zugelegt, mit dem sich Millionen Menschen in ihrer Gesundheit beeinträchtigen oder töten ließen. Es hatte einiges dazugehört. Einer der wichtigsten Problemlöser auf amerikanischer Seite war Bill Patrick gewesen. Zwei Jahrzehnte hindurch hatte er in Fort Detrick, Maryland, jenem sich unablässig vergrößernden amerikanischen Militärstützpunkt zur Entwicklung biologischer Waffensysteme, geforscht. Er hatte fünf Patente erwirkt und war zum Chef einer Abteilung avanciert, die sich als »Produktentwicklung« bezeichnete. Als Präsident Nixon das Programm im Jahre 1969 plötzlich beendete, blieb er in Fort Detrick und arbeitete an Strategien zur Verteidigung im Falle eines biologischen Anschlags.

Als das FBI also einen Spitzenfachmann brauchte, um die Anschläge der Rajneeshees und das Vorgehen der Sekte zu untersuchen, wandte es sich an Patrick. Bei seiner Reise nach Oregon Ende 1985 argwöhnte dieser rasch, dass die Sekte für die Seuche verantwortlich sein musste. Er fand, ein Fermenter war für ein Krankenhaus ein eher ungewöhnlicher Ausrüstungsgegenstand. Patrick kannte sich mit Salmonellen gut aus. Die Wissenschaftler in Detrick hatten das Bakterium als Waffe in Betracht gezogen, mindestens ein Mitarbeiter war dabei erkrankt.[1]

Je mehr sich die Hinweise häuften, desto deutlicher erkannte Patrick, dass die Bewohner von The Dalles einem ziemlich dilettantischen Anschlag mit Biowaffen zum Opfer gefallen waren. Die Rajneesh-Bande hatte einen der harmlosesten Erreger gewählt und überdies die Übertragung auf dem Luftweg, die herkömmliche und

effizienteste Möglichkeit der Verbreitung von Mikoroorganismen zu kriegerischen Zwecken, außer acht gelassen. Erreger zu züchten ist einfach, das Verfahren ähnelt ein bisschen dem Bierbrauen. Die Feinheiten der weiteren biologischen Manipulation – das Trocknen der Bakterien, ihre Beschichtung mit speziellen Substanzen, die die Erreger widerstandsfähig und stabil genug machen, damit sie als Aerosolnebel über weite Distanzen versprüht werden können, die langfristige Aufrechterhaltung der Infektiosität – waren es, die aus Krankheitserregern tödliche Waffen machten.
Seit Anfang der fünfziger Jahre hatten Patrick und seine Männer kleine biologische Zeitbomben entwickelt, die über Stunden hinweg unsichtbar wie Staub in der Luft hängen oder vom Wind über weite Entfernungen fortgetragen werden können. Die geringe Größe der Partikel sorgt dafür, dass diese beim Kontakt mit Menschen tief in die Lungen eindringen können.[2] Die natürlichen Verteidigungsmechanismen in den Atemwegen des Menschen, angefangen von den Härchen in der Nase bis hin zu den feinen Wimpern auf der Schleimhaut der Luftröhre, wehren große Partikel problemlos ab. Kleine aber huschen an ihnen vorbei. In der feuchten Atmosphäre des Lungeninneren kann ein einziger Eindringling Millionen von Nachkommen produzieren. Patrick und seine Mitarbeiter hatten auch in Erfahrung gebracht, wie sich der Inhalt der winzigen Zeitbomben so konzentrieren ließ, dass die Zerstörung möglichst vollständig wurde. Im Laufe der Zeit hatten sie es geschafft, die Wirksamkeit des Erregers von Milzbrand (Anthrax) – einer in der Regel tödlichen Erkrankung mit schwerem Husten, hohem Fieber, Atemnot, Brustschmerzen, Schweißausbrüchen und einer durch Sauerstoffmangel verursachten Blaufärbung der Haut – so zu erhöhen, dass sich in einem einzigen Liter ihres Produkts zwei Milliarden tödliche Einzeldosen konzentrieren ließen, genug, um mit ein paar Litern jeden Mann, jede Frau und jedes Kind auf dem Planeten umzubringen.[3] Ein größeres Problem bestand darin, das Ganze wirksam auszubringen; das meiste davon würde vom Wind verweht werden. Amerikanische Wissenschaftler hatten Jahrzehnte damit zugebracht, herauszufinden, wie sich

die Verbreitung tödlicher Erreger so effizient wie irgend möglich gestalten lässt.
Solcher Fortschritt hatte freilich seinen Preis. Die Beteiligten am Entwicklungsprogramm für Biowaffen testeten ihre Produkte in abgedichteten Sicherheitslabors weit draußen in der Einöde Utahs gewissenhaft an etwa eintausend amerikanischen Soldaten.[4] Außer den Angehörigen des Militärs wurden Freiwillige unter den Insassen des Staatsgefängnisses von Ohio mit den Erregern in Kontakt gebracht und sorgsam überwacht.[5] Über einigen amerikanischen Städten wurden harmlose Erreger versprüht, um die potentiellen Folgen tödlicher Organismen abschätzen zu lernen.[6]
Der Preis für den Fortschritt umfasste überdies eine Reihe von Unfällen, bei denen die Experimentatoren unfreiwillig ihre eigenen Versuchskaninchen abgaben. Frauen hielt man von Arbeiten dieser Art weitgehend fern, nachdem zwei Mitarbeiterinnen Kinder mit schweren Geburtsfehlern zur Welt gebracht hatten. Beide Kinder starben. Insgesamt wurden die Wissenschafter vierhundertsechsundfünfzig Mal Opfer ihrer eigenen Kreationen.[7] Alle bis auf drei haben überlebt.[8] Zwei Männer starben an Anthrax. Einen raffte ein bolivianischer Erreger von hämorrhagischem Fieber dahin, einer seltenen Erkrankung, bei der es zu schweren Blutungen der inneren Organe sowie aus Nase, Mund, Anus und anderen Schleimhäuten kommt. Patrick selbst erkrankte an Q-Fieber, auch unter dem Namen Balkangrippe geläufig. Diese relativ harmlose Erkrankung sollte die Gegner mit Schüttelfrost, Husten, Kopfschmerzen, Fieberphantasien und Fieber bis zu 40 °C auszehren.
Patrick bereute nichts. Nach all den Jahrzehnten, die er unter der schweren Bürde zahlloser Geheimhaltungsregeln verbracht hatte, äußerte er sich zu Beginn seines achten Lebensjahrzehnts ausgesprochen freimütig über seine Experimente, seine eigene Krankheit und die Todesfälle. All das sei in reiner Pflichterfüllung geschehen, erklärte er, stets getrieben von der Angst vor den Kommunisten. Was Moskau im Rahmen seines Biowaffenprogramms unternommen habe, sei um Längen schlimmer gewesen als alles,

was Patrick und seine Mitarbeiter sich in ihren kühnsten Visionen hätten ausmalen können.

Mit seiner Offenheit wollte Patrick Kritikern entgegentreten, die die Auffassung vertraten, der Einsatz biologischer Waffen sei unpraktikabel und zu gefährlich. Er war nicht nur darauf bedacht, eindrucksvoll zu illustrieren, welch ernsthafter Bedrohung von außerhalb die USA ausgesetzt seien, sondern bemühte sich auch redlich, deutlich zu machen, wie weit die schwarze Kunst in amerikanischen Händen bereits gediehen sei. Darüber hinaus wollte er eindringlich davor warnen, dass der Anschlag der Rajneeshees lediglich ein Vorgeschmack auf künftige Ereignisse sei. Der Terrorismus sei auf dem Vormarsch und richte sich in zunehmendem Maße gegen amerikanische Ziele. Nun arbeitete er im Alter engagiert mit mehreren Bundesbehörden zusammen, um bessere Verteidigungsstrategien zu entwickeln, wobei er sich nicht nur um die Sicherheit der Amerikaner im allgemeinen sorgte, sondern um die seiner Familie im besonderen.

Nichts in der Vergangenheit des Bill Patrick hatte darauf hingedeutet, dass er dereinst als biologischer Krieger enden würde. Am Anfang seiner Laufbahn war es sein Anliegen gewesen, Menschenleben zu retten und an jener Revolution mitzuarbeiten, durch die sich die Medizin von einer Kunst zu einer Wissenschaft weiterentwickelt hatte. Allem Anschein nach war er ein ganz normaler Mensch.

William Capers Patrick III kam am 24. Juli 1926 als einziges Kind einer Südstaatenfamilie schottisch-irischer Abstammung zur Welt. Seinen zweiten Vornamen verdankte er einem Verwandten, der als methodistischer Bischof wirkte. Seine Heimatstadt Furman in South Carolina bildete einen winzigen zivilisierten Flecken in der Tiefebene des Savannah River. Die Stadt mochte mit ihrer Einwohnerzahl von um die hundert Personen zwar ein Provinznest sein, aber sie und ihr Umland hatten alles, wovon ein Junge nur träumen konnte.

Im Zweiten Weltkrieg diente Patrick bei der Armee. Dort lernte er zum ersten Mal Penicillin kennen, das man damals gerade in größerem Umfang zur Bekämpfung von Krankheitserregern im menschlichen Körper einzusetzen begann. Fasziniert von dieser Entwicklung, beschloss er, noch einmal die Schulbank zu drücken, um Krankheiten heilen zu lernen und seinen Beitrag zum neuen Gebiet der Antibiotikamedizin zu leisten.

Seine Bachelor-Prüfung im Fach Biologie legte er im Jahre 1948 an der University of South Carolina ab. Ein Jahr später folgte die Magisterprüfung in Mikrobiologie an der University of Tennessee in Knoxville. Nach dem Studium fing er 1949 an, für eine Firma in Indiana zu arbeiten, die die neuen Wundermittel der Antibiotikamedizin herstellte. Als Mikrobiologe in der Forschung trug er dazu bei, den Weg zur Massenproduktion von Penicillin und Bacitracin zu ebnen. Der Kern seiner Arbeit bestand darin zu lernen, wie sich Mikroorganismen am besten in möglichst großen Mengen ziehen lassen und wie man aus ihnen Antibiotika extrahiert, jene natürlichen Verbindungen, mit deren Hilfe Mikroorganismen einander auf mikroskopischer Ebene gegenseitig bekriegen. Grundsätzlich trug er dazu bei, Wege zu finden, die Bakterienkolonien am Leben und vermehrungsfähig zu halten, ein Prozess, der die beständige Erneuerung der Nährstoffzufuhr und die Entfernung von Abfallprodukten des Stoffwechsels erforderlich macht.

Mit seinen Forschungen über Antibiotika trug Patrick zu einer der größten und gleichzeitig unauffälligsten Umwälzungen der Menschheitsgeschichte bei. Die Menschen im Altertum lebten im Durchschnitt zwanzig oder dreißig Jahre. Als Patrick geboren wurde, war die durchschnittliche Lebenserwartung auf über sechzig Jahre gestiegen. Und Ende des 20. Jahrhunderts sollte sie in den Industrienationen bei etwa achtzig Jahren liegen. Diese Verlängerung der menschlichen Lebensspanne ist zum großen Teil auf den Rückgang der Infektionskrankheiten zurückzuführen. Einer nach dem anderen wurden die großen Mörder der Menschheit – Pest, Cholera, Tuberkulose, Pocken, Typhus, Lepra, Diphtherie, Polio, Influenza, Ruhr, Lungenentzündung, Keuchhusten und ein Dutzend anderer Geißeln – besiegt oder zumindest gezähmt.

Eines Tages erhielt Patrick einen Anruf von einem einstigen Lehrer aus Tennessee, der für das Militär an irgendwelchen Geheimprojekten zu arbeiten begonnen hatte. Seine Arbeit, vertraute ihm sein Mentor an, befasse sich mit der Frage, auf welche Weise sich hoch pathogene Organismen einsetzen ließen, um Kriege zu verhindern oder zu gewinnen. Details dürfe er ihm nicht nennen, derlei Auskünfte seien verboten. Die Forschung aber sei aufregend. Er drängte den Biologen, sich ihm anzuschließen, appellierte an dessen Liebe zu seinem Land und seinen Sinn für das wissenschaftliche Abenteuer.

Der junge Wissenschaftler war dankbar für jede Herausforderung, überdies schmeichelte ihm das Vertrauen seines ehemaligen Lehrers. Nach einer Sicherheitsüberprüfung seiner Person, die über ein halbes Jahr in Anspruch nahm, erhielt Patrick seine Unbedenklichkeitsbescheinigung und damit die Erlaubnis, in dem damals noch als Camp Detrick bezeichneten Zentrum der amerikanischen Regierung für die Forschungen zur biologischen Kriegsführung zu arbeiten.

Krankheitserreger und das Kriegshandwerk sind seit Urzeiten alte Verbündete.[9] Skythische Bogenschützen tauchten schon vor mehr als zweitausend Jahren ihre Pfeilspitzen in Kot und faulende Kadaver, um die Gefährlichkeit ihrer Waffen zu steigern. Die Tataren des 14. Jahrhunderts schleuderten die Leichen Pesttoter über die Mauern feindlicher Städte. Im britisch-französischen Krieg um die Vorherrschaft in Nordamerika (1755–1763) teilten britische Soldaten an ihnen feindlich gesinnte Indianerstämme Wolldecken aus, die mit Pockenerregern verseucht waren. Im Ersten Weltkrieg verbreiteten die Deutschen unter der feindlichen Kavallerie Malleus oder Rotz, eine bakterielle Pferdekrankheit. Die Japaner ließen im Zweiten Weltkrieg mit Pest infizierte Flöhe auf chinesische Städte herabregnen und töteten auf diese Weise Hunderte, vielleicht sogar Tausende von Menschen.

Dennoch haben biologische Waffen, trotz gelegentlicher grausamer Erfolge, in Kriegen oder bei terroristischen Anschlägen nie eine entscheidende Rolle gespielt. Im Falle unabsichtlicher Infektionen sieht es freilich anders aus. Rund um den Globus waren die

Eroberungen der Europäer häufig nur möglich, weil es den Eingeborenen an immunologischer Widerstandskraft gegen die von den Eindringlingen eingeschleppten endemischen Krankheiten fehlte. Das gilt unter anderem für Pocken, Masern, Influenza, Typhus und Pest. Doch zu einem vorsätzlichen Einsatz von biologischen Waffen im Kriegsfalle ist es, insbesondere in der Neuzeit, relativ selten gekommen, und überdies wird er weithin als ethisch verwerflich und unmenschlich verurteilt. Dessen ungeachtet gehörten Anfang des 20. Jahrhunderts Kanada, Frankreich, Deutschland, Japan, die Sowjetunion und Großbritannien zu den vielen Ländern, die Forschungen darüber anstellten, wie sich ein biologischer Krieg führen ließe.[10]

Ihnen allen war bewusst, dass die Waffen, die sie entwickelten, sich von Bomben und Geschossen, Raketen und Granaten fundamental unterschieden. Diese Munition lebte. Sie konnte sich exponentiell vermehren und, wenn sie hoch ansteckend war, wie ein Buschfeuer ausbreiten. Noch ungewöhnlicher aber war, dass sie bei allem Kriegsgetöse im Stillen wirkte.

In den Tagen vor der Erfindung der Atombombe wurden biologische Waffen generell als ideales Mittel zur Massenvernichtung betrachtet, eines, das Land und Besitz unbeschädigt ließ. Ihr Hauptnachteil war jedoch ihre Unberechenbarkeit. Diese Waffen folgten auf dem Schlachtfeld den Gesetzen der Natur und nicht den Weisungen militärischer Befehlshaber. Vielleicht töten sie den Gegner, vielleicht schlagen sie aber auch in den Reihen der Angreifer und ihrer Verbündeten zu. Am besten ließen sie sich offenbar gegen einen weit entfernten Feind zum Einsatz bringen, weil sich damit die Gefahr verringerte, dass sie zurückschlugen.

Als Reaktion auf Geheimdienstmeldungen, denen zufolge Tokio und Berlin über biologische Waffen verfügten, begann Washington im Jahre 1942 gegen biologische Anschläge mobil zu machen. Präsident Franklin D. Roosevelt verurteilte in aller Öffentlichkeit die exotischen Waffen der Gegner Amerikas als »schrecklich und unmenschlich«, während er gleichzeitig aufrüstete, um mit den gleichen Mitteln zurückzuschlagen.[11] Der Mann der Wahl an der

Spitze des amerikanischen Geheimprogramms war George W. Merck, der Präsident der gleichnamigen Pharmafirma. Der Name Merck war ein Begriff. Für Generationen von Ärzten war *The Merck Manual* zum verlässlichen Begleiter bei der Diagnose und Behandlung von Krankheiten geworden. Sein neuestes Unterfangen aber war dazu bestimmt, im Verborgenen, nahezu unsichtbar, betrieben zu werden. Der Grad an Geheimhaltung wurde nur übertroffen von Amerikas großem Projekt zum Bau der Atombombe.[12]

Diese Biowaffeninitiative hatte ihren Hauptsitz in Camp Detrick, einem alten Militärstützpunkt im ländlichen Maryland, der nahe genug bei Washington lag, um rasch Informationen austauschen zu können, aber weit genug entfernt, um sicherzustellen, dass ein gewisser Sicherheitsabstand gewährleistet war. Die Arbeiten begannen im Jahre 1943 und weiteten sich rasch aus. Aus einem ländlichen Außenposten mitten im Ackerland entwickelte sich rasch eine dicht bevölkerte Ansiedlung aus 250 Gebäuden und Quartieren für fünftausend Menschen.[13]

Der Stützpunkt war ringsum von Wachtürmen und Zäunen umgeben, die von Flutlicht erhellt wurden.[14] Die Wachen hatten den Befehl, erst zu schießen und dann erst Fragen zu stellen, und hielten stets entsicherte Maschinenpistolen im Anschlag. Die Wissenschaftler wurden mit Pistolen ausgestattet, die sie stets bei sich trugen oder neben sich am Arbeitsplatz liegen hatten. Das Gebäude des Hauptquartiers im Herzen des Komplexes wurde rund um die Uhr von einer gesonderten Wachmannschaft geschützt. Das gesamte Personal trug Ausweise mit Fotografien der jeweiligen Passinhaber bei sich, eine Sicherheitsmaßnahme, die in den kommenden Jahrzehnten weite Verbreitung erlangen sollte. Wer den Stützpunkt verließ, hatte den Wachen seinen Ausweis auszuhändigen, behielt man ihn versehentlich bei sich, konnte dies mit Arrest und Verhör geahndet werden.

Die Wissenschaftler mühten sich mit Milzbrand-Erregern ab, mit denen sie feindliche Truppen auslöschen wollten, aber auch mit Agrarschädlingen gegen japanische Reiskulturen und den deutschen Kartoffelanbau. So standen sie beispielsweise vor der Aufgabe, den Anthrax-Erreger in seine wirksamste Form zu bringen. Sie veranlassten die stäbchenförmigen Bakterien gegen Ende ihres Wachstumszyklus durch Hitze oder einen chemischen Schock, ihre Ruheform – Sporen – zu bilden. Wenn das Verfahren richtig funktionierte, wurden die Sporen extrem hart, hitzebeständig und resistent gegen Desinfektionsmittel, Sonnenlicht und andere Umweltfaktoren. Sporen des Anthrax-Erregers, das wusste man, bleiben jahrzehntelang lebensfähig. Die Wissenschaftler ernteten die Partikel und füllten ihre Waffen damit. Sobald sie eingeatmet wurden, würden sich die Sporen wieder in Stäbchen verwandeln und eine Infektion auslösen.

Die Wissenschaftler von Fort Detrick hatten auch gelernt, wie sie die Toxine ernten konnten, die von manchen Bakterien ausgeschieden werden – eine Strategie, die keine Infektion mehr erforderte und sich stattdessen auf die direkte Verwendung tödlicher Toxine verlegte, die man unmittelbar in die feindlichen Reihen ausbringen konnte.

Eines davon war das Botulinum-Toxin, die giftigste Verbindung, die der Wissenschaft bekannt ist. Sie führt zu Muskellähmungen, unter anderem auch zur Lähmung des Zwerchfells, ohne das die Lungen nicht funktionieren können, und die Betroffenen sterben rasch. Mit der Zeit lernten die Wissenschaftler, das Botulinum-Toxin in so hoher Konzentration herzustellen, dass ein Pfund davon bei adäquater Verteilung eine Milliarde Menschen umbringen konnte.[15]

Keine der in den Vereinigten Staaten entwickelten biologischen Waffen wurde im Krieg tatsächlich eingesetzt, und in der Zeit danach verlangsamte sich das Tempo der Arbeiten merklich. Ihr Umfang wurde stark eingeschränkt. Aber sie wurden fortgeführt. Einer der Gründe dafür war die Tatsache, dass die Amerikaner einige tausend Berichte in Händen hielten, die über das Biowaffenprogramm der kaiserlichen japanischen Armee Zeugnis ablegten. Die Japaner hatten nach Ansicht westlicher Beobachter bei großflächigen Angriffen während des Zweiten Weltkriegs viele tausend Chinesen in den Dörfern und Städten der Mandschurei an Anthrax, Typhus und Pest sterben lassen.[16] Ärzte der berüchtigten 731. Einheit dieser Armee hatten überdies grausige Experimente an chinesischen und anderen Kriegsgefangenen, unter anderem an Amerikanern, durchgeführt. Sie hatten gesunde Gefangene mit Krankheitserregern infiziert, um herauszufinden, wie diese sich ausbreiten. Viele Opfer ließ man vorsätzlich verhungern oder erfrieren. Einige wurden bei lebendigem Leibe seziert. Nach dem Krieg wurden zwar neun japanische Ärzte und Krankenschwestern dafür verurteilt, dass sie in acht Fällen amerikanische Flieger viviseziert hatten, doch keiner der höheren Beamten wurde der biologischen Kriegsführung angeklagt. Und dem Chef der 731. Einheit, Shiro Ishii, und mehreren seiner Mitarbeiter wurde von den amerikanischen Behörden im Austausch gegen umfangreiche Aufzeichnungen über das japanische Biowaffenprogramm und ihre Hilfe bei dessen Entzifferung Straffreiheit zugesichert. Die wissenschaftlichen Daten wurden als absoluter Glücksfall betrachtet und sorgsam ausgewertet.

Das amerikanische Militär zeigte sich fasziniert von der Aussicht auf ein Massenvernichtungsmittel, dessen Kosten im Vergleich zu denen für chemische Waffen und die erst kürzlich entwickelte Atombombe relativ gering waren. Die amerikanische Regierung fürchtete, dass nicht nur die Sowjetunion, sondern auch jeder andere Gegner, der einen ähnlichen Vergleich anstellte, versucht sein würde, Krankheitserreger für den Kriegsfall zu entwickeln. Biowaffen galten, was ihr Zerstörungs- und Tötungspotential betraf, als mögliches Konkurrenzprodukt zu nuklearen Sprengkörpern, und manche von ihnen galten sogar als wirksamer.

In einem Geheimbericht vom Juli 1949 erläuterte eine Kommission, die aus einem Dutzend hochrangiger Fachleute der amerikanischen Regierung und Privatexperten bestand, dem US-Verteidigungsministerium, dass die Planung und Entwicklung von Biowaffen mehr Aufmerksamkeit verdiene.[17] Diese Art der Kriegsführung »steckt noch in den Kinderschuhen«, so die Kommission, aber in Bälde zu erwartende Fortschritte könnten die Effizienz dieser Waffen um einen »beträchtlichen Faktor« anheben. Biowaffen, leise, aber tödlich in ihrer Wirkung, seien ein ideales Mittel für verdeckte Angriffe. »Die große Ähnlichkeit, die die Auswirkungen solcher Sabotageakte mit natürlichen Ereignissen haben«, so die Kommission, wäre deren heimlichem Einsatz ungemein dienlich. Sie mahnte, dass biologische Anschläge auf die Vereinigten Staaten »katastrophale Folgen haben könnten«, und empfahl dringend massive Sofortprogramme zur »Verteidigung im eigenen Land, bei denen eine Zusammenarbeit zwischen den amerikanischen Bundesbehörden, den Institutionen der einzelnen Staaten und privaten Unternehmen unerlässlich ist«.

Einige Geheimdienstveteranen missbilligten die Argumentationsweise der Regierung. Theodor Rosebury, während des Krieges Mikrobiologe in Fort Detrick, geißelte Biowaffen in seinem 1949 erschienenen Buch *Pest or Pestilence.*[18] Er warnte, dass die Prognosen auf diesem Gebiet illusorisch seien und diese Munition keinen wirklichen militärischen Wert darstelle, da der Ausgang eines Angriffs mit biologischen Waffen stets unmöglich vorherzusagen oder zu kontrollieren sei. Die Bestrebungen, so sein Argument, sollten sich vielmehr darauf richten, solchen Infektionskrankheiten zu begegnen. Sein Einwand verhallte ungehört.

Im April 1951 traf Patrick auf dem Militärstützpunkt Fort Detrick am Rande der Stadt Frederick, Maryland, ein. Damals war er fünfundzwanzig.

Stacheldraht krönte die hohen Zäune. FOTOGRAFIEREN NICHT GESTATTET sagte das Schild am Eingangstor.

Bewaffnete Wachen in Alarmbereitschaft säumten das Eingangstor.

Wie alle Neuankömmlinge musste Patrick eine Verzichtserklärung unterzeichnen, die der amerikanischen Bundesregierung die Rechte an seinem Körper zusicherte, sollte er an einer Krankheit sterben, die er sich in Detrick zugezogen hatte.[19] Anschließend erhielt er eine Reihe von Impfungen, die jeder Angestellte über sich ergehen lassen musste, bevor ihm Zugang zu den »hot zones« gewährt wurde, in denen es von Krankheitserregern wimmelte.

Rasch gewöhnte er sich an die anderen überlebenswichtigen Rituale – die Einnahme von Antibiotika, das ständige Händewaschen, die allgegenwärtige Einstrahlung von UV-Licht mit einer Wellenlänge, die sich am besten zum Abtöten unliebsamer Mikroorganismen eignete. Die Vorsicht verlangte zudem Schutzhauben und Atemmasken, Gummihandschuhe und -stiefel. Oft trugen die Männer Schutzanzüge, die sie schwitzen und ihre Haut jucken ließen. Sie atmeten gereinigte Luft. Stundenlang standen sie an ihren Glasboxen mit den innen angebrachten Gummihandschuhen, mit deren Hilfe die Männer im Schutz der Box mit Glasgeschirr voller Mikroben hantieren und das Herz ihrer biologischen Bomben zusammenfügen konnten. Trotz all der Gefahren holte Patrick im Jahre 1952 seine Familie zu sich in den Stützpunkt. Dort gab es eigene Wohnquartiere, ein Kino, mehrere Restaurants und Kindertagesstätten. Das soziale Leben spielte sich rund um den Offiziersclub ab.

Patrick kam nach Detrick, als diese Anlage gerade zum Leben erwachte. Der Beginn des Kalten Krieges und der Koreakrieg veranlassten Washington, der Planung biologischer Schlachten erneut Gewicht beizumessen. Atomwaffentests mit neuen nuklearen Prototypen erschütterten bereits seit Jahren den Globus an verschiedenen Orten der Sowjetunion und der Vereinigten Staaten.

In Camp Detrick errichteten Baukolonnen eine vier Stockwerke hohe Metallkugel. Die Fachleute nannten sie »eight ball«.[20] In ihrem Inneren sollten Biowaffen zur Explosion gebracht werden und so einen feinen Nebel aus infektiösen Aerosolen freisetzen, der sich an Tieren und Menschen testen ließ. Die Arbeiter errichteten auch Gebäude 470, einen fensterlosen Fabrikprototyp zur massenhaften Herstellung von Anthrax-Erregern. Acht Stockwerke hoch, erhob es sich wie ein Wolkenkratzer über die niedrigen Gebäude ringsum.

Auf Befehl und in aller Regel heimlich schwärmten die Experten von Detrick aus, um die Verwundbarkeit ihrer Nation durch Saboteure zu testen. Die Wissenschaftler versprühten harmlose Krankheitserreger über San Francisco und ließen in der New Yorker U-Bahn mit Bakterien gefüllte Glühbirnen zerschellen, alles nur, um herauszufinden, wie weit sich pathogene Organismen in urbanen Ballungsräumen verbreiten würden. Die Erreger waren angeblich harmlos, doch Jahre später klagten Kritiker, sie hätten dennoch verborgene Epidemien ausgelöst, vor allem unter älteren und ohnehin geschwächten Menschen. Als die Armee über dem Einzugsgebiet von San Francisco *Serratia marcescens* versprüht hatte, zählte das Stanford University Hospital anschließend elf erkrankte Patienten.[21] Ein Patient starb. Die Ärzte waren derart verblüfft über diese Epidemie, dass sie darüber in einer Fachzeitschrift berichteten. Die Regierung lehnte später jede Verantwortung für den Tod des Patienten und die anderen Krankheitsfälle ab und legte dem Gericht Beweismaterial dafür vor, dass die Bakterien nicht die Ursache gewesen seien. Der wissenschaftliche Disput wurde nie gelöst.

Die Armee befasste sich auch mit der Bedrohung durch eine damals noch hypothetische Sorte von Munition, die sie als ethnische Waffe bezeichnete – Krankheitserreger, die selektiv nur Menschen bestimmter ethnischer Abstammung befallen. Besondere militärische Aufmerksamkeit richtete sich in diesem Zusammenhang auf *Coccidioides immitis*, einen Pilz, der Fieber, Schüttelfrost und Husten verursacht und, falls er nicht behandelt wird, bei Schwarzen weit häufiger zum Tode führt als bei Weißen.[22] Das Militär fürchtete, er könne gegen Stützpunkte eingesetzt werden, in denen Schwarze einen Großteil der praktischen Arbeit verrichteten. Im Jahre 1951 spielten Wissenschaftler aus Fort Detrick in mehreren Versorgungsdepots der Marine in Mechanicsburg, Pennsylvania, und Norfolk, Virginia, einen nachgestellten Angriff mit einer harmloseren Variante des ansonsten tödlichen Pilzes durch. Die Depots, so ein Bericht, beschäftigten »viele Schwarze, deren Arbeitsunfähigkeit das Funktionieren des gesamten Nachschubs gefährden könnte«.[23]

Amerikas Wissenschaftler unternahmen auch Experimente im Freien, um herauszufinden, wie sowjetische Städte mit Milzbrand-Erregern angegriffen werden könnten. Es gab Probeläufe in Saint

Louis, Minneapolis und Winnipeg, alles Städte, die man im Hinblick auf ihre Größe und ihre klimatischen Verhältnisse für vergleichbar mit den potentiellen sowjetischen Zielen hielt. Das Unternehmen trug den Decknamen Project Saint Jo.[24] Aus den geheimen Tests, bei denen 173-mal nichtinfektiöse Aerosole versprüht wurden, sollten Anhaltspunkte dafür gewonnen werden, wie viele Erreger auf Kiew, Leningrad und Moskau herabregnen müssten, um deren Bewohner zu töten. Jede Cluster-Bombe bei diesen Planspielen enthielt 536 Kapseln als Tochtergeschosse. Beim Auftreffen auf dem Boden setzte jede dieser kleinen Ladungen etwa 30 Milliliter feinen, mit Milzbranderregern getränkten Nebel frei. Unbehandelt bringt diese Krankheit fast jeden Infizierten um – sogar im Vergleich zur Pest hat sie eine extrem hohe Sterblichkeitsrate.

Es lag Schnee, und der Himmel war klar, als die Forscher in einem eigens dafür ausgerüsteten Wagen in eine Vorstadt von Minneapolis mit Wohnhäusern, kleinen Industriebetrieben, Laub- und Nadelgehölz fuhren, um ihren Testnebel freizusetzen. Nur eine leichte Brise wehte, und die Winternacht war gekennzeichnet durch eine massive Temperaturinversion: Eine Kuppel warmer Luft hielt die kalte Luft darunter gefangen. Die Messungen ergaben, dass die freigesetzten Substanzen beinahe eine ganze Meile zurücklegten. Das »Dosiergebiet«, so schrieben die Forscher in ihren Berichten, war ungewöhnlich groß.[25]

Bis zu Patricks Ankunft hatte sich Amerikas Streben nach lebenden Waffen vorzugsweise auf bakterielle Erkrankungen wie Milzbrand, Pest und Tularämie (Hasenpest) beschränkt, eine Krankheit, die einen von zwanzig Infizierten tötet und alle übrigen schwer erkranken lässt. Bei der Tularämie kommt es nicht nur zu den üblichen Schüttelfrost-, Fieber- und Hustenanfällen einer normalen Infektion, sondern obendrein zu Hautläsionen – rohes Fleisch, umgeben von rotgewölbten Rändern –, die größer sind als Pocken-Geschwüre und einen Durchmesser von bis zu zweieinhalb Zentimetern haben können.[26]

Doch die Nachteile eines Einsatzes von Bakterien als biologische

Waffen wurden immer offensichtlicher. Infektionen, die sich nach Anschlägen auf Städte oder Schlachtfelder ausbreiteten, ließen sich erfolgreich mit hohen Dosen von Antibiotika behandeln – jenen Wundermitteln, an deren Entwicklung Patrick als Forscher in der Industrie mitgewirkt hatte. Dieser Fortschritt der medizinischen Wissenschaft schmälerte die Bedeutung von Bakterien im Kriegsfalle empfindlich.

Viren stellten eine verführerische Alternative dar. Im Vergleich zu Bakterien sind sie weniger komplex gebaut und sehr viel häufiger tödlich. Den Wissenschaftlern von Detrick verhieß ihre minimale Größe ein ganzes Spektrum an potentiellen militärischen Vorzügen.

Eine menschliche Eizelle ist mit dem bloßen Auge gerade noch sichtbar. Sie hat einen Durchmesser von etwa hundert Mikrometern, das entspricht einem Zehntel Millimeter. Menschliches Haar ist fünfundsiebzig bis hundert Mikrometer dick, aber leichter zu sehen, weil es recht lang ist. Eine gewöhnliche menschliche Zelle misst ungefähr zehn Mikrometer im Durchmesser und ist per definitionem unsichtbar. Die meisten Bakterien haben einen Durchmesser von ein bis zwei Mikrometern. Sie und ihre Verwandten, etwa die Mykobakterien, gelten innerhalb der mikroskopischen Welt als die kleinsten unter den wirklich als lebendig zu bezeichnenden Dingen.

Die Größe von Viren hingegen beträgt nur ein Hundertstel, manchmal sogar nur ein Tausendstel dessen. Wenn Bakterien die Größe von Autos und Kleinlastern hätten, wären Viren etwa so groß wie ein Handy. Eines der kleineren unter ihnen, das Gelbfiebervirus, hat einen Durchmesser von nur einem Hundertstel Mikrometer. Der Erreger der Maul- und Klauenseuche ist noch kleiner. Viren sind klein, weil ihnen die meisten normalen Bestandteile und Prozesse des Lebens – Atmung und Stoffwechsel zum Beispiel – abgehen. Wissenschaftler betrachten sie daher als Wesen an der Grenze zum Leben, sehen sie eher als Roboter denn als Organismen. Um gedeihen und sich vermehren zu können, müssen Viren in eine Zelle eindringen und deren biochemische

Ausstattung – oftmals auf Kosten des Wirtes – ihren eigenen Zwecken dienstbar machen.
Im Laufe der Zeit hat diese biologische Verschwisterung Viren zu einem der gefährlichsten Gegner des Menschen werden lassen. In ihren Reihen finden sich die Verursacher von Influenza, Pocken und Ebola, jener afrikanischen Geißel, die Menschen wegen des Blutverlustes faktisch austrocknen lässt.
Wir Menschen sind machtlos gegen sie. Viren sind klein genug, um ins Innere von Zellen zu schlüpfen, wo sie vor den Angriffen des menschlichen Immunsystems geschützt sind. Milzbrand erregende Bakterien hingegen, ungeschlachte Giganten von einer Größe bis zu vier Mikrometern, müssen sich ihren Weg in den Körper hinein erkämpfen. Viele tausend von ihnen sind nötig, um einen Befall manifest werden zu lassen.
Obendrein sind Viren durch Antibiotika oder andere Waffen der Wissenschaft so gut wie nicht verletzbar, denn sie sind im großen und ganzen von ihren menschlichen Wirten nicht zu unterscheiden. Wie ein Nachschlagewerk der amerikanischen Armee es ausdrückt, sind Viren »besonders attraktiv«, weil es so wenige Therapiemöglichkeiten gegen sie gibt.[27]
Die Detrick-Forscher, die sich mit diesen Fragen befassten, kannten ein probates Mittel gegen Viren – die Impfung. Die meisten Impfstoffe bestehen aus toten, abgeschwächten oder harmlosen Viren, die den schädlichen Verwandten aber dennoch biologisch sehr ähnlich sind. Sobald sie injiziert oder in manchen Fällen auch geschluckt worden sind, sendet das Virus einen falschen Alarm an das Immunsystem des Körpers, der einen laufenden Angriff meldet. Das Immunsystem bildet daraufhin Antikörper gegen diesen ganz speziellen Typ von Eindringling. Der Aufbau des Verteidigungssystems erfolgt langsam. Um einen Fremdorganismus erfolgreich abwehren zu können, muss der Impfstoff daher Wochen bis Monate vor dem Kontakt verabreicht werden. In den seltensten Fällen wirkt er sofort.
Den Forschern der Armee war von Anfang an klar, dass sich die schützende Wirkung von Impfstoffen umkehren ließ, um Viren

kriegstauglich zu machen. Ein Angreifer konnte seine eigene Truppe mit Hilfe von Impfstoffen schützen, der nicht geimpfte Feind hingegen wäre verwundbar.

Als Patrick sich in Detrick niederließ, war die verheerende Macht der Viren soeben durch zwei spektakuläre Fälle bei der Schädlingsbekämpfung anschaulich geworden. Es ging um Kaninchen. Diese Tiere hatten Australien förmlich überrollt. Durch ihre Überzahl wurden sie eine Konkurrenz für Schafe und Rinder und fraßen die Weiden kahl, so dass der Viehbestand abzunehmen begann. Im Jahre 1950 reagierten die Wissenschaftler darauf mit einem Virus, das Myxomatose verursacht, ein Erreger, der die Tiere zunächst erblinden lässt, dann Muskelkrämpfe zur Folge hat und schließlich in vielen Fällen zum Tod führt.

Das Virus breitete sich rasch aus und tötete über 99 Prozent der infizierten Tiere.[28] Europa hatte in der Nachkriegszeit eine ähnlich explosive Vermehrung der Kaninchen erlebt, die den Bauern die Nutzpflanzen wegfraßen. Im Jahre 1952 ließen französische Wissenschaftler im Departement Eure-et-Loire ein paar Kaninchen frei, die sie mit dem Virus infiziert hatten.[29] Im folgenden Jahr hatte sich die Krankheit nicht nur über ganz Frankreich, sondern bis nach Belgien, die Niederlande, die Schweiz und Deutschland ausgebreitet und bis zu 90 Prozent der Tiere getötet. Die Bauern waren es froh. Seinerzeit wurde diese Ausrottungsaktion als gelungene Maßnahme zur Absicherung der Ernährungssituation in Europa gesehen.

Für die amerikanischen Biokrieger war die Kaninchenseuche von besonderem Interesse, denn das Myxomatosevirus gehört zur Familie der Pockenviren, deren bekanntestes Mitglied jedermann ein Begriff ist.[30] Das Kaninchendrama galt somit als besonders nützliches Studienobjekt für die potentielle Verbreitung des Pockenvirus in einer nicht geimpften Population.[31]

Patricks wissenschaftlicher Ruf sicherte ihm eine führende Rolle bei den stetig zunehmenden Aktivitäten in Fort Detrick. Er bewertete die Erreger, die die Wissenschaftler entwickelt hatten, und führte Versuche durch, mit denen er zu klären hoffte, wie gut sich

die einzelnen Mikroben in großen Mengen produzieren ließen, ohne dass ihre Infektiosität nachließ. Er war Produktingenieur, arbeitete allerdings gleichzeitig an der University of Maryland an seiner Doktorarbeit im Fach Mikrobiologie.
Um die tödliche Wirkung der Erreger zu testen und für die Herstellung von Bomben im Ernstfall, benötigte die Armee große Mengen an Viren. Von seinen Erfahrungen aus der Industrie her wusste Patrick eine Menge über die Massenproduktion und Qualitätskontrolle von Mikroorganismen. Er machte gute Fortschritte und stieg rasch zum Manager der Prototypentwicklung für Virenfabriken in Fort Detrick auf.
Sein Werkzeug war in erster Linie das Hühnerei. Eier sind billig, leicht zu beschaffen und reich an jenen Proteinen und Nährstoffen, die für das Wachstum und die Vermehrung von Viren unerlässlich sind. Das Ganze ist umschlossen von einer harten Schale, so dass sie sich leicht handhaben lassen. Pharmafirmen stellen Impfstoffe oftmals in Hühnereiern her. In Detrick fand man befruchtete Hühnereier gleichermaßen ideal für die Massenproduktion von Viren.[32]
Patricks Mitarbeiter injizierten Viren in die Eier, versiegelten die Einstichstelle und inkubierten die Eier in Brutschränken.[33] Die Erreger infizierten den heranwachsenden Embryo und vermehrten sich billionenfach. Nach wenigen Tagen konnte man die Erreger ernten, die entstandenen Extrakte wiesen oft eine leichte Rosafärbung auf.
Anschließend wurden die Viruspräparationen an Mäusen, Meerschweinchen, Hasen und Affen und schließlich auch an amerikanischen Soldaten getestet. Eine Erkenntnis, die die ersten Tests und Analysen erbracht hatten, war überraschend und lief der Intuition zuwider. Bereits früh kam das Militär nämlich zu dem Schluss, dass es unnötig sei, feindliche Soldaten zu töten. Vielmehr sah man die Schwächung des Gegners durch Viren als das erstrebenswertere Ziel an, weil ein kranker Soldat weit mehr Ärzte und sonstige medizinische Ressourcen des Feindes (Transport, Krankenhaus, Medikamente und Verwaltung) bindet als ein toter.

Hinzu kam, dass die physische Schwächung von Truppen als die humanere Lösung gelten konnte – kein geringer Bonus in einem Krieg, in dem, vor allem in einer Demokratie, die öffentliche Meinung sehr schnell militärische Pläne durchkreuzen oder eine Operation vereiteln konnte.

Viren boten sich für diese subtile Form der Ausschaltung geradezu an. Die meisten Viren, die den Menschen befallen, sind nicht tödlich. Die meisten sind, wie eine normale Erkältung oder Grippe zeigt, lediglich lästig, schwächen den Betroffenen insgesamt und wirken nur selten tödlich. Die Evolution hat es für weit günstiger befunden, den menschlichen Wirt am Leben zu erhalten.

Zu den Viren, die Patrick und seine Kollegen zu Waffen fortentwickelten, gehörten auch solche, die eine Gehirnhautentzündung (Enzephalitis) auslösten, eine Erkrankung mit hohem Fieber, Krämpfen und Komaphasen, die in manchen Fällen tödlich endet. Ein weiteres war das Gelbfiebervirus; seine Symptome sind Schüttelfrost, Magenbluten und eine durch Leberversagen und die Ansammlung von Galle verursachte Gelbfärbung der Haut.[34] Die Wissenschaftler befassten sich darüber hinaus mit Rickettsien, Organismen, die von ihrer Größe her zwischen Viren und Bakterien rangieren. Die meisten von ihnen dringen, um sich vermehren zu können, genau wie Viren in die Wirtszelle ein. Im Unterschied zu diesem lassen sich einige von ihnen jedoch mit Antibiotika ein wenig bremsen. Einer der von Patrick untersuchten Organismen aus dieser Gruppe war der Erreger des Q-Fiebers, der Balkangrippe, ein extrem zäher Keim, der Fieber, Schüttelfrost und einen hämmernden Kopfschmerz im Augenhintergrund verursacht.

Mit der Zeit fanden Patrick und seine Nachfolger etwa fünfzig verschiedene Viren und Rickettsien, die als aussichtsreiche Kandidaten für die biologischen Kriegführung gelten konnten.[35] Das war beinahe das Dreifache dessen, was man an geeigneten Bakterien gefunden hatte. Damit war klar, dass Antibiotika allein nicht hinreichen würden, Menschen vor biologischen Anschlägen zu schützen.

Das Militär, eifrig darauf bedacht, mehr über die Effizienz des Q-

Fieber-Erregers *Coxiella burnetii* zu erfahren, stimmte schließlich seiner Erprobung an Menschen zu, ein Schritt, den Patrick als experimentellen Durchbruch rühmte. Studien an Ersatzorganismen wie Meerschweinchen und Rhesusaffen ließen die Wissenschaftler bezüglich der Auswirkungen auf Menschen weitgehend im Dunkeln. Versuchspersonen waren die Adventisten vom Siebenten Tag, überzeugte Kriegsdienstverweigerer, die sich unter Berufung auf das fünfte Gebot des Alten Testaments zwar weigerten, für ihr Land zur Waffe zu greifen, sich aber dennoch überreden ließen, ihren Körper freiwillig für Studien zur Wirkung biologischer Agenzien zur Verfügung zu stellen.[36]

Patrick und sein Team in Fort Detrick stellten in dem neu errichteten gelben Backsteingebäude Nummer 434, der Viren-Versuchsanlage, größere Mengen von *Coxiella burnetii* her.[37] Die 34 Beschäftigten konnten nahezu tausend Eier pro Tag verarbeiten und so literweise Testlösung herstellen, in der sich Myriaden von Erregern tummelten.

Patrick transportierte die Präparationen voller Q-Fieber-Keime vorsichtig zu den verschiedenen Versuchsstationen. Die erste war Detricks eigener »Eight ball«[38]. Dort versammelten sich Anfang 1955 die Adventisten. Sie bekamen Masken aufgesetzt, die sie über einen Gummischlauch mit dem Gehäuse verbanden, so dass sie den erregerhaltigen Sprühnebel in dessen Innerem inhalieren konnten. Die Fachleute der Armee ließen die Männer verschiedene Dosierungen und Tröpfchengrößen einatmen.

Nach der Infektion wurden die Adventisten sorgsam überwacht. Sobald sie Symptome zeigten, wurden sie mit Antibiotika behandelt, um den Krankheitsverlauf abzukürzen und schwere Komplikationen zu vermeiden. Denn obwohl das Q-Fieber in vielen Fällen nicht schlimmer verläuft als eine Grippe, kann es, wenn es unbehandelt bleibt, doch zu gravierenden Symptomen – Schüttelfrost, Tremor, schneidende Kopfschmerzen, Muskel- und Gelenkschmerzen, Durchfall, Gewichtsverlust, visuelle und auditorische Halluzinationen, Gesichtsschmerzen, Sprechstörungen, Herzentzündungen und Herzversagen – kommen.[39] Etwa einer von hun-

dert Infizierten stirbt.[40] Die Adventisten wurden sorgsam überwacht und überlebten alle.
Der Befund dieser Untersuchungen war einigermaßen überraschend. Es stellte sich nämlich heraus, dass ein einziger Erreger – ein einziger Vertreter der Art *Coxiella burnetii* – ausreichte, um die Krankheit zum Ausbruch zu bringen.[41] Diese Entdeckung war eine medizinische Sensation. Eine derartiger Wirkungsgrad bei einer Infektion beim Menschen war oft vermutet, aber nie nachgewiesen worden.
Im Laufe der Jahre hielt Patrick sich häufig dort auf, wo die Versuche stattfanden, und beobachtete ungeduldig, wie gut seine Keime funktionierten. In der Wüste von Utah rief man im Sommer 1955 dreißig Adventisten zusammen, die sich an dem ersten Freilandversuch an Menschen beteiligen sollten.[42] Mit diesem Versuch sollte festgestellt werden, wie gut sich die Erreger ausbreiteten. Im Zentrum eines kreisförmigen Testgitters befanden sich fünf Sprühdüsen, in denen sich jeweils circa 150 Milliliter des Patrickschen Q-Fieber-Gemischs befanden. In der Nacht vom 12. Juli, nach einer knappen Woche voller Fehlstarts, entwich aus den Zerstäubern ein feiner Nebel und segelte auf einer leichten Brise durch die Luft. Die Probanden warteten angespannt und fröstelnd in einer Entfernung von etwa einem Kilometer und versuchten angestrengt, die Anweisung »normal atmen« zu befolgen.
Es funktionierte. Das Infektionsmuster bei den Adventisten bewies, dass *Coxiella burnetii* ein idealer Kandidat für die Verbreitung durch Sprühnebel war.
Die nächste Hürde bestand darin herauszufinden, wie sich der Erreger im Falle eines Krieges würde verbreiten lassen. Im Zentrum eines der wichtigsten Tests stand das neueste Kampfflugzeug des Landes, der F-100 Super, das erste Flugzeug, das die Schallmauer hatte durchbrechen können. Der Jet war darauf ausgelegt, Atomwaffen und konventionelle Bomben abzuwerfen. Nun wurde ein Testmodell für die Ausbringung von Erregern umgerüstet.
Die Mechaniker schnallten einen Behälter um den Flugzeugbauch und verbanden diesen mit Spezialdüsen, die die Erreger in den

Wind hinausbliesen: Die Frage lautete, ob Druck und Thermik einen genügend hohen Anteil des Sprühnebels in Partikel von einer Größe zwischen einem und fünf Mikrometern zerteilen würden, ein ideales Maß für Partikel, die in die menschliche Lunge eindringen sollten. Der Jet donnerte über die Wüste von Utah, und die Methode erwies sich als bemerkenswert effizient.

In dieser Versuchsreihe wurden zunächst nur Tiere vorsätzlich infiziert. Ein F-100-Pilot erkrankte jedoch, als er aus seiner Maschine stieg, bevor diese dekontaminiert worden war. Der Mann war gerade in den Flitterwochen gewesen, erinnert sich Patrick, und seine Frau hatte ausgesehen wie Marilyn Monroe.[43] Drei Soldaten hatte es ebenfalls getroffen. Sie hatten die Absperrungen auf einer Straße am Rande des Testgebiets bewacht. Ihr Job hatte darin bestanden, den Verkehr umzuleiten, sollte sich der Wind plötzlich drehen. Die Erreger waren fünfzig Meilen weit mit dem Wind gesegelt. »Wir waren überglücklich«, erinnert sich Patrick. Der Versuch zeigte, dass die mathematischen Modelle der Wissenschaftler für die Ausbreitung von Keimen korrekt waren. Noch wichtiger war, erklärte er, dass die Ergebnisse zeigten, dass sein Team drauf und dran war, »ein flüssiges Produkt herzustellen, das sehr, sehr gut war«. Die Ergebnisse wurden gefeiert, obschon die Zwischenfälle geheimgehalten wurden.

Führende amerikanische Militärs argwöhnten, dass Moskau sich womöglich mit ähnlichen Experimenten befasste. Zur Gewissheit wurde dieser Verdacht, als der sowjetische Verteidigungsminister Georgi Schukow vor einem Kongress der Kommunistischen Partei im Jahre 1956 verkündete, dass fortan zu jedem modernen Krieg der Einsatz von biologischen Waffen gehören werde.[44]

Bald darauf entdeckte Washington Beweise dafür. Eine amerikanische U-2 schoss bei einem Aufklärungsflug über eine Insel im Aralsee aus großer Höhe Foto um Foto von Gebäudeansammlungen und seltsamen geometrischen Gitternetzen.[45] Experten der CIA sahen darin eine Verbindung zu biologischen Waffen.

Eines Tages wurden Patrick und andere Manager aus Fort Detrick zu einer Sondersitzung zusammengerufen. Die Sicherheitsvorkehrungen waren strikt. Wachen an der Tür zum Konferenzsaal verglichen die Sicherheitsmarken des eintreffenden Personals mit Namen auf einer Liste. Nach einer kurzen Einführung ließen die CIA-Beamten die Spionagefotos herumgehen.

Die Gebilde auf der sowjetischen Insel ähnelten zweifellos den schießscheibenartig angeordneten konzentrischen Ringen in der Wüste von Utah, in deren Bannkreis Straßen, Sensoren, Strommasten und Versuchspersonen in unterschiedlicher Entfernung von den Erreger versprühenden Zerstäubern aufgereiht waren.

Die Bestätigung dessen, was lang gemutmaßt worden war, bestärkte die Wissenschaftler in ihrer Überzeugung, dass ihre Mühen nicht nur gerechtfertigt, sondern überdies von entscheidender Wichtigkeit waren, und sei es auch nur, um den Sowjets überzeugend mit Vergeltung drohen zu können. Was sie bei der Betrachtung der Fotos sahen, entpuppte sich als großes Unternehmen, das seinen Anfang lange vor den amerikanischen Bestrebungen genommen hatte.[46] Heute weiß man, dass das sowjetische Programm zur biologischen Kriegsführung in den zwanziger und dreißiger Jahren als eines der ersten der Neuzeit gestartet worden und langsam, aber stetig zu einem der größten herangewachsen war. In seinem Fortgang wurden Waffen entwickelt, mit deren Hilfe sich Menschen mit Milzbrand, Typhus und anderen Krankheiten infizieren ließen. Zu jener Zeit hatten die Vereinigten Staaten noch keine Biowaffen in ihrem Besitz gehabt. Stalins totalitäres Regime aber hatte riesige Ressourcen in das Unterfangen gepumpt, während seine Schergen im Rahmen der Säuberungsaktionen zugleich viele führende Mikrobiologen umbrachten oder ins Gefängnis steckten.

Der Wendepunkt für Moskau war der Zweite Weltkrieg gewesen. Die Gefangennahme einer japanischen Biowaffeneinheit, die Erforschung der zugrunde liegenden Techniken und die Entschlossenheit, dem sowjetischen Militär nach dem Kriegsgemetzel an Millionen Russen aufs neue den Rücken zu stärken, trugen dazu bei, das Interesse an Biowaffen wiederaufleben zu lassen. Im Jahre

1946 erbauten Militäringenieure in Swerdlowsk eine Fabrik, die sich auf die Herstellung von Milzbrand-Erregern spezialisierte. 1947 errichtete das sowjetische Militär vor den Toren von Sagorsk einen Komplex zur Herstellung von viralen Waffen, unter anderem von Pocken-Erregern. Bis 1956, als die amerikanischen U-2-Maschinen die Sowjetunion zu überfliegen begannen, hatte Moskau quer durch das Land viele geheime Stützpunkte zur Entwicklung und Produktion biologischer Waffen errichtet.
Höchst beunruhigt über das Sowjetprogramm und überaus beeindruckt von der Wirksamkeit der Viren und Rickettsien in ihren eigenen Vorversuchen, machten sich die Vereinigten Staaten Ende der fünfziger Jahre daran, ausreichend Pathogene und Toxine herzustellen, um einen biologischen Krieg führen zu können. Die offizielle Linie der amerikanischen Politik lautete zu jener Zeit: kein Ersteinsatz. Biologische Waffen sollten nur als Antwort auf einen feindlichen Anschlag zum Zuge kommen.
Im Jahre 1956 wurde Patrick, der damals dreißig Jahre alt war, befördert. Er wurde in verantwortlicher Position mit dem Aufbau einer entlegenen Fabrik betraut, in der die in Fort Detrick perfektionierten Produktionsmethoden in großem Maßstab vollzogen werden sollten, damit Viren nicht nur milliliterweise, sondern nun liter- und fassweise zur Verfügung stünden. Angesiedelt wurde die Anlage in Pine Bluff, einem Armeestützpunkt mitten in den Wäldern von Arkansas. Dieser Staat war übrigens einer der führenden Produzenten von Hühnereiern.
Die Armee nutzte Pine Bluff bereits, um biologische Waffen aus Bakterien herzustellen, unter anderem aus Tularämie-Erregern.[47] Unter Patricks Leitung wurde die Produktion auf Viren ausgedehnt. Er arbeitete mit Bauunternehmern und Ingenieuren an einer Virenfabrik, die unter den Bezeichnung X1002 lief. Ihre Hauptaufgabe bestand darin, binnen kürzester Zeit viele tausend Eier zu infizieren und das entstandene Produkt zu ernten. In Fort Detrick mussten die Beschäftigten noch mit schweren Metallgestellen zu je sechzig Eiern hantieren, in Pine Bluff automatisierte Patrick den Prozess mit Hilfe von Fließbändern.

Nach einigem Ausprobieren stellte er fest, dass die Beschäftigten sich nicht mehr richtig konzentrierten, wenn die Eier langsam, mit etwa 45 Zentimetern pro Minute, die einzelnen Arbeitsplätze passierten. »Und wenn sie das Band schneller laufen ließen, mit 56 oder 59 Zentimetern pro Minute, kamen sie mit der Geschwindigkeit nicht mehr zurecht, fühlten sich überfordert und resignierten«, erinnerte er sich. »Wir stellten fest, dass etwa 50 Zentimeter pro Minute genau richtig war.«

Nach und nach kam Patricks Produktionsband auf Touren und lieferte Q-Fieber-Erreger in rauhen Mengen. Im Laufe einer Woche vermochten die Beschäftigten der Anlage X1002 120 000 Eier zu infizieren. Das ergab etwa 450 Liter Flüssigkeit mit dem Erreger, genug, um Millionen Menschen erkranken zu lassen.

Bei einem anderen Virus, dem Erreger der venezolanischen Pferdeenzephalitis (VEE), war die Produktionsgeschwindigkeit sogar noch größer. Binnen einer Woche konnte Pine Bluff 300 000 Eier infizieren und ernten, das entspricht fast 19 Hektolitern an infektiösem Agens. Patrick kannte die VEE-Symptome nur zu gut, denn bei einer versehentlichen Freisetzung waren in Detrick einmal fünfzehn seiner Mitarbeiter erkrankt. »Sie ist nicht tödlich«, erklärte er. »Sie macht Sie nur so krank, dass Sie sterben wollen. Sie haben das Gefühl, dass Ihnen die Augen aus dem Kopf fallen.«

Die Mitarbeiter der Gesundheitsbehörden waren mit der Krankheit ebenfalls gut vertraut, denn sie ist endemisch in Florida, Trinidad, Mexiko sowie in Mittel- und Südamerika – die Viren werden dort von Moskitos übertragen. Die Krankheit bricht plötzlich aus und äußert sich in Unwohlsein, starken Kopfschmerzen, hohem Fieber, schmerzhafter Lichtempfindlichkeit, Übelkeit, Erbrechen, Husten und Durchfall.[48] Die Sterblichkeit liegt bei Erwachsenen unter einem Prozent, bei älteren Menschen, Kindern und Kranken ist sie höher. Bei größeren Epidemien entwickelt eines von 25 Kindern die Symptome einer Infektion des Zentralnervensystems, die sich in Krämpfen, Lähmungen und komatösen Zuständen äußert. Bei Kindern mit schwerer Enzephalitis steigt die Sterblichkeit auf bis zu 20 Prozent. Die Überlebenden können neurologische Dauerschäden zurückbehalten.

Präsident Dwight D. Eisenhower war kurz vor seinem Abschied aus dem Weißen Haus mit den Arbeiten von Fort Detrick vertraut gemacht worden.[49] Die Sitzung des nationalen Sicherheitsrates fand am 18. Februar 1960 statt. Richard M. Nixon, der Vizepräsident, fehlte; er bereitete gerade seine eigene Präsidentschaftskandidatur vor.

Eisenhower versuchte, ein wachsendes Vertrauen zwischen den Supermächten als sein politisches Vermächtnis zu hinterlassen. Die Weichen für die Abrüstung waren gestellt, die Verteidigungsbudgets im Sinken begriffen.[50] Die Demokraten aber riefen nach einer massiven Anhebung der Verteidigungsausgaben, doch Eisenhower missbilligte zutiefst die Klage darüber, dass Amerika bezüglich der bewaffneten Streitkräfte ins Hintertreffen geraten sei. Er empfand diese Angriffe als einseitig.

Bei der Zusammenkunft erklärte der soeben zum Chefwissenschaftler und damit zum dritthöchsten Beamten des Pentagon berufene Atomwaffenentwickler Herbert F. York Eisenhower gegenüber, dass die kontrollierte Ausschaltung des Gegners »eine neue Dimension der Kriegsführung eröffnet«. Diese Waffen seien nicht tödlich, erklärte er. Statt die Gegner umzubringen, führten sie lediglich zu Abgeschlagenheit, Reizungen, Benommenheit, Lähmungserscheinungen und mangelndem Kampfeswillen. Ihre Wirkung sei vorübergehend, so York, wenngleich geringfügige Nachwirkungen »womöglich auf Dauer spürbar bleiben könnten«. Präparate wie die Erreger von Q-Fieber und VEE würden immer konzentrierter, berichtete er, und die Wissenschaftler seien im Begriff, neue Wege zu finden, ihre Haltbarkeit von einem auf drei Jahre auszudehnen. Und schon bald würden die Wissenschaftler ein neues Agens nutzbar machen: den Erreger des Rifttalfiebers, einer hämorrhagisch verlaufenden Hepatitis, die bei den meisten Infizierten zu Schüttelfrost, inneren Blutungen und Benommenheit, nicht aber zum Tode führe. Auch andere »maßgeschneiderte

Varianten« bestimmter Agenzien befänden sich in der Erprobung. Die neuen Waffen versprächen handfeste militärische Vorteile. Die meisten biologischen Waffen der Sowjets, so York, seien hingegen letal.

General Lyman Lemnitzer, der Stabschef des Heeres, beschrieb, wie solche Waffen zum Einsatz kommen könnten. Sie könnten große Gebiete erfassen und jede Menge Opfer fordern, ohne Gebäude oder Grund und Boden zu zerstören. Ihr Potential sei dort besonders hoch, betonte er, »wo friedliche, den Amerikanern wohlgesinnte Bürger in einem Gebiet lebten, das von feindlichen Truppen besetzt sei«, eine Situation, wie sie auf den Philippinen oder in Indochina entstehen könnte. Lemnitzer gab ein hypothetisches Beispiel: Wenn kommunistische Truppen eine strategisch wichtige Region besetzen sollten, könnten die Amerikaner Enzephalitis-Viren zum Einsatz bringen. Flugzeuge könnten in dem umkämpften Gebiet Kapseln mit dem Erreger abwerfen oder einen Sprühnebel ausbringen. Zwei mittelgroße Bomber würden seiner Ansicht nach ausreichen. Drei Tage später, wenn das Agens Wirkung gezeigt habe, sollte die Luftwaffe amerikanische oder verbündete Fallschirmjäger einfliegen, die das Gebiet besetzten.

York erklärte, solche Waffen seien potentiell von revolutionärer Bedeutung. Die Krankheiten könnten in ihrem Verlauf so unspektakulär sein wie eine Grippe oder so tödlich wie eine Atombombe. Im Verlauf der kommenden fünf Jahre, so fügte er hinzu, werde das Pentagon weitere Gelder in die Erforschung und Herstellung solcher Waffen stecken. George B. Kistiakowsky, der wissenschaftliche Berater des Präsidenten, stellte fest, dass auf diesem Gebiet »die Aussichten definitiv rosig« seien, und sprach sich für eine Aufstockung des Budgets aus.

Eisenhower stimmte zu.

US-Verteidigungsminister Thomas S. Gates jr. warf die Frage auf, was denn die übrige Welt vom Einsatz solcher Waffen halten werde und ob man sie nicht für eine größere Bedrohung halten werde als Atombomben. Gordon Gray, der Sicherheitsberater des Präsidenten, mahnte, dass der Einsatz biologischer und chemischer

Waffen unter den Gegebenheiten der gegenwärtigen Politik Amerikas die Zustimmung des Präsidenten voraussetze.
Eisenhower, der über mehr Kriegserfahrung verfügte als jedermann sonst im Raum, bezeichnete die neuen, nicht letalen Waffen als »großartige Idee«, die aber dennoch »eine große Schwierigkeit« mit sich brächte. Ein Feind könnte ihren Einsatz gewissermaßen als biologische Kriegserklärung betrachten und mit tödlichen Agenzien zurückschlagen.
General Nathan F. Twining, der Chef des US-Generalstabs, pflichtete ihm bei. Er erklärte, dass die Vereinigten Staaten, falls sie jemals solche Waffen einsetzen sollten, »deren keineswegs tödliche Wirkung so offensiv wie möglich publik machen sollten«.
Jahre später erklärte York in einem Interview, dass sein eigener Enthusiasmus in Bezug auf den Einsatz biologischer Waffen ohne tödliche Wirkung durch den Einwand Eisenhowers tiefster Skepsis gewichen sei. Ein Angriff mit nicht-letalen Biowaffen würde mit Sicherheit furchtbare Rache nach sich ziehen, selbst wenn der Angreifer ihn als relativ human einstufe.
Die Investitionen in biologische Waffen stiegen dramatisch, nachdem John F. Kennedy im Januar 1961 das Präsidentenamt übernommen hatte. Der neue Verteidigungsminister Robert S. McNamara unterzog sämtliche militärischen Programme, darunter auch die biologischen Aufrüstung, einer umfassenden Neubewertung. Die Stabschefs waren der Ansicht, dass diese Waffen über einzigartige Vorzüge verfügten, wobei sie insbesondere deren Eigenschaft rühmten, Menschen kampfunfähig zu machen, ohne sie zu töten. Sie sprachen sich entschieden für ein Sofortprogramm zur Herstellung von Erregern zu Kriegszwecken aus.[51]
Die Arbeiten an Viren, die seinerzeit ohnehin schon Priorität besaßen, wurden nun mit doppelter Intensität betrieben. Und Firmen wie General Electric, Booz-Allen, Lockheed, Rand, Monsanto, Goodyear, General Dynamics, Aerojet General, North American Aviation, Litton Systems und sogar General Mills, ein Hersteller von Müsli und Keksen, beteiligten sich am Biowaffenprogramm. Heimlich, still und leise baute der Keksproduzent ein Gerät zur

Ausbringung von Erregern aus Flugzeugen, das einen flächendeckenden infektiösen Sprühnebel garantieren sollte.[52]
In ihrem unbeirrten Streben nach höherer Flexibilität und größerer Reichweite rüsteten die Planer des Pentagon ein halbes Dutzend ferngesteuerter Geschosse, darunter Pershing-, Regulus- und Sergeantraketen, mit biologischen Sprengköpfen aus. Die Nutzlast einer Sergeant bestand aus 720 Kapseln von je siebeneinhalb Zentimetern Durchmesser mit einem Inhalt von je etwa zweihundert Millilitern Erregerlösung.[53] In einer Höhe von zehn Meilen am äußeren Rand der Atmosphäre freigesetzt, würden sich die Kapseln während des Falles über mehr als 150 Quadratkilometer verteilen und ihren Inhalt als feinen Sprühnebel in die Luft abgeben.
Führende Militärs befahlen überdies, die Freilandversuche aus der Wüste von Utah in andere Gebiete zu verlegen, die den Zielgebieten ähnlicher waren. Um die Eignung ihrer Waffen für Südostasien einzuschätzen, wurden Tests in Okinawa, Panama und im Zentralpazifik unternommen. Ein Großteil Russlands ist sehr kalt, also testete man die Erreger auch über Alaska.[54]
Die Ausweitung des Programms brachte eine neue Militärbürokratie mit sich. Die im Mai 1962 gegründete Einheit erhielt ihr Hauptquartier in Fort Douglas bei Salt Lake City.[55] Dessen Belegschaft, etliche hundert Bedienstete, überwachte die Bewegung von Schiffen, Flugzeugen, Menschen, Ausrüstung und Mikroorganismen.
Als Fidel Castro 1959 auf Kuba die Macht übernahm, entwarf das amerikanische Militär Pläne für eine Invasion der Inselnation und den Sturz des Diktators. Einer der geheimsten dieser Pläne wurde in Fort Detrick in zynischer Anspielung auf die amerikanischen Pläne zum Wiederaufbau Europas nach dem Zweiten Weltkrieg als Marshallplan bezeichnet. Der bislang öffentlich nicht bekannt gewordene Plan sah einen umfassenden Angriff amerikanischer Truppen vor, an dessen Anfang ein biologischer Erstschlag gegen kubanische Militärs, aber auch Zivilisten stehen sollte.
Für jedes vorstellbare Szenario waren Kriegspläne entworfen worden, der Marshall-Plan aber war, amerikanischen Militärs zufol-

ge, die mit den Vorbereitungen betraut waren, eine ernsthafte Option. Zu den Aufgaben dieser Einheit gehörten nicht nur die enge Zusammenarbeit mit den Biowaffenexperten von Fort Detrick, sondern die Entscheidung über den geeigneten Erreger, Schätzungen zur Zahl möglicher Opfer und Analysen der saisonalen Klimamuster über Kuba. Es gab sogar Übungen, mit denen festgestellt werden sollte, wie rasch die benötigten Erreger sich im Ernstfall würden herstellen lassen.

Mit der Verfügbarkeit neuer Erreger und vor dem Hintergrund der Tatsache, dass sich die erhöhten Investitionen der Kennedy-Regierung allmählich auszuzahlen begannen, wurden die Einzelheiten des Planes immer konkreter. Zu Beginn konnte Fort Detrick in der Hauptsache nur tödliche Agenzien wie den Milzbrand-Erreger produzieren. Doch Anfang der sechziger Jahre, als die Produktion in der neuen Fabrik in Pine Bluff immer leistungsfähiger wurde, vermochte Detrick eine immer buntere Palette an biologischen Agenzien anzubieten, die den Großteil der Zielbevölkerung am Leben lassen würden. Militärbiologen und -planer brachen eine Lanze für den Einsatz solcher Pathogene und Toxine, falls der Präsident eine Invasion anordnen sollte. Nicht-letale Biowaffen hätten die kubanische Verteidigung kampfunfähig machen und so die zu erwartenden amerikanischen Verluste deutlich verringern können.

Während in Detrick an den Plänen für einen biologischen Angriff gefeilt wurde, untersuchte das Pentagon auch die Frage, ob sich Ereignisse vortäuschen ließen, die zu allgemeiner Unruhe führen und einer amerikanischen Invasion Kubas in die Hand arbeiten würden. Castro sollte fälschlicherweise für verdeckt von den USA verübte Taten wie Flugzeugentführungen, das Aufbringen von Schiffen mit kubanischen Flüchtlingen an Bord, Terroranschläge auf Miami und Washington, D. C., und sogar für die Sprengung eines amerikanischen Schiffs in kubanischen Gewässern verantwortlich gemacht werden. Der Architekt dieser Strategie war General Lemnitzer, derselbe Mann, der einst Eisenhower über den militärischen Nutzen nicht-letaler Biowaffen in Kenntnis gesetzt hatte. Unter Kennedy war er zum Chef des US-Generalstabs avanciert. Aktionen, die einen Vorwand zum Angreifen lieferten, schrieb Lemnitzer 1962 an McNamara, »würden eine Rechtfertigung für eine US-amerikanische Militärinvasion in Kuba liefern«.[56] Kennedy wies Lemnitzers Ansinnen letzten Endes jedoch zurück, und der General wurde später auf einen anderen Posten versetzt.

Im Oktober 1962 brach die Kubakrise aus und brachte Washington und Moskau an den Rand eines Atomkriegs. Präsident Kennedy ließ für den Fall einer Invasion eine große Streitmacht zusammenziehen.[57] Das Pentagon setzte über eine Million Mann in Bewegung. Man schätzte, dass bei einem konventionellen Angriff die Zahl der in den ersten zehn Kriegstagen verwundeten oder getöteten Amerikaner ohne weiteres 18 500 Mann betragen könne, was etwas mehr als zehn Prozent der geplanten Invasionstruppe von 180 000 Mann entsprach.[58]

Die Regierung unter John F. Kennedy zog im Verlauf der Krise eine Reihe militärischer Optionen gegen Kuba in Betracht. Doch es gibt keine Anhaltspunkte dafür, dass in der Diskussion auf höchster Ebene um die Eroberung sowjetischer Militärbasen Angriffe mit Biowaffen jemals eine Rolle gespielt haben. Kennedys Verteidigungsminister McNamara behauptete in einem Interview, nie etwas von einem Marshallplan gehört zu haben. Er fügte hinzu, dass weder er noch Präsident Kennedy je »die geringste Absicht« gehabt hätten, im Verlauf der Krise Krankheitserreger oder biologische Toxine gegen Kuba einzusetzen. Philip D. Zelikow, ein Wissenschaftler, der die Genehmigung erhalten hatte, die geheimen Aufzeichnungen über die Begegnung einzusehen, erklärte, er habe keinerlei Kenntnis darüber, dass dem Präsidenten und seinen Beratern ein Tonbandmitschnitt oder ein Dokument zugegangen sei, in dem Biowaffen erwähnt wurden.

Doch einige Angehörige des amerikanischen Militärs, vor allem die Forscher in Fort Detrick, sahen in der Kubakrise ein Musterbeispiel dafür, wie Biowaffen eines Tages vielen tausend Amerikanern das Leben retten würden. Und mit der Fertigstellung der neuen Fabriken in Pine Bluff wurde es möglich, die gesamte kubanische Bevölkerung mit biologischen Agenzien anzugreifen, die keine tödliche Wirkung entfalteten.

Ein leitender Angestellter des Pentagon mit Zugang zu den Militärarchiven erklärte schließlich, dass zu den Optionen für einen möglichen Angriff auf Kuba sehr wohl ein biologischer Angriff gehört habe. Er berichtete, dass der oberste Stabsoffizier, der für den US-Generalstab arbeitete, diesem zugestimmt habe. Dieser Offizier berichtete, dass der Plan eine spezielle Kombination aus mehreren Erregern vorgesehen habe, die zum Einsatz hätte kommen können, und er ging davon aus, dass Millionen Kubaner betroffen gewesen wären. Es ist nicht klar, wie ernsthaft diese Möglichkeit in Betracht gezogen wurde. Die Stabsoffiziere waren damals noch nicht so einflussreich wie in den kommenden Jahrzehnten, und ihre Zustimmung zu den von der Armee, den Nachrichtendiensten und anderen Führungsstäben vorangetriebenen Plänen war oftmals reine Formsache.

Riley D. Housewright, der damalige wissenschaftliche Leiter von Fort Detrick, erinnert sich, dass die Planungen von Beamten des Pentagon geleitet wurden, die die Wissenschaftler dazu anhielten, detailliert auszuarbeiten, wie ein solcher Angriff im einzelnen aussehen könnte. »Ich bekam Landkarten, die meinen halben Schreibtisch einnahmen« und in denen die Stellungen der russischen Truppen und auf Kuba eingezeichnet waren. Die Militärs, fügte er hinzu, »waren eifrig darum bemüht, uns auf dem neuesten Stand der Dinge zu halten«, während er und seine Kollegen ihrerseits den Offizieren halfen, »die Erfolgschancen« zu beurteilen. Zu Beginn der sechziger Jahre, so Housewright, produzierten seine Männer Erreger, mit denen man eine große Anzahl von Kubanern hätte ausschalten oder umbringen können. Eine letale Option sei in Betracht gezogen worden, so erinnert er sich, und zwar der Einsatz von Botulinum-Toxin. Housewright hielt den Marshall-Plan für »eine gute Sache«, denn er hätte im Falle einer Invasion Kubas das Leben amerikanischer Soldaten retten können.

Bundesbeamte und Biowaffenexperten, die in den meisten Fällen anonym bleiben wollten, beschrieben den Marshall-Plan in sämtlichen Details und in seiner zerstörerischen Zielsetzung. Patrick äußerte sich nicht dazu, obwohl andere Beamte erklärten, dass der Plan im Laufe der Zeit massiv verändert worden sei, um Patricks Arbeitsergebnisse mit nicht-letalen Agenzien einzubeziehen. In einem Vortrag vor Militärbeamten erklärte Patrick allerdings im Jahre 1999, dass es einen Angriffsplan für Kuba gegeben habe, der sich auf die Wirkung zweier nicht tödlicher Erreger gründete, die nacheinander wirken sollten, um die Erkrankungsdauer zu verlängern. »Das Konzept sah vor, dass wir diese beiden Erreger im Falle einer bewaffneten Auseinandersetzung nacheinander versprühen würden«, berichtete Patrick seinen Zuhörern. »Wir hätten die kubanische Bevölkerung für drei bis vierzehn Tage außer Gefecht gesetzt.«[59] Infrastruktur sollte dabei keine zerstört werden. »Wir hätten lediglich eine Menge Leute krank gemacht. Nur wenige von ihnen wären gestorben.« Die Erreger hätten »alte Leute wie mich« umgebracht, fügte er hinzu, das heißt, weniger als zwei Prozent der Bevölkerung wären ums Leben gekommen. »Wir hätten mit unserer Streitmacht einziehen und das Land übernehmen können. Und damit hätte es sich gehabt.«

In Interviews beschrieb Patrick Überlegungen, die andere Fachleute als eine Marshall-Plan-Übung bezeichnet hätten. Er berichtete, sie habe Anfang der sechziger Jahre auf geheimen Befehl von Fort Detrick und der Armeespitze im Pentagon stattgefunden. Ihr Zweck habe darin bestanden, herauszufinden, wie rasch die Vereinigten Staaten im Falle eines biologischen Krieges mobil machen konnten.

Amerikanische Biowaffenexperten hatten einen Cocktail aus zwei Erregern und einem biologischen Toxin entwickelt, die jeweils nacheinander wirksam werden sollten, damit die Betroffenen eine ungewöhnlich lange Zeit der Beeinträchtigung durchzustehen hätten. In Tierversuchen hatte sich abgezeichnet, dass das Gebräu hoch wirksam sein müsse. Nun war Patrick darangegangen, Mengen zu produzieren, die alle vorherigen Anstrengungen in den Schatten stellten. Die Arbeitsgruppen in Pine Bluff stellten mehrere tausend Liter des Cocktails her, genug, um ein Schwimmbad damit zu füllen.

Das Toxin in dem Cocktail war das Staphylokokken-Enterotoxin B, auch bekannt unter der Bezeichnung SEB, das von dem Bakterium *Staphylococcus aureus* ausgeschüttet wird und eine der Hauptursachen für Nahrungsmittelvergiftungen darstellt. Die biologischen Krieger kultivierten Billionen von Bakterien, konzentrierten das Gift und verwandelten es in eine Waffe. Wer den Sprühnebel einatmete, würde drei bis zwölf Stunden später erkranken. Zu den Symptomen gehören Schüttelfrost, Kopf- und Muskelschmerzen, Husten, plötzlich ansteigendes Fieber von bis zu 42 °C, kurz unterhalb der Temperatur, ab der es zum Koma, zu Fieberkrämpfen und zum Tode kommt, sowie in manchen Fällen auch Übelkeit, Erbrechen und Durchfall.[60] Das Fieber hält mehrere Tage hindurch an, der Husten mehrere Wochen.

Das Virus in dem Gemisch war der Erreger der Pferdeenzephalitis. Seine Inkubationszeit beträgt zwischen einem und fünf Tagen, dann kommt es zu Übelkeit und Durchfällen, wie sie häufig mit einer schweren Erkrankung einhergehen, und zu Fieberschüben von mehr als 40 °C.[61] Die akute Phase dauert einen bis drei Tage, anschließend folgen mehrere Wochen der Schwäche und Lethargie.

Die letzte Zutat war der Erreger des Q-Fiebers. Seine Inkubationszeit beträgt zehn bis zwanzig Tage, seine Symptome – unter anderem Kopfschmerzen, Schüttelfrost, Fieberphantasien, neuralgische Beschwerden und Fieberschübe bis zu 40 °C – halten in der Regel bis zu zwei Wochen an.[62] Chronisches Q-Fieber trat selten auf, stellten die Militärs fest, doch wenn es dazu kam, endete die Krankheit häufig tödlich.

Bei der Marshall-Plan-Übung in Pine Bluff galten Patricks Arbeiten als entscheidender Durchbruch, denn er hatte dazu beigetragen, die Massenproduktion der drei Bestandteile des Cocktails – SEB, VEE und Q-Fieber – zu perfektionieren. »Wir waren stets bemüht, eine ganze Reihe unterschiedlicher Agenzien zur Verfügung zu haben«, erinnert sich Housewright. Die nicht-letalen Erreger, so fügte er hinzu, »machen deutlich, dass bei der ganzen Situation humane Aspekte eine Rolle spielten. Es war eben nicht dasselbe, als hätte man eine Atombombe auf sie abgeworfen, was genauso einfach, wenn nicht sogar leichter zu bewerkstelligen gewesen wäre. Es war ein humaner Akt.«

Die Erreger hätten die Kubaner binnen weniger Stunden außer Gefecht gesetzt, und ihre Handlungsunfähigkeit hätte bis zu drei Wochen angehalten. Die Bomber hätten auf dem Flugfeld von Pine Bluff beschickt werden, nach Kuba fliegen und ihr Gebräu mit dem Passatwind von Ost nach West über den wichtigsten Städten, Häfen und Militärstützpunkten versprühen sollen. Havanna im Westen sollte besondere Aufmerksamkeit gelten. Die Karibikinsel Kuba galt als ideales Ziel für einen biologischen Krieg. Für die amerikanischen Soldaten würden die Erreger überdies keine Gefahr darstellen, denn keine der Krankheiten war ansteckend und allen Prognosen zufolge sollte sämtlicher Sprühnebel verflogen sein, bevor die Invasion begann.

Kuba hatte damals eine Bevölkerung von sieben Millionen Menschen. Die Schätzungen im Rahmen des Angriffsplanes gingen davon aus, dass ungefähr ein Prozent der Einwohner, also etwa 70 000 Menschen, sterben könnten, falls alle Personen erkrankten, die mit dem Cocktail in Berührung kamen.

Obwohl der Marshall-Plan nie zur Anwendung kam, hatte die sich darin abzeichnende Möglichkeit einer ganz neuen Art der Kriegsführung Rückwirkungen, deren Tragweite über die Kubakrise weit hinausreichte.[63] So begannen die Militärstrategen nun, den Einsatz nicht-letaler Erreger auch als eine mögliche Alternative für Laos zu betrachten. Washington fürchtete, dass die chinesischen Kommunisten versuchen könnten, das Land einzunehmen. Einem einst geheimen Bericht zufolge, der die amerikanischen und alliierten Möglichkeiten für einen begrenzten Militärschlag im Jahre 1962 auslotete, hätte der Einsatz biologischer Waffen in Laos jedoch klare Nachteile mit sich gebracht.[64] »Die Ausbreitung einer Krankheit innerhalb der Bevölkerung«, so der Wortlaut, »würde wohl nur von wenigen als freundlicher Akt betrachtet werden.«

Doch wenn ein solcher Einsatz in Laos »eine erfolgreiche Befriedung unter geringen menschlichen Verlusten nach sich zöge«, könnte ein solches Vorgehen unter Umständen »in einem anderen Licht erscheinen«.

Im Jahre 1963 lud die Regierung Kennedy eine Reihe von Spezialisten, die sie bei der Rüstungskontrolle beraten sollten, den Sommer über nach Washington ein. Unter ihnen befand sich auch Matthew S. Meselson, ein Biologe aus Harvard, der kurz zuvor bahnbrechende Arbeiten zu der Frage veröffentlicht hatte, wie DNA sich selbst kopiert. Meselson erkundigte sich bei der amerikanischen Abrüstungsbehörde ACDA (Arms Control and Disarmament Agency), ob er Unterlagen zu biologischen Themen einsehen könne. Die höheren Beamten der Behörde waren gerade im Begriff, mit Moskau einen Vertrag auszuhandeln, der vorsah, einen Großteil der Atomwaffentests zu verbieten, und gewährte ihm Einblick. Mit geheimen Dokumenten bewaffnet, machte sich Meselson auf.

In Detrick, so erinnert er sich, zeigten ihm die Verantwortlichen die vorhandene Munition und erklärten ihm, auf welche Weise sie größere Verluste zu verursachen gedächten. Was der Sinn von alledem sei, fragte Meselson, wo die Regierung doch bereits über Nuklearwaffen verfüge? Biowaffen sind billiger, bekam er zur Antwort. Darauf fragte Meselson die CIA, ob auch andere Nationen an der Entwicklung von Biowaffen arbeiteten. Nein, lautete die Antwort, man habe einen Verdacht gegen die Sowjetunion, aber keine schlüssigen Beweise. Meselson dachte ein paar Tage darüber nach. Das Beste, was die wohlhabendste Nation der Welt tun könne, so seine Überlegung, sei, den Krieg so teuer wie möglich zu gestalten. Ihn so billig zu machen, dass jeder kleine Diktator und jedes Entwicklungsland ihn sich leisten konnte, war keine gute Idee. Hinzu kam, dass die Biologie Tag für Tag mehr vollbringen konnte und Biowaffen somit zunehmend gefährlicher wurden.

Meselson suchte McGeorge Bundy auf, der ihn ein paar Jahre zuvor, damals noch als Dekan der Harvard University, eingestellt hatte. Inzwischen arbeitete er in Washington als Sicherheitsberater

des Präsidenten. Bundy erklärte dem Biologen im Weißen Haus, er brauche sich keine Sorgen zu machen.
»Wir werden sie aus den Kriegsszenarien heraushalten«, verkündete er Meselson. »Aber wir können sie nicht vernichten, wir haben genug anderes zu tun.« In Wirklichkeit blieben die Biowaffen Bestandteil der Planungen, erklären frühere Beamte. Die Budgets für die biologische Kriegsführung waren zu jener Zeit recht hoch, und es bestand nicht die geringste Chance, dass die Verfechter des Unternehmens es für nutzlos erklären würden.

Als der Vietnamkrieg an Dramatik zunahm, verstärkten die Wissenschaftler in Fort Detrick ihre Bemühungen um das Pockenvirus. Dieser Erreger war mehr als ein »harmloses nicht-letales Agens«. Pocken sind eine uralte Geißel der Menschheit, sie sind hoch ansteckend und töten in der Regel ein Drittel ihrer Opfer. Meist sterben die Betroffenen an Blutverlust, Herz- und Kreislaufversagen oder an Sekundärinfektionen, wenn sich die Pusteln bereits über den Körper verteilt haben. Viele überleben nur erblindet oder mit vernarbter Haut. Die Gesundheitsbehörden glauben, dass die Pocken im Laufe der Menschheitsgeschichte mehr Menschen das Leben gekostet haben als jede andere Infektionskrankheit. Allein im 20. Jahrhundert sollen Schätzungen zufolge eine halbe Milliarde Menschen daran gestorben sein – mehr als in allen Kriegen und Epidemien zusammengenommen, die große Grippeepidemie von 1918/19 eingeschlossen.[65]
Grundsätzlich vermied das amerikanische Militär ansteckende Krankheiten ihrer Unberechenbarkeit wegen. Aber auch für diese Regel gab es eine Ausnahme. Washington behielt das Pockenvirus in der Hinterhand als Waffe für besondere Militäraktionen und für den heimlichen Krieg der CIA, die übrigens ihren eigenen Vorrat davon besaß.[66] Die geheimen Arbeiten an Pockenviren fanden in den sechziger Jahren statt, gleichzeitig unternahmen die Gesundheitsbehörden Amerikas und der übrigen Welt alle Anstrengungen, diese gefürchtete Krankheit ein für alle Mal auszurotten. Das hoch infektiöse Pockenvirus war von Patrick und seinen

Kollegen in Fort Detrick untersucht worden, aber im Unterschied zu SEB, VEE und *Coxiella burnetii*, ist es in der Öffentlichkeit offiziell nie als Teil jenes Waffenarsenals aufgeführt worden, zu dem sich die Regierung Jahre und Jahrzehnte nach der Beendigung des Biowaffenprogramms bekannt hat.[67] Offizielle Stellen äußerten stattdessen vage, das Pockenvirus habe sich als nicht waffentauglich erwiesen, und legten damit mehr oder weniger nahe, dass man davon Abstand genommen habe.[68]

Das Pockenvirus *Variola major* ist vergleichsweise groß. Es misst 0,4 Mikrometer – nahe an der magischen Grenze für ein einzuatmendes Partikel – und ist damit in einem Lichtmikroskop sichtbar.[69] Außerdem ist es höchst widerstandsfähig. *Variola* kann tagelang außerhalb seines menschlichen Wirts existieren. Seine Größe und Zähigkeit erklären, warum es sich so leicht ausbreitet. Im typischen Falle gibt eine infizierte Person das Virus durch direkten Kontakt an drei oder vier andere weiter, häufig wird es beim Husten als Tröpfcheninfektion weitergegeben. Es kann allerdings auch durch kontaminierte Bettlaken, Kleider, Decken und Tücher übertragen werden.[70] Sein hohes Ansteckungspotential und die mit ihm verbundene hohe Sterblichkeit machen diesen Erreger so außerordentlich zerstörerisch und gefürchtet.

Die Experten in Detrick fanden heraus, wie man den Erreger in Hühnereiern und menschlichen Gewebekulturen vermehrte, und testeten ihn gründlich an Rhesusaffen, die im Falle einer Infektion hohes Fieber, Pusteln und alle Symptome einer Stoffwechselkrise entwickelten. »Infizierter Affe Nummer 3912«, heißt es in einem Bericht, »wies Nervenzucken im Gesicht sowie eine Lähmung des rechten Arms auf und starb am Tag 6 nach Infektion.«[71]

Die Biologen in Fort Detrick fanden überdies einen Weg, das Variola-Virus so zu verändern, dass seine Infektiosität noch länger anhielt. Der Kunstgriff bestand darin, es in eine Art Scheintod zu versetzen.

In dem immerwährenden Kampf zwischen dem Menschen und den Mikroorganismen hat Kälte es schon immer vermocht, die Vermehrung und den Stoffwechsel von Krankheitserregern zu bremsen. Gleichzeitig verlängert sie aber auch die Lebensdauer der Mikroben. Friert man Mikroorganismen in einer ganz bestimmten Weise ein (in einer zucker- und eiweißhaltigen Lösung, die man rasch herunterkühlt und der man dann im Vakuum das Wasser entzieht – ein Prozess, den man als Sublimation bezeichnet), dann gehen sie in ein Ruhestadium über, in dem sie sich verhalten wie die Sporen von Pflanzen. Das Ganze nennt man Lyophilisation oder Gefriertrocknung.[72] Einmal ins Ruhestadium versetzt, können die Erreger selbst bei Zimmertemperatur Jahre und Jahrzehnte hindurch in diesem Schlummerzustand verharren. Die Industrie bedient sich dieses Tricks zur Herstellung von Trockenhefe zum Backen. Erst wenn diese Organismen mit Wasser in Berührung kommen, endet ihr Winterschlaf, sie erwachen wieder zum Leben und vermehren sich, erstehen sozusagen von den Toten auf.

In den fünfziger Jahren wandten amerikanische Waffenkonstrukteure diese Technik erstmals auf Mikroorganismen für die biologische Kriegsführung an. Sie stellten fest, dass das Verfahren in manchen Fällen so wirksam war, dass die getrockneten Erreger in ihrer Wirksamkeit zu stark wurden. Eine Lösung für dieses Problem bestand darin, das getrocknete Agens mit inertem Material zu vermischen.[73]

Die Forscher von Fort Detrick mussten feststellen, dass der Trocknungsprozess manche Organismen abtötete. Pockenviren allerdings nicht. Das Variola-Virus überstand den Gefriertrocknungsprozess problemlos. Das Verfahren führte zu »keinem signifikanten Verlust der Viruslebensfähigkeit«, war in einer Pockenstudie zu lesen. Im folgenden Abschnitt hieß es, dass der getestete Stamm »beim Menschen eine hohe Sterblichkeit« zur Folge haben werde.[74]

Seine Virulenz ließ sich somit ohne Kühlung auf Monate und Jahre hinaus erhalten. Damit avancierte diese alte Geißel der Menschheit zu einem idealen Mittel moderner Kriegsführung.[75] Nach drei Jahren verfügten getrocknete Pockenviren noch immer über ein Viertel ihrer ursprünglichen Wirksamkeit, stand in einer Untersuchung zu lesen.[76] Darüber hinaus wurden Methoden entwickelt, das getrocknete Virus in ein feines Pulver zu verwandeln, das sich »leicht ausbringen ließ«.

Die Wissenschaftler entwickelten Methoden, den Erreger heimlich zu verbreiten. Man entwickelte Zerstäuber, die winzige Aerosole produzierten und die sich in alltäglichen Gegenständen verbergen ließen. Im Mai 1965 unterzogen Experten aus Fort Detricks Spezialeinheit das System einem Praxistest. Mit Hilfe von Aktentaschen brachten sie ihre Pockenvirusimitate im Washingtoner Flughafen, direkt vor den Toren der Hauptstadt, unter die Leute. Der langatmige Bericht über diesen geheimen Test, mit dem man angeblich Amerikas Verwundbarkeit gegenüber einem Angriff mit Pockenviren einschätzen wollte, kam zu dem Schluss, dass jeder zwölfte Reisende infiziert worden wäre, womit sich die Krankheit rasch über das Land ausgebreitet und zu einer Epidemie geführt hätte.[77]

Pocken wären ein ideales Mittel für einen Terroranschlag, so der Bericht, denn unter anderem »erlaubt die lange Inkubationszeit von relativ konstanter Dauer den Tätern, sich aus dem Land abzusetzen, bevor der erste Fall diagnostiziert wird«.[78] Die Inkubationszeit bei Pocken beträgt im Schnitt zwölf Tage, ab dann treten die ersten Symptome der Krankheit auf – unter anderem Unwohlsein, Fieber, Kopfschmerzen und Erbrechen.[79]

Die Öffentlichkeit hatte zu jener Zeit nicht die geringste Ahnung von diesen geheimen Tests. Aber in der Populärkultur spiegelte sich dennoch eine zunehmende Furcht vor dem Einsatz von Biowaffen. Ein Film aus dem Jahre 1965 – *The Satan Bug* mit Richard Basehart und Anne Francis – erzählt die Geschichte eines Irren, der aus einem Geheimlabor der Regierung ein tödliches Virus entwendet, um sich die Welt untertan zu machen. Um seine Entschlossenheit unter Beweis zu stellen, bringt er zunächst die Einwohner einer kleinen Stadt in Florida um und droht dann, die Bevölkerung von Los Angeles auszulöschen.

Mitte der sechziger Jahre, als die amerikanischen Streitkräfte begannen, Nordvietnam zu bombardieren, kamen die Militärs nach Fort Detrick, um sich Hilfe für eines ihrer lästigsten Probleme zu holen: den Ho-Chi-Minh-Pfad. Die Nordvietnamesen und der Vietcong benutzten diesen Dschungelweg als Lebensader für ihren Krieg gegen den Süden. Nichts schien den Waffentransport unterbinden zu können – kein Hinterhalt, keine Tretminen, keine Hightech-Sensoren, keine schwere Artillerie, keine B-52-Angriffe. Die amerikanischen Kommandeure fragten ihre Kollegen in Fort Detrick, ob biologische Waffen den steten Strom auszutrocknen vermöchten.

Die Planer verfielen auf Überlegungen zum Einsatz von Pockenviren, ein folgerichtiger Schritt, möglich, aber aus der Verzweiflung geboren. Eine Bumerangwirkung schien unwahrscheinlich, da die amerikanischen Streitkräfte routinemäßig gegen diese ansteckende Krankheit geimpft wurden. Und die nordvietnamesischen Truppen waren wehrlos. In mancher Hinsicht waren die Umstände ideal: Obwohl Vietnam seit 1959 keine Pockenepidemie mehr zu verzeichnen gehabt hatte, lauerte die Krankheit immer noch in den Nachbarstaaten, so dass man eine Epidemie natürlichen Ursachen hätte zuschreiben können.[80] Im Wirrwarr verdeckter Operationen ließe sich der Anschlag mit schlüssigen Argumenten leugnen, eine entscheidende Voraussetzung.

Doch der Angriff mit einer so verheerenden biologischen Waffe barg ungeheure Risiken. Der Pfad schlängelte sich durch drei Länder. Krankheit und Tod könnten sich unkontrolliert ausbreiten, die Alliierten und die Zivilbevölkerung ebenfalls in Mitleidenschaft ziehen. Und Nordvietnam konnte mit eigenen Biowaffen zurückschlagen. Die kommunistische Regierung verfügte mit China und der Sowjetunion über zwei mächtige Verbündete, die beide über ein riesiges biologisches Waffenarsenal verfügten.

Die Idee wurde auf Eis gelegt. In den folgenden Jahren übernahm die amerikanische Regierung eine führende Rolle bei den weltweiten Bestrebungen, die Pocken, die Jahr für Jahr noch immer Millionen Opfer forderten, endgültig auszurotten[81] Mit einem entschlossen durchgesetzten Impfprogramm verbannten Ärzte und Gesundheitsbehörden binnen weniger Jahre den schlimmsten Feind der Menschheit von der Bildfläche.

Die amerikanischen Überlegungen über einen Einsatz von Pockenviren blieben unterdessen geheim.
Im Rahmen der zunehmenden Opposition gegen den Vietnamkrieg begann sich der Protest der Öffentlichkeit auch gegen das Biowaffenprogramm der US-Regierung zu richten. Seine groben Umrisse waren dem interessierten Publikum aus Artikeln und Büchern wie Theodor Roseburys *Peace or Pestilence* bekannt. Im Jahre 1967 unterzeichneten Tausende Wissenschaftler eine Petition, die die militärischen Bestrebungen anprangerte.[82] Zu den Gegnern gehörte auch der Harvardbiologe Meselson.[83] Seine Stimme hatte Gewicht, denn er war ein renommierter Wissenschaftler und hatte überdies Zugang zu Geheimdokumenten. Ein weiterer Kritiker war der Journalist Seymour M. Hersh, der im Jahre 1968 ein Pamphlet mit dem Untertitel *Americas Hidden Arsenal* verfasste.[84] Die schreibende Zunft nahm die wachsende Kritik auf. In seinem Erstlingswerk *Andromeda* ließ Michael Crichton das Militär ins All fliegen, um Krankheitserreger für einen biologischen Krieg zu sammeln. In dem Roman zerschellt ein Satellit auf der Erde und löst damit eine tödliche Epidemie aus, die die Menschheit in ihrer Existenz bedroht. Es gibt einen vielsagenden Unterschied zu *The Satan Bug:* Dieses Mal verkörpert das Militär das Böse.
In Fort Detrick marschierten Tausende von Kriegsgegnern auf, vorbei an bewaffneten Wachen und Stacheldraht. Die amerikanische Öffentlichkeit kannte zwar nicht die Einzelheiten dessen, was da drinnen passierte, aber sie hatte begriffen, dass Fort Detrick der Nabel der Biowaffenforschung war. »Sie zeigten uns die kalte Schulter«, sagte Patrick über die Demonstranten. »Aber wir hielten das, was wir taten, für eine patriotische Angelegenheit, weil wir Kopf und Kragen dafür riskierten.«
Das waren keine leeren Worte. Ende 1968 versagte plötzlich eine der Ultrazentrifugen mitten im Lauf. Die Glasröhrchen zerschellten im Rotor und setzten Patricks Männer einem feinen Nebel aus Psittakose-Erregern aus. Diese parasitischen Bakterien verursachen hohes Fieber und eine schwere Lungenentzündung mit

trockenem Husten. Kurz vor Weihnachten mussten sich fünf Angestellte in klinische Behandlung begeben.
Die Opposition wuchs und fand neue Ventile. Auf einem Flughafen lief Meselson zufällig seinem ehemaligen Harvard-Kollegen, dem Geschichtsprofessor Henry Kissinger, über den Weg, den US-Präsident Richard M. Nixon unlängst zu seinem Sicherheitsberater ernannt hatte. Die beiden Männer hatten in Harvard praktisch Tür an Tür gearbeitet und bei mehr als nur einer Gelegenheit miteinander diskutiert. Kissinger wusste von dem Unbehagen des Biologen in Bezug auf Biowaffen. »Was sollen wir machen?«, fragte Kissinger, erinnert sich Meselson. »Ich antwortete: ›Lassen Sie mich darüber nachdenken. Ich werde Ihnen ein paar Sachen dazu schreiben.‹«
Eine der Untersuchungen Meselsons vom September 1969 vertrat die Ansicht, dass diese Waffen zwar extrem destruktiv, aber unnötig seien. Ein kleines Flugzeug könne genug Erreger ausbringen, um die Bevölkerung auf einer Fläche von mehreren tausend Quadratkilometern umzubringen, doch die Krankheit könnte sich weit über ihr ursprüngliches Zielgebiet hinaus verbreiten und sich zu einer langfristig gefährlichen Epidemie auswachsen.[85] Dieselbe Unberechenbarkeit gelte für nicht-letale Biowaffen, so Meselson. Bei einem Angriff könnten sie unter Umständen eine Menge Opfer in den feindlichen Reihen und auch unter Zivilisten fordern, aber dennoch zu wenig Schaden anrichten, um von militärischem Nutzen zu sein.
Meselson stand auf dem Standpunkt, dass die strategischen Atomwaffen zur Abschreckung ausreichten. »Es ist unnötig, dass wir uns auf tödliche Biowaffen verlassen, und wir verlieren nichts, wenn wir diese Option aufgeben«, erklärte er. »Unser Hauptinteresse muss darin bestehen, andere Nationen davon abzuhalten, sich diese Waffen anzueignen«, denn diese lebende Munition stellte eine preisgünstige Atombombe dar. »Biowaffen, mit denen sich eine große Stadt bedrohen lässt, sind sehr viel einfacher und billiger zu beschaffen als die entsprechenden Kernwaffen.«
Meselsons Argumente fielen auf fruchtbaren Boden. Trotz der vie-

len Arbeit, die man bereits zur Erforschung und Nutzung von Biowaffen geleistet hatte, hielten der US-Verteidigungsminister und führende Militärs diese letztlich für wenig hilfreich zur Demonstration amerikanischer Militärmacht.[86] Und angesichts des wachsenden Unmuts über den Vietnamkrieg brauchte Präsident Nixon eine dramatische Geste.

Am 25. November 1969 beendete Nixon das Vorhaben mitsamt allen Tests und Kriegsvorbereitungen mit einem Schlag. »Die Vereinigten Staaten«, erklärte er, »werden auf den Einsatz von tödlichen biologischen Erregern und Waffen sowie auf alle anderen Arten der biologischen Kriegsführung verzichten.«[87] Die Menschheit, so fügte er hinzu, »hält in viel zu hohem Maße bereits die Saat ihrer eigenen Zerstörung in Händen.« Damals war Nixon seit zehn Monaten im Amt. Diese Erklärung gab er in Fort Detrick ab, lächelnd und seine Rolle als Friedensstifter sichtlich genießend.

Patrick stand bei den anderen Forschern, nur ein paar Schritte vom Präsidenten entfernt. Später gestand er, dass dies einer der schwärzesten Tage seines Lebens gewesen sei. Er war davon überzeugt, dass die Drohung, auf feindliche Bioangriffe mit gleichen Mitteln reagieren zu können, die bestmögliche Abschreckung darstellte und dass es töricht vom Präsidenten sei, sich dieser Möglichkeit leichtfertig zu begeben.

Aus Bakterien gewonnene biologische Toxine wie das Staphylokokken-Enterotoxin B wurden von dem Verzicht ausgenommen und als chemische Waffen neu eingestuft, um die offizielle Linie zu umgehen. Im Januar 1970 verfasste Meselson ein weiteres Papier für das Weiße Haus, das Präsident Nixon seiner Darstellung nach gelesen haben soll. Meselson vertrat die Ansicht, dass die Umklassifizierung von Toxinen in chemische Waffen eine akademische Unterscheidung sei, die sowohl die politischen Ziele der Regierung als auch die Glaubwürdigkeit des Präsidenten torpediere. »Die Vorzüge der Rüstungskontrolle bei unserer neu beschlossenen Politik werden unterminiert«, schrieb Meselson, wenn wir weiterhin Laboratorien unterhalten, in denen geheime biologische Forschung betrieben wird.«[88] Ein aktiv betriebenes amerikanisches

Toxin-Waffenprogramm, so sein Argument, »wird uns davon abhalten, unsere biologischen Forschungslabors in Fort Detrick und unsere Biowaffenproduktion in Pine Bluff zu entmilitarisieren und umzustrukturieren«.

Im folgenden Monat dehnte Nixon seinen Biowaffenverzicht auch auf biologische Toxine aus. Nach über dreißig Jahren war Detrick aus dem militärischen Geschäft. Das Weiße Haus wies das Militär an, sich im Falle eines biologischen Angriffs auf die Verteidigung zu konzentrieren, das genaue Gegenteil der bisherigen Aufgabe. Jetzt bestand das Hauptziel darin, herauszufinden, wie man einem Widersacher, der die Vereinigten Staaten mit Viren, Bakterien oder Toxinen angriff, einen Strich durch die Rechnung machen könne. Die Regierung Nixon wurde international zum bedeutendsten Fürsprecher eines Übereinkommens zum Verbot von Biowaffen, die Washington nunmehr als unmoralisch und verabscheuungswürdig brandmarkte. Von 1972 an unterzeichneten die Vereinigten Staaten, die Sowjetunion und mehr als hundert andere Staaten die internationale Biowaffen-Konvention. Die Übereinkunft verbietet den Besitz tödlicher biologischer Agenzien außer zum Zwecke der Erforschung geeigneter Defensivmaßnahmen wie Impfungen, Detektoren und Schutzeinrichtungen. Es war der weltweit erste Vertrag, der eine ganze Waffengattung mit einem Verbot belegte.

Aber das Ganze war eher eine Absichtserklärung, und der Vertrag besaß jede Menge Schlupflöcher. So gibt es zum Beispiel keine Beschränkung der Menge von Erregern, die für die Forschung verwendet werden dürfen. Er enthält keine Richtlinien für die Unterscheidung zwischen defensiver und offensiver Arbeit. Es gibt keine im vorhinein festgelegten Formen der Konsultation, und es wurden keine Maßnahmen zu seiner Umsetzung ergriffen.

Experten innerhalb und außerhalb der Regierung betrachteten das internationale Verbot nichtsdestoweniger als einen Schritt, der ganz und gar in Amerikas ureigenstem Interesse lag.[89] Ihre Logik war einfach: Wenn Krieg eine teure Angelegenheit blieb und es für jede militärische Aktion vieler Tonnen hoch entwickelter Ausrüstung und nuklearer Waffen bedurfte, konnten nur die reichsten Nationen der Welt bei dem Spiel mithalten. Billige Waffen von verheerender Wirkung würden das Feld der Konkurrenten nivellieren. Und das, so die Experten, war etwas, das Washington zu vermeiden trachten müsse. Diesen Punkt hatte Meselson bereits früh ins Spiel gebracht und über Jahre hinweg in der Öffentlichkeit vertreten.[90]

Patrick und seine Mitarbeiter aber waren der Ansicht, dass viele Länder ihre Zusage zur Abschaffung von Biowaffen nicht einhalten würden. Billig und effizient, wie sie waren, schienen sie dafür prädestiniert, im Geheimen weiter aufgestockt zu werden. Hinzukam, dass er und seine Mitarbeiter fürchteten, solche Waffen könnten schließlich auch gegen Amerika eingesetzt werden. »Die meisten Leute, mit denen ich arbeite – der Leiter der Versuchsanlage, der Chef der Munitionsabteilung –, all diese Menschen dachten: ›Himmel, das wird uns noch Kopf und Kragen kosten‹«, erinnert er sich. »Das Zeug ist viel zu gut, um vergessen zu werden.«

Trotz seines Pessimismus half Patrick Fort Detrick auf dem Weg von »Schwarz nach Weiß«, wie er es ausdrückte. Er arbeitete an einem dreijährigen Programm zur Zerstörung von Angriffswaffen mit und begann anschließend, in dem neu errichteten United States Army Medical Research Institute of Infectious Diseases Verteidigungsstrategien zu entwickeln. Hier lag das Schwergewicht der neuen Verteidigungspolitik der Regierung. Sitz des Instituts war Fort Detrick, direkt neben seinem Vorgänger. Die Arbeiten zur Entwicklung wirksamer Verteidigungsmöglichkeiten mussten mit weniger Experten und Gebäuden und einem sehr viel kleineren Budget auskommen als das frühere Offensivprogramm. Mit den Jahren wurde das Militärlabor zu einem von vielen Nutzern in dem stetig wachsenden Militärstützpunkt Fort Detrick.

Aber Patrick war bei alledem nicht wohl. Ihm missfiel nicht nur das Risiko, auf das sich sein Land da einließ, sondern er empfand seine neue Arbeit auch als Widerspruch zu dem, was er die ganzen Jahre hindurch getan hatte. »Es ist eine ganz andere Welt«, sagte Patrick über die Suche nach Mitteln zur Abwehr eines biologischen Angriffs. »Defensivstrategien sind so viel komplizierter. Man braucht anderthalb Jahre, um einen waffenfähigen Erreger zu entwickeln, aber es dauert zehn Jahre, bis man einen guten Impfstoff dagegen hat.«

Patrick hielt mit seinen guten Erinnerungen an die Zeit als biologischer Krieger nicht hinter dem Berg und erklärte, er habe heute noch keine Probleme damit, Tiere getötet, Menschen infiziert und immer neue Wege ersonnen zu haben, den Tod zu bringen. All das habe der militärischen Wehrhaftigkeit gedient, zur Abschreckung des Feindes und dazu, Amerika stark zu machen. »Zu der Zeit, als wir all das gemacht haben, lautete die Maxime, ein Problem zu lösen und sich nicht um die philosophischen Fragen zu scheren, die sich aus dem ergaben, was wir taten«, berichtet er. »An Freitagabenden, wenn wir zusammensaßen und herumblödelten, sagte keiner von uns: ›Wir haben die moralische Verpflichtung, damit aufzuhören!‹ Vielmehr hieß es: ›Wie können wir die Konzentration erhöhen?‹ Wir haben dabei nie an Menschen gedacht. Das mag schlecht gewesen sein. Aber darin hätte auch eine große Gefahr gelegen.«

»Wir dachten viel an die Chinesen und die Russen. Und wenn wir gewusst hätten, was die tatsächlich alles machten, hätten wir noch härter gearbeitet.«

Kapitel 3
Enthüllungen

Als die Welt den Biowaffen abschwor, hatte die Wissenschaft bereits begonnen, die Grenzen zwischen Mensch und Natur aufzuweichen. Zum ersten Mal hatten die Biologen die Möglichkeit, die Anweisungen in den Handbüchern des Lebens umzuschreiben, ein Durchbruch, mit dem sich der biologischen Kriegsführung völlig neue Möglichkeiten eröffneten.

Seit Äonen hat die Natur an diesen Bauanweisungen gefeilt. Einen ersten Blick hineinwerfen konnte die Wissenschaft im Jahre 1953, als man herausfand, wie die DNA – die Desoxyribonukleinsäure – unser Erbe auf molekularer Ebene verwaltet. Der genetische Code, so stellte sich heraus, ist in einer Doppelspirale festgeschrieben, deren Struktur bei allem, was lebt, von der kleinsten Mikrobe bis hinauf zur Seekuh, gleich ist. Es überraschte nicht wenig, dass diese Anweisungen, so unterschiedlich sie im einzelnen auch sein mochten, sich nicht nur desselben Alphabets, sondern obendrein derselben Sprache bedienten.

Zu Anfang der siebziger Jahre begannen die Wissenschaftler, sich diese Gemeinsamkeit zunutze zu machen, und etablierten das brandneue Fach der Gentechnologie. Nun konnten die Wissenschaftler das Skript des Lebens bearbeiten, umschreiben und neu arrangieren, Zeilen oder ganze Kapitel von einem Organismus in einen anderen kopieren. Es war eine Biologie im Setzkastensystem. Je beherrschbarer die Technik wurde, desto umstandsloser ließen sich Gene hin- und herschieben und neu aneinanderfügen.

Im Zentrum eines der ersten Projekte stand das Glühwürmchen. Das Gen, dem es seine Leuchtkraft (Biolumineszenz) verdankt, wurde einer Karotte hinzugefügt, und siehe da, man hatte eine Möhre geschaffen, die im Dunkeln leuchtete.[1] Mitte der siebziger Jahre manövrierten ein paar Wissenschaftler mit einem etwas ausgeprägteren Hang zur Realität das Insulin-Gen in Bakterien und züchteten diese Hybride in großen Bottichen heran. Im Laufe der Jahre wurden die meisten Diabetiker zu Abnehmern dieses in Massen hergestellten Insulins, des ersten Produkts einer angehenden Milliarden-Dollar-Industrie. Tausende von gentechnologischen Projekten hatten es sich zum Ziel gesetzt, Krankheiten zu heilen, Leben zu retten und die menschliche Gesundheit zu verbessern.

Die Folgen aus alledem waren auch für die Militärs überall auf der Welt von Bedeutung. Die neue Biologie bot die Möglichkeit, Krankheiten entstehen zu lassen, die der modernen Medizin bis dato unbekannt waren und gegen die es kein Heilmittel gab. Neue Superbakterien konnten noch wirksamer, noch gefährlicher und noch raffinierter gestaltet werden, als die natürlichen es bereits waren. Mikroorganismen, so schien es, könnten die ultimative Waffe abgeben.

Wissenschaftler, die auf dem Gebiet der Genetik an vorderster Front der revolutionären Entwicklungen standen, waren die ersten, die deren Gefahrenpotential erkannten. Die Physiker, die eine Generation zuvor die Atombombe geschaffen hatten, hatten sich schließlich und endlich der atomaren Rüstungskontrolle verschrieben. Nun begannen Wissenschaftler, die über eine genaue Kenntnis der neuen Wissenschaft verfügten, mit der fieberhaften Suche nach Methoden, mit deren Hilfe sich das zerstörerische Potential ihrer Entdeckungen im Zaum halten ließ.

Joshua Lederberg wuchs als ältester Sohn eines orthodoxen Rabbiners in New York City auf. Im Jahre 1958 wurde ihm im Alter von 33 Jahren der Nobelpreis für Studien verliehen, die er mit 20 Jahren begonnen hatte.[2] Seine Forschungen hatten gezeigt, dass Bakterien in einer Art sexueller Begegnung Gene untereinander austauschten. Im Laufe der Zeit wurde seine Entdeckung zu einem Stützpfeiler der neuen Wissenschaft von der Gentechnologie. Lederberg trat in der Öffentlichkeit als vehementer Befürworter der neuen Forschungsrichtung auf, erkannte aber auch die Gefahr, dass diese die biologische Kriegsführung noch gefährlicher machen konnte, als sie es ohnehin schon war. »Diese Technologie weiter zu verbessern«, sagte er in Interviews, »halte ich auf lange Sicht für Selbstmord.«

Seine Entdeckung, dass es unter Bakterien zu einem genetischen Austausch kommen kann, veranlasste ihn bereits Jahrzehnte, bevor das Thema öffentliches Interesse erregte, zu Warnungen vor der wachsenden Resistenz gegen Antibiotika. Lederberg gehörte zu den Wissenschaftlern, die das Klonen für praktisch machbar hielten. Er war nicht nur Mitbegründer der Bakteriengenetik, sondern leistete auch Beiträge zum Gebiet der Künstlichen Intelligenz und zu Untersuchungen über die Wahrscheinlichkeit der Existenz außerirdischen Lebens.

Sein lebenslanger Kampf gegen biologische Waffen war motiviert durch seine eigenen Erfahrungen mit dem Militär und dessen Bekämpfung von Infektionskrankheiten. Als Teenager war er 1943 in ein Studienprogramm der Marine für angehende Sanitätsoffiziere an der Columbia University aufgenommen worden.[3] 1944 schrieb er sich an der medizinischen Fakultät der Columbia University ein. Studium und Dienst am U.S. Naval Hospital in Saint Albans auf Long Island wechselten einander ab. Im dortigen Pathologielabor untersuchte Lederberg Stuhlproben von Patienten mit Malariaverdacht auf das Vorhandensein von Parasiteneiern und Blutspuren. Viele Marineangehörige, die bei der Invasion der Insel Guadalcanal dabei gewesen waren, hatten diese Krankheit mit nach Hause gebracht.

Nach seiner Promotion an der Yale University begann er an der University of Wisconsin zu lehren, die am Aufstieg von Fort Detrick zum US-Zentrum für die Herstellung von Biowaffen maßgeblichen Anteil gehabt hatte.[4] Der Mikrobiologe Edwin B. Fred aus Wisconsin hatte Roosevelts Kriegsminister auf die Notwendigkeit aufmerksam gemacht, eine solche Einrichtung zu gründen, und Ira L. Baldwin, ein weiterer Mikrobiologe an der Hochschule, hatte Detrick als Standort ausgewählt und war dessen erster wissenschaftlicher Leiter gewesen.

Noch in Wisconsin hatte Lederberg Leo Szilard kennengelernt, der im Zweiten Weltkrieg am Bau der Atombombe beteiligt gewesen war und im Anschluss daran ein Biologiestudium an der University of Chicago aufgenommen hatte.[5] Chicago quoll zu jener Zeit über von Veteranen des Manhattan Project – Szilard, Enrico Fermi, Edward Teller –, die darüber debattierten, was sie mit den zerstörerischen Mächten anfangen sollten, die sie entfesselt hatten. Manche von ihnen votierten gar für eine Weltregierung. Szilard bevorzugte internationale Verträge zur Begrenzung der nuklearen Aufrüstung. Lederberg und er trafen sich erstmals in Biologieseminaren, später auch privat; die Chemie zwischen den beiden stimmte. Szilard, so berichtete Lederberg später, wurde »mein erstes Vorbild«, ein in der Öffentlichkeit politisch engagierter Wissenschaftler.

Auf der Grundlage seiner früheren Forschungen unternahm Lederberg 1967 erste Versuche, Gene aus dem Erbgut eines Organismus herauszuschneiden.[6] Seine Experimente waren nicht eben von Erfolg gekrönt, aber Lederberg sah das Potential, das in ihnen steckte. Es könnte bald möglich sein, folgerte er, neue Lebensformen im Labor entstehen zu lassen. Seine Experimente hatte er nach seinem Umzug von der University of Wisconsin an die Stanford University unternommen, jene kalifornische Universität, die schon wenige Jahre später zum Zentrum der revolutionären Entwicklungen auf dem Gebiet der Genetik avanciert sein sollte.

Zu der Zeit, als der Widerstand in der Öffentlichkeit gegen die biologische Kriegsführung während der Vietnam-Ära immer prononcierter wurde, arbeitete Lederberg als Kolumnist für die *Washington Post*. In einem Artikel vom August 1968 erklärte er, die Schaffung von synthetischen Genen werde die Menschheit mit der Gefahr einer »systematischen Konstruktion« von neuen Krankheitserregern und »den denkbar gefährlichsten Experimenten zur Erprobung von Genozidstrategien« konfrontieren. Er forderte starke Einschränkungen für die biologische Kriegsführung und mahnte, »die Zeit läuft davon.«[7]

Auch auf privater Ebene kämpfte Lederberg um eine Beendigung des Regierungsprogramms und informierte dessen Verantwortliche über die Gefahren, die sich seiner Ansicht nach daraus ergaben. Im März 1969 schrieb er an Riley D. Housewright, den wissenschaftlichen Leiter von Fort Detrick, und stellte die Weichen für die spätere öffentliche Diskussion. »Wohin soll das alles führen?«, fragte Lederberg im Zusammenhang mit biologischen Waffen. »Kann der Zuwachs an biologischen Waffen gestoppt werden? Werden biologische Waffen dereinst als Guerilla-Taktik eingesetzt werden, und welche Maßnahmen kann man dagegen treffen?« Er nahm damit vorweg, was später als Bioterrorismus in die Geschichte eingehen sollte. »Ich bin mehr als besorgt über all dies«, schrieb er, »wage aber kaum, es zu erwähnen, aus lauter Sorge, irgendjemandes Hirn eine fürchterliche Idee einzupflanzen.«[8] Im weiteren Verlauf des Jahres 1969 äußerte er gegenüber dem Auswärtigen Ausschuss des Repräsentantenhauses, dass es sich mit der Förderung von Fortschritten bei der Entwicklung von Biowaffen so verhalte, »als sorgten wir dafür, dass man Wasserstoffbomben in jedem Supermarkt kaufen kann«.[9] Als Nixons Verbot im weiteren Verlauf des Jahres zu greifen und Washington sich um den Abschluss eines weltweiten Abkommens zu bemühen begann, wurde Lederberg von der Regierung gebeten, die Vereinten Nationen zu beraten. Im August 1970 hielt er vor dem Abrüstungsausschuss der Vereinten Nationen in Genf eine Rede, die Jahrzehnte später als Wendepunkt gelten sollte.[10] Die jüngsten Entwicklungen in der Wissenschaft deuteten auf ein Wettrüsten hin, warnte er, »dessen Zielsetzung ohne weiteres zur wirksamsten Methode verkommen könne, den Menschen von diesem Planeten zu tilgen«. Seuchen hatten amerikanische Kastanien und europäische Weinstöcke dahingerafft, erklärte er, nun stehe die Menschheit vor ähnlichen Gefahren, »die unserer eigenen Phantasie entsprungen sind«. Die Gefahr rühre, so sagte er, an »meine persönlichen moralischen Ansprüche hinsichtlich der Frage, ob meine Laufbahn dereinst als Fluch oder als Segen für die Menschheit gesehen wird, deren Teil ich bin«. Dies sei ein Dilemma, fügte er hinzu, »mit dem sich gegenwärtig die Generation von Wissenschaftlern und Studenten konfrontiert sieht, zu der ich gehöre«.

Im Jahre 1972 wurde die Biowaffen-Konvention in London, Moskau und Washington zur Ratifizierung hinterlegt. Im Laufe der folgenden Jahre schlossen sich über hundert Nationen der darin formulierten Zielsetzung der Abschaffung von biologischen Waffen an und erklärten die biologische Kriegsführung für »unvereinbar mit dem Gewissen der Menschheit«.[11]
Zu ebendiesem Zeitpunkt begann die zivile Forschung, die Genrevolution ernsthaft voranzutreiben.
Es begann bei einem Mitternachtsimbiss. Ende 1972 nahmen Stanley N. Cohen, ein junger Kollege Lederbergs von der Stanford School of Medicine, und Herbert W. Boyer, ein Biochemiker von der University of California in San Francisco, an einer Konferenz auf Hawaii teil. Bei einer Plauderei in einem Imbissrestaurant spät nachts ging ihnen auf, dass sie beide zusammen etwas bewerkstelligen konnten, was nie zuvor getan worden war: Sie konnten DNA von einem Organismus in einen anderen bugsieren und damit eine neue Lebensform schaffen.[12] Ihr Plan war, die Gene von Organismen zusammenzuführen, die miteinander nicht das Geringste zu tun hatten – die Gene von zwei nicht miteinander verwandten Krankheitserregern beispielsweise oder vielleicht sogar die von Pflanzen und Tieren.
Den ersten Schritt dazu hatte die Wissenschaft bereits getan. Sie hatte herausbekommen, auf welche Weise bestimmte Enzyme einzelne Gene aus einem DNA-Strang herauslösen konnten. Ein Gen von einem Organismus in einen anderen zu bugsieren stellte jedoch eine größere Herausforderung dar. Cohen und Boyer entnahmen den ersten gemeinsamen Experimenten zu dieser Frage ein paar viel versprechende Hinweise auf die Art und Weise, wie Mikroorganismen solche Transfers in der Natur bewerkstelligen: Ihre Gene befinden sich auf winzigen DNA-Ringen, die zwischen einzelnen Bakterien frei ausgetauscht werden können. Lederberg nannte diese Ringe Plasmide. Andere Wissenschaftler hatten zudem herausgefunden, wie sie einzelne DNA-Schnipsel wieder zusammenkleben konnten, und daraus ergab sich eine faszinierende Möglichkeit: Gene, die aus einem Organismus herausgeschnitten

worden waren, ließen sich womöglich huckepack auf einem Plasmid in einen anderen transportieren. Theoretisch, so wurde Cohen und Boyer klar, müsste die Gentechnologie eigentlich eine ganz einfache Sache sein. Die Wissenschaftler könnten DNA aus einem Organismus herausschneiden, auf ein Plasmid übertragen und dann in eine ganz andere, mit dem ersten Organismus nicht verwandte Lebensform einfügen.

Wieder zurück in Kalifornien, machten sich die beiden Wissenschaftler mit ihren Teams an die Arbeit. Binnen weniger Monate hatten sie Erfolg, und die erste rekombinante Lebensform war geschaffen. Zwar hatten sie die zugrunde liegenden Techniken nicht selbst erfunden, aber ihre innovative Art, diese anzuwenden, ließ in Windeseile ein blühendes neues Gebiet erstehen.

Ernsthaft begannen Boyer und Cohen Anfang 1973 mit der Arbeit. Ihre ersten Experimente befassten sich mit *Escherichia coli*, einem normalerweise gutartigen Bakterium aus dem menschlichen Darm. Sie schnitten aus einem mit diesem nicht verwandten Mikroorganismus ein Gen heraus, das diesem eine Resistenz gegen das Antibiotikum Penicillin verlieh, und fügten dieses in *E. coli* ein. Die anschließenden Tests zeigten, dass der Versuch funktioniert hatte: Der neu entstandene Organismus war nun gegen das Medikament immun, das heißt penicillinresistent. Im Juli 1973 unternahmen sie einen größeren Eingriff: Sie manövrierten Gene aus einem afrikanischen Krallenfrosch in *E. coli*.[13] Der neue Mikroorganismus vermehrte sich bereitwillig, und alle Nachkommen hatten fortan Froschgene in ihrem Erbgut. In gewisser, sehr eingeschränkter Hinsicht hatte die Wissenschaft hier Bakterien und Amphibien vermischt. Weitere Versuche zeigten, dass sich nicht nur Plasmide, sondern auch Viren durch die Einführung fremder Gene würden modifizieren lassen und dass nicht nur Mikroorganismen als Zielorganismen in Frage kommen, sondern auch Tier- und Pflanzenzellen.

Bis zu den ersten Erfolgen im Jahre 1973 hatte niemand gewusst, ob die Gene eines Organismus in einem anderen würden funktionieren oder auch nur überleben können. Cohen und Boyer zeigten, dass dem so war. Außerdem demonstrierten sie, dass es relativ leicht ist, die uralten Schranken zwischen einzelnen Arten – sogar zwischen Pflanze und Tier – zu überschreiten.

Zu den zahllosen aufregenden Konsequenzen all dessen gehörte auch eine höchst praktische. Im Laufe des Maßschneiderns und Vermehrens ihrer Mikroorganismen stellten die Wissenschaftler fest, dass sie ihre Kreationen dazu bringen konnten, alle möglichen Produkte herzustellen, Insulin zum Beispiel und andere biologisch wirksame Substanzen. Der dazu nötige biologische Vorgang heißt Genexpression. Ein Bakterium teilt sich im Schnitt jede halbe Stunde. An einem Tag kann ein mikroskopisch kleiner Urahn daher Milliarden identischer Nachkommen entstehen lassen. Auf diese Weise lassen sich Bakterien als regelrechte Fabriken zur Produktion einer breiten Palette an Produkten verwenden.

Als diese Tatsache bekannt wurde, begannen die Wissenschaftler sich Sorgen zu machen, dass die neue Biologie womöglich aus Versehen neue Organismen in die Umwelt entlassen könnte, die dort großes Unheil anrichteten. Cohen und Boyer waren sich dieser Gefahr bewusst und hatten sorgsam stets nur Gene inseriert, die in natürlichen Bakterienpopulationen bereits existierten oder aber harmlos waren. Doch die Bedenken nahmen zu, und die Wissenschaft rief nach einem Moratorium zur vorübergehenden freiwilligen Aussetzung dieser Arbeiten.

In einer alten Kapelle hoch oben über dem Pazifik versammelten sich im Februar 1975 zahlreiche Spitzenforscher aus der Biologie, um ein Regelwerk für die Forschung auf diesem jungfräulichen Gebiet zurechtzuzimmern. Im Kongresszentrum von Asilomar waren führende junge Forscher ebenso vertreten wie altehrwürdige Wissenschaftler, unter ihnen Lederberg, der sich gegen die allzu strikte Beschneidung friedlicher Forschung verwahrte, weil er fürchtete, dass sie den Fortschritt in der Genetik hemmen würde. Alles in allem waren neunzig Amerikaner anwesend und fünfzig ausländische Wissenschaftler, darunter auch einige aus der Sowjetunion.

Eine Gruppe von Wissenschaftlern auf dem Meeting warnte, dass das Pentagon die Gentechnologie einsetzen könnte, um neue Erreger für die biologische Kriegsführung zu erzeugen, und forderte einen internationalen Vertrag, der jede Gentechnik mit dem Ziel der Waffenherstellung verbieten sollte.[14] Dieser Vorschlag verhallte ungehört. Das Organisationskomitee konnte jedoch nach hitziger Debatte die Zustimmung der Anwesenden zu striktesten Sicherheitsvorkehrungen erreichen. Umstritten war der Vorschlag, die gefährlichste Klasse von Experimenten zu verbieten – die Verpflanzung von Genen, die für den Menschen gefährlich sind, Gene beispielsweise, die das Botulinum-Toxin entstehen lassen. Am Ende ging der Antrag auf ein vollständiges Verbot solcher Arbeiten durch, lediglich fünf Wissenschaftler gaben eine abweichende Meinung zu Protokoll.[15]

Einen Monat später, im März 1975, trat nach dreijährigem, zähem diplomatischen Ringen die Biowaffen-Konvention in Kraft. Doch dieser Vertrag sagte nichts zu dem zentralen Thema der Asilomar-Konferenz – den militärischen Auswirkungen der neuen Biologie. Der Vertrag erklärte jede Art von Forschung für zulässig, solange deren Zielsetzung dem Schutz des Menschen diente. Aber Arbeiten zur Entwicklung einer Defensivstrategie können solchen zur Entwicklung von Offensivwaffen sehr ähneln. Und die gentechnologischen Methoden, deren Vorreiter Cohen und Boyer gewesen waren, fügten dem Ganzen eine noch besorgniserregendere Dimension hinzu – die Möglichkeit zur Schaffung von Superbakterien. Wenn der Gegner die Wirkung alter Impfstoffe und Gegengifte mit neuen Organismen zu unterlaufen vermochte, hatten die Militärforscher allen Anlass, die tödlichsten Experimente durchzuführen, die sich die menschliche Phantasie ausdenken kann. Wie sonst sollten sie die neuen Gefahren, die auf ihr Land zukamen, einschätzen oder abwehren können? Die Forschung glich einem Hersteller von kugelsicheren Westen, der sich neue Waffen beschafft, um das alte Material zu testen.

In den kommenden Monaten und Jahren traten an die Stelle des Moratoriums über potentiell gefährliche Experimente allmählich nationale Sicherheitsgremien, die von den einzelnen Regierungen eingesetzt wurden, um zu beurteilen, ob die beantragten Forschungsprojekte als sicher gelten konnten oder nicht. Die Gentechnik nahm ihren Lauf, zunächst noch in den Instituten der Universitäten, später dann in der Industrie. Lederberg und Cohen, die beiden Stanford-Kollegen, gingen als Berater zur Firma Cetus im kalifornischen Berkeley, die die neuen Technologien gewinnbringend einzusetzen trachtete. Bald darauf produzierten Cetus und ihre Schwesterunternehmen en masse Designer-Organismen, die menschliches Insulin, Interferon und Wachstumshormon produzierten. Das neue Forschungsgebiet, schrieb Lederberg 1975 in einem Artikel, »verspricht den größten Nutzen für die Gesundheit des Menschen seit der Entdeckung und Verbreitung von Antibiotika«.[16]

Im August 1974 trat Nixon vom Präsidentenamt zurück. Bald darauf begannen führende Demokraten, den Senat fest in ihrer Hand, voller Kampfeslust, die von der Regierung unlängst für beendet erklärten Bestrebungen zur Nutzung pathogener Organismen für die Kriegsführung zu untersuchen. Im Herbst 1975 kam es zu ausführlichen Anhörungen unter der Leitung von Senator Frank Church aus Idaho, dem es ein Herzensanliegen war, Verfehlungen im Schattenreich der amerikanischen Geheimdienste aufzudecken. Über die Regierungspläne für einen biologischen Angriff auf Kuba und Vietnam wurde kein Wort verloren. Doch die Anhörungen deckten ein neues Kapitel der amerikanischen Geschichte auf, in dem Fort Detrick und die CIA offenbar eine zentrale Rolle spielten und in dem es darum ging, Krankheitserreger zu horten und Attentate auf ausländische Politiker und Staatsmänner zu planen.[17] Das Bündnis, das offenbar von 1952 bis 1970 bestand, kann auf keine sichtbaren Erfolge verweisen. Die Untersuchung deckte jedoch eine Reihe von amateurhaften Anschlägen, Irrtümern und peinlichen Fehlern auf.
So hatte beispielsweise die Regierung Eisenhower im soeben unabhängig gewordenen Kongo eine Wende zugunsten der Regierung in Moskau befürchtet und einen Plan ausgearbeitet, Patrice Lu-

mumba umzubringen, einen ehemaligen Postbeamten, der im Jahre 1960 zum Ministerpräsidenten des Landes gewählt worden war.[18] Die CIA zog eine Reihe von möglichen Erregern in Betracht, unter anderem das Pockenvirus. Sie entschied sich dann jedoch für das Botulinum-Toxin, das rascher und verlässlicher wirkte und durch die Lähmung von Lunge und Muskeln seines Opfers dessen raschen Tod herbeiführte. Das Toxin wurde nach Afrika geschickt. Doch die strikten Sicherheitsvorkehrungen machten den CIA-Agenten schwer zu schaffen und der Plan wurde schließlich fallen gelassen, als Rebellen die Macht übernahmen und Lumumba umbrachten.

Eine andere Enthüllung betraf die Regierung Kennedy, die offenbar großes Interesse daran hatte, Castro nach der Kubakrise unschädlich zu machen. Man hatte ein bizarres Szenario erdacht, den Diktator zu lähmen, bei dem man ihm, dem passionierten Taucher, eine Ausrüstung hätte geben wollen, die mit zwei pathogenen Erregern präpariert worden war.[19] Der Taucheranzug hätte einen toxischen Pilz enthalten, das Sauerstoffgerät einen Tuberkuloseerreger, dessen Symptome tödliche Wirkung entfalten konnten. Aus dem Plan wurde nichts, weil ein amerikanischer Anwalt Castro einen Taucheranzug verehrte, der frei war von den Giften der CIA.

Als die Kongressabgeordneten tiefer zu schürfen begannen, stellten sie fest, dass die CIA auch nach Nixons Verbot noch immer ein kleines Arsenal an pathogenen Erregern, Toxinen und anderen biologischen Giften in Reserve gehabt hatte, das hingereicht hätte, ein paar Millionen Menschen umzubringen. Die meisten Agenzien lagerten in Detrick, das Angebot war von beachtlicher Vielfalt. Es umfasste nicht nur relativ große Mengen an Milzbrand-Erregern, sondern auch zwei Arten der Gattung *Salmonella*, mit der die Bhagwanjünger die Restaurants vergiftet hatten:[20]

Bacillus anthracis (Milzbrand), *100 Gramm*
Pasteurella tularensis (Tularämie oder Hasenpest), 20 Gramm
VEE-Virus (Pferdeenzephalitis), 20 Gramm

Coccidioides immitis (Rifttalfieber), 20 Gramm
Brucella suis (Brucellose, Schweinepest), 2 bis 3 Gramm
Brucella melitensis (Brucellose, Maltafieber), 2 bis 3 Gramm
Mycobacterium tuberculosis (Tuberkulose), 3 Gramm
Salmonella typhimurium (Lebensmittelvergiftung), 10 Gramm
Salmonella typhimurium (chlorresistente Form der Lebensmittelvergiftung), 3 Gramm
Variola-Virus (Pocken), 50 Gramm
Staphylokokken-Enterotoxin (Lebensmittelvergiftung), 10 Gramm
Clostridium botulinum Typ A (tödliche Nahrungsmittelvergiftung), 5 Gramm
paralytisches Muschelgift, 5 Gramm
Bungarus candidas-Gift (tödliches Schlangengift), 2 Gramm
Microcystis aeruginosa-Toxin (Darmgrippe), 25 Milligramm
Toxiferin (ein die Muskeln lähmendes Alkaloid), 100 Milligramm

Die Senatoren warfen den Geheimdienstbehörden und den Militärbiologen vor, gegen den ausdrücklichen Befehl des Präsidenten gehandelt zu haben. »Wir müssen darauf bestehen, dass diese Behörden streng nach dem Gesetz arbeiten«, erklärte Senator Church.[21]

Bill Patrick wurde zwar nie vorgeladen, um auszusagen, sah aber auch keinerlei Grund, sich hinsichtlich dieses Arsenals in Ausreden zu flüchten. In Interviews hatte er erklärt, dass er der CIA zwar Unterstützung geleistet, Einzelheiten jedoch meist nicht erfahren habe. »Wenn sie gebeten wurden, ein Produkt herzustellen, das bestimmte Eigenschaften hatte, wussten sie verdammt gut, wofür es sein würde. Aber nie ist je gesagt worden: ›Wir wollen es, weil wir jemanden damit umbringen möchten.‹«

Ein auf einer der Anhörungen verlesenes CIA-Dokument erklärte, die gelagerten Erreger schlössen Formen ein, die »geeignet sind, auf Kleider, Kissen und ähnliches gestäubt zu werden«,[22] und legt

damit die Vorstellung von im eigenen Bett gemeuchelten Diktatoren unweigerlich nahe.
Patrick war, wie sich zeigen sollte, nicht der einzige, der Erreger produzierte, mit denen sich unerwünschte Personen hätten ausschalten oder töten lassen. Diese Art von Tätigkeit war bereits lange vor seinem Eintreffen in Fort Detrick gepflegt worden.
Die Chronik des einzigen bekannten Einsatzes von biologischen Waffen kam in den Anhörungen Stück für Stück ans Tageslicht, machte aber im Unterschied zu den anderen Enthüllungen des Church-Ausschusses keinerlei Schlagzeilen. Der erste Hinweis ergab sich am 16. September 1975. An diesem Tag sagte William E. Colby, der damalige Chef der CIA, vor den Senatoren aus, der toxische Vorrat sei vor allem deshalb angelegt worden, weil die Vorgängerbehörde OSS (Office for Strategic Services) solche Toxine höchst wirksam zum Einsatz gebracht habe. Tatsächlich habe das OSS »eine erfolgreiche Operation mit biologischen Kampfstoffen durchgeführt, durch die es einen Nazi-Führer zeitweilig handlungsunfähig« gemacht habe.[23] Einzelheiten nannte er keine. Und zumindest in der Öffentlichkeit verlangten die Senatoren auch keine.
Senator Edward M. Kennedy aus Massachusetts berichtete am Ende einer langwierigen Folgeanhörung im Mai 1977, dass »vor wenigen Minuten« CIA-Dokumente eingetroffen seien, aus denen hervorgehe, dass Agenten den noch immer nicht näher benannten Nazi angegriffen hätten, um »dessen Erscheinen auf einer wichtigen Wirtschaftskonferenz während des Krieges zu verhindern. Sie fügten ihm eine Lebensmittelvergiftung zu und waren dabei recht erfolgreich.«[24]
Aber Senator Kennedy hatte weder das Toxin noch das Opfer namentlich benannt. Ein weiteres CIA-Dokument, das in den Tiefen der Anhörungsprotokolle verschüttet lag, war nötig, um schließlich Klarheit zu schaffen.[25] Doch selbst dieser Bericht verschwieg die peinliche Wahrheit.
Opfer des heimlichen Angriffs war Hjalmar Schacht gewesen, der Finanzexperte des Dritten Reiches.[26] Nach Hitlers Machtergrei-

fung im Jahre 1933 wurde Schacht zum Präsidenten der Reichsbank ernannt. Irgendwann Anfang der vierziger Jahre hatten OSS-Agenten das erforderliche Gift besorgt und Schacht verabreicht, allem Anschein nach hatte man es ihm ins Essen getan.

In technischer Hinsicht soll der Anschlag ein Erfolg gewesen sein. Das gewählte Toxin stammte aus Staphylokokken, dasselbe Gift hätte auch in dem Plan gegen Kuba zum Einsatz kommen sollen.[27] Die Symptome, von denen Schacht vermutlich befallen wurde, dürften Schüttelfrost, Kopfschmerzen, Muskelschmerzen, Husten und hohes Fieber gewesen sein. Am wichtigsten aber war, dass der Anschlag verborgen geblieben war.

Das Problem war nur, dass Schacht sich als einer der Verschwörer gegen Hitler entpuppte oder diesen zumindest zugerechnet wurde.[28] Nachdem die Gruppe im Juli 1944 erfolglos versucht hatte, Hitler umzubringen, wurde Schacht in ein Konzentrationslager gebracht. Amerikanische Truppen fanden ihn im April 1945 in Dachau und befreiten ihn. Das Nürnberger Tribunal sprach ihn von sämtlichen Kriegsverbrechen frei.

Während die ermittelnden Kongressmitglieder das amerikanische Biowaffen-Programm unter die Lupe nahmen, war man sich in Geheimdienstkreisen uneins darüber, ob die Sowjetunion heimlich weiter an biologischen Waffen forschte. Die Debatte begann 1975, in dem Jahr, in dem die Biowaffen-Konvention in Kraft trat. (Die für die Vernichtung des globalen Biowaffen-Arsenals vorgesehene Zeitspanne hatte drei Jahre betragen; genauso lange hatten die Vereinigten Staaten benötigt, ihre eigenen biologischen Waffen auszurangieren.) Mehrere Regierungsbeamte verfassten ein Geheimpapier, in dem sie erklärten, dass die Sowjetunion weiter illegal an einem Angiffsprogramm arbeite. Ihre Argumente wurden als Spekulation abgetan. Zu etwa derselben Zeit behauptete ein Beamter des Außenministeriums, dass die neue Interkontinentalrakete der Sowjets, die SS-11, dazu gedacht sei, in ihrem Sprengkopf biologische Agenzien zu transportieren. Seine Vorgesetzten fanden die Vorstellung nach Aussage eines seiner Kollegen abwegig. Ein ehemaliger sowjetischer Diplomat, der bei den Vereinten Nationen gearbeitet und sich im Jahre 1978 in die Vereinigten Staaten abgesetzt hatte, warnte, das Militär seines Landes verfolge ein geheimes Biowaffen-Programm, eine Behauptung, die zwar als faszinierend, aber substanzlos gewertet wurde.[29]

Gary Crocker glaubte daran. Als junger Fachmann in der Geheimdienstabteilung des Außenministeriums hatte Crocker die biologischen Vorhaben der Sowjetunion bereits seit 1974, unmittelbar nach seinem Dienstantritt, misstrauisch beäugt. Er hatte sich, wie viele seiner Kollegen, zu Beginn seiner Laufbahn zunächst mit dem sowjetischen Atomwaffenprogramm auseinandergesetzt. Bald schon aber hatte er seinen Schwerpunkt auf das exotische Spezialgebiet der biologischen und chemischen Waffen verlagert – im Jargon des Hauses als »bugs and gas« bezeichnet. Die Vereinigten Staaten beschäftigten mehrere tausend Menschen einzig und allein zu dem Zweck, die verschlungenen Pfade von Moskaus strategischen Planungen nachzuverfolgen. Eine ganze Phalanx von Experten ging jeder Rakete und jedem Sprengkopf nach. Diese ehrenvollen Jobs wurden in der Regel von Männern erledigt.

Die Biowaffen-Mannschaft war weit kleiner, zu ihr gehörte eine ungewöhnlich große Anzahl von Frauen. Einen Großteil der siebziger Jahre hindurch fand die Gruppe, die das weltweite Arsenal an chemischen und biologischen Waffen einzuschätzen und zu beurteilen hatte, bequem in einem kleinen Büro Platz. Das heißt, ein einzelner Experte, ob Mann oder Frau, hätte einen Wechsel in der Politik herbeiführen können – falls die Stimme der oder des Betreffenden es vermocht hätte, den bürokratischen Apparat für das Thema zu interessieren. Crocker sollte den größten Teil seiner Laufbahn damit zubringen, auf den monatlichen Treffen das Außenministerium zu repräsentieren. »Wir kannten einander alle und arbeiteten seit Jahren zusammen«, erinnert er sich. »Wir waren so eine Art Minitruppe, die gegen die Großen, die Atomsupermächte kämpfte. Wir waren dieser kleine Haufen, der reinkam und rief: ›He, passt auf, es gibt auch noch chemische und biologische Waffen.‹«

Im Oktober 1979 brachte eine russischsprachige Zeitung aus Frankfurt am Main, die regelmäßig Nachrichten von sowjetischen Emigranten veröffentlichte, einen bruchstückhaften Bericht über einen größeren Biowaffenunfall, wie sie es nannte.[30] Die Zahl der Toten wurde bei etlichen tausend angesetzt. Im Januar 1980 konnte die Zeitung mit neuen Einzelheiten aufwarten: Die Katastrophe hatte sich im April des vorangegangenen Jahres ereignet. Eine Explosion in einem geheimen Militärstützpunkt nahe der sowjetischen Stadt Swerdlowsk, einem Industriekomplex in den Bergen des Ural, in dem Panzer, Raketen und andere Waffen gebaut wurden, hatte eine Wolke tödlicher Mikroben über ein benachbartes Dorf treiben lassen. Schätzungsweise tausend Menschen starben an Milzbrand, einer Krankheit, die unbehandelt in der Regel binnen zwei Wochen zum Tode führt. Der Artikel berichtete, dass das sowjetische Militär die Kontrolle über das Gebiet innehabe und das kontaminierte Erdreich mit einer frischen Schicht abdecke.

Die Story fand international Gehör, als im Februar der Londoner *Daily Telegraph* und die Hamburger *Bild-Zeitung* Berichte brachten. Es handele sich um eine wahre Katastrophe, so die Zeitungen. Die Menschen würden qualvoll sterben, ihre Leichen eingeäschert, ausgedehnte Dekontaminierungsarbeiten seien im Gange.

Amerikanischen Geheimdienstexperten war in jenem April nichts Ungewöhnliches aufgefallen. Nun begannen sie, systemitasch Satellitenfotos und abgehörte Gespräche aus den entsprechenden Wochen zu analysieren. Bilder von dem Gebiet um Block 19, einem militärischen Sicherheitsbereich mitten in Swerdlowsk, erschienen unverdächtig. Man sah Straßensperren, frisch geteerte Straßen und vermeintliche Dekontaminierungswagen. Ein Bericht wurde publik, dem zufolge der sowjetische Verteidigungsminister Swerdlowsk unmittelbar nach dem Ereignis besucht hatte. Alle Zeichen deuteten auf einen militärischen Unfall.

Diese Einschätzung ist verständlich. *Bacillus anthracis* ist eine ideale biologische Waffe, seiner Robustheit und Tödlichkeit halber von den sowjetischen und amerikanischen Biokriegern der

fünfziger und sechziger Jahre stürmisch gefeiert. Lederberg nannte ihn ein »professionelles Pathogen«. Der Lebenszyklus des Bakteriums beginnt mit Vieh, das eine mit Sporen übersäte Wiese abweidet. Der Milzbrand-Erreger kann auf verschiedenen Wegen in den menschlichen Körper gelangen. Es greift die Lunge an, wenn er, aus dem Fell von Tieren hervorgewirbelt, von Menschen eingeatmet wird. Er gräbt sich in den Verdauungstrakt derer, die befallenes Fleisch zu sich genommen haben, oder er befällt die Haut, wenn er in Kontakt mit Kratzern oder offenen Wunden kommt.
In modernen Gesellschaften ist Anthrax eine sehr seltene Krankheit. Sie befällt eine Hand voll Leute, die mit der Verarbeitung von Wolle beschäftigt sind, und andere Menschen, die mit großen Mengen an Tierhäuten in Berührung kommen. Die Krankheit zeigt einen aggressiven Verlauf. Bakterien, die den eingeatmeten Sporen in der Lunge entkeimen, produzieren mehrere Toxine, die menschliche Zellen angreifen. Die Symptome wirken anfänglich harmlos: Husten und Müdigkeit. Viele Patienten erfahren eine kurze Phase der Erholung, den sogenannten »Anthrax Honeymoon«, während ihr Immunsystem tapfer gegen den Erreger angeht. Diese Atempause ist jedoch nahezu immer nur von kurzer Dauer, ihr folgen in nahezu allen Fällen der Kollaps des Atmungssystems und schließlich der Tod. Ganz ähnlich ist der Verlauf bei Personen, die befallenes Fleisch gegessen haben.
Die Berichte aus Swerdlowsk trafen in eine Phase zunehmender Spannung zwischen den Supermächten. Der sowjetische Einmarsch in Afghanistan im Dezember 1979 hatte ein Jahrzehnt der Entspannung abrupt enden lassen, und US-Präsident Jimmy Carter verfolgte nun eine härtere Gangart gegen Moskau. Im März 1980 holte seine Regierung in Moskau auf inoffizieller Ebene Erkundigungen über den Vorfall in Swerdlowsk ein. Noch bevor die Sowjets geantwortet hatten, verkündete das US-Außenministerium am nächsten Tag, es gebe »beunruhigende Anzeichen« dafür, dass ein biologisches Agens freigesetzt worden sei.[31] Das Thema wurde zu einem wirksamen Knüppel im nun folgenden Propagandakrieg. Moskau wies die Anschuldigungen als »Ausbruch einer

antisowjetischen Hysterie« zurück. Die Seuche in Swerdlowsk, erklärte man, sei durch nichts Verdächtigeres zustande gekommen als durch eine Ladung kontaminiertes Fleisch.

Eine von der Regierung einberufene Runde von Geheimdienst- und Sicherheitsexperten hielt die sowjetische Erklärung für unglaubwürdig. Man sichtete die Satellitenfotos und andere Beweise und einigte sich auf folgendes Szenario: Ein Unfall in der Fabrik von Swerdlowsk hatte eine tödliche Wolke von Anthrax-Erregern freigesetzt. Manche Menschen starben sofort, weil sie die Mikroben eingeatmet hatten, andere erkrankten Wochen später, nach dem Konsum des Fleischs infizierter Tiere.[32] Die Runde war der Ansicht, es müsse zwei Entstehungswege geben, denn die Epidemie hatte über sieben Wochen hinweg angehalten. Die Krankheit, so befand sie, verbreitete sich zunächst durch Inhalation und später durch den Konsum von infiziertem Fleisch.

Die CIA fragte Matthew Meselson um Rat. Der Harvard-Biologe und Befürworter des Nixon-Vorstoßes war durchaus erpicht darauf, mit dem Geheimdienst zusammenzuarbeiten. Er wohnte zehn Tage lang bei einem CIA-Beamten. »Das Ganze hat mich stark beschäftigt«, erinnerte er sich. »Und ich wurde einigermaßen argwöhnisch, was ihre Erklärungen anging.« Wenn die Hypothese der CIA zutraf, überlegte Meselson, sollte man sowohl Milzbrandtote finden, die an kontaminierter Luft zugrunde gegangen waren, als auch solche, die an kontaminiertem Fleisch gestorben waren. Die Behörde aber erklärte, dass ihre zuverlässigsten Informationen über die Epidemie – Berichte aus zweiter Hand von sowjetischen Ärzten – nur Fälle von Lungenmilzbrand betrafen. Meselson war der Ansicht, das Fehlen entsprechender Beweise für Fälle von Darmmilzbrand »wecke Zweifel« an der Vertrauenswürdigkeit der Quellen und damit auch an der Theorie der CIA.[33] Vielleicht hatten die Informanten der CIA einfach keine Ahnung. Vielleicht waren sie nicht in der Lage, zwischen den beiden Krankheitsformen und damit auch zwischen einer Epidemie natürlichen Ursprungs und einer durch biologische Waffen verursachten »verlässlich zu unterscheiden«.[34]

Um dieselbe Zeit begannen Geheimdienstexperten Informationen über ein Ereignis zusammenzutragen, das sie für eine noch beunruhigendere Leidensgeschichte aus einem entlegenen Teil der Welt hielten. Flüchtlinge aus Laos berichteten, dass Hubschrauber, die von den Streitkräften der prosowjetischen Regierung ihres Landes geflogen wurden, sie mit einer geheimnisvollen Substanz besprüht hätten, die schreckliche Verbrennungen und Hautläsionen hinterließ. Die Flüchtlinge nannten sie »gelber Regen«.[35] Um dem nachzugehen, entsandte die Armee ein Medizinerteam, das im Oktober 1979 achtunddreißig Augenzeugen befragte. Die Beschreibungen und Symptome, so die Beamten, legten Angriffe mit drei verschiedenen toxischen Substanzen nahe, darunter einer, die innere Blutungen verursachte.

Ronald Reagan übernahm das Präsidentenamt im Januar 1981 und zeigte sich entschlossen, dem entgegenzutreten, was er als »das Reich des Bösen« bezeichnete. Wochen später wurde der Regierung eine mit gelbem Regen kontaminierte Pflanze zugespielt, die das thailändische Militär nahe der kambodschanischen Grenze aufgefunden hatte. Ein amerikanisches Privatlabor analysierte das Material für Washington und berichtete, Blätter und Stängel seien mit ungewöhnlich hohen Mengen von Mykotoxinen kontaminiert – stark toxischen Substanzen, die in manchen Nutzpflanzen in geringer Konzentration zu finden sind und aus Pilzen gewonnen werden können. Die Experten waren davon überzeugt, dass dieses Beispiel zeigte, dass die Sowjets biologische Waffen verwendeten, eine These, die sie auf der Basis von Blutproben und Augenzeugenberichten formuliert hatten. Dennoch mahnten Crocker und ein paar andere aus dem »Bugs and Gas«-Team zur Vorsicht. Die Ergebnisse waren inoffiziell, und weitere Proben harrten der Analyse. Das Gewächs, das die Thais ihnen gebracht hatten, war wichtig, aber weit davon entfernt, als eindeutig heiße Spur gelten zu können.

Reagans neuer Außenminister Alexander Haig preschte vor.[36] Am 13. September 1981 verkündete er auf einem Treffen in Westberlin, die Vereinigten Staaten verfügten über »handfeste Beweise« dafür, dass Moskaus Verbündete in Südostasien tödliche Toxine einsetzten und einen biologischen Krieg führten. Falls dies zutraf, waren die Anschuldigungen schwerwiegend und offenbarten einen krassen Verstoß gegen die Biowaffen-Konvention, der weit über das hinausging, was in Swerdlowsk unabsichtlich verursacht worden war. Haigs Anschuldigungen traten eine heftige Debatte los, deren Echo die ganzen achtziger Jahre über zu vernehmen war und die Wissenschaftler, Regierungsbeamte und sogar Amerikas Verbündete entzweite.

Einer der Hauptkritiker war Meselson, einer der Väter der Biowaffen-Konvention. Sein Sonderstatus als Militärberater und sein Ruf als Wissenschaftler verliehen seinen Worten Gewicht. Im Laufe der Jahre entwickelten Meselson und seine Vertrauten eine alternative Theorie, die viele Fachleute und auch einige Regierungsbeamte nicht minder schlüssig fanden.[37] Bei den gelblichen Proben aus Südostasien handle es sich in Wirklichkeit um getrockneten Bienenkot und nicht um Spuren eines biologischen Anschlags. Und das Vorhandensein von Mykotoxinen sei Einbildung, ein Laborfehler.

Meselson begann auch, die Argumentation der Regierung zum Thema Swerdlowsk zu durchlöchern.[38] Er tat einen Zeugen auf, den die Geheimdienstbehörden übersehen hatten, einen amerikanischen Professor, der im Rahmen eines Austauschprogramms in der Stadt gelebt hatte und aussagte, dass sich im April 1979 überhaupt nichts Ungewöhnliches ereignet habe. Der Streit nahm daraufhin an Schärfe zu. Einige Demokraten warfen der Regierung Reagan vor, den Geheimdienst zu manipulieren, um Unterstützung für ihren Kurs gegen Moskau und die entsprechenden militärischen Investitionen in Milliardenhöhe zu gewinnen.

Lederberg wurde von Anfang an in die Zerwürfnisse auf Bundesebene über Swerdlowsk und den gelben Regen hineingezogen. Im Jahre 1978 war er zum Präsidenten der Rockefeller-Universität in New York City berufen worden, einer der renommiertesten Einrichtungen des Landes auf dem Gebiet der biomedizinischen Forschung. Doch da er großen Wert darauf legte, über die akademische Welt hinaus zu wirken und eine Rolle in Washington zu spielen, war er 1979 dem Defense Science Board beigetreten, einer Gruppe von Wissenschaftlern und Industriellen, die das Militär berieten. Die Geheimdienstbeamten waren neugierig auf die Einschätzung des Nobelpreisträgers zu den Vorgängen in Swerdlowsk, aber er erwies sich als Agnostiker. »Ich konnte mich wirklich zu keinem eindeutigen Urteil durchringen«, gestand er. »Es sah alles sehr, sehr verdächtig aus, und die Russen waren völlig unkooperativ, was den Zugang zu Informationen anging, die Klarheit in die Sache hätten bringen können.«

Lederberg glaubte, dass es möglicherweise auch dann noch eine harmlose Erklärung geben könne, wenn sich Moskaus Story vom verdorbenen Fleisch als Lüge erweisen sollte. Eine versehentliche Freisetzung von Sporen des Milzbrand-Erregers hätte auch, so seine Worte, von einem Versuch ausgehen können, die eigenen Verteidigungsmöglichkeiten auszuloten. Das Übereinkommen ließ solche Forschung auf breiter Basis zu. »Da steht nichts davon, dass sie nicht in begrenztem Rahmen Aerosol-Experimente mit Anthraxsporen durchführen dürfen«, erklärte er. »Wenn man versucht, einen Impfstoff gegen durch Aerosole verursachten Milzbrand zu testen, wird man möglicherweise gewisse Experimente durchführen müssen«, zu denen Versuchstiere herhalten müssen.

Lederberg berichtete, dass sein Ausflug in die Welt der Geheimdienste ihn gänzlich unbeeindruckt gelassen habe. »Sie griffen jedes Gerücht auf und versuchten, daraus etwas zu konstruieren«, sagte er über die Experten der Reagan-Jahre.

Der Zwist über das sowjetische Biowaffen-Programm wurzelte wiederum in einem Zusammenprall zweier Kulturen: der biologischen Forschung und den Expertenkreisen der Geheimdienste. Wissenschaftler sind geschult darin, einzig und allein auf der Grundlage empirischer Befunde zu urteilen, vorzugsweise solcher, die sie aus Experimenten gewinnen, in denen sie das Geschehen aus erster Hand beobachtet und dokumentiert haben. Nahezu alles andere gilt als verdächtig. »Unser Geschäft ist es, skeptisch zu sein«, sagte Meselson über die Wissenschaft. »Wenn Sie eine

Antwort brauchen und dabei eine vierzigprozentige Chance riskieren wollen, dass Sie falsch liegen, müssen Sie jemand anderen fragen.«

Die Auswertung geheimdienstlicher Erkenntnisse ist eine nicht minder große Kunst als die Wissenschaft. Die Beweislage – Berichte von Agenten, Gesprächsfetzen aus abgehörten Unterhaltungen, Fotografien, die von Satelliten geschossen wurden, die Hunderte von Kilometern über unseren Köpfen schweben – ist zwangsläufig bruchstückhaft, manchmal widersprüchlich und nahezu immer für verschiedene Auslegungen offen. Die besten Experten vermögen aus den einander widersprechenden Berichten ein zusammenhängendes Bild zu weben, wobei sie stets sorgsam unterscheiden zwischen dem, was bewiesen ist, und dem, was nur gemutmaßt wird. Einige Argumente gewinnen ihre Bedeutung allein aus dem Zusammenhang. Crocker beispielsweise legte großes Gewicht auf die Übereinstimmung der Aussagen von Augenzeugen aus Laos, Kambodscha, Afghanistan und dem Jemen. Einfache Stammesangehörige, die viele tausend Meilen voneinander entfernt lebten, beschrieben allesamt augenscheinlich dieselbe Art von Angriffen durch die Sowjets und ihre Verbündeten. Der Verdacht, dass die Sowjets ihr Biowaffen-Programm weiterführten, war ein Mosaik, der gelbe Regen nichts weiter als ein winziges Steinchen darin.

Die Schlussfolgerungen der Geheimdienste lassen sich mit der Anklageerhebung vor Geschworenengerichten vergleichen. Es müssen Anklagepunkte formuliert werden und nicht Beweise, und ersteres auch nicht jenseits allen berechtigten Zweifels. Prozesse vor Geschworenengerichten schüren die Debatte häufiger, als dass sie diese beenden. Dispute können sich über Jahre hinziehen und enden häufig erst, wenn es den Geheimdienstlern gelingt, einen Agenten oder Überläufer ausfindig zu machen, der ihnen die Geschichte aus der Insider-Perspektive serviert. Gerade das Eruieren von Biowaffen-Programmen demonstriert die Bedeutung des »menschlichen Faktors« für geheimdienstliche Ermittlungen, können diese doch leicht unter dem Deckmantel legitimer Forschungsprojekte verborgen werden. Von außen betrachtet sieht die Forschung für die Verteidigung gegen einen Biowaffenangriff nicht viel anders aus als die Entwicklung von Biowaffen.

Crocker und seine Kollegen in der geheimen Welt der Biowaffenszene begannen bald, Indizien dafür zusammenzutragen, dass die Sowjetunion sich auf zwei Strategien verlegt hatte: die Produktion herkömmlicher Biowaffen wie etwa Anthrax-Erreger und eine mehr futuristisch orientierte Forschung, die gentechnologisch veränderte Pathogene anstrebte – jene Gefahr eben, vor der Lederberg in seiner Rede vor den Vereinten Nationen etliche Jahre zuvor gewarnt hatte. Swerdlowsk, da waren sie sicher, war nur ein schwacher Widerschein von etwas weit Größerem. Ihre Mutmaßungen lösten eine weitere scharfe Konfrontation zwischen Geheimdienstexperten und Wissenschaftlern aus, der bis Ende der achtziger Jahre kein Ende finden sollte.

Die Furcht vor rekombinanten Organismen als Biowaffen wurde verstärkt durch die praktische Umsetzung der von Lederberg und anderen erbrachten wissenschaftlichen Leistungen. Theoretisch gab die revolutionäre Fortentwicklung auf genetischem Gebiet jedem Forscher das Instrumentarium an die Hand, ohnehin bereits furchterregende Krankheitserreger noch schrecklicher zu machen. Doch zu jenem Zeitpunkt hatten verschiedene Pharmaunternehmen bereits Produkte auf den Markt gebracht, in denen DNA aus Profitgründen und zugunsten der menschlichen Gesundheit manipuliert worden war. Was die Firmen zu friedlichen Zwecken unternahmen, fürchteten die Geheimdienstexperten, könnten die Sowjets womöglich zu kriegerischen Zwecken nutzbar machen.

Mit der entsprechenden Ausrüstung konnten Militärbiologen einen Krankheitserreger weit zäher oder in seiner Wirkung noch tödlicher machen. Sie konnten die neuen Techniken einsetzen, um harmlose Mikroben zu Killern umzufunktionieren. Alles in allem drohte der Fortschritt, die Balance zwischen Offensive und Defensive entschieden zugunsten des Angreifenden zu verlagern. Genetische Manipulation machte es beispielsweise möglich, Erreger wie das Milzbrand-Bakterium so umzustricken, dass ein Impfstoff,

eines der besten Mittel zur Verteidigung gegen biologische Agenzien, wirkungslos würde.
Ein Artikel aus dem Jahre 1981 mit dem Titel »Recombinant DNA and the Biological Warfare Threat« aus dem Dugway-Center der amerikanischen Armee in Utah warnte vor Designer-Erregern, die eingesetzt werden könnten, um hochkonzentrierte Gifte herzustellen.[39] Eine Armeestudie von 1983 deutete an, dass die Gentechnologie den Milzbrand-Erreger im praktischen Einsatz zu einer besseren Waffe machen könne, indem sie die Sporen empfindlicher gegen Sonnenlicht und natürlichen Zerfall mache.[40] (Ein definitiver Nachteil bei einem Angriff mit Milzbrand-Erregern ist die Tatsache, dass die Sporen über Jahrzehnte hinweg keimfähig bleiben.) Die wachsende Furcht davor, dass der Feind ein solches Superbakterium herstellen könnte, veranlasste die Regierung Reagan im Jahre 1984, das Budget des Pentagon anzuheben, damit das Militär der Bedrohung besser entgegenwirken könne. Die bahnbrechenden Fortschritte auf dem Gebiet der Genetik, befanden die Beamten, »könnten zur Schaffung neuartiger biologischer Agenzien oder zur Herstellung spezifischer Agenzien (von Protein- oder Peptidtoxinen zum Beispiel) in Mengen herangezogen werden, die ihr natürliches Vorkommen um ein Vielfaches übertreffen«.[41]
Im April 1984 ging die Regierung Reagan mit ihren Bedenken an die Öffentlichkeit. Ihr jährlicher Bericht zur Einschätzung der Bedrohung durch Moskau – *Soviet Military Power* – erklärte, die Sowjetunion betreibe Gentechnologie zum Zwecke der Entwicklung neuer Biowaffen.[42] Einige Tage später begann das *Wall Street Journal* mit einer neununddreißigteiligen Serie, die noch weit kühnere Anschuldigungen formulierte.[43] Großenteils unter Berufung auf etliche Interviews mit sowjetischen Emigranten und mit Hilfe von Zitaten aus Lederbergs Stellungnahme zu den Gefahren der Gentechnologie beschuldigte die Artikelserie Moskau, eine neue Dimension des Bösen zu kreieren. Angeblich hatten russische Wissenschaftler Gene aus Kobras in ansonsten harmlose Viren und Bakterien eingebracht, die nunmehr das tödliche Schlangengift im Körper ihres Opfers produzieren würden. »Die revolutionären

Techniken der Rekombination von DNA«, so die Zeitung, würden missbraucht, »um eine neue Generation von Biowaffen zu schaffen«.

CIA-Agenten gingen der Geschichte nach und bekamen viele ähnliche Anschuldigungen zu hören. Aber die altgedienten Sowjetspezialisten der Behörde konnten sich nicht recht vorstellen, dass Moskau tatsächlich riesige Summen in die Entwicklung biologischer Waffensysteme steckte. Douglas J. MacEachin, von März 1984 bis März 1989 Chef der Expertenabteilung für sowjetische Belange, war einer der entschiedensten Skeptiker. Als ehemaliger Offizier der Marineinfanterie hielt MacEachin Biowaffen für unlogisch. Seine Vorstellungen von Krieg beschränkten sich auf Gewehre, Artillerie und Bajonette. Die Realität der Kernwaffen und Lenkwaffen akzeptierte er gerade noch, eine biologische Bedrohung aber war für ihn reinste Fiktion. MacEachin hielt die Biowaffen-Mannschaft für übereifrig; sie ziehe voreilige Schlüsse aus mageren Beweisen. Je vehementer sie argumentierten, desto weniger glaubte er ihr. Die ganzen Jahre unter Reagan hindurch focht MacEachin seinen Kampf gegen die »Empiriker des Bösen«, wie er sie nannte, Experten, die der Ansicht waren, die unter Michail Gorbatschow begonnenen Reformen würde nie und nimmer eine wirkliche Veränderung herbeiführen. MacEachin hatte keinerlei Probleme mit der Darstellung, dass sich die Ereignisse in Swerdlowsk einer versehentlichen Freisetzung von biologischen Agenzien verdankten. Die Frage war, ob das Sowjetprogramm in den achtziger Jahren weiterbestand. Meselson und Lederberg hatten entscheidenden Anteil daran, die Glaubwürdigkeit der Biowaffen-Experten zu untergraben. »Da gab es diese renommierten Wissenschaftler, die uns schlau machen sollten«, erinnerte sich MacEachin. Auf der einen Seite standen »diese Weltuntergangspropheten, und dann kamen Matt und Joseph und sagten, dass alles sei pure Erfindung«.

Welche Zweifel auch hinter verschlossenen Türen bestanden haben mögen, die Regierung Reagan drosch die achtziger Jahre über inoffiziell und öffentlich mit dem Thema Biowaffen auf die

Sowjets ein. Es war der perfekte Stoff für einen Propagandakrieg. Ein vom Präsidenten einberufener Ausschuss behauptete im Juni 1985, Moskau forsche an exotischen Waffen, die in den Reihen des Verteidigers »plötzliche Panik oder Lethargie« auslösen könnten.[44] Im Jahre 1986 legte der militärische Geheimdienst (Defense Intelligence Agency) einen achtundzwanzigseitigen Bericht vor, der den Sowjets vorwarf, »in ihr Biowaffen-Offensivprogramm binnen kürzester Frist biotechnologische Entwicklungen aufgenommen zu haben«.[45]

Douglas J. Faith, ein hoher Beamter des Pentagon, erklärte im August 1986 vor dem Geheimdienstausschuss des Repräsentantenhauses, die Sowjets hätten begonnen, »neue Mittel der biologischen Kriegsführung« zu entwickeln. Die »atemberaubenden Fortschritte« auf dem Gebiet der Biotechnologie, fügte er hinzu, läuteten eine neue Ära ein, in der es möglich sein werde, binnen Stunden Designer-Erreger zu konstruieren, wohingegen es Jahre dauern würde, Gegenmittel und Impfstoffe zu entwickeln.[46] Im Oktober 1984 legten die Vereinigten Staaten in Moskau offiziell diplomatischen Protest gegen die Biowaffenaktivitäten der Sowjetunion ein, den sie im Februar 1985, Dezember 1985, August 1986, Juli 1988 und Dezember 1988 erneut bekräftigten.[47] Zu den verdächtigsten Anlagen gehörten Hochsicherheitstrakte in der Nähe von Swerdlowsk und Sagorsk, einer alten Stadt vor den Toren Moskaus, die in erster Linie für ihr Kloster, ihre Ikonen und ihre märchenhaften, von blau-goldenen Zwiebeltürmen gekrönten Kirchen berühmt ist.

Die achtziger Jahre waren gekennzeichnet von einer der raschesten Aufrüstungsaktionen in der amerikanischen Militärgeschichte. Das Pentagon ließ wahre Geldströme für neue Waffensysteme fließen, unter anderem Milliarden Dollar für die Entwicklung des Raketenabwehrsystems »Star Wars«. In einer Ära, in der im Staatshaushalt wenig Geld lange reichen musste, wurden die Mittel für Forschungen zur Verteidigung im Falle eines biologischen Angriffs verdoppelt und erreichten schließlich ein Maximum von 91 Millionen Dollar jährlich.[48] Ministerialbeamte der mittleren

Führungsebene waren der Ansicht, die Vereinigten Staaten bewegten sich auf ein inoffizielles biologisches Wettrüsten mit der Sowjetunion zu, und drängten Amerikas beste Forscher, die Grenzen der Biotechnologie auszuloten, in der Hoffnung, dabei auf neue Technologien zu stoßen, die dazu beitragen konnten, die Bedrohung durch neue Arten von Erregern besser zu verstehen.
Mehrere amerikanische Wissenschaftler beteiligten sich an diesen Forschungen, unter anderem Stanley Falkow, Biologe an der Stanford University und Mitglied der National Academy of Sciences, der später zum Präsidenten der American Society of Microbiology gewählt wurde. Vertragsgemäß fügten Lakow und seine Mitstreiter *Escherichia coli*, dem typischen Darmbakterium des Menschen, ein gefährliches Gen ein und schufen damit ein Superbakterium, das menschliche Zellen anzugreifen vermochte. Der Genspender war *Yersinia pseudotuberculosis*, ein weniger infektiöser Verwandter des Pesterregers *Yersinia pestis*, der im 14. Jahrhundert die Bevölkerung Europas mit dem Schwarzen Tod überzogen und stark dezimiert hatte. Falkow und sein Mitarbeiter Ralph R. Isenberg schrieben im September 1985 mit vorsichtigen Worten in der allgemein zugänglichen wissenschaftlichen Literatur, sie hätten den für die Virulenz von *Yersinia pseudotuberculosis* zuständigen Genabschnitt INV (für Invasion) genannt. Die Aggressivität des Erregers, versicherten sie, lasse sich »erfolgreich kopieren«.[49] Von Waffen oder Krieg erwähnten sie nichts. Vielmehr argumentierten sie, dass ihre Studien der Wissenschaft helfen könnten zu verstehen, wie Infektionen sich entwickeln und wie man sie aufhalten könne.
Weniger augenfällig ersannen auch die Militärs neue Möglichkeiten, harmlose Mikroorganismen in gefährliche zu verwandeln. An einem Forschungsinstitut des Militärs in Washington, D.C., berichteten die Forscher, hätten sie Methoden entwickelt, die genetische Ausstattung harmloser Bakterien wie *E. coli* so zu verändern, dass sich jeder gewünschte »Pathogenitätsgrad« erreichen ließe.[50]
Die Regierung Reagan interpretierte die Biowaffen-Konvention von 1972 dahingehend, dass alle Forschung an tödlichen Organis-

men gestattet sei, solange sie in friedlicher Absicht geschehe. »Wir forschten auf dem Gebiet der Gentechnologie und verwandter Disziplinen, um herauszufinden, was möglich ist«, gab Richard Wagoner, ein Staatssekretär im Verteidigungsministerium und einer der Manager des Programms, zu.[51] »Aber das geschieht, um Verteidigungsmöglichkeiten dagegen zu finden, nicht, um eine Offensive zu starten.« Eine Analyse der Pentagon-Forschung zwischen 1980 und 1986 macht eindrucksvoll deutlich, wie verschwommen die Grenze zwischen beiden ist.[52] Unter dem Deckmantel des Schutzes von Soldaten und Bürgern finanzierte die amerikanische Regierung 51 Projekte zur Herstellung neuartiger Krankheitserreger, 32 Projekte zur Beschleunigung der Toxin-Produktion, 23 Projekte zur Entwicklung von Strategien, die die Wirkung von Impfstoffen unterlaufen sollten, 14 Projekte zur Verschleierung von Diagnosen und drei zur Aushebelung der Wirkung schützender Medikamente.

Diese Forschung beendete jeglichen Zweifel darüber, ob die Produktion von rekombinanten Biowaffen möglich sei oder nicht. Diese Unsicherheit war entstanden, weil Wissenschaftler in Industrie und Forschung nicht etwa, wie einer der Experten in Asilomar befürchtet hatte, Tonnen von Superbakterien herstellten, sondern weil sie zunächst einmal damit zu kämpfen hatten, dass ihre Designermikroben am Leben blieben. Die meisten vom Menschen geschaffenen Organismen erwiesen sich im Vergleich zu ihren natürlichen Rivalen als schwächer. Infolgedessen hoben die verantwortlichen Behörden die meisten Beschränkungen der DNA-Forschung auf und gestatteten die Freisetzung einiger gentechnologisch hergestellter Organismen in die Umwelt. Doch die Forschungen des Militärs zeigten, dass synthetisch machbar war, was in der Natur Seltenheitswert hatte. Mochten Superbakterien auch kaum *zufällig* entstehen, so ließen sie sich doch *vorsätzlich* herstellen. Es war lediglich eine Frage ausdauernden Bemühens, und dies unter strengster Geheimhaltung.

Das Militär hatte keine Schwierigkeiten, einige der besten Wissenschaftler der USA für solche Aufgaben zu interessieren, vor allem dort, wo die Forschung über die Grenzen der Genetik hinausging. Grundsätzlich aber waren die Spitzenwissenschaftler nicht daran interessiert, alltägliche Präparate für die Verteidigung im Falle eines biologischen Angriffs – Impfstoffe, medikamentöse Therapien und Detektoren für Kampfgebiete – zu entwickeln. Die Reagan-Administration hatte das Pentagon großzügig mit Mitteln bedacht. Die Ausgaben für biologische Schutzmaßnahmen aber blieben beschränkt. Das Militär mochte zwar genügend Geld haben, musste aber feststellen, dass es schwierig war, Talente einzukaufen, wenn es dem gewünschten Gebiet an wissenschaftlichem Reiz mangelte.

Am Heiligen Abend 1984 hatten David Huxsoll, der Direktor des United States Army Medical Research Institute of Infectious Diseases (USAMRIID, Medizinisches Forschungsinstitut für Infektionskrankheiten der US-Armee), und Richard Spertzel, einer der besten Biowaffen-Experten von Fort Detrick, noch spät nachts zu arbeiten, weil das Pentagon dringend wissen wollte, welche Mittel zum Schutz vor biologischen Angriffen notwendig seien. Die beide Männer verfassten in aller Eile ein Papier, das die Lagerung hinreichender Mengen an Milzbrand-Erregern und Botulinum-Toxin empfahl, um zwei Millionen Soldaten impfen zu können.

Ihre Einschätzung der Situation war Bestandteil einer umfassenderen Studie zur biologischen Verteidigung, die von General Maxwell R. Thurman, dem stellvertretenden US-Generalstabschef, geleitet wurde. Thurman, ein drahtiger, lebhafter Mann mit schroffen Manieren und voller Ungeduld, wurde auch liebevoll »Mad Max« genannt. Er war populär, ein Soldat für Soldaten. Im Jahre 1985 unternahm er so etwas wie eine Generalinventur zur biologischen Verteidigung, zu der er mehrere Dutzend führende Generäle und Zivilisten zusammenrief, damit sie Ausbildung, Konzepte und Ausrüstung einer kritischen Betrachtung unterzogen. Thurmans Bericht stellte bei allen dreien Mängel fest. Das Militär erwies sich als gänzlich unvorbereitet für den Fall eines biologischen Angriffs.

Die amerikanischen Streitkräfte wären praktisch ungeschützt, würden sie mit einem konventionellen Agens wie Anthrax-Erregern angegriffen. Bill Richardson, ein Zivilist im Pentagon mit jahrzehntelanger Erfahrung auf dem Gebiet der chemischen und biologischen Verteidigung, bewunderte Thurmans Schwung, war jedoch der Ansicht, dass seine Konfrontationstaktik zum Scheitern verurteilt sein werde. »Thurman hatte es eilig, zu eilig«, erinnert sich Richardson. »Die Mühlen mahlen weiter, unbeirrt von dem, was da kommt, und Stabschefs kommen und gehen.« Der Thurman-Bericht blieb lange unbeachtet.

Als das Dokument die Runde machte, klopften die Sanitätsoffiziere der Armee bei verschiedenen Pharmaunternehmen an. Sie sollten Angebote machen und abschätzen, was es kosten würde, das von Spertzel und Huxsoll vorgeschlagene Lager einzurichten. Eine Firma bot an, eine neue Fertigung zu eröffnen, in der Millionen Dosen Impfstoff gegen Anthrax, das Botulinum-Toxin und andere Erreger hätten hergestellt werden können. Der Preis war hoch, mehrere hundert Millionen Dollar, und die Offiziere konnten das Pentagon nicht davon überzeugen, diese Investition zu tätigen.

Dessen überdrüssig, was in seinen Augen nichts weiter als Trägheit und Untätigkeit war, gab Bill Patrick 1986 seine Stellung in Fort Detrick auf, unmittelbar nachdem er dem FBI geholfen hatte, den Rajneeshee-Anschlag in Oregon aufzuklären. Damals war er neunundfünfzig und bezeichnete sich selbst als »altes Fossil«, das mit Biowaffen verheiratet sei. Er war sicher, dass die Bedrohung zunehmen werde, und baute eine eigene Firma auf, in der er Bundesbehörden und Privatkunden im Umgang mit Biowaffen beriet. Seine Visitenkarte zierte ein Totenschädel mit gekreuzten Knochen, sein Briefpapier eine Darstellung des Todes als Schnitter, aus dessen ausgestreckter Hand Bakterien herabregnen.

Einer der von Thurman genannten gravierenden Mängel waren fehlende Impfstoffe gegen die »guten alten Bekannten«, wie Patrick sie nannte, die herkömmlichen Erreger. Es war ein Problem, für dessen Lösung Huxsoll, Spertzel und Patrick in Fort Detrick stets geworben hatten, leider ohne Erfolg.

Ende der achtziger Jahre beschloss ein junger Major namens Robert Eng, dieses Problem in Angriff zu nehmen. Eng diente beim Generalinspekteur des Sanitätswesens als Offizier und Experte für nukleare, biologische und chemische Waffen. Kurz nachdem er die Position übernommen hatte, wurde ihm klar, dass das Militär nur geringe Impfstoffvorräte hatte, um Soldaten gegen Milzbrand oder Botulinum-Toxin, die beiden geläufigsten biologischen Waffen, zu schützen. Eng hatte die Geheimdienstberichte zum Biowaffen-Programm der Sowjetunion und anderer Staaten studiert und ihnen entnommen, dass die militärischen Befehlshaber im Falle eines Krieges hinreichende Vorräte an beiden Impfstoffen benötigen würden. So machte er sich daran, den Kauf von 500 000 Dosen Impfstoff zu organisieren, genug, um 160 000 Soldaten die ersten drei aus einer Serie von sechs nötigen Injektionen zu verabreichen.

Eng wandte sich an Anna Johnson-Winegar, eine zivile Angestellte, die im Fach Mikrobiologie promoviert hatte. Johnson-Winegar kannte die zerstörerische Macht des Milzbrand-Erregers aus erster Hand. Bevor sie bei der Armee-Einheit zu arbeiten begann, die sich mit medizinischen Programmen befasste, war dieser Organismus in Fort Detrick ihr Spezialgebiet gewesen. Johnson-Winegar war eine der wenigen Regierungsangehörigen der Vereinigten Staaten, die jene Impfung gegen Milzbranderreger, die in den fünfziger Jahren entwickelt und 1970 von der Food and Drug Administration zugelassen worden war, hatte über sich ergehen lassen. Der Impfstoff wurde in sechs Injektionen verabreicht, die binnen achtzehn Monaten aufeinander folgten. Die Ärzte verfügten über wenig Erfahrungen damit. Im Verlauf von zwanzig Jahren war der Impfstoff lediglich einer geringen Zahl von Mitarbeitern und Forschern in Fort Detrick sowie ein paar hundert Arbeitern von Wollfabriken verabreicht worden. Einige der Geimpften klagten über Schwellungen und andere lokale Reaktionen nach der Injektion. Berichte über länger anhaltende Schädigungen gab es nicht.

Die Armee sah in erster Linie die Unzulänglichkeit des Impfstoffs.

Einige Zeit zuvor, im Jahre 1985, hatte sie mehrere Medikamentenhersteller gebeten, ein verbessertes Produkt zu entwickeln. Die bestehende Zusammensetzung, so erklärte sie, sei »hoch reaktogen«, oder zumindest dazu angetan, Reaktionen hervorzurufen, und sei »womöglich nicht gegen alle Stämme des Anthrax-Erregers gleichermaßen hilfreich«.[53] Keines der großen Pharmaunternehmen ließ sich auf das Vorhaben ein. Die Krankheit war selten, die Bereitschaft der Armee, tatsächlich große Mengen davon abzunehmen, höchst ungewiss.

Amerikas wichtigste Pharmaunternehmen mieden das Impfstoff-Geschäft, vor allem wegen geringer Gewinnspannen und einer steigenden Zahl an Gerichtsverfahren. Die allgemeine Impfpflicht für Kinder hatte Krankheiten wie Keuchhusten beseitigt. Doch eine Handvoll Patienten hatte nach der Injektion schwere Reaktionen gezeigt; bei manchen war es zu Hirnschäden oder gar zum Tode gekommen. Schlagende Beweise für einen Zusammenhang mit den Impfungen gab es nicht, die Gerichte aber hatten Mitgefühl mit den jungen Opfern und demzufolge ein paar schwindelerregende Urteile gegen Medikamentenhersteller gefällt. Mitte der achtziger Jahre kam es zu ersten Engpässen bei der Impfstoffversorgung.

Nur ein einziger Hersteller in den Vereinigten Staaten verfügte über die Lizenz für Milzbrandimpfstoff: ein veraltetes Labor der Gesundheitsbehörden des Staates Michigan in Lansing. Das 1925 gegründete Labor hatte den ersten Impfstoff gegen Diphtherie, Tetanus und Keuchhusten auf den Markt gebracht.[54] Einige seiner Gebäude stammten noch aus den Zeiten der Weltwirtschaftskrise in den dreißiger Jahren, andere waren von der Armee im Zweiten Weltkrieg errichtet worden.

Die Beamten des Labors in Michigan erklärten Johnson-Winegar, sie könnten Engs Vorgaben unmöglich erfüllen. Die Einrichtung hatte ungefähr alle vier Jahre kleine Mengen des Milzbrand-Impfstoffs hergestellt, insgesamt zwischen fünfzehn- und siebzehntausend Dosen.[55] Am 29. September 1988 unterzeichnete die Armee ihren allerersten Vertrag zum Ankauf größerer Mengen an

Milzbrand-Impfstoff und beauftragte die Firma in Michigan mit der Produktion von dreihunderttausend Einzeldosen.[56]
Im Rahmen dieses Vertrages verpflichtete sich die Armee ihrerseits, die Anschaffung größerer Fermenter zur Anzucht von Erregern für die Impfstoffproduktion zu finanzieren. Ein Großteil der Laborausstattung war über zwanzig Jahre alt und, wie ein Armeebericht es formulierte, »keineswegs auf dem neuesten Stand der Technik«.[57] In Anbetracht der Schwierigkeiten bei der Aufnahme der Produktion gestand die Armee dem Labor in Michigan eine Frist von fünf Jahren zu – bis September 1993 –, um die dreihunderttausend Dosen Impfstoff zu liefern.

Die Zahl der Biowaffen-Experten war in der Zeit der Reagan-Administration sprunghaft in die Höhe geschnellt. Die Geheimdienste begannen neue Informationen über biologische Kampfstoffe zusammenzutragen und ließen Berichte über deren Verbreitung in Ländern der Dritten Welt kursieren. Im Juni 1988 erklärten sie, der Irak sei im Begriff, sich unter dem Deckmantel wissenschaftlicher Forschung ein »bakteriologisches Arsenal« zuzulegen. Die geheime Studie war vom Armed Forces Medical Intelligence Center in Fort Detrick angefertigt worden.
Das Zentrum war seit Beginn der achtziger Jahre, als es nur aus einem einzigen Experten bestand, der die Biowaffen-Programme der übrigen Welt beobachtete, zu einem Stab mit vielen verschiedenen Spezialisten herangewachsen, dem u.a. auch ein Mikrobiologe mit Zusatzausbildung in Gentechnologie angehörte. Der Irak-Bericht des Zentrums aus dem Jahre 1988 befasste sich mit den herkömmlichen »guten alten Bekannten«. Die Experten berichteten, Bagdads Wissenschaftler hätten bereits Waffen mit *Clostridium botulinum* hergestellt, einem Bakterium, dessen Toxin in seiner tödlichen Wirkung zehntausendmal effizienter ist als Nervengas. Sie erklärten weiterhin, der Irak versuche aus Anthrax-Erregern und anderen tödlichen Mikroorganismen »zu Forschungs- und Entwicklungszwecken« waffenfähige Mengen herzustellen.
Geheimdienstberichte sind oft mit Warnungen gespickt, dieser

aber enthielt gleich mehrere alarmierende Behauptungen. Er berichtete, irakische Wissenschaftler züchteten Erreger für Attentate. Und auch, dass Hussein Kamel, Saddam Husseins Schwiegersohn und Chef des mächtigen Geheimdienstes in Bagdad, die biologische Forschung persönlich überwache. Diese Einzelheiten, aus denen hervorging, dass das Programm vom wichtigsten Personenkreis innerhalb der irakischen Diktatur getragen wurde, waren begleitet von einer Entdeckung, die die Aufmerksamkeit führender amerikanischer Beamter hätte erregen sollen. Die irakischen Wissenschaftler bezogen ihre Startkulturen – Grundlage eines jeden Biowaffen-Programms – von einer amerikanischen Firma. »Die Iraker sind exzellente Organisatoren und äußerst gewieft darin, benötigtes Material für die Forschungen zu offensiven Strategien über Mittel und Wege zu erwerben, die ihre Absicht geschickt verschleiern«, erklärte der Bericht. »Gegenwärtig beziehen sie ihre Bakterienstämme von der American Type Culture Collection.«[58] Die damals in einer Washingtoner Vorstadt im Bundesstaat Maryland ansässige Kulturensammlung, dieselbe Firma, von der die Rajneeshees in Oregon seinerzeit ihre Erreger bezogen hatten, musste sich naturgemäß im Visier der geheimen Bestrebungen Bagdads befinden. Sie beherbergte die weltweit größte Sammlung an Erregerstämmen, darunter auch einige im Rahmen des amerikanischen Biowaffen-Programms Mitte der fünfziger Jahre entdeckte besonders infektiöse Varianten von Milzbrand-Erregern und *Clostridium botulinum*. Die Sammlung diente als eine Art globale Leihbibliothek für Wissenschaftler, die auf dem Gebiet der Mikrobiologie eigene Forschungen anstellen wollten, und galt als wichtiges Instrument im weltweiten Kampf gegen die Geißeln der Menschheit. Kunden aus Übersee mussten eine Exportgenehmigung des US-Handelsministeriums vorlegen, um die infektiöseren Stämme zu erhalten, doch im Jahre 1988 war dies mehr oder weniger eine Formalität. Anträge, ob nun aus dem Irak oder aus anderen Staaten, wurden selten abgelehnt. Zwei Jahre zuvor, im Mai 1986, hatte die Firma eine ganze Palette von Erregern an die Universität Bagdad geliefert, darunter drei verschiedene Arten von

Milzbrand-Erregern, fünf Botulinum-Varianten und drei Arten aus der Gattung *Brucella*, deren Angehörige die Tierkrankheit Brucellose hervorrufen, die zwar den Allgemeinzustand höchst nachteilig beeinflusst, aber selten tödlich verläuft.[59] Weitere Bestellungen waren abzusehen.

Es schien in der Tat kaum Gründe zu geben, diese zu unterbinden. Ende der achtziger Jahre sahen die amerikanischen Behörden den Irak eher als Verbündeten denn als potentiellen Gegner. Den größten Teil des Jahrzehnts hindurch hatte während des langen Krieges zwischen dem Irak und dem Iran die amerikanische Politik eher Bagdad gestützt. Die Amerikaner lieferten den Irakern sogar Satellitenfotos von iranischen Truppenformationen. Die amerikanischen Militärplanungen für den Persischen Golf gingen davon aus, dass die US-Streitkräfte zu Hilfe gerufen würden, um im Falle eines sowjetischen Angriffs gegen den Iran die Ölvorräte der Region zu verteidigen, und dass Amerika sich mit dem Irak verbünden würde, um dies zu bewerkstelligen. Ein wenig beunruhigt war die amerikanische Seite über den irakischen Einsatz von Nervengas gegen die kurdische Minderheit im Land, aber die beiderseitigen Beziehungen beeinträchtigte dies nicht.

Die Geheimdienstberichte über die biologischen Bestrebungen des Irak gingen an das Außenministerium, die CIA und verschiedene Teile des Militärs, unter anderem auch an das Oberkommando, das die amerikanischen Operationen im Nahen Osten plante und leitete. Sie blieben ohne Wirkung. Niemand nahm Kontakt zur American Type Culture Collection auf, um vor weiteren Lieferungen von Erregern an Bagdad zu warnen. Niemand kam auf die Idee, das Handelsministerium die Lizenz für den Export von Erregern in den Irak widerrufen zu lassen.

Drei Monate nach Fertigstellung des Berichts wurden am 29. September 1988 elf Erregerstämme, darunter vier Typen von Milzbrand-Erregern aus Maryland, in den Irak verschickt. Die Bestellung war von der Abteilung für technische und wissenschaftliche Importe des irakischen Handelsministeriums ergangen, die den amerikanischen Geheimdiensten bereits als Bagdads Vorreiter beim Erwerb von Materialien für Biowaffen bekannt war.[60] Einer der Erregerstämme, er trug die Bezeichnung 11966, gehörte zu den Typen von Anthrax-Erregern, die im Jahre 1951 in Fort Detrick als Biowaffe weiterentwickelt worden waren.

Mit einiger Verspätung veranlassten die Geheimdienstberichte über den Irak die amerikanischen Behörden, den weiteren Export von Erregern nach Bagdad zu untersagen. Am 23. Februar 1989 untersagte das Handelsministerium den Verkauf von Milzbrand-Erregern und Dutzenden anderer Pathogene nicht nur an den Irak, sondern auch an den Iran sowie an Libyen und Syrien, die ebenfalls unter dem dringenden Verdacht standen, an der Entwicklung von Biowaffen zu arbeiten. Das Verbot, so die Begründung, sei der »wachsenden Sorge« über eine potentielle biologische Bedrohung entsprungen.[61]

Während sich die Biowaffenexperten mit den Gefahren aus dem Ausland herumschlugen, wandte sich Lederberg neuen mikrobiologischen Gefahren im eigenen Land zu. Waffen seien nur der offensichtlichste Teil der Bedrohung, erklärte er. Tatsache sei, dass die Menschheit im Begriff sei, den Kampf gegen die Infektionskrankheiten zu verlieren. Aufgrund natürlicher Prozesse wie Mutation und Selektion begannen sich viele Erreger als zunehmend resistent gegenüber Antibiotika und anderen Medikamenten zu erweisen – wie sich am Beispiel von Aids, medikamentenresistenter Tuberkulose und neuen Varianten von *E. coli* zeige, die gefährlich werden oder gar tödlich wirken konnten. Alte Krankheiten, die als längst besiegt galten, wuchsen zu neuer Stärke heran, und die Behörden fanden sich schlecht gerüstet, diesen neuen Ansturm von Infektionen zu begegnen. Im Jahre 1988 entwarfen Lederberg und eine kleine Gruppe von Virologen eine Strategie. Im Mai 1989 begannen sie zu handeln.

»Die Natur ist keine Wohltäterin«, verkündete Lederberg vor Wissenschaftlern auf einer dreitägigen Konferenz im Hotel Washington unweit des Weißen Hauses.[62] »Das Überleben der Menschheit ist kein festgeschriebenes Gesetz der Evolution.«

Lederbergs Warnung stieß unter den fachkundigen Ärzten und Wissenschaftlern auf breite Zustimmung. Die Zahl der Amerikaner, die an Infektionskrankheiten starben, stieg rasch. Allein Aids wütete erbarmungslos. Die Konferenz war teilweise von den National Institutes of Health der amerikanischen Bundesregierung gefördert worden, und ein Folgebericht der Institutes of Medicine kam zu dem Schluss, dass die Gefahr nicht zu leugnen sei.
Doch neue finanzielle Ressourcen für den Kampf gegen die steigende Zahl an Infektionskrankheiten aufzutun, erwies sich als außerordentlich schwierig. Im Jahre 1951, auf dem Höhepunkt der Angst vor Biowaffen, war es ein Leichtes gewesen, den Seuchengeheimdienst EIS (Epidemic Intelligence Service) zu gründen, der etliche tausend »Medizinpolizisten« ausbildete. Nun aber galten Antibiotika als triumphaler Sieg. Gesundheitswesen und Mikrobiologie stagnierten, und die Milliarden an Bundesgeldern, die für biologische Vorhaben ausgegeben wurden, flossen zumeist in die Forschung über Krebs und geriatrische Krankheiten wie Herzerkrankungen. Das öffentliche Gesundheitswesen lag im Argen und war altmodisch. Es stand auf schwachen Beinen und fand in der Öffentlichkeit nur wenig Beachtung. Billionen von Dollars wurden für Waffen ausgegeben. Ein winziger Bruchteil dieser Summe hätte ausgereicht, um zu verhindern, dass in jedem Jahr Millionen Kinder auf der ganzen Welt an Infektionskrankheiten starben.

Lederberg konnte nur wenige Fortschritte verzeichnen. In den letzten Jahren der Reagan-Regierung und den ersten Jahren unter George Bush zeigte Washington wenig Engagement im Kampf gegen biologische Gefahren, mochten diese nun von der Natur selbst ausgehen oder vom Menschen gemacht sein. Der Kalte Krieg war zu Ende, und die Propaganda gegen Moskau wurde allmählich eingestellt. Unabhängige Experten bezweifelten mehr und mehr, ob es wirklich noch jemanden gebe, der an tödlichen biologischen Waffen arbeitete. Die Konvention gegen Biowaffen greife, sagten sie.
Zweifel beschlichen nach und nach auch die Offiziere der US-

Streitkräfte, von denen die meisten Biowaffen von vorneherein nie gemocht hatten. Viele waren von dem Verbot angetan. Ende der achtziger Jahre war die biologische Kriegsführung nur noch ein Randthema der amerikanischen Militärstrategie. Die Revolution innerhalb der Genetik mit ihren Visionen von immer schreckenerregenderen Agenzien, die jeden Impfstoffe zu umgehen vermochten, machte die Sache nicht eben besser. Wenn US-Sicherheitsexperten das militärische Gleichgewicht zwischen den Sowjets und Amerika ausloteten, dachten sie an konventionelle Waffen, Nuklearwaffen und Moskaus Riesenarsenal an chemischer Munition. Die umfassenden Maßnahmen der ehemaligen Sowjetunion zur zivilen Verteidigung im Falle eines biologischen Angriffs, zu denen unter anderem Bunker mit besonderen Luftfiltern gehörten, galten daher als weiteres Beispiel für Moskaus Verfolgungswahn. Die sowjetischen Truppen hielten ja schließlich keine Übungen zum Einsatz von Biowaffen ab. Die Probleme, die sich aus einem biologischen Angriff ergaben, überstiegen jedwede Vorstellungskraft. Was hätte eine NATO-Streitmacht zur Verteidigung Europas in der Praxis ausrichten können, wenn sie mit Milzbrand-Erregern oder irgendeinem anderen Organismus zugeschüttet würde? Flugzeuge, Flughäfen, die gesamte Ausrüstung wäre kontaminiert. Die Soldaten wären allesamt tot oder rängen nach Luft. Keines der Szenarien des amerikanischen Militärs hatte die Planer darauf vorbereitet, den Krieg als Frage des Konkurrenzkampfes in der medizinischen Forschung zu betrachten.

General Brent Scowcroft, ein pensionierter Offizier der Luftwaffe, der unter den Präsidenten Ford und Bush als Sicherheitsberater gedient hatte, fasste Jahre später in einem Interview die damalige Stimmung zusammen. »Ich war voreingenommen«, erklärte er. »Für mich sind biologische Kampfstoffe weder praktisch noch militärisch von Nutzen. Als Terrorwaffen sind sie in Ordnung. Im Zusammenhang mit Krieg aber sind sie zu ungenau, ihre Effekte stellen sich erst mit Verzögerung ein. Es ist unwahrscheinlich, dass sie zum Einsatz kommen.«

Das Militär der Vereinigten Staaten hatte keinerlei durchdachte

Pläne dafür, wie es sich gegen eine biologische Bedrohung verteidigen könnte. »Es gibt einen Korb für eingehende Post und einen für erledigte Arbeit, und dann noch den für harte Nüsse«, erinnerte sich ein Offizier. »Wir sahen die Bedrohung, aber wir wollten uns nicht wirklich damit beschäftigen, einen Plan für den Kriegsfall zu entwerfen. Es war zu schwierig.« Von derselben Logik (»Diese Nuss ist zu hart«) war die Reaktion des Militärs auf nukleare Gefahren gekennzeichnet. Diese Waffen waren so schnell und verheerend, dass die Experten auch nach Jahrzehnten der Forschung noch auf dem Standpunkt standen, dass eine Verteidigung nicht möglich ist, mochte Präsident Reagan auch noch so unermüdlich von seinem Star-Wars-Programm träumen. Und das Problem der Biowaffen war sogar noch komplizierter. Ein Feind konnte seine Biowaffen zwischen eindeutig zivilen Einrichtungen verbergen und es einem Verteidiger damit ungeheuer schwer machen, eine realistische Einschätzung der Bedrohung zu gewinnen.

Auch verfügten die Vereinigten Staaten über keinerlei Pläne zum Schutz der Zivilbevölkerung im Falle eines Angriffs. Einige wenige Spezialisten, darunter Bill Patrick und Josh Lederberg, hatten davor zu warnen begonnen, dass Terroristen Biowaffen einsetzen könnten. Doch Oregons Salatbar-Anschlag war in Vergessenheit geraten, und die Regierungsbeamten, die über das Problem nachdachten, sahen Biowaffen einzig als militärische Frage. Warum sollte eine Gruppe eine Epidemie entfesseln wollen, wenn Sprengstoff denselben Effekt hatte, ohne dabei die Angreifer selbst zu gefährden?

Ende der achtziger Jahre nahm die Skepsis hinsichtlich der Bedrohung durch Biowaffen sogar noch zu. Experten stellten die Finanzierung gentechnologischer Experimente durch das Militär im Namen der biologischen Verteidigung in Frage. Dies sei sinnlos, erklärten sie. Charles Piller, ein investigativer Journalist, und Keith R. Yamamoto, ein Molekularbiologe von der University of California in San Francisco, waren aufgrund des Freedom of Information Act an zahlreiche Dokumente gelangt, in denen ebendiese Forschung beschrieben wurde. 1988 veröffentlichten sie ihr

Buch *Gene Wars: Military Control over the New Genetic Technologies* über den möglichen Nutzen gentechnologischer Forschung für das US-Militär. Die Autoren verurteilten die soeben begonnenen Bestrebungen als nutzlos und illusorisch. Die Krankheitserreger seien in ihrem natürlichen Zustand bereits schrecklich genug. Außerdem ließen sich Superbakterien nie zu lebensfähigen Waffen umfunktionieren, argumentierten sie, da jedes Land, das an ihrer Entwicklung arbeite, dies im Geheimen tun müsse und daher nicht in der Lage sei, sie angemessen zu testen. Die Bedrohung werde übertrieben, schrieben Piller und Yamamoto. »Die Phantasie geht mit den Leuten durch.«[63]

Ihre Argumente fanden auf politischer Ebene Gehör. Am 17. Mai 1989 hielt der Senatsausschuss für Regierungsangelegenheiten (Senate Governmental Affairs Committee) eine Anhörung über die vom Pentagon finanzierte Forschung ab. Yamamoto trat vor dem Ausschuss als Experte auf und legte neue Beweise für die gentechnologische Forschung des US-Militärs vor, unter anderem über die Entwicklung eines Botulismus-Erregers, der durch eine Impfung nicht unschädlich zu machen sei.[64] »Ich sehe keinerlei Hinweise auf ein biologisches Wettrüsten«, erklärte Yamamoto vor den Senatoren unter Bezugnahme auf einen potentiellen biologischen Angriff der Sowjetunion. »Falls es dennoch ein Wettrüsten geben sollte, liegen die Vereinigten Staaten auf jeden Fall weit vorne.«

Senator John Glenn, der Ausschussvorsitzende, Demokrat aus Ohio, setzte den Rechnungshof in Bewegung, um die Biowaffen-Forschung des Pentagon genauer zu überprüfen. Der Bericht wurde im Dezember 1990 vorgelegt und stellte die Projekte des Militärs in Frage. Amerikanische Geheimdienstbehörden arbeiten nach einem festgelegten Verfahren, um eine jeweils »aktuelle Gefahrenliste zu erstellen« – eine Liste der Erreger, die dem Vernehmen nach rund um die Welt zu Waffen umfunktioniert werden. Die Beamten des Rechnungshofes stießen auf 49 Projekte, die von der Regierung mit 47 Millionen Dollar gefördert wurden, darunter auch Forschungen an Krankheitserregern, die nicht auf der Gefahrenliste standen, was den Verdacht nahe legte, dass dieser

Forschung ein defensiver Zweck fehlte.[65] »Die Armee«, schlussfolgerte der Bericht, »investiert unnötigerweise Mittel in Forschungs- und Entwicklungsprojekte, die sich nicht auf aktuell begründbare Gefahren beziehen.«

Eileen Choffnes, eine Assistentin Glenns, die ihr Magisterexamen in Genetik abgelegt und in Toxikologie promoviert hatte, war an der Organisation der Anhörung von 1989 und den folgenden Sparmaßnahmen gegen die neueste militärische Forschung beteiligt. »Yamamoto und Piller hatten recht«, erklärte sie. »Es war sogar noch schlimmer, als sie gedacht hatten.«

Philip K. Russell, der Leiter der medizinischen Forschungs- und Entwicklungsabteilung in Fort Detrick, fiel aus allen Wolken, als er das Ergebnis der Anhörungen und den Bericht der Rechnungsprüfer in die Hände bekam. Er hatte die Untersuchungen an jenen exotischen Viren angeordnet, weil man ihm Geheimdienstberichte vorgelegt hatte, denen zufolge die Sowjets diese Forschung mit großem Einsatz betrieben. Ein neues Agens auf die Gefahrenliste zu bekommen war eine zeitaufwendige bürokratische Übung. Russell war der Ansicht, dass die Sache keinen Aufschub dulde. »Wir wussten, dass die Russen Leute nach Afrika geschickt hatten, um an Ebola- und Marburg-Viren zu kommen«, erinnert er sich. »Das reichte uns völlig.«

Senator Glenn war der Ansicht, die Armee habe sich in gefährliche Nähe zur Offensivforschung begeben. Glenn, selbst Reserveoffizier der Marineinfanterie, hatte im Prinzip nichts gegen Verteidigungsausgaben einzuwenden. Er war lediglich der Ansicht, die Regierung der Vereinigten Staaten habe nicht das Recht, in ihren Labors mit Superbakterien herumzuspielen. Auch wenn es streng juristisch gesehen nicht gegen den Buchstaben der Biowaffen-Konvention verstieß, war es seiner Ansicht nach dennoch abstoßend. Glenn drängte auf eine Beschneidung der Mittel. Russell war frustriert. Er glaubte sicher zu wissen, dass die Sowjets bei der Herstellung biologischer Waffen Fortschritte zu verzeichnen hätten, dennoch hielt der Senat ihn von Forschungen ab, die zum Aufbau einer Verteidigung hätten beitragen können. »Es war ein

Trauerspiel«, erklärte er Jahre später. »Unser Virusprogramm wurde weit zurückgeworfen.«

Der Öffentlichkeit erschien die Behauptung, dass Moskau biologische Waffen herstelle, nebulöser denn je. Meselson und seine Mitstreiter – Thomas D. Seeley von der Yale University zum Beispiel – hatten die offizielle Darstellung der Regierung zum gelben Regen unglaubwürdig gemacht, indem sie ihre Argumente über mehrere Jahre hinweg in einer Reihe sorgfältig dokumentierter Artikel dargelegt hatten. In einem dieser Artikel findet sich ein direkter elektronenmikroskopischer Vergleich zwischen Bienenpollen und Proben von gelbem Regen.[66] Beide Proben sehen gleich aus. In einem Artikel aus dem Jahre 1987 in *Foreign Policy* (»Yellow Rain in Southeast Asia: The Story Collapses«) heißt es, regierungseigene Labors in Großbritannien und den Vereinigten Staaten hätten mehr als hundert Proben von gelbem Regen auf Mykotoxine untersucht, seien aber nicht fündig geworden.[67] Unter Berufung auf Dokumente, die durch das Gesetz zur Informationsfreiheit zugänglich geworden waren, schilderte der Artikel, dass ein amerikanisches Team in dem vergeblichen Bemühen, Beweise für die Beschuldigungen zu finden, zwei Jahre lang Südostasien durchstreift habe. Den Dokumenten zufolge befragte das Team etliche der damaligen Augenzeugen, wobei viele ihre ursprüngliche Darstellung widerriefen und erklärten, ihre Eindrücke stammten in Wirklichkeit aus zweiter Hand.

Der Streit über die Beschaffenheit des gelben Regens geriet in Vergessenheit, obwohl einige amerikanische Beamte weiterhin der Ansicht waren, dass die Sowjets in Südostasien nichtkonventionelle Waffen eingesetzt hätten. Lederberg blieb argwöhnisch. Die Indizien, die für den Einsatz von Mykotoxinen sprachen, standen unbestreitbar auf wackligen Beinen; die Regierung hatte sich mit ihren unzulänglichen Nachforschungen selbst der Lächerlichkeit preisgegeben. Aber die fortgesetzten Berichte darüber, dass die Sowjets und ihre Verbündeten biologische und chemische Waffen im Einsatz gehabt hätten, machten ihm Sorgen. Er war der Ansicht, dass der Fall noch lange nicht geklärt sei.

Auch in Bezug auf Swerdlowsk waren noch Fragen offen. Die Sowjets hatten wiederholt die Forderung von Meselson und anderen zurückgewiesen, die Stadt besuchen zu dürfen und die Epidemie von einem unabhängigen Team untersuchen zu lassen. Schließlich erklärte Moskau, man verfüge über neue Studien, die zeigten, dass die Todesfälle auf verdorbenes Fleisch zurückzuführen seien. Im April 1988 ließ Meselson zwei sowjetische Wissenschaftler in die Vereinigten Staaten kommen, um die Angelegenheit auf öffentlichen Veranstaltungen in Cambridge, Baltimore und Washington zu erörtern. Die Treffen waren höflich, es wurden keine expliziten Zweifel an der Darstellung mit dem verdorbenen Fleisch laut. Meselson erklärte, er habe die sowjetische Darstellung »durch und durch plausibel gefunden und im Einklang mit dem, was wir aus der Literatur und Aufzeichnungen über Milzbrand bei Mensch und Tier wissen«.[68] Dennoch war er der Ansicht, dass es weiterer Untersuchungen innerhalb der Sowjetunion bedürfe.

Russell war nicht überzeugt und glaubte, dass die Sowjets entscheidende Beweise zurückhielten. Milzbrand, der durch eingeatmete Sporen ausgelöst wird, lässt sich zum Beispiel von Darmmilzbrand unterscheiden. Ein Patient, der sich über die Lungen infiziert hat, erleidet im typischen Falle eine schwere, sehr charakteristische Schädigung des Mediastinums, des Raumes hinter dem Brustbein zwischen den beiden Lungenflügeln. Die Sowjets präsentierten Autopsie-Dias von mehreren in Swerdlowsk ums Leben gekommenen Personen. Keines dieser Bilder zeigte solche Gewebe. In einem Artikel über Rüstungskontrolle erklärte Meselson ein paar Monate später, dass die amerikanischen Anschuldigungen über einen Biowaffen-Unfall in Swerdlowsk eindeutig »einer sorgfältigen und objektiven Überprüfung bedürfen«. Weitere Details seitens der Sowjetunion, schrieb er, könnten »jeden verbliebenen Zweifel darüber [ausräumen], dass die Epidemie tatsächlich eine natürliche Ursache hatte«.[69] Bei einer Senatsanhörung im Mai 1989 erläuterte Meselson seine Sicht der Dinge vor einem einflussreichen Publikum. »Das verfügbare Beweismaterial«, erklärte er,

»deutet darauf hin, dass es zu der Milzbrand-Epidemie kam, weil es nicht gelungen ist, infizierte Tiere vom zivilen Fleischmarkt fernzuhalten, und nicht durch eine Explosion in einer Fabrik für biologische Waffen, wie es die Vereinigten Staaten zuvor behauptet haben.«[70]

Meselson erklärte vor den Senatoren, er glaube daran, dass dem Biowaffen-Übereinkommen weltweit Erfolg beschieden gewesen sei: »Nach allem, was ich weiß, besitzt heutzutage keine Nation ein Arsenal von biologischen oder toxischen Waffen.«

Ein paar Monate später, im Oktober 1989, setzte sich ein führender sowjetischer Biologe nach Großbritannien ab und vermittelte ein ganz anderes Bild.[71] Wladimir Pasetschnik beschrieb seinen Befragern eine streng geheime Welt, in der mehrere zehntausend Spezialisten daran arbeiteten, Biowaffen zu perfektionieren und weiterzuentwickeln. Die Sowjetunion habe Fernlenkwaffen gebaut, die biologische Kampfstoffe transportieren könnten. Er selbst sei Leiter eines Instituts zur Herstellung ultrareiner biologischer Präparate in Leningrad gewesen, einer der zahllosen Scheineinrichtungen, die über die ganze Sowjetunion verteilt seien. Sein Institut habe viertausend Wissenschaftler beschäftigt, berichtete er, und daran gearbeitet, Lenkwaffen zum Ausbringen von biologischen Agenzien umzurüsten. Die niedrig fliegenden, ferngesteuerten Flugkörper seien in der Lage, Frühwarnsysteme zu umgehen, und speziell dafür gebaut, über einem ahnungslosen Gegner erregerhaltigen Sprühnebel auszubringen.

Nie zuvor hatten westliche Experten solch tiefe Einblicke in das sowjetische Biowaffen-Programm erhalten, und was sie dort zu hören bekamen, schien sogar die wildesten Spekulationen der Biowaffen-Experten im eigenen Lager in den Schatten zu stellen. Amerikanische Geheimdienstexperten hatten immer vermutet, dass die Sowjets womöglich mit Pesterregern arbeiteten. Patrick und seine Mitstreiter aber hatten die Idee zu den Akten gelegt, denn den Vereinigten Staaten war es nie gelungen, eine Aerosolform des Pestbakteriums zu erzeugen, in der dieses außerhalb des

Labors überlebt hätte. Pasetschnik erklärte seinen britischen Gesprächspartnern, sein Institut sei dort erfolgreich gewesen, wo Amerika versagt habe. Es habe sogar eine neue, genetisch optimierte Variante des Schwarzen Todes hervorgebracht.

Das Superbakterium, das er und seine Mitarbeiter geschaffen hätten, sei sehr viel hitze-, kälte- und antibiotikaresistenter, berichtete Pasetschnik. Die Sowjets hatten die Erkenntnisse von Cohen und Boyer in tödliche Praxis umgesetzt. Eines der ersten Experimente der beiden Amerikaner hatte einen penicillinresistenten *E. coli*-Stamm zum Ergebnis gehabt. Die Sowjets hatten dieselbe Technik angewandt, um ihre Pestwaffe zu optimieren. Plasmide, die für die Gentechnologie so entscheidend wichtigen winzigen DNA-Ringe, kontrollierten die natürliche Abwehr eines Erregers gegen Feinde aus den eigenen mikrobiellen Reihen. Die Sowjets hatten die Plasmide des Pesterregers manipuliert und ihren neuen Stamm unempfindlich gegen alle verfügbaren Impfstoffe und Antibiotika gemacht – eine beängstigende Errungenschaft.

Pasetschniks Enthüllungen ließ Moskaus Arbeiten an klassischen und gentechnologisch hergestellten Agenzien und Erregern in einem neuen Licht erscheinen. Sowjetische Wissenschaftler hätten alte und neue Ansätze bereits erfolgreich kombiniert, um eine völlig neue Klasse von tödlichen Waffen zu schaffen, behauptete Pasetschnik. Die Superpest sei längst keine Laborkuriosität mehr. Die Sowjets hätten eine getrocknete, pulverisierte Form des Erregers bereits in Bomben, Raketensprengköpfe und Artilleriegeschosse abgefüllt, und dies sei nur eines von vielen optimierten Agenzien, die die Sowjetunion entwickelt habe.

Geheimdienstbeamte betrachten Überläufer stets mit Argwohn. Diese Leute haben den Hang, genau das zu berichten, was ihre neuen Herren hören wollen. Pasetschnik aber machte auf die beiden britischen Experten, die ihn verhörten, spontan einen positiven Eindruck. Einer der beiden, David Kelly, Mikrobiologe und Spezialist für Biowaffen, gelangte zu der Überzeugung, Pasetschnik sei ein gewissenhafter Zeuge, unterscheide sorgfältig zwischen dem, was er aus eigener Anschauung wisse, und dem, was er von anderen zu hören bekam. »Er schwafelte nicht«, berichtete Kelly, »wenn er etwas nicht wusste, dann sagte er das auch.«

Zu diesem Zeitpunkt war der skeptische CIA-Experte Douglas MacEachin von der Regierung Bush um Beratung beim diplomatischen Umgang mit dem sowjetischen Biowaffen-Programm gebeten worden. Anfang 1990 erfuhr er von einem Freund aus dem geheimen Leitungsgremium der CIA, dass der britische Geheimdienst einen hochrangigen sowjetischen Überläufer aus dem Umfeld des Biowaffen-Programms verhöre. Ein Name wurde nicht genannt. »Ich sagte: ›In Ordnung‹, und wusste genau, das würde ein Riesenproblem geben«, erinnerte er sich. Er bat einen technischen Experten unter seinen Mitarbeitern, die früheren Nachforschungen zum sowjetischen Programm sowie Satellitenfotos und Gesprächsmitschnitte noch einmal durchzusehen. Beinahe alles, was der mysteriöse Überläufer berichtete, ließ sich unabhängig von seiner Aussage bestätigen. Die CIA hatte sogar Josh Lederberg nach London geschickt, um Pasetschnik zu befragen, berichteten Beamte. Der Biologe, der als einer der ersten vor der neuen Biologie gewarnt hatte, berichtete, dass der Überläufer auf ihn überzeugend wirke.

Nun war auch MacEachin bereit zu glauben, dass die Sowjets womöglich ein riesiges geheimes Biowaffen-Programm am Laufen hatten, so wie es die eigenen Experten um Gary Crocker seit anderthalb Jahrzehnten behauptet hatten. Im Februar 1990 informierte MacEachin die UNGROUP, den Geheimausschuss für Rüstungskontrollmaßnahmen der Regierung Bush. »Wir verfügen über äußerst glaubwürdige Informationen aus einer ebenfalls sehr glaubwürdigen Quelle«, erklärte er und fügte hinzu: »Wir haben tonnenweise Beweismaterial.« Die Gruppe beschloss, die Sowjets ohne Umschweife mit den Anschuldigungen zu konfrontieren. Die Behauptungen schienen abenteuerlich, aber man war sich einig, dass ihnen nachgegangen werden müsse.

Binnen eines Monats hatten die Briten das Problem dem sowjetischen Verteidigungsminister Dmitri Jasow vorgelegt, der ihnen erwiderte: »Ich weiß, wo Sie das herhaben. Das kommt von Pasetschnik.« Einen Monat später traf der amerikanische Außenminister James A. Baker in Russland mit seinem sowjetischen Amtskollegen Eduard Schewardnadse zusammen. MacEachin gehörte der Delegation an und hatte einen zusammenfassenden Bericht verfasst, den Baker Schewardnadse auf der geplanten Besichtigungstour überreichen sollte. Er fragte einen von Bakers Assistenten, wo die Gruppe den Nachmittag verbringen werde. Sie sollten das Kloster von Sagorsk besuchen, wurde ihm mitgeteilt. Das war an Ironie nicht zu übertreffen. Genau dort, vor den Toren von Sagorsk, hatte die Sowjetunion hinter Stacheldraht und hohen Mauern eine ihrer geheimen Biowaffen-Fabriken untergebracht.

MacEachin gestand, dass Pasetschniks Aussagen ihn dazu veranlasst hatten, jahrzehntelang zusammengetragene Beweise in einem neuen Licht zu sehen. Die Falken, so gab er erst kürzlich in einem Interview zu, hatten richtig gelegen. »Sie hatten recht. Es gab dieses Programm.« Und es habe sich gezeigt, fügte er hinzu, dass die Sowjets »dort investierten«.

Amerikanische Geheimdienstler begannen, die Biowaffen-Forschung im Ausland, insbesondere diejenige, die mit der neuen Biologie zu tun hatte, sorgfältig zu beobachten. Im Juni 1990 richteten die Experten ihr besonderes Augenmerk auf das irakische Forschungszentrum Al Tuwaitha nahe Bagdad.[72] Die Einrichtung beschäftigte einige der fähigsten Militärwissenschaftler des Irak und war im Jahre 1981 von den Israelis vorsichtshalber bombardiert worden, weil diese den Verdacht hegten, dort würde Material für Kernwaffen hergestellt. Nun machten sich die Spezialisten des militärischen Geheimdienstes daran, die Hightech-Anschaffungen der jüngsten Vergangenheit genauer unter die Lupe zu nehmen, und erhärteten den Verdacht, dass in Al Tuwaitha »Molekularbiologie und Gentechnologie« zum Zwecke der Entwicklung neuartiger biologischer Waffen betrieben werde, nichts anderes also als das, wovor Pasetschnik im Zusammenhang mit der Sowjetunion gewarnt hatte. Das sei glaubhaft, schrieben die Experten in ihrem Bericht, da das Zentrum »keinerlei Publikationen auf diesen Gebieten vorweisen könne«. Natürlich gab es harmlose

Erklärungen für all diese Anschaffungen. Aber die Geschichte Al Tuwaithas und seine massiven Sicherheitsvorkehrungen beunruhigten die Experten. Unternahm auch der Irak, genau wie die Sowjetunion, Anstrengungen, eine tödliche Bedrohung hervorzubringen?

Kapitel 4
Saddam

September 1990: Eine Forscherin, von Kopf bis Fuß mit einem Schutzanzug bekleidet, mit Atemschutzgerät, Handschuhen und Stiefeln ausgerüstet, marschiert in eines der Labors von Fort Detrick und spritzt einem Rhesusaffen ein Betäubungsmittel, gerade genug, um ihn bewusstlos machen. Als der Atem des Tieres ruhiger zu gehen beginnt, trägt sie den Affen zu einer Plexiglas-Box, legt seinen Kopf in eine Vertiefung mit Gummiabschluss und dreht einen Zerstäuber auf, der eine sorgsam abgemessene Dosis des Milzbrand-Erregers *Bacillus anthracis* freisetzt. Der verwendete Erregerstamm hieß Vollum 1B, derselbe Erreger, den man einst dem Irak verkauft hatte. Die Partikelgröße der Aerosoltröpfchen betrug etwa einen Mikrometer – die ideale Größe für eine Aufnahme über die Lungen. Nach und nach wurden sechzig Affen infiziert und wieder in ihre Käfige zurückgebracht. Das Experiment, eines der ehrgeizigsten, das je in Fort Detrick stattgefunden hatte, war von ungewohnter praktischer Dringlichkeit. Am 2. August 1990 war Saddam Husseins Armee in Kuwait einmarschiert, und die amerikanischen Geheimdienstbehörden glaubten zu wissen, dass zu ihrem Arsenal auch Biowaffen gehörten. Das Experiment sollte klären helfen, welche Behandlung im Falle eines Angriffs mit Milzbrand-Erregern den besten Schutz gewährte: Antibiotika allein, Impfungen oder eine Kombination aus beiden?[1]

Jahre der Unbekümmertheit hatten die amerikanischen Streitkräfte verwundbar gemacht. Trotz der Ereignisse in Swerdlowsk und der sich mehrenden Hinweise darauf, dass die Sowjets groß angelegte Vorbereitungen für einen biologischen Krieg trafen, war keiner der Soldaten oder Reservisten gegen Anthrax oder andere wohlbekannte biologische Gefahrenstoffe geimpft worden. Im Pentagon gab es keinerlei Pläne dafür, wie man im Falle einer Krise die Impfstoffproduktion »hochfahren« könnte, und der vorhandene Vorrat war minimal. Noch schlimmer aber war, dass den bewaffneten Streitkräften die Ausrüstung fehlte, einen Angriff mit Biowaffen, die – wie der Milzbrand-Erreger – binnen weniger Tage vom Körper des Infizierten Besitz ergreifen, auszumachen. Wenn ein mit *Bacillus anthracis* infizierter Patient Fieber bekommt, das erste Symptom der Erkrankung, ist es häufig bereits zu spät. Die panische Eile, mit der man in Fort Detrick versuchte, eine mögliche Therapie für diese Krankheit zu finden, zeigte nur, wie groß die Not war.

Das Experiment fand in Block 1412 statt, unweit der Gebäude, in denen amerikanische Wissenschaftler die fünfziger und sechziger Jahre damit zugebracht hatten, ihre Biowaffen zu vervollkommnen. Ein eigens konstruiertes Belüftungssystem hielt den Luftdruck im Inneren geringfügig niedriger als draußen. Einen solchen Unterdruck erzeugt man, damit Mikroorganismen, die womöglich versehentlich freigesetzt werden, ins Labor »zurückgesaugt« werden. Die Techniker hatten ein striktes System von Regeln für den Umgang mit jenen todbringenden Organismen zu befolgen. Das Vorgehen entsprach dem Standard eines gentechnischen Labors der Sicherheitsstufe 3. Nur extrem gefährliche Agenzien wie das Ebola-Virus, für das es keinerlei Therapie gibt, werden mit noch mehr Vorsicht gehandhabt.

Die Forscher wussten erstaunlich wenig darüber, wie gegen Anthrax vorzugehen ist. An den Untersuchungen, die im Jahre 1970 letztlich in der Zulassung des Impfstoffs durch die Food and Drug Administration gipfelten, war nur eine Handvoll Leute beteiligt, die von der inhalierten Form der Erkrankung betroffen waren. Die Studie legte die Vermutung nahe, dass eine kurzfristige Behandlung mit Antibiotika wenig wirksam sei, doch Arthur Friedlander, der Leiter der bakteriologischen Abteilung in Fort Detrick, hielt an der Hypothese fest, dass hoch dosierte Gaben von Antibiotika über mindestens einen Monat hinweg die Krankheit in die Knie zwingen könnten.

Die Wissenschaftler hatten die infizierten Affen in sechs Gruppen aufgeteilt. Eine Gruppe erhielt nur den Impfstoff, eine andere den Impfstoff plus ein Antibiotikum, und drei Gruppen wurden dreißig Tage hindurch mit Antibiotika – Penicillin, Doxycyclin und Ciprofloxazin – behandelt. Eine Kontrollgruppe aus sechs Affen bekam alle zwölf Stunden eine Injektion mit isotonischer Kochsalzlösung. Wenige Tage, nachdem sie die ersten Sporen von *Bacillus anthracis* eingeatmet hatten, begannen die Tiere in der Kontrollgruppe im Kampf gegen die Krankheit zu unterliegen. Ihre letzten Stunden lieferten den grausigen Beweis für die tödliche Wirkung des Bakteriums. Am achten Tag waren alle Tiere bis auf eines gestorben. Zwei Tage darauf waren auch acht der zehn nur mit dem Impfstoff behandelten Tiere tot. Die Affen hingegen, die mit täglichen Antibiotikadosen behandelt worden waren, überlebten bis zur vierten Woche.

Das Experiment war eine echte Herausforderung, eine logistische Höchstleistung. Eines der Antibiotika in der Untersuchung konnte injiziert werden, die anderen beiden mussten oral verabreicht werden, das hieß, die Tiere mussten zweimal täglich betäubt werden, um das Medikament über eine Magensonde verabreicht zu bekommen. Jeder tote Affe wurde auf der Stelle einer Autopsie unterzogen. Friedlander staunte ob der Reibungslosigkeit der Teamarbeit. Wissenschaftler sind Einzelgänger, sie arbeiten am liebsten allein oder mit einem Trupp vertrauter Kollegen. An diesem Experiment waren über sechzig Wissenschaftler und Laboranten beteiligt. Die Affen wurden mehr als 3700-mal betäubt, und die technischen Assistenten legten mehr als tausend Blutkulturen an, um den Verlauf der Krankheit genau zu dokumentieren. »Es war eine außergewöhnliche Situation, eine irrsinnige Zeit«, berichtete Friedlander. Das Militär hatte ein wachsames Auge auf unser Experiment. »Tagtäglich riefen Leute vom Pentagon an, Generäle fragten: ›Was gibt es heute Neues?‹«

Nach einem Monat lagen die Ergebnisse vor und verschärften nur das Dilemma, in dem sich General H. Norman Schwarzkopf befand, der Oberbefehlshaber der alliierten Truppen, die in Saudi-Arabien zusammengezogen wurden.[2] Bei den meisten Affen hatte die dreißigtägige Gabe des Antibiotikums den Ausbruch von Milzbrand verhindern können, doch die Sporen des Erregers, die sich über Wochen hinweg im Lymphsystem verbergen können, erwiesen sich als äußerst zählebig, und auch zwischen den einzelnen Antibiotika gab es gewisse Unterschiede. Drei von zehn der mit Penicillin behandelten Affen starben nach dem Absetzen des Medikaments. Den mit Doxycyclin und Ciprofloxazin behandelten erging es besser; hier starb nach dem Absetzen des Präparats in jeder Gruppe nur ein Tier an Milzbrand. Am wirksamsten war offenbar die Kombination von Impfstoff und Doxycyclin. In dieser Gruppe überlebten alle Tiere auch die Monate nach der Beendigung des Experiments. Einen wichtigen Vorbehalt ließ die Studie allerdings erkennen: Bei allen Affen hatte die Behandlung binnen vierundzwanzig Stunden nach dem Kontakt mit dem Erreger begonnen.

Die Lehre daraus schien eindeutig: Antibiotika, einen Monat lang eingenommen, verbesserten zwar die Prognose des Patienten, waren aber nicht die alleinige Lösung. Selbst die neuesten und wirksamsten unter ihnen, Doxycyclin und Ciprofloxazin, versagten in 10 Prozent der Fälle. Das würde bei einem Angriff auf eine große Heerschar von Soldaten einen potentiellen Verlust von mehreren zehntausend Mann bedeuten. Die beste Verteidigung gegen einen Angriff mit biologischen Waffen wäre den Ergebnissen des Experiments zufolge die Impfung der Truppen, bevor diese den Fuß in die Golf-Region setzten. Falls das nicht möglich war – und in Anbetracht des Mangels an Impfstoff war das mit ziemlicher Sicherheit so –, konnten sich die alliierten Truppen angesichts der Milzbrand-Gefahr nur dann einigermaßen sicher fühlen, wenn sie Antibiotika und Impfstoff binnen vierundzwanzig Stunden nach einem Angriff würden einsetzen können. Sie benötigten demnach drei Dinge: Detektoren, die sie im Falle eines Angriffs sofort warnen konnten, große Impfstoffvorräte und genügend Antibiotika, um jeden Soldaten mindestens einen Monat hindurch behandeln zu können.

Antibiotika waren auf dem Weltmarkt zu haben. Die Technologie aber, mit der sich in der Atemluft vorhandene Anthraxsporen entdecken ließen, steckte noch in den Kinderschuhen, so dass sie vor dem 15. Januar 1991, dem Stichtag, an dem das von den Vereinten Nationen festgesetzte Ultimatum für den irakischen Rückzug aus Kuwait ablief, nicht zur Verfügung stünde. Die Aussichten, bis zu jenem Tag die Impfstoffvorräte hinreichend aufstocken zu können, waren ähnlich düster. Die Gerätschaften in der Anlage von Michigan konnten die Überbrückung dieses Engpasses nicht einmal näherungsweise leisten. Wohl hatte die amerikanische Industrie Herausforderungen dieser Art bereits in der Vergangenheit zu bestehen gehabt, doch die Produktion eines Medikaments zu beschleunigen ist etwas ganz anderes, als einem Hersteller zu befehlen, ein paar Panzer oder Mörser mehr zu bauen. Eine neue Firma zur Produktion von Impfstoff hätte der Genehmigung durch die Arzneimittelbehörde FDA bedurft und sich den strikten Regeln zur Herstellung von Medikamenten unterwerfen müssen, ein Verfahren, das Jahre in Anspruch nimmt.

Schwarzkopf hatte bereits vor Monaten, unmittelbar nachdem er das Oberkommando – kurz CENTCOM (nach dem englischen Begriff *Central Command*) – am Persischen Golf übernommen hatte, begonnen, sich Gedanken über die irakische Bedrohung zu machen. In einem Planspiel hatten seine Kommandeure schon Ende Juli 1990 geprobt, wie sie auf einen irakischen Einmarsch in Kuwait oder Saudi-Arabien reagieren könnten.[3] Die Übung unter dem Codenamen Internal Look 90 machte die logistischen Probleme deutlich, mit denen es die amerikanischen Streitkräfte zu tun bekommen würden, wenn sie weit entfernt von ihren Stützpunkten einen Krieg führen wollten. Saddam Husseins chemische Waffen kamen kurz zur Sprache, doch keiner der Teilnehmer befasste sich mit der Frage, wie das biologische Arsenal des Irak den Krieg beeinflussen könnte.

Tage nach der irakischen Invasion ersuchte Schwarzkopf an der Spitze einer amerikanischen Delegation den saudi-arabischen König Fahd, den Aufmarsch etlicher tausend amerikanischer

Soldaten auf saudischem Boden zu gestatten. Der König stimmte zu, und als die amerikanische Delegation über Ägypten in die Vereinigten Staaten zurückflog, sah sich Schwarzkopf mit der schwierigen Aufgabe konfrontiert, mitten in der Wüste eine hinreichend eindrucksvolle Streitmacht zusammenzuziehen. Er griff zum Hörer seines abhörsicheren Telefons und rief seinen Stabschef General Robert B. Johnston im Hauptquartier des Oberkommandos in Tampa, Florida, an. Schwarzkopf rasselte flott seine Liste mit den dringlichsten Fragen herunter. Er würde das Hauptquartier des Kommandos nach Saudi-Arabien verlegen, um von dort aus die Operation zu leiten. »Berücksichtigen Sie bei allen Anweisungen und Befehlen, dass wir darauf vorbereitet sein müssen, in einem chemisch verseuchten Umfeld zu kämpfen«, sagte er.[4] Johnston nahm Schwarzkopfs Äußerung als Kürzel. »Chemisch« hieß in Militärkreisen biologisch-chemisch, schloss chemische *und* biologische Waffen ein.

Geheimdienstanalysen über die biologischen Potentiale des Irak wurden nun auch breiteren Kreisen im Pentagon zugänglich gemacht. Am 6. August 1990 übersandte die Marine ihrem Kommandeur eine Nachricht mit der Warnung, dass der Irak möglicherweise über Biowaffen verfüge, die noch bis zu einer Entfernung von vierzig Kilometern gegen Schiffe wirksam werden könnten. Die Einschätzung, so die Nachricht, laute, dass die Iraker »diese Stoffe einsetzen werden, falls sie dies für geboten halten«.[5] Experten der medizinischen Abteilung des militärischen Geheimdienstes ließen einen Bericht kursieren, in dem die Bedrohung zusammengefasst wurde. »Der Irak verfügt über ein ausgereiftes Biowaffenprogramm zur Durchführung von Offensivschlägen«, schrieben sie.[6] »Mit hoher Wahrscheinlichkeit sind große Mengen an Botulinum-Toxin produziert und vermutlich auch zu Waffen verarbeitet worden. Zusätzlich könnten sich *Bacillus anthracis* (Milzbrand), *Vibrio cholerae* (Cholera), Staphylokokken-Enterotoxin B (SEB) und *Clostridium perfringens*-Bakterien oder deren Toxin im fortgeschrittenen Entwicklungsstadium befinden oder bereits in waffenfähiger Form vorliegen.«[7]

Das Dokument erläuterte des weiteren, dass Bagdad über verschiedene Optionen für die Ausbringung von biologischen Kampfstoffen verfüge, angefangen mit Zerstäubern, die sich auf Lastwagen, Schiffe oder Hubschrauber verladen ließen, über Cluster-Bomben und Sprühtanks für schnelle und wendige Flugzeuge bis hin zu Artilleriegeschossen und Lenkwaffen. Die düsteren Prophezeiungen enthielten allerdings auch ein Fünkchen Trost. »Es wird angenommen, dass die irakischen Streitkräfte Biowaffen erst als allerletzte Lösung einsetzen werden«, hieß es.

Um etwa dieselbe Zeit wartete die CIA mit einem Bericht auf. Er trug den Titel »Iraks Biowaffenprogramm: Saddams Trumpf in der Hinterhand« und ließ sich lang und breit über die Frage aus, ob Bagdad seine gefährlichen Mikroorganismen bereits zu einsatzbereiten Waffen entwickelt habe oder nicht.[8] »Iraks fortgeschrittenes und aggressives Biowaffenprogramm ist das umfassendste in der gesamten arabischen Welt«, erklärte die Studie. »Bis Ende 1990 werden die Iraker vermutlich beträchtliche Mengen an Bomben und Artilleriemunition mit biologischem Material bestückt haben.«

CIA-Experten zitierten Saddam Hussein, der zuvor einer US-Delegation gegenüber gedroht haben sollte, er werde nicht zögern, chemische Waffen als Vergeltung für einen chemischen oder nuklearen Angriff auf den Irak einzusetzen. »Unserer Einschätzung nach«, so der Bericht, »wird der Irak mit Biowaffen genauso verfahren und auch seine biologischen Waffen als Option für einen Vergeltungsschlag bereithalten. Die Experten erörterten auch die Möglichkeit, dass der Irak womöglich einen unbemerkten Anschlag plane. »Der Irak verfügt möglicherweise über Pläne für den verdeckten Einsatz von biologischen Waffen«, schrieben sie. »Botulinum-Toxin und in geringerem Maße Milzbrand-Bakterien bieten sich für einen verdeckten Angriff geradezu an, da bereits geringe Mengen, in Nahrungsmittelvorräte eingebracht beispielsweise, hinreichend toxisch sind, um eine große Anzahl Menschen zu töten. Auch könnte der Irak die für sein Programm zur chemischen Kriegsführung angeschafften Sprühtanks oder Aerosol-Genera-

toren verwenden, um vom Wind große Wolken toxischer bakterieller Agenzien ins Zielgebiet tragen zu lassen.«
Befreit man die Worte von allem technischen Jargon, hatten die Experten eine höchst einfache Botschaft zu übermitteln: Den amerikanischen Truppen könnte durch Biowaffen übel mitgespielt werden. Führende Beamte im Weißen Haus und im Pentagon, die sich eifrig bemühten, eine internationale Koalition gegen den Irak zu schmieden, waren sich der Gefahr kaum bewusst. Aber die Abteilungen des Pentagon, deren Aufgabe es war, die Truppen mit Nachschub zu versorgen und ihre Gesundheit zu schützen, verstanden auf Anhieb. Am 8. August, einen Tag nachdem die ersten amerikanischen Streitkräfte sich auf den Weg nach Saudi-Arabien gemacht hatten, informierten die Experten aus dem Büro des Generalstabsarztes des Heeres den stellvertretenden US-Generalstabschef General Gordon Sullivan über die biologische Gefahr. Sie empfahlen unverzügliche Impfungen gegen Milzbrand und Botulinum-Toxin mit Impfstoff aus den vorhandenen Vorräten. Sobald mehr Impfstoff verfügbar werde, sollten weitere Soldaten geimpft werden.[9] Drei Tage darauf rief ein Logistik-Offizier in Fort Detrick an und fragte, wieviel Milzbrand- und Botulinum-Impfstoff nach Saudi-Arabien geschickt werden könne. Diese Anfrage schien reine Routine. Amerikas Streitkräfte lagerten von Brennstoff über Nahrung und Munition bis hin zu Leichensäcken alle möglichen Dinge. Sicher hielt die Regierung jede Menge Impfstoff gegen die beiden biologischen Agenzien vorrätig, die der Irak bekanntermaßen produzierte. Die Antwort war nicht eben beruhigend:[10] Die Vereinigten Staaten verfügten zwar über Unmengen von Impfstoff gegen etliche Krankheiten, unter anderem auch gegen ein paar höchst exotische Viren, aber gegen Milzbrand und das Botulinum-Toxin hatte man so gut wie keinen Impfstoff.
Ein paar Tage später hatten Sanitätsbeamte den Beratern von General Schwarzkopf das Problem auseinandergesetzt: Die Armee hatte nicht mehr als 10 000 Dosen Milzbrand-Impfstoff vorrätig.[11] Selbst wenn man die Vorräte streckte, indem man jedem Soldaten nur zwei oder drei Injektionen verabreichte, hätte die Armee

bestenfalls ein paar tausend Mann schützen können. Führende Militärs eilten nach Michigan, um herauszufinden, ob das Gesundheitsamt die Produktion hochfahren könne. Das Labor hatte bereits vor dem irakischen Einmarsch in Kuwait alles darangesetzt, die Bestellung des Pentagon aus dem Jahre 1988 zu erfüllen.[12] Es hielt 140 000 Dosen bereit, die es Ende September hätte verschicken können, genug, um 46 000 Soldaten zu schützen. Das Produktionstempo lag über dem anberaumten Plan, aber dennoch hätte das Labor nie genug fertigstellen können, um die Hunderttausende zu impfen, die dort in Saudi-Arabien aufmarschierten.
Die Mittel, die dem Militär zum Schutz der Truppen gegen einen Angriff mit Botulinum-Toxin zur Verfügung standen, waren sogar noch begrenzter. Botulismus ist extrem selten, und da der Markt fehlte, hatten amerikanische Pharmaunternehmen nie die beträchtlichen Gelder investiert, die erforderlich sind, um einen Impfstoff sämtlichen klinischen Studien zu unterziehen. Es gab Tests, die darauf schließen ließen, dass der Impfstoff für den Menschen ungefährlich sei, aber größer angelegte Studien, die nötig sind, um auch weniger häufige Nebenwirkungen zu entdecken, waren nie durchgeführt worden, obwohl es den Impfstoff seit über zwanzig Jahren auf dem Markt gab. Das Medikament war im Experimentalstadium. US-Verordnungen zufolge durfte es Patienten nicht verabreicht werden, es sei denn, diese gaben ihre Einwilligung, nachdem man sie über alle möglichen Risiken aufgeklärt hatte. Der Impfstoffvorrat belief sich auf 34 000 Dosen, genug für 10 000 Soldaten.[13]
Am 20. August 1990 beriefen die Gesundheitsbeauftragten des Pentagon einen Expertenausschuss ein.[14] Seine Mitglieder ließen sich mit Fug und Recht als »Brain-Trust« der Regierung in Sachen Biowaffen bezeichnen, ein Gremium von Ärzten, Geheimdienstspezialisten und Offizieren, die etwas von der Sache verstanden. Der Name dieses Ausschusses hatte allerdings eher etwas Ungefähres: Ad Hoc Working Group for the Medical Defense Against Biological Warfare (Ad-hoc-Arbeitsgruppe zur medizinischen Verteidigung im Falle eines biologischen Angriffs). Der Tagungsort war

bezeichnend. Die Nähe zur Macht ist in der Kultur des Militärs ein Statussymbol, die höchsten Militärbeamten konkurrieren um die begehrten Pentagonbüros im E-Ring in unmittelbarer Nähe zum Verteidigungsminister. Doch der Ad-hoc-Ausschuss tagte im Büro des Inspekteurs des Sanitätswesens, in einem Gebäude am verkehrsreichen Leesburg Pike, Kilometer vom Pentagon entfernt.

Die Konferenzteilnehmer kamen rasch zur Sache. Die Geheimdienstexperten, die den Bericht vom Juni 1988 verfasst hatten, in dem aufgezeigt wurde, von welcher amerikanischen Firma der Irak seine Erregerlieferungen bezogen hatte, erklärten, dass zu Bagdads am weitesten entwickelten Biowaffen Anthrax-Erreger und Botulinum-Toxin gehörten. Spezialisten aus dem Sanitätsdienst fassten die Schwierigkeiten bei der Diagnose von inhaliertem Milzbrand zusammen, der zunächst »unspezifische« Symptome wie Fieber und Müdigkeit hervorruft. Wenn sie nicht behandelt wird, verläuft die Krankheit in »nahezu 100 Prozent der Fälle tödlich«, berichteten sie. Botulinum-Toxin ist zwar leichter zu erkennen – die Opfer weisen binnen Stunden schwerste neurologische Defekte auf –, aber es ist auch schwieriger, die Betreffenden vorbeugend zu schützen. Sieben verschiedene Toxin-Typen sind bekannt. Der Irak hatte »Aussaatkulturen« für Typ F bezogen, eine Variante, die unter den in den Vereinigten Staaten vorhandenen, geringen Impfstoffmengen nicht vorkam. Der Ausschuss sichtete rasch das vorliegende Material und äußerte sich im knappen, verkürzenden Jargon der Fachleute. Jeder wusste, was zu tun war.

Als sich der Ausschuss um vier Uhr nachmittags vertagte, hatten sich die Mitglieder auf eine weitreichende Empfehlung geeinigt: Die Vereinigten Staaten sollten auf der Stelle damit beginnen, die nach Saudi-Arabien entsandten Soldaten zu impfen und die gegenwärtig verfügbaren Vorräte nutzen, um die »am meisten gefährdeten Personen« zu schützen.

General Schwarzkopf und seine Truppen draußen in der Wüste wurden von einem sehr viel praktischeren Problem umgetrieben. Ein Major, der geeignete Landeplätze für die riesigen C-130-Transport-Flugzeuge der Luftwaffe auskundschaften sollte, war auf mindestens tausend Schaf- und Ziegenkadaver in unterschiedlichen Stadien der Verwesung gestoßen. War dies ein Bioangriff oder hatte er es nur mit einer todkranken Herde zu tun? Die Armee ließ sich auf kein Risiko ein. Am 30. August entsandte General Schwarzkopf ein dreiköpfiges Team, das sich aus erster Hand ein Bild über den Zustand der Kadaver machen sollte.[15] Ein saudischer Chemiker und Offizier begleitete die drei, um für die Amerikaner zu dolmetschen und nebenbei seine eigenen Untersuchungen anzustellen. Er erwies sich als überflüssig: Die heimischen Beduinen hatten Hirten aus Bangladesh verpflichtet, die sich um ihre Herden kümmerten, so dass die Gespräche auf Englisch geführt werden konnten. Das Team kam rasch zu dem Schluss, dass die Schafe und Ziegen eines natürlichen Todes gestorben waren. Die Hirten selbst erklärten, sie seien bei bester Gesundheit. Das Problem schien schlicht und ergreifend darin zu bestehen, dass die Tiere nicht hinreichend gegen dort auftretende natürliche Krankheiten geimpft worden waren.

Solche Berichte über falschen Alarm galten den Beamten im fernen Washington, wo der Vorschlag, die Soldaten zu impfen, mehr und mehr Befürworter fand, als zusätzliche Bestätigung der von ihnen gewählten Strategie. Auch die führenden Sanitätsoffiziere von Heer und Luftwaffe unterstützten den Plan, ebenso Enrico Mendez, der höchste Zivilbeamte des Pentagon in Gesundheitsfragen. Die epidemiologische Abteilung der US-Streitkräfte drängte unter Hinweis auf den Konsens der Medizin auf eine »baldmögliche« Impfung gegen Milzbrand. Mendez verfasste ein Schreiben an Verteidigungsminister Dick Cheney und ordnete den Beginn der Impfungen an.[16]

Cheney und General Colin L. Powell, Vorsitzender der Runde der US-Stabschefs, sowie Schwarzkopf glaubten, dass diese Empfehlung einer weiteren Untersuchung bedürfe. Der anvisierten Planung zufolge sollte das Impfprogramm auf jeden Fall geheim bleiben. In Saudi-Arabien aber wimmelte es von Journalisten, und die Impfung einer großen Zahl von Soldaten würde garantiert durchsickern. Die Impfungen würden überdies die wichtigste diplomatische Initiative der Regierung komplizieren: den Versuch, eine internationale Koalition gegen Saddam Hussein zu schmieden. Die Vereinigten Staaten verfügten nicht annähernd über genügend Impfstoff, um die eigenen Soldaten zu schützen, von den Alliierten, den amerikanischen Bürgern vor Ort und den saudischen Zivilisten ganz zu schweigen.

Am 21. September 1990 traf Powell im »Tank«, dem für die routinemäßigen Treffen zwischen den Führern von Heer, Luftwaffe, Handels- und Kriegsmarine reservierten, abhörsicheren Konferenzraum des Pentagon mit den Kommandeuren der Teilstreitkräfte zusammen. Die Generalstabschefs entschieden, es würde eher schaden als nützen, wollte man mit dem Impfungen auf der Stelle beginnen. Im Widerspruch zu den Geheimdienstexperten kamen sie zu dem Entschluss, dass die Bedrohung »spärlich belegt« sei und es keine Bestätigung dafür gebe, dass der Irak herausgefunden habe, wie die von ihm produzierten Erreger waffenfähig gemacht werden könnten.[17] Eine nach dem Zusammentreffen verfasste Notiz fasst dessen Ausgang kurz und bündig zusammen. »Die Entscheidung war keine medizinische mehr. Sie war vielmehr eine politische, soziale und militärisch-strategische.«[18] Das bedeutete nicht, dass Powell die Bedrohung durch einen biologischen Angriff auf die leichte Schulter nahm. Als ehemaliger Infanterist sorgte sich Powell weit mehr um die biologischen Waffen des Irak als um seine chemischen. Seinem Gefühl nach waren amerikanische Soldaten durchaus gerüstet, einen chemischen Angriff zurückzuschlagen. Sie hatten dafür trainiert, Manöver mit Schutzanzügen und Gasmasken absolviert. »Mit chemischen Waffen kann man umgehen«, erklärte Powell Jahre später in einem Interview. »Chemikalien halten sich dauerhaft. Man kann ihnen aus dem Weg gehen. Ich wusste, wie man sie zu handhaben hat.« Die alliierte Verteidigung für den Fall eines Biowaffenangriffs hingegen war improvisiert, Hals über Kopf zusammengeschustert. »Biowaffen waren die große Unbekannte«, erinnerte er sich. »Etwas, mit dem umzugehen ich weniger gewohnt war.« Überrascht war Powell von der Situation nicht. »Seit über dreißig Jahren hatte ich

davon geredet«, berichtete er. »Mir war ziemlich klar, dass wir keine Schutzausrüstungen und Impfstoffe hatten.«
Powell machte Brigadegeneral John Jumper, der im US-Generalstab arbeitete, zu seinem persönlichen Emissär in der Sache. Er sollte die Produktion von Impfstoffen und Detektoren vorantreiben.
»Jumper, ich mache mir Sorgen über die Verteidigung im Falle eines biologischen Angriffs, und ich möchte, dass Sie die Sache in die Hand nehmen«, sagte Powell.[19]
»Sir, ich glaube, dafür bin ich der falsche Mann«, antwortete Jumper, »Ich bin bloß ein schlichter Kampfpilot aus Paris, Texas. Ich habe einen Uni-Abschluss als Elektroingenieur. Von solchen Sachen verstehe ich überhaupt nichts.« Keine Sorge, erwiderte Powell. »Sie müssen nur wissen, wie man die Sache in Ordnung bringt.«
Jumper begann, sich schlau zu machen. Er erfuhr rasch, dass das Labor in Michigan der einzige zugelassene Hersteller für Impfstoffe gegen Botulinum-Toxin und Milzbrand war. Ein Gegenmittel gegen das Botulinum-Toxin – das so genannte Botulismus-Antitoxin – ließ sich aus dem Blut von Pferden oder anderen Tieren gewinnen, die mit der Krankheit Kontakt gehabt hatten. Die Vereinigten Staaten besaßen jedoch nur ein einziges Pferd – es hieß First Flight –, von dem sich das entsprechende Serum gewinnen ließ, wobei sich dieses Serum in der Versuchsphase befand und erst an einer Handvoll Menschen getestet worden war. Jumper stieß auf ein Foto von dem Pferd und stellte dies bei einer seiner Dienstbesprechungen mit führenden Militärs auf eine Staffelei. Das hier, so erklärte er, ist die gesamte industrielle Grundlage für die amerikanische Produktion von Botulismus-Antitoxin. Die Generäle konnten es nicht glauben. Jumper holte Informationen von einem Fachmann nach dem anderen ein. Was ihn am meisten überraschte, war das völlige Fehlen eines Plans für die Verteidigung im Falle eines biologischen Angriffs. Es gab keine Szenarien dafür, wie mit Verlusten umzugehen sei, wo Detektoren anzubringen seien oder wer geimpft werden sollte.
Es war nicht einmal klar, ob es überhaupt Detektoren gab. Jahr-

zehnte hindurch hatte die Armee versucht, ein Gerät zu entwickeln, das in der Lage war, eine Wolke von in Aerosolform ausgebrachten Erregern aufzuspüren, um die Soldaten auf der Stelle vor einem biologischen Angriff zu warnen. Die Wissenschaftler hatten die damit verbundenen technischen Herausforderungen auch nicht im entferntesten gemeistert. In der Luft schwirrt alles mögliche biologische Material, Pollen ebenso wie Krankheitserreger. Niemand hatte eine Vorstellung davon entwickeln können, wie eine Maschine eine Unterscheidung zwischen dem normalen »Hintergrund« und Biowaffen treffen sollte. Ein System der Armee aus den siebziger Jahren, ein riesiges, Luft »schnüffelndes« Gerät, das an einen primitiven Detektor gekoppelt war, wurde seiner mangelnden Genauigkeit halber nicht fortentwickelt.[20] Kurz nach dem irakischen Einmarsch hatte Powell der Defense Nuclear Agency befohlen, einen improvisierten Detektor zu konstruieren, der sich auf ein Flugzeug montieren ließ.[21] Die ersten Tests waren recht ermutigend, aber als der Prototyp bei einem Absturz zerstört wurde, hatte man auch diese Pläne auf Eis gelegt.

Der Mangel an Impfstoff beunruhigte die leitenden Beamten für Gesundheitsfragen im Pentagon. Peter Collis, von Haus aus Notarzt, mittlerweile stellvertretender Leiter der Gesundheitsabteilung im Pentagon, drängte die Ad-hoc-Arbeitsgruppe, nach neuen Möglichkeiten zur Impfstoffproduktion zu suchen. Er entschied auch, dass die Arbeitsgruppe einen griffigeren Namen benötigte. Collis hatte als Militärarzt eine Menge über Infektionskrankheiten gelernt und erinnerte sich aus Studienzeiten gut daran, wie ungewöhnlich zäh Anthrax-Sporen sind und dass man sich die Krankheit von allen möglichen Haushaltsgegenständen – einem Rasierpinsel zum Beispiel – zuziehen kann. Die besten Rasierpinsel werden aus Dachshaar (englisch *badger*) hergestellt. Und so wurde aus der Ad-hoc-Arbeitsgruppe für die medizinische Verteidigung gegen biologische Angriffe das Projekt »Badger«. »Das können Sie nicht machen«, erklärte ihm ein Mitarbeiter unter Verweis auf die Pentagonregeln für Codenamen. »Zu spät, schon passiert«, gab Collis zurück.[22]

Zu der Arbeitsgruppe gehörte auch Anna Johnson-Winegar, jene Expertin, die Ende der achtziger Jahre versucht hatte, einen Vorrat an Milzbrand-Impfstoff aufzubauen. Es lag auf der Hand, sie für das Projekt zu verpflichten. Die Pentagonbeamten konnten nicht begreifen, warum es nicht möglich sein sollte, die Produktion zu beschleunigen. Sie versuchte, es ihnen zu erklären. Die Gespräche waren für beide Seiten frustrierend.[23]

»Rufen Sie an und sagen Sie ihnen, sie sollen nächste Woche 500 000 Dosen liefern.«

»Tut mir leid, das geht nicht.«

»Geld spielt keine Rolle.«

»Es ist keine Frage des Geldes.«

»Sie können das Dreifache dessen herstellen, was sie im Augenblick produzieren, wenn sie jeden Tag in drei Schichten arbeiten lassen.«

»Was sollen die machen – dasitzen und den Bakterien beim Wachsen zuschauen?«

Johnson-Winegar versuchte, ihren fachfremden Kollegen die Materie zu erklären. Die einzige Möglichkeit, die Produktion zu beschleunigen, bestehe in neuen Produktionsanlagen, die aber von der FDA zugelassen werden müssten. Die Impfstoffe müssten außerdem aufbereitet, auf ihre Wirksamkeit und Sterilität getestet und schließlich verpackt werden. Dieser Ablauf ließ sich nicht verkürzen.

In jeder größeren Pharma-Firma der Vereinigten Staaten wurde um Hilfe nachgesucht. Die Reaktionen waren entmutigend. Die Produktion von Milzbrand-Impfstoff stellt ein besonderes Problem dar. Die Sporen des Erregers sind dermaßen langlebig, dass Gebäude und Fermenter, in denen der Impfstoff hergestellt worden war, nie mehr für etwas anderes verwendet werden können. Den Impfstoff gegen Botulinum-Toxin herzustellen, stellte sogar eine noch größere Herausforderung dar. Die Organismen mussten unter Sauerstoffabschluss herangezogen werden (Anthrax-Erreger sind im Gegensatz dazu aerob, das heißt, sie benötigen Sauerstoff, um zu wachsen). Es waren sieben verschiedene Typen bekannt, jeder davon benötigte seinen eigenen Fermenter und seine eigene Produktionsanlage.

Die Gewinnung von Botulismus-Antitoxin aus dem Serum von Pferden oder anderen Tieren brachte wiederum andere Probleme mit sich. Die Tiere mussten mehrere Monate hindurch wiederholt mit dem biologischen Gift konfrontiert werden, damit ihr Immunsystem stimuliert wurde. Das Projekt Badger ging daran, die Produktion des einsamen Armeepferds First Flight aufzustocken, indem es hundert Pferde bestellte, die in Koppeln in Fort Detrick gehalten werden sollten. Die Experten wussten, dass es ein Jahr dauern würde, bis die ersten Antitoxin-Partien aus der armeeeigenen Herde aufgearbeitet und aufgereinigt werden konnten.

Von den 150 Firmen, die Johnson-Winegar auf die Herstellung eines Milzbrand-Impfstoffs angesprochen hatte, besaßen nur 15 die erforderliche Ausrüstung, und von diesen stieg nur Lederle in die Produktion ein.[24] Collis selbst versuchte, die Geschäftsführer der verschiedenen Unternehmen anzusprechen, um ihnen mitzuteilen, dass der Verteidigungsminister persönlich ihn autorisiert habe, die Bestellung zu tätigen. Auch das half nichts. Ein Teil der Schwierigkeiten hatte mit den Vertragsbedingungen zu tun, die Collis und das Badger-Team sich vorstellten. Die Armee hatte beschlossen, den Firmen keinen Schadenersatz für etwaige Gerichtsverfahren zuzusichern, obwohl die Impfstoffhersteller möglicherweise mit zahlreichen Entschädigungsklagen von Testpersonen zu rechnen hatten, die auf das Medikament heftig reagieren würden.

Auf einer Konferenz Anfang Oktober versprach das Project-Badger-Team der Armee, sie werde bis zum ersten April deutlich mehr Impfstoff zur Verfügung haben.[25] Oberst Harry Dangerfield, ein führendes Mitglied des Ausschusses, hielt die Ankündigung für zu optimistisch. Jeder Impfstoff für die amerikanischen Streitkräfte werde von der FDA geprüft, und diese weise oft ganze Chargen zurück. Die Massenproduktion von Impfstoffen gegen Milzbrand oder Botulinum-Toxin würde fast ein Jahr dauern, mit ein paar Monaten wäre es nicht getan. »Wir standen vor einem Problem, das nicht in dem Zeitraum zu lösen war, in dem es hätte gelöst werden müssen«, berichtete er später. »Die Leute, die die Zielvorgaben aussprachen, verstanden einfach nicht, worum es ging.«

Binnen Wochen nach dem Einmarsch erregten die Geheimdienstberichte über das Biowaffenprogramm des Irak die Aufmerksamkeit der führenden Beamten des Pentagon. Jemand, der sich von der sorgsam verklausulierten Sprache des Berichts besonders frustriert zeigte, war I. Lewis Libby, ein schneidiger, jungenhafter Anwalt und einer der politischen Spitzenbeamten im Pentagon.[26] Seine Aufgabe als Stellvertreter von Paul Wolfowitz, des Staatssekretärs für Verteidigungspolitik, bestand darin, auf dem internationalen politischen Schachbrett stets einen oder zwei Züge im voraus zu denken. Wo war der nächste Krisenherd? Was konnte getan werden, um Ärger zu vermeiden? Was übersahen die Politiker in ihrem täglichen Sprint von einer Krise zur nächsten? In Libbys Augen stachen die Worte »vermutlich« und »möglicherweise« deutlich aus den Berichten über das Biowaffenprogramm des Irak heraus. Er hielt die Analyse für zwingend in ihren Aussagen. Aber sie ließ die überaus wichtige Frage über die Absichten des Irak unbeantwortet. Libby wusste, dass die Vereinigten Staaten nur über wenige Agenten in Saddam Husseins verschlossenem Reich verfügten, die ihnen so genannte »Echtzeitberichte« zu übermitteln imstande waren. Die Berichte über biologische Waffen stützten sich im großen und ganzen auf Satellitenfotos von verdächtigen Anlagen, Gesprächsfetzen aus abgehörten Telefonaten und Interviews mit westlichen Geschäftsleuten, die dem Irak die technische Ausrüstung verkauft hatten. Libby äußerte seinen Kollegen gegenüber, Geheimdienstexperten litten an einer unglückseligen Gewohnheit: Wenn ihnen kein Bericht vorliege, gingen sie davon aus, dass das betreffende Problem nicht existiere. Ein anderer Geheimdienstveteran drückte es so aus: Das Fehlen von Beweisen ist nicht der Beweis für das Fehlen von Tatsachen.
Wenige Wochen nachdem die amerikanischen Truppen begonnen hatten, in der saudi-arabischen Wüste aufzumarschieren, berief Libby seine Mitarbeiter zu sich, um mit ihnen zusammen die

Verteidigung für den Fall eines biologischen Angriffs zu koordinieren. Seine Instruktionen waren einfach: »Wenn wir in den Krieg ziehen und Saddam biologische Waffen einsetzt, will ich den Soldaten und ihren Familien hinterher in die Augen sehen und sagen können: ›Wir haben getan, was wir tun konnten.‹« Er bat einen seiner Assistenten, Kapitän zur See Larry Seaquist, genauer nachzuforschen, ob Saddam wirklich über ein einsatzfähiges Biowaffenarsenal verfüge. Seaquist, der das Kommando über das Kriegsschiff *Iowa* gehabt hatte, erwies sich als exzellente Wahl. Marineoffiziere sind zu Generalisten ausgebildet, die die miteinander verflochtenen Fährnisse innerhalb komplexer technischer Systeme beherrschen können. Seaquists rasche Auffassungsgabe kam ihm hierbei zugute. Er hatte keine Angst, sich in unbekannte Gewässer zu begeben. Sich mit biologischen Waffen vertraut zu machen, unterschied sich nicht allzu sehr von dem, was er sein ganzes Berufsleben hindurch in der Marine getan hatte. Seiner Ansicht nach musste man nur anfangen, die richtigen Fragen zu stellen, und man durfte nicht zu früh damit aufhören.

Ende September 1990 – Powell versuchte gerade, die Hals-über-Kopf-Maßnahmen für die Impfaktion zu bremsen – flogen Seaquist und Oberst George Raach, ein weiterer Offizier, der Libby unterstand, zum Luftwaffenstützpunkt Wright-Patterson in Ohio, um sich über biologische Waffen zu informieren. Als Lehrer waren ihnen ein paar altgestandene Wissenschaftler zugewiesen worden, die mit Bill Patrick zusammen Biowaffen für die Vereinigten Staaten entwickelt hatten. Sie begannen mit den Grundlagen: wie die einzelnen Erreger wirkten, wie sie sich am leichtesten verbreiten lassen, wie viele Menschen bei einem einzigen Angriff ums Leben kommen können. Dann nahmen sie die Themen für Fortgeschrittene in Angriff: was eine LD-50 ist – die Menge an Agens, die insgesamt notwendig ist, um 50 Prozent der Zielpopulation eine tödliche Dosis zu verabreichen. Am Ende des Tages schwirrte Seaquist und Raach der Kopf. Biologische Angriffe konnten genauso tödlich sein wie nukleare, wenn nicht gar schlimmer. Die Konsequenzen für den Golfkrieg lagen auf der Hand: Saddam

Hussein hatte die Mittel, den alliierten Truppen mit einem einzigen gut geplanten Angriff einen apokalyptischen Schaden vom Ausmaß der Hiroshima-Katastrophe zuzufügen. Die beiden Offiziere fuhren in ihrem Mietwagen zum Flughafen zurück und versuchten zu verarbeiten, was sie soeben gelernt hatten. Ihr Gespräch setzten sie auch in der Abflughalle fort. So vertieft waren sie in ihre Überlegungen, dass sie ihren Rückflug verpassten.

Seaquist stellte den Geheimdienstbeamten in Washington daraufhin detailliertere Fragen. Die Wissenschaftler auf dem Wright-Patterson-Stützpunkt hatten berichtet, biologische Kampfstoffe ließen sich leicht mit Hilfe von Zerstäubern ausbringen, wie man sie zum Sprühen von Pestiziden verwendet. Hatte der Irak genügend davon? Jawohl, bekamen sie zur Antwort. Im Frühjahr 1990 hatten die Iraker vierzig erstklassige Aerosol-Generatoren von einer italienischen Firma bezogen. Jeder dieser Zerstäuber konnte etwa 3000 Liter pro Stunde ausbringen. Sie waren kompakt genug, um auf der Ladefläche eines Kleinlasters, eines Boots oder eines einmotorigen Flugzeugs Platz zu finden, und konnten sowohl flüssige als auch trockene B-Kampfstoffe versprühen. Seaquist analysierte die Wettersituation in der saudischen Wüste. Im Herbst gab es hier in drei bis fünf Nächten pro Woche eine Wetterlage, bei der eine Schicht sehr warmer Luft auf einer Glocke etwas kühlerer Luft in Bodennähe zu liegen kam. Seaquist verstand, was das hieß. Inversionen machen eine biologische Waffe noch tödlicher, weil sie die Erregerwolke über dem Zielgebiet festhalten. Er führte weitere Berechnungen durch: Angenommen, die Vereinigten Staaten hatten 200 000 Soldaten draußen in der Wüste stationiert. Wenn es den Irakern gelänge, auch nur ein einziges kleines Boot mit einem Aerosolgenerator in den Persischen Golf zu schmuggeln, konnte dieses eine Wolke von Anthrax-Erregern freisetzen, die unter geeigneten Wetterbedingungen 90 Prozent der Soldaten töten würde.[27]

Seaquist hatte bei seinen Überlegungen einen entscheidenden Schritt vollzogen, der manchen seiner Vorgesetzten nicht aufgegangen war. Die in den Geheimdienstberichten erwähnte Unterscheidung zwischen der Herstellung großer Mengen von Erregern und deren Umwandlung in eine Waffe war nicht so bedeutsam, wie es den Anschein hatte. Bei einem biologischen Kampfeinsatz *ist* der Erreger die Waffe. Jedes Land, das mit biologischen Kampfstoffen experimentiert hatte, hatte viel Arbeit investieren müssen, um herauszufinden, wie es diese am besten in eine Bombe oder Rakete bugsierte, die das Agens schließlich ausbringen sollte. (Die Druckwolke bei der Explosion tötete die meisten Erreger ab.) Saddams Ingenieure aber hatten gar keine funktionstüchtige Rakete oder Granate erfinden müssen. Die Zerstäuber, die sie im Frühjahr 1990 gekauft hatten, wären hervorragend geeignet.

Und dann war da noch die Gefahr eines terroristischen Anschlags. Seaquist und Libby hängten sich an die Geheimdienstbeamten, um zusätzliche Informationen zu ergattern. Was wäre, wenn Saddam Hussein unmittelbar vor Ausbruch des Krieges den Vereinigten Staaten erklärte, er habe fünf Container in Washington platziert, die zu gegebener Zeit biologische Kampfstoffe versprühen würden? Könnte er so etwas tun? Zweifellos, lautete die Antwort. Seaquist legte Libby und Wolfowitz seine Schlussfolgerungen in einem streng geheimen Papier dar: Die Vereinigten Staaten waren sowohl im eigenen Land als auch auf dem Schlachtfeld zutiefst verwundbar.

Libby war der Ansicht, es sei möglich, aber unwahrscheinlich, dass der Irak seine Biowaffen zum Einsatz bringe. Saddam stand weniger stark unter Druck, als es den Anschein haben mochte. Nach Libbys Einschätzung konnte er eine Niederlage in Kuwait verschmerzen. Nach Beendigung der Kampfhandlungen, so erklärte Libby seinen Kollegen, werde Saddam noch immer die einzige Armee im Irak befehligen. Um den irakischen Führer von einem biologischen oder chemischen Angriff abzuhalten, müssten die Vereinigten Staaten mit etwas drohen, das Saddam wirklich träfe – der Verlust seiner Macht. Cheney wurde über Seaquists Erkenntnissen unterrichtet, und die hochrangigen Beamten begannen zu diskutieren, wie sie dem irakischen Führer ein unmissverständliches Signal übermitteln könnten.

Josh Lederberg machte sich außerdem Gedanken über die Zivilbevölkerung. Saddam Husseins Aussage wenige Monate zuvor, er werde Israel mit seinem »Feuer« verbrennen, wurde weithin als Drohung mit dem Einsatz chemischer und biologischer Waffen verstanden. Als Mitglied des Defense Science Board hatte Lederberg Zugang zu Geheimberichten über das irakische Biowaffenprogramm. »Ich habe bei jedem angeklopft, mit Brent Scowcroft gesprochen, mit den Leuten vom Geheimdienst und vom FBI«, berichtete er und stellte die einfache Frage: »Was machen wir mit der Zivilbevölkerung?«

Niemand hatte bisher darüber nachgedacht, welche US-Behörden im Falle eines biologischen Angriffs im eigenen Land tätig zu werden hätten. Lederberg drängte Scowcroft, Bushs Sicherheitsberater, Vorsorge für den Zivilschutz zu treffen. Wenn Saddam Hussein Biowaffen einsetze, so sein Argument, dann vermutlich über Strohmänner, Terroristen. Die Beamten im Weißen Haus begannen in aller Stille, ein Notfallteam zusammenzustellen, dessen Mittelpunkt das Department of Health and Human Services bildete. Die Mitarbeiterin, die dieses Treffen zusammen mit Scowcroft organisierte, war ein junger, aufsteigender Stern am Firmament des Weißen Hauses namens Condoleeza Rice, eine Sowjetexpertin, die Lederberg noch aus ihren Studentenzeiten in Stanford kannte.[28] Die Vorbereitungen hielten sich im Rahmen: ein Planspiel und ein Lager mit ein, zwei Antibiotika im Großraum Washington. Lederberg aber hatte das Gefühl, wenigstens einen kleinen Beitrag geleistet zu haben. Die Hauptstadt der USA war im Falle terroristischen Angriffs weniger verwundbar geworden, und sei es auch nur ein klein wenig.

Amerikas führende Militärs begannen, das Ausmaß der Bedrohung zu erfassen. Der Stabschef der Armee, General Carl Vuono, den man Ende November von dem eklatanten Mangel an Detektoren in Kenntnis gesetzt hatte, zeigte sich außer sich darüber, dass amerikanische Soldaten als Kanarienvögel in einer potentiell tödlichen Zeche dienen sollten.[29] Er forderte die Biowaffen-Experten auf, ihm zu erklären, »weshalb Soldaten für erste Hinweise auf den Einsatz von Biowaffen herhalten sollten«. Ob es nicht ein anderes intelligentes System oder Gerät gebe, das vor einem bevorstehenden Angriff warnen könne? Vuono erklärte, dass viele Länder dem Beispiel des Irak folgen und sich biologische Waffen zulegen könnten. »Die Vereinigten Staaten sollten niemals in die Situation geraten, ihre Soldaten keinen ausreichenden Impfschutz geben zu können«, erklärte er einem Berater gegenüber. Er forderte eine »langfristige Lösung«, einen Vorrat an Impfstoffen oder eine bessere Idee.

General Schwarzkopf in Riad hatte das Gefühl, in der Falle zu sitzen.[30] Er war inzwischen davon überzeugt, dass die biologische Gefahr real war. Die Impfstoffvorräte aber umfassten nur einen Bruchteil dessen, was er gebraucht hätte. Irgendwer würde Gott spielen und entscheiden müssen, wer den Impfschutz erhielt und wer nicht. Schwarzkopf war der Ansicht, eine solche Entscheidung sei in Washington zu fällen, und hörte nicht auf, die Generalstabschefs zu bedrängen, genug Impfstoff zu liefern, um jeden seiner Männer impfen zu können. »Es war ein Alptraum«, berichtete er Jahre später.

Nicht minder frustriert war Schwarzkopf über die sorgsam formulierten Einschätzungen, die ihm die Geheimdienstbehörden zukommen ließen. Er brauchte Fakten, keine Vermutungen. Welche politische Linie verfolgte der Irak in Bezug auf den Einsatz von Biowaffen? Hatten ihre Lenkwaffen mit Biowaffen bestückte Sprengköpfe? Die Biowaffenexperten in Washington ärgerten sich selbst darüber, dass sie keine klareren Antworten geben konnten. Aber es gab einfach nicht genügend Informationen aus erster Hand über ein Programm, das zu den bestgehüteten Geheimnissen des Irak gehörte. Ein Bericht der medizinischen Abteilung des militärischen Geheimdienstes vom 22. Oktober 1990 kann als typisches Beispiel gelten.[31] »Mit großer Wahrscheinlichkeit sind [im Irak] beträchtliche Mengen Milzbrandbakterien und Botulinum-Toxin hergestellt worden«, hieß es darin. »Wir glauben, dass diese Agenzien zu Waffen verarbeitet worden sind und es bereits biologische und toxinhaltige Munition gibt.«

Die Experten erwähnten eine weitere beunruhigende Nachricht. In der irakischen Vertretung einer chilenischen Firma in Bagdad, die den Irak mit Cluster-Bomben versorgte, war ein Gespräch mit dem Firmenhauptsitz mitgehört worden, in dem die Rede war von »Parametern für den Aerosoltest von Botulinum-Toxin«. Hieß das, der Irak verfügte über solche Waffen? Die Experten waren sich nicht sicher. Die vorhandenen Indizien ließen nur die »indirekte Schlussfolgerung« zu, dass die Iraker versuchten, solche Waffen zu kaufen, nicht unbedingt, dass sie diese bereits besaßen. Hinsichtlich der alles entscheidenden Frage, was der Irak mit seinen Waffen im Kriegsfalle tun würde, also hinsichtlich seiner »Einsatzrichtlinien«, gestanden die Experten ein, was Schwarzkopf längst wusste: Es gebe »deutliche geheimdienstliche Erkenntnislücken«. Ein Bericht des militärischen Geheimdienstes aus derselben Zeit erklärt, man schätze die Lage so ein, dass der Irak »waffenfähige Milzbrand-Erreger und Botulinum-Toxin besitzt. Art und Anzahl der Waffen und Ausbringungssysteme sind nicht bekannt.« Die DIA-Beamten räumten ein: »Es gibt keine verlässlichen Informationen darüber, was der Irak mit seinen Biowaffen anstellen würde. Der geeignetste Weg wäre ein heimlicher Einsatz vor Beginn der Feindseligkeiten.«[32]

Die heikle Frage, wann am besten mit den Impfungen zu beginnen sei, blieb offen, und Powell kehrte in den »Tank« zurück, um erneut mit den Stabschefs der vier US-Teilstreitkräfte zu konferieren. Nur die Kriegsmarine sprach sich für die sofortige Impfung aus. Wenige Tage später, am 21. Oktober, brachte Charles Freeman, der amerikanische Botschafter in Riad, Einwände vor. Die Impfung von Soldaten, ohne gleichzeitig die Zivilbevölkerung zu schützen, sei keine gute Idee, warnte Freeman in einem geheimen Telegramm. Es könne Panik hervorrufen, die Koalition zerbrechen lassen. Zudem gebe es in der Region auch amerikanische Staatsbürger, die im Ölgeschäft tätig seien.[33] Was geschehe mit ihnen? Es würde einen katastrophalen Imageschaden bedeuten, sollten die Amerikaner nur ihre Soldaten schützen.

Geheimdienstbeamte spekulierten darüber, was den irakischen

Führer veranlassen könnte, seine Biowaffen tatsächlich einzusetzen. »Wenn Saddam zu dem Schluss käme, dass seine Lage hoffnungslos ist«, warnten CIA-Experten im November 1990, »könnte ihn dies dazu bringen, Biowaffen einzusetzen, um die Koalition zu veranlassen, das Feuer einzustellen.[34] In einer solchen Situation könnte ihm der Einsatz von Milzbrand-Erregern gegen eine Militäreinrichtung der Alliierten oder eine wichtige saudische Ölförderungseinrichtung als attraktive Möglichkeit erscheinen.«

Luftwaffenoffiziere, die mit den alliierten Plänen befasst waren, den Irak massiv zu bombadieren, glaubten, einige der Unsicherheiten über Bagdads Biowaffenprogramm mit ein paar wohlgezielten Sprengsätzen beseitigen zu können. Die amerikanischen Geheimdienste hatten bei ihren Untersuchungen Einrichtungen aufgespürt, die sie für die Hauptforschungs- und Produktionsstätten des Irak für biologische Waffen hielten, dazu noch über ein Dutzend Kühlbunker. Die Experten waren nicht sicher, was der Irak mit den Kühlbunkern anfing. Die Luftwaffenoffiziere, die die Luftangriffe planten, hatten daher vor, diese und andere Einrichtungen, die mit dem Biowaffenprogramm des Irak zu tun haben könnten, zu zerstören.

Unter den Geheimdienstexperten in Washington löste dies neue Ungewissheit aus. Niemand hatte eine Vorstellung davon, was passieren würde, wenn man ein Gebäude oder einen Bunker bombardierte, der bis zur Decke mit Anthrax-Erregern oder Botulinum-Toxin gefüllt war. Würde eine Erregerwolke Krankheit und Tod über die gesamte Region verbreiten? Ein paar vorläufige Berechnungen durch ein weiteres, hastig zusammengewürfeltes Expertenteam, dem man den Namen »Interagency Fusion Group« verpasste, mutmaßte, dass die Verluste im Irak schockierend sein könnten.[35] Bei Angriffen auf zehn verschiedene irakische Örtlichkeiten konnten ihren Schätzungen zufolge über 150 000 irakische Zivilisten ums Leben kommen – das überstieg die Zahl der Opfer beim Abwurf der Atombombe über Hiroshima. Die Briten hatte eine ähnlich furchterregende Prognose zu bieten.

Der in Riad stationierte amerikanische General Charles Horner, der die Luftangriffe auf den Irak plante, hielt die Schätzungen für übertrieben. Horner drängte auf bessere Informationen und erfuhr, dass Sonnenlicht die Milzbrand-Erreger abtötet. Seine Berater schlugen verschiedene Möglichkeiten zur Minimierung des Risikos vor. Man könnte die Bunker mit Bomben treffen, die diese statt zur Explosion zur Implosion brachten. Die Piloten könnten hochentzündliche Substanzen abwerfen, deren Hitzeentwicklung die Sporen verglühen ließ. Die Einsätze könnten kurz vor Morgengrauen geflogen werden, so dass eine versehentlich freigesetzte Erregerwolke in ihrer Wirkung durch die Hitze des Tages abgeschwächt würde.

Im Dezember 1990 setzte Horner Cheney und Powell von seinen Plänen zur Bombardierung der Bunker in Kenntnis. Er beschrieb die neuen, überarbeiteten Berechnungen bezüglich der Frage, wie viele Milzbrand-Erreger nach einem Angriff über den Irak treiben würden. »Ich kann Ihnen nicht versprechen, dass es dabei keine Verluste geben wird«, erklärte er. »Ein Land, das solche schrecklichen Waffen herstellt und lagert, kann nicht damit rechnen, ungestraft davonzukommen. Wenn es also zu Fallout kommen und dieser zivile Opfer fordern sollte, ist das vielleicht etwas, das man allen anderen Ländern verdeutlichen sollte, die Ähnliches im Schilde führen.«[36]

Ein paar Wochen darauf gestand die Interagency Fusion Group ein, sie habe sich verrechnet, und korrigierte ihre Schätzungen drastisch nach unten.[37] Weil sie nicht wussten, wo genau der Irak seine Biowaffen verborgen hielt, hatten die Experten eine »schlimmstmögliche« Prognose abgegeben, bei der sie davon ausgingen, dass an jedem Standort das gesamte Arsenal des Irak gelagert sei. Es gab noch einen zweiten entscheidenden Fehler. Die Interagency Fusion Group hatte ursprünglich geschätzt, dass 1 bis 10 Prozent der Sporen eine Explosion überleben und in die Luft freigesetzt würden. Nach Rücksprache mit verschiedenen Veteranen des amerikanischen Biowaffenprogramms, unter anderem mit Bill Patrick, nahm man nun jedoch an, dass die Zahl wesentlich geringer sein und bei 0,001 bis 0,1 Prozent liegen müsse.

Auch der neuen Analyse zufolge war die Prognose noch ernüchternd genug. Die geplanten Bombardierungen seitens der Alliierten würden, so die Einschätzung, höchstwahrscheinlich Hunderte, vielleicht Tausende irakische Zivilisten einen qualvollen, schleichenden Tod durch eingeatmete Anthrax-Sporen sterben lassen. Die führenden Beamten wogen die Risiken gegeneinander ab und akzeptierten sie, da dies in ihren Augen eben der Preis dafür war, dass Saddam die biologische Option ein für alle Mal genommen wäre.

John Jumper, der General, den Powell auf das Impfstoffthema angesetzt hatte, schickte Schwarzkopf Anfang Dezember ein Schreiben mit dem Vorschlag, wie sich die vorhandenen beschränkten Vorräte strecken ließen.[38] Die Kommandeure könnten allen 500 000 Soldaten Antibiotika verabreichen lassen und den Impfstoff in Reserve halten, um damit dann die tatsächlich von einem Angriff Betroffenen zu impfen. Eine Kombination aus Doxycyclin und Impfstoff hatte im Experiment von Fort Detrick schließlich alle Affen überleben lassen.

Jumpers Telegramm brachte Schwarzkopfs Sanitätsoffiziere ins Grübeln. Milzbrand-Erreger vermehren sich rasch, und die Forscher hatten die Affen binnen vierundzwanzig Stunden nach dem Kontakt mit den Sporen zu behandeln begonnen. Da das Detektorproblem nach wie vor ungelöst war, konnten sich Hinweise auf einen Angriff erst Tage später ergeben, wenn die ersten Soldaten sich über Grippesymptome zu beklagen begannen. Und Soldaten, die mit Antibiotika behandelt wurden, ins Feld zu schicken, war riskant, befanden die Ärzte. Empfohlen wurde in dem Telegramm das Medikament Ciprofloxazin, ein höchst wirksames Antibiotikum, das manchmal aber auch Durchfall und andere schwere Nebenwirkungen mit sich brachte. Es tötet auch die normale Darmflora ab und lässt nur resistente Keime übrig. Bei einem Soldaten, der einen Bauchschuss erleidet, würde sich in einem solchen Fall das Risiko für eine nicht zu behandelnde Infektion ungemein erhöhen.

Die Kombination aus Ciprofloxazin und Impfung war an Affen nicht getestet worden. Die Pentagonbeamten sprachen sich trotzdem dafür aus, weil dies das neuere Medikament war und es deshalb mit größerer Wahrscheinlichkeit auch gegen gentechnisch veränderte Anthrax-Erreger eine Chance hätte. Geheimdienstbeamte hatten unlängst davor gewarnt, dass der Irak durchaus in der Lage sei, einen solchen Stamm zu züchten. Trotzdem wusste niemand, ob er damit auch Erfolg gehabt hatte.

Am 6. Dezember 1990 trafen sich die Ärzte mit Schwarzkopf, um Jumpers Telegramm zu erörtern. Oberst James David Bales jr., ein Spezialist für Infektionskrankheiten, der ein paar Tage nach dem irakischen Einmarsch in Kuwait ins CENTCOM berufen worden war, lehnte sich zu dem Oberbefehlshaber hinüber und beobachtete, wie dessen Augen die Seite überflogen. Als Schwarzkopf an die Stelle kam, an der von der Notwendigkeit die Rede war, den Impfstoff und das Antibiotikum binnen vierundzwanzig Stunden anzuwenden, fragte Bales: »Und wie wollen Sie das wissen?«[39] Die erfahreneren Offiziere im Raum hielten die Luft an und warteten auf die Explosion. Schwarzkopf hasste es, unterbrochen zu werden. Aber er stimmte Bales zu. Die Antibiotika-Variante war ohne verlässliche Detektoren zu riskant.

Am nächsten Tag ließ Schwarzkopf Powell eine private, streng vertrauliche Mitteilung zukommen, in der er den umfassenden Einsatz von Antibiotika ablehnte.[40] Er ziehe es vor zu impfen, selbst wenn es nicht für alle reichen sollte. Die Entscheidung aber, wer zu impfen sei, habe schwerwiegende Folgen für die Anti-Saddam-Koalition, wiederholte er, und könne einzig und allein in Washington getroffen werden.

Diese Zwickmühle wurmte den für Jumper tätigen Mikrobiologen Oberst George E. Lewis, der geholfen hatte, das Telegramm zum Thema Antibiotika zu formulieren. Offiziere beim Militär fällen tagtäglich Entscheidungen auf Leben und Tod. Sie rechnen aus, wie viele Männer für den Angriff auf ein bestimmtes Ziel entsandt werden müssen oder wie viel Deckung aus der Luft eine bestimmte gefährliche Operation erfordert. Warum war es so schwierig zu

entscheiden, wer gegen einen biologischen Angriff geschützt werden solle?
Bis zum 15. Januar 1991, dem von den Vereinten Nationen festgesetzten Ultimatum für den Rückzug der irakischen Truppen aus Kuwait, waren es nur noch fünf Wochen, und Lewis wusste, dass die alliierten Truppen bereits zu lange gewartet hatten. Um wenigstens eine teilweise Immunität zu erzielen, hätte man mit den Impfungen Mitte November beginnen müssen. Jeder weitere Tag erhöhte die Gefahr. Das Pentagon rechnete aus, dass Soldaten, die ihre erste Injektion am 10. Dezember erhielten, frühestens am 21. Januar mit einem minimalen Schutz gegen Anthrax und frühestens am 1. April mit einem Schutz gegen Botulinum-Toxin würden rechnen können.
Alle Bemühungen des »Project Badger«, mehr Impfstoff herzustellen, waren fehlgeschlagen. Das Labor in Michigan hatte genügend Milzbrand-Impfstoff hergestellt, um etwa 150 000 der in der Region stationierten 500 000 Soldaten immunisieren zu können. Für die Truppen der Alliierten oder die saudi-arabische Zivilbevölkerung blieb nichts übrig. Der Schutz gegen Botulinum-Toxin war sogar noch eingeschränkter. Trotz beträchtlicher Anstrengungen war nicht eine einzige Dosis mehr produziert worden. Es reichte noch immer nur für maximal 10 000 Soldaten.
Am 9. Dezember 1990 verstärkten die Briten den Druck. General Peter de la Billière traf in Riad mit Schwarzkopf zusammen und berichtete diesem, dass er vorhabe, mit der Impfung seiner Soldaten zu beginnen, es sei denn, die Vereinigten Staaten erhöben »triftige Einwände«.[41] Im Unterschied zu den Amerikanern waren die Briten davon überzeugt, dass der Irak die Erreger von Milzbrand und Pest längst zu Waffen verarbeitet hatte, und sie beabsichtigten deshalb, ihre Truppen gegen beides zu impfen. Die Briten hatten ein amerikanisches Serum gegen Pest gekauft, das sich noch im Experimentalstadium befand und von dem bekannt war, dass es stark beeinträchtigende, grippeähnliche Nebenwirkungen mit sich brachte, auch wenn sie vorübergehender Natur waren.[42]
Die Saudis erfuhren von den britischen Plänen und fragten

Schwarzkopf, ob er nicht zusätzlichen Impfstoff erübrigen könne, um auch ihre Soldaten zu schützen.[43] Der amerikanische Befehlshaber erklärte, er habe nicht einmal genug für seine eigenen Leute. Ein saudischer General fragte daraufhin nach, ob Washington nicht wenigstens ein paar Injektionen für die Königsfamilie abzweigen könne. Die Situation war äußerst peinlich, hatte doch Saudi-Arabiens Bereitschaft, amerikanische Streitkräfte auf seinem Territorium dulden, die Operation Wüstensturm erst möglich gemacht. Aber Schwarzkopf hatte nichts abzugeben.

Noch am 9. Dezember sprach Schwarzkopf mit Powell und schlug eine kühnere Taktik als Vorbeugungsmaßnahme gegen einen biologischen Angriff vor. Die Vereinigten Staaten sollten lautstark verkünden, sie würden Saddam Hussein empfindlich bestrafen, sollte er seine chemischen und biologischen Waffen einsetzen.[44] Powell sagte zu, er werde das Weiße Haus drängen, den Irak zu warnen, die USA würden ihre eigenen »nichtkonventionellen« Waffen einsetzen, sollte der Irak zu Chemikalien greifen. Dies ließe sich als Wink mit einem nuklearen Vergeltungsschlag interpretieren. Am darauffolgenden Nachmittag telefonierte Schwarzkopf erneut mit Powell und wiederholte seine Entscheidung, die biologischen Bunker und Produktionsstätten zu bombardieren. Er erklärte dem US-Generalstabschef, es sei eine »unverzeihliche Sünde«, die biowaffenverdächtigen Ziele nicht anzugreifen. Dies sei die einzige Garantie dafür, dass diese Waffen nicht eingesetzt würden.

Schwarzkopf begann zu planen, wer mit den vorhandenen spärlichen Vorräten geimpft werden sollte. Monate zuvor hatte er seinen leitenden Militärarzt, Oberst Robert Belihar, und dessen Berater gebeten, darüber nachzudenken, wann und wo der Irak seine Biowaffen womöglich einsetzen könnte. Denkt wie Saddam Hussein, hatte er ihnen gesagt.[45] Belihar erklärte, es fehle ihm an Informationen. Würden die Iraker ein Aerosol mit Anthraxsporen verwenden oder eher Botulinum-Toxin in die Wasserversorgung geben? Würden sie ihre Biowaffen an der Front einsetzen oder eher Terrorakte in den Vereinigten Staaten verüben? Eine Schlüsselfrage in diesem Zusammenhang lautete: Hatte der Irak seine eigenen Soldaten gegen Anthrax oder andere Agenzien geimpft oder nicht? Die Amerikaner veranlassten die Entnahme von Blutproben bei irakischen Deserteuren in saudi-arabischer Obhut.[46] Anfang Dezember 1990 wurden die Proben zur Analyse nach Fort Detrick geflogen.

Schwarzkopf und seine Berater kamen zu dem Schluss, dass der Irak die Milzbrand-Erreger höchstwahrscheinlich in entlegeneren Gebieten ausbringen würde. Eine Biowaffe, die ihre Wirkung erst im Verlauf mehrerer Tage entfalte, überlegten sie, wäre bei einem Frontangriff wenig wert. Botulinum-Toxin hingegen verflüchtigt sich rasch und bildete daher eher eine Gefahr für die Soldaten an der Front. Schwarzkopf versuchte, das Beste aus einer verfahrenen Situation zu machen. Es war gut möglich, dass alle seine Vermutungen falsch waren und die Iraker Milzbrand-Erreger in den vordersten Linien anwenden würden. Falls das geschähe, wäre zur Behandlung der Kranken so gut wie kein Impfstoff mehr vorhanden.[47]

Sein Vorschlag zur Rationierung des Impfstoffs führte in den eigenen Reihen zu erheblichen Rivalitäten. Bei einem Treffen der Luftwaffengeneräle im Dezember beklagte sich ein Offizier, die Empfehlungen Schwarzkopfs, eines General des Heeres, spiegelten »die Sorge eines Infanteristen um seine Soldaten«.[48] Die Luftwaffe hatte jedoch eigene Untersuchungen durchgeführt und war darin zu dem Schluss gekommen, dass ihre Crews ein bevorzugtes Ziel für Biowaffen abgäbe. Die Generäle hatten eine Liste von 30 000 Luftwaffenangehörigen zusammengestellt, die geimpft werden sollten. Eine von den Stabsärzten der Armee herausgegebene Stellungnahme vom 11. Dezember skizzierte drei mögliche Ansätze. »Aktionsplan Nummer 1« sah vor, so rasch wie möglich mit der Impfung der US-Truppen zu beginnen. Dies hätte eine »günstige Aufnahme im eigenen Land« zufolge und könnte den Irak abschrecken. Laut »Aktionsplan Nummer 2« hätten die beschränkten Vorräte mit den Alliierten geteilt werden sollen, was die »Wahrnehmung des gemeinsamen Risikos« zur Folge gehabt, die Einheit der Allianz unterstützt und Bagdad womöglich vom Einsatz von Biowaffen abgehalten hätte. Die dritte Option bestand darin, die Impfungen aufzuschieben, bis genügend Impfstoff für ein »umfassendes Programm« zur Verfügung stünde, und bis dahin die Antibiotika mit den Verbündeten zu teilen. Dies würde die Gefahr für jeden einzelnen erhöhen, aber das »gemeinsame Risiko« wäre günstig für den Zusammenhalt unter den Alliierten und außerdem bliebe für den Fall eines Angriffs ein gewisser Vorrat an Impfstoff. Die Beamten aus dem Pentagon schrieben zurück, dass der letzte Ansatz überdies noch einen weiteren Vorteil biete: Er »zügelt die Reaktion der Medien«.[49]

Am 17. Dezember 1990 übermittelte Powell seine Empfehlungen schließlich an Verteidigungsminister Cheney und forderte den sofortigen Beginn der Impfaktion.[50] Vier Monate waren vergangen, seit die Gesundheitsexperten des Pentagon dieselbe Empfehlung ausgesprochen hatten, Monate, in denen die leitenden Geheimdienstler und andere führende Zivilbeamte und Militärs einen Schnellkurs in Wissenschaft, Strategie und Risikoabwägung der biologischen Kriegsführung genossen hatten.

Cheney und Powell legten ihre Pläne dem Weißen Haus vor.[51] Am Tisch saßen Präsident George Bush und mehrere seiner höchsten Berater. Einige von ihnen waren überrascht über die Ernsthaftigkeit, mit der das Pentagon die biologische Bedrohung durch den Irak schilderte. War es wirklich wahrscheinlich, dass die Iraker solche Waffen einsetzen würden? Worin bestanden die Risiken einer Impfung? Die Beamten im Weißen Haus hatten eine Abmachung getroffen: Sie funkten den Militärs nicht in rein militärische Angelegenheiten hinein. Der Präsident stimmte dem Plan ohne Vorbehalte zu. »Ich will ehrlich sein: Wenn ich die Entscheidung über Anthrax zu treffen gehabt hätte, hätte ich den Impfstoff vermutlich nicht eingesetzt«, erklärte Brent Scowcroft, der Sicherheitsberater des Präsidenten, in einem Interview aus jüngster Zeit. »Ich habe nicht widersprochen, weil das Militär es für das einzig Richtige hielt. Ich selbst hätte vermutlich anders entschieden.«

Als Powells Berater den Fahrplan für das Impfprogramm festlegten, traf im Pentagon eine ermutigende Nachricht ein.[52] Die den Irakern entnommenen Blutproben zeigten keinerlei Anzeichen einer Immunisierung gegen Milzbrand oder Botulinum-Toxin. Schwarzkopfs medizinische Berater aber waren nicht übermäßig erleichtert. Die irakischen Soldaten in den Händen der Saudis waren Wehrpflichtige, Kanonenfutter, das irakische Generäle als entbehrlich betrachteten. Vielleicht hatte Präsident Saddam Hussein seine Elitetruppen, die Republikanische Garde, geimpft. Womöglich würden die Iraker doch die Frontstellungen mit Erregern angreifen, die ungeimpften irakischen Wehrpflichtigen zusammen mit den Amerikanern opfern.

In Washington bestürmte unterdessen die Armee die FDA um die Erlaubnis, den Soldaten den Impfstoff gegen Botulinum-Toxin auch ohne die normalerweise erforderliche »informierte Zustimmung« verabreichen zu dürfen. Die Wirkung dieses Toxins ist schon Stunden nach dem Kontakt zu spüren, das heißt, diese Waffe eignete sich womöglich durchaus für einen Angriff an der Front. Da gebe es keine Zeit für medizinisches Geplänkel, argumentierten die Offiziere. Zögernd gab die FDA ihre Zustimmung.[53]

Am 29. Dezember 1990 benachrichtigte Powell Schwarzkopf, dass die Entscheidung für eine Impfung der Truppen gegen Milzbrand und Botulinum-Toxin endlich doch getroffen worden sei. Ein paar Tage darauf sah Schwarzkopf den Plan für die Rationierung mit seinen Spitzenberatern erneut durch und forderte verschiedene Änderungen. Unter anderem strich er die Gabe von Botulinum-Antitoxin an Offiziere im Hauptquartier von Riad.[54] Das bisschen Impfstoff, das vorhanden war, so dachte er, sollte den Truppen an der Front vorbehalten bleiben. Schwarzkopf bestand auch darauf, dass jedem Soldaten, der dieses noch nicht endgültig getestete Medikament erhielt, eine Einwilligungserklärung vorgelegt wurde, die er zu unterzeichnen hatte. Wer keine Injektion wollte, konnte die Impfung verweigern.

Anfang Januar 1991 begannen die Sanitätsteams mit der Impfung der Soldaten gegen Milzbrand und Botulinum-Toxin; jedem

Soldaten wurde überdies eine Ration Ciprofloxazin ausgehändigt, die für vier Tage reichen würde. Ein Sanitätsoffizier der Marineinfanterie berichtete General James M. Myatt, dem Chef der 1. Marinedivision, dass für die 22 000 Soldaten, die ihm unterstanden, lediglich 7000 Dosen Anthrax-Impfstoff zur Verfügung stünden.[55] Myatt hatte dieselben Skrupel, den Herrn über Leben und Tod zu spielen, wie Schwarzkopf. Wenn nicht genug Impfstoff für alle vorhanden sei, würde niemand geimpft. Schwarzkopfs Befehl bezüglich des Botulinum-Toxins wurde uneinheitlich befolgt. Manche Soldaten erhielten die Injektion ohne Information darüber, worum es sich handelte. Um Ängste im Zusammenhang mit der Impfung abzubauen, ließ Schwarzkopf sich selbst eine Injektion geben.[56] »Seht bloß zu, dass ich einer von den neun Affen bin, die das Ganze überleben«, sagte er den Sanitätern.

Noch immer bereitete der Mangel an Detektoren Kopfzerbrechen. Im Dezember 1990 hatten führende Militärs einen Plan ausgearbeitet, der den Einsatz einer bislang nicht erprobten Lasertechnik vorsah, um einen biologischen Angriff aufzudecken. Das Los Alamos National Laboratory hatte mit Lasern experimentiert, die imstande sein sollten, die Freisetzung einer Aerosolwolke aufzuspüren. Die Laser sollten an Bord einer C-130 angebracht werden, die kontinuierlich über dem Persischen Golf kreiste. Schwarzkopfs Vize, General Cal Waller, hatte für diese Idee keinerlei Sympathien.[57] »Danke für Ihren Vorschlag zum Einsatz des im Versuchsstadium befindlichen Geräts zum Aufspüren von Biowaffen«, schrieb Waller ans Pentagon. »Der Einsatz eines neuen Aufklärungssystems von strategischem Wert binnen so kurzer Frist ist höchst ehrgeizig zu nennen.« Waller erklärte, er zögere, seine wenigen Aufklärungsflugzeuge von »Einsätzen mit Priorität« abzuziehen und für ein ungetestetes, unsicheres System zur biologischen Verteidigung umzurüsten. Auch die Luftwaffe hatte nichts für den Plan übrig. Man befürchtete, dass die Piloten durch die Laserstrahlen ihr Augenlicht verlieren könnten. Das Gerät kam nicht zum Einsatz.

Stattdessen verließ sich die Armee auf ein Dutzend improvisierte Detektoren, die von ihren Technikern konstruiert worden waren. Das System war um einen »Schnüffler« herum konstruiert, der Unmengen Luft in einen Flüssigkeitsspeicher pumpte. Die Techniker untersuchten die Flüssigkeit im Hinblick auf einen möglichen biologischen Angriff, indem sie in regelmäßigen Abständen einen besonders aufbereiteten Papierstreifen in die Flüssigkeit tunkten. Theoretisch sollte das Papier beim Kontakt mit verdächtigen Mikroben wie dem Anthrax-Erreger die Farbe ändern. Danach würde man die Flüssigkeit mit empfindlicheren Labormethoden testen. Niemand hatte allzu viel Vertrauen in dieses System.[58]

Im Spätherbst überlegten Präsident Bush und seine Top-Berater für nationale Sicherheit – auch als »Achterbande« bekannt –, ob die Vereinigten Staaten dem Irak für den Fall eines chemischen oder biologischen Angriffs wirklich mit nuklearer Vergeltung drohen sollten. Die allgemeine Stimmung war gegen einen solchen Schritt. Washington versuchte, das zerbrechliche Bündnis, zu dem auch arabische Nachbarn des Irak gehörten, zusammenzuhalten. Bush hatte klare Vorstellungen.[59] Er würde nicht als der zweite Präsident der Vereinigten Staaten in die Geschichte eingehen, der einen Nuklearschlag angeordnet hatte. Wenn die Vereinigten Staaten es für notwendig erachten sollten, den Irak zu bestrafen, konnten sie die konventionelle Bombardierung ausdehnen. Diese Entscheidung blieb geheim. Am 9. Januar 1991 flog Außenminister Baker nach Genf, um dem irakischen Außenminister Tariq Aziz ein Schreiben von Präsident Bush an Saddam Hussein zu überreichen. Das Weiße Haus hatte sich gegen die Androhung eines nuklearen Angriffs entschieden. »Ihr Land«, so der Brief, »wird einen furchtbaren Preis zu entrichten haben, sollten Sie gewissenlose Maßnahmen anordnen.«[60] Aziz weigerte sich, den Brief entgegenzunehmen, so dass sich Baker gezwungen sah, seine Instruktionen weit auszulegen. Er machte sich daran, die Iraker davon zu überzeugen, dass die Vereinigten Staaten zu einem nuklearen Vergeltungsschlag entschlossen seien. »Der Himmel möge verhüten«, so seine Worte, »dass gegen unsere Streitkräfte chemische oder biologische Waffen zur Anwendung kommen – das amerikanische Volk würde Rache fordern.« Er fügte hinzu: »Das ist keine Drohung.«

Die Bereitschaft des Präsidenten zu einem Nuklearschlag war rein hypothetisch. Die Pentagonbeamten, die sich mit der vorläufigen Planung nuklearer Schläge befasst hatten, glaubten jedoch, sie könnten das Thema möglicherweise erneut aufgreifen, falls Saddam wirklich das Undenkbare wagen sollte. Am Tag nach einem biologischen Schlag würde der politische Druck den Präsidenten zwingen, seine Haltung zu überdenken. »Wenn wir 200 000 Soldaten verlieren sollten – wie könnten wir dann von einem Nuklearschlag absehen?«, fragte Larry Seaquist, dessen Bericht an die Spitzenbeamten des Pentagon die gespenstische Vorstellung von Verlusten in dieser Größenordnung erst hatte entstehen lassen. Scowcroft stimmte ihm zu, dass das Thema hätte neu überdacht werden müssen, falls bei einem Angriff mit biologischen Kampfstoffen Amerikaner ums Leben gekommen wären. Aber er fügte auch hinzu, dass er sich vehement gegen eine nukleare Vergeltung ausgesprochen habe. Scowcroft erklärte, er hätte sich in einem solchen Falle für eine neue Zielsetzung des Krieges stark gemacht – dergestalt vielleicht, dass man versuchen müsse, Saddam Hussein zu stürzen. Der Einsatz von Atomwaffen gegen den Irak wäre in seinen Augen »wieder so ein Fall gewesen, bei dem es gegen Japaner okay gewesen wäre, auch gegen Araber, nicht aber gegen Weiße«.

In den Tagen vor Beginn des Luftkriegs wuchs bei Präsident Bush die Sorge um das irakische Biowaffen-Arsenal. Am 13. Januar 1991 bat er Powell, die Pläne für die Bombardierung der Kühlbunker zu überdenken. Wo lagen die Risiken? Lohnte es sich wirklich? Powell versicherte dem Präsidenten, dass die Bombardierung die Erreger vermutlich zerstören würde. Einige würden womöglich freigesetzt, aber das sei »ein Risiko, das wir eingehen müssen«.[61] In seinen Memoiren schrieb Powell, Bush sei aufgewühlt gewesen, und diese zusätzliche Sorge habe ihn keineswegs ruhiger werden lassen. Zwei Tage darauf rief der Chef des britischen Verteidigungsstabs, Luftwaffen-Generalleutnant Sir David Craig, mit derselben Frage bei ihm an. »Nicht ganz ungefährlich, wie?«, meinte Craig. Powell erwiderte, er glaube, der Nutzen werde die Nachteile überwiegen. »Wenn's nach hinten losgeht«, sagte er zu Craig, »geben Sie einfach mir die Schuld.« Das Ultimatum der Vereinten Nationen lief am 15. Januar aus. Später berichteten Beamte, die an der Sitzung, in der Präsident Bush die amerikanischen Streitkräfte gegen Bagdad in Marsch gesetzt hatte, teilgenommen hatten, er habe nur zwei große Sorgen gehabt: eine diplomatische Einmischung Frankreichs in letzter Minute und die Gefahr durch biologische Waffen.

Am 16. Januar 1991 um 1.30 morgens wurden von Zerstörern im Roten Meer und im Persischen Golf die ersten Tomahawk-Raketen abgefeuert. Das größte durchgehende Flächenbombardement in der Geschichte der Kriegsführung begann. Die Beamten in Washington, die verzweifelt versucht hatten, eine glaubwürdige Verteidigung für den Fall eines biologischen Angriffs aufzubauen, hielten den Atem an. Seaquist war der Überzeugung, dass die beste Verteidigung der Vereinigten Staaten in der Furcht des Irak vor einem nuklearen Vergeltungsschlag bestehe. Die Regierung Bush aber hatte diese Strategie in den Wochen vor dem Ausbruch des Krieges unterminiert. Während sich die Sprecher der US-Regierung eifrig bemühten, die diesbezügliche Verschwommenheit aufrechtzuerhalten, hatte Vizepräsident Dan Quayle erklärt, er könne sich nicht vorstellen, dass der Präsident einen Nuklearschlag anordnen werde. (Am darauf folgenden Tag verkündete Quayle allerdings: »Wir schließen diese Möglichkeit weder ein noch aus.«)[62]

Iraks Luftabwehr wurde innerhalb der ersten Kriegstage zerstört, und alliierte Bomber nahmen unter Beschuss, was die Geheimdienstbeamten im Zusammenhang mit biologischen Angriffen für Schlüsselziele hielten. Salman Pak, eine Forschungseinrichtung, von der die Geheimdienste glaubten, dass der Irak dort ein Atomwaffenprogramm begonnen und etliche Biowaffenexperimente durchgeführt habe, wurde dem Erdboden gleichgemacht. Beinahe alle Kühlbunker wurden mit hochexplosiven Sprengkörpern bombardiert. Am 21. Januar 1991 wurde die Suche nach Zielen im Zusammenhang mit Biowaffen zum Image-Problem für die alliierten Truppen, als deren Bomber in Abu Gharib eine Fabrik unter Beschuss nahmen, von der Geheimdienstexperten behauptet hatten, es handle sich um eine »Reserve«-Fabrik zur Produktion von biologischen Kampfstoffen. Der Irak behauptete hingegen, die Firma stelle Babynahrung her, und Peter Arnett von CNN wurde zu einer Besichtigungstour in einen Container geladen, auf den in Großbuchstaben BABY MILK gepinselt war.

Auf die kritischen Fragen von Schwarzkopfs Beratern antworteten die Geheimdienstbeamten, sie hätten in der Fabrik seit deren Eröffnung im Jahre 1983 nur höchst wenig Alltagsroutine ausmachen können.[63] Sie produziere ausgesprochen wenig »Babymilch« und sei erst kurz vor dem Krieg getarnt worden, was amerikanischen Experten als Hinweis galt, dass sie womöglich etwas mit der Produktion von biologischen Kampfstoffen zu tun habe. (Ob diese Fabrik mit der Produktion von biologischen Waffen zu tun hatte, ist weiterhin umstritten.)

Während sich die Alliierten im Januar auf den Einsatz von Bodentruppen vorbereiteten, was letztlich in deren Vorrücken nach Kuwait münden sollte, trieb die Berater von General Schwarzkopf eine grausige Frage um: Falls Soldaten beim Einsatz von Biowaffen ums Leben kommen sollten, wie mussten die anderen dann mit den Leichen verfahren? Botulinum-Toxin zerfällt rasch, die Opfer dieses Mikroorganismus konnte man demnach gefahrlos in provisorischen Grabstätten unterbringen und später für die Überführung in die Vereinigten Staaten exhumieren.[64] Mit Milzbrand und dessen äußerst zählebigen Sporen verhielt es sich anders. »Das Vorhandensein noch lebensfähiger Sporen in einem Leichnam lässt sich nur ausschließen, wenn dieser verbrannt wird«, hieß es in einem Schreiben aus Fort Detrick. Falls das nicht möglich sei, sollten die Überreste in hoch konzentrierter Bleichlauge aufbewahrt werden, um sämtliche verbliebenen Sporen abzutöten. Die

Knochen könnten dann in die Vereinigten Staaten zurückgeflogen werden, wo sie unter minimalem Risiko für die Trauernden beerdigt werden könnten.

Insbesondere in den Tagen unmittelbar nach Angriffen auf jene Ziele und Gebäude, die im Zusammenhang mit Biowaffen standen, durchkämmten amerikanische Geheimdienstbeamte die jeweilige Region nach Anzeichen für die Freisetzung biologischer Kampfstoffe. Die DIA berichtete nach der Bombardierung von Salman Pak, es habe keine Epidemie in Bagdad gegeben. Am 21. Januar beschossen alliierte Bomber eine zweite verdächtige Fabrik in der Nähe von Taji, ein Angriff, bei dem, wie amerikanische Beamte fürchteten, mehr als 500 Gramm Milzbrandsporen freigesetzt werden konnten, die bis zu 5000 Menschen in Bagdad das Leben hätten kosten können.

»Der Angriff liegt nunmehr drei Tage zurück«, heißt es in dem Bericht, »und die ersten Verluste hätten auftreten müssen.«[65] Diese Beobachtungen wurden auf der Stelle an Cheney weitergeleitet. Es sah so aus, als würden die Bomben der Alliierten im Nahen Osten doch keine Pestepidemie vom Zaun brechen. Doch zweifellos gab es ein paar bange Augenblicke. Ein halbes Dutzend britische Soldaten, die in der Nähe der Front stationiert waren, hatte über grippeähnliche Symptome geklagt.[66] Man brachte sie in ein saudisches Krankenhaus und überwachte sie sorgsam. Ihre Symptome, so stellte sich heraus, stammten tatsächlich von einer Grippe. Die ungeschlachten Detektoren meldeten immer wieder Spuren von Milzbrand-Erregern und Botulinum-Toxin; doch immer erwies sich alles als falscher Alarm. Der Angriff der Bodentruppen stand unmittelbar bevor, und Saddam Hussein blieb keine Zeit mehr, seine ultimative Waffe einzusetzen.

Kapitel 5
Geheimnisse und Lügen

Larry Seaquist verspürte große Erleichterung, als am 28. Februar 1991 die Sonne über Washington aufging. Nach wochenlangen Luftangriffen und hundert Stunden Bodenkampf hatte der Irak kapituliert; seine Elitetruppe, die Republikanische Garde, floh Hals über Kopf aus Kuwait. Das Weltuntergangsszenario, bei dem 200 000 alliierte Soldaten einem verheerenden irakischen Anschlag mit Milzbrand-Erregern zum Opfer fielen, war nun nichts weiter als eine von vielen anderen theoretisch denkbaren Möglichkeiten in Zeiten des Krieges. Der Wind hatte keine Aerosolwolke über die amerikanischen Streitkräfte in der Wüste treiben lassen. In den U-Bahnen von Washington und New York waren keine aktenkoffergroßen Bomben detoniert. Keines der zur Behandlung etwaiger Opfer eines biologischen Anschlags gehamsterten Antibiotika war gebraucht worden.

Die Stimmung innerhalb des amerikanischen Militärs und unter den Beamten der US-Sicherheitsdienste war in den Monaten nach Beendigung des Krieges triumphal. Die alliierten Truppen hatten ihre überlegene Technologie und Ausbildung unter Beweis gestellt, einen bis an die Zähne bewaffneten Gegner in die Knie gezwungen, und das fast ohne eigene Verluste. Von einem feinen Laserstrahl gelenkte »intelligente« Bomben hatten aus mehreren tausend Metern Entfernung präzise ein bestimmtes Ziel getroffen. Amerikanischer Erfindungsreichtum schien selbst Saddam Husseins beste Terrorwaffe neutralisiert zu haben. Die Scud-Raketen waren, so hieß es, vom Patriot-Abwehrsystem sämtlich noch in der Luft unschädlich gemacht worden.

Präsident Bushs Popularität stieg, die Zustimmung lag bei über 90 Prozent. Kontrovers wurde einzig die Frage diskutiert, ob die alliierten Truppen womöglich zu viele irakische Soldaten getötet hatten. Das biologische Waffenarsenal, um das sich General Powell und Präsident Bush vor Beginn der Bombardierungen im Januar so gesorgt hatten, schien eine Fußnote des Krieges zu sein, eine historische Kuriosität. Amerikanische Geheimdienstbeamte brüteten über Satellitenfotos und kamen zu dem Schluss, dass die alliierten Bombardements Saddam Husseins Biowaffen-Potential ausgeschaltet hatten.[1] Einer geheimen Studie des militärischen Geheimdienstes DIA von März 1991 zufolge würde es bis zu 200 Millionen Dollar kosten und acht Jahre dauern, bis der Irak seine Biowaffen-Fabriken und -Labors wieder aufgebaut hatte. Die Bombardements hätten »alle bekannten« irakischen Forschungseinrichtungen und die Anlagen zur Produktion von Biowaffen zerstört, behauptete der DIA.

Im Laufe der Zeit kristallisierte sich ein genaueres Bild heraus. Die Treffsicherheit »intelligenter« Bomben erwies sich als Augenwischerei, viele Bomben hatten ihr Ziel verfehlt. Die Raketenabwehr war nicht halb so erfolgreich, wie sie im Nachrichtensender CNN ausgesehen hatte: Die meisten, wenn nicht sogar alle irakischen Scud-Angriffe waren dem Patriot-System entgangen.[2] Und was vielleicht am wichtigsten war: Die Iraker hatten ein Biowaffenarsenal angelegt und versteckt, das weit größer und tödlicher war, als man je angenommen hatte, ein ausgedehnter Komplex aus Gebäuden und Labors, die den Krieg nahezu unversehrt überstanden hatten.

Die Tatsache, dass der Irak vom Einsatz seiner Biowaffen abgesehen hatte, war Wasser auf die Mühlen derer, die schon immer der Ansicht gewesen waren, die Bedrohung durch Biowaffen werde heillos übertrieben. Die Taktik der Abschreckung schien aufzugehen. Der von Außenminister Baker angedrohte nukleare Vergeltungsschlag hatte sich als effiziente Verteidigung erwiesen und Saddam Hussein ruhiggestellt.[3] Kaum jemand innerhalb und außerhalb der Regierungskreise war über das Ausmaß der irakischen Bedrohung und den Mangel an effizienten Verteidigungsstrategien vollständig im Bilde. Die Geheimdienstberichte aus der Zeit vor dem Krieg über die Programme des Irak, die hektischen, erfolglosen Versuche des Pentagon, genügend Impfstoff für seine Truppen beizubringen, General Schwarzkopfs Zorn über die Entscheidungen, die er zu treffen hatte – all das blieb ein wohlgehütetes Geheimnis. Dokumente von entscheidender Wichtigkeit, in denen wie im Seaquist-Report von der Verwundbarkeit des Militärs die Rede war, wurden dem Kongress nie vorgelegt und auch in Regierungskreisen nur wenigen zugänglich gemacht. Einige Informationen, beispielsweise über die geringe Menge an Impfstoff, die die Vereinigten Staaten während des Kriegs tatsächlich produziert hatten, gelten noch heute, ein Jahrzehnt später, als streng geheim.

In den Jahren nach dem Krieg hatte das Weiße Haus unter Bush triftige Gründe, die Furcht vor Biowaffen, die in der Öffentlichkeit herrschte, herunterzuspielen. Aus der Sowjetunion sickerten mehr und mehr Geheimdienstberichte über Moskaus illegales Biowaffen-Programm durch, die die Aussagen des sowjetischen Überläufers Wladimir Pasetschnik bestätigten, der den Amerikanern erste Einblicke in das Programm vermittelt hatte. Ein Team aus amerikanischen und britischen Experten, das die sowjetischen Labors im Januar 1991 besichtigt hatte, verfasste einen Geheimbericht, in dem festgestellt wurde, dass die Sowjets ein »massives offensives Programm zur biologischen Kriegsführung« unterhielten, bei dem unter anderem gentechnologische Methoden zur Anwendung kamen und erschreckenderweise Forschung an Pocken betrieben wurde.[4] Die irakischen Bestrebungen schienen im Vergleich dazu fast harmlos.

Großbritannien und die Vereinigten Staaten verstärkten den diplomatischen Druck auf Moskau, aber die sowjetische Führung, die sich vor der Öffentlichkeit ihrer Offenheit rühmte, leugnete weiterhin, dass sie sich mit der Herstellung von Biowaffen befasse. Diese festgefahrene Situation stellte ein ernsthaftes Problem für Präsident Bush und den britischen Premierminister John Major dar, die beide versuchten, die sich formierende Reformbewegung in der Sowjetunion zu stützen. Entweder logen der sowjetische Präsident Michail Gorbatschow und sein Außenminister Eduard

Schewardnadse oder beide wurden von ihrem eigenen Militär bei einem entscheidenden Thema in die Irre geführt. Die Briten waren sehr daran interessiert, die sowjetischen Lügen aufzudecken. Eine ihrer Überlegungen war, Pasetschnik seine Anschuldigungen vor aller Öffentlichkeit in einer Fernsehdokumentation wiederholen zu lassen. Robert Gates, der stellvertretende Sicherheitsberater von George Bush, war entsetzt darüber. Er fürchtete, dies würde Gorbatschow demütigen und dessen Reformbestrebungen im Wege stehen. »Wir haben die sowjetische Führung wirklich massiv bedrängt, sich dieses Problems anzunehmen«, erinnerte sich Gates. »Zu jener Zeit war Gorbatschow ziemlich unter Beschuss. Brent Scowcroft und dem Präsidenten gegenüber drückte ich es so aus: ›Er muss seine Kräfte einteilen. Das hier, so wichtig es für uns sein mag, steht gegen die Sicherheit der gesamten Welt.‹«

»Gorbatschow setzte völlig andere Prioritäten bezüglich der Frage, wo er sein politische Kapital einzusetzen bereit war«, berichtete Gates. »Es bestand der Eindruck, dass es bereits sehr eng für ihn war. Wir wollten nichts tun, was damit hätte enden können, dass er entmachtet wurde. Es ist die klassische Situation, in der ein Thema auf den Präsidenten zukommt und man keine aussichtsreichen Alternativen hat. In einem solchen Fall entscheidet man sich für die am wenigsten nachteiligste.«

Bushs Berater kamen zu dem Schluss, dass Geheimhaltung der Schlüssel zu einer vernünftigen Lösung war. Wenn durchsickerte, dass die Sowjetunion seit beinahe zwanzig Jahren das Biowaffen-Übereinkommen missachtet hatte, wäre der delikate Balanceakt zwischen Gorbatschow und seinem Militär bzw. zwischen Ost und West ernsthaft gestört worden. »Die Informationen wurden streng unter Verschluss gehalten«, erinnert sich Gates. »Und die Regierung Bush hatte in puncto Geheimhaltung einen wirklich guten Ruf.«

Am 4. April 1991 plädierte der Sicherheitsrat der Vereinten Nationen dafür, das Exportverbot für irakisches Erdöl aufzuheben, sobald bestätigt werden könne, dass Bagdad seine atomaren, biologischen und chemischen Waffen in der Tat zerstört hatte. Der amerikanischen Seite schien dieses Arrangement mehr als fair. Der Irak hatte bereits bei Kriegsende in einer Resolution eingewilligt, seine nichtkonventionellen Waffen aufzugeben. Alle würden zu den Gewinnern gehören. Die Gewinne aus dem Verkauf von irakischem Rohöl würden Bagdad helfen, den durch die Bomben der Alliierten angerichteten Schaden zu beheben. Amerikanische und europäische Firmen kämen an lukrative Verträge zum Wiederaufbau des Irak. Die Region würde sicherer. Und die irakischen Führer, die von jedem Ölgeschäft persönlich profitierten, hätten mehr Geld, das sie untereinander aufteilen konnten.

Was in Washington und London so überaus klar schien, lag für Bagdad weit weniger deutlich auf der Hand. Der Einfluss des Irak in der Golfregion verdankte sich dessen Fähigkeit, seine Nachbarn von Kuwait über Jordanien bis hin zu all den kleinen Staaten, die rund um den Golf verstreut sind, einzuschüchtern. Für die Iraker war die Aufrechterhaltung ihres biologischen, chemischen und nuklearen Programms von unschätzbarem Vorteil, sogar wenn sie dadurch Gefahr liefen, Milliarden von Dollars an Öleinkünften zu verlieren. Mikroorganismen waren ihre Atombombe. Selbst wenn sie diese nie einsetzen sollten, würden die Gerüchte über ihre Existenz die kleinen Nationen aufhorchen lassen und den Westmächten Anlass zum Nachdenken geben.

Bald nach Kriegsende befahl der Außenminister des Irak, Tariq Aziz, seinen höchsten Beamten, einen Plan auszuarbeiten, wie sich die Infrastruktur des irakischen Bioarsenals vor den Augen der Vereinten Nationen verbergen ließe.[5] Der Irak hatte nicht vor, seine atomaren und biologischen Arsenale oder seine Vorräte an VX, einem hochentwickelten Nervengift, offenzulegen. Er würde sämtliche Beweise für seine biologischen Unterfangen und das eilige nukleare Aufrüstungsprogramm, das dem Bau einer primitiven Atombombe sehr viel näher gekommen war, als westliche Geheimdienstler vermuteten, verbergen. Irakische Beamte zerstörten Dokumente, zogen trügerische Mauern in wichtigen Gebäude hoch und probten die Lügenmärchen, die sie den Waffeninspektoren der Vereinten Nationen aufzutischen gedachten. Am 18. April 1991 legte der Irak den Vereinten Nationen seine erste Stellungnahme zu den nichtkonventionellen Waffen in seinem Besitz vor.[6] Er gestand die begrenzte Produktion von chemischen Waffen ein, erwähnte aber weder die Arbeiten an nuklearen noch die an biologischen Waffen.

Die Aufgabe, diese Erklärung zu verifizieren, fiel einer neuen Expertengruppe zu, einer Sonderkommission der Vereinten Nationen, nach ihrem englischen Namen United Nations Special Commission kurz UNSCOM genannt. Diese Organisation ähnelte in ihrer Zusammensetzung keiner bislang bestehenden. Es handelte sich um eine Mischung aus Diplomaten und Fachleuten, die im Kalten Krieg noch miteinander verfeindet gewesen waren. Pensionierte Offiziere der Roten Armee arbeiteten mit ihren Kollegen vom britischen und amerikanischen Militär zusammen. Der Sicherheitsrat der Vereinten Nationen hatte Rolf Ekeus, einen schwedischen Diplomaten und einstigen Richter, als Leiter der UNSCOM ernannt.

Ekeus hatte den Eindruck, er werde nicht allzu viel mit der Überprüfung des irakischen Biowaffenarsenals zu tun haben. Es gab keine Auffälligkeiten, so schien es. Bagdad hatte eingestanden, chemische Waffen hergestellt und Raketenprogramme entwickelt zu haben. Ekeus' erster Eindruck war, dass der Irak eine »relativ ehrliche Erklärung« abgegeben habe, die es zu verifizieren galt. Er setzte ein Schreiben auf, adressiert an fünfzig Nationen auf der ganzen Welt, von denen der Irak womöglich chemisches, nukleares oder biologisches Zubehör bezogen haben könnte, und bat um Hilfe. Nur Großbritannien und die Vereinigten Staaten schickten detaillierte Informationen.

Nur wenige der ersten von der UNSCOM einberufenen Inspektoren verfügten über biologische Kenntnisse, einen echten Spezialisten aber konnte das Team verbuchen: David Kelly. Der Mikrobiologe aus Porton Down, dem britischen Fort Detrick, war einer der beiden britischen Beamten gewesen, die im Jahre 1989 Pasetschnik verhört hatten. Wenige Wochen bevor er der UNSCOM beitrat, hatte er als Mitglied eines amerikanisch-britischen Teams die sowjetischen Produktionsstätten für Biowaffen in Augenschein genommen. Kelly war ein geübter Fragensteller. Im Januar hatte er einen sowjetischen Wissenschaftler so lange bedrängt, bis dieser zugegeben hatte, die Sowjetunion habe in ihrem Forschungsinstitut Vector, einem Labor, das Teil des Moskauer Biowaffenprogramms war, mit Pockenviren experimentiert. Dieses Geständnis hatte die schlimmsten Ängste westlicher Beobachter bestätigt: Die Sowjets versuchten aus einer der gefürchtetsten Krankheiten der Welt eine Waffe zu bauen.

Die britisch-amerikanischen Reisen durch die Sowjetunion waren ein Musterbeispiel dafür gewesen, wie Waffeninspektoren mit Geheimdienstbehörden eng zusammenarbeiten können. Kelly und seine Kollegen ließen sich durch die Darstellungen von Pasetschnik und durch andere, von britischen und amerikanischen Geheimdiensten mühsam zusammengetragene, nicht ganz so präzise Informationen leiten. Sie hatten eine Vorstellung davon, wo sie zu suchen hatten und vor allem wonach. Die UNSCOM hingegen konnte auf weit weniger Informationen zurückgreifen. Anfang Mai 1991 veranstalteten amerikanische Beamte ein Informationstreffen für das Team der Vereinten Nationen. Aber die CIA zögerte, ihre wertvollsten Informationen einer internationalen Gruppe preiszugeben, an der auch ehemalige sowjetische Beamte beteiligt waren und die womöglich irakischen Spionen in die Hand arbeitete. Obwohl britischen und amerikanischen Inspektoren in vertraulichen Gesprächen mehr Informationen zuteil wurden, waren und blieben die Geheimdienste vorsichtig bei dem, was sie sagten, selbst wenn es sich um Verbündete handelte.

Am 2. August 1991 traf das erste UNSCOM-Team zur Inspektion von Biowaffen in Bagdad ein. Die Inspektoren wurden von Hossam Amin begrüßt, einem Oberst, der vor dem Krieg in der Military Industrializing Corporation, der irakischen Vermittlungsagentur für Waffenkäufe, gearbeitet hatte. Amin überreichte den Inspektoren eine Stellungnahme, in der erstmals die Rede davon war, dass die Iraker »zu militärischen Zwecken« biologische

Forschung betrieben hätten.[7] Die Experimente, so das Statement, seien rein defensiver Natur gewesen und nur zehn Wissenschaftler seien daran beteiligt gewesen. Kelly fand die Stellungnahme unglaubwürdig, war aber fasziniert von einer Liste, die der Irak aufgestellt hatte und in der »zu einem doppelten Zweck genutzte« Einrichtungen aufgezählt wurden, zivile Anlagen, die möglicherweise auch militärisch genutzt werden konnten. Fermenter wurden dem Dokument zufolge im »Lager Al Hakam« aufbewahrt. Was genau war Al Hakam? Die Gruppe hatte bereits einen Termin zur Besichtigung der ausgebombten Überreste von Salman Pąk, jenem Labor, in dem die Iraker angeblich zuerst Biowaffen-Forschung betrieben hatten. Kelly hatte die UNSCOM-Führung um die Erlaubnis gebeten, die Inspektion ausdehnen und auch ein paar Inspektoren nach Al Hakam schicken zu dürfen, damit sie sich dort genauer umsähen. Robert Gallucci, der zu Ekeus' Stellvertreter ernannte amerikanische Diplomat, lehnte ab. Ein anderes UNSCOM-Team, erklärte er Kelly, sei bereits im Irak unterwegs und suche nach soliden Beweisen für Bagdads Atomwaffenprogramm. Die UNSCOM könne nicht mehr als zwei Missionen zur selben Zeit durchführen.[8] Ekeus ging davon aus, dass Al Hakam keine Fabrik für biologische Waffen sei. Immerhin hatten die Alliierten die Anlage nicht bombardiert.

Kellys Instinkt war schärfer, als ihm selbst bewusst war. Im Mai, genau zu der Zeit, als die UNSCOM ihre Geschäfte aufnahm, hatte die CIA aus einer Quelle mit Zugang zu den dunkelsten Geheimnissen des Irak einen spektakulären Bericht erhalten. Dem zufolge hatten Bagdads Biowaffen den Krieg überstanden und wurden versteckt. Laut einem Kurzbericht, der im Mai 1991 unter CIA-Beamten die Runde machte, habe die Quelle berichtet, der Irak habe in »der Al-Hakam-Fabrik nahe Jur Al-Shakar« zwei verschiedene Arten von Biowaffen hergestellt.[9] Der Irak habe seine biologischen Bomben und Raketensprengköpfe »einen Meter unter der Erde« vergraben. Die »Fertigungsanlagen« existierten noch immer.

Im August, als Kelly im Irak eintraf, übermittelten die Experten dem Direktor der CIA, William Webster, eine ausführlichere Darstellung darüber, was der Irak hergestellt hatte und wo all das verborgen gehalten wurde.[10] Dem Bericht zufolge hatte Bagdad in der Nähe des Flugfelds Nr. 37, eines wichtigen Militärstützpunkts, fünfundsiebzig Bomben versteckt, deren Inhalt die »Agenzien A, B und C« umfasse. Überdies würden die Iraker fünfzehn biologisch bestückte Sprengköpfe für ihre Raketen an zwei Orten verbergen. Einer davon lag in der Nähe des irakischen Militärstützpunktes Al Mansuriah, und in einem weiteren Militärstützpunkt seien über hundert riesige Container versteckt.
Der Bericht der CIA legte auch neue Einzelheiten bezüglich der irakischen Biowaffen-Produktion in Al Hakam offen. Demnach hatte die Einrichtung über fünf große Laboratorien verfügt, in denen der Irak Toxine aus Bakterien isoliert hatte, die in 1400-Liter-Gärtanks herangezogen wurden. In dem Bericht wurde auch darauf hingewiesen, dass irakische Wissenschaftler in einer Fabrik bei Al Fadhaliya Biowaffen aus Pilzen hergestellt hätten. Schließlich stellte der Bericht fest, der Irak habe »nicht die Absicht, irgendeines seiner verborgenen chemischen oder biologischen Agenzien zu verlegen«.
Die Aussagen des Berichts und andere Hinweise aus jüngerer Zeit veranlassten die CIA, ihre Einschätzung des Schadens, der dem Irak durch das Bombardement der Alliierten zugefügt worden war, zu revidieren.[11] Tatsächlich schien der größte Teil des irakischen Biowaffenarsenals den Krieg unbeschadet überstanden zu haben. Im September 1991 benannte die Behörde acht Orte, an denen der Irak Vermutungen zufolge Biowaffen produziert hatte. Nur zwei davon waren bombardiert worden. Auf dieser Liste stand auch Al Hakam, das der Irak als Lager bezeichnete. Der Bericht behauptete, die Einrichtung habe Botulinum-Toxin produziert, Milzbrand-Erreger und den Gasbrand-Erreger *Clostridium perfringens*, ein Bakterium, das die inneren Organe des Körpers angreift.[12]
Der Bericht über die vergrabenen Biowaffen des Irak sowie die

Einschätzung der CIA, der zufolge ein Großteil von Bagdads Biowaffenarsenal intakt geblieben war, scheint Ekeus und andere führende UNSCOM-Beamte nicht erreicht zu haben. Major Karen Jansen, die als UN-Inspektorin diente, erinnerte sich, dass ihr von einem Informanten der CIA Ende 1991 oder Anfang 1992 mitgeteilt worden sei, dass die Biowaffen sich im Flugfeld 37 und an verschiedenen anderen Orten befänden. Jansen berichtete, sie habe der CIA erklärt, sie sei sehr dankbar für den Hinweis, die UNSCOM benötige jedoch etwas genauere Ortsangaben. Die Inspektoren könnten schließlich das Flugfeld nicht umgraben. Ein führender CIA-Beamter erklärte in einem Interview, dass die Behörde meine, den Bericht 1991 und 1992 zwei weiteren UNSCOM-Mitarbeitern zugänglich gemacht zu haben. Keiner von beiden konnte sich an eine solche Information erinnern. Wie auch immer: In die Archive der UNSCOM gelangte keine dieser Informationen.[13] Auch wurden sie David Kelly, jenem britischen Beamten, der die ersten Inspektionen leitete, nicht zugänglich gemacht.

Im September, einen Monat nachdem die Neueinschätzung der CIA zum irakischen Biowaffenprogramm vorlag, inspizierten Kelly und sein UNSCOM-Team das erste Mal Al Hakam. Der Ort, etwa fünfzig Kilometer außerhalb von Bagdad mitten in der Wüste, schien für eine zivile Einrichtung eine seltsame Wahl. Die Gebäude waren von einem beeindruckenden Sicherheitszaun umgeben und erstreckten sich über knapp vier Quadratkilometer. Die Iraker hatten ihre ursprüngliche Legende um Al Hakam inzwischen revidiert. Es sei kein Lager, sondern eine Fabrik zur Produktion von Tierfutter, erklärten sie nun. Die Inspektoren äußerten keine expliziten Zweifel an dieser Erklärung. Die in den höhlenartigen Gebäuden installierte Ausrüstung konnte tatsächlich benutzt werden, um Tierfutter herzustellen. In denselben Fermentern ließen sich allerdings genauso leicht Erreger zur Herstellung von Biowaffen ziehen. Alles hing davon ab, was in ihnen kultiviert wurde. »Obschon es zu diesem Zeitpunkt absolut keine Beweise für die Verwicklung in ein B-Waffen-Programm gab, zeigte sich die Arbeitsgruppe besorgt darüber, dass [die Anlage] früher oder später in die Entwicklung eines solchen Programms einbezogen werden könnte«, berichteten die Inspektoren.[14] Die UNSCOM-Inspektoren verließen den Irak uneins darüber, ob der Irak in Al Hakam je Biowaffen produziert habe oder nicht.

Die UN-Inspektorengruppe irrte durch den Irak, ohne wahrzunehmen, was sie sah. Eine riesige Kriegsmaschinerie lag unsichtbar direkt vor ihren Augen. Im Herbst besichtigte eine Gruppe von Inspektoren den Stützpunkt Al Walid im Westen des Irak, um ein paar R-400-Bomben mit schwarzen Markierungen auf beiden Seiten zu begutachten. Bevor die Inspektionen mit ihrer Arbeit begonnen hatten, war der UNSCOM vom Irak eine manipulierte Erklärung bezüglich der Farbcodes seiner nichtkonventionellen Waffen übergeben worden. Gelbe Farbe markierte angeblich mit Senfgas gefüllte Munition, Sprengköpfe oder Bomben, Schwarz sollte für das Nervengas Sarin stehen, Rot für Tabun.[15] Später sollte der Irak zugeben, dass er in diesem Punkt gelogen hatte. Ein dicker schwarzer Streifen markierte eine Biobombe. Die Inspektoren, die da durch Al Walid zogen, hatten Bomben gesehen, die mit einem biologischen Agens gefüllt waren, nicht mit Sarin.[16]

Als man den UNSCOM-Inspektoren Jahre später Kopien der CIA-Berichte von 1991 vorlegte, konnten sie nur staunen. Die Informationen mussten von einem hochrangigen irakischen Beamten stammen, sagten sie, von jemandem, der über ein detailliertes Wissen über das gesamte Biowaffenprogramm des Irak verfügte. Sogar die Nomenklatur stimmte. Die Iraker bezeichneten ihre Biowaffen mit verschiedenen Kürzeln: A stand für Botulinum-Toxin, B für Anthrax, C für *Clostridium perfringens*.[17] (Die irakische Luftwaffe verwendete die Code-Namen »Tee«, »Kaffee« und »Zucker«.)

Vier Jahre und zahllose Reisen in den Irak sollte es die UN-Inspektoren kosten, bis sie herausgefunden hatten, was die CIA schon im Herbst 1991 wusste. Die Tatsache, dass sie den Agentenbericht nie zu Gesicht bekamen, obwohl er vorlag, verlangsamte die Untersuchungen drastisch. In den Jahren nach ihrer ersten Irakreise waren sich die Al-Hakam-Inspektoren nicht einmal einig darüber, ob der Irak über ein Biowaffenprogramm verfügte oder nicht. Vor allem Kelly sah in der verspäteten Vorlage der CIA-Berichte vertane Chancen. Die erste UNSCOM-Inspektion von Flugfeld Nummer 37 im November 1991 war der mehr oder minder ziellosen Suche nach Bunkern gewidmet. Hätten sie den vollständigen Bericht von 1991 in Händen gehabt, hätte die Gruppe vor Ort weit bohrendere Fragen stellen, viel intensiver suchen können. »Das hätte die Untersuchung massiv beeinflusst«, sagte Kelly. Ekeus, der die ständigen Dispute zwischen den UNSCOM-Inspektoren über das Biowaffen-Know-how des Irak zu schlichten hatte, konnte, als ihm zehn Jahre später das CIA-Material vorlegt wurde, nur den Kopf schütteln. »Das ist ein Skandal«, erklärte er. »Ja, natürlich wäre es wichtig gewesen.«

Während die UNSCOM-Inspektoren sich mühten, das irakische Biowaffenprogramm zu entschlüsseln, begann das Pentagon, Verteidigungspläne für den Fall eines Angriffs mit Biowaffen auszuarbeiten. Das Project-Badger-Team, das im Herbst 1990 darum gekämpft hatte, die Impfstoffbestände zu vergrößern, ließ einen geheimen Bericht kursieren, der auflistete, was zu tun sei. Das Militär könne sich, was die Deckung des Impfstoffbedarfs im Falle einer Krise betreffe, auf die pharmazeutische Industrie nicht verlassen. Weitreichende Schritte seien nötig, um den Nachschub zu sichern, erklärte der Bericht.[18] Amerikanische Soldaten sollten nie wieder ohne ausreichenden Schutz gegen einen potentiellen biologischen Angriff in einen Krieg ziehen müssen.

Einige Tage nach Beendigung der Kampfhandlungen hatten die Gesundheitsbeauftragten der Armee ein Schreiben an Armeeminister Michael P. W. Stone geschickt, in dem es hieß, dass »seit Beendigung des B-Waffen-Programms im Jahre 1969 dem Programm zur Verteidigung im Falle eines biologischen Angriffs nur minimale Aufmerksamkeit geschenkt« worden sei.[19] Weiter wurde angemerkt, dass die »amerikanischen Streitkräfte immunologisch verwundbar gegen die gesamte Palette optimierter biologischer Agenzien sind, obwohl wir die Möglichkeit haben, gegen viele Infektionskrankheiten zu impfen.« Die Vereinigten Staaten, so das Argument, müssten mit einem Programm zur Impfung ihrer in Krisengebieten stationierten Soldaten in Friedenszeiten beginnen.

Diesen Schwung aufrechtzuerhalten, erwies sich als schwierig. Die Armee, der die Organisation der Verteidigung im Falle eines B-Waffen-Einsatzes oblag, stellte ein paar Wochen später fest, dass ein umfassendes Programm zur Impfung der Truppe kostspielig sei und unter den Bürgern womöglich Ängste schüren könne, indem es das »delikate Thema Biowaffen ins Licht der Öffentlichkeit zerrt«.[20] Auch könnte es potentielle Gegner dazu veranlassen, resistente Erreger gegen die jeweiligen Impfstoffe zu produzieren. Einige Offiziere warfen überdies die Frage auf, ob es nicht möglich sei, hinreichend Impfstoff zu lagern, um auch die Zivilbevölkerung der Vereinigten Staaten zu schützen. Das, so erklärten sie, würde möglichen Gegnern zeigen, dass »wir gerüstet sind«. Die militärischen Planer wiesen darauf hin, dass diese Möglichkeit mit »den höchsten Gesamtkosten« verbunden sei. Der Vorschlag wurde abgelehnt.

Die Erfahrungen aus dem Golfkrieg hatten die Offiziere gelehrt, dass sie sich weder auf die Privatindustrie noch auf das Labor in Michigan würden verlassen können, wenn es darum ging, in Krisenzeiten genügend Impfstoff herzustellen. Das Verteidigungsministerium, so das Militär, solle auf der Stelle anfangen, eine eigene Impfstoffproduktion zu betreiben. Im Kriegsfalle gehöre die Zukunft alliierten Verbänden, und die Vereinigten Staaten sollten über genügend Impfstoff verfügen, um nicht nur ihren eigenen Bedarf zu decken, sondern den »ausgewählter Verbündeter« ebenfalls.[21] Ein Subunternehmer könne damit beauftragt werden.

Am 9. April 1991 einigten sich Colin Powell und die US-Generalstabschefs auf einen ersten Schritt und empfahlen, die Armee solle genügend Anthrax-Impfstoff einlagern, um die gesamte aktive Streitmacht von 1,6 Millionen Männern und Frauen schützen zu können. Powell erläuterte Verteidigungsminister Cheney diesen Vorschlag in einem Schreiben und bezeichnete dies als »Minimalziel«.[22]

Die Pläne zur Impfung einer beschränkten Anzahl Soldaten in Friedenszeiten umzusetzen, erwies sich als weitaus schwieriger. Der Zusammenbruch des Kommunismus löste im Herbst 1991 ernsthafte Forderungen nach friedensbedingten Einsparungen aus. Als das Weiße Haus das Pentagon drängte, seine Budgets zu kürzen, kämpften Heer, Luftwaffe und Marine um ihre jeweiligen Lieblingsprojekte. Jeder Dollar für die Verteidigung im Falle eines biologischen Angriffs war ein Dollar, der von anderen Programmen abgezogen werden musste, die lange Zeit hindurch höhere Priorität genossen hatten. Die Impfstoffproduktion der Armee würde im Verlauf mehrerer Jahre über eine Milliarde Dollar verschlingen.[23]

Auf einem Treffen der Generalstabschefs im Oktober 1991 fragte die Luftwaffe nach, wie »real« die Bedrohung denn sei und ob das Pentagon sich einen so ehrgeizigen Plan überhaupt leisten könne.[24] Bei einigen Aspekten des Vorschlags war auch Cheneys Beratern nicht ganz wohl, aber gegenüber den militärischen Führern bestanden sie darauf, »dass zwei Komponenten des Plans – Impfungen in Friedenszeiten und eine angemessene Impfstoffproduktion – umgehend in Angriff genommen werden sollten«. Die Militärs waren anderer Ansicht. »Bezüglich der Bedrohung herrscht ein eklatanter Mangel an Übereinstimmung«, schrieb ein Beamter im Februar 1992. »Marine und Luftwaffe sehen für ihre Verbände nicht dieselbe Bedrohung wie die Bodentruppen.« Die Folge war, dass es »keine Impfpolitik« gab.[25]

Luftwaffe und Marine schlugen vor, Soldaten nur im Vorfeld bewaffneter Auseinandersetzungen zu impfen, und dies auch nur, wenn bekannt war, dass sie gegen einen Gegner zur Felde zogen, bei dem der begründete Verdacht bestand, dass er über Biowaffen verfüge. Die Gesundheitsbeauftragten hielten einen solchen Plan für medizinisch unsolide. Sie erinnerten Powell daran, dass es bis zu sechs Monaten dauern kann, bis die Immunität nach einer Impfung voll entwickelt ist. Der Generalstabschef begann daraufhin, seine Pläne für eine Impfung ausgewählter Einheiten in Friedenszeiten voranzutreiben, ohne großes Aufhebens zu machen.

Als Powell Anfang 1993 mit den Kommandeuren der militärischen Sondereinsatzkommandos zusammentraf, hatte er es mit einem empfänglicheren Publikum zu tun. Er fragte, wie sich die Delta-Force und andere Einheiten auf terroristische Anschläge mit Massenvernichtungswaffen (kurz WMD für *weapons of mass destruction* genannt) vorbereiteten. Die Anti-Terror-Einheiten des Militärs hatten seit Jahren darauf trainiert, Flugzeuge zu stürmen und Geiseln zu retten. Powell aber war der Ansicht, dass die Bedrohung der Zukunft eher von einer Terroristengruppe herrühren werde, die sich im Besitz atomarer, biologischer oder chemischer Waffen befinde. Die Kommandeure der Spezialeinheiten verstanden und begannen ihre Manöver und Strategien neu zu überdenken, wobei sie sich zunächst auf die Gefahren konzentrierten, die sich durch konventionelle Sprengkörper ergaben, die mit radioaktivem Material gefüllt wurden.

Die britischen und amerikanischen Bestrebungen, Moskau dazu zu bringen, sich seiner biologischen Vergangenheit zu stellen, schienen Fortschritte zu machen. Boris Jelzin, der nach dem Ende der Sowjetunion zum russischen Präsidenten gewählt worden war, erklärte Präsident Bush im Februar 1992 bei einem Gipfeltreffen in Camp David, dass er über das Thema nachgedacht habe. »Ich habe Ihr Schreiben erhalten«, sagte er unter Bezugnahme auf das amerikanische Dokument, in dem die russischen Verstöße gegen das Biowaffen-Übereinkommen im einzelnen dargelegt waren.[26] »Ich bin absolut sicher, dass all das stimmt.« Jelzin, im Jahre 1979 Vorsitzender der Kommunistischen Partei in Swerdlowsk, erklärte, er habe die Geschichte mit dem verdorbenen Fleisch von Anfang an bezweifelt. Er sei der Ansicht, der KGB und das Militär hätten ihn belogen, als sie ihm versicherten, für die Milzbrand-Todesfälle gebe es eine harmlose Erklärung. »Ich werde ein Dekret erlassen, um das in Ordnung zu bringen«, versprach er Bush. En passant ließ er damit seinen amerikanischen Gästen eine alarmierende Neuigkeit zukommen: Das russische Militär hielt offensichtlich Informationen über dieses illegale Programm Jelzins eigenen

Beratern zurück. Am Ende des Gipfeltreffens verkündete ein Sprecher öffentlich, dass Jelzin vorhabe, das sowjetische Biowaffen-Imperium stillzulegen.
Bald schon aber kam es zu einem Disput darüber, ob Moskau in Bezug auf seine Biowaffen-Vergangenheit wirklich ehrlich sei. Großbritannien, die Vereinigten Staaten und Russland hatten sich darauf geeinigt, vor den Vereinten Nationen eine Erklärung zu ihren jeweiligen Programmen abzugeben. Der Ende April 1992 zirkulierende, von Russland eingereichte Entwurf enttäuschte die Verantwortlichen auf beiden Seiten des Atlantik. Darin wurde keinerlei Waffenproduktion eingestanden, und die Existenz etlicher der von Pasetschnik erwähnten Einrichtungen wurde geleugnet. Die Darstellung, so ein Beteiligter, war das diplomatische Äquivalent der Aussage: »Ich habe geraucht, aber nicht inhaliert.«[27]
Am 27. Mai gestand Jelzin in einem Zeitungsinterview offiziell ein, was er Bush bereits gesagt hatte – dass die Milzbrand- Epidemie von 1979 in Swerdlowsk aus einem Unfall in einer militärischen Einrichtung hervorgegangen sei. Dem sowjetischen Geheimdienst KGB zufolge habe Jelzin im privaten Kreis zugegeben, dass »unsere militärische Entwicklung die Ursache« gewesen sei.[28] Weitere Einzelheiten äußerte er nicht.
Ein paar Tage später traf ein von dem Harvard-Professor Meselson geleitetes Wissenschaftlerteam in Russland ein, um die Ereignisse in Swerdlowsk zu untersuchen. Nach jahrelangen Aufforderungen hatte Moskau endlich einer unabhängigen Bewertung des Beweismaterials zugestimmt. Die Arbeitsgruppe befragte Beamte im Gesundheitswesen und die Familien der Opfer. Russische Wissenschaftler präsentierten den Besuchern nun auch die Autopsie-Dias vom Mediastinum, dem Bereich zwischen den Lungen – jenes entscheidende Indiz, das in den sowjetischen Darstellungen in Amerika 1988 immer gefehlt hatte.[29] Das Gewebe wies alle Anzeichen einer Schädigung durch Lungenmilzbrand auf.
Im Sommer 1992 trugen Meselson und sein Team Experten an der Brookings Institution in Washington die vorläufigen Befunde vor.[30] Der Pathologe des Teams, David Walker, erklärte, die Dias

böten den schlüssigen Beweis dafür, dass die Erkrankung in diesen Fällen durch das Einatmen der Sporen ausgelöst sei und nicht durch den Genuss von kontaminiertem Fleisch. Doch Meselson fand, die eigentliche Ursache der Epidemie sei damit noch immer nicht geklärt.

Die heikle Situation, in die sich Russland, Großbritannien und die Vereinigten Staaten mit ihren Erklärungen gegenüber den Vereinten Nationen manövriert hatten, wurde im Juli publik, als die *Washington Times*, eine kleine Zeitung mit verlässlichen militärischen und geheimdienstlichen Quellen, die Sache groß herausbrachte.[31] Während sich die amerikanische Regierung im Wahljahr bemühe, ein neues Atomwaffenabkommen auszuhandeln, so der Artikel, habe Russland über seine Vergangenheit gelogen. Einmal mehr hatte das Thema Biowaffen politische Bedeutung erlangt. Die Regierung Bush forderte ein sofortiges Treffen mit den Russen zur Lösung dieser Frage und zur Rettung seines Rüstungsabkommens.

Britische, amerikanische und russische Beamte trafen sich zu Gesprächen in Moskau, die Atmosphäre wurde rasch gespannt. Vor mehr als fünfzig Leuten verteidigte Walentin Jewstignejew, ein vierschrötiger russischer General, die Darstellung seines Landes als vollständig. Er erklärte, der Vorfall in Swerdlowsk sei darin nicht enthalten gewesen, weil sich die russischen Experten nicht darauf hätten einigen können, ob dieser nun durch befallenes Fleisch, einen Unfall im Rahmen der russischen Defensivforschung oder durch Sabotage seitens antisowjetischer Kräfte verursacht worden sei. Ein anderer russischer Beamter erklärte, Pasetschnik sei ein Lügner. Die Sowjetunion habe nie daran gedacht, Pestbakterien waffentauglich zu machen. Die Gespräche zogen sich bis zum nächsten Tag hin, und in den letzten Stunden stellten die Russen ein Ultimatum: Moskau werde Inspektionen verdächtiger Einrichtungen zustimmen, aber nur wenn die Vereinigten Staaten und Großbritannien ihre Pharmaunternehmen ihrerseits denselben Überprüfungen öffneten. Die britischen und amerikanischen Beamten hatte eine starke Abneigung gegen dieses Angebot, weil es alle drei Seiten gleichermaßen schuldig dastehen ließ. Aber Diplomatie ist die Kunst des Möglichen, und so willigten sie in den Handel ein, der mit großem Brimborium verkündet und dem Kongress als diplomatische Meisterleistung verkauft wurde.[32] Im Laufe der nächsten Wochen, in denen die Verhandlungen über die gegenseitigen Inspektionen vor sich hin dümpelten, erfuhren die Vereinigten Staaten unerwartet noch einiges mehr über Moskaus biologische Täuschungsmanöver.

Die CIA-Männer begleiteten Bill Patrick in die Mitte seines Gartens im ländlichen Maryland, in sichere Entfernung von möglichen Abhöranlagen im Hause: Sie erklärten ihm, er solle einen sowjetischen Überläufer verhören. Er stieg in das Auto der CIA-Leute, und sie fuhren eine ganze Zeit umher, um mögliche Verfolger abzuschütteln. Endlich erreichten sie ein sicheres Quartier an einem abgelegenen Ort in der Nähe von Washington. Patrick war überrascht, dass der Überläufer so asiatisch aussah. Das chauvinistische Sowjetsystem hatte seine Spitzenpositionen in der Regel mit Personen russischer Abstammung besetzt. Dennoch hatte dieser gedrungene Mann aus Kasachstan angeblich siebzehn Jahre als Wissenschaftler im Rahmen des sowjetischen Biowaffenprogramms gearbeitet und war dabei in die zweithöchste Position an der Spitze eines Unternehmens namens Biopreparat aufgestiegen, das der amerikanische Geheimdienst bereits seit Jahren im Auge hatte. Wenn er aufrichtig war, konnte er eine bessere Quelle abgeben als Pasetschnik: ein Mann in führender Position mit einem detaillierten Überblick über den ganzen geheimen Betrieb. Nun war es an Patrick, die Glaubwürdigkeit des Überläufers zu testen und herauszufinden, was er zu bieten hätte.
Patrick überreichte dem Überläufer seine Visitenkarte – die mit dem Schädel und den gekreuzten Knochen darauf. Der andere konnte kein Wort Englisch lesen, aber er lachte. Das Eis war gebrochen. »Wir kamen sofort zur Sache«, erinnerte sich Patrick. Die beiden Männer unterhielten sich darüber, wie die Sowjets ihre Anzuchtkulturen handhabten, über den Trocknungsprozess, die

Konzentration – einfach alles. »Es lief wie geschmiert«, erinnerte sich Patrick. »Nehmen Sie irgendeinen unserer sogenannten Experten. Die wissen nichts über die Stabilität eines Agens, nichts darüber, was sie mit den Erregern anstellen müssen, um sie beim Einfrieren und beim anschließenden Trocknungsprozess zu schützen.« Aber dieser Überläufer wusste, worauf es ankam. Er war ein Eingeweihter, jemand, der die Feinheiten der Kunst beherrschte. »Ich würde nicht sagen, dass wir uns ineinander verliebten«, meinte Patrick. »Aber wir hatten von Anfang an Respekt voreinander.« Bereits seit zwei Monaten hatte der Überläufer Kanatjan Alibekow, der seinen Namen später in Ken Alibek ändern sollte, damit dieser amerikanischer klang, die Verhöre amerikanischer Fachleute über sich ergehen lassen. Es hatte ihn überrascht, dass diese Sitzungen wie akademische Seminare abliefen, in denen er oftmals die grundlegendsten Dinge erklären musste. »Erst als Bill Patrick zur Tür hereinkam, hatte ich das Gefühl, dass jemand verstand, was ich zu sagen versuchte«, berichtete Alibek später.[33]

Was Alibek zu sagen hatte, war furchterregend. Moskau, so erklärte er, habe insgeheim viele hundert Tonnen Anthrax-, Pocken- und Pesterreger produziert, die für den Einsatz gegen die Vereinigten Staaten und deren Verbündete bestimmt waren. Die Mengen ließen alles verblassen, was amerikanische Experten sich in ihren schlimmsten Visionen ausgemalt hatten. Alibek beschrieb ein Imperium, das sich vom sowjetischen Ministerrat über die Sowjetische Akademie der Wissenschaften quer durch die Ministerien für Landwirtschaft, Verteidigung und Gesundheit bis hin zu Biopreparat, seinem eigenen, nach außen hin als zivile Einrichtung getarnten Unternehmen, erstreckte. Tatsächlich sei Biopreparat eine biologische Kriegsmaschinerie gewesen, so Alibek, in der an mehr als vierzig über Russland und Kasachstan verteilten Standorten Zehntausende beschäftigt gewesen seien. Das Wichtigste für Patrick waren die Details, die Alibek aus der wissenschaftlichen Praxis der Sowjets zu berichten wusste. Wie Pasetschnik erstmals dargelegt hatte, profitierten viele der von Moskau entwickelten Biowaffenrezepte fleißig von den zahlreichen wissenschaftlichen

Fortschritten in der Biologie, die just zu der Zeit beschleunigt hatten, als Washington sein eigenes Biowaffenprogramm 1969 zu den Akten gelegt hatte. Patrick war am Boden zerstört. Den Sowjets waren bahnbrechende Entwicklungen gelungen.
Die geheimen Verhöre begannen Ende 1992 und dauerten ein ganzes Jahr hindurch. Alibeks Aussagen wurden in Geheimdienstkreisen mit einer gewissen Skepsis zur Kenntnis genommen. Nicht dass jemand bezweifelt hätte, dass die Sowjetunion ein großes Biowaffenarsenal ihr Eigen nannte, aber bezüglich der Einzelheiten erhoben sich manche Fragen, vor allem dort, wo es um Alibeks Aussagen über die sowjetischen Erfolge in der Gentechnologie ging. Seine Ausführungen vor den Amerikanern zeugten von Wissen aus erster Hand, ebenso seine Interpretation dessen, was russische Wissenschaftler in der allgemein zugänglichen Literatur publizierten. Alibek sei Arzt, kritisierten manche Experten, und was die harte Wissenschaft angehe, sei er nicht mehr auf dem Laufenden. Doch mit Patrick als neuem Verbündeten gelang es Alibek, zunächst in Regierungskreisen und später dann in der Öffentlichkeit Besorgnis über die russischen Biowaffen-Programme zu schüren.

Bill Clinton übernahm das Präsidentenamt im Januar 1993, fest entschlossen, außenpolitische Fragen erst einmal hintanzustellen, was sich jedoch schon bald als unmöglich erwies. Die sowjetische Bedrohung war verblasst, doch das Ende des Kalten Krieges hatte andere Gefahren heraufbeschworen. Clinton verfügte über eine rasche Auffassungsgabe und verstand auf Anhieb, als seine Berater ihm eine neue Gefahrenquelle aufzeigten: die vielen tausend Sowjetwissenschaftler, die der Zusammenbruch ihres Systems arbeitslos und verbittert zurückgelassen hatte. Viele hatten ihr ganzes Leben damit zugebracht, biologische, chemische oder nukleare Waffensysteme herzustellen. Ihre Anwerbung durch die Regierung eines Schurkenstaates oder eine terroristische Vereinigung konnte den Vereinigten Staaten und deren Verbündeten zum Verhängnis werden.
Der neue Präsident war erst fünfunddreißig Tage im Amt, als er

mit einem Angriff auf amerikanischem Boden konfrontiert wurde. Radikale Islamisten hatten unter dem World Trade Center eine Bombe detonieren lassen, die den ganzen Komplex erschütterte wie ein kleines Erdbeben. Decken und Wände waren eingebrochen, Brände schwelten, das größte Gebäude der Stadt war in Dunkelheit und Rauch gehüllt. Die Explosion kostete sechs Menschen das Leben, etwa tausend wurden verletzt.

Präsident Clinton und seine Berater gelangten zu der Einsicht, dass die Vereinigten Staaten noch verheerenderen Angriffen schutzlos ausgeliefert seien.[34] Der Anschlag auf die Twin Towers, verübt von einer lose organisierten Gruppe von Leuten, die in Afghanistan gegen die Sowjets gekämpft hatten, markierte eine fundamentale Akzentverschiebung im Wesen des Terrorismus. Einen Großteil des 20. Jahrhunderts hindurch hatten ethnische Gruppen unterschiedlichster Herkunft und Interessen ihrem Kampf um Unabhängigkeit und einen eigenen Nationalstaat mit Bomben und Anschlägen Nachdruck zu verschaffen gesucht. Der Angriff auf das World Trade Center reflektierte eine neue Dimension – dies war ein heiliger Krieg, bei dem die Vereinigten Staaten in die Rolle des Feindes gedrängt wurden. Einige der gewalttätigeren Gruppen wurden von dem reichen saudischen Exilanten Osama bin Laden unterstützt, der damit seine radikale Auslegung islamischer Regeln und Gesetze den Muslimen auf der ganzen Welt zu vermitteln und die Vereinigten Staaten aus dem Nahen Osten und Afrika zu verdrängen hoffte.

Das Weiße Haus setzte zunächst alles daran, die Vorkehrungen gegen Autobomben von der Art, wie sie das World Trade Center erschüttert hatten, zu verbessern. Aber einige Beamte begannen sich besorgt zu fragen, welchen Schaden eine Terroristengruppe erst mit biologischen Kampfstoffen anrichten könnte. Im November 1993 organisierten zwei Beamte der Gesundheitsbehörden, Frank E. Young und William Clark, eine Übung, um Aufschluss darüber zu bekommen, wie New York City im Falle eines Anschlags mit Milzbrand-Erregern zurechtkommen würde. Als Mikrobiologe und Leiter der Abteilung für Katastrophenvorbeugung und Katastropheneinsätze war Young der Überzeugung, dass die Verteidigungsmöglichkeiten des Landes gegen einen biologischen Angriff vor der eigenen Haustür erschreckend unzulänglich seien. Der Golfkrieg hatte die Überlegenheit amerikanischer Technologie auf dem Schlachtfeld deutlich gemacht. Doch künftige Gegner würden sich leichtere Ziele suchen.

Die in den letzten Monaten der Regierung Bush geplante Übung lief unter dem Codenamen Civex '93.[35] Young und Clark hofften, sie könnten durch sie das Weiße Haus stärker auf die potentielle Bedrohung durch Terroristen aufmerksam machen. In dem von ihnen entworfenen Szenario flohen in Reaktion auf die Ausbreitung der Infektion Hunderttausende New Yorker in Panik aus ihren Wohnungen. Die Beamten des Bundes und der Stadt New York zeigten sich höchst beeindruckt von dem immensen Unheil, das ein biologischer Angriff auslösen könnte.

Clintons Verteidigungsminister Les Aspin verstand etwas von biologischen Fragen. Als angesehener strategischer Denker hatte Aspin viele Jahre dem Streitkräfteausschuss des Repräsentantenhauses vorgestanden und den Konflikt am Persischen Golf sehr genau studiert. Die wichtigste Lehre, die sich daraus ziehen ließ, bestand seiner Ansicht nach darin, dass keine amerikanische Militärmacht Diktatoren wie Saddam Hussein von augenscheinlich irrationalen Handlungen würde abhalten können.[36] Aspin argumentierte, die amerikanischen Streitkräfte müssten darauf vorbereitet sein, allem und jedem entgegenzutreten, was ein Gegner sich ausdenken könne – und dazu gehörten eben auch chemische und biologische Waffen.

Bereits zu Beginn seiner Amtszeit hatten Pentagonbeamte ihre Forderung nach dem Bau einer modernen pharmazeutischen Einrichtung bekräftigt, in der das Militär große Mengen an verschiedenen Impfstoffen selbst würde herstellen können. Anfragen bei US-Pharmaunternehmen, so schrieben sie, hätten »kein kommerzielles Interesse« an der Herstellung von Impfstoffen für die Verteidigung im Falle eines biologischen Angriffs ergeben.[37] Die Beamten fügten hinzu, dass die boomende Forschung an rekombinanten

Bakterien und Viren die Bedrohung durch neue Arten von biologischen Erregern erhöhe. Der Baubeginn für die Anlage wurde auf Anfang 1994 festgesetzt. Wenn alles gut ging, würde die Einrichtung – in der es sechs getrennte Fertigungslinien zur Herstellung verschiedener Impfstoffe geben sollte – im Jahre 1998 ihre ersten Chargen produzieren. Die Pentagonbeamten hofften, dass die Anlage schließlich siebzehn verschiedene Impfstoffe würde herstellen können.

Schon bald erhob sich ein Disput darüber, wer für die Herstellung der Impfstoffe verantwortlich sein solle.[38] Viele Jahre hindurch war die Verantwortung für das biologische Verteidigungsprogramm aufgeteilt gewesen zwischen der chemischen Abteilung der Armee, in der man sich mit Schutzanzügen und Detektoren befasste, und dem medizinischen Forschungs- und Entwicklungskommando in Fort Detrick, das die Impfprogramme verwaltete. Aspins Berater waren der Ansicht, die Verteidigung werde effizienter funktionieren, wenn alle Projekte in einer Hand lägen. Sie fanden, es ergebe wenig Sinn, Biodetektoren in dem einen Teilbereich der Armee zu entwickeln und Impfstoffe in einem ganz anderen. Das Sanitätskommando, die Militärärzte oder »Docs«, wie sie auch genannt wurden, versuchten gegen diese Idee Stimmung zu machen. In ihren Augen mochte der Zusammenschluss zwar auf dem Papier gut aussehen, würde sich in der Praxis aber als Katastrophe erweisen. Zwar mochten viele Militärangehörige chemische und biologische Kampfstoffe als Einheit, eine einzige umfassende Bedrohung, betrachten, aber in Wirklichkeit unterschieden sich die beiden Metiers doch sehr. Da der größte Teil der Ausgaben im Rahmen des biologischen Verteidigungsprogramms in die Entwicklung von Detektoren floss, würde der Leiter der neuen gemeinsamen Abteilung unweigerlich aus dem chemischen Lager kommen müssen. Die Impfstoffproduktion, so das Argument der Ärzte, sollte aber von jemandem mit biologischer Ausbildung überwacht werden. Der ehemalige Chef des medizinischen Forschungskommandos, Philip Russell, bat Lederberg um ein vermittelndes Gespräch mit John Deutch, ehemals Chemieprofessor am

MIT und derzeit leitender Pentagonbeamter für das Beschaffungswesen. Deutch ließ sich nicht umstimmen. Die Offiziere aus der chemischen Abteilung seien erfahrener in der Anschaffung von militärischer Ausrüstung. Sie seien durchaus in der Lage, ein Impfstoffprojekt zu betreuen, so Deutch. Im Juni 1993 schuf das Pentagon ein gemeinsames Amt für die Verteidigung im Falle eines biologischen Angriffs.

Während die Militärs an ihren Plänen für eine Verbesserung der Verteidigung gegen Krankheitserreger feilten, sorgte sich Josh Lederberg immer mehr um die Gefahr, die von den vielen verarmten sowjetischen Biowaffenforschern in Russland und den anderen Staaten der ehemaligen Sowjetunion ausging. Sie könnten der Versuchung erliegen, ihre Expertise an Schurkenstaaten oder Terroristengruppen zu verkaufen, fürchtete er.

Das Jahr 1993 brachte einen Wendepunkt. Im Verlauf des vorangegangenen Jahrzehnts hatte die renommierteste wissenschaftliche Institution des Landes, die National Academy of Sciences, einen Ausschuss mit amerikanischen Spitzenwissenschaftlern gegründet, der sich in regelmäßigen Abständen mit sowjetischen Kollegen traf, um Sicherheitsfragen zu erörtern. Lederberg gehörte auch dazu. Ein Moskauer Treffen des gemeinsamen Ausschusses im Jahre 1993 nahm zunächst surreale Züge an, denn die russischen Biologen leugneten, jemals etwas Unrechtes getan zu haben – und widersprachen den Aussagen Pasetschniks, Alibeks, ja sogar Jelzins. Schließlich und endlich erhob sich Lew S. Sandachtschiew, Leiter des auch unter dem Namen Vector bekannten staatlichen Forschungszentrums für Virologie und Biotechnologie. »Lassen Sie uns mit dem Quatsch aufhören«, sagte er. Man müsse zu der Vergangenheit stehen, erklärte er unter Anspielung auf all das, was er und seine Kollegen so lange von sich gewiesen hatten. Sandachtschiew wusste, wovon er redete. Sein riesiges Institut in einem entlegenen Teil Sibiriens war darauf spezialisiert gewesen, die tödlichsten Viren der Welt zu Waffen zu verarbeiten.

Lederberg war baff. In den folgenden Monaten, erinnerte er sich, hielt diese Offenheit an und beide Seiten diskutierten den sich rapide verschlechternden Zustand der ehemaligen sowjetischen Zentren für die Biowaffen-Forschung und die Maßnahmen, die getroffen werden konnten, um zu verhindern, dass deren geheime Kenntnisse und auch deren Wissenschaftler in die falschen Hände fielen.

Lederberg sprach sich für strengere Beschränkungen aus. Seine Idee war, die ehemaligen Sowjetwissenschaftler aus Mitteln des US-Verteidigungshaushalts zu bezahlen und in Zusammenarbeit mit amerikanischen Wissenschaftlern zur friedlichen Forschung im eigenen Land einzusetzen. Nach einem von dem demokratischen Senator Sam Nunn aus Georgia und dem Republikaner Richard Lugar aus Indiana eingebrachten Gesetz stellte der Kongress den Staaten der ehemaligen Sowjetunion bereits seit zwei Jahren zum Abbau ihrer nuklearen Sprengköpfe Mittel aus dem Verteidigungshaushalt zur Verfügung. Lederberg und seine Mitstreiter wollten diese Nunn-Lugar-Mittel nun auf die Biologen und die sowjetische Akademie ausgedehnt sehen, die diese Kooperation organisierte.

Das Pentagon stellte sich quer. Die Verantwortlichen vertraten den Standpunkt, alle biologischen Projekte seien potentiell auf zwei Arten nutzbar und trügen zur Entwicklung von Waffen nicht minder bei als zur Fortentwicklung der Medizin. Am unbehaglichsten fühlten sich die Wissenschaftler des amerikanischen Militärs, insbesondere diejenigen in Fort Detrick, die fürchteten, ihre Kooperation mit den Russen werde in den Ruch geraten, man sei Moskau bei der Entwicklung von Biowaffen behilflich. Lederberg trat diesen Einwänden vehement entgegen. Seiner Ansicht nach waren die Projekte sorgsam zu überwachen, um das militärische Risiko zu minimieren. »Er verfügte über eine Menge Kredit im Pentagon«, erinnerte sich ein Militärbeamter. »Er konnte diese Themen mit mehr Autorität ansprechen als jeder andere.«

Lederberg siegte, und das Verteidigungsministerium begann, Kooperationen zu fördern. So finanzierte es beispielsweise die Zusammenarbeit eines Wissenschaftlers aus Fort Detrick mit russischen Wissenschaftlern von Vector. Das Team analysierte das

Genom des Affenpockenvirus, eines nahen Verwandten des Variola-Erregers. Lederberg wurde Vorsitzender eines Ausschusses, der das Pentagon bei russischen Forschungsanträgen in Fragen der Sicherheit beriet.[39] Zu den vierzehn Ausschussmitgliedern gehörte auch der Harvard-Biologe Matt Meselson. Zwar sahen die beiden Männer Moskaus biologische Vergangenheit in mancher Hinsicht unterschiedlich, aber über den Wert kooperativer Projekte waren sie sich einig.

Im Sommer 1993 drängte Lederberg das Pentagon, in seine Verteidigungspläne auch Zivilisten einzubeziehen. Das einflussreiche Beratungskomitee Defense Science Board, dem er selbst angehörte, befasste sich mit dem, was allgemein als »technisch-militärische Möglichkeiten für künftige Eventualfälle« bezeichnet wurde. Lederberg verfasste eine scharf formulierte Abhandlung zur Verwundbarkeit der Zivilbevölkerung im Falle eines biologischen Angriffs. »Biowaffen sind Instrumente zur Massenvernichtung. Doch bisher hat keine Behörde ernsthaft Pläne darüber ausgearbeitet, wie wir uns gegen einen biologischen Angriff auf unsere Städte oder die unserer Verbündeten schützen sollen«, hieß es darin. »Wir fordern das Verteidigungsministerium auf, zusammen mit den Centers for Disease Control and Prevention die Initiative zu ergreifen und einen umfassenden Plan zum Schutz der Zivilbevölkerung im Falle eines biologischen Anschlags vorzulegen. Falls es zu einem solchen Angriff kommen sollte, wird sich das militärische Establishment die Schuld für eine gescheiterte nationale Verteidigung zuschreiben müssen – gleichgültig, aus welchen Gründen es dazu gekommen ist –, und vor allem werden wir uns selbst die Schuld geben.«[40]

Das Militär hatte genügend Probleme damit, seinen eigenen Angelegenheiten nachzukommen. Am 26. November 1993 stimmte das Pentagon der ersten vorbeugenden Impfaktion gegen biologische Kampfstoffe in Friedenszeiten zu.[41] Unterzeichnet war die Anordnung von William J. Perry, dem damaligen stellvertretenden Verteidigungsminister. Sie befahl den Streitkräften der USA, alles Personal zu impfen, das in Gebieten mit »erhöhter Bedrohungsgefahr« stationiert war oder Einheiten angehörte, die im Krisenfalle zuerst mobilisiert würden. Das Pentagon, so der Wortlaut, müsse vorhandene Impfstoffe verbessern, neue entwickeln und genügend Vorräte anlegen, um seine Soldaten gegen »alle« von den Geheimdiensten für real erachteten biologischen Gefahren impfen zu können, bevor ein Krieg ausbreche.

Die Herstellung der Impfstoffe war eine Riesenaufgabe. Der Entwurf für die vorgesehene Anlage der Armee war fertig, die passenden Standorte hatte man mit Pine Bluff und Fort Detrick. Doch der Widerstand im Kongress wuchs.[42] Im Herbst 1993 beschloss der Gesetzgeber, die Arbeiten einstweilen zu unterbrechen, bis eine Studie vorliege, welche die Notwendigkeit, eine neue, regierungseigene Anlage zu bauen, klar darlege. Der Fall landete bei John Deutch, damals einer der höchsten Pentagonbeamten für das Beschaffungswesen.[43] Mehrere Zivilbeamte waren der Auffassung, das Militär habe keinerlei Befugnis, sich mit der Herstellung von Medikamenten zu befassen. Aber die Ärzte der Armee ersuchten Deutch, die Produktion aufrechtzuerhalten, auch wenn das eine Auseinandersetzung mit dem Kongress bedeute.

Deutch war mehr als versucht, die Fertigung von Impfstoffen dem privaten Markt zu überlassen. Die Militärärzte hatten seiner Ansicht nach beim Wechsel von der Forschung in die Herstellung keine besonders glückliche Hand. Ein solcher Betrieb stellte eine beträchtliche Investition – 200 Millionen Dollar – dar, und Deutch betrachtete das Problem vor allem unter kaufmännischen Gesichtspunkten: Wie konnte die Armee am günstigsten an ihren Impfstoff kommen? Er hatte mit Geschäftsführern privater Unternehmen gesprochen, die willens waren, die Aufgabe zu übernehmen, vorausgesetzt, die Regierung sicherte sie gegen Haftungsrisiken ab.

Die Pläne der Armee für die Herstellung von Impfstoffen wurden erneut auf Eis gelegt. Die Pentagonbeamten begannen nach einem »federführenden Subunternehmer« zu suchen, der die Entwicklung der neuen Impfstoffe koordinieren würde. Auf absehbare Zeit würde das Militär sich mit dem Milzbrand-Impfstoff des Labors in Michigan begnügen müssen.

Die Armee rechnete hoch, dass sie bis zum Jahre 1997 in der Lage sein sollte, jeden Soldaten schützen zu können, falls das Michigan-Labor ohne Aufschub und Störungen seine Produktion verdoppeln würde und falls die FDA dem Antrag zustimmen würde, die Zahl der nötigen Injektionen von sechs auf fünf zu senken.

Josh Lederberg hörte nicht auf, die Tatsache anzuprangern, dass die Zivilbevölkerung im Ernstfall einem Angriff schutzlos preisgegeben sei. Im Mai 1994 verschaffte ihm die Gesundheitsbeauftragte von New York City, Margaret A. Hamburg, die Möglichkeit, Bürgermeister Rudolph W. Giuliani die Gefahren eines biologischen Angriffs darzulegen. Der ehemalige Staatsanwalt Giuliani hatte die politische Brisanz von Fragen des Gesundheitswesens zu begreifen begonnen, als die Sensationspresse sich über den Fall eines Achtjährigen verbreitete, der an einer seltenen, hoch infektiösen Form von Streptokokken gestorben war. Einige Eltern gerieten in Panik. Es gab Forderungen, alle Schulen zu schließen, in denen ein Kind an Angina erkrankt war – in diesem Fall hätte man sämtliche Schulen schließen müssen, gab Hamburg zu bedenken. Bei diesem Vorfall, so erinnerte sie sich später, wurde Giuliani zum ersten Mal klar, »wie beunruhigend eine unsichtbare Infektionskrankheit für die Bevölkerung sein kann«.
Der Bürgermeister hatte einen dicht gedrängten Terminkalender, so dass das Gespräch erst am frühen Abend stattfinden konnte. Lederberg hielt Giuliani eine ausführliche Vorlesung zum Lebenszyklus des Milzbrand-Erregers. Hamburg war entsetzt. Am Ende eines langen Tages würden den Bürgermeister solche Details nun wirklich nicht interessieren. »Der Bürgermeister wird mich umbringen«, habe sie gedacht, berichtete sie später. »Aber Giuliani war fasziniert. Sie hielten sich bei allen möglichen Details auf: Wie viele Sporen in eine Glühbirne passen, solche Sachen. Es dauerte zwei Stunden.«
Wenige Wochen später saß Lederberg bei einem Arbeitsessen des Council on Foreign Relations in New York neben Präsident Clintons Sicherheitsberater Anthony Lake. Er teilte ihm mit, dass seine

Regierung nicht genug unternehme, um die amerikanische Bevölkerung vor Biowaffen zu schützen.

»Muss ich mir um so was wirklich Sorgen machen?«, fragte Lake. »Ich habe im Augenblick wirklich alle Hände voll zu tun.«

»Doch, ja, ich glaube, wir sollten uns Sorgen machen«, gab Lederberg zurück. Er ließ diesem Gespräch am 11. Juni 1994 einen Brief folgen, in dem er auf seine Treffen im Weißen Haus mit der Regierung Bush während des Golfkrieges verwies. »Das Ergebnis war wenigstens ein grober Rahmen für die Koordination«, schrieb er, »der allerdings inzwischen zum großen Teil überholt ist.« Lederberg fügte hinzu, dass biologische Waffen bereits »weite Verbreitung erlangt« hätten und dass »New York City und Washington weltweit die verlockendsten Ziele für einen solchen Angriff« abgäben.[44]

Während Lederberg sich um die Zukunft sorgte, hatten Meselson und sein Team sich eines der größten Mysterien der sowjetischen Vergangenheit vorgenommen. Am 18. November 1994 veröffentlichten sie ihren abschließenden Bericht über die Milzbrandepidemie von Swerlowsk.[45] Deren Ursache, schrieben sie, seien durch die Luft übertragene Sporen gewesen, die aus einer militärischen Einrichtung entwichen waren und nicht, wie behauptet, kontaminiertes Fleisch. »Was wir gedacht und für plausibel gehalten hatten«, so Meselson, »war völlig falsch.«[46]

Er hatte seinen Standpunkt mit dem Fortgang der Ermittlungen geändert.[47] Die Wende ereignete sich Ende 1992, als das Team ein paar längst vergessene Studien entdeckte, durch die sich das zentrale Rätsel des Falles erklären ließ, die Frage nämlich, wie eine Epidemie durch inhalierte Anthrax-Sporen sieben Wochen hindurch hatte andauern können. Britische Wissenschaftler hatten in den fünfziger Jahren entdeckt, dass Affen, die winzigen Dosen Anthrax-Erregern ausgesetzt waren, erst nach vielen Wochen erkrankten, ungefähr nach einer Zeitspanne, die im Einklang stand mit der Dauer der Epidemie in Swerdlowsk.

Die Arbeitsgruppe beschaffte sich Daten zu den vorherrschenden

Windrichtungen und fertigte eine Karte der Aufenthaltsorte von siebenundsiebzig der Opfer an; sechsundsechzig von ihnen waren gestorben.[48] Die meisten verteilten sich entlang einer Linie zwischen Stützpunkt und Stadtrand. Wären die Betroffenen an kontaminiertem Fleisch erkrankt, hätte ihre Verteilung mehr dem Zufall gehorchen müssen. Das Verteilungsmuster der Krankheit stimmte zudem mit der Windrichtung am Tag der mutmaßlichen Freisetzung überein.

Der Abschlussbericht des Teams erschien in der renommierten Zeitschrift *Science* und präsentierte schlüssige Beweise dafür, dass die Tragödie von Swerdlowsk durch inhalierte Milzbrandsporen ausgelöst worden war. Die Wissenschaftlergruppe nahm an, dass eine winzige Menge an Erregern – zwischen ein paar Milligramm bis zu einem Gramm – aus der Anlage ausgetreten war. Die Größe des Lecks konnte möglicherweise von Bedeutung sein.[49] Die Darstellung des Meselson-Teams ließ jedoch immer noch die Möglichkeit offen, dass das Labor womöglich an einem Projekt zur Defensivforschung gearbeitet hatte und dabei etwas schief gelaufen war. Die umfassendere Interpretation, die die Beamten des amerikanischen Geheimdienstes favorisierten, lief darauf hinaus, dass der Unfall ein katastrophaler Fehler in einer Waffenfabrik gewesen sein müsse. Bill Patrick, der sich mit der komplexen Mathematik der Ausbringung und Verteilung biologischer Agenzien befasste hatte, blieb bei seiner Ansicht, dass bei diesem Ereignis Anthrax-Erreger in der Größenordnung von einigen Pfund freigesetzt worden sein müssen. Unter Bezug auf eine Vorlesung, in der Meselson seine Minimalschätzungen vorgetragen hatte, sagte Patrick: »Wir buhten ihn aus.« Auch Ken Alibek hatte seine Zweifel hinsichtlich dessen, was in Swerdlowsk tatsächlich geschehen war.[50] Komplex 19, sagte er später aus, beherbergte die aktivste aller sowjetischen Produktionsanlagen für Anthrax-Erreger, sie stellte Massen davon her. Die Arbeit ging in drei Schichten rund um die Uhr.

Die Bemühungen im Irak, Bagdads Biowaffenproduktion und deren Geschichte zu verstehen, gingen nicht annähernd so gut voran. Die Iraker nahmen sich ein Beispiel am Vorgehen Russlands und leugneten, je auch nur eine einzige Biowaffe hergestellt zu haben, wenngleich sie durchaus zugaben, das ein oder andere Forschungsprojekt betrieben zu haben. Die amerikanischen Beamten forderten die UNSCOM auf, ihre Experten zu Bill Patrick zu schicken, der mit den Vertretern der Vereinten Nationen Bau 470 besichtigte, Fort Detricks gewaltige Fabrik zur Herstellung von Milzbrand-Erregern. Patrick war beeindruckt vom Engagement der UN-Inspekteure, hatte aber sehr den Eindruck, dass sie nicht gut vorbereitet waren und kaum Aussicht auf Erfolg bestand.

Im März 1993 entsandten die Vereinigten Staaten Oberst David R. Franz, einen der führenden Wissenschaftler von Fort Detrick und Patricks persönlichen Freund, zur Verstärkung des UNSCOM-Teams. Franz, ein auf Toxine spezialisierter Veterinär, hatte nie in einer Biowaffen-Fabrik gearbeitet, verfügte jedoch über eine sehr genaue Vorstellung davon, wie diese auszusehen hätte – dachte er zumindest. Er begleitete ein UNSCOM-Team, das Al Hakam begutachtete, jene Anlage, die, wie der Irak nicht müde wurde zu beteuern, nichts weiter als Tierfutter und »Biopestizide«, natürliche Substanzen, die Insekten vernichten, hergestellt habe.

Die Gebäude in Al Hakam waren riesige, hangarähnliche Hallen mit Metalltüren und gewöhnlichen Ventilatoren zur Belüftung an der Decke. In den Vereinigten Staaten hätte ein Labor, das mit Milzbrand-Erregern oder Botulinum-Toxin arbeitete, weit striktere Sicherheitsvorkehrungen zu treffen gehabt – unter anderem hätte es jenen Unterdruck erzeugen müssen, der die Erreger im Gebäudeinneren festhält. Sicherheit war in Fort Detrick geradezu eine Obsession. Als er den Kopf in den Nacken legte und zu den Ventilatoren hinaufschaute, dachte Franz: »Hier können die keine menschlichen Krankheitserreger züchten. Das ist einfach zu gefährlich.« Al Hakam ließ sich in nichts mit einer Einrichtung des amerikanischen Biowaffenprogramms vergleichen. Herumgeführt wurde das Team der Vereinten Nationen von Rihab Taha, einer

irakischen Wissenschaftlerin, die auf alle Fragen eine höfliche Antwort parat hatte. In Al Hakam, so berichtete sie, sei nie etwas Aufregendes passiert.
Wieder zurück in den Vereinigten Staaten versuchten die amerikanischen Beamten behilflich zu sein, indem sie einen Veteranen des amerikanischen Biowaffenprogramms als Inspektor engagierten. Lisa Bronson, eine Pentagonbeamtin, die Alibek einst bei seinem Frontwechsel geholfen hatte, fragte Franz, ob er niemanden mit der nötigen Erfahrung wisse, der den Irak im Sommer aufsuchen könnte. Sämtliche Kosten würden übernommen. Franz schlug seinen Freund Richard Spertzel vor, einen Wissenschaftler aus Fort Detrick und Mitstreiter in Patricks Labor, der über eine jahrzehntelange Erfahrung mit Biowaffen verfügte.
Spertzel, damals 61 Jahre alt, war ein Gentleman, dessen Auftreten, weiße Haarpracht und charmantes Benehmen man nur als großväterlich bezeichnen kann. Aber der äußere Schein trog. In Wirklichkeit war Dick Spertzel ein ungewöhnlich hartnäckiger Dickschädel, der die Iraker und zuweilen auch seine Kollegen auf die Palme bringen konnte. Spertzel hatte ein unglaubliches, beinahe fotografisches Gedächtnis für Namen, Daten und Orte. Manche Menschen kommen als Tänzer auf die Welt, andere als Basketballspieler. Spertzel war vielleicht einer der wenigen geborenen Waffeninspektoren, die die Menschheit je hervorgebracht hat. Er hatte fast drei Jahrzehnte in der Armee zugebracht und war bis zu seiner Pensionierung im Jahre 1987 bis zum stellvertretenden wissenschaftlichen Leiter von Fort Detrick aufgestiegen. Für ihn war es an der Zeit für einen Wechsel.
Spertzel begann am 31. März 1994 mit seiner Arbeit im UNSCOM-Hauptquartier in New York. Ihm wurde rasch klar, dass die Mission in der Sackgasse steckte. Führende UN-Beamte hegten den Verdacht, dass der Irak bezüglich seiner Biowaffen log, konnten es aber nicht beweisen. Spertzel vergrub sich in die Akten, aus denen sich eine frustrierende Regelmäßigkeit entnehmen ließ: Die UNSCOM-Beamten reisten in den Irak und legten dort eine lange Liste von Fragen zu dessen Biowaffenarsenal vor. Bagdad zögerte

zunächst und lieferte dann vorsichtig formulierte Antworten. Monate später aber lauteten die Antworten auf dieselben Fragen stets ein klein wenig anders.
Spertzel wandte sich hilfesuchend an Bill Patrick und bat ihn, an der UNSCOM-Inspektion teilzunehmen, die am 28. Mai in den Irak aufbrechen sollte. Patrick staunte nicht schlecht über die perfiden, höchst wirksamen Schikanen, mit denen die Inspektoren bedacht wurden. Das UN-Team war in einem Militärhotel einquartiert, in dem zu jeder Tages- und Nachtzeit anonyme Anrufer die Telefone klingeln ließen und aus den Duschen außer Wasserdampf nichts kam.
Patrick konzentrierte sich auf Al Hakam. Bei einem seiner Besuche leuchtete er mit einer Taschenlampe ins Innere der im Irak hergestellten Fermenter. Die Innenwände reflektierten das Licht nicht ganz so effizient wie ein Spiegel oder anderes Glas, schimmerten aber doch immer noch glänzend genug, um auch westlichen Standards zu genügen. Sicher waren sie pflegeleicht genug, um sich nach der Produktion tödlicher Sporen relativ problemlos reinigen zu lassen. Al Hakam verfügte über Zentrifugen erster Güte, Wasser von höchster Qualität und ein komplexes Netz aus gut abgedichteten Rohren und Ventilen. Patrick hatte keinen Zweifel, dass die Einrichtung nicht nur gebaut worden war, um Tierfutter herzustellen.
Die UNSCOM war uneins darüber, ob Patrick recht hatte. Mehrere Monate später, im Oktober, stellte Rolf Ekeus in Frage, dass es dem Biologenteam je gelingen würde zu beweisen, dass der Irak Biowaffen hergestellt hatte, und damit sorgte er für erregte Diskussionen. Ekeus erklärte, jahrelange Inspektionen hätten keinen einzigen überzeugenden Beweis dafür erbracht, dass der Irak seine Erreger tatsächlich zu Waffen verarbeitet habe. Die Stimmung kochte über, und die Chefinspektorin Annick Paul-Henriot, eine französische Rechtsanwältin, kündigte ihre Arbeit im Team auf. Spertzel räumte entmutigt das Zimmer in seinem New Yorker Hotel und schickte sich an, nach Frederick, Maryland, zurückzufahren. Die kühleren Köpfe aber siegten. »Wir führten weitere

Gespräche mit Ekeus«, erinnerte sich Spertzel. »Er war nicht überzeugt. Aber er versprach, er würde uns die nötige Zeit geben, unsere Argumente vorzubringen.« Die vorhandenen Beweise waren indirekt. Die Inspektoren konnten zeigen, dass der Irak Biowaffenforschung betrieben und dass er die notwendige Hightech-Ausrüstung importiert hatte, um Waffen herzustellen. Konkreteres hielten sie nicht in Händen.

Ekeus pflichtete ihnen bei, dass der Irak etwas zu verbergen scheine. Er schlug einen Kompromiss vor: Wenn die Vereinten Nationen den Betrug des Irak nicht beweisen konnten, sollten sie wenigstens ein wachsames Auge auf die Labors und sonstigen Einrichtungen haben, in denen der Irak Biowaffen herstellen könnte. Spertzel und die anderen Inspektoren reisten im November mit dem Auftrag in den Irak, ein System zur Überwachung sämtlicher potentieller Waffenfabriken zu installieren. Die Vereinten Nationen hatten Monate daran gearbeitet, an jedem Ort, der sowohl militärisch als auch zivil genutzt wurde, Videokameras zu installieren. Ekeus erklärte, das Team habe alle Freiheiten, in seiner Freizeit Interviews mit irakischen Wissenschaftlern zu führen, mahnte aber gleichzeitig auch, sie müssten rasch mit Beweisen für Verfehlungen seitens des Irak aufwarten oder aber dem Land Unbedenklichkeit attestieren.

Spertzel und seine Mitarbeiter beschlossen, zwei Fliegen mit einer Klappe zu schlagen: am Tage Kameras und Überwachungsgeräte zu installieren und abends irakische Beamte zu befragen. Die Iraker behaupteten, die neun Wissenschaftler, die in der Biowaffenforschung gearbeitet hatten, seien während des Krieges allesamt aus ihren Labors nach Al Hakam versetzt worden. Warum sollte ein hervorragend ausgebildetes Team von Mikrobiologen und Laboranten in einer Tierfutterfabrik arbeiten?, fragten die Inspektoren.

»Sie tischten uns die unglaublichsten Märchen auf«, erinnerte sich Spertzel. »Einer dieser Kerle war ein Techniker, der Fermenter bediente. Wir fragten ihn: ›Was haben Sie gemacht?‹ Er antwortete: ›Nichts.‹ Mehr war aus ihm nicht herauszukriegen. Es war offensichtlich, dass sie logen.«

Eine der ersten rätselhaften Begebenheiten, die sich Spertzel zu klären vorgenommen hatte, war ein Bericht, dem zufolge der Irak versucht haben soll, von einer britischen Firma ein Belüftungssystem für eine mysteriöse Anlage zu kaufen, die die Einkäufer als Projekt 324 bezeichneten. Dieses spezielle System, das der Irak zu erwerben gesucht hatte, würde im Gebäudeinneren einen Unterdruck erzeugen, eine entscheidende Voraussetzung für die Arbeit mit gefährlichen Erregern wie Anthraxbakterien. Die britische Firma weigerte sich, den Irakern das Belüftungssystem zu verkaufen, aber Spertzel argwöhnte, dass der Irak mit dem Bau der Anlage dennoch weitergemacht habe. Es gab Gerüchte, dass der Komplex irgendwo im Westen des Irak mitten in der Wüste stehe, eine Bestätigung dafür gab es nicht. Falls die Inspektoren dahinterkommen könnten, welche irakische Einrichtung sich hinter der Bezeichnung Projekt 324 verberge, überlegte Spertzel, hätten sie vermutlich eine bessere Vorstellung davon, wo Bagdad seine Biowaffen produziert hatte.

Aber zumindest hatten die Wissenschaftsdetektive jetzt einen Fuß in der Tür. Bei der Durchsicht der irakischen Berichte fiel der Gruppe auf, dass die meisten Bestellungen zur Anzucht von Erregern von einer Abteilung des Handelsministeriums getätigt worden waren, die für den Import von technischen und wissenschaftlichen Ausrüstungsgegenständen verantwortlich war. Ein irakischer Angestellter erklärte der UNSCOM-Gruppe, dass die TSMID (Technical and Scientific Materials Import Division), wie er sie nannte, in Wirklichkeit ein Arm des irakischen Geheimdienstes sei. Die Vereinten Nationen versuchten unauffällig, von ihren Mitgliedern Informationen über Exporte an die TSMID zu erfragen. Wenige Wochen später präsentierte der israelische Geheimdienst der UNSCOM Dokumente, aus denen hervorging, dass der Irak von britischen und deutschen Firmen fast vierzig Tonnen Substanzen zur Herstellung von Kulturmedien bezogen hatte – Nährstoffe, die man benötigt, wenn man die Massenproduktion von Mikroorganismen betreiben will.[51] Wissenschaftler auf der ganzen Welt benutzen diese Nährmedien tagtäglich bei Experimenten, zu denen die Anzucht von Bakterien gehört. Der Irak aber hatte weit mehr bestellt, als er zur Forschung und für medizinische Zwecken je benötigen würde.

Wieder hatte das Schlüsselindiz schon seit Jahren in den Händen der amerikanischen Geheimdienste gelegen. Ende der achtziger Jahre hatten die Vereinigten Staaten die TSMID als verdeckten Einkäufer für das Biowaffenprogramm des Irak identifiziert. Ein geheimes, von den Biowaffen-Experten verfasstes Dokument aus dem Jahre 1990 berichtet, dass die Vereinigten Staaten sich seit 1988 mit der »Suche des TSMID nach Anthrax-Kulturen« befasst hätten.[52] In einem anderen amerikanischen Geheimdienstbericht von Anfang 1991 wird über gewisse Kühlvorrichtungen spekuliert, die der Irak kurz zuvor gekauft hatte. »Es könnte möglich sein, dass diese Kühleinheiten etwas mit Projekt 324 zu tun haben«, schrieben die Experten unter Hinweis auf die vermeintliche Biowaffenfabrik, die sie überwachten. Der Kauf könnte »diese Gebäude mit TSMID und B-Waffen in einen Zusammenhang rücken«.[53] Die Vereinigten Staaten hatten sogar von dem Ankauf der Nährmedien gewusst. In einer Analyse des Marinegeheimdienstes vom November 1990 heißt es, Bagdad habe »Kulturmedien zur Anzucht von Bakterien [eingekauft], die zur Produktion von mindestes 74 Milliarden für den Menschen tödlicher Dosen Botulinum-Toxin ausreichten«.

Spertzel hegte einen starken Verdacht, wo die vom TSMID eingekauften Tonnen an Nährstoffen geblieben sein könnten. Nur wenige Wochen zuvor hatte er einen Inspektor in Al Hakam, einer Produktionsanlage, in der angeblich Biopestizide hergestellt wurden, angewiesen, Proben zu entnehmen. Die Ergebnisse dieser Proben bildeten ein weiteres Mosaiksteinchen in Spertzels Bild, dem zufolge Al Hakam einst eine Biowaffenfabrik gewesen sein musste. Die Partikel aus der Gefriertrocknungsanlage hatten eine Größe von einem bis fünf Mikrometer, für Biopestizide reichlich klein, für Biowaffen aber genau die richtige Größe. Spertzel bat das Labor, die DNA des von ihm produzierten Biopestizids zu analysieren – ein natürlich vorkommendes Bakterium namens

Bacillus thuringiensis, kurz BT. Dieser Organismus gehört in dieselbe Familie wie *Bacillus anthracis* und produziert ein Toxin, das für den Menschen ungefährlich, für viele Insektenlarven – unter anderem für die von Kartoffelkäfern und Schnaken – jedoch tödlich ist.

Der Laborbericht verblüffte die amerikanischen Geheimdienstler und die UNSCOM gleichermaßen: Dem BT-Stamm aus der Anlage in Al Hakam fehlten die Gene zur Produktion des Toxins, womit dieser als Schädlingsbekämpfungsmittel wertlos war. Warum stellten die Iraker ihn also her? Sperztel zerbrach sich den Kopf über eine Erklärung. Die Produktionstechniken für die Anzucht von BT als Pestizid und für Milzbrand-Erreger in Aerosolform ähneln sich. Vielleicht hatten die Iraker toxinloses BT für Testläufe gezogen.

Auf einer Irakreise im Januar 1995 fand Spertzel neue Hinweise auf Al Hakams eigentlichen Zweck. Er fragte einen der Architekten, der an dem Bau der Anlage mitgewirkt hatte, wie die irakischen Behörden das Unternehmen während der Bauzeit bezeichnet hatten. Die Antwort war verblüffend: »Projekt 900.« Spertzel spürte eine irakische Ingenieurin auf – sie hatte die Wasser- und Abwassersysteme der Anlage entworfen – und stellte ihr dieselbe Frage: »Projekt 324«, lautete die Antwort. Spertzel versuchte, möglichst unbeteiligt auszusehen, und fragte Taha, die irakische Wissenschaftlerin, die abgestellt worden war, um die Fragen der Inspektoren zu beantworten, ob dies die korrekte Bezeichnung für die Anlage in Al Hakam sei. Oh ja, antwortete sie hilfsbereit, Projekt 324 hieß die gesamte Einheit, Projekt 900 war eine Untereinheit. Die beiden Produktionsstätten waren offenbar ein und dieselbe.

In jener Nacht teilte Spertzel seinen Kollegen den Verdacht mit. Die UNSCOM wusste, dass der Irak vor Beginn des Golfkriegs versucht hatte, für Projekt 324 Hochleistungs-Lüftungsanlagen von einer britischen Firma zu beziehen. Eine Tierfutter-Fabrik benötigte eine solche Ausrüstung nicht. Wenn die Inspektoren beweisen konnten, dass Al Hakam tatsächlich identisch war mit

Projekt 324, wäre dies ein weiteres Indiz dafür, dass die angebliche Tierfutterfabrik in Wirklichkeit als Biowaffenfabrik geplant worden war.

Spertzel erinnerte sich daran, dass in den Geheimdienstberichten über den versuchten Ankauf der Belüftungssysteme erwähnt worden war, dass die betreffenden Geräte in Gebäuden angebracht werden sollten, die mit E und H bezeichnet wurden. Ob das Teile von Al Hakam waren? Der Irak hatte der UNSCOM die Pläne des Gebäudekomplexes in Al Hakam ausgehändigt, ein anderer Inspektor tat eine Kopie auf und hielt sie dagegen. Die Gebäude E und H waren eindeutig markiert. Spertzel hatte die Nuss geknackt, eine Verbindung hergestellt, die den amerikanischen Geheimdienstlern lange Zeit hindurch entgangen war. Das mysteriöse Projekt 324 war Al Hakam. Die Iraker hatten ihre größte Biowaffenfabrik direkt vor den Augen der UN-Inspektoren verborgen.

Im Laufe derselben Reise beschlossen die Inspektoren, den Versuch zu wagen, die Iraker zu bluffen und zu Zugeständnissen zu verleiten. Mit den Dokumenten des israelischen Geheimdienstes vor sich saß der australische Inspektor Rod Barton irakischen Generälen in Bagdad gegenüber und verlangte zu wissen, warum sie so viele Tonnen Bakteriennährstoffe bestellt hätten. Die Iraker leugneten und murmelten Ausweichendes. Barton blätterte in seinen Unterlagen und las ihnen die Zahlen auf einem Kreditbrief vor, mit dem der Kauf bezahlt worden war. »Frischt das Ihr Erinnerungsvermögen etwas auf?«, drängte er.

Barton, ein Wissenschaftler mit beträchtlicher Erfahrung auf dem Gebiet der Biowaffen-Forschung, war mehr als skeptisch gewesen, als er der UNSCOM im September 1994 beitrat. »Mein Eindruck war, dass die Iraker womöglich ein Forschungsprogramm hatten, aber in Bezug auf die Produktion vermutlich nicht allzu weit gekommen waren.« Die Hinweise auf Al Hakam waren seiner Ansicht nach nicht schlüssig. »Ich blieb neutral. Es gab eine ganze Menge Leute dort, qualifizierte Leute, die nicht daran glaubten.«

Nach der Konfrontation mit Bartons Aussagen änderte der Irak seine Version der Geschichte ein weiteres Mal ab. Man gab zu, die

Nährmedien eingekauft zu haben, behauptete jedoch, sie seien für zivile Zwecke gedacht gewesen. Man übergab der UNSCOM Dokumente, die den Eindruck erwecken sollten, dass die Lieferungen zwischen 1988 und 1989 an Krankenhäuser und Labors verteilt worden seien. Das ließ sich überprüfen. Nach vier Jahren der Ausflüchte hatte der Nachweis des groß angelegten Einkaufs von Kulturmedien die Iraker in die Enge getrieben. Es war lediglich eine Frage der Geduld, glaubte Barton, bis er die irakische Darstellung Stück für Stück auseinandergepflückt hatte.

Während die UNSCOM mit ihren Erkenntnissen über das irakische Programm allmählich vorankam, begannen die Inspektoren und westliche Geheimdienstexperten, sich Gedanken darüber zu machen, ob einige der irakischen Biowaffenforscher nicht womöglich im Ausland auf Arbeitssuche gingen. So wurde den Inspektoren beispielsweise mitgeteilt, dass sich Amir Medidi, einer der Spitzenforscher des irakischen Biowaffenprojekts, nicht mehr im Irak befinde. War er nach Libyen geflohen? Niemand schien etwas darüber zu wissen. Die Befürchtungen hinsichtlich eines Exodus von irakischen Wissenschaftlern glichen denen, die man schon bei den russischen Biologen gehegt hatte, woraufhin Lederberg und die National Academy of Sciences diese Experten in zivilen Forschungsprojekten aufzufangen versuchten.

Während Washington sich anschickte, die Verbreitung gefährlicher Erkenntnisse aus Russland und dem Irak zu begrenzen, brach in Südafrika das Apartheidregime abrupt zusammen und vergrößerte die Gefahr zusätzlich.

Wouter Basson, Kardiologe und Armeeoffizier, war Gründer und Leiter des Project Coast, Südafrikas Geheimprogramm zur Herstellung von Biowaffen. Mit Hilfe eines Netzes aus Scheinunternehmen und geheimen Forschungslabors hatte er dem Apartheidregime ein Arsenal an Biowaffen verschafft, zu dem Milzbrand-Erreger und Botulinum-Toxin ebenso gehörten wie Ebola- und Marburg-Viren und sogar das Aids-Virus HIV. Viele dieser Agenzien waren dazu gedacht, Gegner der Apartheid krank werden zu lassen oder umzubringen. Es gab mit Milzbrand-Erregern versetzte Schokolade, Bier mit Botulinum-Toxin und sogar Zucker mit Salmonellen.[54] Einer Zeugenaussage vor der südafrikanischen Wahrheitskommission zufolge soll Bassons Biowaffenprogramm zahlreiche Menschenleben gefordert haben. Man hatte sogar erwogen, biologische Agenzien gegen den inhaftierten Nelson Mandela einzusetzen.

Nach dem Ende der weißen Minderheitsregierung im Jahre 1994 und der Übernahme der Präsidentschaft durch Mandela erfuhren westliche Geheimdienstexperten, dass der libysche Staatspräsident Gaddaffi versuchte, südafrikanische Biowaffenexperten, darunter auch Basson, anzuwerben.[55] Dieser unternahm mehrere Reisen nach Libyen, und die amerikanischen Beamten befürchteten, er werde Südafrika für immer den Rücken kehren.

Beamte aus dem Weißen Haus berichteten, es sei eine politisch heikle verdeckte Operation gestartet worden, um Bassons Abwanderung zu verhindern. Beschäftigungslos, wie er nun war, konnte er sich jederzeit absetzen. Das Problem war jedoch nicht allein Libyen. Als Schöpfer des südafrikanischen Biowaffenarsenals hatte Basson ein globales Netz aus verdeckten und offenen Kontakten aufgebaut. Britische und amerikanische Repräsentanten sprachen bei Präsident Mandela vor, beschrieben die Gefahren und überredeten ihn, Basson wieder in den Dienst von Südafrikas Regierung zu holen, wo man seine Aktionen leichter verfolgen könne.[56] Selbst unter diesen Umständen, so ein Beamter des Weißen Hauses, galten Basson und seine Verbündeten noch immer als große Gefahr, konnten sie doch ihr Geheimwissen um Biowaffen jederzeit vermarkten. Basson wurde schließlich in Pretoria vor Gericht gestellt; die Anklage lautete auf Mord und andere Verbrechen. Entspannt lächelnd stritt er alle Beschuldigungen ab.

Kapitel 6
Die Sekte

Am 19. März 1995 – im Westen war es noch Sonntagabend, in Japan bereits Montagmorgen – begannen die Nachrichtenagenturen, Eilmeldungen aus Japan zu verbreiten. Darin hieß es, Tausende seien am Morgen, auf dem Weg zur Arbeit, in der Tokioter U-Bahn von einem mysteriösen Giftgas- oder Toxin-Anschlag überrascht worden. Richard A. Clarke, im Weißen Haus zuständig für Terrorismusfragen, rief sofort bei Frank Young im Gesundheitsministerium an, um sich von dem Wissenschaftler eine erste Einschätzung des Geschehens in Tokio geben zu lassen. Clarke teilte Young, einem Mikrobiologen, der die Abteilung für Katastrophenvorbeugung und -einsätze des Gesundheitsministeriums leitete, die ersten, bruchstückhaften Informationen mit. Bislang hatte noch keine Gruppe die Verantwortung für den Anschlag übernommen. Doch Young vermutete, dass jemand Sarin, ein starkes Nervengas, auf den Bahnsteigen der U-Bahn freigesetzt habe. Er beschloss, seine Eindrücke mit Josh Lederberg abzustimmen, den er vor fast vier Jahrzehnten im Studium kennengelernt hatte. Und er wusste auch, wie er ihn finden konnte. Denn Lederberg nahm an einem geheimen Programm der US-Regierung teil, das den Codenamen »Reach Back« (»Melde dich«) trug. Es umfasste eine Gruppe medizinischer Experten, die in Rufbereitschaft waren und im Falle eines terroristischen Angriffs mit chemischen oder biologischen Waffen sofort konsultiert werden konnten.

Lederberg, in einem Hotel im texanischen San Antonio aus dem Schlaf gerissen, zeigte sich nicht überrascht von dem Bericht über einen Giftgasanschlag in Tokio. »Ich hoffe, es ist nicht gar zu schlimm«, sagte er Young und wollte wissen, ob die Terroristen in Tokio auch versucht hätten, biologische Kampfstoffe einzusetzen. »Wenn sie schon mit dem Feuer spielen«, sagte er sich, »warum sollten sie dann zögern, auch die andere Streichholzschachtel zu benutzen?«

Am nächsten Tag berief Clarke eine Sitzung der Regierungsexperten für die Terrorismusabwehr ein.[1] Sie versammelten sich im Lageraum des Weißen Hauses. Die Berichte aus Tokio wurden langsam klarer: Bei einem Anschlag mit dem Nervengas Sarin – Youngs Vermutung erwies sich als richtig – waren ein Dutzend Menschen gestorben und Tausende verletzt worden. Der Verdacht konzentrierte sich sofort auf eine obskure Sekte, die Aum Shinrikyo. In den vergangenen zwei Jahren hatte Clarke immer wieder versucht, Ordnung in die Regierungsprogramme zur Terrorismusbekämpfung zu bringen, die in über vierzig Behörden und Organisationen ein wucherndes Eigenleben entfaltet hatten. Clarke war ein angespannter, geradezu von seiner Aufgabe besessener Mann, ein Mensch von der Art, die sich, wie einer seiner Kollegen einmal sagte, zur Entspannung in die Badewanne legen, dabei jedoch unbedingt einen Stapel alter Hefte der Zeitschrift *Aviation Week* abarbeiten müssen. Clarke besaß das Talent, Dinge zu erledigen und sich damit Feinde zu machen. Einige im FBI misstrauten ihm, weil er sich ihrer Meinung nach viel zu sehr um Einzelheiten ihrer Operationen kümmerte, andere bewunderten ihn wegen seiner Energie. Clarke wusste bereits eine Menge über die Gefahren biologischer Waffen. Ende der achtziger Jahre hatte er in der Geheimdienstabteilung des US-Außenministeriums gearbeitet und gehörte daher zu der kleinen Gruppe Privilegierter, die Einblick in die Geheimdienstberichte über das Biowaffenprogramm der Sowjets hatten.

Bei der besagten Sitzung im Weißen Haus waren Young und diverse Karrierebeamte aus dem Pentagon, dem FBI und der CIA neben Clarke am Tisch platziert. Deren Untergebene und andere Mitarbeiter saßen zusammengepfercht auf den »billigen Plätzen« am Rande des holzgetäfelten Raumes und schrieben für ihre Bosse eifrig mit. Die Leute am Tisch, der Brain-Trust der US-Regierung für Terrorismusprobleme, kannten einander gut. Bereits 35 Tage nach Bill Clintons Amtsantritt waren sie 1993 erstmals zusammengekommen, um über den Bombenanschlag auf das New Yorker World Trade Center zu konferieren und die Reaktionen zu koordinieren. Anfang 1995 hatte die Runde den verdeckten Operationsplänen zur Ergreifung von Ramzi Youssef den letzten Schliff gegeben, der als Kopf der Terrorgruppe galt, die diesen Anschlag verübt hatte.

Es wurde schnell klar, dass weder die CIA noch das FBI sonderlich viel über die Aum-Sekte wusste. Sie hatten keinerlei Ahnung, warum die Aum Shinrikyo es darauf angelegt hatte, Tausende japanischer Pendler zu töten. Der CIA-Posten in Tokio hatte berichtet, die Sekte unterhalte auch ein Büro in New York, in einem Apartmenthaus mitten in der Stadt, nur wenige Häuserblocks vom Times Square entfernt. Dieser Bericht wiederum überraschte das FBI, das in seinen Datenbeständen über gefährliche Organisationen keinerlei Hinweise auf die Aum-Sekte hatte finden können. Daraufhin schickten die Pentagon-Beamten sofort Soldaten der Technical Escort Unit, einer Armee-Einheit, die unter anderem für die Entschärfung chemischer und biologischer Bomben zuständig war, nach New York. Vielleicht hatten die Aum-Mitglieder in den USA ja ebenfalls Nervengas gelagert, in einem Gebäude mitten in New York.

James Kallstrom, der Direktor des New Yorker FBI-Büros, informierte Bürgermeister Giuliani und den Polizeichef von New York City über diese Situation. FBI-Agenten begannen, das Apartment in der 8 East 48th Street, ganz in der Nähe der Fifth Avenue, rund um die Uhr zu überwachen. Es waren Stunden des Wartens. Das FBI hatte keine Ahnung, wie viele Menschen in New York der Sekte angehörten oder wo sie wohnten. Die Beschattung der Sektenmitglieder machte die Sache nur noch mysteriöser. Bei jedem Treffen tauchten neue Leute auf, über die dann Nachforschungen anzustellen waren.

Die FBI-Agenten wollten das Apartment der Gruppe unbedingt heimlich durchsuchen. Einem solchen Einbruch standen jedoch juristische Hindernisse entgegen. Aum gab sich als Religionsgemeinschaft aus, und den Sektenmitgliedern konnten bislang keine

Verstöße gegen irgendwelche Gesetze der Vereinigten Staaten nachgewiesen werden. Die Gruppe hatte ihre Präsenz in New York City nicht verheimlicht und war im Gewerbe- und Vereinsregister offiziell unter dem Namen Aum USA Company Limited eingetragen. Die Sekte war beim Staat New York sogar als Verein gemeldet, der wohltätigen Zwecken diente. Als Vereinsziel wurde die »Pflege der spirituellen Entwicklung durch Studium und Praxis der östlichen Philosophie und Religion« genannt.[2] Das FBI bemühte sich um einen Durchsuchungsbefehl nach den Regelungen des Gesetzes zur Überwachung ausländischer Geheimdienste (Foreign Intelligence Surveillance Act). Diese Statuten eröffnen einen weiten Handlungsspielraum bei Fragen der nationalen Sicherheit.[3] Trotzdem meinten die zuständigen Beamten im Washingtoner Justizministerium, das FBI verfüge nicht über hinreichende Beweise, um die Zustimmung der geheimen, aus drei Richtern bestehenden Kammer, die für solche Fälle zuständig war, zu erlangen.

An den folgenden beiden Tagen rief FBI-Chef Louis J. Freeh wiederholt bei seinen Kollegen in Japan an und bat um Amtshilfe. Doch es kam nichts. Schließlich hatten die FBI-Agenten in New York genug Informationen über die Gruppe zusammen, so dass sich ein Durchsuchungsbefehl rechtfertigen ließ. Mehr als 48 Stunden nach den ersten Berichten aus Tokio betraten FBI-Agenten unauffällig das Gebäude, um nach gefährlichen Substanzen zu suchen und Abhöranlagen einzubauen. Die Spezialeinheit der Armee war keine große Hilfe. Ihre Detektoren, für Schlachtfelder gedacht und auf großen Lastwagen angebracht, waren bei der geheimen Durchsuchung eines Apartmenthauses an einer belebten Straße mitten in Manhattan nutzlos. Überdies war durchaus nicht klar, was die FBI-Agenten getan hätten, wenn sie wirklich Chemikalien oder Krankheitserreger gefunden hätten. Jedenfalls hatten sie die zuständigen Beamten des örtlichen Gesundheitsamtes vorher nicht informiert, und keiner der Agenten trug eine Schutzmaske oder hatte Ausrüstungsgegenstände bei sich, die gefährliche Substanzen angezeigt hätten. Doch zum Glück wurden in dem Apartment keine chemischen oder biologischen Kampfstoffe entdeckt. Die

Aum-Filiale in New York schien harmlos zu sein. Sie hatte vor allem dazu gedient, für die Sekte Computersoftware und andere Ausrüstungsgegenstände zu beschaffen, nicht als Basis für terroristische Aktionen. Gleichwohl hatte der Vorfall einige bedenkliche Lücken im US-Krisenreaktionssystem offenbart.

Es dauerte mehrere Jahre, bis amerikanische Stellen von der äußerst zurückhaltenden japanischen Polizei Details über die Aktivitäten der Aum Shinrikyo bekamen.[4] Diese Gruppe, sollten sie dann erfahren, war eine religiöse Sekte mit einer prall gefüllten Kriegskasse von 1 Milliarde Dollar und einer apokalyptischen Theologie, die Massentötungen rechtfertigte. Lederbergs Vermutungen erwiesen sich als zutreffend. Denn im Lauf der Jahre kamen immer mehr Beweise ans Licht, dass die für die Aum-Sekte tätigen Wissenschaftler mehrfach versucht hatten, aus Anthrax-Sporen und Botulinum-Toxin Biowaffen herzustellen. Sie hatten in Japan zwischen 1990 und 1995 ein ganzes Dutzend fehlgeschlagener Biowaffenangriffe inszeniert.

Das Versagen der Geheimdienste bei der Aufdeckung der weltweiten Aktivitäten der Aum-Sekte machte Clarke und seinen Kollegen im Weißen Haus große Sorgen. Denn die Sekte hatte Zehntausende von Mitgliedern in Russland und Japan, sie hatte eine Erklärung mit Drohungen gegen Präsident Clinton veröffentlicht, und sie hatte versucht, den ersehnten Weltuntergang durch die Entfachung eines Krieges zwischen Russland und den USA zu beschleunigen. In einem von der Sekte in Russland gesponserten Radioprogramm waren die Vorteile biologischer Waffen gepriesen worden.

Der Gasanschlag von 1995 in der Tokioter U-Bahn veränderte das Denken vieler amerikanischer Spitzenbeamter. Clarkes Expertenrunde zur Terrorismusabwehr hatte gerade erst damit begonnen, Verteidigungsmaßnahmen gegen Bio- und Chemiewaffen in Terroristenhand zu planen. Doch bis zu dem Zeitpunkt, da CNN Bilder von sterbenden japanischen Pendlern in der U-Bahn von Tokio um die Welt sandte, waren solche Anschläge als eher unwahrscheinlich angesehen worden. Vor den Aum-Anschlägen galt der

Bombenanschlag auf das World Trade Center, den islamische Extremisten 1993 verübt hatten, als Modellfall eines modernen Terroranschlags. Die Technologie, mit der man aus Düngemitteln Bomben herstellen konnte, ließ sich von jedem High-School-Schüler mit guten Chemiekenntnissen beherrschen. Die vollständige Geschichte der Salmonellenanschläge, die ein Jahrzehnt zuvor Anhänger des Bhagwan Shree Rajneesh verübt hatten, kannten dagegen nur wenige Experten. (Weil man Trittbrettfahrer fürchtete, wurde unter Wissenschaftlern zum Zeitpunkt der Aum-Giftgasanschläge immer noch darüber diskutiert, ob es vertretbar sei, einen detaillierten Bericht über die Vorfälle in Oregon zu veröffentlichen.) Ein Krisenteam für Nuklearterrorismus (Nuclear Emergency Search Team) hatten die USA 1975 eingerichtet,[5] nachdem ein Erpresser gedroht hatte, er wolle in Boston eine Nuklearwaffe zur Explosion bringen. Doch für terroristische Bedrohungen der Bevölkerung durch Bio- und Chemiewaffen gab es keinen vergleichbaren Krisenstab.

Am Morgen des 20. März 1995 brachte der *Honolulu Advertiser* ein riesiges Farbfoto der Trauerfeier der japanischen Regierung für die Toten der Aum-Giftgasanschläge. Es fiel General Charles Krulak ins Auge, der sich als Kommandeur des Marine Corps gerade auf Inspektionsreise begeben wollte. »Ich fragte: Können wir denn sofort etwas für die Japaner tun?«, erinnerte sich Krulak. »Doch ich erhielt die Antwort, dass wir wirklich nicht helfen könnten.« Die militärischen Spezialeinsatzkräfte, etwa Delta Force, waren zur Vereitlung von Terroranschlägen gedacht, aber nicht dafür ausgerüstet, bei Katastrophenfolgen zu helfen. So begann Krulak, Pläne für eine Einheit des Marine Corps zu entwerfen, die in der Lage wäre, auf Angriffe mit chemischen oder biologischen Waffen zu reagieren. »Wir wollten eine Truppe, die in der Lage wäre, da reinzugehen, den Schauplatz der Katastrophe abzuriegeln, eine Dekontamination durchzuführen und Kranke zu behandeln.« Krulak hoffte, dass dieses neue Team bis zu den Olympischen Sommerspielen in Atlanta 1996 einsatzfähig wäre.

Doch General Krulaks Denken war ziemlich ungewöhnlich. Die meisten US-Offiziere der höheren Ränge hatten sich nicht darum gerissen, in die Terrorabwehrmaßnahmen für die eigene Bevölkerung einbezogen zu werden. Sie befürchteten, Finanzmittel für diese Aktionen abzweigen zu müssen, die den traditionellen Aufgabenbereichen und Bedürfnissen des Militärs dann fehlen würden. Krulak teilte diese Befürchtungen nicht. Die Auseinandersetzung mit dem Bioterrorismus bot vielmehr die Möglichkeit, zusätzliche Mittel zu bekommen, die über bereits bewilligte Mittel hinausgingen. Die Welt war dabei, sich gravierend zu verändern, und Krulak war fest entschlossen, seine Amtszeit als Kommandeur des Marine Corps dafür zu nutzen, die Einsatzphilosophie der Marines gründlich neu zu überdenken. Bei seinen Bemühungen, Unterstützung für seine neue Antiterroreinheit mit dem sperrigen Namen Chemical Biological Incident Response Force (CBIRF, Eingreiftruppe gegen chemische und biologische Zwischenfälle) zu gewinnen, tat Krulak einen mächtigen Verbündeten im Pentagon auf: Marineminister Richard Danzig.

Die für die Teilstreitkräfte zuständigen Minister im Pentagon befassen sich normalerweise mit dem Alltagsbetrieb ihrer Sparten: Budgets, Standortschließungen, Wartung, Instandhaltung und so weiter. Danzig jedoch, der zuvor Partner in einer führenden Washingtoner Anwaltskanzlei gewesen war, interessierte sich für mehr und konnte auf einige Meriten zurückblicken. Er hatte ein Rhodes-Stipendium in Oxford erhalten, sein Jurastudium an der Yale University abgeschlossen und war dann Assistent des Bundesrichters Byron White am Supreme Court gewesen. Mit 33 Jahren hatte er unter Präsident Carter bereits einen hohen zivilen Posten im Pentagon bekleidet.

1993, kurz nach seiner Ernennung zum Marineminister, hatte Danzig darüber nachzudenken begonnen, welche aktuellen Bedrohungen das Militär in seinem Alltag womöglich übersehe. Er glaubte, dass die zivilen Spitzen im Pentagon sich um übergeordnete strategische Fragen kümmern sollten. Welcher Art sollte die Marine sein, die die Vereinigten Staaten nach dem Ende des Kalten

Krieges benötigten? Welche Bedrohungen hatte man nicht im Visier? Als er über solche Fragen nachdachte, kam Danzig fast zwangsläufig auf die Gefahren, die von Biowaffen ausgingen. Obwohl im Kongress Reformen vorangetrieben wurden, war die Biowaffenabwehr immer noch über etliche Ressorts des Pentagon verstreut. Nixons Abkehr vom biologischen Offensivprogramm im Jahre 1969 hatte die starke Motivation, Abwehrmaßnahmen zu entwickeln, geschwächt. Ohne unmittelbare Anschauung dessen, was Biowaffen anrichten konnten, fehlten den meisten Offizieren zwingende Gründe, in Impfstoffe, Detektoren oder bessere Schutzanzüge zu investieren. Das Militär hatte, wie Danzig feststellen musste, mit der Biologie wenig im Sinn, obgleich sie sich als Wissenschaft am rasantesten von allen entwickelte. Josh Lederberg schien der einzige namhafte Biologe zu sein, der im Pentagon nennenswerten Einfluss besaß.

Auf der Suche nach Experten aus den eigenen Reihen oder von außen, die etwas von biologischen Waffen verstanden, durchkämmten Danzigs Mitarbeiter nun die Geheimdienste und medizinischen Institute der Regierung. Danzig hatte den Experten erzählt, er wolle sich über die Tricks und Feinheiten der biologischen Kriegführung »schlau machen« und wissen, wie die Erreger tatsächlich funktionierten, was man benötige, um sie zu verbreiten, und welche Art von Abwehrmaßnahmen die USA ins Feld führen könnten. Er verbrachte etliche Stunden mit diesen Experten und erfuhr dabei etwas über den Lebenszyklus des *Bacillus anthracis* und über die Grundlagen der Zellbiologie. Er suchte den Kontakt zu I. Lewis Libby, jenem Pentagon-Beamten, der sich während des Golfkriegs eingehend mit dem Thema Biowaffen befasst hatte, und zu General John Jumper, den US-Generalstabschef Powell damals zum Spezialisten für Biowaffen ernannt hatte. Die beiden beschrieben Danzig, wie sich die Regierung Bush mit den Kriegsvorbereitungen auf diesem Gebiet abgemüht hatte und letztlich doch gescheitert war.

Libby erinnerte sich an eines der bedrohlichsten Szenarien, die man während des Golfkriegs durchgespielt hatte. Was wäre gewesen, wenn Saddam Hussein auf das Flächenbombardement der Alliierten mit der Ankündigung reagiert hätte: Wenn ihr nicht aufhört, mein Land zu bombardieren, werde ich biologische Waffen gegen eure Zivilisten einsetzen? Da fiel Danzig sofort eine andere, viel perfidere Strategie ein, die der irakische Diktator hätte benutzen können, um zu drohen und sich zugleich von der Bedrohung zu distanzieren: Saddam hätte nur sagen müssen, er habe erfahren, dass Terroristen, die unabhängig von ihm und gegen seinen Willen tätig seien, den Plan verfolgten, die Vereinigten Staaten mit Biowaffen anzugreifen, wenn das Bombardement nicht umgehend eingestellt werde.

Danzig war von den Vorbereitungsmaßnahmen der Militärs gegen einen feindlichen Biowaffeneinsatz und von ihren Bemühungen, die Kompetenzen der Biowaffenabwehr zu bündeln, keineswegs beeindruckt. Die Zuständigkeiten waren immer noch über die ganze Bürokratie verstreut. Ein Ressort des Pentagon war für die Ausbildung, ein anderes für Masken und Detektoren zuständig. Und die militärische Führung behandelte, wie seit Jahrzehnten schon, atomare, biologische und chemische Waffen so, als stellten sie eine einzige Form der Bedrohung dar.

Danzig wandte sich an Lederberg, den er noch flüchtig aus der gemeinsamen Zeit an der Stanford University kannte, wo Danzig damals Juraprofessor war. Der Biologe berichtete ihm von seinen wiederholten vergeblichen Versuchen, Washington vor der wachsenden Bedrohung zu warnen. »Josh hatte Jahrzehnte lang auf unfruchtbaren Boden gesät«, sagte Danzig. Lederberg war ein brillanter Analytiker und Pläneschmied, der mit seinen Ideen dem konventionellen Wissen oft um Jahrzehnte voraus war. Aber er konnte sich einfach nicht gut verkaufen, dachte Danzig. Er machte nicht genug Theater. Vielmehr konnten seine Erklärungen sehr pedantisch und mit Details überladen sein, so dass ihm die Zuhörer oft nicht folgen konnten. Lederbergs Hauptproblem bestand jedoch nach Danzigs Meinung darin, dass niemand »die Bürokratie von innen unter Druck setzte«.

Genau das aber war eine Aufgabe nach Danzigs Geschmack. Er

hatte seine zweite Amtszeit im Pentagon mit klaren Ideen darüber begonnen, wie man eine verkrustete Bürokratie zu Änderungen bewegen konnte: Man musste bei der Darstellung neuer Ideen Führungskraft beweisen, die Leute auf intellektueller Ebene mitreißen. Schließlich bestand die Versuchung in jeder großen Organisation darin, Befehle und Anordnungen zu geben und seinen Willen allein auf diese Weise von oben nach unten durchzusetzen. Danzig aber wollte überzeugen und bekehren. Ihm lag daran, den Offizieren jene Logik nahezubringen, die ihn selbst von der Gefährdung durch biologische Waffen überzeugt hatte. Er wusste, dass ein nachhaltiger Erfolg nur möglich wäre, wenn ihn die höchsten Offiziersränge aus der Führung der vier Teilstreitkräfte vorbehaltlos unterstützten. Aber sie zu überzeugen, würde äußerst schwierig werden. Denn bei Abwehrmaßnahmen für Biowaffen ging es um Pläne für einen Fall, der vielleicht niemals eintreten würde. Dagegen hatten es die Streitkräfte ständig mit teuren, ganz konkreten Problemen des militärischen Alltags zu tun, die unmittelbare Auswirkungen hatten. So mussten zum Beispiel die veralteten Lastwagen der Army ersetzt werden. Der Sold der einfachen Soldaten war zu niedrig. Die Flotte der Navy wurde verkleinert.
Auf der Grundlage von Gesprächen mit Experten und Geheimdienstoffizieren stellte Danzig eine detaillierte Präsentation über die Bedrohung durch biologische Waffen zusammen und bat Lederberg, die wissenschaftlichen Argumente zu überprüfen. Eine seiner ersten Zuhörergruppen bestand aus rund zwanzig Generälen des Marine Corps. Sie respektierten Danzigs Darbietung, blieben aber skeptisch. Als der Marineminister den Raum verließ, war er sicher, dass er keinen seiner Zuhörer wirklich überzeugt hatte.
Danzig spitzte folglich seine Argumente und Darstellungen zu und begann, sich mit den zivilen und militärischen Führern aus allen Teilstreitkräften zu treffen, jeweils in Gruppen von zehn bis zwölf Teilnehmern. Sein Vortrag war wie ein Anwaltsplädoyer aufgebaut. Am Anfang standen die wissenschaftlichen Grundlagen: die Leichtigkeit, mit der Länder, die über eine pharmazeutische Industrie und ein paar Sprühgeräte oder Flugzeuge zur Ausbringung

von Insektenvernichtungsmitteln verfügten, eine schreckliche Waffe daraus machen konnten. Dann folgten spezifische Einzelheiten: Danzig warf mit einem Diaprojektor eine Grafik an die Wand, auf der die Truppenbewegungen und Schiffseinsätze an einem bestimmten Tag des Golfkriegs zu sehen waren. Danzig begleitete die Offiziere durch einen fiktiven Milzbrand-Angriff, der von einem kleinen Flugzeug oder Schiff ausging. Anschließend geleitete er seine Zuhörer durch das Szenario eines terroristischen Biowaffenangriffs auf Washington, D.C. Dabei verwandte er die sokratische Lehrmethode, die er schon als Professor bevorzugt hatte: »In einem fort hieß es ›Was wäre, wenn?‹«, erinnerte sich einer der hochrangigen Teilnehmer. Dann kam Danzig auf die Finanzen zu sprechen: Schon Investitionen in Millionen-, nicht in Milliardenhöhe könnten deutliche Verbesserungen bringen. Das Militär brauchte Anthrax-Schutzimpfungen, mehr Geheimdienstinformationen, bessere Gefahrenanalysen.

Diese Seminare, die sich über das ganze Jahr 1994 bis ins Jahr 1995 erstreckten, wurden gemeinsam von Danzig und Admiral William Owens veranstaltet, dem stellvertretenden US-Generalstabschef. Auch er gehörte zu den innovativsten Denkern im Pentagon. Die beiden Rhodes-Stipendiaten hatten schon bei einer ganzen Reihe von Themen eng zusammengearbeitet, aber Owens war von der Biowaffen-Bedrohung nicht so ganz überzeugt. Besonders skeptisch stand er dem Vorschlag einer Impfkampagne gegen Anthrax für ausgewählte Truppenteile gegenüber.

Owens verfügte über ein ganzes Arsenal von Gegenargumenten. Militärisch wären solche Impfungen nutzlos. Wenn die USA ihre Streitkräfte gegen Anthrax impften, sagte er Kollegen, dann würden die Gegner eben einfach zu Botulinum-Toxin oder anderen biologischen Kampfstoffen übergehen. Außerdem würden Anthrax-Schutzimpfungen das ohnehin komplizierte diplomatische Geschäft der Koalitionsbildung noch weiter komplizieren. Wie wollten die Vereinigten Saaten dann Alliierte mit ungeschützten Truppen überreden, sich, wie beim Golfkrieg, an einer internationalen Allianz zu beteiligen?

Viel grundlegender aber waren Owens' Zweifel an einem anderen Punkt: Er glaubte, solche Impfungen würden ein biologisches Wettrüsten in Gang setzen. Darum schlug er eine radikale Alternative vor: Die USA sollten jedem, der biologische Waffen gegen Amerikaner einsetzte, offen mit nuklearer Vergeltung drohen. Die Aussicht, in einem solchen Fall selber mit Atomwaffen vernichtet zu werden, hatte, wie Owens seinen Kollegen sagte, sogar Saddam Hussein abgeschreckt. In Owens' Augen war der Versuch, sich gegen Biowaffen verteidigen zu wollen, eine Torheit. Man kann doch gar nicht alle schützen, sagte er. Das Militär würde zum Beispiel niemals die Impfung aller Familienangehörigen der Soldaten anordnen. Auch würde die amerikanische Regierung niemals verlangen, dass sich jeder einzelne Amerikaner den Impfungen unterziehe.

So stand Owens mit den medizinischen Experten auf Kriegsfuß, die das Impfprogramm forcierten, besonders mit Stephen Joseph, dem New Yorker Arzt, der Anfang 1994 stellvertretender Verteidigungsminister für den Gesundheitsbereich geworden war. Owens glaubte, die Forschung nähere sich der Herstellung eines »multivalenten« Impfstoffes. Dann könne eine einzige Impfung gegen mehrere Krankheiten gleichzeitig Schutz bieten. Er wollte die Truppenimpfungen so lange hinausschieben, bis ein solcher Impfstoff zur Verfügung stand. Wiederholt stellte er die Frage, ob der vorhandene Anthrax-Impfstoff überhaupt sicher sei, ob er mit anderen Medikamenten verträglich sei oder gefährliche Nebenwirkungen hervorrufe. Die Antworten, die er bekam, genügten ihm nicht. »Ich hatte niemals das Gefühl, dass wir mit absoluter Gewissheit sagen konnten, dass die Impfungen absolut sicher seien«, bekräftigte Owens später.

Joseph, zuvor als Dezernent in der New Yorker Stadtverwaltung für alle Gesundheitsfragen zuständig, wusste, dass es sehr schwer werden würde, Owens und dessen Kollegen in Uniform zu überzeugen. Denn die Verteidigung gegen Biowaffen war ein Konzept, das ihnen einfach nicht in den Kopf wollte. Die Bedrohung war für diese Offiziere rein theoretischer Natur. Und in einer Zeit sinkender Militärausgaben hießen Ausgaben für die Bioabwehr eben auch, dass weniger Geld für Panzer und Lastwagen zur Verfügung stand. Doch für Joseph und die Gesundheitsexperten im Pentagon war die Entscheidung für Anthrax-Schutzimpfungen eigentlich etwas, über das man gar nicht weiter nachdenken musste. Er glaubte, dass der multivalente Impfstoff, von dem Owens schwärmte, selbst im günstigsten Fall noch Jahrzehnte auf sich warten ließ. Vielleicht würde es ihn auch niemals geben. Aber die amerikanischen Soldaten brauchten *jetzt* einen Schutz gegen biologische Angriffe. Joseph verstand auch, warum sich die Militärs so sehr gegen dieses Thema sträubten: Wenn sie die Bedrohung durch biologische Kampfstoffe wirklich ernst nahmen und als real ansahen, mussten ihre Strategien und ihr Verständnis vom Krieg von Grund auf neu durchdacht werden. Änderungen waren dann unvermeidlich.

Doch Danzig forderte von den Entscheidungsträgern im Pentagon nichts Geringeres. Er forderte, dass sie sich mit dem Gedanken vertraut machten, biologische Angriffe als eine sehr reale Möglichkeit in ihre Operationsplanungen einzubeziehen.

Das Militär überwachte den Luftraum über großen Menschenansammlungen, etwa bei den Olympischen Spielen. Danzigs Vorschlag lautete, den Kordon auch auf den Schutz vor biologischen Angriffen aus der Luft (etwa durch Spezialflugzeuge mit Sprühtanks für die Insektizid-Ausbringung) auszudehnen. Die Stabschefs der US-Teilstreitkräfte luden Danzig zur Beobachtung einer Übung ein, bei der Kommandoeinheiten einen Angriff auf ein von Terroristen gehaltenes und gesichertes Haus versuchen sollten, in dem biologische Waffen lagerten. Er war von der Effizienz dieser nächtlichen Attacke beeindruckt, die mit dem Einsatz von Blendgranaten begann und mit der zielstrebigen Einnahme der Festung endete. Doch mit Entsetzen stellte er fest, dass einige an dem Angriff beteiligte Soldaten auf die Teströhren getreten waren, in denen sich die biologischen Kampfstoffe befinden sollten, und diese mit ihren Springerstiefeln zermalmt hatten. Im Ernstfall wäre der gesamte Inhalt freigesetzt worden.

Am 19. April 1995, einen Monat nach dem Giftgasangriff der Aum-Sekte in Tokio, wurde die Clinton-Regierung durch den Bombenanschlag auf das Alfred P. Murrah Federal Building in Oklahoma City erschüttert. Dabei kamen fast zweihundert Menschen ums Leben, darunter zahlreiche Kinder. Einige Tage später nahm das FBI, nachdem es ein Videoband erhalten hatte, auf dem vor einem Chemiewaffenangriff auf die Besucher von Disneyland am Osterwochenende gewarnt wurde, die Untersuchungen auf.[6] Auf besagtem Band waren Hände zu sehen, die Chemikalien zusammenmixten. Daraufhin wurden zu Ostern in großer Zahl FBI-Agenten in dem Vergnügungspark postiert. Doch nichts geschah. Der oder die Absender des Bandes wurden niemals ausfindig gemacht.

John Sopko, ein leitender Mitarbeiter in der Verwaltung des US-Senats, dachte nicht unbedingt an Terrorismus, als er Ende April zu einer Besprechung beim Militärischen Geheimdienst (Defense Intelligence Agency, DIA) ins Pentagon kam. Sopko, der zuvor als Staatsanwalt in Cleveland, Ohio, tätig gewesen war, arbeitete jetzt für den Ständigen Untersuchungsausschuss des Senats (Permanent Subcommittee on Investigations). Und er sammelte an diesem Tag beim DIA Informationen zu einem Thema, das seinem Boss, Senator Sam Nunn, eine Art Herzensanliegen geworden war: Russlands nachlassende Kontrolle über sein Atomwaffenarsenal. Die Wissenschaftler in Russlands miteinander verflochtenem Netz aus zivilen und militärischen Forschungseinrichtungen wurden schlecht bezahlt und waren darum anfällig für Verlockungen aus aufstrebenden Ländern, die gern Atommächte geworden wären. Der DIA-Beamte, mit dem Sopko sprach, erwähnte das nach dem Vater des Atomwaffenprogramms der Sowjetunion benannte I.W. Kurtschatow-Institut für Atomenergie.

»Sie wissen doch, dass die Aum-Sekte da war?«, fragte der Geheimdienstler. Er bezog sich darauf, dass es auch unter den russischen Atomwissenschaftlern Anhänger der Aum-Sekte gab.

»Die Aum?«, fragte Sopko verwirrt.

»Ja, die Leute, die den Giftgasanschlag in der U-Bahn verübt haben.«

Bis zu diesem Augenblick war die Aum-Geschichte für Sopko nicht mehr als eine internationale Kuriosität gewesen. Doch jetzt wollte er mehr wissen. Warum hatte es eine religiöse Sekte aus Japan geschafft, in einem der wichtigsten russischen Waffenlabors Fuß zu fassen? Die Antwort blieb bruchstückhaft. Sopko kehrte mit einer neuen Idee ins Kapitol zurück: Die nächste Anhörungsrunde des Senatsausschusses sollte sich mit dem Giftgasanschlag von Tokio befassen. Senator Nunn hatte nichts dagegen, die republikanische Ausschussmehrheit auch nicht, und die Mitarbeiter des Ausschusses begannen sofort mit ihren Untersuchungen. Sie baten um Informationen von den Geheimdiensten und anderen Regierungsstellen. Umfang und Ausmaß der Aum-Operationen verblüfften Sopko, noch mehr aber, wie wenig die eigene Regierung über all diese Dinge wusste. Nur wenige Regierungsexperten wussten überhaupt etwas über die Sekte. Also stellte Sopko eigene Nachforschungen an. Er besorgte sich Polizeiunterlagen aus Australien und Japan, er interviewte Zeugen und las Presseartikel. Was er dabei herausfand, beunruhigte ihn sehr.

Die Aum-Sekte war Ende der achtziger Jahre von Shoko Asahara gegründet worden, einem halb blinden japanischen Guru, der mit einer Kette von Meditationszentren ein Vermögen verdient hatte. Asahara, ein bärtiger Mann mit wehendem schwarzem Haar und dem Anspruch, übernatürliche Kräfte zu besitzen, sah sich selbst als Messias, der seine Anhänger, da das Ende der Welt näher rückte, in Sicherheit bringen wollte. Der Sektenname Aum Shinrikyo leitete sich zum einen von dem *Om* der indisch-tibetanischen Meditationsgesänge her, zum anderen aus einem japanischen Wort, das »höchste Wahrheit« bedeutet. Bei den Sektenmitgliedern war alles vertreten, von verlorenen Seelen bis zu Japans Elite: Biochemiker, Ärzte, sogar ein paar japanische Polizeioffiziere. Aum verlangte deftige Mitgliedsbeiträge, und 1995 belief sich das Vermögen der Gruppe auf mehr als 1 Milliarde Dollar in Form von Grundstücksbesitz, Bargeld und Goldbarren. Weltweit hatte die Aum-Sekte 50 000 Mitglieder in sechs Ländern.[7]

Sopko erfuhr, dass das Sarin vom »Gesundheits- und Wohlfahrtsminister« der Sekte, Seichi Endo, hergestellt worden war, der in Chemie und Molekularbiologie promoviert hatte. Aber die Ambitionen der Gruppe gingen weit über das Nervengas hinaus: Sie verfügte über gut ausgerüstete Labors und hatte versucht, aus Anthrax-, Botulismus- und Q-Fieber-Erregern Waffen herzustellen. Laut Geständnis eines Sektenmitglieds vor den japanischen Ermittlungsbehörden hatte die Sekte 1993 sogar versucht, vom Dach eines Aum-eigenen Gebäudes in der Innenstadt von Tokio aus mit Hilfe eines Aerosol-Zerstäubers Anthrax-Erreger zu versprühen.[8]

Im Fall der Aum-Sekte sah es ganz so aus, als hätten die amerikanischen Geheimdienste hier ernsthaft versagt. FBI- und CIA-Beamte sagten Sopko privat, sie hätten erst im September 1995 damit begonnen, Informationen über die Sekte zu sammeln – Monate, nachdem Senator Nunn angekündigt hatte, der Senat wolle zum Tokioter U-Bahn-Terroranschlag Anhörungen abhalten. Wie Sopko herausfand, hatten die Dienste klare Warnzeichen übersehen, dass sich in Japan etwas zusammenbraute.

Schon 1993 hatte eine Firma in Connecticut die Zollbehörden darüber informiert, dass eine japanische Verlagsgesellschaft namens Aum Shinrikyo versucht habe, ein Interferometer zu kaufen, ein Gerät, das man benutzte, um extrem genaue Messungen an winzigen Objekten vorzunehmen. Der Export solcher Geräte war und ist verboten, weil sie unter anderem zur Herstellung von Atombomben benötigt werden. Aum nahm schließlich Abstand von dem Kauf. Aber niemand in der amerikanischen Regierung hatte die Gefahr erkannt oder eine Erklärung verlangt, warum denn ein japanischer Verlag ein solches Gerät brauche.

Ein Jahr darauf, 1994, brachten die japanischen Zeitungen Berichte über einen Giftgasanschlag mit Sarin in der Provinzstadt Matsumoto. Dabei waren sieben Menschen gestorben und Dutzende verletzt worden. Dieser Vorfall faszinierte Sopko, weil er ein Vorbote des Aum-Anschlags von 1995 in der Tokioter U-Bahn gewesen war. Die amerikanischen Geheimdienste hatten sich des Anschlags von Matsumoto nicht genauer angenommen, weil er einem Einwohner der Stadt zur Last gelegt worden war, der vermeintlich versehentlich Sarin produziert hatte, als er im eigenen Labor Pestizide herstellen wollte. Die japanische Presse indes war von dem Vorfall geradezu besessen gewesen. Das Gleiche konnte man seit Ende 1994 auch von einem in Washington ansässigen Berater sagen, der sich auf Chemiewaffen spezialisiert hatte. Dieser Fachmann, Kyle Olson, war von einem japanischen Fernsehsender engagiert worden, um den Zwischenfall in Matsumoto genauer unter die Lupe zu nehmen. Er fuhr nach Japan, interviewte den Verdächtigen selbst und fand heraus, dass die offizielle Version der Behörden wissenschaftlich alles andere als plausibel war. Denn die Herstellung von Sarin ist eine anspruchsvolle Aufgabe, nichts, was einem zufällig einmal unterläuft. Auf dem langen Rückflug in die Vereinigten Staaten Ende Dezember 1994 saß Olson an seinem Laptop und hämmerte eine Warnung an die offiziellen Stellen in Washington in die Tasten. Er schrieb, der Vorfall in Matsumoto sei kein Zufall gewesen, sondern ein Terroranschlag.[9] »Die These ist nicht allzu weit hergeholt, dass in diesem Fall eine kleine Gruppe von Personen (deren Motive hier nicht weiter untersucht werden können) sorgfältig ausprobiert und abgewogen hat, wie wirksam eine Waffe ist, die auf einer Technologie basiert, mit der sie noch nicht vertraut war«, schrieb Olson. »Solche Tests erscheinen durchaus sinnvoll, bevor man einen größeren Anschlag plant. Denn so kann man Unfälle vermeiden und eine größtmögliche Wirkung sicherstellen. Es könnte auch sein, dass die unbekannte Identität des Handlangers, der diese Waffe geschmiedet hat, Teil der Strategie dieser Gruppe ist, vielleicht auch der Wunsch, einen größtmöglichen Überraschungseffekt und eine ebensolche Schockwirkung zu erzielen.«

Olson schloss mit der Einschätzung: »Die Person(en), die für den Vorfall in Matsumoto verantwortlich ist (sind), weiß (wissen) jetzt, dass eine beträchtliche Menge Nervengas, ausgebracht an einem warmen, dicht bevölkerten städtischen Ort (etwa im Ginza-Kaufhaus oder in einer größeren U-Bahn-Station), katastrophale Folgen haben würde. Im Hinblick auf den Vorfall von Matsumoto sprechen Behörden und Medien in Japan allgemein von einem

›Unfall‹. Doch es gibt zwingende Beweise dafür, dass die Ereignisse in dieser ruhigen Stadt, was immer sich letztlich als ganze Wahrheit über diese tödliche Juninacht noch herausstellen wird, alles andere als ein Unfall waren. Dieser Fall verdient weitere Aufmerksamkeit, weil er ein potentieller Vorbote der nächsten Phase im terroristischen Wahnsinn ist.«

Olson versandte dieses Dokument an seine Ansprechpartner in Regierungskreisen, auch an solche bei der CIA und im Weißen Haus. Doch nichts geschah. Einige Wochen später veröffentlichte er seine Analyse in einem Newsletter, den seine Beratungs- und Gutachterfirma herausgab und der an mehrere hundert Regierungsexperten für geheimdienstliche Tätigkeit und Rüstungskontrolle verteilt wurde. Niemand rief an, um sich nach weiteren Einzelheiten zu erkundigen. »Einige Leute, denen ich den Bericht persönlich gab, sagten: ›Mensch, das ist aber interessant.‹ Sie klopften mir aufmunternd auf die Schulter und schickten mich fort«, berichtete Olson. »Ich erhielt so wenig Reaktionen, dass ich die Sache in die Schublade legte und mir sagte: ›Ich habe getan, was ich konnte.‹« Doch Sopko verstand, welche Sprengkraft in Olsons Geschichte steckte. Sie würde eine absolut zwingende Zeugenaussage bei den Anhörungen abgeben, die Senator Nunns Senatsausschuss für den Herbst plante.

Am 21. Juni 1995 unterzeichnete Präsident Clinton einen Geheimerlass zur Terrorismusbekämpfung – als Ergebnis weitreichender Untersuchungen, die zwei Jahre zuvor nach dem Bombenanschlag auf das World Trade Center begonnen hatten. In der Presidential Decision Directive 39 waren unter anderem die Behörden und Agenturen aufgeführt, die bei terroristischen Vorfällen federführend tätig werden sollten: im Ausland das Außenministerium, im Inland das FBI. Die Katastrophenschutzbehörde Federal Emergency Management Agency sollte laut Clintons Anordnung ihre Planungen auf den neuesten Stand bringen und dabei auch »terroristische Anschläge mit Massenvernichtungswaffen« berücksichtigen. Direkt vor Clintons Signatur fand sich ein Satz, den Dick Clarke formuliert hatte: »Die Vereinigten Staaten werden der Aufgabe höchste Priorität einräumen, wirksame Mittel und Fähigkeiten zu entwickeln, mit denen dem Einsatz nuklearer, biologischer oder chemischer Materialien oder Waffen durch Terroristen begegnet werden kann. Diese Abwehrmaßnahmen beziehen sich auf die Aufdeckung, vorbeugende Verhinderung, Abwehr und Bewältigung der Folgewirkungen.«

Ein paar Tage darauf versammelten sich rund vierhundert Beamte und Experten aus den USA, Kanada, Großbritannien und Japan hinter verschlossenen Türen zu einem Seminar, bei dem es darum ging, wie man solche Verlautbarungen in die Tat umsetzen könnte. Frank Young und Bill Clark aus dem US-Gesundheitsministerium hatten dieses dreitägige Treffen schon lange vor den Giftgasanschlägen in der Tokioter U-Bahn geplant, aber die von der Aum Shinrikyo ausgehenden Gefahren lagen allen Teilnehmern schwer im Magen. »Das Trittbrettfahrer-Phänomen, dessentwegen wir uns bei der Terrorismusbekämpfung große Sorgen machen, ist in diesem Fall wirklich ein großes Risiko«, sagte Philip W. Wilcox jr., der Koordinator für die Terrorismusbekämpfung im US-Außenministerium, vor dem gut gefüllten Auditorium in Bethesda, Maryland. »Wenn es erst einmal passiert ist, werden andere die Anregung aufnehmen und es nochmals versuchen. Wenn die Grenze erst einmal überschritten worden ist, wird in Zukunft wahrscheinlicher, was zuvor als undenkbar galt.«[10]

Auf der Tagung sprachen auch Richard Danzig und Josh Lederberg. Doch es war Bill Patricks Präsentation, die bei dem dreitägigen Geheimtreffen für einige der erschreckendsten Momente sorgte. In seinem üblichen entspannten Plauderton schilderte er im Detail, wie ein Terrorist einen Anschlag mit biologischen Kampfstoffen auf das World Trade Center verüben könnte. Alles, was er dazu bräuchte, wären ein Mixer, Käseleinen, ein Rasensprenger und einige überall erhältliche Laborbedarfsartikel für Krankenhäuser.

Patrick stellte verschiedene Szenarien vor, darunter auch einen Angriff mit *Francisella tularensis* (Tularämie, Hasenpest), einem Lieblingserreger aus dem eingestellten amerikanischen Offensiv-

waffenprogramm. Auch die Rajneeshees hatten diesen Erreger damals bestellt. In rund 36 Stunden könnte ein Terrorist, der in den Besitz einer Basiskultur käme, in tausend Petri-Schalen genug Bakterien anzüchten, um 5 Liter Bakterienschlamm zu erhalten. Indem er seine Geschichte aus der Perspektive eines Terroristen erzählte, sagte Patrick: »Dann fülle ich diese Brühe in einen Mixer und filtere sie anschließend durch ein Tuch aus Käseleinen.« Natürlich wäre die Bakterienkonzentration in dieser Lösung bei weitem nicht so stark wie jene, die ein kompetenter Wissenschaftler für Waffenzwecke in einem guten Labor erreichen könnte. Doch schon in diesem hausgemachten Gebräu würden sich mehr als genug Bakterien finden, rund 500 Millionen Zellen pro Milliliter. Für eine Infektion würden indes schon rund 50 Zellen pro Milliliter ausreichen, sagte Patrick. Ein Terrorist, der dann mit einem Rasensprenger auf die Luftansaugvorrichtung der Klimaanlage des Hochhauses zielte, würde in wenigen Minuten so viele Erreger verteilen, dass die Hälfte der Menschen im World Trade Center infiziert wäre. »Ich ziehe daraus heute den Schluss, dass es keine Frage mehr ist, *ob* Terroristen zu biologischen Waffen greifen werden, sondern nur noch, *wann und wo*.«
Als der pensionierte Biowaffen-Experte seinen Vortrag beendet hatte, gab es nur wenig Fragen. Niemand schien mehr zu wissen, was er noch sagen sollte. Ein Beamter wollte wissen, ob die Behörden vor Ort irgendetwas unternehmen könnten, um die Amerikaner zu schützen, außer dass man alles daransetze, es gar nicht erst zu solchen Terroranschlägen kommen zu lassen. »Und wie sollen wir auf so etwas reagieren, wenn es doch dazu kommt?«[11]
»Wenn es ein fest entschlossener Terrorist ist, der weiß, was er tut«, erwiderte Patrick, »dann ist die Wahrscheinlichkeit, dass man ihn ausschalten kann, sehr gering.«
Michael A. Jakub, ein Beamter aus der Abteilung für Terrorismusbekämpfung im US-Außenministerium, beendete die Tagung mit einer Botschaft, die nicht ganz so niederschmetternd wirkte. Jahrelang habe man, sagte Jakub, in den höchsten Regierungsrängen die Gefahr eines biologischen oder chemischen Angriffs abgetan.

Wer das Thema trotzdem anzuschneiden wagte, der habe zu hören bekommen: »Komm, hier hast du einen Keks. Und nun geh wieder ins Bettchen. Na los, mach, dass du wegkommst.« Die jüngsten Ereignisse hätten die Stimmung jedoch nachhaltig verändert. Auf einmal stehe das Thema ganz oben auf der Tagesordnung. Und jetzt würden dieselben Kollegen sagen: »Komm, sag mir, was zu tun ist, und dann werd' ich dir dabei helfen.«[12]

Kapitel 7
Das Reich des Bösen

Blickten amerikanische Regierungsbeamte Mitte der neunziger Jahre besorgt auf die Aum-Sekte und andere Terrorgruppen, waren sie von Russland und dessen Gefahrenpotential geradezu besessen. Schon die Berichte von Überläufern wie Pasetschnik und Alibek sowie Moskaus Eingeständnisse hinsichtlich des Unfalls in Swerdlowsk waren sehr beunruhigend gewesen. Nachdem Amerikaner jedoch die erste sowjetische Fabrik zur Herstellung biologischer Kampfstoffe besichtigt hatten, dämmerte Washington allmählich die volle Tragweite dessen, was sich in der Sowjetunion an Ungeheuerlichem zugetragen hatte.

Die Fabrik lag in Stepnogorsk, einer Stadt in Kasachstan[1] – also in einer inzwischen unabhängigen Republik, die sich 1991 von Moskau gelöst hatte. Für Ausländer und Außenstehende war Stepnogorsk Sperrgebiet gewesen, selbst die meisten Sowjetbürger hatten keinen Zutritt zur Stadt gehabt. Doch die kasachische Regierung, an engeren Beziehungen zum Westen interessiert, verfolgte eine Politik der Öffnung. Weil in Russland vergleichbare Anlagen westlichen Besuchern weiterhin verschlossen blieben, hatten amerikanische Fachleute das kasachische Angebot gern angenommen. Die erste amerikanische Delegation, die die Fabrik im Juni 1995 besuchte, stand unter der Leitung von Andy Weber, einem jungen Diplomaten, der als Erster Sekretär an der amerikanischen Botschaft in Kasachstan tätig war.

Die »Anlage für wissenschaftliche Experimente und Produktionen«, wie die Fabrik in Stepnogorsk offiziell hieß, war 1982 mit dem Ziel erbaut worden, eine neue, noch tödlichere Variante des Anthrax-Erregers zu entwickeln und herzustellen. Diese Fabrik, die fortschrittlichste Produktionsanlage der Sowjets für biologische Kampfstoffe und die einzige außerhalb des russischen Kern-

gebiets, ermöglichte Washington einen ersten Einblick ins Innere der biologischen Kriegsmaschinerie der Sowjetunion.
Stepnogorsk war auf keiner Landkarte verzeichnet. Als Adresse diente lediglich ein Postfach mit der Nummer 2076. Über die abgelegene Anlage sprachen die Moskauer Militärstrategen, auch in mehr als 1600 Kilometer Entfernung, fast ehrfürchtig und nur im Flüsterton. Doch Mitte 1995, als Webers kleines amerikanisches Team die Besuchserlaubnis für die Anlage erhielt, existierte die Sowjetunion nicht mehr, und der Komplex in Stepnogorsk war zum heruntergewirtschafteten Wrack verkommen.
Als Weber im Gebäude 221, der Hauptproduktionsstätte, stand, starrte er die zehn riesigen Fermenter an, die sich mit je 21 Tonnen Fassungsvermögen wie eine Reihe Getreidesilos aus dem Mittleren Westen der USA vier Stockwerke in die Höhe erstreckten. Jedes dieser Behältnisse hatte ein Fassungsvermögen von rund 20 000 Litern Flüssigkeit, und zusammen füllten sie ein Gebäude, das so lang war wie zwei Fußballfelder.
Weber hatte vor seiner Inspektionsreise die Geheimdienstberichte über die geheimnisvolle Anlage gelesen. In den achtziger Jahren hatten Geheimdienstexperten aus der Konfiguration von mehr als fünfzig Gebäuden den korrekten Schluss gezogen, dass der Komplex dazu diente, Anthrax-Erreger oder andere bakteriologische Kampfstoffe zu produzieren. Außerdem hatten die Geheimdienstler die Anlage zutreffend als »großen« Komplex beschrieben – selbst nach sowjetischen Maßstäben, wo *bolschoi* (»groß«) ausnahmslos als Kompliment galt.
Doch bis zur Ankunft der beiden sowjetischen Überläufer im Westen hatten die Spionagedienste kaum eine Ahnung gehabt, welche Art Forschung in Stepnogorsk durchgeführt wurde, welche Waffen in der Anlage hergestellt wurden und wie ernst die Bedrohung war, die von ihr ausging. Selbst die Geheimdienstberichte, die nach dem Verhör der sowjetischen Überläufer entstanden waren, konnten keinen zutreffenden Eindruck von der Größenordnung der Operationen vermitteln.
Weber rechnete schnell: Bei Ausnutzung der vollen Kapazität

dieser Fässer konnte man in einem Produktionszyklus von 220 Tagen 300 Tonnen Anthrax-Sporen produzieren – und das reichte, um etliche Interkontinentalraketen zu bestücken. Fast die gesamte Produktion des Irak hätte in ein einziges dieser Riesenfässer gepasst. Weil theoretisch 100 Gramm getrockneter Anthrax-Sporen ausreichten, um eine Kleinstadt auszulöschen, hätte die Gesamtproduktion dieser Anlage allein schon mehr als genügt, um die Gesamtbevölkerung der USA auszulöschen. Dabei war der Industriekomplex in Stepnogorsk nur eine von insgesamt mindestens sechs sowjetischen Produktionsstätten.

Mit Schaudern verdeutlichte sich Weber dieses Potential. Zerstörungskapazitäten dieser Größenordnung konnten sich die meisten Amerikaner überhaupt nicht vorstellen – nicht einmal er selbst, der sich bezüglich der Sowjetunion kaum Illusionen gemacht hatte.

Schon lange bemüht sich die Wissenschaft, Krankheiten zu überwinden. Doch hier, in Stepnogorsk, hatte die Sowjetunion Milliarden ausgegeben, um mit Krankheitserregern Krieg führen zu können. Sie hatte einige ihrer besten Köpfe, praktisch unbegrenzte Ressourcen, ja die russische Wissenschaft in ihrer Gesamtheit dafür eingesetzt, Massenepidemien zu produzieren – eine perverse Strategie, bei der es einem kalt den Rücken herunterläuft. Die Produktionsanlagen in Stepnogorsk standen auf Abruf bereit, im Fall einer internationalen Krise auf Befehl gewaltige Massen von Bakterien herzustellen. Tonnenweise Krankheitserreger zu produzieren – darum ging es in dieser Industrie.

Pasetschnik und Alibek hatten westlichen Geheimdienstexperten bereits das riesige Imperium zur Herstellung biologischer Kampfstoffe beschrieben. Amerikanische Satelliten hatten sich schon lange auf Anlagen konzentriert, die, wie man meinte, Bakterienlabors und Produktions- sowie Teststätten unter Federführung der 15. Abteilung des sowjetischen Verteidigungsministeriums waren. Stepnogorsk war integraler Bestandteil von Biopreparat, jenem Komplex von Laboratorien und Fabrikanlagen, die angeblich Impfstoffe und andere zivile pharmazeutische Produkte herstellten. Biopreparat, den Sowjets unter dem Namen »der Konzern« geläufig, war jedoch tatsächlich der Dreh- und Angelpunkt von Moskaus Bemühungen, biologische Kampfstoffe herzustellen – einem riesigen Netzwerk von geheimen Städten, Produktionsstätten und Forschungszentren zur Perfektion von Biowaffen.[2]

In dieser riesigen sowjetischen Infrastruktur, 1973 geschaffen,[3] als die Tinte auf dem Vertrag zum Verbot biologischer Waffen kaum getrocknet war, arbeiteten auf dem Höhepunkt der Rüstungsanstrengungen Ende der achtziger Jahre in mehr als hundert Einrichtungen, die über die gesamte Sowjetunion verteilt waren, mehr als 30 000 Menschen – etwa die Hälfte jener 60 000 Sowjetbürger, die mit Biowaffen befasst waren. Im Rahmen des Biowaffen-Geheimprogramms, ausgestattet mit einem Jahresetat von umgerechnet fast 1 Milliarde Dollar, hatten die Militärs Lager für Pest-, Pocken-, Anthrax- und andere Erreger angelegt, mit denen Interkontinentalraketen und Bomber bestückt werden sollten, die auf New York, Washington, Los Angeles, Chicago, Seattle und andere amerikanische Städte gerichtet waren. Der »Konzern« hatte rund 80 Krankheitserreger untersucht und gut ein Dutzend davon für den Kriegsfall vorbereitet. Fast alle Sowjetministerien – vom Landwirtschaftsministerium bis zum Gesundheitsministerium, ja sogar die verhasste Geheimpolizei – hatten ihren Beitrag zum Programm für biologische Kriegführung geleistet. In den Vereinigten Staaten gab es damals vielleicht einen militärisch-industriellen Komplex, aber die Sowjetunion war weit mehr, sie war *insgesamt* ein solcher Komplex.

Als Diplomat neigte Weber zum Understatement, doch um das zu beschreiben, was er hier sah, fiel ihm nur ein einziges Wort ein: das *Böse* in Reinkultur. Und die USA unternahmen praktisch nichts dagegen. An jenem Tag schwor sich Weber, er werde, auch wenn es seine ganze Energie in Anspruch nähme, herausfinden, was in dieser Fabrik und in Dutzenden anderer Laboratorien, Institute und Produktionszentren für biologische Kampfstoffe geschehen war. Was hatten die Sowjets hier produziert? Was war mit dem »Produkt« geschehen, wie es die Sowjets verharmlosend genannt hatten, also mit den Bakterien- und Virenvorräten? Und wo waren die rund 700 Wissenschaftler und leitenden Ingenieure geblieben, die einst in Spitzenzeiten hier gearbeitet hatten? Jetzt waren es nur noch 180. Wo waren die anderen? Hatten sie ihr tödliches Wissen mit in den Iran oder den Irak genommen? Oder in andere Schurkenstaaten, die diese Experten gern engagiert hätten? Oder schlugen sie sich jetzt als Taxifahrer durch? Arbeiteten sie gar für Terroristengruppen? Und was hatten sich die Sowjets dabei gedacht, als sie diese Kampfstofffabriken aufgebaut hatten? Wann und wie hatten sie das in Stepnogorsk hergestellte »Produkt« nutzen wollen?

Auf solche Fragen gab es, als Weber 1995 sprachlos durch die Ruinen dieser Geheimfabrik ging, kaum Antworten. Aber er wusste, dass er hinfort alles daransetzen würde, zu erhellen, was die Russen als »weiße Flecken« in ihrer Geschichte bezeichneten – insbesondere dieses dunkle Kapitel über die Produktion von Massenvernichtungswaffen. Er würde auch versuchen sicherzustellen, dass Russland sich endlich, wenn auch verspätet, an das Abkommen hielt, das bakterielle Kampfstoffe verbot – jene Konvention, die das Land 1972 unterzeichnet und dann zwei Jahrzehnte lang flagrant gebrochen hatte. Und wenn er in seinem Leben nichts anderes mehr zuwege brächte, sagte sich Weber, das hier würde er durchziehen.

Auf den ersten Blick wirkte Andy Weber nicht gerade, als wäre er für diese Rolle geschaffen. Er war ausgesucht höflich, zurückhaltend und wurde fast niemals laut. Im Pentagon war er für seine langen Redepausen und seine stoische Gemütsruhe bekannt. Sein ruhiges, blasses Gesicht mit den grauen Augen verriet keine der Emotionen, die ihn an dieser Stätte aufwühlten: Staunen, Angst, Ekel und unbezähmbare Neugier im Hinblick auf das schändlichste – überdies immer noch geheime – Militärprogramm der Sowjetunion.

Weber wäre in fast keiner Menschenmenge aufgefallen. Er war schlank, mittelgroß und sah mit seiner Stirnglatze älter aus als fünfunddreißig. Seine Kleidung, unauffällige dunkelblaue oder graue Anzüge, zu denen er meistens weiße Hemden und dezente Krawatten trug, war die unter Diplomaten übliche, und diesem Berufsstand hatte er sich direkt nach seinem Studium an der Graduate School of Foreign Service der Georgetown University in Washington angeschlossen. Doch sein höflich-sanftes Auftreten verbarg eine Leidenschaft für Gratwanderungen im Leben. Er war ein scharfer Beobachter, gewandt im schriftlichen Ausdruck und als Redakteur rigoros. Das zeigte sich deutlich in den Berichten, die er von seinen ersten Konsularposten – im saudi-arabischen Dschidda während des Golfkriegs von 1991 und in der amerikanischen Botschaft in Bonn – nach Washington kabelte.

Seine eigentliche Berufung fand Weber erst im ölreichen Kasachstan, einer früheren Sowjetrepublik, dem größten und potentiell reichsten Staat Zentralasiens. Als er zwischen 1993 und 1995 in der Hauptstadt Alma Ata (Almaty) in der amerikanischen Botschaft Dienst tat, gestaltete er die politischen und militärischen Beziehungen zu diesem stolzen, aber immer noch armen Land mit Geschick und Fingerspitzengefühl. Gemeinsam mit dem benachbarten, noch ärmeren Usbekistan, einer weiteren ehemaligen Sowjetrepublik, hatte sich Kasachstan schon bald nach Erlangung der Unabhängigkeit im Jahre 1991 von atomaren, biologischen und chemischen Waffenprogrammen distanziert.

Der Posten in Alma Ata war für einen Diplomaten, der fließend Russisch sprach und ein politisches Abenteuer suchte, wie geschaffen. Ein Jahr nach seiner Ankunft half Weber bei der Planung und Durchführung der Operation »Saphir«, bei der Washington – mit einem Aufwand von weniger als 30 Millionen Dollar – heimlich mehr als 600 Kilogramm hoch angereicherten Urans aus Kasachstan zur sicheren Lagerung in die USA schaffte – eine Menge, die für mehr als fünfzig Atombomben ausgereicht hätte. Als nächstes kam die Operation »Pivot Sail« (»Neuausrichtung der Segel«), bei der Weber heimlich den Ankauf von 21 MiG-29-Kampfflugzeugen, die für den Transport von Nuklearwaffen geeignet waren, und von 500 Luft-Luft-Raketen aus Beständen der ehemaligen Sowjetrepublik Moldawien für 40 Millionen Dollar aushandelte. Bei einer weiteren Geheimoperation (Codename »Auburn Endeavor«) sorgte er diskret dafür, dass für 4 Millionen Dollar Nuklearmaterial aus dem unruhigen Kaukasusstaat Georgien abtransportiert wurde. Durch solche Missionen machte sich Weber in Kreisen der Abrüstungsbürokratie als »versierter Aufkäufer« einen Namen.

Weber mied die diplomatischen Kreise in Alma Ata. Er mietete sich in den schneereichen Bergen außerhalb der Hauptstadt ein traditionelles Holzhaus mit großem Kamin und Sauna und bewirtete dort kasachische Militäroffiziere und Sicherheitsbeamte mit Hausmannskost. In Begleitung seines dreibeinigen Pitbullterriers Maggie gingen Weber und seine kasachischen Freunde im Sommer zum Angeln, im Winter zum Skifahren und zur Fasanen-, Elch- und Rotwildjagd im tiefen Schnee der wilden Tien-Shan-Berge.

Auf einem dieser Jagdausflüge berichtete ihm ein kasachischer Beamter zuerst von seinem Besuch in der gespenstischen Stadt der Bakterien und des Todes im entlegenen nordöstlichen Teil des Landes, mitten in der zentralasiatischen Steppe. Er fragte, ob Weber nicht auch Lust hätte, Stepnogorsk und einige andere Orte zu besuchen, an denen die Sowjets ihre tödlichsten Waffen getestet hatten.

Weber kam das mehr als recht, denn er wusste nur zu gut, dass alle früheren Versuche, Zugang zu den Anlagen der Sowjets zu erhalten, gescheitert waren. Das »trilaterale« Abkommen aus dem Jahre 1992 zwischen Großbritannien, Russland und den Vereinigten Staaten, in dem gegenseitige Inspektionsbesuche und eine Offenlegung aller bisherigen, auch der geheimen, Biowaffenprogramme vereinbart worden waren, hatte sich in der praktischen Umsetzung nicht bewährt, jedenfalls aus Washingtoner und Londoner Sicht. Amerikanische und britische Experten hatten beim Besuch von Instituten, von denen man wusste, dass sie in die entsprechenden sowjetischen Programme eingebunden gewesen waren, nur begrenzten Zutritt erhalten, und man hatte ihnen wiederholt Lügen aufgetischt – »Legenden«, wie man derartige Täuschungsversuche der russischen Seite nannte. Die Forschung war, so behaupteten die russischen Offiziellen steif und fest, in Sowjetzeiten rein defensiv ausgerichtet gewesen. Sie habe sich auf Impfstoffe und andere Gegenmittel konzentriert.

Doch amerikanische und britische Experten hatten bei ihrem Besuch in der sibirischen Anlage Vector eine seltsame Entdeckung gemacht – in jenem Institut also, das Alibek als größte und technisch fortgeschrittenste Fabrikanlage bezeichnet hatte, die jemals gebaut worden war, um waffentaugliche Viren zu erforschen und weiterzuentwickeln. Russland hatte nämlich heimlich seine Pockenkulturen aus dem Moskauer Institut für Virenpräparate hierhin ausgelagert – obwohl das Moskauer Institut die einzige von der Weltgesundheitsorganisation (WHO) genehmigte Aufbewahrungsstätte in ganz Russland war. Es handelte sich also um einen eindeutigen Verstoß gegen die WHO-Regeln. Eigentlich hätten die Russen die WHO sofort über jede derartige Veränderung informieren müssen.

Auch die Besichtigungstour der Russen in amerikanischen Anlagen war zur Farce geraten. Das russische Inspektionsteam hatte darauf bestanden, Anlagen der Firma Pfizer zu besuchen – sogar zweimal. Dabei wurde ein Mitglied des Teams ertappt, wie es weitab von der vereinbarten Route durch die riesigen Labors der Firma streifte, was den Verdacht erhärtete, dass es den Russen in erster Linie um Industriespionage ging. Während einer Reise zum Arsenal in Pine Bluff, Arkansas, jener Biowaffenfabrik, die die USA 1969 geschlossen hatten, hatte ein russischer Oberst den Bus anhalten lassen und verlangt, ein hohes Gebäude auf einem Hügel genauer inspizieren zu dürfen. Amüsiert beobachteten die Amerikaner, wie der Russe einen Turm erklomm, der sich dann als Wasserturm entpuppte. Selbst Alibek hatte sich damals wegen des Benehmens des russischen Inspektionsteams geschämt; überzeugt, dass die Amerikaner wohl doch kein anstößiges Waffenprogramm verheimlichten, war er später zu ihnen übergelaufen. Obwohl die Russen bei ihrer Inspektionstour keinerlei Beweise für ein amerikanisches Biowaffenprogramm gefunden hatten, sagte ein russischer Offizieller später der *Iswestija*, man habe herausgefunden, dass die Amerikaner gegen den Vertrag verstießen.

Die Amerikaner kochten vor Wut. Einige Regierungsbeamte waren nun überzeugt, dass die Russen ihre Inspektionsbesuche nur als Vorwand nutzten, um die Umsetzung der von Jelzin längst befohlenen Einstellung ihres eigenen Programms zu verzögern. Endgültig gebrochen wurde die Vereinbarung aus dem Jahre 1992, als sich Russland 1995 weigerte, Amerikanern Besuche in Labors zu gestatten, die unter militärischer Kontrolle standen, und als beide Seiten Geheimberichte über ihre früheren Anstrengungen auf dem Gebiet bakterieller Waffen austauschten. Dabei entdeckten amerikanische und britische Beamte, dass der Moskauer Bericht hoffnungslos unvollständig war. Doch die Regierung Clinton zog es damals vor, die Russen wegen ihrer Versäumnisse nicht zur Rede zu stellen. Es gab andere, dringendere Themen in den russisch-amerikanischen Beziehungen. Folglich brach das offizielle Überwachungssystem für biologische Kampfstoffe zusammen. Die amerikanischen Beamten, die immer noch hofften, mehr über das Programm der Russen herausfinden zu können, waren auf andere Wege angewiesen.

Weber wusste, dass die Gelegenheit, das Werk in Stepnogorsk zu besuchen, dort Proben zu entnehmen und Wissenschaftler zu interviewen, die jetzt nicht mehr Teil des Sowjetsystems waren, weit mehr bringen konnte als nur die Chance, russische Behauptungen zu widerlegen. In Stepnogorsk konnte man vielleicht an äußerst wertvolle, ausführlichere Informationen über von den Sowjets hergestellte Biowaffen herankommen sowie an andere kritische Daten über das immer noch weitgehend geheime Programm in Russland. Vielleicht würde sich hier auch zeigen, ob Russland sein illegales Treiben weiterhin fortsetzte, wie viele CIA- und DIA-Experten glaubten.

Es folgte fast ein ganzes Jahr intensiver Diskussionen, bevor Weber vom kasachischen Präsidenten Nursultan Nasabarjew die Erlaubnis erhielt, Stepnogorsk und verschiedene andere Anlagen zu besuchen. Dann benachrichtigte Weber die vier anderen amerikanischen Experten, die in Frankfurt am Main darauf warteten, sich ihm anschließen zu können.[4]

Er wusste, dass der kasachische Präsident, ein charismatischer Autokrat, der zuvor Mitglied im sowjetischen Politbüro gewesen war, eine riskante Entscheidung getroffen hatte. Moskau würde alles andere als begeistert sein, wenn man dort erfuhr, dass amerikanische Wissenschaftler und Geheimdienstler Zutritt zum früheren »Allerheiligsten« der Biowaffenforschung erhalten hatten. Aber Nasabarjew und andere hohe Regierungsmitglieder waren einfach wütend über die Umweltkatastrophen und Gesundheitsgefahren, die sie von der Sowjetunion geerbt hatten. Die Russen hatten Kasachstan und das benachbarte Usbekistan nämlich nicht nur benutzt, um die fortschrittlichsten Biowaffen der Welt herzustellen und zu testen, sondern auch, um nukleare und chemische Waffen zu entwickeln. In der flachen Steppe von Semipalatinsk im Osten Kasachstans hatten die Sowjets 456 Nukleartests durchgeführt, davon 116 oberirdische Versuche, die den Boden und die Luft verpestet sowie zahlreichen Kasachen strahlungsbedingte Krebserkrankungen und andere schwere Schäden zugefügt hatten.[5]

In der Fabrik von Pawlodar und im Chemischen Forschungsinstitut von Nukus in Usbekistan hatten die Sowjets ein beängstigendes Arsenal chemischer Waffen hergestellt, gelagert und getestet. Inmitten des immer kleiner werdenden Aralsees auf der Insel Woschdenije (wörtlich »Wiedergeburt« oder »Renaissance«) hatte die Sowjetunion bei offenen Tests mit ihren neuesten, tödlichsten bakteriellen Waffen Tausende von Mäusen, Hamstern, Meerschweinchen, Affen, Pavianen, Pferden, Maultieren, Schafen und anderen Tieren getötet. Unbeabsichtigt hatte man überdies auf der Hochebene von Usturt im Westen Usbekistans schätzungsweise 30 000 Saiga-Antilopen getötet, als während eines Chemiewaffenversuchs unerwartet der Wind drehte.[6] Und was die menschlichen Bewohner dieser verseuchten Gegend betrifft, so wusste anscheinend niemand, was ihnen geschehen war.

Die kasachischen und usbekischen Regierungsvertreter hatten zwar schon immer gewusst, dass ihre Länder und Völker in den

Augen der Russen entbehrlich waren, doch bevor die Russen Anfang der neunziger Jahre abgezogen waren, hatten die Einheimischen kaum eine Vorstellung von der Größenordnung des ökologischen Desasters gehabt, das ihnen nun geblieben war. Und nachdem die neuen Machthaber im Kreml die Appelle der Kasachen und Usbeken zurückgewiesen hatten, die durch die Waffenprogramme hinterlassenen Schäden zu taxieren und zu beseitigen, hatten sich beide Länder, ohne viel Aufhebens davon zu machen, mit der Bitte um Hilfe an Washington gewandt.

Der Empfang für Webers Team in Stepnogorsk war eisig. Ein Abgesandter der Fabrik begrüßte die Amerikaner, als sie auf dem primitiven Flugplatz aus der gecharterten YAK-40 kletterten, mit der knappen Botschaft, sie müssten die Stadt umgehend wieder verlassen. Doch Weber gab nicht klein bei und beharrte darauf, dass der kasachische Präsident die Visite genehmigt habe. Allerdings hatte er als Beweis nichts Schriftliches in der Hand. Nachdem man sie zu einem kleinen Gästehaus in der Stadt eskortiert hatte, warteten Weber und sein Team mit Bangen auf die Genehmigung zum Weitermachen. Ein Stunde später betrat ein kleiner, gut gebauter Mann den Raum, der es anscheinend gewohnt war, Kommandos zu geben.

»Wer ist hier der Leiter?«, fragte Gennadi L. Lepjoschkin, ein früherer Sowjetoberst, gereizt. Er hatte die Leitung der Fabrik übernommen, nachdem Ken Alibek Ende 1987 nach Moskau versetzt worden war.

Weber stellte sich vor und sagte, dass Präsident Nasabarjew sein Team eingeladen habe, die Fabrik zu inspizieren. Um das Durchsetzungsvermögen des jungen Amerikaners mit den guten Manieren, der so gut Russisch sprach, zu testen, erklärte Lepjoschkin, niemand könne Stepnogorsk, geschweige denn sein Institut, ohne schriftliche Erlaubnis betreten. »Sie sind hier nicht willkommen«, sagte er mit fester Stimme.

Weber erwiderte nichts, sondern rief in der kasachischen Hauptstadt an; nach einigen Stunden kam das Fax, das den Besuch autorisierte. Am nächsten Morgen fuhren die Amerikaner zu Oberst Lepjoschkins Fabrik, die rund zwanzig Autominuten von der Stadt entfernt lag, und dort spielten sich weitere gereizte Szenen ab. Obwohl die kasachischen Führer ihren amerikanischen Kollegen über die Arbeit des Komplexes in Stepnogorsk berichtet und ihrem Wunsch Ausdruck verliehen hatten, die Fabrik entweder zu schließen oder sie für friedliche Zwecke zu nutzen, hielten sich Lepjoschkin und seine Kollegen weiterhin an die Sprachregelungen aus der Sowjetära. Die Fabrik sei für die Produktion von Impfstoffen in Kriegszeiten gebaut worden, behaupteten sie. Ken Alibek, der Verräter, habe gelogen. »Aber wir wollen uns nicht streiten«, sagte Lepjoschkin. »Ich werde Ihnen hier alles zeigen, und Sie ziehen dann Ihre eigenen Schlüsse.«

Weber und seine Kollegen verbrachten die beiden folgenden Tage damit, jeden Teil des riesigen Fabrikkomplexes zu besichtigen. Was sie da sahen, war der reinste Horror. Alles, was Alibek dem CIA berichtet hatte, traf zu. Doch selbst Alibek hätte seine frühere Fabrik in ihrem gegenwärtigen Zustand des Verfalls vielleicht nicht wiedererkannt. Unkraut spross aus den aufgebrochenen Fußwegen, die die 25 Hauptgebäude des Komplexes miteinander verbanden. Die Fahrbahnen bestanden weitgehend aus Schlaglöchern. Die Sicherheitszäune aus Draht, die das Fabrikgelände umgaben, waren löchrig und standen nicht mehr unter Strom. Die Bewegungsmelder an den Außenseiten des Komplexes waren verschwunden. Die über die zentralasiatische Steppe pfeifenden Winterstürme hatten in den meisten Hauptgebäuden Fenster eingedrückt. Regen, Schnee und Eisstürme hatten zur Erosion der grauen Betonwände beigetragen. Luftdichte Schleusen, die einst dafür gesorgt hatten, dass die todbringenden Mikroben nicht entkommen konnten, standen jetzt offen. Die Plastikfußböden im Labor waren zerfetzt und wellig; mangelnde Pflege und das Wetter hatten ganze Arbeit geleistet. Manche Gebäude schienen ganz aufgegeben und verlassen zu sein.

Und doch waren die Reste der tödlichen Vergangenheit dieser Anlage nicht zu übersehen. Im berüchtigten Gebäude 600 fand das amerikanische Team jenen Raum, der die 15 Meter hohe Aerosoltestkammer beherbergt hatte – das größte Testlabor in einem geschlossenen Gebäude, das die Sowjets je gebaut hatten. Darin hatten Lepjoschkins Wissenschaftler im Sprühnebel ihre Bakterien- und Virenstämme in Tierversuchen erprobt: Anthrax, Marburg, Ebola und andere. An den Wänden verliefen immer noch kreuz und quer jene Leitungen, die frische Luft zum Atmen in die Raumfahrtanzügen ähnelnden Monturen geleitet hatten, welche die Wissenschaftler getragen hatten, die mit den tödlichen Bakterien arbeiteten. Unverkennbar waren auch die Erdungsstreifen, die verhindern sollten, dass sich statische Elektrizität aufbauen konnte. Denn das hätte in den Räumen, in denen größere und kleinere Bomben mit bakteriellen Kampfstoffen getestet wurden, zu unbeabsichtigten Explosionen führen können. Ganz zu schweigen von den verräterischen, glänzenden Kunstharzfußböden, die mit ihrer chemischen Widerstandsfähigkeit die Dekontamination sehr erleichterten. Die Abwasserrohre, die das kontaminierte Wasser aus den Gebäuden transportiert hatten, waren jetzt trocken und wiesen Risse auf. Dennoch war sonnenklar, welche Funktion sie gehabt hatten.

Weber und die anderen Amerikaner sahen Überreste der Laborausrüstung, die benutzt worden war, um Milzbrandsporen herzustellen, zum Beispiel die inzwischen aufgegebenen Tiefkühlgewölbe, in denen Hunderte kleiner Glasröhren mit gefriergetrockneten Bakterien sauber aufgereiht in Metallregalen aufbewahrt worden waren. In Labors, die an langen, halb erleuchteten Gängen aufgereiht lagen, fanden sie winzige Pipetten, die Wissenschaftler benutzt hatten, um Nährmedien und Anthrax-Sporen aus kleineren Glasröhren in größere Kolben zu befördern. Sie zählten Dutzende Inkubatoren, ungefähr so groß wie Mikrowellenherde, in denen das Gebräu erwärmt worden war, bevor es abgesaugt und in größere Behälter gefüllt wurde, die dann in einen anderen Raum in Gebäude 221 gebracht wurden, wo Maschinen mit Luftgebläsen die Flüssigkeit in einen dicken kaffeebraunen Schlamm verwandelten.

Die Amerikaner wanderten in den unterirdischen Bunkern umher, deren Mauern über zwei Meter dick waren – Lagerräume für fertige Produkte und Rohmaterialien. Sie fotografierten die Anlage von der Spitze der riesigen Erdhügel aus, die dazu gedacht waren, die Kampfstoffe vor Luftangriffen zu schützen. Sie standen auf dem verlassenen Hubschrauberlandeplatz, auf dem einst die Würdenträger aus Moskau eingeschwebt waren, und sie gingen durch die unterirdischen Abfüllräume, wo Anthrax-Erreger in Sprengköpfe, Cluster-Bomben und andere Trägersysteme eingefiltert worden waren.
Abends kehrten die Amerikaner in das heruntergekommene Gästehaus des Instituts zurück, um ihre Notizen zu vergleichen. Was sie gesehen hatten, machte ihnen wirklich schwer zu schaffen. Obwohl dieser Komplex zerbröselte und an finanzieller Auszehrung litt, stellte er noch immer eine Gefahr dar. In dieser Anlage, mit dieser Ausrüstung und den dort arbeitenden Wissenschaftlern konnten noch immer bakterielle Kampfstoffe hergestellt werden. Irgendwie musste diese Bedrohung verringert werden. Aber es gab kaum andere Arbeitsplätze in der Stadt. Dieser desolate Ort war wie das Institut total heruntergekommen – eine Geisterstadt, allerdings mit Menschen, die darin wohnten. Trotz des milden Wetters waren nur wenige Menschen auf den Straßen zu sehen, an denen öde Betonwohnblöcke aufgereiht lagen – auch nicht auf den Fußwegen zwischen Baumreihen, die diese monotonen Blöcke miteinander verbanden. Parks und Spielplätze waren ebenfalls weitgehend verwaist. Das Kino und das einzige Hotel am Ort waren schon seit Jahren geschlossen.
Im Institut schätzte man, dass in Stepnogorsk noch rund 40 000 Menschen wohnten, kaum mehr als die Hälfte der Bevölkerung, die zu Hochzeiten Mitte der achtziger Jahre rund 70 000 Menschen umfasst hatte. Viele Russen, die Stepnogorsk nach dem Zusammenbruch der Sowjetunion verlassen hatten, um nach Russland oder anderswohin zu gehen, wo sie Arbeit finden konnten, waren inzwischen durch noch desolatere Gestalten ersetzt

worden, die vom Land gekommen waren. Dort gab es noch weniger Arbeit, Lebensmittel und Wohnungen.
Vereinzelte Überreste ihrer stolzen, wenn auch heimlichen Vergangenheit hatte die Stadt noch zu bieten, zum Beispiel ein riesiges Denkmal aus Metall und Ziegelsteinen, das 1964 errichtet worden war, um an die Gründung dieser militärischen Industriestadt zu erinnern. Obwohl die Kugellagerfabrik in Stepnogorsk, die Ersatzteile für Lastwagen und Panzer herstellte, inzwischen nur noch mit Kurzarbeit betrieben wurde, erinnerte der Slogan, der mit großen roten Buchstaben an den Wänden stand: MEINE FABRIK – MEIN STOLZ! an bessere Zeiten – bessere Zeiten auch für die Menschen, die hatten miterleben müssen, wie ihr Lebensstandard in nur zehn Jahren völlig zusammengebrochen war. Die Biowaffenfabrik war auf Land errichtet worden, das an eine riesige zivile biotechnologische Anlage angrenzte, die einfach Progress hieß. Dort waren einst Pflanzenvernichtungsmittel, Tierfutterzusätze und Äthanol hergestellt worden. Jetzt produzierten die Fermenter fast nur noch Wodka.
Die Menschen lebten hauptsächlich von dem Gemüse und den Kartoffeln, die sie im Sommer in ihren Gärten anbauen konnten, vom Fisch, den sie im Fluss angeln konnten – und von der Hoffnung. »Die Hoffnung stirbt als Letztes«, sagte Sergei Antonowitsch den Amerikanern. Er hatte früher als Wissenschaftler in den Biowaffenlabors gearbeitet und besaß nun eine schlecht bestückte Apotheke in der Stadt.
Die Hoffnungslosigkeit war vielleicht die schwerste Last für die einst beneidete Enklave aus Wissenschaftlern, Ingenieuren und privilegierten Facharbeitern. Das riesige Sportstadion in Stepnogorsk stand noch immer an seinem Fleck, ebenso das große Krankenhaus, obgleich es dort keine Arzneimittel mehr gab, und ein Kaufhaus, das mit Importwaren aus Korea, der Türkei, China, Russland und sogar Italien bestückt war. Doch bei einer Arbeitslosigkeit von 50 Prozent konnten sich nur wenige Bewohner die teuren Waren leisten. Die meisten kauften im Straßenbasar ein, wo ärmere Kasachen ihre eigene Kleidung verkauften, aber auch

Knöpfe, selbstgemachte saure Gurken und russische Armeearmbanduhren. (Weber bezahlte 12 Dollar für eine Uhr mit einer Garantiedauer von einer Woche. Sie blieb schon nach zwei Tagen stehen.) Es gab Pelzmäntel und Pelzkappen, beides im eisigen Winter unverzichtbar, und Laternen (wegen der regelmäßigen Stromausfälle) sowie schreiend bunte chinesische Hausschuhe, die man auf den eiskalten Fußböden gut gebrauchen konnte – alles zu Preisen, die Verhandlungssache waren.
Am letzten Besuchstag lud Lepjoschkin Weber und sein Team zu einem Wodka und einem Abschiedsessen in die am Flussufer gelegene Datscha des Instituts ein. Lepjoschkin brachte seinen Hund mit, einen beigen Cockerspaniel namens »Jagd«, der zum Gitarrenspiel seines Herrn in den richtigen Tönen jaulte, während Herrchen russische Volkslieder sang. Das offizielle Programm sei beendet, sagte Lepjoschkin seinen Gästen, und füllte ihre großen Gläser mit Wodka. Jetzt könne man sich auch die Wahrheit sagen.

Als der Wodka in Strömen floss und die Sonne über dem Seleti-Fluss unterging, wurden die offiziellen Lügen, die Lepjoschkin und seine Kollegen den Amerikanern erzählt hatten, vom Tisch gefegt. Natürlich seien in der Anlage weder Impfstoffe hergestellt worden noch irgendein anderes Produkt, das für Menschen nützlich sein könnte, vertraute Lepjoschkin den verdutzten Amerikanern schließlich an. Er und seine Kollegen hätten nur sehen wollen, ob sie weiterhin mit den alten Märchen durchkämen, ob sie, wie man im Russischen sagt, den Amerikanern immer noch »Nudeln an die Ohren hängen« könnten. Mit peinlich berührtem Stolz und einem Schuss anscheinend echter Reue bestätigte Lepjoschkin, dass Stepnogorsk nicht nur Anthrax-Erreger hergestellt und getestet, sondern sogar die bedrohlichsten Bakterienstämme der Welt gezüchtet hatte – solche, die enorm hitze- und kälteresistent waren, und sogar Varianten, die Antibiotika standhielten.
Der ganze Stolz von Stepnogorsk war der Stamm Nr. 836, der virulenteste von allen. Diesen hatte Ken Alibek entwickelt, der eine wirksamere Produktions- und Verbreitungsmethode für einen

pathogenen Stamm aus der ersten, in Kirow gelegenen Anthrax-Fabrik der Sowjetunion gefunden hatte. Das Alibekow-Anthrax, wie es genannt wurde, benötigte weniger Sporen, um bei einem Angriff seine Wirkung zu entfalten. Es lieferte, wie Alibek selbst einmal gesagt hatte, »mehr Power fürs Geld«. Dieser Stamm war sowohl in trockener als auch in flüssiger Form dreimal so tödlich wie der, den man in Swerdlowsk, auf dem Gelände des verheerenden Unglücksfalls von 1979, verwendet hatte. In der Tat verdankte, wie Lepjoschkin bestätigte, der Komplex in Stepnogorsk seine Existenz überhaupt erst diesem Unfall. Die kasachische Fabrik war errichtet worden, um die potentielle Produktionslücke auszufüllen, nachdem die Sowjetunion sich gezwungen gesehen hatte, die Produktion des Anthrax-Erregers in Swerdlowsk einzustellen. Aus Angst vor weiteren Umweltkatastrophen und vor zunehmenden westlichen Forderungen, diese Fabrik inspizieren zu dürfen, hatten die Sowjets die Fabrik in Stepnogorsk in Rekordzeit errichtet, und zwar, wie auch im Fall anderer sowjetischer Geheimfabriken, durch Gefängnisinsassen.

Lepjoschkin und seine Kollegen unternahmen gar nicht erst den Versuch zu rechtfertigen, was sie getan hatten. Sie sagten nicht, dass sie nur ihr Land und dessen Bewohner vor den amerikanischen Biowaffen hätten schützen wollen – obwohl einige von ihnen nicht wirklich glaubten, dass die Vereinigten Staaten ihre eigenen Bemühungen zur Entwicklung offensiver Biowaffen eingestellt hatten. Ausdrücklich bedauerten sie, was in der Vergangenheit geschehen war. Sie hätten immer gewusst, dass ihre Taten Unrecht gewesen seien.

Lepjoschkin erhob sein Glas und brachte einen Toast auf die Amerikaner aus: Er hoffe, dass sich zwischen ihnen Vertrauen, Freundschaft und Partnerschaft entwickeln werde. Dann berichtete er, dass die Wissenschaftler in Stepnogorsk verzweifelt seien. Der Iran habe versucht, sie zu rekrutieren, aber sie hätten solche Angebote abgelehnt. Gleichwohl könne es nicht ewig so weitergehen. Stepnogorsk benötige dringend Hilfe. Natürlich seien auch Unwägbarkeiten im Spiel. Doch würde Washington eventuell in Betracht ziehen, ihm dabei zu helfen, zu retten, was von der Fabrik noch zu retten sei, und die Forschungsvorhaben auf friedliche Zwecke umzustellen?

Die Amerikaner waren total verblüfft über den Kontrast zwischen der Offenheit der Wissenschaftler in dieser informellen Umgebung und ihrem vorherigen Verhalten. Weber kam zu dem Schluss, dass auf jeden Fall, wenn die in Stepnogorsk herrschende Verzweiflung auch von den Wissenschaftlern in Russlands eigenen Anlagen geteilt würde, offizielle Demarchen, wütende Proteste, Inspektionsbegehren und rituelle Besuche der Amerikaner weiterhin nichts bringen würden. Vorwürfe gegen frühere sowjetische Wissenschaftler und Militäroffiziere aus dem Biowaffenprogramm wären weiterhin kontraproduktiv. Die informelle »Datscha-Diplomatie« hingegen konnte seiner Meinung nach Fortschritte bringen.

Weber war überrascht, aber sehr erfreut, als Lepjoschkin seine Einladung annahm, sein Team bei einer Reise zu weiteren Teststätten für biologische Kampfstoffe in Kasachstan zu begleiten. Amerikanische U-2-Aufklärungsflugzeuge und Spionagesatelliten hatten Hunderte von Bildern von der Insel Wosroschdenije (»Renaissance-Insel«) aufgenommen, dem größten Freilufttestgelände der Sowjetunion.[7] Kein Amerikaner hatte diesen grausigen Ort je betreten, aber Lepjoschkin kannte dort jeden Quadratzentimeter Boden.

In den achtziger Jahren hatte Lepjoschkin Wochen auf der Insel verbracht, als die in Stepnogorsk entwickelten Anthrax-Bakterien getestet wurden, aber auch andere Krankheitserreger: Tularämie (Hasenpest), Q-Fieber (Balkangrippe), Brucellose (ein Fiebererreger), Rotz (Malleus), Pest und – laut kasachischen und amerikanischen Quellen – sogar Pocken. Trotz ihrer isolierten Lage und ihres unwirtlichen Klimas – im Winter sanken die Temperaturen regelmäßig unter –20 °C, im Sommer stiegen sie bis auf sengend heiße 55 °C – hatte Lepjoschkin die Insel auf seltsame Weise in sein Herz geschlossen. Zwischen den Tests hatte er seine Zeit damit verbracht, zu lesen, Volleyball zu spielen, Wodka zu trinken und

Aquarellbilder von der abweisenden flachen Landschaft und dem graublauen See zu malen. Einige dieser Skizzen hingen immer noch an den Wänden seiner kleinen Wohnung in Stepnogorsk.

Vielleicht war es ihr gemeinsamer Besuch auf der »Renaissance-Insel«, der entgegen allen Vorzeichen Weber und Lepjoschkin einander noch näher brachte. Am Tag, nachdem Weber erfahren hatte, dass das Flugzeug des Teams aus technischen Gründen auf der heruntergekommenen Landepiste der Insel nicht würde landen können, hatte er 8000 Dollar in Hundertdollarscheinen hingeblättert, um einen kasachischen Hubschrauber aus Sowjetzeiten zu mieten, der den Flug bewältigen konnte. Als Lepjoschkin erfuhr, dass Weber weder den neuen Plan noch die neuen Ausgaben mit Washington abgeklärt hatte, lachte er laut los.

»Andy«, sagte er dem jungen Amerikaner schulterklopfend, »du bist ein echter Cowboy.«

Für Lepjoschkin, dessen Wissen über Amerika im wesentlichen auf Raubkopien von Westernfilmen beruhte, die er an langen Winterabenden gemeinsam mit Freunden angeschaut hatte, war ein Cowboy ein freier Geist, der selbst auf verlorenem Posten gegen mächtige Regierungsbürokraten nicht aufgab, sondern weiterkämpfte. In einer idealen Gesellschaft würden die rechtschaffenen Cowboys gewinnen, dachte Lepjoschkin, der immer davon geträumt hatte, in einer solchen Welt zu leben.

»Nein, du bist der Cowboy, Gennadi«, sagte Weber, das Kompliment erwidernd. Schließlich hatte auch Lepjoschkin die Regeln gebrochen, indem er sich bereit erklärt hatte, die Amerikaner auf ihrer Tour zu begleiten, nachdem ihm der offizielle Segen für diese Aktion verweigert worden war.

Weber sollte den Trip zur Insel »Wos«, wie das amerikanische Team sein Reiseziel abgekürzt nannte, nie vergessen. Als ihr Hubschrauber MI-8 auf die Insel in der Mitte des Aralsees zuflog, verschwanden alle Anzeichen von Leben immer schneller. Die Fischer mit ihren hölzernen Kuttern waren verschwunden; was einst ein lebendiger See gewesen war, war jetzt Marschland. Zerzauste Bäume wichen Beifußgewächsen, bis schließlich nichts anderes mehr da war als salzbedeckter, zementfarbener Sand, der einst den Seeboden gebildet hatte, jetzt aber trocken und aufgebrochen dalag. Vögel waren nicht zu sehen. Nichts schien hier zu leben.

Nach der Landung des Hubschraubers legten Weber und seine Kollegen ihre weißen Schutzanzüge gegen biologische Kampfstoffe an, mit Masken und Atemgeräten, die ihnen Washington für ihre Mission zur Verfügung gestellt hatte. Diese Anzüge waren eine zusätzliche Absicherung für den Fall, dass der im Lauf eines ganzen Jahres aufgebaute Impfschutz gegen alle möglichen Krankheitserreger sich doch als nicht ausreichend erweisen sollte. Während Cowboy Weber bereit war, Washingtons Zorn wegen der nicht autorisierten Anmietung eines Hubschraubers auf sich zu nehmen, ging er bei den Bakterien keinerlei Risiko ein.

Von der »Renaissance-Insel« hatte er erstmals in Geheimdienstberichten erfahren, die auf Verhören Ken Alibeks basierten. Wie sich herausstellte, hatte Alibek eines der am strengsten gehüteten Geheimnisse des Kalten Krieges mitgebracht: Wosroschdenije, hatte er den Amerikanern berichtet, war nicht nur das wichtigste Testgebiet der früheren Sowjetunion für bakterielle Kampfstoffe gewesen. Die Insel war auch der größte Friedhof der Welt für waffenfähige Anthrax-Sporen. Darum war der Besuch auf der Insel für die Amerikaner unter Geheimdienstgesichtspunkten potentiell Gold wert.

Als Weber seinen Anzug, seine Atemmaske und die verbindenden Luftfilter auf Löcher und undichte Stellen hin untersuchte, gingen ihm Alibeks Berichte über die traurige Geschichte der Insel im Kopf herum. Im Frühjahr 1988 hatten Wissenschaftler aus Swerdlowsk den Auftrag erhalten, tonnenweise Anthrax-Bakterien zu beseitigen, die die Fabrik in Swerdlowsk zu Sowjetzeiten hergestellt und dann in Sibirien, in Sima in der Nähe von Irkutsk, gelagert hatte. Obwohl man den Wissenschaftlern den Grund für diesen Auftrag nicht mitgeteilt hatte, hatten sie vermutet, dass Präsident Gorbatschow, der einerseits im Lande *Glasnost* vorantreiben, andererseits dem Westen gegenüber die *Perestroika* forcieren wollte, nervös geworden sei. Er konnte schließlich nicht Offenheit favorisieren und gleichzeitig überall im Land den Beleg dafür bieten, dass Moskau den Biowaffen-Sperrvertrag von 1972 massiv verletzt hatte. Im Klima neuer Offenheit wurden die Anthrax-Bakterienvorräte der Sowjetunion immer mehr zur Belastung. Was wollte Moskau denn tun, wenn Großbritannien und die USA eine Inspektion verlangten und dabei dann das verräterische Produkt vorfanden? Es handelte sich doch um eine klare Verletzung des Abkommens von 1972 (»Übereinkommen über das Verbot der Entwicklung, Herstellung und Lagerung bakteriologischer [biologischer] und Toxin-Waffen sowie über ihre Vernichtung«), das die Sowjetunion als einer der ersten Staaten unterzeichnet und ratifiziert hatte. Die Anthrax-Erreger mussten also vernichtet werden. Aber wo? Und wie? Anthrax-Sporen waren unglaublich widerstandsfähig, und die sowjetischen Wissenschaftler hatten selbst dafür gesorgt, dass dies inzwischen noch in weit höherem Maße zutraf.

Die Wissenschaftler erhielten den Befehl, die Vorräte auf der Insel Wosroschdenije zu entsorgen, ihrem früheren Testgelände, das über 1600 Kilometer entfernt lag. Eilig und unter strengster Geheimhaltung luden sie tonnenweise Bakterien – genug, um die gesamte Weltbevölkerung nicht nur einmal, sondern gleich mehrfach zu töten – in Edelstahlkanister. In den folgenden Tagen wurden diese Kanister dann auf einen Zug verladen, der aus zwei Dutzend Waggons bestand, bevor der Transport seine einsame Fahrt quer durch Russland und Kasachstan antrat. Endstation: die Insel Wosroschdenije.

Am Rande des alten Testgeländes gossen sowjetische Soldaten dann Chlorbleiche in die Kanister, um das tödliche rosafarbene Pulver zu dekontaminieren. Anschließend hoben sie riesige Gruben aus und gossen den Bakterienschlamm in den Boden. Sie beerdigten die dekontaminierten Sporen in aller Form – und damit, wie Moskau hoffte, auch eine ernste politische Bedrohung.

Nun aber war Weber entschlossen, die Anthrax-Sporen und die Vergangenheit wieder auszugraben. Als er mit seinem Team aus dem Hubschrauber stolperte, fiel ihm auf, dass Lepjoschkin den

ihm angebotenen Schutzanzug ablehnte. Wenn ihn die Anthrax-Bakterien bis jetzt noch nicht umgebracht hätten, sagte er im Scherz, dann sei er wahrscheinlich auch ohne Anzug sicher.
Mit Lepjoschkin an ihrer Seite erkundeten die Amerikaner nun das verfallende Labor mit seinem Hochsicherheitstrakt, in dem die sowjetischen Wissenschaftler mit den tödlichsten Krankheitserregern experimentiert hatten. Obwohl der Sommer gerade erst begonnen hatte, waren die Temperaturen ein Hammer – über 37 °C zeigte das Thermometer eines Wissenschaftlers an. In ihren luftundurchlässigen Schutzanzügen schwitzten die Amerikaner wie verrückt. Aber der Adrenalinstoß dieser Mission – das Bewusstsein, dass sie diese Insel als erste westliche Besucher überhaupt erkundeten – ließ sie die körperlichen Unannehmlichkeiten völlig vergessen.
Zu Webers Überraschung war das Labor nicht nur verwaist – mit Ausnahme vereinzelter Eidechsen, Schlangen oder Fliegen –, sondern es war auch total leergeräumt. Das Wenige, das die Sowjets, als sie das Gelände 1992 aufgaben, nicht verbrannt oder vergraben hatten, war örtlichen Plünderern in die Hände gefallen, die es in Basaren in Nukus oder im weit entfernten Taschkent verkauft hatten: kontaminierte Ausrüstungen, Kupferrohre und sogar Wand- und Bodenfliesen. Einige Fliesen hatten sie allerdings auch zurückgelassen, glänzende, lindgrüne Exemplare mit Fischmotiven. Die Ställe und Käfige, in denen einst Tausende kleinerer Versuchstiere gehaust hatten (Kaninchen, Meerschweinchen, weiße Mäuse und Hamster), aber auch größere wie Pferde, Schafe, Esel, Affen, Paviane und Menschenaffen, waren leer. Die Fenster waren eingeschlagen oder fehlten ganz, die Dächer waren eingefallen.
In einem Bungalow, der offensichtlich als Lagerraum gedient hatte, lagen auf einem Haufen Hunderte kleiner Käfige, in einem anderen Raum stand ein mannshoher Käfig – für »nichtmenschliche Primaten«, Affen in Menschengröße, wie Lepjoschkin versicherte. Damals, in den achtziger Jahren, hatte Lepjoschkin mit seinem Vorgesetzten Alibek noch Witze gemacht, dass man die zum Tode

verurteilten Affen eigentlich beneide, denn diese bekämen wenigstens Bananen und andere Früchte zu essen. (Südfrüchte waren damals selbst für privilegierte sowjetische Bakterienforscher ein unbezahlbarer Luxus.) Aber das war natürlich Galgenhumor gewesen, denn die Tiere, die man hierher gebracht hatte, starben zu Tausenden auf entsetzliche Weise, manchmal Hunderte bei einem einzigen Experiment. Diese Tiere waren längst dahin, aber der den Veteranen aus der Welt der biologischen Kampfstoffforschung bestens vertraute Gestank hing noch in den Ruinen – eine Mischung aus Chlorbleiche, Staub, Tierfäkalien und Tod.

Direkt hinter diesem Gebäudekomplex lag das riesige Wüstentestgelände, abgegrenzt nur durch Telefonmasten im Abstand von genau einem Kilometer, an denen man bei Freiluftversuchen die Tiere angebunden hatte. An den Pfählen angebrachte Testvorrichtungen zur Feststellung der Luftqualität maßen während solcher Tests Konzentration und Teilchengröße der Erreger sowie die Wetterbedingungen.

Nachdem die Amerikaner den Gebäudekomplex abgegangen waren und Oberflächenproben von den Laborwänden und aus dem Erdboden des Testgeländes genommen hatten, inspizierten Weber und Lepjoschkin am Nordrand der Insel den Wohnkomplex des Geländes. Er lag nur gut einen Kilometer vom Testgelände entfernt. Die dreistöckigen Gebäude, die als Kasernen, Wohnungen, Kindergarten und Kantine gedient hatten, waren jetzt verlassen, aber auf dem Höhepunkt der Testaktivitäten hatten hier russische Wissenschaftler und Ingenieure mit ihren Familien gelebt, insgesamt bis zu tausend Menschen.

Der Kinderspielplatz mit Schaukeln und der russischen Version eines Abenteuerspielplatzes war eine gespenstische Erinnerung an jene, die diesen furchtbaren Ort einst ihre Heimat genannt hatten. Lepjoschkin erzählte Weber, die meisten Kinder seien nicht einmal gegen die Erreger geimpft gewesen, die hier bis in die siebziger Jahre getestet worden waren – in nur einem Kilometer Entfernung: Tularämie, Q-Fieber, Brucellose, Rotzkrankheit, Typhus, Pferdeenzephalitis (VEE) und Pest. In manchen Fällen gab es nicht ein-

mal Impfstoffe gegen die Bakterienstämme, die vom Flugzeug aus mit Sprühtanks und Cluster-Bomben verbreitet worden waren.
»Wenn der Wind nicht in Richtung Süden wehte, also weg von den Wohnquartieren, dann haben wir keine Tests durchgeführt«, sagte Lepjoschkin. Trotzdem hatte es auch Unfälle gegeben. Ein schlichtes Holzkreuz markierte die Grabstelle einer jungen Wissenschaftlerin, die sich versehentlich mit der Rotzkrankheit infiziert hatte. Moskau hatte ihren Tod immer verschwiegen, ebenso den Tod einiger Fischer, die bei einem fehlgeschlagenen Test im Jahre 1972 zu nahe an die Insel herangekommen waren und die man später tot in ihrem Boot treibend aufgefunden hatte. Sie waren der Pest zum Opfer gefallen.
Lepjoschkin war natürlich gegen viele der tödlichen Krankheitserreger geimpft worden, mit denen er ständig experimentierte. Einige dieser Stämme waren den Amerikanern anscheinend überhaupt nicht bekannt. Weber und sein Team hatten sich ein Jahr lang immer wieder schmerzhafte Spritzen geben lassen müssen, bis ein Impfschutz gegen Anthrax- und andere, eher exotische Krankheitserreger bestand. Doch Lepjoschkin hatte sich einfach dadurch immunisiert, dass er in eine Testkammer des Labors in Stepnogorsk gegangen war. Während er beruhigender klassischer Musik lauschte, war der Impfstoff als Sprühnebel über seinen Körper und in seine Lungen gezogen. Auf dem Gebiet der Massenimpfungen hatte die Sowjetunion eine Pionierstellung innegehabt, wie Lepjoschkin anmerkte: mit Aerosol-Verfahren, Impfpistolen und Schluckimpfungen. 1960 hatten die Sowjets mit Hilfe einer Schluckimpfung in drei Wochen 6,6 Millionen Menschen gegen Pocken geimpft. Bei einer Pockenepidemie stirbt sonst normalerweise ein Drittel der nicht geimpften Erkrankten. Die Vereinigten Staaten fingen erst Ende der neunziger Jahre an, Aerosol-Impftechniken zu erproben, während Aerosol-Impfschutz in der Sowjetunion schon lange Routine gewesen war. Das war also ein weiteres Gebiet, auf dem die sowjetischen Bakteriologen Hervorragendes geleistet hatten; von ihnen könnten die USA noch einiges lernen, dachte Weber, als er Lepjoschkin zuhörte.

»Damals war die Insel noch kleiner und schöner«, erinnerte sich Lepjoschkin wehmütig. »Vom Labor aus konnte man den blauen, in der Sonne glitzernden See fast berühren.«
Wegen der fehlgeleiteten sowjetischen Bewässerungspolitik trocknete der Aralsee jedoch immer mehr aus. Was einmal der viertgrößte Binnensee der Welt war, rangiert jetzt nur noch an zehnter Stelle. Seine Oberfläche war zwischen 1960 und 1990 um die Hälfte zurückgegangen, sein Wasservolumen gar um 75 Prozent. In der Folge war die staubige Insel, die aussah wie eine Träne, enorm gewachsen: von 200 auf 2000 Quadratkilometer. Bei niedrigem Wasser bestand an manchen heißen Sommertagen schon fast eine Landbrücke zur Insel. Und es würde nicht mehr lange dauern, dann gab es diese feste Verbindung zum usbekischen Festland tatsächlich. Dann könnten auch die vergrabenen Anthrax-Bakterien – und wer weiß was sonst noch alles – aus ihrem sandigen Grab entkommen. Wenn Taschenratten und andere Nagetiere sowie Eidechsen und Vögel sie weitertrügen, könnten die Sporen auch auf das Festland gelangen. Und weil sich Anthrax-Bakterien durch direkten Kontakt von Tieren auf den Menschen übertragen, würde sich das Potential für eine verbreitete Ansteckung von Menschen, deren Gesundheitszustand ohnehin schon sehr schlecht war, nur noch vergrößern – vorausgesetzt, die Anthrax-Sporen waren noch am Leben.
Die örtliche Bevölkerung litt bereits an einer ganzen Reihe mysteriöser Krankheiten – zum Beispiel an seltenen Formen von Krebs –, die sich vielleicht nicht nur der Armut und der Umweltverschmutzung zuordnen ließen, sondern auch den verhängnisvollen biologischen und chemischen Hinterlassenschaften in der Region. Keiner wusste etwas Genaues. Seit 1989 hatte es in dieser Gegend keine Volkszählung mehr gegeben, und Gesundheitsstatistiken waren entweder nicht vorhanden oder unzuverlässig.
Von den traurigen Verhältnissen in der Region hatten Weber und sein Team bei ihrem Aufenthalt in Aralsk erfahren, dem militärischen Hauptquartier für den Nachschub zur Insel Wosroschdenije. Dort hatte die Sowjetarmee ein 400-Mann-Bataillon, dessen

Soldaten über Erfahrung mit bakteriologischen Kampfstoffen verfügten, sowie weitere rund 600 Soldaten stationiert. Vor dem Flug auf die Insel hatte das amerikanische Team hier eine lange Nacht im einzigen Hotel des Städtchens verbracht, einer drückend heißen, mit Ungeziefer verseuchten Ruine. Ausgiebig hatte man sich mit den Bewohnern des ehemaligen sowjetischen Hafenstädtchens unterhalten.

Laut Ärzte ohne Grenzen, einer Hilfsorganisation, gehörten die Bewohner dieser Region, besonders jene in der halbautonomen Republik Karakalpakstan, die in Usbekistan liegt und südlich an den Aralsee grenzt, auf dem Gebiet der früheren Sowjetunion zu den am stärksten von chronischen Krankheiten heimgesuchten Menschen.[8] Rund 90 Prozent der Frauen litten an Anämie, und die Kindersterblichkeitsrate war hier so hoch wie in den afrikanischen Ländern am Südrand der Sahara. Nierenerkrankungen und verschiedene Krebsformen hatten bedrohlich zugenommen, und zwei Drittel der Bevölkerung litten an chronischen Krankheiten – viele an Tuberkulose, deren Verbreitung nach dem Zusammenbruch der Sowjetunion sprunghaft zugenommen hatte.

In Aralsk, auf der kasachischen Seite des Sees, hatte die örtliche Verwaltung eine der verlassenen sowjetischen Armeekasernen in eine Tuberkulosestation verwandelt, in der man die Patienten relativ gut isolieren konnte. Doch es fehlten die nötigen Medikamente. Die Bevölkerung von Aralsk war wie der See, der einst eine lokale Fischindustrie ermöglicht hatte, geschrumpft. Jetzt lebten hier nicht einmal mehr 10 000 Menschen. Und es gab keine Arbeit. Die Kinder auf den heißen, staubigen Straßen wirkten träge und blass. Selbst Hunde und Kamele sahen krank aus.

Was würde ihnen wohl geschehen, fragte sich Weber, wenn die verhängnisvolle Hinterlassenschaft der Insel, wenn die immer noch tödlichen Anthrax-Erreger, wieder an Land kämen, da die Wasserfläche des Sees immer weiter abnahm? Auf der usbekischen Seite der Insel, zu der der größte Teil des Testkomplexes gehörte, hatte eine usbekische Firma bereits damit begonnen, nach Öl zu bohren. Einige Ölbohrleute hatten sogar in den Kasernen, die einst die sowjetischen Bakteriologen beherbergt hatten, vorübergehend ihr Hauptquartier aufgeschlagen. Lebten die vergrabenen Anthrax-Sporen noch? Und gab es auf der Insel Wosroschdenije vielleicht noch weitere tödliche Hinterlassenschaften der Vergangenheit?

Nach der Rückkehr in die kasachische Hauptstadt Alma Ata unterrichtete Weber Ashton B. Carter, einen der Stellvertreter des amerikanischen Verteidigungsministers, der gerade die Region besuchte. Webers Mission in Stepnogorsk hatte den Beweis erbracht, dass alles zutraf, was Pasetschnik und Alibek dem Westen über das frühere sowjetische Biowaffenprogramm berichtet hatten. Biopreparat war tatsächlich, wie Ken Alibek es bezeichnet hatte, das »Manhattan Project« der Sowjetunion gewesen.

Während die Biopreparat-Institute in Russland für Ausländer und selbst für die meisten Russen weiterhin unzugänglich waren, hatte Webers Besuch in einigen der größten und tödlichsten Anlagen im inzwischen unabhängigen Kasachstan eine einmalige Gelegenheit geschaffen. Darin waren sich Weber und Carter einig. Wenn die amerikanische Regierung unter Präsident Clinton Kasachstan helfen würde, seine Anlagen, besonders den Komplex in Stepnogorsk, zu retten und friedlichen Zwecken zuzuführen, so könnte dies die dortigen Wissenschaftler wahrscheinlich davon abhalten, ins Biowaffengeschäft zurückzukehren und ihre Kenntnisse an Schurkenstaaten oder Terroristen weiterzuverkaufen. Außerdem könnte die amerikanische Regierung einen Präzedenzfall schaffen. Ein florierendes, wohlhabendes Stepnogorsk könnte ein Aushängeschild für andere ehemalige Sowjetrepubliken werden, sogar für Russland selbst, das sich bisher der Zusammenarbeit mit dem Westen auf dem Gebiet biologischer Kampfstoffe noch hartnäckig widersetzte. Amerika müsse, so bedrängte Weber Carter, aus Stepnogorsk ein »Musterbeispiel« machen, das die Vorteile von Transparenz, internationaler Zusammenarbeit und der Nichtweitergabe von Waffen-Know-how deutlich machte.

Kapitel 8
Der Durchbruch

Während Washington noch mit den Implikationen des Zusammenbruchs der Sowjetunion rang, setzten die Inspektoren der Sonderkommission der Vereinten Nationen (United Nations Special Commission, UNSCOM) im Nahen Osten der Regierung des Irak heftig zu, die mühsam nach Erklärungen suchte, warum sie in den Jahren vor dem Golfkrieg 40 Tonnen Nährmedien für Mikroorganismen gekauft hatte. Die Iraker sagten, ihre Unterlagen würden beweisen, dass das Material in Labors und Krankenhäusern verbraucht worden oder verlorengegangen sei. »Und wie?«, fragten die Inspektoren. Nun, einige Behälter mit dem Mikrobenfutter seien von der Ladefläche eines Lastwagens gefallen. Andere Unterlagen seien unglücklicherweise bei einem Feuer zerstört worden, das ausgerechnet diese Aktenablage vernichtet hätte. Die irakischen Regierungsbeamten fügten hinzu, dass sich die Diskrepanzen auch durch Unruhen nach dem Golfkrieg erklären ließen, bei denen Bewohner örtliche Forschungseinrichtungen angegriffen und für die Forschung benötigte Vorräte zerstört hätten.

Rolf Ekeus und das UNSCOM-Team reisten Ende März 1995 in den Irak, um sich mit Rihab Taha auseinanderzusetzen, jener irakischen Wissenschaftlerin, die beauftragt worden war, die Inspektoren zu begleiten. Warum hatte der Irak weit mehr Mikrobenfutter verbraucht, als sich durch zivile Programme erklären ließ? Frau Taha, die in England ausgebildet worden war und hervorragend Englisch sprach, brach in Tränen aus und bat Ekeus, seine gebärdigen Inspektoren doch bitte zur Räson zu bringen. Sie behauptete weiterhin steif und fest, der Irak habe unmöglich 40 Tonnen Nährmedien importieren können. Es müsse ein Irrtum in den Unterlagen vorliegen. Sie sagte, ihre Mitarbeiter hätten eine einfache

Rechnung angestellt: Selbst wenn in jedem Fermenter im Irak ununterbrochen Mikroorganismen gezüchtet würden, würde es 26 Jahre dauern, bis 40 Tonnen Nährmedien aufgebraucht wären.
Richard Spertzel, der oberste UN-Inspektor für Biowaffen, spürte, dass Ekeus zu schwanken begann. Diese Berechnungen klangen eindrucksvoll. Gleichwohl war er sicher, dass sie nicht stimmten. Er schickte einen UN-Inspektor zurück nach Al Hakam, um die Fermenter nochmals zu zählen. Dabei gab ein irakischer Techniker zu, dass mehrere Ausrüstungsgegenstände, die in früheren Erklärungen des Irak als »Deaktivierungstanks« aufgeführt waren, in Wahrheit Fermenter waren. Spertzel kehrte am folgenden Tag zurück und zeigte Taha die revidierten Schätzungen der UNSCOM. Schon die Fermenter in Al Hakam seien voluminös genug, um einen Großteil der vom Irak importierten Nährmedien zu verbrauchen, sagte er. Da wurde Frau Taha laut. »Wer hat Ihnen denn das gesagt? Es sind keine Fermenter, sondern Deaktivierungstanks«, schrie sie. »Aber das haben Sie uns doch selbst gesagt«, erwiderte Spertzel. »Sehen Sie, hier ist das Inventarverzeichnis, das wir gestern mit Ihren Leuten in Al Hakam aufgestellt haben.«
Bei einem Treffen am Abend des 1. Juli 1995 gab der Irak endlich klein bei. Nach vierjährigem Leugnen gestand Frau Taha ein, dass Bagdad in Al Hakam zigtausend Liter Bakterienschlamm mit Anthrax- und Botulinum-Erregern hergestellt hatte. Es war ein sehr emotionaler Augenblick, und Spertzel hatte das Gefühl, dass die irakische Wissenschaftlerin erneut den Tränen nahe war. Die Anspannung der vergangenen Monate, als die UNSCOM-Inspektoren Iraks Ausreden und Schutzbehauptungen immer weiter entlarven konnten, hatte ihr stark zugesetzt. »Ihr war klar, dass wir wussten, dass sie log«, erinnerte sich Spertzel.
Das Eingeständnis des Irak wurde in einem dreiseitigen Dokument festgehalten, das Frau Taha den Inspektoren verlas.[1] Dabei vermied sie jeden Blickkontakt und starrte zu Boden oder auf die Papiere vor ihrer Nase. Der Irak habe mit seinem Biowaffenprogramm im Jahre 1988 begonnen, sagte sie. Damals, als der Krieg zwischen Iran und Irak zu Ende ging, seien »Instruktionen«

gekommen, das Projekt weiterzuführen, aber »ohne Eile«. Die Produktion bakterieller Erreger sei im Jahre 1989 angelaufen. Frau Taha sagte, Anthrax und Botulinum seien in Edelstahltanks in einem Lagerhaus aufbewahrt worden. Laut Taha waren die Vorräte aber im September oder Oktober 1990 »auf höhere Weisung hin« vernichtet worden, weil diese Stellen befürchtet hätten, die alliierten Streitkräfte könnten die wissenschaftlichen Labors im Irak bombardieren.

Die neue Darstellung indes warf ebenso viele neue Fragen auf, wie sie alte beantwortete. Sie enthielt zum Beispiel keinerlei Hinweis darauf, wer in der irakischen Führung für die Biowaffenproduktion verantwortlich gezeichnet hatte. Und die Waffeninspektoren bezweifelten ernsthaft die Behauptung, Anthrax- und Botulismus-Erreger seien niemals in Bomben und Raketensprengköpfe gefüllt worden. Die UNSCOM hatte den Irak fünf Monate zuvor wissen lassen, sie sei der Meinung, die Bakterien seien zu Offensivwaffen verarbeitet worden, und nichts an Frau Tahas steifem, zurückhaltendem Auftritt am Abend jenes 1. Juli legte ihnen gegenteilige Schlüsse nahe. Spertzel hielt es für äußerst unwahrscheinlich, dass Saddam Hussein sich die Mühe gemacht hatte, biologische Waffen zu produzieren, um sie dann am Vorabend der »Mutter aller Schlachten« zu vernichten.

Einen Monat später, am 4. August, übergab der Irak eine »Vollständige Offenlegung« seiner biologischen Waffenprogramme – die neueste Version in einer langen Serie gleichartiger Erklärungen. Doch nur vier Tage später, am 8. August, flüchtete der Mann, der das irakische Biowaffenprogramm fast zehn Jahre lang geleitet hatte, im Anschluss an einen Familienkrach nach Jordanien: Generalleutnant Hussein Kamel, ein Schwiegersohn Saddam Husseins. Er war der mit Abstand ranghöchste Überläufer aus dem inneren Machtzirkel des Irak. Nun hatten auch die UN-Detektive endlich ihren Biowaffen-Überläufer.

Der Irak wartete gar nicht erst ab, bis Kamel die Ungenauigkeiten in der Erklärung vom 4. August ans Tageslicht brachte. Schon wenige Stunden, nachdem er aus dem Land geflohen war, informierten irakische Regierungsbeamte die Vereinten Nationen, sie hätten ein Konvolut neuer Dokumente gefunden, die auf einer Hühnerfarm versteckt gewesen seien, die Kamel gehörte.

Dabei waren die Beamten im Irak – zu Unrecht, wie sich herausstellte – davon ausgegangen, dass Kamel der UNSCOM alles gestehen würde.[2] Also kamen sie sofort mit einer neuen Geschichte: Der Irak, gaben sie zu, habe tatsächlich bakterielle Kampfstoffe zu Waffen verarbeitet. Dieses Programm habe Kamel geleitet, der angeblich nach dem Krieg eine weitreichende Verschwörung geleitet hatte, um die Biowaffen vor den Vereinten Nationen geheimzuhalten. Der mächtige Verwandte des Präsidenten, gaben die irakischen Offiziellen an, habe sie daran gehindert, die Wahrheit zu sagen.

Der Irak lud Ekeus auf die Farm ein, wo die Dokumente »entdeckt« worden seien. Dann könne er sich selbst ein Bild von den Unterlagen machen. Die irakischen Beamten führten ihn zu einem kleinen Verschlag, in dem ein Stapel hölzerner und metallener Kisten lag.

Obenauf in einer der Kisten fand sich ein leuchtend orangefarbenes Fotoalbum. Obwohl der Raum total verdreckt war, lag auf diesem Album, das detaillierte Unterlagen der irakischen Feldversuche mit bakteriellen Waffen enthielt, nicht ein einziges Staubkörnchen. Allem Anschein nach handelte es sich um ein Hand- und Anweisungsbuch für die obersten Verantwortlichen. In der Dokumentenbox, die sich als wahre Fundgrube wertvoller Materialien über das Biowaffenprogramm des Irak erwies, fand sich auch ein Ausleihschein für das Fotoalbum.[3] Er trug die Unterschrift von Frau Taha und war auf den 13. September 1990 datiert – sechs Wochen nach dem Überfall des Irak auf Kuwait.[4]

Nach dieser inszenierten Entdeckung auf der Hühnerfarm folgte eine wahre Flut von Enthüllungen.[5] Die irakischen Regierungsvertreter gaben zu, dass sie ein breites Spektrum biologischer Waffen für den Einsatz auf dem Schlachtfeld produziert hatten, von Raketen über Bomben bis hin zu Sprühtanks an Düsenjägern. Sie sagten, sie hätten die Bakterien über viele Jahre hin produziert, aber erst nach dem August 1990, nach Saddam Husseins Invasion in Kuwait, mit Hochdruck daran gearbeitet, Biowaffen herzustellen. General Schwarzkopf hatte sich damals also zu Recht entsprechende Sorgen gemacht.

Die Iraker sagten der UNSCOM, in den Fermentern in Al Hakam habe man im Januar 1989 das erste Botulinum-Toxin produziert (den von Botulinum-Bakterien abgesonderten Giftstoff, der zu Lähmungen führt). Bis August 1990 habe man bereits die atemberaubende Menge von 13 600 Litern beisammen gehabt – genug, um damit ein großes Schwimmbecken zu füllen. Die Herstellung von Anthrax-Erregern am Fließband hatte im Juni 1990 begonnen, mehrere Monate bevor Saddam Hussein Kuwait erstmals bedroht hatte. Davon hatte man bis Dezember 1990 8350 Liter hergestellt. Eine zweite Produktionsstätte für Botulinum-Toxin hatte man im November 1990, also zu dem Zeitpunkt, als die Alliierten ihre Truppen gegen den Irak zusammenzogen, in der Fabrik für tierische Impfstoffe in Dawrah in der Nähe Bagdads eröffnet. Dort waren dann bis Dezember zusätzliche 5400 Liter Botulinum-Toxin hergestellt worden. Insgesamt hatten also auch die Iraker genügend Bakterien und Toxine hergestellt, um die gesamte Menschheit zu töten. Weder auf Al Hakam noch auf Dawrah fielen die Bomben der Alliierten. Man hatte sich durch das Versteckspiel der Iraker täuschen lassen.

Der Irak gab ferner zu, dass seine Waffenspezialisten Artilleriegeschosse, Bomben und Raketensprengköpfe getestet und produziert hatten, die in der Lage waren, biologische Kampfstoffe zu befördern. Diese Arbeiten hatten Anfang 1988 begonnen, als Wissenschaftler bei einem Versuch mit einer Flugzeugbombe Tiere durch eine Wolke aus Botulinum-Toxin zu Tode brachten. Einige Monate darauf, im Juli 1988, hatten Wissenschaftler mehrere Tests mit einem Aerosolgenerator durchgeführt, der an einem Militärhubschrauber sowjetischer Bauart hing, und dabei Bakterien benutzt, die ähnliche Symptome wie Milzbrand hervorriefen.

Die Invasion in Kuwait, gab der Irak ebenfalls zu, verlieh den Arbeiten an den Biowaffen neue Dringlichkeit. Im Herbst 1989

hatten irakische Ingenieure eine neue Bombe entwickelt: die Biowaffenvariante einer Fliegerbombe, die mit einem Fallschirm zur Erde glitt. Die Iraker hatten die Innenseiten einer R-400-Bombe mit Kampfstoffschichten belegt und dabei teils Anthrax-Erreger, teils Botulinum-Toxin verwendet. Nach Angaben des Irak handelte es sich um 100 Botulinum-Bomben und 50 Anthrax-Bomben. Techniker aus dem Irak hatten ferner einige Sprengköpfe für Scud-Langstreckenraketen so umgerüstet, dass biologische anstelle der üblicherweise verwendeten chemischen Kampfstoffe austraten. Nach Angaben irakischer Stellen hatten sie 25 Scud-Sprengköpfe gefüllt: 16 mit Botulinum-Toxin, 5 mit Anthrax-Erregern, 4 mit Aflatoxin, einem Giftstoff aus einem Pilz, der schwere Leberschäden hervorruft. Das Biowaffenteam des Irak hatte auch einen 2000-Liter-Tank gebaut, der von einem Düsenjäger aus Anthrax-Erreger oder Botulinum-Toxin versprühen konnte. Nach Ansicht amerikanischer Experten stellte von allen irakischen Waffensystemen dieser Tank eine der größten Gefahren dar. Die Bomben und Raketen waren technisch eher primitiv, aber »das hätte funktioniert«. Im Juli 1990, kurz vor der Invasion in Kuwait, hatten Wissenschaftler nach Angaben des Irak ebenfalls Experimente mit Viren begonnen. Dazu zählten Kamelpockenviren, die Erreger der hämorrhagischen Konjunktivitis (einer Bindehautentzündung, die zu vorübergehender Erblindung führt) und ein Rotavirus, das schwere Durchfälle zur Folge hat. Nach irakischen Angaben war jedoch von keinem dieser Viren eine größere Menge produziert worden.
Kurz bevor das Bombardement der Alliierten begann, hätten Offiziere Sprengköpfe mit biologischen Kampfstoffen in einem verlassenen Eisenbahntunnel versteckt, verlautbarte der Irak, und fünfzehn weitere in Ufernähe des Tigris vergraben. Die R-400-Fliegerbomben waren im ganzen Land verteilt worden. Der Irak legte offen, dass 157 von ihnen in der Nähe des Schießplatzes Aziziyah und einer militärischen Landebahn vergraben worden seien, die von den Irakern Flugplatz 37 genannt wurde. Direkt vor dem Golfkrieg, im Dezember 1990 und Januar 1991, testeten irakische Piloten die Sprühtanks in ihren Kampfflugzeugen auf dem Luft-

waffenstützpunkt Abu Obeydi. Der Irak behauptete, er habe im Sommer 1991 all seine Bomben und Sprengköpfe zerstört, konnte aber keine Beweise dafür vorlegen.

Die irakischen Regierungsvertreter boten widersprüchliche Erklärungen dafür an, warum sie ein Biowaffenarsenal geschaffen hatten. Chemische und biologische Waffen könnten, wie sie sagten, dazu dienen, eine »zahlenmäßig überlegene Streitmacht« in Schach zu halten. Die Feldkommandeure der Iraker waren überdies während des Golfkriegs ermächtigt, einen Vergeltungsschlag mit Biowaffen zu führen, falls ein nuklearer Angriff Bagdad zerstört hätte. Dazu vermerkte die UNSCOM nur trocken, dass dies andere mögliche Einsatzdoktrinen für biologische Waffen »natürlich nicht ausschließt«.

Die Angaben des Irak zu seinem Programm und zu den Verstecken seiner biologischen Waffen stimmten ziemlich genau mit den Informationen überein, die der CIA im Sommer 1991 geliefert hatte.[6] Die Spione des CIA hatten drei der vier Orte korrekt identifiziert, an denen Bagdad seine Biowaffen vergraben oder versteckt hatte. In CIA-Berichten war auch auf Al Hakam und Fudaliyah verwiesen worden, zwei der drei irakischen Produktionsstätten für bakterielle Kampfstoffe. Selbst der CIA-Bericht über die Bombengrößen stimmte anscheinend mit den späteren Angaben des Irak überein. Der Irak sagte, er habe seine bakteriellen Erreger in R-400-Bomben mit einem Fassungsvermögen von jeweils 90 Litern gefüllt sowie in Sprengköpfe von Scud-Raketen, die je 145 Liter fassten – genau, wie es die CIA in ihren Berichten dargestellt hatte.

Welches Ausmaß an Bedrohung ging nun von den irakischen Biowaffen tatsächlich aus? Jahre später rangen Spertzel und die amerikanischen Geheimdienstexperten immer noch um die korrekte Antwort auf diese Frage. Bagdad erklärte der UNSCOM, die in Al Hakam produzierten Anthrax- und Botulinum-Bakterien seien flüssig gewesen – die primitivste Form biologischer Waffen. Zudem hatte der Irak biologische Bomben direkt vor Beginn des Golfkriegs in Eile zu mehreren Luftwaffenstützpunkten geschafft. Doch irakische R-400-Bomben waren als Todbringer nicht gerade effizient; die meisten Krankheitserreger wurden abgetötet, wenn der konventionelle Sprengstoff beim Aufschlag der Bombe explodierte. Von den Aerosolgeneratoren und Flugzeugsprühtanks waren Spertzel und sein UNSCOM-Inspektorenteam dagegen ziemlich beeindruckt. Wenn die irakischen Piloten in der Lage gewesen wären, die feindliche Flugabwehr zu umgehen, hätten sie damit folgenschwere Angriffe fliegen können. Die UNSCOM hatte keine Belege, dass der Irak jemals gefriergetrocknete Anthrax-Sporen hergestellt hatte, wie sie Patrick für das amerikanische Offensivwaffenprogramm entwickelt hatte. Doch die Probe des Biopestizids, die in Al Hakam entnommen worden war, beunruhigte die Gemüter. Denn sie zeigte, dass die irakischen Techniker über das Know-how verfügten, getrocknete Erreger von genau der richtigen Größe zu produzieren. Sollte der Irak je wieder darangehen, bakterielle Kampfstoffe zu produzieren, mussten diese auf jeden Fall ungleich tödlicher sein.

In Washington versuchte Stephen Joseph, der oberste zivile Gesundheitsbeamte im Pentagon, weiterhin, Admiral Owens von der Notwendigkeit von Anthrax-Schutzimpfungen zu überzeugen. Am 25. Juli schickte er dem Vizechef des US-Generalstabs ein Memo mit der Zusicherung, der Impfstoff sei sowohl sicher als auch wirksam. In Fort Detrick und bei der FDA seien keinerlei Unterlagen zu finden, denen zufolge solche Impfungen ernsthafte Schäden verursacht hätten. Bei manchen Menschen seien schwache bis mäßige Nebenwirkungen aufgetreten, aber diese seien vorübergehender Natur und jenen vergleichbar gewesen, die man bei Impfstoffen für Kinder beobachtet habe. Joseph versicherte Owens, der Impfstoff aus Michigan sei gegen die Aerosol-Form des Anthrax-Erregers sehr wirksam. Die Daten aus Tierversuchen legten seiner Meinung nach »überzeugend den Schluss nahe, dass der Anthrax-Impfstoff ein wirksames Mittel ist«.[7]

Doch in diesem Memo blieben einige Dinge ungesagt. Eine ungeschminkte Darstellung der Vor- und Nachteile dieses Impfstoffs hätte etliche Seiten mehr erfordert. Und sie hätte Owens wesentlich mehr Munition für die Ablehnung des Impfprogramms geliefert. In der Tat war es durchaus fraglich, ob der Impfstoff aus Michigan gegen das ganze Spektrum der Anthrax-Bakterienstämme wirksam war, die den Produzenten biologischer Kampfstoffe zur Verfügung standen.[8] Während sich der Impfstoff bei Rhesusaffen im Herbst 1990 als wirksam erwiesen hatte, hatte es bei einer ganzen Reihe anderer Studien an Meerschweinchen und Mäusen Überlebensraten gegeben, die weit weniger eindrucksvoll waren. Bei manchen Bakterienstämmen hatten nur 10 Prozent der Versuchstiere überlebt. Anfang 1995, als die Debatte im Pentagon über das Impfprogramm hitziger wurde, brachten Armeeoffiziere den Vorschlag in Umlauf, man solle doch mit der Arbeit an einem neuen Impfstoff gegen genetisch veränderte Anthrax-Erreger beginnen. »Nach neueren Berichten«, hieß es da, biete der vorhandene Impfstoff »wohl keinen universalen Schutz gegen alle Bakterienstämme«.[9]

Niemand verstand genau, warum der Impfstoff gegen manche Anthrax-Stämme anscheinend besser wirkte als gegen andere. Dave Franz, der Direktor des Armeelabors in Fort Detrick, glaubte, dass sich in den Ergebnissen der Mäuse- und Meerschweinchenversuche irgendeine Eigentümlichkeit von deren Immunsystem niederschlage, die es bei den Primaten nicht gebe. Das Armeelabor hatte einen Versuch durchgeführt, bei dem immunisierte Affen einem Bakterienstamm ausgesetzt worden waren, dem die Impfungen bei Tests mit Nagetieren nichts hatten anhaben können. Alle Affen hatten überlebt. Die Hauptkomponente des Impfstoffes aus Michigan, ein schützendes Antigen, verhindert den Ausbruch der Krankheit dadurch, dass es die Toxine des Anthrax-Bazillus daran hindert, in die Zellen des Wirtsorganismus einzudringen. Wenn aber alle Anthrax-Stämme, wie Franz annahm, ähnliche Mechanismen in Gang setzten, um Tiere zu infizieren, dann konnte der Impfstoff auch gegen alle Stämme wirksam sein. Zusätzliche Experimente, bei denen Primaten gegen mehrere Stämme getestet würden, konnten diese Frage womöglich klären. Doch Mitte der neunziger Jahre hatte Franz nicht genug Geld für solche Forschungen, und Rhesusaffen waren sehr teuer. Gleichwohl war Franz von der Wirksamkeit des Impfstoffs überzeugt. In der Wortwahl seiner Stellungnahmen blieb er jedoch sehr vorsichtig, und er wies auch auf die begrenzten Schlussfolgerungen hin, die man aus Tierversuchen ziehen könne. Was Franz seinen Kollegen mitteilte, hieß im Klartext: Es besteht Impfschutz – aber nur für Rhesusaffen.

Die ursprünglichen Versuche mit dem Milzbrandimpfstoff in den späten fünfziger Jahren hatten nie endgültig geklärt, ob er Menschen auch gegen eingeatmete Sporen schützt. Die Tests wurden an Wollarbeitern vorgenommen, die Anthrax-Sporen routinemäßig ausgesetzt waren, wann immer sie aus Übersee importierte Tierfelle und Ziegenhaar verarbeiteten. Eine beträchtliche Anzahl nicht geimpfter Arbeiter zog sich eine Milzbrandinfektion über die Haut zu. Damit war der Beweis erbracht, dass der Impfstoff gegen diese Form der Erkrankung wirksam war. Doch nur fünf der ungeimpften Arbeiter zogen sich Lungenmilzbrand über die Atemwege zu – und diese Zahl war für weitergehende Schlüsse nicht ausreichend. Aber es gab zum Beispiel anekdotische Belege wie den folgenden: Eine Sekretärin in einer Wollfabrik, die nicht geimpft worden war, ging in die Fabrikräume und infizierte sich prompt über die Atemwege mit Anthrax. Ihre geimpften Arbeitskolleginnen dagegen blieben gesund.

Diese ersten Tests waren mit einer früheren Version des Impfstoffs durchgeführt worden, den Merck & Company entwickelt hatte. Als das Labor in Michigan in den sechziger Jahren die Arbeiten an der Entwicklung seines eigenen, ähnlichen Produkts beendete, lag die Wollindustrie schon darnieder, und es gab praktisch keine ungeimpften Arbeiter mehr, die man als Testpersonen hätte nutzen können. Die FDA erlaubte Michigan daher die Verwendung der Merck-Resultate, die keinen Unterschied zwischen Lungenmilzbrand und Hautmilzbrand machten, im Zusammenhang mit dem eigenen Zulassungsantrag. Auf dem Beipackzettel des Impfstoffs wurde lediglich nach berufstypischen Milzbrand-Ansteckungsrisiken unterschieden.[10]

Im Herbst 1995, zum selben Zeitpunkt, als sie Admiral Owens

versicherten, dass alles in Ordnung sei, baten offizielle Vertreter der Armee das Labor in Michigan und einen weiteren Auftragnehmer, die Science Applications International Corporation (SAIC), Pläne für eine neue Runde von Tierversuchen zu entwerfen. Ziel sollte es sein, die Zulassung des Impfstoffs so zu erweitern, dass er ausdrücklich als Gegenmittel gegen bakterielle Kampfstoffe anerkannt war. Fünf Jahre, nachdem das Pentagon 150 000 Golfkriegssoldaten gegen Anthrax hatte impfen lassen, gelangte die SAIC zu der verblüffenden Einschätzung: »Dieser Impfstoff ist nicht für Aerosol-Infektionen zugelassen, wie sie im Fall eines Einsatzes biologischer Kampfwaffen zu erwarten sind.«[11] Dieser Ansicht widersprachen die Vertreter des Pentagon weitgehend. Sie waren der Meinung, die nicht eindeutig formulierte Zulassung gestatte auch die Verwendung des Impfstoffes als Schutz gegen bakterielle Angriffe über die Atemluft (Aerosol-Infektion).

Die SAIC sagte, sie plane auch Tierversuche, bei denen festgestellt werden solle, ob eine vollständige Immunität mit weniger Impfungen zu erreichen sei. Wenn diese Experimente erfolgreich seien und die FDA überzeugten, würde sich die Impflogistik wesentlich vereinfachen. Mehrere Experimente mit Primaten hätten neuerdings nämlich den Schluss nahegelegt, dass der Impfstoff schon nach nur zwei Injektionen wirksam sei. Das von der FDA empfohlene Programm mit sechs Impfungen basiere auf Vermutungen, nicht auf gesicherten wissenschaftlichen Erkenntnissen. Die Forscher, die den Impfstoff vor Jahrzehnten getestet hatten, hatten einfach die Zahl der Impfungen von drei auf sechs verdoppelt, nachdem einige der geimpften Wollarbeiter sich trotz der Impfungen mit Anthrax infiziert hatten.

Fragen nach der Wirksamkeit von Impfstoffen sind von Natur aus schwer zu klären. Die Tatsache, dass Anthrax eine tödliche Erkrankung ist, schloss von vornherein Tests an nicht geimpften Probanden einer Vergleichsgruppe aus; und ein zuverlässiges Versuchstier konnte auch nicht gefunden werden. Zwar ähneln die Immunsysteme von Primaten, Mäusen und Meerschweinchen ungefähr dem des Menschen, aber die Forscher in Fort Detrick suchten weiterhin nach Wegen, eine noch genauere Korrelation der Ergebnisse zu erreichen.[12]

Admiral Owens' Bedenken hinsichtlich der Sicherheit des Anthrax-Impfstoffs kamen zu einer Zeit, als sich immer mehr Golfkriegsveteranen ernste Sorgen um ihre Gesundheit machten. Tausende von Soldaten klagten über Allgemeinerkrankungen am ganzen Körper mit zahlreichen mysteriösen Symptomen, vom Gedächtnisverlust bis zu Muskel- und Gelenkschmerzen. Die Ärzte konnten keine unmittelbare Ursache für dieses so genannte Golfkriegssyndrom finden, und Joseph vermutete, die Krankheit rühre weitgehend vom Kampfstress her. Die Veteranen bestanden jedoch darauf, dass ihre Krankheiten weitgehend entweder durch die Medikamente verursacht seien, die man ihnen verabreicht hätte, oder durch die Luft, die sie eingeatmet hätten, vielleicht auch durch irakische Bio- oder Chemiewaffen mit niedrigem Wirkungsgrad. Manche schoben die Schuld auch auf die Anthrax-Impfungen. Doch es gab keine Belege dafür, dass der Impfstoff aus Michigan jemals solch langwierige Probleme und Nebenwirkungen zur Folge gehabt hatte. Sollte das Militär jedoch offiziell belangt werden, dann würde es dem Pentagon sicher schwerfallen, seine Position zu verteidigen. Weil man nur unzureichende Unterlagen darüber hatte, wer während des Krieges gegen Anthrax oder Botulinum-Toxin geimpft worden war, wäre es sicher schwierig, wenn nicht gar unmöglich, eine wissenschaftlich zuverlässige Langzeitstudie über die Impfwirkungen durchzuführen.

Am Morgen des 31. Oktober 1995 eröffnete der Ständige Untersuchungsausschuss des Senats (Permanent Subcommittee on Investigations) seine Anhörung zur Aum-Sekte. John Sopko, Mitarbeiter von Senator Nunn, hatte umfangreiche Informationen über diese japanische Terrorgruppe gesammelt, und die Reporter bekamen einen Bericht ausgehändigt, der von den Mitarbeitern der Demokraten im Ausschuss ausgearbeitet worden war. Darin ging es um die weltweiten Bemühungen der Aum-Sekte, in den Besitz chemischer und biologischer Waffen zu kommen. In seiner Eröffnungsrede schlug Nunn eines seiner Lieblingsthemen an: die Gefahren nach dem Zerfall der Sowjetunion. Nie zuvor, sagte er, seien beim Zusammenbruch eines Imperiums zigtausend Tonnen von nuklearen, chemischen und biologischen Waffen hinterlassen worden, einschließlich der Wissenschaftler, die solche Waffen produzieren konnten.

Die Terrorangriffe von Tokio hätten diese Bedrohung noch weiter verschärft. »Das Szenario einer terroristischen Vereinigung, die Massenvernichtungswaffen in ihren Besitz bringt oder herstellt und verwendet, gehört nicht länger ins Reich der Science Fiction oder der Abenteuerfilme«, sagte Nunn. »Es ist eine Realität, die sich bereits ereignet hat.«[13] Senatsanhörungen sind politisches Theater. Zeugen marschieren im Scheinwerferlicht auf, um genau abgesprochene Aussagen zu machen, die von ihren Bossen zuvor genauestens abgeklopft worden sind. Ernsthafte Regierungsarbeit findet in solchen öffentlichen Foren nicht statt.

Doch bei den Aum-Anhörungen des Senatsunterausschusses war das anders, denn hier wurde bis ins Detail deutlich, wie wenig Amerikas riesige Geheimdienstapparate vor dem Attentat über diesen japanischen Kult gewusst hatten. Am zweiten Sitzungstag, nach stundenlangen Zeugenaussagen zu den Beschaffungsbemühungen der Aum-Sekte in den Vereinigten Staaten und anderswo, stellte Senator Nunn den Spitzenbeamten des FBI, des Pentagon und der CIA eine scheinbar unverfängliche Frage: Hat irgendjemand vor dem Tokioter U-Bahn-Attentat die Bedrohung bemerkt, die von diesem Kult ausging?

John O'Neill, der Chef der Abteilung für Terrorismusbekämpfung im FBI, sagte, das Amt habe in Tokio nur ein »kleines Büro«, das als Verbindungsstelle zu den japanischen Behörden fungiere, und die seien mit ihren Informationen nun einmal sehr sparsam. »Wir bekommen von der japanischen Polizei keine Informationen«, sagte er.[14] Gordon C. Oehler, der Chef des CIA Nonproliferation Center (Überwachungszentrum für die Nichtweitergabe gefährlicher Kampfstoffe), sagte, es sei Aufgabe der Behörden vor Ort, Sekten wie Aum zu entdecken und zu kontrollieren. »Die ganze

Welt ist voll von völlig verrückten Organisationen, die etwas gegen die USA im Schilde führen«, sagte er. »Natürlich können Sie uns jetzt vorwerfen, dass wir uns, offen gesagt, nicht um die Sekten und Kulte auf der ganzen Welt gekümmert haben und dass wir immer noch nicht die Ressourcen haben, das zu tun.«[15] Die CIA hatte nach Oehlers Worten den früheren Gasangriff in Matsumoto nicht zur Kenntnis genommen, der, wie sich herausstellte, nur ein Probelauf gewesen war. Der Geheimdienst habe den ursprünglichen japanischen Berichten Glauben geschenkt, dass sich der Fall mit der Festnahme des örtlichen Sektenführers erledigt habe.

Senator William S. Cohen erinnerte Oehler daran, dass Kyle Olson, der vom japanischen Fernsehen angeheuerte Berater aus Washington, schon Monate vor dem Nervengasanschlag in der Tokioter U-Bahn Regierungsbeamten einen Bericht übergeben hatte, der die These vertrat, dass der Gasanschlag von Matsumoto das Werk von Terroristen gewesen sei. »Nach allem, was ich erkennen kann«, sagte Cohen, ein früherer Vorsitzender des Geheimdienstausschusses des Senats, »wurde dieser Bericht nicht zur Kenntnis genommen.«[16]

Cohen und seine Kollegen legten nach: Was es denn mit der Drohung gegen Präsident Clinton auf sich habe, die in einem Zeitschriftenbeitrag der Aum-Sekte gestanden habe?

Oehler sagte, das sei »etwas von der Art, wie wir es routinemäßig überall auf der Welt erleben«.

»Aber das hier war keine Routine«, schoss Cohen zurück.[17] »Hier geht es nicht um eine Routinesichtung. Da hatten wir doch bereits den Angriff in Matsumoto erlebt. Und in der japanischen Presse erschienen regelmäßig Artikel über die Bedrohung, die von dieser speziellen Sekte ausging.«

Erst nach dem Ende der Senatsanhörungen wurde das Bild der Aum-Aktivitäten klarer, als die japanischen Behörden die Mitglieder der Gruppe vor Gericht stellten und zu Geständnissen veranlassten. Die Aussagen, die sich dann im Lauf der folgenden Jahre allmählich zu einem Gesamtbild zusammenfügten, zeigten, dass die Sekte wiederholt – wenn auch vergeblich – versucht hatte,

Anschläge mit biologischen Kampfstoffen durchzuführen. Der Chauffeur des Gurus berichtete vor einem japanischen Gericht, dass die Gruppe mit einem Lastwagen und einer darauf angebrachten primitiven Aerosolvorrichtung versucht hatte, in der Innenstadt von Tokio und auf dem Flughafen Narita Botulinum-Toxin zu versprühen.[18] Drei Jahre später hatte es die Gruppe dann nach Aussagen des Chauffeurs nochmals versucht; diesmal sollten Anthrax-Sporen im Kaiserpalast und im Parlamentsgebäude in Tokio verteilt werden. Schließlich hatte die Sekte, wie er sagte, auch noch erfolglos versucht, auf amerikanische Marinestützpunkte in Yokohama und Yokosuka Anschläge zu verüben.

Davon hatten die amerikanischen Geheimdienste und das Militär überhaupt nichts mitbekommen.[19] Sie erfuhren es erst aus der *New York Times*, als in einem Artikel aus den entsprechenden Gerichtsprotokollen zitiert wurde. Bis heute ist nicht nachweisbar, dass es der Aum-Sekte jemals gelang, Krankheitserreger herzustellen und zu verbreiten, die in der Lage gewesen wären, irgendjemandem tatsächlich Schaden zuzufügen. Dennoch sind die gescheiterten Aum-Versuche sehr lehrreich: Sie zeigen, dass es weit schwieriger ist, Biowaffen herzustellen, als manche Experten behauptet haben. Diese hatten ja häufig gemeint, dass jeder, der auf einem College Naturwissenschaften belegt habe, in der Lage sei, eine biologische Bombe zu bauen. Die Aum-Sekte hatte dagegen massiv in Laborausrüstungen investiert und sogar davon geträumt, genveränderte Bakterien im Experiment herzustellen. Die Naturwissenschaftler der Sekte hatten auf modernen Universitäten ihr Diplom gemacht. Und doch waren sie den technischen Anforderungen von Terrorwaffen mit Krankheitserregern nicht gewachsen.

Obwohl die Waffenproduzenten der Sekte durchaus fundierte naturwissenschaftliche Kenntnisse hatten, waren ihnen die Grundlagen der Ausbreitung von Krankheitserregern offenbar überhaupt nicht vertraut. Einige ihrer Angriffsversuche mit Anthrax-Erregern unternahmen sie am helllichten Tag vom Dach eines Gebäudes aus – damit war aber schon garantiert, dass das Sonnenlicht einen Großteil der Erreger abtötete. Auch hatte die Sekte offenkundig Schwierigkeiten bei der Beschaffung des bakteriellen Ausgangsmaterials für Biowaffen. Sowohl die Iraker als auch die Rajneeshees in Oregon hatten pathogene Erreger bei der American Type Culture Collection bestellt, dem amtlichen Bakterienarchiv der USA. Die Aum-Mitglieder aber hatten versucht, Botulinum-Bakterien aus Bodenproben in der freien Natur zu gewinnen, wie die Aussagen vor Gericht belegten. Die Gruppe hatte auch Schwierigkeiten, einen virulenten Stamm des *Bacillus anthracis* zu finden. Es gibt keinerlei Anzeichen, dass es ihnen gelungen war, gefriergetrocknete Anthrax-Sporen von der Art zu produzieren, die Bill Patrick wegen ihrer äußerst effizienten Ausbreitung bevorzugte. Ein Team japanischer und amerikanischer Wissenschaftler berichtete später, dass eine Probe, die an einem Ort entnommen worden war, an dem die Sekte im Juli 1993 einen Anschlag versucht hatte, dem Sterne-Bakterienstamm entsprach – also einer abgeschwächten Anthrax-Variante, die zu Impfzwecken verwendet wurde.[20] Die Forscher kamen zu dem Schluss, dass es praktisch unmöglich gewesen sei, aus diesen Bakterien gefährliche Biowaffen herzustellen. Die Aum-Leute beherrschten wahrscheinlich auch den Prozess der Anzüchtung und Verarbeitung nicht richtig, der zu einem Bakterienschlamm führt, der dann als Sprühnebel verbreitet werden kann. Trotz aller Finanzmittel und trotz ihrer finsteren Entschlossenheit verfügte die Aum-Sekte nicht über die Erfahrung und das technische Können eines Bill Patrick, Wladimir Pasetschnik oder Ken Alibek. Doch die amerikanischen Regierungsstellen, die dem internationalen Terrorismus nachgingen, waren durch die Unfähigkeit dieser Gruppe alles andere als beruhigt. Die Bedeutung des Aum-Falles lag ihrer Meinung nach darin, dass hier eine Grenzlinie überschritten worden war. Eine Terroristengruppe, so verrückt sie auch sein mochte, hatte beschlossen, chemische und biologische Waffen gegen eine moderne Großstadt voller wehrloser Menschen einzusetzen.

Im Januar 1996, nach einem der schlimmsten Schneestürme in der Geschichte Washingtons, trafen sich Richard Danzig, seine Mitarbeiterin Pamela Berkowsky und Stephen Joseph zum Essen in einem thailändischen Restaurant. An diesem Morgen fuhr die U-Bahn nicht, und so war Joseph, der in einem Vorort in Nordvirginia wohnte, einfach auf Skiern über die Key Bridge zum Lunch in die Innenstadt von Washington gekommen. Zu den Leuten aus dem Pentagon gesellte sich Richard Preston, ein regelmäßiger Mitarbeiter des *New Yorker*, der es mit seinem Flair für das Geschichtenerzählen geschafft hatte, ein breiteres Publikum mit den Ängsten der Experten bezüglich der Ausbreitung von Infektionskrankheiten vertraut zu machen.[21] Vier Jahre zuvor hatte Preston nach einem Weg gesucht, ein allgemeinverständliches Buch über die Gefahren zu schreiben, die von exotischen Viren ausgehen. Eigentlich war alles sehr wissenschaftlich, und Preston hatte Lederberg erzählt, ihm fehle noch eine Story, mit der sich der Leser identifizieren könne. Ganz nebenbei hatte Lederberg einen Ausbruch des Ebola-Virus unter den Affen in einer Tierhandlung in den Vororten von Washington erwähnt. Wie schlimm es sei, wollte Preston wissen. Ziemlich schlimm, sagte Lederberg. Armeeoffiziere in Raumanzügen hätten alle potentiell infizierten Affen getötet. Diese Unterhaltung führte zu Prestons spannendem Sachbuch *Hot Zone – Tödliche Viren aus dem Regenwald*, das 1994 in den USA erschien und sich wie ein Thriller liest. Auf diese Weise wurden Lederbergs Sorgen über neue gefährliche Krankheiten in die öffentliche Diskussion gebracht. Einige der stärksten Passagen beschreiben die Panik der Gesundheitsbeamten, als ihnen klar wird, was das Virus unter der Bevölkerung von Washington anrichten könnte, wenn es in die Freiheit gelangte und Menschen infizieren würde.

Als Preston *Hot Zone* schrieb, erfuhr er etwas Faszinierendes: Das Ebola-Virus stand auf der militärischen Liste möglicher biologischer Kampfstoffe. Als er an sein nächstes Buch zu denken begann, spielte er mit der Idee, einen Roman zu schreiben, in dem es um einen Biowaffenangriff durch Terroristen ging. Preston wandte sich erneut an Lederberg und erzählte ihm, er plane, ein Buch über biologische Waffen zu schreiben. Der Nobelpreisträger wollte ihn mit dem Argument davon abbringen, dass man über das Biowaffen-potential in der Öffentlichkeit am besten gar nicht so viel reden sollte. Doch Preston ließ sich nicht von seiner Idee abbringen und begann mit den Recherchen für seinen Roman, so als wollte er ein Sachbuch schreiben. Er interviewte Regierungsbeamte und fand heraus, dass nur die wenigsten von ihnen irgendetwas von der biologischen Bedrohung wussten. Die wenigen, bei denen es anders war, machten sich allerdings ernste Sorgen.

Preston skizzierte den Plot seines Romans, in dem ein Terrorist in einer Metropole Anthrax-Sporen verstreut, und diskutierte diesen Entwurf mit einem FBI-Experten. Dieser bat ihn, sich die Sache doch noch einmal zu überlegen. Die Bedrohung durch Anthrax sei viel zu realitätsnah. Es würde der Öffentlichkeit sicher nicht helfen, wenn ein Buch erschiene, das die zerstörerische Kraft der Mikroben so lebhaft beschrieb. Daraufhin revidierte der Autor seinen Plot und konzentrierte sich auf einen weniger plausiblen Erreger: einen mit Hilfe der Biotechnologie manipulierten »Superbug«.

Prestons Roman war schon ziemlich weit fortgeschritten, als er im Januar 1996 von Commander James Burans, einem Arzt, der Marineminister Danzig über die Feinheiten und Komplikationen der Biowaffenentwicklung instruiert hatte, zu besagtem Lunch mit Danzig eingeladen wurde. Burans selbst leitete die biologischen Forschungsprogramme der Navy, und seine Einheit hatte ein tragbares Labor entwickelt, mit dem an Ort und Stelle biologische Proben untersucht werden konnten. Es war genau diese Art von Ausrüstung, die der Army damals gefehlt hatte, als sie gemeinsam mit dem FBI heimlich in die Räume der Aum-Sekte in New York eingedrungen war.

Das ungezwungene Gespräch beim Lunch umfasste etliche Themen: War die Bedrohung durch biologische Kampfstoffe real? Was konnten die Vereinigten Staaten tun, um ihre Abwehr zu stärken? Danzig fragte Preston, mit wem er denn sprechen solle, um sich eingehender über biologische Waffen zu informieren, und Preston schlug Bill Patrick vor. »Worum geht es denn in Ihrem nächsten Buch?«, fragte Joseph. Preston drückte sich bewusst vage aus, sagte aber, es gehe um den Bioterrorismus. Das wäre doch ein toller Plot für einen Roman, schlug Joseph vor. Danzig indes ermutigte Preston, lieber beim Sachbuch zu bleiben. Doch Preston wandte ein, ein solches Sachbuch müsse sich zu sehr auf anonyme Quellen stützen. Und außerdem gebe es noch ein weiteres Problem: Er wolle schildern, wie die Gesundheitsbehörden auf einen Biowaffenangriff auf eine Stadt reagierten, doch bisher habe es einen solchen Angriff ja noch nicht gegeben.

Kurze Zeit später spannte Danzig Preston bei seinen langfristigen Bemühungen ein, das Bewusstsein der militärischen Führung der Nation zu verändern: Er veranstaltete in einem eleganten Washingtoner Restaurant eine Dinnerparty für General Ronald Griffith, der nach seinem Kommando im Golfkrieg jetzt stellvertretender Oberkommandierender der Army war. Eigentlich hatte es Danzig aber auf Griffiths Frau, Hurdis M. Griffith, abgesehen, die als Dean das College of Nursing der Rutgers University leitete, die Krankenpflegeausbildung der Staatsuniversität von New Jersey. Danzig sorgte dafür, dass Preston ihr ein Exemplar von *Hot Zone* überreichte – in der Hoffnung, dies werde sie für die Bedrohung durch Biowaffen sensibilisieren und bei Familie Griffith eine Art Brückenkopf für das neue Denken schaffen.

Doch dieser Schachzug schlug fehl. General Griffith widersetzte sich weiterhin Anthrax-Schutzimpfungen. Denn er meinte, wenn amerikanische Soldaten geimpft wären, würde das die Bildung militärischer Koalitionen in Zukunft sehr erschweren. Warum sollten dann andere Nationen, deren Truppen nicht geimpft seien, ein höheres Risiko in Kauf nehmen, wenn sie an der Seite der Amerikaner kämpften? Preston hatte bei dem Dinner auch erzählt, dass er an einem Roman schreibe, und in den folgenden Monaten leistete Danzig ihm immer wieder Schützenhilfe, indem er ihm im Regierungsapparat Wege ebnete und ihm auch auf literarischem Gebiet Vorschläge machte. Preston erhielt dadurch für die Arbeit an seinem ersten Roman enormen Auftrieb. »Die wichtigste Hilfestellung, die ich von Richard Danzig bekam«, sagte er später, »war, dass er immer wieder zum Ausdruck brachte, dass er an mein schriftstellerisches Können glaubte.«

Eigentlich hätten die Ereignisse des Jahres 1995 – die Aum-Anschläge, das Bombenattentat von Oklahoma City und die Eingeständnisse des Irak bezüglich seiner Biowaffenproduktion – als Ausrufezeichen in Danzigs Kampagne dienen können und müssen. Doch die Botschaft konnte sich vor allem dort nicht niederschlagen, wo es darauf ankam: im Haushalt der amerikanischen Bundesregierung.

Die Anzahl der Mitarbeiter in Fort Detrick, dem wichtigsten Labor des Landes, wenn es um Abwehrmaßnahmen gegen biologische Angriffe ging, war seit dem Golfkrieg um rund 30 Prozent gesunken.[22] Oberst David Franz, der Kommandeur von Fort Detrick, hatte begonnen, zunächst Techniker zu entlassen, doch 1996 hatte er keine andere Wahl mehr, als auch Wissenschaftler auf die Straße zu setzen. Bei seinen Besuchen in Russland in den frühen neunziger Jahren hatte Franz erfahren, dass Moskau den Vereinigten Staaten beim Einsatz von gentechnologischen Mitteln um Jahre voraus war, etwa bei der Entwicklung eines verbesserten Impfstoffs gegen das Botulinum-Toxin. Ein solcher Impfstoff würde weniger heftige Reaktionen hervorrufen und wäre auch gegen ein breiteres Spektrum von Botulinum-Bakterienstämmen wirksam. Franz wollte seine eigenen Forscher in dieselbe Richtung drängen, aber er konnte die mehrere 100 000 Dollar teuren Entwicklungskosten nicht finanzieren. Ebenso eng war der Finanzrahmen für die Forschung, als es um die Entwicklung der nächsten Impfstoffgeneration gegen Anthrax ging.

Im Pentagon nahm sich Admiral Owens die Budgets für chemische und biologische Abwehrmaßnahmen vor und gab als Ziel für die folgenden fünf Jahre Einsparungen in Höhe von 1 Milliarde Dollar vor.[23] Das entsprach einer Kürzung um fast ein Drittel. Nach Owens' Meinung waren die Programme für chemische und biologische Kriegführung schlecht organisiert und verschwendeten sogar Geld. Zum Beispiel wurde nach Owens' Meinung nicht genug Geld für die Entwicklung besserer Impfstoffe ausgegeben. Besonders verärgert war er über ein Armee-Projekt zur Anbringung von Biodetektoren an Hubschraubern. Nach Ansicht des

Admirals war das nichts anderes als eine verdeckte Beschaffungsmaßnahme für neun neue Hubschrauber.

Owens fand einen wichtigen Verbündeten für seine Kampagne gegen vorbeugende Anthrax-Impfungen: seinen Chef, General John Shalikashvili, den Vorsitzenden der US-Stabschefs. In seiner »Programmbewertung durch den Vorsitzenden« (»chairman's program assessment«), einem Planungsdokument des Pentagon, unterstützte Shalikashvili Owens' wichtigste Empfehlungen: Das Pentagon solle Impfstoffvorräte anlegen und in die Entwicklung besserer Gegenmittel investieren. »Keine Schutzimpfungen«, hieß es in einer knappen Zusammenfassung des Dokuments. Shalikashvili unterstützte auch Owens' Idee, zur Abschreckung potentieller Biowaffen-Angreifer mit dem Einsatz von Atomwaffen zu drohen: Die Vereinigten Staaten sollten ihre Gegner warnen, dass »der Einsatz biologischer Waffensysteme gegen US-Personal eine Antwort nach sich ziehen wird, die die volle Kampfkraft mit allen unseren Möglichkeiten umfasst«.[24] Im Grunde war Shalikashvili zwar für Truppenschutzimpfungen, aber er hatte das Gefühl, dass längst noch nicht alle Fragen hinsichtlich der Wirksamkeit des Impfstoffs gelöst seien. Außerdem war er der Ansicht, dass das Pentagon viel engagierter deutlich machen müsse, dass zwischen dem Golfkriegssyndrom und den Anthrax-Impfungen keine Verbindung bestand. »Wir litten bei diesem Thema unter einer sehr geringen Glaubwürdigkeit«, erinnerte sich der General. »Nicht nur bei den Veteranen, sondern auch im Kongress und bei anderen.«

In einem neuen Bericht des Rechnungshofes (General Accounting Office, GAO) wurde die geringe Wertschätzung der chemischen und biologischen Verteidigungsprogramme im Pentagon in knapper Form deutlich.[25] Die amerikanischen Soldaten, schrieben die Rechnungsprüfer, seien »immer noch vielen derselben Probleme ausgesetzt, mit denen sie 1990 und 1991 beim Konflikt am Persischen Golf zu tun hatten«. Die Kommandeure vor Ort würden das für die Ausbildung an chemischen und biologischen Kampfstoffen vorgesehene Geld lieber für ihre laufenden Kosten ausgeben. Bei

drei der fünf Armeedivisionen fehlten die Hälfte der erforderlichen Schutzanzüge und andere Dinge, die »für die Abwehr bakterieller und chemischer Angriffe entscheidend« sein könnten. Die US-Streitkräfte, fuhren die Prüfer fort, zeigten weiterhin »erhebliche Schwächen in folgenden Bereichen: (1) bei der Anwendung von Schutzmasken, (2) beim Einsatz von Erkennungsgeräten, (3) bei der medizinischen Versorgung, (4) bei den Planungen für die Evakuierung von Verletzten und Toten und (5) bei der Einbeziehung medizinischer und biologischer Fragen in die Operationspläne«. Der Bericht warf den obersten Offiziersrängen beim Militär, dem US-Generalstab und den regionalen US-Kommandeuren auf der ganzen Welt schwerwiegende Versäumnisse vor. Man verleihe dort Fragen der biologischen und chemischen Kampfführung einfach nicht die erforderliche Priorität.
Führungsqualitäten in Ministerien und Behörden der Regierung zeigen sich nicht zuletzt auch darin, dass man weiß, wann man zu kämpfen und wann man aufzugeben hat. Danzig hatte noch genug andere Probleme, mit denen er sich als Marineminister herumschlagen musste. Trotzdem weigerte er sich, seine Niederlage hinzunehmen. Wenn die Stabschefs keine Notwendigkeit sahen, die Truppen vorbeugend zu impfen oder Abwehrmaßnahmen gegen biologische Kampfstoffe zu ergreifen, dann vor allem deshalb, weil der Ernst der Lage noch nicht hinreichend deutlich geworden war. Owens ging Ende Februar in den Ruhestand, Danzig verstärkte seine Anstrengungen.

Anfang 1996 ergriff der Kongress die Initiative, um die Kontrollen von Laboratorien und Firmen auszuweiten, die Krankheitskeime an Naturwissenschaftler und medizinische Forscher verkauften. 1995 hatte ein rechtsradikaler Armeeveteran aus Ohio namens Larry Wayne Harris drei Phiolen mit Pestbakterien für rund 300 Dollar von der American Type Culture Collection gekauft. Harris hatte bei seiner Bestellung einfach die staatliche Laborlizenznummer der Biotech-Firma angegeben, bei der er als Mikrobiologe arbeitete. Er bekannte sich schließlich nur der brieflichen Urkundenfälschung schuldig – schwerere Verfehlungen konnte man ihm nach der geltenden Gesetzeslage nicht vorwerfen. Doch der Fall wurde – kurz nach den Anschlägen der Aum-Sekte in Tokio – viel beachtet.

Bei einer Anhörung vor dem Rechtsausschuss des Senats am 6. März 1996 stand eine Diskussion über Harris im Mittelpunkt.[26] Harris, ein Survivalist, der auf alle eventuellen Katastrophenfälle vorbereitet sein wollte, sagte, er habe sich die Erreger gekauft, um sein eigenes Gegenmittel gegen die Pest herzustellen. Selbst die American Type Culture Collection forderte nun eine Verschärfung der Vorschriften, die weit über die Exportrestriktionen des Handelsministeriums aus dem Jahr 1989 für Länder wie Iran und Irak hinausgehen sollte. »Es ist offenkundig«, sagte der Ausschussvorsitzende Orrin G. Hatch aus Utah, »dass man das Schadenpotential gewissermaßen ignoriert hat.«

Einige Wochen später verabschiedete der Kongress ein Gesetz mit strikten Verfahrensregeln für den Inlandstransfer von Krankheitserregern.[27] Außerdem wurde die Drohung mit einem biologischen Angriff zum Straftatbestand erklärt. Die schätzungsweise zweihundert US-Labors mit Sammlungen biologischer Agenzien mussten sich jetzt registrieren und von Bundesbehörden überwachen lassen.

An anderer Stelle auf dem Kapitol bereiteten sich Senator Nunn und sein Untersuchungsausschuss auf eine neue Anhörungsrunde zum Fall der Aum-Sekte vor. Der demokratische Senator aus Georgia wollte sich mit Ablauf seiner Amtszeit Ende 1996 aus dem Kongress zurückziehen, und sein Name war bereits fest mit dem Programm verbunden, das Wissenschaftlern aus dem russischen Militär amerikanische Gelder dafür zusicherte, dass sie sich zivilen Projekten im Inland zuwandten. Nunn wollte auf jeden Fall etwas für die Verbesserung der US-Abwehrmaßnahmen gegen biologische und chemische Kampfstoffe tun.

Die Bilder der Einsatzkräfte in Tokio, die in den Dämpfen des Nervengases Sarin nach Atem rangen, gingen Nunn und seinem wichtigsten Mitarbeiter bei dieser Untersuchung, John Sopko, nicht aus dem Sinn. Bill Richardson, der kürzlich in den Ruhestand gegangene Pentagon-Experte, der den Ausschuss beriet, sagte Sopko, schon ein relativ moderates Programm mit Kosten von höchstens 35 Millionen Dollar im Jahr sei in der Lage, Nothelfer in den wichtigsten Städten für solche Situationen auszubilden. Doch Sopko erwiderte: »Nunn wird aufhören. Wir bekommen vielleicht nie wieder die Chance, solche Forderungen zu stellen. Darum wäre ich für 100 Millionen.«

Bei den Anhörungen, die am 27. März 1996 begannen, konzentrierte sich der Untersuchungsausschuss auf die Zivilverteidigung. Ein Bericht, den Sopko gemeinsam mit seinen Kollegen verfasst hatte, stellte nachdrücklich fest, dass terroristische Angriffe mit biologischen Kampfstoffen so gut wie unvermeidlich seien. Das Risiko einer Bedrohung mit nuklearen, biologischen oder chemischen Waffen durch eine Terroristengruppe sei durchaus real, hieß es in dem Bericht. »Nicht *ob* es geschehen wird, ist die Frage, sondern eher, *wann.*«[28] Die Senatoren Nunn, Pete V. Domenici (Republikaner aus New Mexico) und Richard Lugar (Republikaner aus Indiana) unterstützten zusammen den Plan, in 120 Städten »Verantwortliche für erste Reaktionen« auszubilden.

Im Pentagon begann Richard Danzig damit, die Vizestabschefs zu bearbeiten, indem er eine neue Runde von Informationsveranstaltungen ansetzte, die sich Punkt für Punkt mit den Argumenten gegen Anthrax-Schutzimpfungen befassten. Auf das häufig wiederholte Argument, die amerikanischen Nuklearwaffen hätten abschreckende Wirkung, erwiderte Danzig, Schurkenstaaten könnten die USA ja auch ersatzweise durch Terroristengruppen angreifen. Amerikanische Präsidenten aber würden mit der Anordnung von Vergeltungsmaßnahmen sicher zögern, solange keine unwiderlegbaren Beweise für eine Schuld vorlägen. Und er erinnerte die Vizestabschefs daran, dass Geheimdienstexperten sich jahrelang darüber gestritten hätten, ob der Bombenanschlag von Lockerbie im Jahre 1989 (PanAm Flug Nr. 103) mit Libyen, dem Iran oder Syrien in Verbindung zu bringen sei. Danzig holte ferner Josh Lederberg zur Hilfe, um wissenschaftliche Einwände zu widerlegen.

Einige der Vizestabschefs hatten gesagt, man könne die Anthrax-Schutzimpfungen noch etwa aufschieben, weil die Forschung bereits in Kürze mit einem Einheitsimpfstoff aufwarten werde, der gegen viele Krankheitserreger auf einmal wirksam sei. Das sei absolut nicht so, sagte Lederberg. Es werde noch Jahre, wenn nicht gar Jahrzehnte dauern, bis ein solcher Impfstoff vorhanden sei. In Entgegnung auf das Argument, dass Genveränderungen an den Erregern Impfungen sowieso nutzlos machten, erläuterte Lederberg geduldig, warum es viel schwerer sei, als gemeinhin angenommen werde, einen »Superbug« herzustellen, der auch außerhalb des Reagenzglases überlebensfähig sei. »Impfungen bringen Ihnen substanzielle Vorteile«, versicherte er den Offizieren.

Im Frühjahr 1996 ergab sich jedoch ein neues ernsthaftes Hindernis für Truppenschutzimpfungen im großen Stil. Zwei Beraterteams, die das in die Jahre gekommene Labor in Michigan inspiziert hatten, warnten, es sei nicht unwahrscheinlich, dass dieses Labor die nächste Inspektion durch die Arzneimittelbehörde FDA nicht überstehen werde.[29] Die Berater sagten, das Labor habe versäumt, die nach den Beanstandungen der Jahre 1993 und 1994 versprochenen Änderungen in die Tat umzusetzen. Nach den FDA-Richtlinien müssen Hersteller von Anthrax-Impfstoff die gefährlichsten Arbeiten in Labors erledigen, die die strengen Normen der Biosicherheitsstufe 3 erfüllen. Davon sei das Labor in Michigan leider weit entfernt, hieß es, und es sei sogar »zweifelhaft«, ob es überhaupt die Normen der Biosicherheitsstufe 2 erfülle.

Einer der hochrangigen Pentagon-Beamten, die das Labor in Michigan beaufsichtigten, General Walter Busbee, schickte seinen Kollegen eine E-Mail, in der er ihnen dringend nahelegte, sich Gedanken zu machen, was sie tun wollten, wenn die FDA das Labor in Michigan zwangsweise schließe. Busbee schrieb, er habe bei Danzigs letztem Treffen mit den leitenden Beamten versucht, hinsichtlich dieses Instituts »Zweifel zu säen«.[30] Doch »niemand ist wirklich darauf eingegangen«, schrieb er. Busbees Adjutanten versuchten hastig herauszubekommen, ob man den Anthrax-Impfstoff irgendwo anders kaufen könnte. Doch der einzige Hersteller

außerhalb der Sowjetunion, die britische Firma Porton Vaccines, würde sechs Monate Vorlaufzeit brauchen, um 50 000 Impfdosen pro Woche herstellen zu können.[31] Außerdem sei der britische Impfstoff in den USA nicht zugelassen, weil er aus einem anderen Bakterienstamm hergestellt sei als der in Michigan. Ohne das Labor in Michigan würde es also in naher Zukunft überhaupt kein Impfprogramm für die Truppen geben.
Am 21. Juni 1996 gab das Pentagon etwas bekannt, das die Glaubwürdigkeit des Militärs bei medizinischen Themen massiv erschütterte und die Politik des Pentagon in der Frage des Impfens nachhaltig veränderte. Fast fünf Jahre lang hatte das Militär offiziell bestritten, dass irgendein Teilnehmer am Golfkrieg chemischen oder biologischen Waffen ausgesetzt gewesen sei. Doch nun musste diese Aussage widerrufen werden. Zehntausende alliierte Soldaten seien vielleicht doch mit Nervengas in Berührung gekommen, hieß es, nachdem amerikanische Soldaten ein irakisches Munitionsdepot in die Luft gesprengt hätten, das Chemiewaffen enthielt. Zwar hatten die Detektoren an jenem Tag keine Anzeichen chemischer Immissionen feststellen können, aber die Geräte hatten wahrscheinlich, wie die Pentagonbeamten jetzt sagten, fehlerhaft gearbeitet. Es gab zuverlässige Geheimdienstberichte aus dem Jahr 1991, denen zufolge die Iraker in diesem Depot chemische Waffen gelagert hatten. Doch das Pentagon behauptete, diese Informationen seien infolge einer ganzen Serie bürokratischer Pannen jahrelang übersehen worden. Die am Golfkriegssyndrom leidenden Veteranen waren wie vom Schlag getroffen. Ihrer Überzeugung nach hatte das Militär sie also bezüglich der Ursachen ihrer Erkrankung ebenso schamlos angelogen wie schon frühere Soldatengenerationen, was Verstrahlungen oder die Auswirkungen des Pflanzengifts Agent Orange anging. Ein Team von Regierungsexperten sah die Unterlagen nochmals genau durch und entdeckte noch einen zweiten Fall, bei dem alliierte Soldaten ein Chemiewaffenlager in die Luft gesprengt hatten. Dies vertiefte das Misstrauen der Veteranen nur noch weiter. Im Internet wimmelte es daraufhin von Verschwörungs- und Vertuschungstheorien.

Am 25. Juni, vier Tage nach den ersten Enthüllungen des Pentagon über das Austreten von Nervengas während des Golfkriegs, brachten militante Islamisten in Saudi-Arabien in einem Lastwagen vor einem Apartmentgebäude, in dem Hunderte amerikanischer Soldaten wohnten, eine Bombe zur Explosion. Bei diesem Angriff auf Khobar Towers kamen 19 Soldaten ums Leben, und es gab 500 Verletzte. Für Danzig und seine Kollegen war dieser Anschlag ein weiteres starkes Argument zugunsten einer Verbesserung dessen, was die Militärs »Schutz der Streitkräfte« nennen. Die Experten im Pentagon stellten verschiedene Überlegungen an. Wäre dieser Lastwagen zum Beispiel mit biologischen oder chemischen Kampfstoffen beladen gewesen, die Auswirkungen auf die amerikanischen Truppen in Saudi-Arabien wären nicht nur tragisch, sondern sogar apokalyptisch gewesen. Die Soldaten in Khobar Towers waren auf einen solchen Angriff nicht vorbereitet gewesen. Niemand hätte bei der Bombenexplosion eine Gasmaske zur Hand gehabt.

Danzig und Joseph forcierten nun ihr Plädoyer für ein relativ bescheidenes Impfprogramm, das William Perrys Direktive aus dem Jahr 1993 umsetzen sollte: Impfungen für jene Soldaten, die in hoch riskanten Gebieten zum Einsatz kamen oder in Einheiten Dienst taten, die in Krisenfällen als erste eingesetzt wurden. Doch die Kommandeure sahen keine Möglichkeit, mit Streitkräften zu operieren, die nur teilweise geschützt waren. Sollte die Annahme zutreffen, dass biologische Waffen vor allem hinter der Front und gegen Nachschubbasen eingesetzt würden, dann müssten gerade auch die Männer der Nationalgarde geimpft werden, die überwiegend in solchen Versorgungsfunktionen tätig waren.

Ein Wendepunkt bei Danzigs Treffen mit den Vizestabschefs war erreicht, als General Richard Hearney, der stellvertretende Kommandant des Marine Corps, erklärte, Anthrax-Schutzimpfungen sollten während der Grundausbildung verabreicht werden, zusammen mit den anderen Routineimpfungen für neu eingerückte Soldaten. Danzig hatte eigentlich nur einen moderaten Einstieg in sein Programm gewollt, einen Impfschutz für Truppen, die in der

Frühphase einer Operation oder in besonders gefährdeten Gebieten wie dem Nahen Osten zum Einsatz kamen. Aber nun hatte sich das Blatt gewendet. Die Offiziere kamen zu dem Schluss, dass, wenn schon Impfungen nötig seien, diese auch allen Soldaten verabreicht werden sollten. Hearney sagte, Lederberg habe den Argumenten für eine Impfkampagne vor Beginn von Feindseligkeiten »zum Sieg verholfen«. »Die Leute würden sagen: ›Wir wollen aber nicht‹«, und darauf bestehen, dass die Impfungen stattdessen lieber erst auf dem Schlachtfeld stattfinden sollten. »Aber dieses Risiko wollte ich auf keinen Fall eingehen.«

In General Dennis J. Reimer, dem Stabschef des Heeres, hatte Danzig einen weiteren Verbündeten. Reimer hatte während des Golfkriegs im Pentagon Dienst getan und die Bemühungen geleitet, Biowaffendetektoren provisorisch zu installieren. Er hatte ebenfalls an den Debatten teilgenommen, wie der knappe Impfstoff verteilt werden sollte – eine Erfahrung, die sein Denken in Fragen des Schutzes vor Biowaffen entscheidend geprägt hatte. »Man darf in solchen Fragen nicht so tun, als sei man Gott«, sagte Reimer später. »Man muss eine Lösung finden, und die Lösung kann einzig und allein darin bestehen, alle zu impfen.« Der Vizestabschef des Heeres, Ronald Griffith, stellte diese Politik indessen nach wie vor in Frage. Er hatte von Kollegen in der Army gehört, dass das Labor in Michigan Probleme mit der FDA habe und vielleicht gar nicht in der Lage sei, genug Impfstoff herzustellen. Aber diese Problematik machte jetzt keinen nachhaltigen Eindruck mehr. Man ging davon aus, dass diese Probleme lediglich technischer Natur seien und überwunden werden könnten.

Bis zum Herbst 1996 hatten die Stabschefs eine Kehrtwende vollzogen und die Empfehlung unterschrieben, die gesamten Streitkräfte zu impfen. Auch Owens' Empfehlung, im Budget für die Verteidigung gegen biologische und chemische Waffen 1 Milliarde Dollar zu kürzen, wurde gekippt. Stattdessen sollte dieser Etat, verteilt auf fünf Jahre, um 1 Milliarde Dollar aufgestockt werden. Diese Entscheidung, das heißt eine Umschichtung von 2 Milliarden Dollar in dem kurzen Zeitraum zwischen Januar und Herbst, reflektiert den radikalen Kurswechsel bei den Prioritäten. Aber Danzig war keiner, der sich in seinem Triumph sonnte. Am 2. Oktober 1996 brachte die *Washington Post* auf der Titelseite einen Artikel unter der Überschrift »Militärische Führung unterstützt Anthrax-Impfungen«.[32] Mit einer Abkehr von ihrem früheren Widerstand, begann die Story, »hat sich die militärische Führung der Vereinigten Staaten für einen Plan ausgesprochen, alle US-Streitkräfte gegen Anthrax zu impfen«. Die Namen Richard Danzig, Stephen Joseph und Josh Lederberg fielen in dem Artikel kein einziges Mal.

Kapitel 9
Auf zur Tat

Der Vorschlag, das gesamte amerikanische Militär gegen Milzbrand zu impfen, wurde John P. White, dem stellvertretenden US-Verteidigungsminister, im Januar 1997 vorgelegt. White, von Haus aus Wirtschaftswissenschaftler und Vater eines Sohnes, der im Golfkrieg Zugführer gewesen war, nahm diese Empfehlung ernst. Er respektierte Danzig, und schließlich kam es auch nicht alle Tage vor, dass bei einer derart umstrittenen Frage die Stabschefs und die zivilen Spitzen des Pentagon einhellig einer Meinung waren. Doch der Vorschlag, die Biowaffenabwehr und die Immunisierung der Soldaten gegen solche Gefahren zu verbessern, hätte nach Whites Ansicht zu keinem ungünstigeren Zeitpunkt kommen können. Zum einen nahm die öffentliche Empörung wegen des Golfkriegssyndroms weiter zu. Der Kongress hielt darüber sogar schon Anhörungen ab. Und zum anderen machte die First Lady, Hillary Clinton, im Pentagon Druck, man solle mehr für die Veteranen tun. Es war also kein guter Zeitpunkt, um ein neues Impfprogramm in die Wege zu leiten. Politisch höchst unsensibel. »Seid ihr denn von allen guten Geistern verlassen?«, fragte White die Gesundheitsexperten aus dem Pentagon.[1]

Aber das Programm sei doch nichts anderes als das ausdrückliche Bemühen, die Streitkräfte zu schützen, erwiderten die Experten, eine Art Versicherung gegen eine offensichtliche Bedrohung. Doch White ließ sich nicht erweichen. 2,4 Millionen Menschen den Befehl zu erteilen, sich sechs Injektionen in den Arm geben zu lassen, das sei ein weit gravierenderer Eingriff, als den Soldaten eine neue Flak-Jacke oder einen neuen Helm zu verpassen. White war dafür, das Impfprogramm aufzuschieben. In ein paar Jahren wäre die Gelegenheit für einen neuen Anfang sicher günstiger. Er gab ein neues Gutachten über Sicherheit und Wirksamkeit des Impfstoffs in Auf-

trag, außerdem einen detaillierten Bericht, wie sich das Militär die Sache genau vorstelle, und vor allem, wie man die Soldaten für das Programm gewinnen wolle.
Ungefähr um diese Zeit ernannte Präsident Clinton William S. Cohen, den republikanischen Senator, zum Verteidigungsminister. Er sollte die Nachfolge von Bill Perry antreten. Cohen hatte 1995 bei den Anhörungen im Senat ein besonderes Interesse an der Aum-Sekte und ihren Anschlägen gezeigt. Außerdem war er stellvertretender Vorsitzender des Geheimdienstausschusses im Senat gewesen. Als er sein neues Amt antrat, war Cohen also bereits überzeugt, dass mehr gegen die Bedrohung durch biologische Waffen getan werden müsse.
Am 4. März bat Stephen Joseph, der zivile Spitzenbeamte für Gesundheitsfragen im Pentagon, die Arzneimittelbehörde FDA um die Klärung einer wichtigen Frage: Umfasste die Zulassung des Anthrax-Impfstoffes aus Michigan auch die Verwendung gegen die Aerosol-Form der Krankheitserreger?[2] Obwohl Zulassung und Präparatinformation »keine spezifischen Angaben über die Infektionswege« enthielten, wie Joseph schrieb, sei das Pentagon in seiner Interpretation immer davon ausgegangen, dass die Zulassung auch für eingeatmete Anthrax-Sporen gelte. Nur wenige Tage später schickte Michael A. Friedman, der zuständige FDA-Dezernent, eine Antwort, die gerade eben dafür ausreichte, dem Pentagon die rechtliche Grundlage seiner Impfpläne zu bestätigen. Hinsichtlich der Wirksamkeit des Impfstoffes gegen eingeatmete Anthrax-Sporen gebe es einfach »sehr wenige Belege«. Friedman versicherte jedoch, dass Tierversuche »zeigten«, dass der Impfstoff gegen Sporen in der Lunge wirksam sei. Die Lizenz aus dem Jahre 1970 schließe »diese Verwendung nicht aus«. »Ihre Interpretation ist also nicht unvereinbar mit den gegenwärtigen Informationen über das Präparat«, schrieb Friedman.[3]
Gerade als dieses vermeintlich letzte Hindernis beseitigt war, kam es indes zur Katastrophe. Am 11. März 1997 warnte die FDA das Labor in Michigan, es werde seine Zulassung verlieren, wenn es die beanstandeten Missstände nicht umgehend abstelle. Schließ-

lich handele es sich bei den Problemen, schrieben die Inspektoren, um »eine Missachtung der grundlegenden Regeln, die die Sicherheit der pharmazeutischen Industrie gewährleisten«. Die Entscheidungsträger im Pentagon machten sich nun ernsthaft Sorgen, ob das Labor diese Krise überstehen könne. Das Parlament des Staates Michigan hatte im Vorjahr beschlossen, das von den Gesundheitsbehörden des Staates betriebene Labor zu verkaufen. Viele Projektleiter des Labors gingen zu diesem Zeitpunkt gerade in den Vorruhestand, nachdem ein Programm des Staates Michigan für seine Bediensteten sie dazu mit großzügigen Anreizen ermuntert hatte.

Der FDA-Bericht über die staatliche Arzneimittelfabrik in Michigan führte eine ganze Litanei von Beanstandungen auf.[4] Die Fabrik befolge ihre eigenen Produktionsrichtlinien nicht. Die technischen Anlagen seien angerostet. Man habe es versäumt, »Maschinen und Utensilien in angemessenen Abständen zu reinigen, zu warten und die Hygienevorschriften zu beachten«. In einem Raum hätten die FDA-Inspektoren »tote Insekten« gefunden, und im Umkleideraum, wo die Beschäftigten ihre Schutzkleidung anlegten, ehe sie den sterilen Bereich betraten, »wurde ein lebendes Insekt beobachtet«. Nach den vorangegangenen Inspektionen der Jahre 1993 und 1995, bei denen bereits »ernsthafte Defizite« in diesen Bereichen beanstandet worden waren, war den Überwachern jetzt offenbar endgültig der Geduldsfaden gerissen.

Joseph und seine Mitarbeiter forderten, das Pentagon solle die Millionen Impfstoffdosen in seinen Vorräten überprüfen, und zwar auf Sterilität bei der Lagerung, Wirksamkeit und Sicherheit. Dagegen meldeten einige Pentagon-Experten ihren Widerstand an. Sie wussten, dass fast unvermeidlich manche Partien, die bereits zur Verwendung genehmigt waren, einer zweiten Überprüfung nicht standhalten würden. Besonders Stärke- und Wirksamkeitstests verliefen notorisch schwankend. »Sind Sie wirklich ganz sicher, dass Sie diesen Weg gehen wollen?«, schrieb ein Beamter aus dem Pentagon.[5] Doch Joseph und White bestanden darauf, dass

das Militär eine Fremdfirma damit beauftragte, die Tests zu überwachen und den Soldaten zu versichern, dass diese Impfstoffvorräte den Regeln der FDA entsprachen.
Das Pentagon schickte ein »Assistenz- und Bewertungsteam« nach Michigan, um die Anlage zu untersuchen. Doch die inneren Widersprüche dieser Mission kommen schon im Namen zum Ausdruck. Die Militärs waren geradezu verzweifelt darum bemüht, das Labor in Michigan am Leben zu erhalten. Die Regierung des Staates Michigan wollte den Verkauf eigentlich bis Februar 1998 unter Dach und Fach haben, aber ehe sich jemand zum Kauf dieser Anlage entschloss, mussten zweifellos erst die grundlegenden Probleme beseitigt sein. In einem Memo von Joseph und seinen Mitarbeitern an White wurde dieses Dilemma skizziert. Wenn das Militär seine Einkäufe auf eine Vorratshaltung an Impfstoffen begrenzte, würde dieses Geschäftsvolumen nicht ausreichen, um die Produktion der Fabrik weiter in Gang zu halten. Ohne ein Programm für vorbeugende Impfungen in Friedenszeiten werde »die vorhandene Produktionskapazität der Industrie wahrscheinlich verlorengehen«.[6] Die medizinische Abteilung des Pentagon erinnerte White an die »Operation Wüstensturm« im Golfkrieg und an die damaligen hektischen Versuche, mehr Impfstoff zu produzieren, sowie an die Angst vor biologischen Angriffen auf ungeschützte Soldaten. »Wir hatten eine Vorbereitungszeit von sechs Monaten für die Operation Wüstensturm, doch bei der nächsten Krise wird es, wenn überhaupt, nur sehr wenig Vorlaufzeit geben«, hieß es in dem Memo. Hätte der Irak damals seine Biowaffen eingesetzt, so wären die Verluste unter den nicht Geimpften »sicher extensiv und katastrophal gewesen«.

Im Juni 1997 fuhr Andy Weber erstmals nach Russland. Nach einer Besichtigungstour durch Moskau und zu den zahllosen Denkmälern für die Gefallenen des Zweiten Weltkriegs kam er zu dem Schluss, dass niemand, der dieses Land nicht selbst besucht hätte, ein Gefühl für zwei Dinge entwickeln könne: die riesigen Dimensionen eines Landes, das sich immer noch über elf Zeitzonen erstreckt, und dessen feste Entschlossenheit, sich niemals wieder von einer fremden Macht überrennen zu lassen.

Tatsächlich war und ist Russland das Ergebnis von tausend Jahren Krieg: mit Tataren, Mongolen, Franzosen, Engländern, Polen und Deutschen. Der Große Vaterländische Krieg, der tapfere Kampf der Sowjetunion gegen die Nazis, der überhaupt erst den Sieg der Alliierten über den Faschismus ermöglicht hatte, war ein fundamentales Ereignis für das nachrevolutionäre Russland und die stets misstrauische russische Psyche. Für den Sieg hatte die Sowjetunion einen horrenden Preis zahlen müssen: offiziellen Angaben zufolge 20 bis 25 Millionen Tote, weitere 10 Millionen Verwundete, 25 Millionen Obdachlose und die Vernichtung von einem Drittel aller Vermögenswerte.[7] Die sowjetischen Verluste waren vierzigmal so hoch wie die Großbritanniens und siebzigmal so hoch wie die der USA. Die Sowjets hatten den Krieg benutzt, um die Erinnerung an Stalins schreckliche Säuberungen, an die Hinrichtungen vermeintlicher Feinde im Innern, an die rücksichtslose Kollektivierung, den Gulag und die vom Staat zu verantwortenden Hungersnöte, bei denen Millionen ihr Leben verloren hatten, zu rechtfertigen, ja vorübergehend sogar zu verdunkeln.

In Moskau stand Weber vor der ewigen Flamme am Mahnmal für Russlands unbekannte Soldaten, deren Tod oft nicht einmal eingestanden worden war. Und als er so über das unvorstellbare Leid dieses Landes nachdachte, da wurde ihm Russlands Biowaffenprogramm auf einmal verständlich, selbst wenn es dadurch noch nicht gerechtfertigt war. Wie er wusste, glaubten viele russische Regierungsbeamte noch immer, dass die USA ihr Programm biologischer Offensivwaffen nicht aufgegeben hätten und die Entwicklung biologischer Kampfstoffe systematisch weiterführten – trotz Präsident Nixons dramatischer Absage an solche Waffen im Jahre 1969. Und wer konnte den Russen angesichts ihrer Geschichte einen Vorwurf daraus machen, dass sie so dachten?

Nach Moskau besuchte Weber Kirow, vierzehn Eisenbahnstunden östlich der Hauptstadt gelegen. Dort sollte ein Treffen stattfinden, das vom International Science and Technology Center (ISTC) gesponsert wurde, einer multinationalen Organisation, die die Vereinigten Staaten, die Europäische Union (EU) und Japan gegründet hatten. Seit März 1994 hatte das in Moskau sesshafte ISTC zivile, friedlichen Zwecken dienende Forschungsvorhaben von Wissenschaftlern finanziert, die früher, zu Sowjetzeiten, nukleare, chemische und biologische Waffen entwickelt und hergestellt hatten. Auf diese Weise sollten die beteiligten Wissenschaftler davon abgehalten werden, sich in Schurkenstaaten abzusetzen (in der nunmehr bevorzugten Terminologie des Außenministeriums in Washington waren dies »Länder, die besondere Beachtung verdienten«). Doch Weber und andere amerikanische Beamte meinten, dass diese Organisation und die National Academy of Sciences der USA viel zu vorsichtig agierten. Konsequent vermied man eine echte wissenschaftliche Zusammenarbeit, aus Sorge, diese könnte missbraucht werden, um Waffen herzustellen – selbst wenn solche Forschungskooperation es dem Westen ermöglicht hätte, zu erfahren, wie viel die Russen über die Krankheitserreger wussten, die sie zur Waffenherstellung benutzt hatten.

An einem der Abende ging Weber nach Ende einer Konferenzsitzung in die *banja*, die große, mit Zedernholzpaneelen ausgestattete Sauna, die in Russland bei Menschen aller Schichten und Ränge genauso beliebt war wie Wodka, vielleicht weil solche überheizten Orte nur schwer abzuhören waren. In der *banja* traf Weber auf zwei russische Wissenschaftler aus dem Staatlichen Forschungszentrum für Angewandte Mikrobiologie in Obolensk. In diesem Forschungskomplex, der, zwei Autostunden von Moskau entfernt, immer noch der Geheimhaltung unterlag, hatten die Sowjets Dutzende tödlicher Bakterienstämme für militärische Zwecke perfektioniert. Nachdem die beiden Russen sich vergewissert hatten, dass sie in dem schwach beleuchteten Raum mit Weber allein waren, begannen sie zu erzählen, was sie im offiziellen Rahmen der Konferenz keinesfalls diskutieren durften. Sie machten sich Sorgen wegen ihrer Institute und ihres Landes, sagten sie Weber. Eine Delegation aus dem Iran habe kürzlich Obolensk und Vector besucht – ein weiteres führendes Forschungsinstitut, das sich auf

Viren konzentrierte und in dem früher Biowaffenforschung betrieben worden war. Die Iraner hätten die Biowaffenexperten der ehemaligen Sowjetunion abzuwerben versucht, indem sie mit Monatsgehältern von bis zu 5000 Dollar winkten, während die Wissenschaftler jetzt pro Jahr gerade einmal ein Fünftel dieser Summe verdienten.[8] Wenn sie überhaupt ein Gehalt bekamen.

Die Angebote seien zwar verlockend, aber auch beunruhigend gewesen. Erstens schienen einige dieser iranischen »Wissenschaftler« von Wissenschaft so gut wie gar nichts zu verstehen. Zweitens sagten die Iraner, sie seien an Substanzen interessiert, die man für biologische Angriffe nicht nur auf Menschen verwenden könne, sondern auch auf Pflanzenernten und Viehherden – einige der wichtigsten Exportfaktoren der Vereinigten Staaten. Und drittens seien sie besonders an russischem Know-how im Bereich der Gentechnologie interessiert gewesen. Wie Weber wusste, waren Angriffe auf menschliche Gene die schlimmste Variante im Arsenal der Biowaffentechnologie. Theoretisch zumindest konnten genetisch veränderte Erreger selektiv nach Rasse oder Geschlecht Menschen töten oder verkrüppeln.

Obwohl die frühere Sowjetunion, soweit man wusste, niemals solche Forschungsergebnisse mit irgendeinem Land ausgetauscht hatte, geschweige denn mit einem radikalislamischen Regime, das versucht hatte, das säkulare Sowjetreich zu unterminieren, schien die russische Regierung jetzt einer russisch-iranischen Zusammenarbeit aufgeschlossen gegenüberzustehen. Im Mai 1997 hatte das russische Ministerium für Wissenschaft und Technologie eine biotechnologische Handelsmesse in Teheran gesponsert. Zu den Teilnehmern hatten mehr als hundert führende Biologen aus russischen Labors gehört, die am Biowaffenprogramm mitgewirkt hatten, auch Wissenschaftler aus Obolensk und Vector. Mehrere verarmte Forscher aus Moskauer Instituten hätten bereits Stellen im Iran angenommen oder sich bereit erklärt, Teheran per Computer Informationen zu liefern, berichteten die Wissenschaftler Weber in der Sauna. Russische Wissenschaftler würden weiterhin versuchen, in ihren leeren, ungeheizten Labors im dicken Pullover und ohne Gehalt zu forschen. Allein Obolensk habe zwischen 1990 und 1996 54 Prozent seiner Mitarbeiter verloren, darunter 28 Prozent seiner Spitzenforscher.[9] Da das wirtschaftliche und politische Chaos in Russland weiter zunehme, könne man es den Wissenschaftlern kaum verdenken, wenn sie nach Überlebensmöglichkeiten suchten. Die Russen würden die Iraner weder lieben noch ihnen vertrauen, erfuhr Weber, aber hier gehe es ja auch nicht um eine Liebesheirat, nicht einmal um eine Zweckehe. Es gehe einzig und allein um die Notwendigkeiten im Zeitalter nach dem Kalten Krieg.

Während die Iraner Russlands beste Biologen umwarben und ihnen viel Geld boten, hatten die Amerikaner ihren früheren Feinden bislang keine vergleichbaren Angebote gemacht. Der Kongress hatte zwar im Rahmen der Gesetzgebung, die von Ex-Senator Sam Nunn und Senator Richard Lugar (Republikaner aus Indiana) vorangetrieben worden war, verschiedene Programme zum Stopp der Verbreitung nichtkonventioneller Waffentechnik und Waffenforschung finanziell großzügig ausgestattet. Doch fast das ganze Geld war in die Kernforschungsstädte der ehemaligen Sowjetunion gewandert, also in isolierte Enklaven, wo die einst wohlhabenden Wissenschaftler jetzt ebenfalls verarmt und anfällig für Offerten waren. Mitte 1997, als der Iran die russischen Waffenbakteriologen umwarb, gab Washington deutlich weniger als 1 Million Dollar jährlich für mikrobiologische Hilfsprogramme aus – ein Tropfen auf den heißen Stein, wenn man bedenkt, dass mehr als 15 000 russische Biologen erheblich unterbezahlt und damit offen für Anwerbeversuche aus Schurkenstaaten waren. Zudem war der Iran nicht der einzige Staat, der hinter diesen Wissenschaftlern her war: Die Geheimdienste hatten von ähnlichen Avancen des Irak und Nordkoreas in Russland Wind bekommen.

Die Meinungsverschiedenheiten unter den amerikanischen Geheimdienstexperten über Russlands Biowaffenprogramm waren aufs neue ausgebrochen. Manche glaubten, Moskau betrüge weiterhin – es stelle immer noch Waffen in militärischen Instituten her, die dem Westen verschlossen blieben. Die Art der wissenschaftlichen Zusammenarbeit, für die Weber sich engagierte, sollte ihrer Meinung nach auf relativ gutartige Mikroorganismen beschränkt bleiben, die noch niemals zur Waffenherstellung verwendet worden waren und bei denen dies auch unmöglich war.

Weber vertrat die genau gegenteilige Meinung. Er glaubte, die USA müssten mutiger an die Sache herangehen. Die begrenzten gemeinsamen Projekte, die man bislang in Angriff genommen hatte, galten nur relativ unschädlichen Krankheitserregern – zum Beispiel Leberegeln, Tuberkulosebakterien und Hepatitisviren. Dabei konnten die Amerikaner jedoch, wie die Wissenschaftler in Fort Detrick beklagten, fast nichts über das frühere sowjetische Programm oder über Moskaus militärische Fähigkeiten erfahren. Während kaum jemand in der US-Regierung bereit war, gemeinsame Forschungsvorhaben zu riskieren, bei denen es um hochgefährliche Erreger ging, glaubte Weber, dass die Vereinigten Staaten nur durch solche Projekte Zugang zu den entscheidenden Labors gewinnen oder erfahren könnten, wie weit die russische Wissenschaft mit ihren offensiven Biowaffenprogrammen gegangen war.

Webers Ahnung wurde bestätigt, als am nächsten Abend in Kirow, wiederum in der *banja*, die beiden Wissenschaftler aus Obolensk, diesmal in Begleitung einiger Kollegen aus anderen Instituten, denen sie vertrauten, zur Sprache brachten, welche Art von Zusammenarbeit sie mit den Amerikanern suchten und welche Art von Hilfe sie brauchten. Ja, sie seien dankbar für das Geld, das sie für Forschungen an Leberegeln erhielten, verrieten sie Weber und einer kleinen Gruppe von Wissenschaftlern der US-Armee. Sie seien für jegliche Finanzmittel dankbar, mit deren Hilfe sie ihre Institute am Leben erhalten und ihre Familien ernähren könnten. Die Projekte unter Federführung der National Academy of Sciences der USA hätten die Wiedereröffnung einst geschlossener Biopreparat-Institute ermöglicht. Doch noch lieber wollten diese Russen, wie sie sagten, direkt mit ihren militärischen Kollegen in den USA bei wissenschaftlich anspruchsvolleren Projekten zusammenarbeiten. Nur die Forscher beim amerikanischen Militär seien mit den Erregern vertraut, die sie, die Russen, perfektioniert hätten. Zugunsten der Sicherheit der gesamten Menschheit müssten, so ihr Argument, die führenden Wissenschaftler der Militärs aus beiden Ländern bei der Entwicklung von Impfstoffen und Gegenmitteln gegen solche Mikroben zusammenarbeiten – und zwar um die Bevölkerungen ihrer Länder gegen einen Angriff von Schurkenstaaten oder Terroristengruppen zu schützen. Im weiteren Konferenzverlauf brachten die Wissenschaftler aus Obolensk ihren Wunsch auch offen zum Ausdruck: Man wolle gemeinsam forschen, um die genetische Struktur eines jener Erreger zu entschlüsseln, den sie waffentauglich gemacht hatten. Sie schlugen Anthrax vor.

Weber war schockiert. Nur wenige Agenzien interessierten den amerikanischen Geheimdienst so sehr wie Anthrax, jene widerstandsfähigen Sporen, die Ken Alibek potenter gemacht hatte und die die Sowjets Ende der achtziger Jahre eilig auf der Insel Wosroschdenije im Aralsee vergraben hatten. Während Anthrax bei den offensiv ausgerichteten Biowaffenprogrammen sowohl der Sowjets als auch der Amerikaner – ganz zu schweigen vom Irak – der bevorzugte Mikroorganismus gewesen war, hatten die Sowjets die härtesten, virulentesten Stämme der Welt gezüchtet. Diesen Schluss legte nicht zuletzt der tragische Unfall von Swerdlowsk im Jahre 1979 nahe.

Amerikanische Geheimdienstagenten hatten Obolensk seit 1995 besonders nachdrücklich observiert, nachdem mehrere führende Wissenschaftler auf einer Konferenz im englischen Winchester enthüllt hatten, dass sie einen Anthrax-Stamm genetisch verändert und dadurch infektiöser gemacht hätten.[10] Obwohl dem Konferenzpapier nur wenige Details über diese Forschungen zu entnehmen waren, hatten die Veteranen des amerikanischen Biowaffenprogramms diese Ergebnisse als unheilträchtig bezeichnet. Andrei Pomeranzew und Nikolai A. Starizin verkündeten, dass sie ein neues Superbakterium erzeugt hätten, indem sie die Gene, die den Pseudomilzbranderreger *Bacillus cereus* infektiös machen – ein Bakterium, das die Blutkörperchen attackiert, aber normalerweise beim Menschen keine tödlichen Erkrankungen hervorruft –, in Anthrax-Mikroben eingesetzt hätten. Bei dem Experiment waren so gut wie alle mit dem neuen Erreger infizierten Hamster gestorben, selbst wenn sie mit dem russischen Anthrax-Impfstoff geimpft worden waren. Wenn sich somit Russlands erster Abwehrriegel gegen diesen neuen, genetisch veränderten Mikroorganismus allem Anschein nach als wirkungslos erwies, wäre dann Amerikas eigener Impfstoff ebenfalls wirkungslos?

Weber hatte Gelegenheit, mehr über die Forschungen in Obolensk herauszufinden, als er den jungen Starizin bei der Tagung in Kirow traf. Starizin berichtete ihm, das russische Team habe die genetische Manipulation im Jahre 1993 nicht zu militärischen Zwecken durchgeführt, obwohl damals in geringem Umfang noch Gelder aus dem russischen Biowaffenprogramm geflossen seien. Die Forscher hätten nicht absichtlich versucht, modifizierte Krankheitserreger zu entwickeln, die mit Impfstoffen und Antibiotika nicht zu bekämpfen seien. Ihre Motive seien vielmehr gutartiger Natur gewesen, versicherte Starizin. Anthrax und das *Bacillus cereus* seien schließlich eng verwandt; beide fänden sich oft nebeneinander im Boden. So könnten sie eines Tages auf natürlichem Wege, ohne Eingriff von außen, Gene austauschen. Die Russen hätten einfach nur wissen wollen, was dann geschehe.

Diese Erklärung erschien Weber nicht akzeptabel, aber seine Bedenken gaben sich ein wenig, als gegen Ende der Konferenz in Kirow der Vorschlag von den Wissenschaftlern in Obolensk kam, man solle Anthrax gemeinsam »bändigen«. Obolensk besitze in seiner Sammlung rund 300 verschiedene Anthrax-Bakterienstämme, erläuterten die russischen Wissenschaftler von sich aus; ob man denn nicht zusammenarbeiten könne, um die verschiedenen Stämme – unter Verwendung der neuesten Gensequenzierungstechniken, bei denen Amerika Pionierleistungen vollbracht habe – zu untersuchen und festzustellen, welche Gene für wichtige Eigenschaften wie Infektiosität und antibiotische Resistenz zuständig seien? Als Teil des Überwachungsprogramms könnten die russischen und amerikanischen Wissenschaftler ja Bakterienstämme austauschen – letztlich vielleicht sogar den von Pomeranzew und Starizin entwickelten Stamm, der Washington so große Sorgen mache.

Die Hardliner in der Regierung Clinton waren skeptisch, sowohl was Starizins Erklärung als auch was das vorgeschlagene Überwachungsprojekt betraf. Natürlich würden die russischen Wissenschaftler behaupten, einem vorgeblich friedlichen Forschungszweck zu dienen, um ihre militärischen Absichten zu vertuschen, hieß es. Alibek und andere hätten wiederholt gewarnt, dass sowjetische Wissenschaftler in Militärinstituten den Auftrag erhalten hätten, Geschichten, »Legenden« genannt, zu erfinden, um die wahren Ziele ihrer Arbeit zu verschleiern. Starizins Geschichte vom »natürlichen Genaustausch« sei offenbar eine solche »Legende«, wandten die Falken im amerikanischen Geheimdienst ein. »Leute, seid nicht so leichtgläubig«, hatte Alibek Weber und seine Freunde oft gescholten. »Sie binden euch einen Bären auf.« Die Wissenschaftler aus Obolensk, argumentierten die Skeptiker, wollten einfach nur Zugang zu den neuesten Errungenschaften der Amerikaner in Forschung und Technik erhalten. Denn diese zu kaufen oder selbst zu entwickeln, könne sich ihr Land nicht mehr leisten.

Für Andy Weber bestanden die Wochen nach der *banja*-Diplomatie von Kirow aus einem Rattenschwanz von Sitzungen, Konferenzen und Flügen zwischen den Vereinigten Staaten, Europa und Russland. Bei fast jeder Station fand er heraus, dass die Kopf- und Bakterienjäger aus dem Iran bereits ihre Visitenkarten hinterlassen hatten, oftmals nur wenige Tage vor der Ankunft der amerikanischen Delegation. Inzwischen war er überzeugt, dass Austausch und Zusammenarbeit zwischen einzelnen Wissenschaftlern der einzige Weg war, um zu erfahren, wie weit die russischen Biowaffenprogramme fortgeschritten waren, um Zugang zu den weitgehend hinter verschlossenen Türen agierenden mikrobiologischen Forschungsinstituten zu gewinnen und um der Weitergabe des tödlichen Biowaffen-Know-hows an Schurkenstaaten Einhalt zu gebieten. Im Sommer 1997 arbeitete er gemeinsam mit einer Handvoll Gleichgesinnter im Außenministerium, im Energieministerium, bei den Geheimdiensten und im Pentagon daran,

Skeptiker in den Reihen der eigenen Regierung und im Kongress davon zu überzeugen, dass es in manchen Situationen durchaus sinnvoll sei, Risiken einzugehen. Washington müsse mehr Geld für die wissenschaftliche Zusammenarbeit bereitstellen und Amerikas Indifferenz gegenüber der verzweifelten Lage der russischen Biologen müsse ein Ende haben – nicht aus humanitären Gründen, sondern zum Schutz der eigenen Sicherheit. Doch an der Spitze der genannten Regierungsinstitutionen standen andere Themen und Sorgen im Vordergrund. Selbst innerhalb der abgehobenen Gemeinschaft der Waffenkontrollexperten machten sich Clintons Spitzenbeamte weit mehr Sorgen über »unkontrollierte Atome« als über »unkontrollierte Bazillen«.

Währenddessen hatten Wissenschaftler der amerikanischen Regierung große Schwierigkeiten, sich ungehinderten Zugang zu den führenden Instituten in Obolensk, Vector und anderswo zu verschaffen, in denen nach Meinung der amerikanischen Geheimdienste noch immer militärische Geheimforschungen durchgeführt wurden. Nach seinem Besuch in Stepnogorsk, und nachdem er gehört hatte, wie die Wissenschaftler über die unsäglichen Bedingungen in Russlands Laboratorien gesprochen hatten, bezweifelte Weber jedoch, dass sich die Russen solche Geheimforschungen noch leisten konnten. Indes, ganz sicher wussten das weder er noch die Scharfmacher in den Geheimdiensten.

Im Juli 1997 traf sich Weber in Washington mit Lew Sandachtschiew, dem umtriebigen Direktor des Forschungsinstituts Vector, der Josh Lederberg damals, 1993, damit überrascht hatte, dass er für größere Offenheit bezüglich des sowjetischen Biowaffenprogramms plädierte. Als hervorragender Wissenschaftler, den seine diskrete Anstecknadel als Mitglied der renommierten Russischen Akademie der Wissenschaften auswies, hatte Sandachtschiew in wissenschaftlichen und politischen Kreisen Russlands großen Einfluss. Weber war klar, dass Sandachtschiew, dafür bekannt, dass er sich entschlossen und kämpferisch für seine Leute einsetzte, privat die Umwandlung von Vector in ein offenes, internationales Forschungszentrum propagiert hatte – mit dem Ziel, dort in Zukunft die Entwicklung von Virusimpfstoffen und Abwehrmaßnahmen gegen die Ausbreitung neu auftauchender Infektionskrankheiten voranzutreiben. Weber war beeindruckt. Würde Amerika mit diesem kleinen, aber nicht zu unterschätzenden Mann ins Geschäft kommen?

Die amerikanischen Hardliner indes verachteten Sandachtschiew. Er hatte als Mitglied der russischen Delegation im Jahr 1991, nachdem er amerikanische Pharmafirmen und Regierungslabors inspiziert hatte, den Vereinigten Staaten vorgeworfen, ihr aggressives Biowaffenprogramm weiterhin fortzusetzen. Mit seinem Kameraden Alibek hatte Sandachtschiew den Bericht unterzeichnet, in dem diese Vorwürfe erhoben wurden. Gleichwohl nahm die Beunruhigung in Washington von Tag zu Tag zu, nachdem Geheimdienstberichte bestätigten, dass es der Iran und andere Länder bei ihren anhaltenden Bestrebungen, an Biowaffen-Know-how und tödliche Mikroben heranzukommen, auch auf die Wissenschaftler in Vector abgesehen hatten.

Bei einer gemeinsamen Autofahrt zu einem Treffen in Fort Detrick, das ungefähr eine Autostunde von der amerikanischen Hauptstadt entfernt liegt, versuchte Weber Sandachtschiew zu erklären, warum die Versuche des Iran, tödliche Kampfstoffe in seinen Besitz zu bringen, in Washington so große Beunruhigung hervorriefen. Die 444 Tage andauernde Geiselaffäre – die Belagerung und Inhaftierung amerikanischer Diplomaten in der US-Botschaft in Teheran während der Regierungszeit von Präsident Carter – habe tiefe Narben in der amerikanischen Psyche hinterlassen. Sandachtschiew blickte verwundert drein. »So? Das haben die Iraner getan?«, fragte er zögernd. »Wann denn?«

Weber war total verblüfft. Sandachtschiew, der alles über tödliche Viren wusste, hatte anscheinend keine Ahnung von diesem Drama, das Amerika immerhin ein ganzes Jahr lang in Atem gehalten und dazu beigetragen hatte, dass Ronald Reagan die nächsten Präsidentschaftswahlen gegen Jimmy Carter gewann. Hier ahnte Weber zum ersten Mal, wie isoliert vom Weltgeschehen Vector und die dort tätigen Wissenschaftler tatsächlich waren.

Sandachtschiew seinerseits beschrieb das Leben in Kolzowo, der sibirischen Kleinstadt in der Nähe des Vector-Komplexes, in düstersten Farben. Seit der weitgehenden Streichung russischer Regierungsgelder nach dem Zusammenbruch der Sowjetunion kämpfe Vector ständig darum, seine Wissenschaftler und Ingenieure überhaupt noch bezahlen zu können – dabei sei ohnehin nur noch knapp die Hälfte jener Belegschaft dort tätig, die zu Spitzenzeiten in diesem riesigen Komplex gearbeitet hatte. Viele der Anlagen stünden jetzt leer, seien unvollendet oder im Verfall begriffen. Seit die militärische Finanzierung 1991 eingestellt worden sei, habe Vector nicht einmal mehr Geld, um für seine Versuche Affen zu kaufen. Die Gehälter würden nur unregelmäßig gezahlt. Russen und Amerikaner hätten zwar seit Monaten über ein Hilfsprogramm gesprochen, aber bisher sei nichts Greifbares dabei herausgekommen.

Während sich manche Amerikaner insgeheim über die Not in Vector freuten, wusste Weber, dass das Institut anfällig für Hilfsangebote aus Nordkorea, aus dem Irak und besonders dem Iran war. Sandachtschiew, dessen Vorfahren aus Armenien kamen, hatte Angst vor den Folgen, die eine weitere Ausbreitung des militanten Islam für sein geliebtes Russland haben würde. Schon 2015 würde Russland, wie er sagte, zu 60 Prozent muslimisch sein. Der Aufstand in Tschetschenien war, wie er fürchtete, nur ein Vorbote solcher Entwicklungen. Russland hatte, wie Sandachtschiew zugab, ohne Meldung und daher unter Verletzung der Regeln der Weltgesundheitsorganisation Pockenstämme aus dem eigentlich allein dafür zugelassenen Archiv in Moskau in seinen sibirischen Forschungskomplex nach Vector gebracht. Dabei sei es nicht um geheime Forschungsvorhaben gegangen, sagte er Weber, sondern um den Schutz der Stämme vor tschetschenischen Drohungen mit Terroranschlägen. Würden es die Amerikaner wohl gern sehen, wenn »Emir« Chattab, der rücksichtslose arabische Held des Tschetschenien-Aufstands, in den Besitz von Pockenviren käme? Da sei Vector schon eine sicherere Aufbewahrungsstätte für die 120 isolierten Pockenstämme Russlands – die größte Sammlung der Welt, doppelt so groß wie die der Amerikaner – und für Russlands Sammlung von weiteren rund 10 000 Mustern der exotischsten Viren der Welt und anderer Stämme tödlicher Krankheitserreger, darunter Marburg- und Ebola-Viren, Lassafieber-Erreger und etlicher Stämme, die Hirnhautentzündung und andere Formen der Enzephalitis zur Folge hätten.

Und so wie Sandachtschiew jeden einzelnen Erregerstamm in seiner Sammlung kannte, wusste er nach eigenen Angaben auch von jedem einzelnen seiner leitenden Wissenschaftler, wo dieser nach Verlassen des Instituts abgeblieben war. Bisher seien in Vector keine gefährlichen Erreger gestohlen worden. Und niemand seiner Ehemaligen arbeite für den Iran – wenigstens bislang.

Nach dieser Unterhaltung mit Sandachtschiew ging Weber mutig zu seinem Vorgesetzten Frank Miller, dem stellvertretenden Verteidigungsminister, der für die internationale Sicherheitspolitik zuständig war. Miller, der schon lange ein Programm zur Reduzierung der Bedrohung durch nichtkonventionelle Waffen favorisierte und der überdies ein mit allen Wassern gewaschener Ministerialer war, kam Webers Vorschlag, wie man sich Zugang zu Russlands geschlossenen Militärlabors verschaffen könnte, durchaus gelegen. Er billigte Webers Vorschlag, der Generalstabsarzt der US-Army solle seinen russischen Kollegen zu einem Besuch der amerikanischen Anlagen einladen – als Teil eines Austauschprogramms.

Zusätzlich wollte Weber Geld, um Sandachtschiew bei der Öffnung von Vector helfen und iranische Avancen an die Adresse der Wissenschaftler dort abwehren zu können. Wieviel Geld dafür denn nötig sei, wollte Miller wissen. Rund 3 Millionen Dollar, erwiderte Weber.

Miller schaute ihn fragend über seine Brillengläser hinweg an. Wirklich nicht mehr?, fragte er seinen Protegé. Nach Pentagon-Maßstäben war das ein Betrag aus der Portokasse.

Aber selbst wenn man Kleingeld ausgeben wollte, war der Weg kompliziert, zumal die Geheimdienste glaubten und auch den Kongress davon überzeugt hatten, dass in Vector immer noch geheime Biowaffenforschung betrieben werde. Miller sagte Weber, er werde dieses Geld bekommen, aber es dürfte noch ein Weilchen dauern.

Doch Weber wusste, dass in Vector keine Zeit mehr zu verlieren war. Die Wissenschaftler mussten bezahlt werden. Es musste dringend etwas geschehen.

Im September 1997 starrten Andy Weber und Anne Harrington, seine Kollegin aus dem US-Außenministerium in gleicher Funktion, die zugleich eine seiner wichtigsten Verbündeten war, mit Sorgenfalten auf der Stirn auf eine E-Mail an Sandachtschiew, die sie auf Harringtons Computer verfasst hatten. Weber und Harrington hatten geschrieben, dass sie Sandachtschiews Frustration teilten. Das Tempo, mit dem der geplante Wissenschaftleraustausch zwischen Russland und den USA vorankomme, sei unbefriedigend, der Umfang der Unterstützung für Vector ebenfalls. Wäre es möglich, dass ein US-Team Vector besuche, die Anlagen besichtige und über eine erweiterte, beschleunigte Kooperation verhandele?

Niemand hatte einen solchen Brief autorisiert, geschweige denn einen Besuch in Vector oder eine beträchtliche Anhebung der Auslandshilfe für Vector. Normalerweise erforderten solche Initiativen wochenlange bürokratische Klärungen und endlosen Papierkrieg. Weber und Harrington wussten, dass sie ein Risiko eingingen. Aber Weber versuchte verzweifelt, die Abwanderung russischer Wissenschaftler in Schurkenstaaten zu stoppen. Und Anne Harrington, eine engagierte Frau, die seit ihrer Moskauer Zeit als Diplomatengattin Anfang der neunziger Jahre von Russland geradezu besessen war, war genauso stark daran interessiert, die Lethargie der Bürokraten zu überwinden. Auch sie sah in dieser Situation eine akute Bedrohung, die es abzuwehren galt. »Soll ich jetzt auf ›Senden‹ klicken, Andy?«, fragte sie nervös. »Was haben wir zu verlieren?«

Nicht viel, dachte Weber. Wenn es ganz schlimm käme, könnte er immer noch Parkplatzwächter im Pentagon werden, und Anne könnte sich vielleicht daran erfreuen, in der Konsularabteilung irgendeiner obskuren US-Botschaft in Afrika Visavermerke in Pässe zu stempeln. Aber wem konnte schon daran gelegen sein, solchen Ärger zu machen?

Im Pentagon entwickelte die Kampagne für den Beginn der Anthrax-Schutzimpfungen allmählich die nötige Dynamik. In einer dramatischen Entscheidung verweigerte Verteidigungsminister Cohen dem General der Luftwaffe Terry Schwalier, dem Kommandanten jener Luftwaffenbasis in Saudi-Arabien, auf die von Terroristen ein Bombenanschlag verübt worden war, die fällige Beförderung.[11] Schwalier ließ sich daraufhin in den Ruhestand versetzen. Der Schutz der Truppen, machte Cohen deutlich, habe oberste Priorität, und hohe Offiziere würden für ihre Taten oder Unterlassungen auf diesem Gebiet persönlich verantwortlich gemacht. White, der stellvertretende Verteidigungsminister, der gehofft hatte, die Impfungen weiterhin aufschieben zu können, schied daher zur selben Zeit ebenfalls aus dem Amt. An seine Stelle trat John J. Hamre, der oberste Rechnungsprüfer des Verteidigungsministeriums. Hamre hatte der Impfinitiative skeptisch gegenübergestanden, solange damit hohe, in die Hunderte von Millionen gehende Aufwendungen des Pentagon für eine staatliche Impfstoff-Fabrik verbunden waren. Doch Judas Ischariot, scherzte er später, sei der Schutzheilige der Finanzwächter im Pentagon. »Wir tun alles, wenn wir damit ein paar Silberlinge sparen können.« Doch Hamre änderte seine Meinung schnell und befürwortete dann die Anthrax-Initiative, die sowohl von der Leitung der Gesundheitsabteilung im Ministerium als auch vom neuen US-Generalstabschef, General Henry H. Shelton, nachhaltig unterstützt wurde.

Das nach Michigan entsandte Team aus dem Pentagon kam zu dem Schluss, dass bei diesem Labor »signifikante Verbesserungen zu verzeichnen« seien und dass es, nach Plan renoviert, auch den Anforderungen der FDA genügen werde.[12] Das gemeinsame Büro, das zur Koordination aller Maßnahmen eingerichtet worden war, die mit der Abwehr von Biowaffen verbunden waren, versicherte Cohen, innerhalb eines knappen Jahres werde das Labor in

Michigan in der Lage sein, neuen Impfstoff zu produzieren. Für die Zwischenzeit gebe es genügend Impfstoffvorräte, um mit den Impfungen beginnen zu können. General Anthony Zinni, der amerikanische Kommandeur für die Golfregion, hatte dem Pentagon gesagt, seine Truppen in Kuwait bräuchten den Impfschutz sofort. Falls Militäraktionen gegen den Irak angeordnet würden, wollte Zinni nicht mit denselben frustrierenden Einschränkungen kämpfen müssen wie zuvor General Schwarzkopf. Die Enthüllungen über das Biowaffenprogramm des Irak, die sich 1995 mit der Desertion Hussein Kamels beschleunigt hatten, waren inzwischen allen Entscheidungsträgern der amerikanischen Regierung bekannt. Niemand zweifelte mehr an Bagdads Fähigkeiten, aus Krankheitserregern Waffen zu machen. Nach fast dreijähriger Debatte genoss das Impfprogramm solide Unterstützung sowohl bei den Zivilisten als auch bei den Militärs im Ministerium.

Der Pentagon-Spitze war allerdings klar, dass es nicht ganz einfach sein würde, den Soldaten dieses Impfprogramm zu »verkaufen«. Hamre sagte Cohen, dass der Verteidigungsminister, der US-Generalstabschef und andere Führungskräfte zu den ersten gehören müssten, die ihre Ärmel hochkrempelten, um sich impfen zu lassen. Cohen war damit einverstanden.

Die zivilen Spitzen im Pentagon machten sich aber auch Sorgen, ob das Militär tatsächlich in der Lage sein werde, ein kompliziertes Impfprogramm mit mehr als 14 Millionen Einzelimpfungen zu bewältigen. Was damals während des Golfkriegs schiefgelaufen war, war inzwischen mehr als deutlich. Die Impfunterlagen waren ein einziges Chaos. Außerdem hatten die Feldkommandanten wiederholt gegen die Vereinbarungen des Pentagon mit der FDA verstoßen, als sie den Soldaten experimentelle Mittel, darunter Impfstoff gegen Botulinum-Toxin und Pyridostygminbromid-Tabletten, gegeben hatten, ohne sie über die Risiken zu informieren.

Die 1995 begonnene Friedensmission in Bosnien hatte die Zweifel an der Kompetenz des Militärs in medizinischen Dingen nur noch verstärkt. Die Gesundheitsabteilung des Ministeriums hatte entschieden, dass die Truppen vor dem Einsatz gegen durch Zecken übertragene Enzephalitis geimpft werden sollten – eine Erkrankung, die auf dem Balkan häufig vorkommt und tödlich ausgehen kann. Niemandem war daran gelegen, dass unter amerikanischen Soldaten weitere seltsame Krankheiten ausbrachen. In Europa war ein weit verbreiteter Impfstoff gegen diese Krankheit erhältlich, der jedoch von der FDA nicht zugelassen war und darum als experimentelles Mittel galt. Gleichwohl hatte das Pentagon entschieden, den auf den Balkan entsandten Truppen diese Impfung zu verabreichen.

Die FDA war fest entschlossen, die Wiederholung der administrativen Fehler aus dem Golfkrieg zu vermeiden. Sie bestand darauf, dass die Militärs genaue Unterlagen führten und die Soldaten über die Risiken informierten, die mit der Anwendung nicht zugelassener Mittel verbunden waren. Medizinalbeamte verbrachten im Pentagon Stunden damit, den Kommandeuren genau einzuschärfen, was zu tun war. Doch das Ergebnis war erstaunlicherweise ein weiteres Fiasko.[13] Obwohl bei der Balkanmission nur ein paar tausend Soldaten betroffen waren, waren die Unterlagen erneut unvollständig. Die FDA musste ferner feststellen, dass in den Dokumenten, die den Impfstoff beschrieben, einige zentrale Sachverhalte fehlten, zum Beispiel die Tatsache, dass lebensbedrohliche allergische Reaktionen sowie, in seltenen Fällen, eine permanente Lähmung auftreten konnten. Im Juli schickten die Gesundheitsbehörden dem Pentagon wegen dieses Lapsus einen bösen Brief – genau zu dem Zeitpunkt, als im Pentagon eine endgültige Entscheidung zu den Anthrax-Impfungen anstand. Die Mannschaft um Minister Cohen versprach hoch und heilig, beim Anthrax-Programm werde alles besser laufen.

Es war selbst nach Pentagon-Maßstäben ein strammer Tag gewesen. Pamela Berkowsky, Cohens Assistentin für besondere Aufgaben, und andere wichtige Mitarbeiter hatten den größten Teil des Samstags – es war der 15. November 1997 – damit verbracht, den Verteidigungsminister für seinen Fernsehauftritt am nächsten Morgen in der ABC-Nachrichtensendung *This Week* zu briefen.

Die Regierung Clinton bereitete sich auf eine neue Konfrontation mit dem Irak vor. Nachdem Saddam Hussein zugegeben hatte, dass er bezüglich seiner Biowaffenprogramme gelogen hatte, weigerte er sich nun, die UN-Waffeninspektoren nochmals ins Land zu lassen. Cohens unmittelbares Ziel an diesem Wochenende bestand darin, öffentliche Unterstützung für die Pläne der Regierung aufzubauen. Wenn Bagdad nicht nachgebe, werde man den Irak bombardieren. Überdies wollte Cohen die Öffentlichkeit auf die Anthrax-Schutzimpfungen vorbereiten, die er in Kürze bekanntgeben wollte. An jenem Samstag suchten Cohens Mitarbeiter vor allem nach geeigneten Wegen, die Biowaffenbedrohung durch den Irak anschaulich und dramatisch darzustellen.

Die immer noch andauernden Unsicherheiten wegen des irakischen Biowaffenprogramms gaben Cohen starke Argumente an die Hand. Auch nach sechsjährigen Waffeninspektionen, den schärfsten in der Geschichte der Rüstungskontrollen, blieb das Schicksal von mehr als 150 irakischen Bomben und Sprengköpfen, die vor dem Golfkrieg gebaut worden waren, um biologische Kampfstoffe zu transportieren, unbekannt.[14] Das Gleiche galt für ein Dutzend Spezialdüsen, die der Irak hergestellt hatte, um damit von Hubschraubern aus Krankheitserreger zu versprühen. Bagdad behauptete, der Irak habe seine 25 Sprengköpfe für Raketen mit einer Reichweite von 650 Kilometern zerstört, konnte dafür aber keine Beweise beibringen. Diese Tatsachen würden sicher genügen, um Kenner der Materie zu beeindrucken, aber Cohen brauchte etwas visuell Überzeugendes, um beim Fernsehpublikum landesweit Punkte zu sammeln.

Berkowsky brachte mehrere Gegenstände, die in Frage kamen, zum »Schlachtfest« (»murder board«) mit, wie Experten aus dem Pentagon Sitzungen scherzhaft nannten, in denen Konzepte vor wichtigen öffentlichen Auftritten auf Herz und Nieren geprüft wurden.

Berkowsky, eine junge, intelligente Princeton-Absolventin, war in den drei Jahren, in denen Richard Danzig Marineminister war, eine seiner wichtigsten Assistentinnen gewesen und hatte sich

dabei bevorzugt um alles gekümmert, was mit Biowaffen zusammenhing. Gemeinsam mit Danzig hatte sie Dutzende von Anhörungsverfahren überstanden, und sie war auch bei vielen Sitzungen mit hochrangigen Offizieren dabei gewesen. Sie kannte sich in diesem Themenbereich genauso gut aus wie die Experten des Pentagon. An besagtem Samstag stritten Berkowsky und ihre Kollegen darüber, wie Cohen die Stärke der potentiellen Bedrohung (die »Todesraten«) in einem mit biologischen Kampfstoffen geführten Krieg am besten vermitteln könne, so dass auch Zivilisten ein klares Bild davon erhielten. Wenn ein Mensch nur 10 000 Anthrax-Bakterien ausgesetzt ist – diese Menge entspricht etwa der Größe des Punktes am Ende dieses Satzes –, kann er daran sterben.[15]
Um den Zuschauern diese Bedrohung zu verdeutlichen, sollte Cohen – so Berkowskys Vorschlag – eine der winzigen Glasphiolen mit simulierten Krankheitserregern in die Höhe halten, die sie zu der Sitzung mitgebracht hatte. Eine der Phiolen war mit winzigen Rizinussamen gefüllt, die sie von einer Pflanze gepflückt hatte, die Freunde ihr als Scherz geschenkt hatten. Die Pflanze selbst war harmlos, doch die Samen enthielten Rizin, ein hochgiftiges Eiweißtoxin (Toxalbumin), das bei entsprechender Verarbeitung zweihundertmal giftiger ist als Blausäure.[16] Es ruft Erbrechen hervor, hohes Fieber, allgemeine Schwächezustände und führt letztlich zum Tod. Wirksame Gegenmittel sind nicht bekannt.
Doch einer aus der Expertenrunde wandte ein, dass Rizin eigentlich zu fern liege. Die wahrscheinlichste Bedrohung durch den Irak gehe doch von Anthrax-Erregern aus, nicht von Rizin. Daraufhin wurde beschlossen, Cohen solle eine große Tüte mit Mehl in die Höhe halten und eine geschätzte Zahl von potentiellen Todesopfern nennen, die zu beklagen wäre, wenn eine vergleichbare Menge getrockneter Anthrax-Sporen über einer großen Stadt versprüht würde. An jenem Abend daheim erzählte Pamela Berkowsky ihrem Mann, einem Chirurgen, welche visuellen Hilfsmittel sie in der Runde diskutiert hatten.
»Warum denn nicht eine Tüte Zucker?«, fragte er. Mehl verwende nicht jeder, doch die großen gelben Tüten mit 5 Pfund Zucker

kenne jeder Amerikaner. Er selbst nenne sie darum seinen Patienten als Anhaltspunkt: Nach einer Operation dürften sie nichts heben, das schwerer sei als eine solche Zuckertüte.
Am Sonntagmorgen enthüllte Bill Cohen seine simulierte biologische Massenvernichtungswaffe – eine 5-Pfund-Zuckertüte. »Anthrax«, sagte er, und da verschlug es sogar den normalerweise geschwätzigen Moderatoren Sam Donaldson und Cokie Roberts die Sprache. Einen Augenblick lang sagten sie gar nichts. Wenn Saddam Hussein diese Menge Anthrax über einer Stadt von der Größe Washingtons verstreue, würde er damit »mindestens die Hälfte der Einwohner dieser Stadt auslöschen«.
»Ein Atemzug genügt«, fuhr Cohen fort, »und mit großer Wahrscheinlichkeit sind Sie fünf Tage später tot.« Noch schlimmer sei VX, ein potenter Erreger, der das Nervensystem angreife und den der Irak ebenfalls entwickelt habe. Wenn VX technisch korrekt mit Areosol-Vorrichtungen verbreitet werde, könne es »Millionen von Menschen« töten, sagte Cohen. Er erinnerte die Zuschauer daran, dass der Irak anfangs geleugnet hatte, Nervengas und biologische Kampfstoffe wie Anthrax zu produzieren. Tatsache aber sei, dass der Irak 4 Tonnen VX hergestellt habe und mindestens 9500 Liter (2100 Gallonen) Anthrax. Während er seine Zuckertüte noch höher stemmte, wiederholte Cohen diese Zahlen. Roberts, der sich einfach nicht länger von einer Zuckertüte die Show stehlen lassen wollte, unterbrach Cohen mit der Bitte, der Herr Verteidigungsminister möge jetzt seine Zuckertüte doch bitte aus der Hand legen.
Das war der Anfang der großen US-Debatte über die Zuckertüte. Einige Militärexperten und Wissenschaftler waren über Cohens Auftritt verärgert. Natürlich könne eine 5-Pfund-Tüte mit Anthrax-Sporen theoretisch die Hälfte der Bevölkerung Washingtons töten – rund 300 000 Menschen. Aber nur, wenn die atmosphärischen Bedingungen für einen solchen Angriff optimal seien, wenn die Keime sehr potent seien und die Verbreitung mit äußerster Effizienz gelinge. Bei Regen oder in der Mittagshitze eines Augusttags sei es aber genauso gut möglich, dass die Sporen überhaupt keinen

Schaden anrichteten.[17] Privat moserten einige Experten auch darüber, dass der Minister den schlimmstmöglichen Fall dargestellt habe, um den Amerikanern Angst einzujagen.

Der Mann, der an der Vorbereitung dieser Zahlen und Szenarien beteiligt gewesen war, Bill Patrick, sah sich die besagte Sendung von *This Week* am Sonntagmorgen an. Ein oder zwei Tage vor Cohens Auftritt hatte Dave Franz, damals Chef der biologischen Forschungsarbeiten der Army in Fort Detrick und außerdem Mitglied von Pamela Berkowskys »Schlachtfest«-Runde, Patrick gebeten, bei den Berechnungen zur potentiellen Gefährdung behilflich zu sein. Das »alte Fossil« war für diese Aufgabe die naheliegende Wahl. Schließlich hatte er, als er in den fünfziger und sechziger Jahren an der Entwicklung von biologischen Kampfstoffen für Amerikas Waffenarsenal arbeitete, routinemäßig solche Berechnungen angestellt.

Patrick hatte Franz gesagt, dass Terroristen, die darauf aus seien, die Hälfte der Bevölkerung im Großraum Washington zu töten, rund 35 Kilogramm getrockneter Anthrax-Erreger von einem Flugzeug oder Hubschrauber aus gleichmäßig verteilen müssten, wobei sie von Rockville, Maryland, bis in die Vororte im Norden Virginias fliegen müssten. Franz hatte eingewandt, Cohen könne doch unmöglich eine Tüte mit 35 Kilo Zucker hochstemmen. Wieviel Anthrax denn nötig sei, um die Hälfte der Bevölkerung des District of Columbia, also des Kerngebiets der Hauptstadt, zu töten? Dafür brauche man 22 Kilo, antwortete Patrick. Auch das wäre auf dem Bildschirm immer noch eine Gewichthebeaktion geworden. »Am Ende beschlossen sie, nur einen Teil der Bevölkerung von DC zu töten«, sagte Patrick. »Doch zu dem Zeitpunkt war schon fast Sendebeginn, und wir stritten immer noch über die Zahlen.« Wie Cohen dann zu seinen falschen Zahlen potentieller Anschlagsopfer kam, wird sich wohl nicht endgültig klären lassen. Aber irgendwo in der Kette der Beteiligten – zwischen Patrick, Franz, den Pentagon-Experten und Cohen – kam ein Fehler ins System, der dann Eingang in die US-Debatte über Biowaffen fand.

Obwohl Patrick den Fehler bei Cohens Zahl der Opfer bedauerte, begrüßte er Cohens Auftritt insgesamt. Was die tödliche Gefahr betreffe, die von Anthrax-Erregern ausgehe, habe der Minister zwar übertrieben, aber er habe dennoch eine Bedrohung ins öffentliche Bewusstsein gerückt, die bis dahin weitgehend ignoriert worden sei. Vielleicht sei die Zuckertüte etwas zu melodramatisch gewesen. Vielleicht hätte Cohen auch klarer zum Ausdruck bringen sollen, dass amerikanische Geheimdienstexperten es für höchst unwahrscheinlich hielten, dass Saddam Hussein eine amerikanische Stadt oder die 17 000 noch immer am Persischen Golf stationierten US-Soldaten mit Biowaffen angreifen würde. Trotzdem waren nach Patricks Meinung die richtigen Punkte zur Sprache gekommen. Endlich hatte jemand aus der politischen Führung offen ausgesprochen, was Patrick selbst, Josh Lederberg und andere schon seit Jahren in geheimen Regierungssitzungen vorgetragen hatten.

Ende November 1997 schloss das Pentagon – krönender Abschluss einer Kampagne, die nach dem Golfkrieg begonnen hatte – mit Dyn-Port, einem britisch-amerikanischen Gemeinschaftsunternehmen, einen über zehn Jahre laufenden Vertrag im Gesamtwert von 322 Millionen Dollar ab.[18] Dafür sollte die Firma Impfstoffe für das Militär entwickeln und Lizenzen erwerben. Das Programm umfasste Impfstoffe gegen Pocken und siebzehn andere Erreger, darunter auch eine neue Version des Anthrax-Impfstoffs, die alte Elemente neu kombinierte. Kernpunkt des Planes war der Aufbau eines Vorrats an Impfstoffen auf dem neuesten medizinischen Stand für das 21. Jahrhundert.

Am 15. Dezember verkündete das Pentagon, es werde die Soldaten vorbeugend mit dem alten Impfstoff gegen Anthrax impfen lassen – ein beispielloser Schritt, um den Gefahren durch Biowaffen zu begegnen. »Wir sind es unserem Volk schuldig, dass wir diese Massenimpfung jetzt durchführen«, sagte Cohen in einer schriftlichen Verlautbarung.[19]

Auf einer Pressekonferenz schätzten Beamte aus dem Pentagon, dass dieses Impfprogramm rund sechs Jahre dauern und rund 130 Millionen Dollar kosten würde. Sie sagten ferner, dass diese Impfungen anscheinend weniger Nebenwirkungen zeitigten als Typhusimpfungen und dass somit für die Soldaten keine Gesundheitsrisiken bestünden. Gleichwohl wurde ausdrücklich gesagt, dass Schwangere von der Impfpflicht ausgenommen seien.

In einem Bericht des Pentagon wurden am selben Tag die Probleme des Labors in Michigan heruntergespielt. Die Drohung der FDA vom März 1997, man werde dem Labor die Lizenz entziehen, wurde als höfliche Warnung bezüglich »einiger Produktionsprobleme« hingestellt, die nichts mit dem Anthrax-Impfstoff zu tun hätten. Die Beamten versicherten den Reportern, Planungen für die Modernisierung der Produktionsanlage lägen schon bereit. Cohen sagte, das Impfprogramm werde in etwa sechs Monaten anlaufen, wenn vier Bedingungen erfüllt seien: Das Militär müsse die Impfstoffvorräte nochmals auf ihre Wirksamkeit, Sterilität und Reinheit hin testen. Man müsse ein externes, unabhängiges Gutachten in Auftrag geben, also eine Art Zweitgutachten. Auch müsse man ein genaues System für die Erfassung der Impfdaten etablieren und schließlich noch einen akzeptablen Plan aufstellen, wie man die neue Impfpolitik den Betroffenen in geeigneter Form vermitteln könne.

Am Tag nach dieser Ankündigung Cohens fragte ein Reporter Präsident Clinton bei einer Pressekonferenz, ob er sich als Oberbefehlshaber der US-Streitkräfte selbst impfen lassen würde. »Verteidigungsminister Cohen hat kürzlich im Fernsehen sehr anschaulich demonstriert, dass die primäre Bedrohung durch Milzbrand von terroristischen Angriffen auf die Zivilbevölkerung ausgeht«, sagte der Reporter. »Sollten sich Zivilisten auch gegen Anthrax impfen lassen?«

Clinton verteidigte das Pentagon-Programm, sagte jedoch, er habe bisher nicht die Absicht, sich selbst impfen zu lassen. »Ich weiß von keinem Experten«, sagte er, »der empfehlen würde, dass diejenigen von uns, die im wesentlichen nur zur Zivilbevölkerung der USA gehören, sich impfen lassen sollten.«[20]

Während das Pentagon also konkrete Vorbereitungen traf, um seine Soldaten gegen Anthrax impfen zu lassen, kamen in der Dezemberausgabe 1997 der Zeitschrift *Vaccine* neue Beweise für die Bedrohung durch biologische Kampfstoffe zum Vorschein, aus denen sich auch schwerwiegende Fragen ergaben, ob das US-Impfprogramm wirklich vernünftig war.[21] Die Veröffentlichung der russischen Forschungen mit genetisch modifizierten Anthrax-Erregern, von denen Andy Weber erstmals 1995 erfahren hatte, in dieser in London erscheinenden wissenschaftlichen Zeitschrift beunruhigte jetzt aufs Höchste nicht nur die dem Militär angehörenden Wissenschaftler, sondern auch zivile Biowaffenexperten. In Regierungsbüros und in Labors im ganzen Land analysierten Geheimdienst- und Verteidigungsexperten angestrengt die trockene, schwierige Prosa der russischen Wissenschaftler. Man suchte nicht nur nach Informationen über den »Superbug«, den das russische Forscherteam in Obolensk nach eigenem Bekunden geschaffen hatte, sondern auch nach Hinweisen darauf, warum die Russen ihre Ergebnisse überhaupt veröffentlicht hatten.

Das Institut in Obolensk und mehrere Autoren des Artikels – darunter Pomeranzew und Starizin – waren den westlichen Geheimdiensten aufgrund ihrer Verwicklung in das Biowaffenprogramm der früheren Sowjetunion bestens bekannt. Doch der Artikel bestätigte, was westliche Militärwissenschaftler und Geheimdienstexperten schon lange behauptet hatten: Russland war auf einigen Gebieten der gentechnischen Forschung wesentlich weiter, als Washington angenommen hatte. Pomeranzew und seine Kollegen müssen gewusst haben, dass eine Veröffentlichung ihrer Forschungsergebnisse Mikrobiologen auf der ganzen Welt in Erstaunen und Sorge versetzen würde.

In einem Interview mit der *New York Times* enthüllte Starizin einiges von dem, was er Weber bei der ersten Begegnung in Russland 1997 schon privat erzählt hatte.[22] Er bestand darauf, dass die Forschungen schon 1993 stattgefunden hätten und von Sorge um die öffentliche Gesundheit motiviert gewesen seien. Die russischen Stämme von *Bacillus anthracis* und *Bacillus cereus* seien, wie er sagte, »eng miteinander verwandt und lassen sich oft im Boden auch dicht nebeneinander auffinden«. Wenn diese beiden Organismen auf natürliche Weise, ohne Eingriffe von außen, Gene austauschten, dann müssten die russischen Wissenschaftler doch wissen, »was dabei herauskommen kann«. Auf jeden Fall sei der neue Bakterienstamm aber zu instabil, um waffentauglich zu sein. Genau das hatte er Weber vertraulich auch schon mitgeteilt.

Trotzdem ergaben sich aus diesen Experimenten beunruhigende Fragen. Könnte der Stamm ausreichend stabilisiert werden, um waffentauglich zu sein? Würde es den Amerikanern gelingen, ein Exemplar des neuen Superbugs aus Russland zu erhalten? Sollte das Pentagon jetzt noch Millionen amerikanischer Soldaten zwingen, sich mit amerikanischem Impfstoff gegen Anthrax impfen zu lassen, wenn dieser nicht gegen die neuen, genetisch veränderten Erreger wirksam war?

Lederberg gehört zu jenen, die über dieses Experiment tief beunruhigt waren. Er hielt es für einen Wendepunkt in der wissenschaftlichen Forschung – das erste bekannte Beispiel eines neuen Krankheitserregers mit militärischen Implikationen, der im Labor gezüchtet worden war. Hinsichtlich der gentechnologischen Forschungen Russlands sei die Katze jetzt aber »wenigstens aus dem Sack«.[23] Der Krieg mit biologischen Kampfstoffen sei in eine neue Phase getreten.

Der Artikel trug dazu bei, dass in der Öffentlichkeit schon bald dieselbe Debatte tobte, die in Geheimdienstkreisen bereits nach dem Überlaufen von Ken Alibek im Jahre 1992 geführt worden war. In Geheimvernehmungen hatte Alibek behauptet, die Russen führten ihre Biowaffenforschung fort – eine Behauptung, die nun durch den Artikel in *Vaccine* und andere Veröffentlichungen belegt war. Aus diesen Belegen gehe hervor, dass auch nach dem Zusammenbruch der Sowjetunion in Russland noch Biowaffen hergestellt würden, insistierte Alibek, einschließlich der Arbeiten an neuen, »chimärischen« Erregern, die mehrere Mikrobentypen zu neuen Wesen vereinigten. Russland habe, behauptete er ferner, seine Bemühungen noch nicht aufgegeben, das Ebola-Virus mit dem Pockenvirus zu kombinieren, der größten Geißel der Menschheit.

Weil Alibek solche Forschungen bei seinen ursprünglichen Vernehmungen nicht betont hatte, wirkten seine Vorwürfe gegen Russland jetzt in Geheimdienstkreisen polarisierend. Manche Experten waren der Meinung, dass Alibek zweifellos recht habe, obwohl seine Einschätzung weitgehend auf einer Auswertung neuerer wissenschaftlicher Literatur und auf Informationen aus zweiter Hand beruhe, die er noch vor seinem Übertritt in den Westen in Moskau gesammelt habe.
Doch andere Geheimdienstexperten ließen sich nicht davon überzeugen, dass Russland oder irgendein anderes Land in der Lage war, solche chimärischen Biowaffen herzustellen – trotz Alibeks und Pasetschniks gegenteiliger Behauptungen. Außerdem, wandten diese Experten ein, warum sollte sich überhaupt jemand die Mühe machen, derart diabolische neue Erreger zu entwickeln? Die »alten Bekannten« waren doch eigentlich schon teuflisch genug. Warum sollte es jemand für nötig befinden, ihre Natur noch zu steigern?

Einer der Männer, die die Bemühungen der Sowjetunion geleitet hatten, tödliche Erreger noch tödlicher zu machen, war General Juri T. Kalinin, der langjährige Direktor von Biopreparat – jenes Konzerns, der als ziviler Deckmantel für das sowjetische Biowaffenprogramm fungierte. Nach dem Zusammenbruch der Sowjetunion war Biopreparat angeblich als ziviler Pharmakonzern neu gegründet worden. 51 Prozent der Anteile gehörten der russischen Regierung. Doch der Konzern wurde immer noch von Kalinin und anderen geleitet, die sich bei den Bemühungen der Sowjetunion ausgezeichnet hatten, ihr Biowaffenprogramm gleichzeitig voranzutreiben und zu verbergen. Präsident Jelzin hatte den Amerikanern 1992 versprochen, er werde Kalinin und andere Veteranen des sowjetischen Biowaffenprogramms aus den Zeiten des Kalten Krieges entlassen; aber er hatte nicht Wort gehalten. Weil die Aktivitäten von Biopreparat immer noch geheimnisumwittert waren, standen Kalinin und seine Kollegen im Mittelpunkt der schlimmsten Befürchtungen.

Andy Weber hatte Kalinins Widerstand schon beim ersten Zusammentreffen im September 1997 verspürt. Von seinem düsteren Büro im sowjetischen Stil in der Moskauer Samokatnaja-Straße aus hatte Kalinin versucht, die Grundlagen des Verhältnisses zwischen amerikanischen und russischen Biologen festzulegen und zu kontrollieren. Biopreparat habe im Prinzip nichts gegen amerikanische Hilfe für jene russischen Labors und Institute einzuwenden, die Biopreparat einst streng unter seiner Kontrolle hatte, ließ Kalinin Andy Weber und eine kleine amerikanische Delegation wissen. Aber er habe etwas gegen die amerikanische Taktik, Biopreparat zu umgehen und stattdessen direkte Beziehungen zu den Instituten aufzubauen, die früher nach seiner Pfeife hatten tanzen müssen. Ob es denn nicht effizienter sei, hatte er vorgeschlagen, alle Hilfe und alle Forschungsvorhaben für die russischen biologischen Institute über Biopreparat laufen zu lassen?

Bei ihrer kurzen Begegnung hatten weder Weber noch Kalinin über die Vergangenheit gesprochen. Und Weber hatte es tunlichst vermieden, mit Kalinin irgendwelche Abmachungen zu treffen. Doch jetzt schien der Chef von Biopreparat fest entschlossen zu verhindern, dass seine Organisation bei den vielen neu aufkommenden russisch-amerikanischen Partnerschaften finanziell ins Abseits gedrängt wurde. Zwar war Kalinins Organisation mit Sicherheit längst nicht mehr so mächtig wie zu der Zeit, als sie Dutzende von über die ganze Sowjetunion verteilten Instituten beherrscht hatte, in denen mehr als 30 000 Wissenschaftler und Techniker beschäftigt waren. Aber Biopreparat nahm immer noch für sich in Anspruch, fast zwanzig Institute und andere Unternehmen zu beaufsichtigen, die ungefähr tausend verschiedene Impfstoffe, Arzneien und andere biologische Produkte herstellten. Weber war eifrig bemüht gewesen, den General nicht vor den Kopf zu stoßen, dessen aristokratisches Benehmen die eiserne Entschlossenheit verbarg, ohne die er im Sowjetsystem nicht in diese Spitzenposition aufgestiegen wäre. Webers fragiles Unterstützungsprogramm konnte keine weiteren Feinde vertragen, schon gar nicht den wegen seiner guten Beziehungen allgegenwärtigen Kalinin.

Seit jener Sitzung im Jahre 1997 war Kalinin jedoch nach Meinung amerikanischer Experten zunehmend zu einem Klotz am Bein geworden. Russische Wissenschaftler beschwerten sich, er habe ihre Unabhängigkeit unterminiert, indem er seine bürokratische Macht einsetzte, um ihnen das Recht auf Auslandsreisen zu verweigern, wenn sie an Tagungen und Ausbildungsprogrammen teilnehmen wollten. Kalinin habe ihre Pässe konfisziert, die Ausstellung von Visa verzögert und Institutsdirektoren daran hindern wollen, unabhängige Verbindungen zu westlichen Labors und Firmen zu knüpfen. Er habe einen prominenten Institutsdirektor von seinem Posten entfernt, nachdem dieser Kalinin »illegale Praktiken« vorgeworfen hatte, darunter auch, dass er westliche Hilfsgelder in seine eigenen Taschen fließen lasse.[24] Kalinin habe die Vorwürfe bestritten.

Obwohl Weber mit der in Washington kursierenden Einschätzung der Lage durch die Scharfmacher in den amerikanischen Geheimdiensten nicht übereinstimmte, wusste er aus erster Hand über andere beunruhigende Anzeichen Bescheid, aus denen hervorging, dass Russlands Militär weiterhin an seinen Biowaffen festhielt. Russlands neue Militärdoktrin behielt sich das Recht vor, gegen einen Feind auch nukleare und andere, nicht weiter spezifizierte Waffen einzusetzen. Überdies bestritten die Russen weiterhin bestimmte Aspekte und Vorfälle der sowjetischen Vergangenheit, darunter die Freisetzung tödlicher Anthrax-Erreger bei einem Laborunfall in Swerdlowsk im Jahre 1979. Für den beunruhigendsten Aspekt des russischen Biowaffenkomplexes hielt Weber jedoch die Tatsache, dass so viele ehemals sowjetische Wissenschaftler weiterhin Lügen über ihre frühere Arbeit erzählten, während andere über ihre diesbezügliche Vergangenheit eisern schwiegen. Bald nachdem Präsident Jelzin die Beendigung der heimlichen Bemühungen seines Landes um Biowaffen angeordnet hatte, hatte er ein Dekret erlassen, in dem es russischen Wissenschaftlern und Offiziellen verboten wurde, irgendwelche Aspekte ihrer geheimen Tätigkeit zur Sprache zu bringen. Dieses Edikt, nach Aussagen russischer Wissenschaftler weiterhin in Kraft, machte offene Aussagen über die Vergangenheit gefährlich.

Folglich mussten Weber und die amerikanischen Experten in intensiver Kleinarbeit solide, verlässliche Informationen über Umfang, Ziel und die erreichten technischen Fortschritte des früheren sowjetischen Biowaffenprogramms Bruchstück für Bruchstück zu einem Gesamtbild zusammenfügen. Während die Überläufer Pasetschnik im Jahre 1989 und Alibek im Jahre 1992 dem Westen detailliert beschreiben konnten, was bei den Sowjets an Biowaffenaktivitäten lief, hatten sogar sie über manche Gebiete und Institute keinerlei Kenntnis. Mit voller Absicht waren bei dem Programm etliche falsche Fassaden, Geheimprojekte und Parallelorganisationen etabliert worden, die oft gleichzeitig militärische und friedliche Forschungen durchführten. Diese Struktur diente vor allem der Geheimhaltung.

Weber konnte sich nicht mit der Betrachtung solcher Hindernisse und Verschleierungstechniken aufhalten; dafür war einfach zu viel zu tun. Zum Beispiel konnten sich verschiedene frühere Sowjetinstitute in Kasachstan, die sich der Entwicklung von Krankheitserregern für Pflanzen und Tiere gewidmet hatten, nicht einmal rudimentäre Schutzmaßnahmen wie elektrische Zäune, Wachposten, Schlösser und Sicherungen des Computersystems leisten, um ihre in die Hunderte gehende Schar von höchst virulenten Erregerstämmen vor unbefugtem Zugriff zu schützen. Im Pest-Forschungsinstitut in Alma Ata hatte Weber gerade erst eine Sammlung von mehr als tausend tödlichen Bakterienstämmen besichtigt, die allein durch eine klapprige Holztür und ein einziges Schloss gesichert waren, das sich mit einem Dietrich öffnen ließ. Als man ihn gefragt hatte, ob er gern eine Kostprobe der im Institut vorhandenen Pesterreger sehen wolle, hatte er unversehens eine rostige Konservendose in der Hand – mit genug Bakterien darin, um die ganze Region zu entvölkern.

Kapitel 10
Der Präsident

Ende Dezember 1997 reiste Präsident Clinton auf die Ferieninsel Hilton Head in South Carolina – zum »Renaissance Weekend«, einer Zusammenkunft von handverlesenen Rgierungsvertretern und Führungskräften aus der Privatwirtschaft, die den Jahreswechsel gern mit Kierkegaard-Lesungen und Vorträgen über Themen wie »Moralische Maßstäbe für moderne Führung« begingen.

An einem Abend ließ Clinton ein gemeinsames Dinner mit J. Craig Venter arrangieren, einem Molekularbiologen, der zu den Pionieren des Genom-Projektes zählte – einer gewaltigen Forschungsanstrengung mit dem Ziel, alle Gene von Mikroorganismen und Menschen zu kartieren. Venter und seine Frau Claire, ebenfalls Naturwissenschaftlerin, waren schon beim »Renaissance Weekend« des Jahres 1996 zum Dinner mit den Clintons geladen gewesen. Nun waren sie freudig erregt, ja sogar ein wenig überrascht, dass erneut Naturwissenschaftler an den Tisch des Präsidenten gebeten wurden. Vier Ehepaare waren geladen worden, doch Clinton und Venter waren über weite Teile des Abends in intensive Zwiegespräche vertieft.[1] Ihre Diskussion drehte sich unter anderem um die Frage, was die bedeutenden Fortschritte bei der Kartierung des Genoms für die biologische Kriegsführung bedeuteten – ein Thema, zu dem Venter eine dezidierte Meinung hatte. Als Vorstand des in Maryland gelegenen Institute for Genomic Research, einer gemeinnützigen Einrichtung, die Gene von Mikroorganismen entschlüsselte, war er kurz zuvor an der Kartierung der Gene des Pockenvirus beteiligt gewesen.

Venter warnte Clinton, solche Forschungen könnten, wenn sie in falsche Hände gelangten, außerordentlich gefährlich werden, weil dadurch Feinde in die Lage versetzt würden, den inzwischen selten gewordenen, mikroskopisch kleinen Killer zu rekonstruieren. »Der größte Teil der Unterhaltung drehte sich um Pocken und synthetische Mikroorganismen und darum, wie man sich effektiv dagegen wehren könnte«, erinnerte sich Venter. »Der Präsident kannte sich bereits außerordentlich gut aus. Er sagte, im Verlauf der Geschichte hätten sich die größten Veränderungen immer dann ergeben, wenn neue Angriffswaffen ins Spiel gekommen seien, gegen die es noch keine Verteidigungsmöglichkeiten gab. Er machte sich große Sorgen, dass wir gerade an der Schwelle eines solchen Umbruchs stehen könnten.«

Clinton fragte, ob Pockenviren mit einem anderen Erreger kombiniert werden könnten, um das Gefahrenpotential zu erhöhen. Venter bejahte, sagte, dass ein neuer Roman – *Cobra*, der Thriller, den Richard Preston mit Danzigs Unterstützung geschrieben hatte – genau ein solches Szenario darstelle, und empfahl dem Präsidenten dringend die Lektüre.

Venter beschrieb dem Präsidenten Pocken als wesentlich größere Gefahr als Milzbrand, selbst im unveränderten Zustand. Dieses Killervirus breite sich aus wie ein Buschfeuer, es springe von Mensch zu Mensch. Dagegen sei Anthrax nicht ansteckend. Anthrax-Sporen seien nur tödlich, wenn man sie über die Atemluft verbreite und andere sie einatmeten. Dieser Vergleich Venters beeindruckte Thomas Schneider, einen Washingtoner Geschäftsmann, der mit Clinton befreundet und als Teilnehmer auch Organisator der beiden Dinnerpartys war, nachhaltig. Bei Venters Pockenwarnung »ging es *wirklich* um die Auswirkungen auf Menschen«, besonders auf Zivilisten, erinnerte sich Schneider. Angesichts der gentechnischen Möglichkeiten, sogenannte Superbugs herzustellen, könnten Pockenviren und andere gefährliche Erreger sogar noch weiter zur »Waffe des kleinen Mannes« werden.

Um dem Thema auch positive Aspekte abzugewinnen, sagte Venter zu Clinton, die Genkartierung, wie sie etwa in seinem Institut vorangetrieben werde, biete neue Möglichkeiten, die Biowaffenabwehr zu stärken. Man könne nämlich mit ihrer Hilfe innovative Behandlungsmethoden entwickeln und die bei Angriffen benutzten Krankheitserreger identifizieren, indem man ihren genetischen »Fingerabdruck« nehme.

Am folgenden Tag schickte Clinton einen Assistenten zu Venter. Der Präsident wäre sehr dankbar, sagte dieser, wenn Venter eine Liste mit Experten zusammenstellen könnte, die den Präsidenten bei den Themen beraten könnten, die er mit ihm, Venter, gerade erörtert habe. Venter war hocherfreut. In den folgenden Monaten sprach er wiederholt mit dem Weißen Haus über mögliche Kandidaten für diese Expertenrunde.

Clinton war schon lange von den sich abzeichnenden Möglichkeiten und Gefahren der neuen Biologie fasziniert. Seine Sorge hatte zugenommen, zum Teil wegen des Zusammenbruchs der Sowjetunion, der Zehntausende von Wissenschaftlern, die die technischen Geheimnisse der Massenvernichtungswaffen kannten, auf den Arbeitsmarkt geworfen hatte. Die daraus resultierende Bedrohung, sagte Clinton seinen Mitarbeitern, sei offenkundig. Außerdem sah er jetzt, nach diversen Terroranschlägen während seiner Amtszeit, die Gefahren biologischer Waffen auch in diesem Kontext.

Die Angriffe auf das World Trade Center 1993 und auf das Regierungsgebäude in Oklahoma City 1995 waren mit einfachen Bomben ausgeführt worden, die aus Düngemitteln hergestellt worden waren, die U-Bahn-Anschläge von Tokio mit im Heimlabor hergestelltem Nervengas (Sarin). Clinton sah im Einsatz von Biowaffen den nächsten logischen Schritt bei Terroranschlägen. »Der Präsident ließ nun in alle seine Reden Warnungen einfließen«, sagte Dick Clarke, Berater für Terrorismusabwehr im Nationalen Sicherheitsrat der USA. »Selbst wenn es für das betreffende Thema eigentlich irrelevant war, fing er an, vom Bioterrorismus als der ›Kehrseite‹ der Globalisierung zu sprechen. Immer aufs Neue wiederholte er die Frage: Was wäre gewesen, wenn die Anschläge auf das World Trade Center und das Behördengebäude in Oklahoma City mit biologischen oder chemischen Waffen begangen worden wären?« Clinton redigierte seine Reden selbst, und nach Clarkes Aussagen waren die Hinweise auf Biowaffen Clintons eigene Idee.

»Zuerst dachten wir: Na gut, das wird sich schon wieder geben, der Präsident interessiert sich ja für viele Dinge«, sagte Clarke. »Aber es hörte nicht auf. Er blieb dran. Er wollte das Thema nicht wieder fallen lassen. Es war nicht nur eine momentane Laune, er war regelrecht besessen davon.«

Clintons Augenmerk auf Biowaffen wurde durch seine Lektüre noch bestärkt. Er verschlang historische Darstellungen, Zeitungs- und Zeitschriftenartikel, ganz besonders aber Romane. Tom Clancys *Operation Rainbow*, ein Thriller, in dem es darum geht, wie eine Antiterroreinheit sich bemüht, den Weltuntergang abzuwenden, beeindruckte ihn tief. Zu seinen Favoriten gehörte auch ein Roman von Patricia Cornwell, in dessen Mittelpunkt eine Gesundheitsbeamtin im Kampf gegen eine finstere Figur steht, die beabsichtigt, Mutanten von Pockenviren zum Massenmord zu verwenden.

Doch nichts fesselte die Aufmerksamkeit des Präsidenten so sehr wie Richard Prestons Roman *Cobra*, den Craig Venter ihm empfohlen hatte und den er Anfang 1998 las. Darin geht es um die Entschlossenheit eines verrückten Wissenschaftlers, die Weltbevölkerung dadurch auszudünnen, dass er New York City mit einem Designervirus infiziert. Durch die Kombination eines Pockenvirus, das dem Erreger gewöhnlicher Erkältungskrankheiten ähnelt, mit einem Insektenvirus, das die Nerven zerstört, erfand besagter Wissenschaftler einen idealen Krankheitserreger für den Weltuntergang – »Gehirnpocken«, die sich schnell ausbreiteten und das Gehirn erweichten.

Am Anfang des Buches ist die 17-jährige Kate Moran auf dem Weg zu ihrer privaten Highschool in Upper Manhattan. Sie hat eine schlimme Erkältung. Im Kunstunterricht leidet sie schon unter Schüttelfrost und heftigen Schleimabsonderungen aus der Nase. Sie verliert die Orientierung, wird von Krämpfen geplagt und beißt sich auf bizarre Weise ständig selbst. Sie bricht zusammen, ihr Körper zuckt wild hin und her, und ihr Gesicht zeigt unkontrollierbare Grimassen. Die Klassenkameraden und ein Lehrer stehen hilflos dabei, als sie einen schlimmen Tod erleidet: Ihre Wirbelsäule zerbricht unter der Anspannung der Muskelkrämpfe.

Der Psychopath, der hinter dieser tödlichen Epidemie steht, fällt dem Virus schließlich selbst zum Opfer. Diese Wendung der Handlung hatte Lederberg Preston vorgeschlagen, als der Autor noch im Anfangsstadium seiner Recherchen war. Biowaffen sollten auf diese Weise für terroristische Nachahmer weniger attraktiv erscheinen.

Clinton war von der düsteren Erzählung und der offenkundigen Authentizität der Darstellung stark beeindruckt. In Prestons Danksagung werden mehr als hundert Experten aufgeführt – Offiziere, Geheimdienstexperten, Ärzte, Wissenschaftler und Beamte aus Clintons eigener Regierung, darunter auch Danzig. Die wissenschaftlichen Darstellungen in diesem Roman sind laut Prestons Vorwort »real oder basieren auf dem, was möglich ist«.

Clinton begann seine Freunde, Kabinettsmitglieder und sogar den Sprecher des Repräsentantenhauses, Newt Gingrich, zu fragen, ob sie das Buch gelesen hätten und was sie davon hielten. Nach einer Sitzung im Weißen Haus, die einem anderen Thema galt, wandte sich der Präsident plötzlich an John Hamre, den stellvertretenden Verteidigungsminister, und fragte, ob er ihn einen Augenblick sprechen könne. Als die beiden Männer ins Oval Office gingen, sagte Clinton, er habe kürzlich *Cobra* gelesen, und fragte Hamre, ob er das Szenario dieses Romans für plausibel halte. Könne ein Terrorist mit Designerviren eine Epidemie entfachen, die dann nicht mehr aufzuhalten sei?

Hamre wurde irgendwie auf dem falschen Fuß erwischt. Er hatte, wie er dem Präsidenten gestand, weder das Buch gelesen noch verstand er sonderlich viel von Superbugs oder gentechnologischen Fragen. »Aber ich werde bis zum Morgengrauen hundert hohe Offiziere das Buch lesen lassen«, versprach er. Zurück im Pentagon, suchte Hamre vergeblich nach dem Buch. Er lieh sich schließlich das einzige Exemplar aus, das er finden konnte – in der Privatbibliothek von Verteidigungsminister Bill Cohen.

Am folgenden Tag lieferte Hamre dem Weißen Haus eine vorläufige Einschätzung. Der Roman basiere zwar nicht auf geheimen Regierungsinformationen und enthalte auch kein Material, das der Geheimhaltung unterliege, aber das Szenario sei plausibel.

Im Februar 1998 gerieten die bis dahin entrückten Geheimdienstdebatten über Russlands biologische Waffenprogramme schlagartig ins Licht der Öffentlichkeit. Ken Alibek trat aus der Anonymität hervor[2] und erhob öffentlich Vorwürfe, die sich mit denen deckten, die er bei geheimen Verhören durch die US-Regierung erhoben hatte: Die Russen würden weiterhin fortschrittliche Biowaffen unter dem Deckmantel der Entwicklung defensiv ausgerichteter Impfstoffe herstellen.

In Interviews mit der *New York Times* und der ABC-Nachrichtensendung *Prime Time Live* sagte Alibek, die Pläne der Sowjetunion für den Dritten Weltkrieg hätten auch »Hunderte Tonnen« Anthrax-Erreger und Dutzende Tonnen Pockenviren und Pest-Erreger umfasst. Er wiederholte überdies öffentlich seine umstrittenen Vorwürfe, in den Sowjetlabors seien hybride Designerviren aus Ebola- und Pocken-Erregern hergestellt worden, die mit herkömmlichen Impfstoffen und Antibiotika nicht zu bekämpfen seien.

Während Alibek die Abgeordneten auf dem Capitol Hill, die von seiner Existenz bislang nichts gewusst hatten, verblüffte, machte Andy Weber gute Fortschritte in Russland.

Das Risiko, das Weber und Anne Harrington, seine Kollegin aus dem Außenministerium, im September 1997 eingegangen waren, hatte sich ausgezahlt. Keine vierundzwanzig Stunden nach Eingang der E-Mail, die Weber und Harrington ihm geschickt hatten, hatte Lew Sandachtschiew, der Direktor des sibirischen Vector-Komplexes, die Amerikaner zu einem Besuch in sein Institut eingeladen. Und er hieß seine ehemaligen Rivalen aus der Zeit des Kalten Krieges in seiner heruntergekommenen Fabrik nicht nur willkommen; er gestattete ihnen nach einigem Zögern sogar, die – unter dem Gesichtspunkt der Geheimhaltung – heikelsten Labors dieses riesigen Komplexes aus über hundert Gebäuden zu fotografieren. Große Teile dieser Anlage waren zuvor den meisten Russen und allen Ausländern verschlossen gewesen.

Vor diesen Besuchen hatte im Weißen Haus eine Arbeitsgruppe aus verschiedenen Diensten und Behörden das Für und Wider der Einladung sowie die potentiellen Risiken und Vorteile einer wissenschaftlichen Zusammenarbeit mit Vector und anderen ehemals sowjetischen Instituten für biologische Kampfstoffe abgewogen. Diverse Spitzenbeamte aus der Regierung argwöhnten, dass Russland vielleicht versuchen würde, amerikanisches Geld und amerikanisches Know-how für eigene Zwecke nutzbar zu machen, vielleicht sogar für eine Fortsetzung des eigenen Biowaffenprogramms. Aber sie hatten auch das Gespür, zu erkennen, dass eine solche Zusammenarbeit wertvolle Erkenntnisse über die sowjetischen Aktivitäten auf diesem Gebiet bringen und vor allem dabei helfen könnte, die iranischen Rekrutierungsversuche zunichte zu machen. Nach mehreren harten Sitzungen im Herbst 1997 kam die Arbeitsgruppe zu dem Ergebnis, dass man den Besuch in Vector und die darüber hinausgehenden Bemühungen unterstützen wolle, ehemals sowjetische Biowaffenexperten durch Kooperation mit ihren Instituten einzubinden. Die Gruppe bestand allerdings darauf, dass Militärs, Geheimdienstexperten und andere Fachleute aus der Regierung jedes vorgesehene Projekt unter dem Aspekt untersuchen müssten, welche Risiken und welche möglichen wissenschaftlichen Meriten damit verbunden seien, auch wenn dies die Arbeitsbelastung der Experten erheblich vergrößerte. Die Arbeitsgruppe stellte außerdem sicher, dass das Geld für solche Projekte direkt an die russischen Wissenschaftler ausgezahlt wurde. Außerdem müsse die Verwendung der Mittel strikt überwacht werden. Die Empfehlungen der Arbeitsgruppe wurden Präsident Clinton schriftlich von Samuel R. (»Sandy«) Berger, dem Nationalen Sicherheitsberater, übermittelt. Clinton gab dem geplanten Vorgehen seinen Segen; handschriftlich vermerkte er am Rand des Memos »Schwierig, aber nötig«.

Die daraufhin beginnenden amerikanischen Besuche in Vector wurden ein großer Erfolg.

Die amerikanischen Experten erhielten schließlich sogar die Erlaubnis, Gebäude 6 eingehend zu besichtigen, in dem sich das streng bewachte Pockenlabor, die riesige Aerosol-Testkammer und die besonders abgesicherten Labors für Forschungen an anderen exotischen Erregern befanden. Mit den in Vector tätigen Wissenschaftlern sprachen die US-Experten ausführlich über deren Arbeit, und sie sahen sich ein Video an, auf dem eine kontroverse Expedition der Vector-Wissenschaftler in ein abgelegenes sibirisches Dorf gezeigt wurde. Dort hatten die Forscher Pockenopfer exhumiert, die um 1900 der Seuche zum Opfer gefallen waren und seither tiefgefroren in sibirischer Erde geruht hatten, und den Leichen Proben entnommen. Amerikanische Teams besuchten überdies auch neue Projekte, bei denen Wissenschaftler, die früher Viren in Waffen verwandelt hatten, sich abmühten, kommerzielle Produkte wie Joghurt und neue Kosmetika herzustellen. Ferner erfuhren sie, dass amerikanische Forscher schon in Kürze Einladungen erhalten würden, bei gemeinsamen Projekten mit ihren russischen Kollegen Wochen oder gar Monate in Vector zu verbringen.
Doch jetzt, an einem bitter kalten Februartag, beendete Weber erst einmal seine Besichtigungstour der Gebäude 6 und 6A. In diesen beiden benachbarten vierstöckigen Ziegelsteingebäuden hatten die Sowjets einige ihrer heikelsten Versuche mit Marburg-Erregern und anderen tödlichen Viren durchgeführt. Die US-Bemühungen, an die Russen heranzukommen, zeigten Erfolge. Das amerikanische Team, das all jene Teile des Komplexes besucht hatte, die Geheimdienstexperten zuvor als verdächtig eingestuft hatten, war nunmehr überzeugt, dass in Vector keine Forschungs- und Entwicklungsarbeiten an biologischen Offensivwaffen mehr liefen.
Und was genauso wichtig war: Das amerikanische Team und Sandachtschiew hatten in aller Ruhe ein Abkommen geschlossen, das die Kontakte zwischen Vector und dem Iran für mindestens ein Jahr erheblich einschränkte. Das so genannte Gentlemen's Agreement, von einem nur mit einem Handtuch bekleideten Vector-Wissenschaftler und den amerikanischen Delegierten in der *banja*

des Instituts besiegelt, verbot alle weitere Zusammenarbeit mit Teheran, die militärisch nutzbar gewesen wäre. Vector durfte weiterhin iranischen Firmen pharmazeutische Produkte verkaufen, doch mit Sandachtschiews Einverständnis sollte es keinen Wissenschaftleraustausch und keine konkrete Forschungskooperation mit dem Iran mehr geben. Dem Iran sollte der Zugang zu russischem Wissen und zu russischer Technologie verwehrt bleiben, soweit sie Biowaffenforschung und -entwicklung betrafen.

Ein solches Abkommen war ohne Beispiel. Aber es wurde auch bei den anschließenden mündlichen Abmachungen mit anderen führenden ehemaligen Biowaffeninstituten umgesetzt, die jetzt unter Finanzzwängen litten – etwa mit Obolensk, jenem Institut, dessen Sammlungen mit mehreren tausend bakteriellen Krankheitserregern westlichen Geheimdienstexperten so lange Sorge bereitet hatten. General Nikolai N. Urakow, der langjährige Direktor des Obolensker Instituts, verpflichtete sich, nicht nur kommerzielle und wissenschaftliche Kontakte mit dem Iran einzufrieren, sondern außerdem den »Schleier der Geheimhaltung« (wie er selbst sagte) zu lüften, der den 25 Jahre alten Komplex bis dahin umgeben und zu Zweifeln Anlass gegeben hatte, ob die vereinbarte Umwandlung von militärischer in zivile Forschung tatsächlich stattgefunden habe.

Inzwischen erhielt Weber auch aus Washington ermutigende Nachrichten. Amerikanische Militärwissenschaftler hatten die Bodenproben analysiert, die amerikanische Teams 1997 bei ihren Inspektionsbesuchen in den Anthraxdeponien auf der Insel Woschdenije entnommen hatten.[3] Die Proben aus sechs der elf Gruben hatten ergeben, dass einige der mit Chlorbleiche unschädlich gemachten Anthrax-Sporen, die die Russen dort fast ein Jahrzehnt zuvor vergraben hatten, immer noch lebten und potentiell gefährlich waren. Vorläufige Analysen kamen allerdings auch zu dem Ergebnis, dass der amerikanischen Soldaten verabreichte Impfstoff offenbar gegen den auf der Insel vergrabenen Bakterienstamm wirksam war.[4] Ob der amerikanische Impfstoff allerdings auch gegen das von Alibek geschaffene »Super-Anthrax« oder andere sowjetische Bakterienstämme wirken würde, war weiterhin unklar. Trotzdem gab es nun eine Sorge weniger.

Webers Begeisterung für das von Regierungsbeamten so getaufte »Vector-Modell« wurde natürlich nicht einhellig geteilt.[5] Schließlich hatten Weber und Harrington auf einige Elemente des sonst üblichen diplomatischen Rituals verzichtet: formalisierte Inspektionen und Protestbriefe. Ihrer Arbeit lag die Theorie zugrunde, dass bei Kooperationsprojekten, die von den USA finanziert wurden, Vertrauen aufgebaut und Partnerschaften zwischen russischen und amerikanischen Wissenschaftlern gefördert werden sollten. Zugleich würden so die Ausbreitung von Biowaffen-Know-how verhindert und für die Russen Anreize geschaffen, bislang unzugängliche Institute und Fabriken zu öffnen. Wenn es ihnen einen materiellen Vorteil einbrächte, würden die Russen den Iranern die kalte Schulter zeigen und den Amerikanern die verbliebenen Geheimnisse des sowjetischen Biowaffenprogramms enthüllen. Davon war Weber fest überzeugt.

Zwar blieben viele US-Geheimdienstexperten hinsichtlich einer Kooperation zwischen amerikanischen und russischen Biologen weiterhin skeptisch, doch gaben sie wenigstens zu, dass es jetzt keine zwingenden Beweise mehr dafür gab, dass in Vector oder Obolensk weiterhin die Forschung und Entwicklung von Biowaffen vorangetrieben wurde. Anfang 1998 wurden diese Institutionen von der Regierungsliste der verdächtigen Einrichtungen gestrichen. Doch schon bald konzentrierten die US-Geheimdienstler ihren Verdacht auf die vier führenden militärischen Labors in Russland: die Institute in Sagorsk (Sergejew Posad), Kirow, Swerdlowsk (Jekaterinburg) und Strischi. Sie alle blieben westlichen Regierungsbeamten weiterhin verschlossen, und über das, was dort geschah, wusste man nur wenig. Es gab also auch Möglichkeit, sicherzustellen, dass man amerikanisches Geld und biotechnologisches Fachwissen nicht mit russischen Biokriegern teilte, die in ihren geheimen Militärlabors womöglich neue Generationen noch tödlicherer biologischer Kampfstoffe herstellten. Weber und seine Kollegen seien wohlmeinende Dummköpfe, beschwerte sich ein früherer Geheimdienstoffizier. Die Russen würden alles, was aus Amerika komme, dankend in Empfang nehmen und »sich auf dem Weg in ihre Geheimlabors kaputt lachen«.

Angesichts dessen, was Weber über das frühere sowjetische Biowaffenprogramm erfahren hatte und immer noch erfuhr, konnte er solche Bedenken nicht einmal abtun. Umfang und Intensität dieses Programms waren schockierend – sogar für die Befürworter einer Kooperation. Genau wie Alibek behauptet hatte, waren fast alle Ministerien und wichtigen Institutionen der Sowjetunion in irgendeiner Weise an diesem streng geheimen Programm beteiligt gewesen: das Verteidigungsministerium, die Ministerien für Landwirtschaft, Gesundheit und Wissenschaft, das Zentralkomitee der KPdSU und sogar die hochkarätige Akademie der Wissenschaften. Das Innenministerium hatte Strafgefangene für die Bauarbeiten an den riesigen Biowaffenkomplexen und zusätzliches Wachpersonal zur Verfügung gestellt, das dem Militär beim Schutz der Anlagen zur Seite stand. Das Außenhandelsministerium hatte heimlich dabei geholfen, Laborausrüstungen und Versuchstiere zu beschaffen. Ein besonderes Büro im sowjetischen Justizministerium war für juristische Dienstleistungen und Gerichtsbarkeit in den geheimen Biowaffeninstituten zuständig gewesen. Der KGB schließlich hatte eine eigene Abteilung für die Entwicklung von Methoden für Biowaffenanschläge besessen.
Den düstersten Aspekt der sowjetischen Bemühungen machten zwei eng miteinander verbundene Programme aus, die darauf gerichtet waren, genetisch veränderte Bakterien, Viren und Toxine so einzusetzen, dass sie psychische und physiologische Veränderungen hervorriefen. Das erste dieser beiden Programme mit dem Codenamen »Freudenfeuer« wurde von einer Biopreparat-Abteilung beaufsichtigt, von der selbst Alibek kaum etwas wusste. Dort hatte man anscheinend einen neuen toxischen Kampfstoff entwickelt, der Peptide – kurze Aminosäureketten – verändert, darunter auch einige Moleküle, die im Zentralnervensystem als Signale wirken. Theoretisch zumindest konnten solche Waffen

Stimmungen, Schlafmuster und Herzrhythmen verändern – und zwar unentdeckt. Sie konnten sogar den Tod herbeiführen, und aus diesem Grund war der KGB natürlich besonders interessiert daran. Das zweite Programm mit dem Codenamen »Flöte« wurde von der Dritten Abteilung des Gesundheitsministeriums geleitet. Das Hauptziel der Arbeit an diesem Projekt bestand in der Entwicklung und Bereitstellung psychotropischer und neurotropischer Kampfstoffe für den KGB. Wiederum hatte man es biochemisch auf Peptide und andere »Bioregulatoren« abgesehen.

Sorgen bereitete den Amerikanern ferner das Moskauer Forschungszentrum für Molekulare Diagnostik und Therapie, das in Kürze seine Arbeit an Enzymen und Impfstoffen gegen eine ganze Palette von Krankheiten aufnehmen sollte, gefördert mit Geldern des International Science and Technology Center (ISTC), die weitgehend aus Amerika stammten. Während des Kalten Krieges hatte besagtes Forschungszentrum – als Bestandteil des Programms »Flöte« – psychotropische Wirkstoffe und Peptidketten entwickelt, die Stimmung und Verhalten ändern konnten. Direkt neben einer Klinik für Alkoholiker, Drogenabhängige und andere soziale Problemfälle gelegen, befand sich dieses relativ wohlhabende Institut mitten im Zentrum Moskaus.

Amerikanische Regierungsbeamte hatten aus, wie es hieß, »absolut zuverlässigen Quellen« erfahren, dass dieses Institut seine Peptide und stimmungsverändernden Agenzien an den Patienten der Klinik, einer geschlossenen Anstalt, ausprobierte. Obwohl der Institutsdirektor und seine Mitarbeiter dies vehement bestritten, nahmen andere russische Wissenschaftler ihren Vorwurf nicht zurück, dieses Labor habe genau wie andere Institute ein moralisches Tabu gebrochen: das Verbot von Experimenten am Menschen. Russische Stellen hatten die schon früher erhobenen Vorwürfe hartnäckig bestritten, aber die Amerikaner waren sich einigermaßen sicher, dass ihre Informanten mit einiger Gewissheit darüber im Bilde waren, welche Tests man dort durchgeführt hatte.

Amerikanische Stellen konnten über das weitere Schicksal derer, die als Patienten angeblich den »Flöten«-Tests ausgesetzt waren, nichts in Erfahrung bringen. Nur wenige russische Wissenschaftler wussten, welche besonderen Peptide oder Agenzien verabreicht worden waren und wie viele derartige Experimente man durchgeführt hatte. Aber nicht einmal privat bestätigten russische Vertreter, dass solche Experimente überhaupt stattgefunden hatten.

Auch die Insel Wosroschdenije im Aralsee, das wichtigste Freilufttestgelände für biologische Kampfstoffe in der ehemaligen Sowjetunion, bereitete den Amerikaner weiterhin Kopfzerbrechen. Seit den frühen neunziger Jahren hatten die amerikanischen Geheimdienste unbestätigte Berichte gesammelt, denen zufolge das sowjetische Militär auf jenem Teil der Insel, der von ihm kontrolliert wurde, Versuche mit Pockenviren durchgeführt hatte.[6] Wissenschaftlern und Bewohnern der Region zufolge hatten die Sowjets auf der Insel nicht nur Anthrax-Sporen aus Swerdlowsk vergraben, sondern an bis zu dreißig verschiedenen Stellen auch anderen Müll, der mit den Pockentests zu tun hatte. Wissenschaftler von Biopreparat hatten den Amerikanern gesagt, sie wüssten nichts von solchen Tests. Doch das bewies gar nichts, denn zwischen den sowjetischen Militärlabors und den zivilen Deckorganisationen hatte eine große Rivalität bestanden. Ähnliche Berichte gingen auch weiterhin bei der CIA ein. Sie wurden als »streng geheim« klassifiziert und nur einer Handvoll besonders zugelassener Experten zugänglich gemacht.

Der Direktor eines früher sowjetischen Labors sagte in einem Interview, er habe Informationen, dass die Sowjets tatsächlich auf der Insel Pockenversuche durchgeführt hätten. Bakyt B. Atschabar, der Direktor des Anti-Pest-Instituts im inzwischen unabhängigen Kasachstan, sagte, solche Pockentests seien wahrscheinlich 1971 für einen Ausbruch der Krankheit in Aralsk verantwortlich gewesen. Wie aus den detaillierten Unterlagen hervorgehe, die mit der Eindämmung der Epidemie beschäftigte Ärzte aus einer Abteilung seines Instituts damals angelegt hätten, erkrankten neun Personen, darunter auch Kinder. Drei Patienten seien damals an der Krankheit gestorben. Obwohl in den ärztlichen Berichten die Insel Wosroschdenije nicht ausdrücklich erwähnt wird, waren Atschabar und andere Wissenschaftler seines Instituts – es hatte einst zum Biowaffenimperium der Sowjets gehört – davon überzeugt, dass die Epidemie von 1971 auf Tests auf der Insel zurückging. Andere Pockenfälle habe es in der Region seit Jahren nicht gegeben. Außerdem waren die Pockenfälle, wie Atschabar sagte, der WHO niemals gemeldet worden.

Anfang 1998 begann Dick Clarke, Koordinator im Weißen Haus für Abwehrmaßnahmen gegen den Terror, sich dafür stark zu machen, die Anstrengungen der Nation bei den Abwehrmaßnahmen gegen biologische Kampfstoffe zu verdoppeln. Seiner Meinung nach war seit den Giftgasanschlägen in der Tokioter U-Bahn von 1995 nicht genug getan worden. Das vom Kongress bewilligte Geld war weitgehend für die Anwerbung von FBI-Agenten und für die Ausbildung von »Erstreaktionskräften« verwendet worden: Polizei, Feuerwehr und andere Beamte, die Notfalleinsätze leiteten oder koordinierten. Ein Bruchteil der Finanzmittel war dafür eingesetzt worden, russische Wissenschaftler zu unterstützen. Aber zum Schutz der amerikanischen Zivilbevölkerung war äußerst wenig geschehen.[7] Die USA besaßen keinen nennenswerten Vorrat an Impfstoffen oder Antibiotika, und die Planungen für den Katastrophenfall befanden sich in einer Sackgasse: Die Federal Emergency Management Agency, die Ministerien für Justiz und Verteidigung sowie das FBI lagen in peinlichem Clinch miteinander.
Die Ausbildung von Erstreaktionskräften wie Feuerwehrleuten und anderem Notfallpersonal war zwar für den Fall eines Chemiewaffenangriffs sehr sinnvoll, bei einem Biowaffenangriff mit Milzbranderregern oder Pockenviren jedoch wertlos. Denn bei einem Angriff mit biologischen Kampfstoffen gab es überhaupt keinen »Schauplatz«, wo die Bemühungen der Experten hätten zusammenlaufen können. In einem solchen Fall waren die Erstreaktionskräfte Ärzte und Schwestern, und die ersten Zeichen eines Angriffs wären die in den Ambulanzen der Krankenhäuser eintreffenden Patienten. Das Gros der Regierungsausgaben für Abwehrmaßnahmen gegen biologische Kampfstoffe – etliche Milliarden Dollar

jährlich – ging für Studien und Rüstungsaufträge an das Pentagon: Es ging um Detektoren, Schutzanzüge, Impfstoffe und Gasmasken.[8] Nur wenig Geld war dagegen für Verbesserungen der Seuchenbekämpfung in den Gesundheitsämtern und Kliniken investiert worden.

Im März 1998 trafen sich mehr als vierzig Spitzenbeamte der Regierung Clinton in Blair House, um theoretisch durchzuspielen, wie man einem Biowaffenangriff durch Terroristen begegnen könne.[9] In Regierungskreisen nannte man solche Treffen »Sandkastenspiele«. Clarke hatte die Beamten zusammengerufen, um ihnen einen praxisnahen Eindruck der Entscheidungen zu vermitteln, die sie möglicherweise zu treffen hätten, wenn sich eine Infektionswelle in einer in Panik geratenen Bevölkerung ausbreitete. Hilfe für die Ausarbeitung eines solchen Szenarios hatten sich Clarkes Mitarbeiter bei William A. Haseltine geholt, einem ausgewiesenen Biotechnologie-Experten, der Human Genome Sciences begründet hatte, eine Firma, die für Pharma-Zwecke Gene identifizierte und sich diese dann patentierten ließ.

In Clarkes Szenario verbreiteten Terroristen in Kalifornien und im Südwesten der USA entlang der mexikanischen Grenze ein genetisch verändertes Virus. Nachdem Ärzte die Epidemie als Pockenerkrankung identifiziert hatten, eilten die Gesundheitsbeamten mit entsprechendem Impfstoff herbei, um die Bevölkerung zu impfen. Die anfängliche Diagnose »Pocken« erwies sich jedoch als nur teilweise zutreffend. In Wirklichkeit handelte es sich um ein hybrides Virus von der Art, wie sie die Sowjets nach Alibeks Aussagen entwickelt hatten: eine Kreuzung aus Pocken- und Marburg-Virus. Die Marburg-Virusinfektion ist zwar nicht sonderlich ansteckend, aber sie verursacht ein hämorrhagisches Fieber, gegen das weder Impfstoffe noch Heilmittel bekannt sind.

Der Trick der Terroristen – und der Virendesigner – bestand darin, den Einsatzkräften und der politischen Einsatzleitung einen üblen Streich zu spielen: Das rekombinante Virus sollte in zwei aufeinander folgenden Phasen wirken, sozusagen mit Phasenverzug. Polizei und Gesundheitsbeamte, in die betroffene Region geeilt, um die

Pockenepidemie zu behandeln und einzudämmen, würden selbst, ohne es zu ahnen, nach der Rückkehr an ihre Heimatorte Überträger einer Zweitepidemie werden, einer tödlichen Marburg-Infektion. Soweit das Szenario.

Dieses, so versicherte Haseltine den Beamten aus dem Weißen Haus, sei wissenschaftlich plausibel. »Man kann heute solche Viren herstellen«, sagte er.[10] In der Tat könne das sogar jeder »gut ausgebildete Molekularvirologe mit einem wirklich guten Labor«. Doch in diesem Punkt waren andere Experten später nicht seiner Meinung; sie taten Haseltines Szenario als Science-Fiction ab. John W. Huggins, Abteilungsleiter für Therapien gegen Viren im Armeelabor in Fort Detrick, meinte, ein exotisches Virus zugrunde zu legen, sei durchaus sinnvoll, denn bei solchen Übungen solle es ja darum gehen, die Vorbereitungsmaßnahmen des Landes auf Angriffe mit Biowaffen bis zum Äußersten voranzutreiben. Aber er wandte ein, dass die Wissenschaftler bisher nicht ansatzweise in der Lage seien, solche diabolischen Waffen herzustellen. Von der Hybridwaffe, die Haseltine seinem Szenario zugrunde lege, sei man noch etliche Jahre entfernt.[11]

Doch ganz unabhängig davon, wie plausibel das Szenario wissenschaftlich gesehen war, fielen die Ergebnisse der Übung nicht ermutigend aus. Während die Beamten, die die Rolle der regionalen Staats- und Kommunalbeamten übernommen hatten, es schließlich – unter großen Schwierigkeiten und nach vielen tausend Opfern – schafften, die Pockenepidemie unter Kontrolle zu bringen, waren sie wie vor den Kopf gestoßen, als ihr scheinbarer Sieg über die Pocken sich in Luft auflöste. Schnell ging ihnen auf, dass sie weder das Wissen noch die Ressourcen und die Ausdauer besaßen, eine Sekundärepidemie mit Marburg-Viren oder irgendeiner anderen tödlichen Krankheit unter Kontrolle zu halten oder zu behandeln.

Schon nach wenigen Stunden waren die vermeintlichen Staats- oder Kommunalbeamten durch die Anforderungen, die in der Simulation Tausende kranker und sterbender Bürger an sie stellten, heillos überfordert. Den örtlichen Gesundheitsämtern gingen ihre

Vorräte an Antibiotika und Impfstoffen schnell aus. Die Quarantänegesetze der USA erwiesen sich schnell als viel zu veraltet, um der sich rapide ausbreitenden Epidemie gewachsen zu sein, und in keinem Bundesstaat gab es angemessene Notfallpläne für so viele Patienten in den Quarantänestationen. Die Beamten wussten nicht einmal, wo sie die immer noch ansteckenden Toten lagern oder beerdigen sollten. Was als Inlandskatastrophe begann, wuchs sich sogar zur internationalen Krise aus, als sich die Epidemie nach Mexiko auszubreiten drohte. Angesicht der von ihnen aufgedeckten riesigen Lücken im logistischen System, in den gesetzlichen Zuständigkeiten und im öffentlichen Gesundheitswesen gerieten die Krisenmanager untereinander in Streit, und gemeinsam stritten sie sich außerdem mit Washington über Maßnahmen zur Eindämmung der Epidemie. Keiner schien noch den Überblick zu haben. Betretenes Schweigen im Raum signalisierte die Niederlage.

Im März 1998 verkündete US-Verteidigungsminister Cohen, das Pentagon werde eine wesentlich direktere Rolle bei der Verteidigung des US-Territoriums übernehmen. In einer Rede vor Reportern im National Press Club sagte er, die Nationalgarde werde zehn Zentren für eine schnelle Eingreiftruppe schaffen, die in Amerikas Städte, Kleinstädte und Dörfer eilen werde, sobald diese mit chemischen oder biologischen Waffen angegriffen würden. Diese RAID-Truppen (RAID = Rapid Assessment and Initial Detection) würden so ausgebildet, dass sie chemische oder biologische Kampfstoffe erkennen und die erforderlichen Hilfsmaßnahmen der Bundesregierung und des Militärs schnell einleiten könnten. Die Offiziere der Nationalgarde würden den Verantwortlichen vor Ort bei der alles entscheidenden Hilfe am Anfang beistehen, weil die Leute vor Ort mit der Aufgabe, die Kranken und Verwundeten schnell zu behandeln, in aller Regel überfordert seien.
Die Rede vom 17. März 1998 war ein echter Cohen-Auftritt. Der Verteidigungsminister zitierte Dichter wie T.S. Eliot, Robert Frost und Seamus Heany sowie den alten chinesischen Militärtheoreti-

ker Sun-Tzu. Und als er die Gefahren der neuen Biologie zusammenfassend darstellte, paraphrasierte er Winston Churchill. Er sagte: »Auf den glitzernden Flügeln der Wissenschaft können wir genauso schnell in die Steinzeit zurückkehren wie ins 21. Jahrhundert gleiten.«[12] In einem Punkt unterlief dem Verteidigungsminister allerdings ein Fehler: Er behauptete, ein Mensch könne schon sterben, wenn er nur eine einzige Anthrax-Spore eingeatmet habe. Tatsächlich besteht die tödliche Dosis aus einigen tausend Sporen. Im Anschluss an die Rede fragte ein Reporter, ob das Pentagon wirklich an die Gefahr eines Biowaffenangriffs auf Zivilisten glaube. Wenn man die US-Einsatzreserve für die Biowaffenabwehr ausbilde, sei das wirklich ein ernster Schritt, »fast schon eine Ausrufung der Alarmstufe rot«, sagte der Reporter.

Cohen erwiderte, 25 Länder verfügten bereits über solche Waffen oder entwickelten sie, und mit Hilfe des Internets und anderer Medien verbreiteten sich die Kenntnisse rapide. Es sei auch durchaus wahrscheinlich, dass Terroristengruppen in den kommenden Jahren in den Besitz von biologischen oder chemischen Waffen kämen. Wir haben das beste Militär der Welt, sagte er, mit der besten Ausrüstung, der besten Ausbildung und den größten Fähigkeiten, die es je in der amerikanischen Geschichte gegeben hat. Da wagten es nur wenige Länder, wenn überhaupt, die USA direkt herauszufordern. Die Feinde würden lieber nach verwundbaren Stellen suchen, die sie treffen könnten. »Darauf müssen wir vorbereitet sein. Das ist keine Panikmache. Es ist Realität. Und wir werden wahrscheinlich in Zukunft mehr damit zu tun haben, als uns lieb ist.«

Hinter Cohens Ankündigung an jenem Tag im März steckte natürlich auch handfeste Interessenpolitik.[13] Wie auch immer man den Realitätsgehalt von Cohens Lagebeurteilung einschätzte – und dazu gab es durchaus unterschiedliche Meinungen –, die Biowaffenabwehr war ein weiteres Faustpfand im Kampf um die Budgets im Bundeshaushalt.

Die Nationalgarde konnte sich auf einflussreiche politische Verbündete in Washington und in den Hauptstädten der einzelnen Bundesstaaten verlassen. Sie besaß die Unterstützung der fünfzig

Gouverneure und in jedem Wahlbezirk zum Kongress ein Netzwerk von Mitgliedern. Mitte der neunziger Jahre kämpfte sie im Zeichen schrumpfender Militärausgaben in der Ära nach dem Kalten Krieg um Macht, Geld und Einfluss. Das Verhältnis der Nationalgarde zur Armee indes war gespannt. Die Kommandeure der Nationalgarde hatten das Gefühl, unfair behandelt worden zu sein, als das Militär seinen Vierjahresplan (Quadrennial Defense Review) aufstellte. Abgeordnete hatten eine Gesetzesvorlage eingebracht, der zufolge die Nationalgarde einen Sitz im Gremium der US-Stabschefs erhalten sollte, und dieser Plan hatte in den anderen Teilstreitkräften Verlustängste geweckt. Cohen und seinen Mitarbeitern aber lag viel daran, die Reservisten stärker einzubinden und mit den aktiven Streitkräften zu vernetzen.

Im Herbst 1997 erweiterten die »Hilfstruppen« der Nationalgarde auf dem Capitol Hill den Verteidigungshaushalt um 10 Millionen Dollar zu deren Gunsten, damit die Rolle der Nationalgarde im Kampf gegen chemische und biologische Waffen in Terroristenhand genau definiert werden konnte. Schon bald darauf gewährte die Nationalgarde aus diesem Betrag 7,5 Millionen Dollar der Science Applications International Corporation (SAIC), die im Kongress die Lobbyistenarbeit für diese Mittelbewilligung übernommen hatte.[14] Die SAIC arbeitete bereits im Bereich der Abwehrmaßnahmen gegen Biowaffen für die Regierung und beriet das Pentagon unter anderem in der Frage, wie man mit der Impfstofffabrik in Michigan umgehen sollte.

Nach Cohens Meinung sollte die Nationalgarde auf jeden Fall ihren festen Platz bei der Inlandsverteidigung erhalten. Die Bürgersoldaten der Garde unterstanden den Gouverneuren und waren dafür ausgebildet, beim Katastrophenschutz mit den örtlichen Behörden zusammenzuarbeiten. Sie waren, wie Cohen oft sagte, »die Vorwärtsverteidigung auf dem Gebiet der Vereinigten Staaten«. Cohens Mitarbeiter untersuchten bereits, wie die Garde und die Reservisten sich in die militärischen Verteidigungsstrukturen gegen chemische oder biologische Angriffe im Inland einfügen ließen. Keinesfalls wollten sie vom Kongress in ein riesiges neues

Ausgabenprogramm eingepfercht werden. Im Januar, gerade als die SAIC mit ihrer Untersuchung begann, empfahl ein Pentagon-Team die Schaffung von 54 RAID-Einheiten, für jeden Staat und jedes Territorium eine. Cohen strich diese Zahl auf zehn zusammen. Die Nationalgarde, sagte er seinen Mitarbeitern, müsse erst einmal gehen lernen, bevor sie laufen könne.
Der Gesetzgeber überschüttete das neue Programm geradezu mit Geld. Als das Pentagon Mittel für fünf weitere RAID-Einsatzteams beantragte, bewilligte der Kongress das Geld für zwölf weitere Teams. Als die Studie der SAIC schließlich den Parlamentariern übergeben wurde, quoll sie geradezu über vor farbigen Karten und Grafiken und listete 47 potentiell neue Aufgabengebiete für die Nationalgarde auf. Sie verschwand diskret in den Ablagen der Adressaten.[15]

Am 10. April 1998 rief Dick Clarkes Stab sieben der bedeutendsten Wissenschaftler und Gesundheitsexperten des Landes zusammen, damit sie ihre Vorschläge zur Biowaffenabwehr direkt Präsident Clinton vortragen konnten. In diesem Treffen gipfelten die Planungen, die Clinton nach seinem Essen mit Craig Venter selbst angestoßen hatte. Einer der ersten Experten, die Venter für dieses Ratgebergremium rekrutiert hatte, war Josh Lederberg, der seine Zweifel hatte, ob ein Treffen mit dem Präsidenten wirklich etwas bringen würde. »Sei vorsichtig, wenn du mit Elefanten tanzt«, hatte er Venter gewarnt. Zu den anderen Experten, die eine Einladung erhalten hatten, gehörten: Lucille Shapiro, eine Mikrobiologin von der Stanford University, Barbara H. Rosenberg, eine Expertin zu Fragen des Biowaffenvertrags, Thomas P. Monath, ein Impfexperte, der früher das Army-Labor zur Biowaffenabwehr in Fort Detrick geleitet hatte, und Jerome M. Hauer, der Leiter der Notfalleinsatzkräfte der Stadt New York. Geleitet wurde die Delegation von Frank Young, der seinen Posten als Leiter der Einsatzabteilung für den Katastrophenfall im Gesundheitsministerium aufgegeben hatte und jetzt als Pastor tätig war.
Ursprünglich hatten auf der Einladungsliste noch drei weitere

Experten gestanden, darunter auch Brad Roberts, der zum Forschungsstab des Institute for Defense Analysis gehörte. Roberts, ein gestandener Washingtoner Militärexperte, war hinsichtlich der Frage, ob Staaten oder Terroristen in der Lage und willens seien, in naher Zukunft Biowaffen zur Massenvernichtung einzusetzen, skeptischer als andere Eingeladene. Roberts wollte betonen, welche inhärenten Hindernisse dem Einsatz biologischer Kampfstoffe entgegenstanden. Er hatte vor, wie er sagte, einfach etwas mehr »Balance« in die Debatte über die Frage zu bringen, wie ernst die Biowaffenbedrohung sei und wieviel Geld die Vereinigten Staaten für Abwehrmaßnahmen ausgeben sollten. Doch einige Tage vor dem Treffen hatte ein Mitglied von Clarkes Stab ihn und zwei andere vorgesehene Teilnehmer angerufen und mitgeteilt, dass ihre Einladungen leider zurückgenommen werden müssten.[16] Das vom Weißen Haus im Vormonat durchgeführte »Sandkastenspiel« habe bei Kabinettsmitgliedern ein solches Interesse an den aufgeworfenen Fragen und an der Teilnahme an dieser Expertenrunde mit dem Präsidenten geweckt, dass kein Platz mehr für alle externen Experten sei, die man habe einladen wollen. Weil Präsident Clinton ausdrücklich auf eine kleine Runde gedrängt habe, müssten einige Experten von der Gästeliste gestrichen werden. Dies tue ihm aufrichtig leid, fügte der Regierungsbeamte hinzu. Vielleicht könne Roberts ja zu einem späteren Treffen mit dem Präsidenten eingeladen werden.

Zwar waren auch ohne Roberts die Eingeladenen, was die Wahrscheinlichkeit eines Biowaffenangriffs in naher Zukunft betraf, nicht einer Meinung, doch stimmten sie darin überein, dass die USA ihr öffentliches Gesundheitswesen auf gefährliche Weise vernachlässigt hatten. Eine Audienz bei Clinton war ihrer Meinung nach eine seltene Gelegenheit, die so schnell nicht wiederkehren würde. Kein Präsident war je so geneigt gewesen, ihren Forderungen Verständnis entgegenzubringen. Die Wissenschaftler sahen in Amerikas Anfälligkeit für Angriffe mit biologischen Kampfstoffen nur einen Extremfall der allenthalben anzutreffenden Versäumnisse des Landes beim Umgang mit ansteckenden Krankheiten. Wenn sie Clinton überzeugen könnten, die Ausgaben für das öffentliche Gesundheitswesen zu erhöhen, dann würde das Millionen von Amerikanern auf jeden Fall helfen, selbst wenn niemand je versuchen würde, Amerika mit Biowaffen anzugreifen.

Im Vergleich zum Gesundheitswesen anderer wirtschaftlich leistungsfähiger Staaten war das öffentliche Gesundheitswesen der USA die reinste Katastrophe.[17] Fast die Hälfte aller Gesundheitsämter verfügte nicht über einen E-Mail-Anschluss; mindestens tausend dieser Ämter hatten überhaupt keinen Online-Anschluss oder Internetzugang; in 20 Prozent der Ämter telefonierte man noch mit total veralteten Apparaten mit Wählscheibe. Ralph D. Morris, Vorsitzender des Berufsverbandes der Gesundheitsbeamten, der National Association of County and City Health Officials, hatte den Kongress 1998 gewarnt, dass 70 Prozent der Direktoren von Gesundheitsämtern kaum oder überhaupt nicht mit Computern umgehen könnten. In manchen Gesundheitsämtern könne man sich nicht einmal ein anständiges Mikroskop leisten, geschweige denn fortschrittliche Computertechnologie.

Das staatliche Überwachungssystem für Epidemien, vor einem halben Jahrhundert von den Centers for Disease Control and Prevention aufgebaut, nicht zuletzt, um Biowaffenangriffe zu entdecken, lag in den letzten Zügen. Die meisten Epidemiologen und Notärzte wären höchstwahrscheinlich nicht einmal in der Lage gewesen, einen Milzbrandfall korrekt zu diagnostizieren. Schließlich handelte es sich bei Anthrax um eine seltene Krankheit. Auch wären sie sicher nicht zu einer korrekten Pockendiagnose in der Lage, weil diese Krankheit, jedenfalls in der Theorie, »ausgerottet« war.

Die Expertenrunde sollte im Kabinettssaal im Weißen Haus tagen. Präsident Clinton entschuldigte sich schon im voraus dafür, dass er an diesem Morgen wahrscheinlich etwas begriffsstutzig sein werde. Er habe den größten Teil der Nacht damit verbracht, zwischen Nordirland und der IRA zu vermitteln, um den Zusammenbruch des dortigen Friedensprozesses zu verhindern. Auf diese Weise habe er nur ein oder zwei Stunden Schlaf bekommen. Hinter den eingeladenen Experten saßen auf Stühlen im Kreis die Minister samt ihren wichtigsten Mitarbeitern. Zu den Teilnehmern gehörten Verteidigungsminister Cohen, Justizministerin Janet Reno, Gesundheitsministerin Donna E. Shalala, CIA-Chef George J. Tenet, Sicherheitsberater Sandy Berger und Dick Clarke.

Laut Sitzungsprotokoll, das von einem der Teilnehmer erstellt wurde, und Interviews mit allen beteiligten Experten sagte Clinton den Versammelten, dass er sich wegen der Gefahren des neuen biologischen Zeitalters zunehmend Sorgen mache. Die Fähigkeit, Gene zu sequenzieren und zu manipulieren, habe enorme Auswirkungen auf die nationale Sicherheit und auf die traditionellen Strategien für die Verteidigung des Landes gegen Angriffe mit nichtkonventionellen Waffen. Weil Schurkenstaaten und Terroristen inzwischen Gene manipulieren könnten, sei »die Offensive der Defensive inzwischen vielleicht schon voraus«. Atomwaffen seien teuer und relativ leicht zu entdecken, sagte er. Doch biologische Waffen seien weder das eine noch das andere. Biologische Kampfstoffe seien eine Möglichkeit, »mit niedrigem Einsatz zum großen Spieler« aufzusteigen. Der Widerstand des Irak gegen die vollständige Aufgabe seines Biowaffenprogramms zeige zum Beispiel, dass für Saddam Hussein offensichtlich außerordentlich viel daran hänge, diese Waffen »nicht aufgeben zu müssen«. Der Irak habe auf zig Milliarden Dollar an Öleinkünften verzichtet, um seine biologischen Kampfstoffe und sein Biowaffenwissen insgeheim behalten zu können.

Clinton sagte, genetische Veränderungen und neue Kombinationen von Erregern mit Hilfe der Biotechnologie würden nicht nur neue Behandlungsmöglichkeiten für uralte Krankheiten, sondern auch »neue Bedrohungen« schaffen. Er wollte wissen, wie die Experten Richard Prestons Buch *Cobra* beurteilten. Könnte es sein, dass der Plot dieses Romans praktisch eine »Vorhersage« für das sei, »was uns in Zukunft erwartet«? Außerdem wollte er wissen, ob diese Darstellung wissenschaftlich plausibel sei. Mehrere Experten sagten später, dass sie persönlich zwar ihre Zweifel daran gehabt hätten, dass irgendein Wissenschaftler solche Terrorangriffe mit genetisch veränderten Kampfstoffen durchführen könne, dass sie bei der Sitzung aber geschwiegen hätten. Andere sagten dem Präsidenten, dass ein solcher Angriff durchaus möglich sei. Im Bestreben, das Gespräch von Prestons Roman abzulenken, sagte Lederberg mit bewusstem Understatement, *jeder* terroristische Angriff mit ansteckenden Krankheitserregern, ganz gleich, ob sie auf natürlichem Wege gewonnen oder genetisch verändert seien, wäre »eine sehr ernste Angelegenheit«.

Lederberg führte dann detailliert die große Bedeutung bahnbrechender wissenschaftlicher Erkenntnisse in der Militärgeschichte aus. Er sprach über die dramatischen Ergebnisse, die immer dann eintraten, wenn Offensivfähigkeiten gegenüber Verteidigungsmaßnahmen ein zu großes Übergewicht erlangten. Zum Beispiel waren nach der Einführung von Waffen aus Eisen Bronzewaffen nicht mehr schlagkräftig genug. Das Schießpulver hatte die mittelalterlichen Ritterrüstungen obsolet werden lassen. Pferde und die Kavallerie hatten es asiatischen Völkern ermöglicht, Europa zu überrennen. Und jetzt schienen die offensiven Qualitäten von Krankheitserregern den entsprechenden Verteidigungsfähigkeiten weit überlegen zu sein. Biologische Kampfstoffe seien »strategische« Waffen, die weit ins Kernland einer Nation vordringen könnten. Solche Angriffe könnten von Staaten, von Terroristengruppen mit staatlicher Unterstützung, aber auch von Einzeltätern gestartet werden. »Mit diesen neuen Waffen können Individuen Krieg führen«, warnte Lederberg. Um solchen Angriffen begegnen zu können, benötige man Medikamente gegen Viren und andere therapeutische Mittel. Außerdem neue Impfstoffe, die auf den neuen Technologien basierten.

Shapiro, eine Kollegin Lederbergs aus Stanford, skizzierte die neuen Möglichkeiten der Gentechnologie, Krankheitserreger zu kombinieren. Um dem Präsidenten die erstaunlichen Kräfte neuer, genetisch manipulierter Erreger zu illustrieren, beschrieb sie, wie durch natürliche Selektion neue Mikroben entstehen, die gegen Antibiotika resistent sind. »Was die Mikroorganismen von Natur aus tun«, sagte sie, bereite schon genug Sorgen. Haushaltsmittel des Bundes würden jedoch dringend benötigt, um der Wissenschaft im Kampf gegen neu auftauchende Krankheiten zu helfen, ganz gleich, woher sie kämen. Frau Shapiro erinnerte die Anwesenden an den 1997 veröffentlichten russischen Artikel über gentechnologisch veränderte Anthrax-Erreger. Große Teile der Regierungssubventionen im Gesundheitswesen seien in den vergangenen zwei Jahrzehnten dafür verwendet worden, Herz- und Krebserkrankungen zu bekämpfen. Dagegen hätten die National Institutes of Health (NIH) nicht genügend Mittel erhalten, um die Untersuchungen von Krankheitserregern voranzutreiben. Dies rief sie Clinton und den anderen Regierungsmitgliedern nachdrücklich in Erinnerung. Man müsse noch genauer wissen, wie solche Erreger funktionierten. Überdies sei weitere Grundlagenforschung im Bereich der Antibiotika und Antivirenmittel erforderlich. Die Mikrobiologie sei ganz allgemein unterfinanziert gewesen. »Mikroorganismen sind schlauer als wir«, sagte sie, »und sie gewinnen.«

Venter warf sich für eine Erhöhung der Bundeszuschüsse für die Gensequenzierung und -identifizierung in die Bresche. Diese Forschungen, argumentierte er, seien von entscheidender Bedeutung für die Entdeckung von Designerviren und für die Entwicklung pharmazeutischer Gegenmittel gegen neue Stämme von alten Geißeln der Menschheit wie etwa Tuberkulosebakterien. Die Wissenschaftler benötigten diese genetischen Codes, um das Land wirksam schützen zu können. Die Gentechnologie verbreite sich rasch, warnte er, zu guten wie zu bösen Zwecken. Schon Gymnasiasten seien inzwischen in der Lage, Bakterien und Viren genetisch zu verändern.

Jerome M. Hauer, der Leiter der Notfalleinsatzkräfte der Stadt New York, skizzierte die Maßnahmen, die die Stadt ergriffen hatte, um einem Biowaffenangriff effizienter begegnen zu können. Um plötzliche Veränderungen im Gesundheitszustand der Einwohner zu entdecken, überwache die Stadt New York jetzt nicht nur die täglichen Notaufnahmen in Krankenhäusern und die Todesfälle von jungen oder unwahrscheinlichen Opfern mysteriöser

Krankheiten, sondern auch weniger offenkundige Indikatoren wie den Verkauf von Durchfallmitteln in Apotheken (zum Beispiel Kaopectat). Hauer hatte für den Krisenfall auch fast dreihundert Örtlichkeiten als Ausgabestellen für Antibiotika und Medikamente kenntlich gemacht. Den Madison Square Garden und das Jacob J. Javits Convention Center habe er als medizinische Notfallzentren bestimmt, in denen Menschen behandelt werden könnten, wenn die Krankenhauskapazitäten erschöpft seien. New York habe Tausende von Ärzten, Schwestern, Polizisten, Feuerwehrleuten und anderes Notfallpersonal darin unterwiesen, was als Reaktion auf chemische oder biologische Angriffe zu tun und was zu unterlassen sei. Sein Amt plane ebenfalls, für den Notfall Vereinbarungen darüber zu treffen, dass man riesige Mengen Medikamente zu erschwinglichen Preisen kaufen könne, wenn es erforderlich sein sollte.

Und doch, sagte Hauer, sei New York immer noch nicht ausreichend auf eine Biowaffenkatastrophe vorbereitet. Selbst das große Heer der Helfer, 40 000 Ärzte und 54 000 Polizisten, Feuerwehrleute und Notfalleinsatzleiter, würde im Ernstfall einer Epidemie wahrscheinlich in kurzer Zeit an seine Grenzen stoßen. New York und andere Großstädte brauchten dringend die Unterstützung der Bundesregierung, wenn es darum gehe, Unruhen schnell unter Kontrolle zu bringen und Apotheken wie Krankenhäuser zu schützen, wenn diese gestürmt werden sollten, weil verzweifelte Menschen an Antibiotika und Impfstoffe für sich und ihre Angehörigen herankommen wollten. Die Bundesregierung aber sei immer noch nicht in der Lage, rechtzeitig zu helfen.

Tom Monath, ein Impfstoffspezialist, der nach einer erfolgreichen Karriere im Army-Labor und im öffentlichen Gesundheitswesen zu einer privaten Pharmafirma für Impfstoffe gegangen war, betonte die Notwendigkeit, neue Impfstoffe, Antibiotika und andere Gegenmittel zu entwickeln, mit denen man sowohl Infektionen mit klassischen Erregern als auch Infektionen mit genetisch veränderten Erregern bekämpfen könne. Er lenkte Clintons Aufmerksamkeit auf einen heiklen Punkt: die Grenzen, die der Forschung durch eine übermäßig strenge Auslegung der Biowaffen-Konvention gesetzt seien. Manche Wissenschaftler, versicherte er, zögerten deshalb, wichtige Forschungsarbeiten durchzuführen – aus Angst, sie könnten besagten Vertrag verletzen. Monath stellte ferner fest, die Regierung habe nicht genug Geld für die Forschung über Impfstoffe zur Verfügung gestellt. So brauche Amerika zum Beispiel einen Impfstoff gegen das Ebola-Virus, doch selbst die Militärs könnten sich die Entwicklung eines solchen Serums nicht leisten. Der Privatsektor werde sich dieser Sache erst recht nicht annehmen, weil sich die Investitionen nicht rechneten.

Barbara Rosenberg, die Spezialistin dieser Runde für die Konvention zum Verbot biologischer Waffen, sagte Clinton, er müsse den Verhandlungen über deren wirksame Durchsetzung mehr Nachdruck verleihen, wenn er die Verbreitung von Biowaffen wirklich verhindern wolle. Wenn bei den entsprechenden Protokollverhandlungen in Genf Fortschritte erzielt werden sollten, seien amerikanische Initiativen dringend erforderlich. Zwar widersetze sich nach den Pannen bei den Inspektionsbesuchen der Russen in der Firma Pfizer im Jahre 1994 die amerikanische Pharmaindustrie verständlicherweise den Forderungen nach Routineinspektionen ihrer Werksanlagen, aber der Idee, genaue Kontrollen vor Ort durchzuführen, wenn einem Land Verletzungen der Konvention vorgeworfen würden, stehe man durchaus positiv gegenüber. Die Pharmahersteller machten sich vor allem Sorgen wegen des möglichen Diebstahls von Betriebsgeheimnissen. Ihre Bedenken könnten aber durch sinnvolle Konsultationen mit Angehörigen der Regierung sicher zerstreut werden, meinte Frau Rosenberg. Ohne solche Arrangements und ohne angemessene Kontrollmaßnahmen sei die Konvention indes »zahnlos«.

Clinton unterbrach die kurzen Darstellungen häufig mit schnellen Fragen an die Experten und sein Kabinett. Wie lange werden die Vereinigten Staaten brauchen, um die Technologie zu entwickeln, die man benötige, um tödliche Krankheitserreger schnell zu identifizieren und diagnostizieren? Er wollte wissen, wer diese Forschungen durchführe und wo. Würden diese Arbeiten von irgendjemandem in der Regierung koordiniert? Oder von jemandem in der Privatwirtschaft? Wenn ein Terrorist auf einem Flughafen »irgendetwas loslasse«, wie lange würde die Regierung dann brauchen, um herauszufinden, dass die USA angegriffen worden war, und wie lange würde es danach noch dauern, bis der Erreger identifiziert sei? Schließlich ging es auch ums Geld – was würden angemessene Verteidigungsmaßnahmen kosten? Die Kosten würden erheblich sein, darin war sich die Gruppe einig. Man wolle dem Präsidenten nach diesem Treffen zügig spezifische Vorschläge und Kostenschätzungen unterbreiten.

Am Ende der Sitzung übergab Lederberg Clinton ein Exemplar des *Journal of the American Medical Association* vom August 1997, das sich ausschließlich dem Thema der Bedrohung durch biologische Kampfstoffe und Bioterrorismus widmete. In dieser Zeitschrift fand sich auch ein Artikel von Wissenschaftlern aus den US Centers for Disease Control and Prevention (CDC), in dem erstmals die ganze Wahrheit über die Salmonellenanschläge der Rajneeshees in Oregon zu lesen war. Dreizehn Jahre nach den Vorfällen und im Zeichen der Aum-Giftgasanschläge in Tokio hatten sich die Forscher, die den Vorfall damals untersucht hatten, endlich entschlossen, die Ereignisse ausführlicher darzustellen. Die Vorteile einer breiten öffentlichen Diskussion überwogen jetzt ihrer Meinung nach das Risiko, Trittbrettfahrer auf dumme Gedanken zu bringen. Clinton las die Artikel und ließ die Zeitschrift einige Tage später unter seinen Mitarbeitern zirkulieren – mit seinen handschriftlichen Randnotizen. Als Lederberg von einem Mitarbeiter des Weißen Hauses davon erfuhr, lächelte er: Dies war mit Sicherheit das erste Mal, dass ein Präsident der Vereinigten Staaten von Amerika ein ganzes Heft einer medizinischen Fachzeitschrift gelesen hatte.

Während Präsident Clinton seinen Mitarbeitern sagte, er habe die Sitzung als sehr nützlich empfunden, gab es auch kritische Stimmen. Innerhalb weniger Tage meldeten sich Experten, die nicht eingeladen worden waren, zu Wort und beschwerten sich, dass einige der Anwesenden die Gelegenheit genutzt hätten, um ihre eigenen Interessen voranzutreiben.

Besonders hitzig waren die Kommentare über Venters Aufruf, mehr Geld für die Gensequenzierung bereitzustellen. Schließlich erhielt sein gemeinnütziges Institut bereits etliche Millionen Dollar aus öffentlichen Kassen. Einige Kritiker sahen in seiner Präsentation der eigenen Arbeit und ihres Wertes ein eigennütziges Plädoyer. Doch Venter wies diese Kritik mit dem Argument zurück, die Bundeszuschüsse für seine Forschungen seien in fairem Wettbewerb nach fachlicher Begutachtung und aufgrund ihrer wissenschaftlichen Meriten bewilligt worden. Sie seien nicht das Ergebnis von Lobbyarbeit und Beziehungen. Sein Institut habe zum Beispiel kürzlich eine Forschungsbeihilfe für die Gensequenzierung des Cholera-Erregers, eines tödlichen Mikroorganismus, erhalten.

Allerdings hatte Venter durchaus weitergehende kommerzielle Interessen an der von ihm entwickelten Gentechnologie. Zum Zeitpunkt der Expertenrunde im Weißen Haus liefen bereits die Vorbereitungen für seine kommerzielle Privatfirma Celera Genomics. Diese neue Firma sollte – im Wettstreit mit einer Forschergruppe, die mit öffentlichen Forschungsgeldern gefördert wurde – das menschliche Genom entschlüsseln. Venter ging es darum, dass seine Firma zu den ersten gehörte, die das kommerzielle Potential dieses wissenschaftlichen Durchbruchs für sich nutzbar machten.

Teilnehmer an der Expertenrunde und einige Beamte aus dem Weißen Haus sagten, dass sie auch durch den potentiellen Interessenkonflikt bei Tom Monath beunruhigt seien. In Wissenschaftler- und Regierungskreisen genoss Monath hohe Anerkennung für seine Arbeit im Army-Labor in Fort Detrick und im Seuchenzentrum CDC.[18] Als Spezialist für Tropenkrankheiten hatte er bei der Bekämpfung von Epidemien auf der ganzen Welt wiederholt sein eigenes Leben riskiert. Aber die meisten Anwesenden sagten, sie hätten nicht gewusst, dass sich Monaths in Schwierigkeiten befindliche Impfstofffirma OraVax um einen Pentagon-Auftrag zur Herstellung und Lieferung von Pockenimpfstoff bemühte. Nachdem ein Bericht der *New York Times* seine finanziellen Interessen enthüllt hatte, eilten etliche Kollegen Monath zu Hilfe. Er habe sein ganzes Leben lang im Dienst der Öffentlichkeit gestanden. Bei dem Expertentreffen im Weißen Haus sei es um die Inlandsverteidigung gegangen, Monaths Firma hingegen bemühe sich um einen Auftrag für Impfstoffe, die für das Militär, nicht für Zivilisten gedacht seien. Monath selbst sagte, er habe dem Weißen Haus die finanziellen Interessen seiner Firma offengelegt.

Am 6. Mai schickte Frank Young, der Moderator der Expertenrunde, dem Präsidenten einen siebzehn Seiten umfassenden Bericht, in dem er die einmütigen Empfehlungen der Gruppe zusammenfasste. Dieser bislang unveröffentlichte Bericht kam zu dem Ergebnis, dass die Regierung auf allen Ebenen auf einen Angriff mit Biowaffen »beklagenswert schlecht vorbereitet« sei. Empfohlen wurde eine Konzentration auf zwei Gebiete: erstens auf den Einsatz neuer gentechnologischer Methoden bei der Entwicklung neuer, besserer Antibiotika und Impfstoffe und zweitens auf einen Plan zur Reduzierung ziviler Opfer im Falle eines Anschlags mit gefährlichen Krankheitserregern. Das Dokument enthielt in einem getrennten Abschnitt auch Vorschläge, wie man die geplanten Verfahrensregeln zur Überwachung der Biowaffen-Konvention stärken und verschärfen könnte. Schließlich wurde dem Präsidenten noch nahegelegt, ein Beratergremium zu berufen, das Prioritäten setzen und die Zusammenarbeit zwischen den vielen verschiedenen Regierungsstellen fördern sollte, die mit der Abwehr biologischer Gefahren und mit dem öffentlichen Gesundheitswesen befasst waren.

Die Experten waren sich nicht sicher gewesen, wieviel Geld sie fordern sollten. Bei einer Zusammenkunft im Vorraum direkt vor Sitzungsbeginn im Weißen Haus hatte Young gesagt, die Gruppe könne es nicht wagen, mehr als 100 Millionen Dollar im Jahr zu beantragen – ganz gleich, in welch düsteren Farben sie die Gefahren ausmale. Lederberg hatte ihm energisch widersprochen. Für einen solchen Betrag dürfe man es nicht einmal wagen, die Aufmerksamkeit des Präsidenten in Anspruch zu nehmen. Außerdem seien 100 Millionen Dollar pro Jahr keine Summe, mit der man bei diesem Problem wirklich etwas bewegen könne. Lederberg forderte, die Gruppe solle für die nächsten vier oder fünf Jahre eine halbe Milliarde Dollar jährlich in Ansatz bringen. Das sei das absolute Minimum.

Diese Zahlen brachten Frank Young leicht aus der Fassung. Als Veteran etlicher Haushaltsdebatten über Ausgabenprogramme des Bundes sagte er, diese Summe sei zu hoch. Andere pflichteten ihm bei. Doch Lederberg bestand auf der hohen Summe. In Washington bestimme sich die Ernsthaftigkeit von Prioritäten auch danach, wieviel Geld dafür aufgebracht werden müsse.

In dem Dokument, das Young dem Weißen Haus vorlegte, spiegelte sich letztlich Lederbergs Denkansatz wider. Denn jetzt beliefen sich die Forderungen auf mehr als 1,9 Milliarden Dollar für einen Zeitraum von fünf Jahren. Für die Vorratshaltung an Antibiotika und Impfstoffen waren insgesamt 420 Millionen Dollar angesetzt. Diese Summe würde ausreichen, um 40 Millionen Portionen Pockenimpfstoff bereitzuhalten. Auf diese Weise könnten die Todes- und Erkrankungsfälle bei einer Pockenepidemie »um das Zehn- bis Hundertfache« gesenkt werden. Die Experten riefen die Regierung auf, 860 Millionen Dollar in Forschungsprojekte zu investieren, die der Entwicklung neuer Antibiotika, Antivirenmittel und Impfstoffe galten. Ferner sollten die Ausgaben für die Sequenzierung von Mikrobengenen, also für die Untersuchung des molekularen Bauplans dieser Mikroorganismen, sowie für diagnostische Ausrüstung zur Entdeckung gefährlicher Mikroben aufgestockt werden. Schließlich legte das Gremium dem Präsidenten auch dringend nahe, über fünf Jahre verteilt 1,04 Milliarden Dollar für Verbesserungen der Katastrophenschutz- und Krisenmaßnahmen im Falle eines Biowaffenangriffs aufzuwenden. Davon sollten mindestens 170 Millionen Dollar dem heruntergekommenen öffentlichen Gesundheitswesen zufließen.

Einer der politisch heikelsten Abschnitte des Berichts hatte überhaupt nichts mit Geld zu tun. Viele Experimente, die erforderlich seien, um genetisch manipulierte Organismen zu untersuchen und Antibiotika und Impfstoffe dagegen zu entwickeln, hieß es in dem

Dokument, seien »nach den Regeln des Gutachtergremiums für gentechnologische Forschungen und nach den in den Vereinigten Staaten gültigen Regeln für die biologische Sicherheit unzulässig«. Wenn solche Forschungen aber trotzdem durchgeführt und die Ergebnisse veröffentlicht werden sollten, könne dies sehr wohl »andere Staaten alarmieren (wie im Fall des russischen Berichts über impfstoffresistente Anthrax-Erreger)«. Ferner könnten, warnte die Expertenrunde, solche Forschungen auch »Rezepte« für »Interessierte« liefern, »die gentechnologische Verfahren zu verwerflichen Zwecken nutzen« wollten.

Die Experten unterstützten solche »defensiven Forschungen« gleichwohl und empfahlen dringend, dass sie von »einem objektiven Gutachtergremium aus zivilen Wissenschaftlern und Experten des öffentlichen Gesundheitswesens« begleitet werden sollten.[19] Ein solches Gremium könne die Forschungen des Pentagon und andere Programme beaufsichtigen, die »nach den zur Zeit gültigen Regeln ansonsten nicht genehmigungsfähig wären«. Allerdings ging der Bericht nicht darauf ein, wie dies denn zu leisten sei, ohne mögliche Gegner Amerikas auf die Schwachstellen des Landes hinzuweisen. Ohne es direkt zu sagen, lief die Argumentation der Experten anscheinend darauf hinaus, im Interesse der nationalen Sicherheit die geltenden Restriktionen für die genetische Forschung in den Hintergrund treten zu lassen. Gefährliche neue Organismen, aus neuen Genkombinationen entstanden, müssten untersucht, hergestellt und getestet werden – selbst wenn solche Arbeiten bis an die äußerste Grenze dessen gingen, was nach dem Biowaffen-Vertrag an defensiven Maßnahmen erlaubt war.

Die konkreten Ergebnisse der Audienz beim Präsidenten waren dann allerdings etwas unbefriedigender, als die Experten erhofft hatten. Kaum mehr als 25 Prozent der Finanzmittel, die Young gefordert hatte, wurden für das erste Jahr bewilligt. Aber Clintons Rhetorik veränderte sich merklich. Im Mai 1998 fuhr der Präsident zur US-Marineakademie in Annapolis, Maryland, um dort seinen Plan für die nationale Biowaffenabwehr vorzustellen. »Wir müssen mehr tun, um unser Volk zu schützen«, sagte Clinton und ging in seiner Rede auf alle entscheidenden Punkte ein. Er forderte, erstmals in der Geschichte der USA einen Vorrat an Impfstoffen und Antibiotika anzulegen. Er sprach davon, dass die Stärkung der Biowaffen-Konvention »hohe Priorität« erhalten müsse. Clinton versprach die Finanzierung von Grundlagenforschung gegen tödliche Krankheitserreger. Venters Einfluss zeigte sich darin, dass die potentielle Bedeutung der Entschlüsselung des menschlichen Genoms für die Entwicklung neuer Antibiotika hervorgehoben wurde. Außerdem versprach Clinton in seiner Rede mehr Geld für die Ausrüstung medizinischer Einrichtungen des öffentlichen Gesundheitswesens, »damit wir besser gegen den Terrorismus gerüstet sind und besser gegen Infektionskrankheiten kämpfen können, die auf natürlichem Wege entstanden sind«. »Wir dürfen die Wettbewerbsvorteile der Gentechnologie nicht jenen überlassen, die uns schaden wollen«, rief der Präsident vor jubelnden Kadetten aus.

Ferner unterzeichnete er eine neue Verordnung (Presidential Decision Directive 62), mit der ein neues Amt im Weißen Haus geschaffen wurde, dessen Aufgabe darin bestand, die Regierungsprogramme zur »Sicherheit, zum Schutz der Infrastruktur und zur Terrorismusabwehr« zu koordinieren. Die Aufgabe, die Terrorismusbekämpfung zu leiten, fiel Clarke zu, dessen Verantwortungsbereich dadurch wesentlich erweitert wurde.

Doch kaum hatte sich der Applaus der Kadetten gelegt, regte sich auch schon Widerstand – im Inland wie im Ausland. Angesichts der Skepsis, mit der man den groß angelegten Initiativen des Präsidenten in den eigenen Reihen und von seiten der Opposition begegnete, begann die Regierung, ihre Versprechungen teilweise zurückzunehmen. Im Juni 1998 bat Clinton den Kongress um 294 Millionen Dollar zur Finanzierung aller Vorschläge aus der Expertenrunde. Die Experten hatten empfohlen, Impfstoff- und Antibiotika-Vorräte im Wert von 200 Millionen Dollar anzulegen, doch das Weiße Haus beantragte anfangs nur 41 Millionen. Weniger als einen Monat später entschied sich das Weiße Haus dann ganz gegen irgendwelche Ausgaben für Impfstoffe im laufenden Jahr. In zwei oder drei Jahren würde es vielleicht wirksamere, billigere Impfstoffe geben, sagten die Vertreter der Regierung. Da sei es doch besser, noch ein wenig zu warten.

Im März 1998 begann das Pentagon mit der Impfung seiner Truppen im Nahen Osten gegen Anthrax – noch bevor Verteidigungsminister Cohen dem Programm seine endgültige Zustimmung gegeben hatte. Der Oberkommandierende in der Region, General Zinni, sagte Washington, er sehe eine unmittelbare Bedrohung durch den Irak und könne nicht länger warten. Die meisten Soldaten ließen sich impfen, doch mehr als zwei Dutzend Matrosen an Bord der US-Flugzeugträger *John C. Stennis* und *Independence* weigerten sich, weil sie fürchteten, dass ihnen die Impfung gesundheitliche Schäden zufügen könnte. Die Marine wollte Disziplinarmaßnahmen gegen diese Matrosen einleiten, weil sie sich einem Befehl widersetzt hätten. Mehrere von ihnen wandten sich um Hilfe an Mark S. Zaid, einen Anwalt in Washington, der sich mit Fällen einen Namen gemacht hatte, bei denen es darum ging, der Regierung in Fragen der nationalen Sicherheit Kontra zu geben. Zu seinen Klienten gehörten auch die Eheleute Patrick G. Eddington und Robin Eddington, beides CIA-Mitarbeiter, die behaupteten, ihr Geheimdienst habe Beweise zum Golfkriegssyndrom unterdrückt. Indem sie die neue Informationstechnologie an Bord nutzten, hatten mehrere der Matrosen per E-Mail Kontakt mit Eddington aufgenommen und ihm ihre Sorgen wegen des Impfprogramms mitgeteilt. Diese Botschaften wurden von Eddington an Zaid weitergeleitet.
Zaid, ein schmächtiger, agiler junger Anwalt, dessen Spezialität es war, sich mit Hilfe des Gesetzes zur Informationsfreiheit Regierungsdokumente zu besorgen, war der Alptraum der Washingtoner Regierungsbürokratie. Seine Einmannkanzlei ging eklektisch zu Werke. Er gehörte zu den Anwälten, die Libyen wegen des Lockerbie-Bombenattentats aus dem Jahre 1988 (PanAm Flug Nr. 103) verklagten, und er interessierte sich auch weiterhin für die Ermordung von Präsident John F. Kennedy. Er hatte sich ein dickes

Notizbuch mit Telefonnummern von Reportern angelegt, und er hatte gelernt, wie man eine Geschichte verpacken musste, damit sie für die breite Öffentlichkeit interessant wurde. Als die ersten Matrosen anzurufen begannen, ermutigte Zaid, selbst kaum dreißig, ihre Mütter, sich in der Presse interviewen zu lassen. »Mich können die Generäle anbrüllen, aber nicht sie«, erläuterte er seine Taktik später.

Zunächst sah Zaid kaum eine Möglichkeit für juristische Schritte. Der Anthrax-Impfstoff schien von der FDA ohne Einschränkungen zugelassen zu sein, und die Impfaufforderung der Navy erschien angemessen. Trotzdem hatte Zaid das Gefühl, er müsse noch wesentlich mehr recherchieren. Er klagte nach dem Gesetz zur Informationsfreiheit auf Akteneinsicht in alle Dokumente, die mit dem Impfprogramm zusammenhingen. Schließlich sahen, wie er aus Erfahrung wusste, Regierungsprogramme von innen meistens etwas anders aus als von außen.

Die Beamten im Pentagon waren dagegen hinsichtlich des Impfprogramms und der Impfstofffabrik in Michigan optimistisch. Die Fabrik war letztendlich an BioPort verkauft worden, eine neue Firma, zu deren Partnern auch Admiral William J. Crowe jr. gehörte, der ehemalige Chef des US-Generalstabs. BioPort verfügte bereits über Erfahrungen auf dem Impfstoffsektor: Der Geschäftsführer der Firma, Fuad El-Hibri, hatte eine Impfstofffabrik der britischen Regierung in ein florierendes Privatunternehmen umgewandelt. Gleichwohl gab es im Hinblick auf die Zukunft des Labors in Michigan weiterhin Anlass zur Sorge. In einem FDA-Inspektionsbericht vom Februar 1998 hieß es, einige der im scharfen Inspektionsbericht von 1996 aufgeführten Mängel seien zwar beseitigt, doch seien immer noch zahlreiche Probleme zu lösen. In fast allen Phasen des Produktionsprozesses sahen die Inspektoren Grund zu Beanstandungen, und sie brachten zum Ausdruck, dass BioPort noch viel tun müsse, bis die Aufsichtsbehörde zufriedengestellt sei.

Im Mai 1998, zwei Monate nach Beginn der Impfaktion im Nahen Osten, gab Verteidigungsminister Cohen endlich seinen offiziellen Segen. Im August begann das amerikanische Militär, seine aktiven

Soldaten weltweit zu impfen. Reservisten wurden bei der ersten Impfrunde nur berücksichtigt, wenn sie mehr als dreißig Tage in Gegenden verbrachten, die stark gefährdet waren. So waren zum Beispiel die Piloten der Nationalgarde, die am Wochenende eine beträchtliche Zahl militärischer Versorgungsflüge in den Nahen Osten absolvierten, von den Impfungen weitgehend ausgenommen, weil sie immer nur wenige Tage in der Gefahrenregion verbrachten.

Im Sommer 1998 hatte sich die Pentagon-Führung dann mit einer neuen kontroversen Frage zu beschäftigen: Wie sollte das Kommando für die Nationalgarde und andere militärische Einheiten strukturiert sein, die sich im amerikanischen Inland der Abwehr biologischer und chemischer Angriffe widmeten? Ende Juni sagte Hamre NATO-Vertretern, das Pentagon überlege, ob man ein neues Regionalkommando für die Leitung der Heimatverteidigung innerhalb der Grenzen der USA schaffen solle.[20] »Wir glauben nicht, dass wir dafür in erster Linie verantwortlich sind, doch innerhalb weniger Minuten würden sich die Leute im Krisenfall an uns wenden«, sagte Hamre. »Im Falle eines biologischen Angriffs kann man sich leicht vorstellen, dass die Gouverneure der betroffenen Region die Nationalgarde zu Hilfe rufen, um eine Quarantäne durch Straßensperren zu sichern. Dann hätte man in kürzester Zeit chaotische Zustände.« Die Leute aus dem Pentagon konnten sich für die Nationalgarde oder für Reservisten nach einem biologischen oder chemischen Angriff eine Fülle von Einsatzmöglichkeiten vorstellen, vom Zeltaufbau über die Einrichtung von Feldlazaretten bis hin zur Bestattung der Toten.

Diese Vorschläge alarmierten jedoch Bürgerrechtler.[21] Gregory T. Nojeim, Berater in Fragen der nationalen Sicherheit für die American Civil Liberties Union in Washington, hatte das Gefühl, dass diese Idee noch nicht richtig durchdacht sei und dass sie die Freiheit der Amerikaner ernsthaft gefährde. Ein terroristischer Angriff mit biologischen oder chemischen Waffen löse möglicherweise Chaos aus und die militärischen Einheiten, die mit den Verantwortlichen vor Ort zusammenarbeiteten, würden dann schnell in die Rolle gedrängt, die öffentliche Ordnung aufrechterhalten zu müssen – eine Mission, für die sie überhaupt nicht ausgebildet seien. Trotzdem würde es dann schnell dazu kommen, dass Soldaten Zivilisten verhaften müssten. In den USA gibt es jedoch eine lange, stolze Tradition, der zufolge militärische Operationen im Inland eingeschränkt sind. Der nach dem Bürgerkrieg von 1861 bis 1865 verabschiedete Posse Comitatus Act verbietet, dass Bundestruppen innerhalb der Grenzen der USA Polizeiaufgaben übernehmen. Die *New York Times* brachte einen Leitartikel gegen den Plan, ein neues Militärkommando für den Inlandsbereich zu errichten, in dem es hieß, so würde »der seit langem etablierte gesetzliche Grundsatz ausgehöhlt, dass Amerikas bewaffnete Streitkräfte an der Durchsetzung der gesetzlichen Ordnung im Inland nicht mitwirken sollten«.[22]

Die Pentagon-Beamten sagten, sie wollten die örtliche Polizei ja gar nicht ersetzen, und verwiesen auf die 1995 aufgestellten Katastropheneinsatzpläne der Bundesregierung. Darin sei als Führungsinstanz eine Federal Emergency Management Agency (FEMA) vorgesehen, die bei terroristischen Angriffen die Krisenreaktionskräfte leiten solle. Hamre lud Nojeim zum Lunch ins Pentagon ein. Das Militär, sagte er, werde die FEMA lediglich bei ihrer Arbeit unterstützen. Man beabsichtige nicht, jene Grenzen zu überschreiten, die in Recht und Tradition der USA so tief verwurzelt seien.

Als Reaktion auf die Kritik schraubte das Pentagon seine Pläne für die Inlandsverteidigung zurück. Das Kommando sollte nunmehr einem Zweisterne-General der Nationalgarde übertragen werden. Nach Hamres Meinung war allein das schon ein wichtiger Unterschied. Wie er selbst beobachtet habe, seien Viersterne-Generäle eine ganz eigene Sorte Mensch, die von ihren Untergebenen wie Halbgötter behandelt würden und die es gewohnt seien, Befehle zu erteilen, die fraglos ausgeführt würden. Ein Bürgersoldat aus der Nationalgarde brächte dagegen ein wesentlich besseres Verständnis für die zivile, an den bürgerlichen Freiheiten orientierte Kultur des Landes mit.

Doch Nojeim war noch nicht besänftigt. Eine Änderung im Rang des Kommandeurs löse ja noch nicht die Frage, wie, mit welchen Mitteln genau, die Regierung das Militär daran hindern wolle, in den von Panik bestimmten Stunden nach einem terroristischen Angriff die Kontrolle an sich zu reißen. Die Ängste der Bevölkerung zu diesem Thema wurden durch den Film *Ausnahmezustand* (Originaltitel: *The Siege*) angefacht, der im Herbst 1998 in die Kinos kam. Darin wird New York von einer Gruppe arabischer Terroristen angegriffen, und ein besonders unangenehmer – von Bruce Willis gespielter – Armeeoffizier verhängt danach das Kriegsrecht. Er treibt amerikanische Bürger zusammen und sperrt sie hinter Stacheldraht in Lager. Die Pentagon-Führung tat diesen Film zwar als reine Ausgeburt der Phantasie ab. Trotzdem fand er beim Publikum und in der Öffentlichkeit große Resonanz.

Es regnete in Strömen, als am 21. Januar 1999 Präsident Clinton im Weißen Haus die Bedrohung diskutierte, die ihm, wie er sagte, die ganze Nacht den Schlaf geraubt hatte.[23] Nicht einmal atomare oder chemische Waffen seien so erschreckend wie ein Angriff mit Biowaffen, sagte er den ins Oval Office geladenen Reportern der *New York Times*. Es war das erste Interview seit über einem Jahr, seit Beginn der Lewinsky-Affäre, das Clinton einer der großen Zeitungen gab. Ein Angriff mit Chemiewaffen sei zwar schrecklich, sagte er, aber wenigstens »begrenzt«. Ein Angriff mit Biowaffen hingegen würde das ganze Land betreffen, besonders wenn für den Angriff ein ansteckender Krankheitserreger ausgewählt worden sei, den man weder schnell identifizieren noch nachhaltig behandeln könne. Ein Angriff mit biologischen Kampfstoffen wäre gleichsam ein unliebsames »Geschenk, das sich unablässig weiterverschenkt«.

Nachdem er sich nun entschlossen habe, öffentlich über die seiner Meinung nach wachsende Bedrohung der Vereinigten Staaten zu sprechen, versuche er den Mittelweg zwischen Aufklärung und unnötiger Panikmache zu finden, sagte der Präsident. Die Amerikaner sollten »wissen, was sie wissen müssten, und eine realistische

Sicht auf diese Dinge gewinnen. Sie sollten weder Angst haben noch die Dinge verschlafen. Darin besteht, glaube ich, der Trick.« Er fügte sogleich hinzu, dass ein ernster Angriff oder zumindest die Bedrohung durch einen solchen in den folgenden Jahren »sehr wahrscheinlich« sei. Darum sei die Regierung dabei, Verteidigungsmaßnahmen zu ergreifen. »Wir werden einfach nachdrücklich daran arbeiten und unser Bestes geben.«

Sollte Clinton damals in Gedanken vor allem beim Lewinsky-Skandal gewesen sein, der seinen Verbleib im Präsidentenamt immer mehr gefährdete, dann ließ er es sich zumindest nicht anmerken. In seinem großen Ohrensessel vor dem Kamin und unter den gelassenen Blicken des Porträts von George Washington an der Wand schien Clinton entspannt, aber auf das Thema des Interviews konzentriert zu sein. Sein Auftritt war eindrucksvoll, vielleicht sogar etwas unwirklich, weil sich im selben Augenblick seine Anwälte auf dem Kapitol bei den Amtsenthebungsverhandlungen im Senat für ihn in die Bresche werfen mussten. Im Weißen Haus selbst war es ungewöhnlich ruhig; die meisten Reporter und Kameraleute hatten sich auf dem Capitol Hill bei den Verhandlungen im Senat versammelt.

Clinton war sehr daran gelegen, einmal über etwas anderes zu reden als über die Lewinsky-Affäre. Diese Skandalgeschichte wurde ja schon in allen Einzelheiten im Fernsehen ausgebreitet und in den Hallen des Kongresses erörtert. Ganz offenkundig hatte er sich in die Materie der Biowaffen eingearbeitet. Er hatte sich Venters und Lederbergs Ansichten zu eigen gemacht, als er sagte, seiner Meinung nach stellten Biowaffen eine einzigartige Bedrohung für die Sicherheit des Landes dar. Eine Abwehr solcher Gefahren werde Ressourcen und Einfallsreichtum von Militär, Ordnungskräften und wissenschaftlichen Forschungsinstituten sowie des darniederliegenden öffentlichen Gesundheitswesens in diesem Land gleichermaßen stark beanspruchen. Eine Verteidigung gegen Biowaffen sei möglich, und man werde sie realisieren. Er erinnerte daran, dass er in der Welt des Kalten Krieges aufgewachsen sei und als Junge miterlebt habe, dass es überall Schutzräume gegen radioaktive Niederschläge gab und »in jeder Schule Alarmübungen stattfanden«. Das sei damals sinnvoll gewesen, und jetzt erforderten neuartige Bedrohungen eben auch eine neue Art von Zivilverteidigung. »Wir sollten alle vernünftigen Maßnahmen ergreifen, um unsere Anfälligkeit und unsere Risiken so klein wie möglich zu halten.« Für das amerikanische Volk sollten diese Anstrengungen »kein Grund zur Beunruhigung« sein, sondern ein Zeichen der Zuversicht. »Die Menschen sollten von uns erwarten dürfen, dass wir dabei gut organisiert sind.«

Der Zusammenbruch der Sowjetunion sei ein Segen gewesen, stelle aber auch eine Herausforderung dar. In der Zeit des Kalten Krieges seien die Sowjetunion und Amerika Giganten in Zwangsjacken gewesen, durch die Furcht vor schrecklicher Vergeltung daran gehindert, ihre nichtkonventionellen Waffen einzusetzen. Doch jetzt könnten neue Feinde die Vereinigten Staaten mit Biowaffen angreifen, ohne sich selbst zu erkennen zu geben. Bei Leuten, die davon träumten, Märtyrer zu werden, sei »die Wahrscheinlichkeit wesentlich größer als bei den Sowjets«, dass sie die Amerikaner tatsächlich angriffen. Eine Abschreckung sei aber wesentlich komplizierter, wenn Russlands verarmte Wissenschaftler ihr Know-how und tödliche Krankheitserreger an Leute weiterverkauften, bei denen solche Waffen »mit viel höherer Wahrscheinlichkeit als jemals bei den Sowjets zum Einsatz« kämen. Osama bin Laden, der abtrünnige Saudi, der als Förderer des antiamerikanischen Terrors auftrete, habe sich bereits intensiv bemüht, in den Besitz chemischer Waffen zu gelangen, und er habe dasselbe »vielleicht« auch bei Biowaffen versucht.

Angesichts der Terroranschläge, die Clinton in seiner Amtszeit bereits erlebt hatte, angesichts der zunehmenden Zahl von Trittbrettfahrern, die sich brüsteten, Anthrax-Anschläge verübt zu haben (im vorangegangenen Monat hatte es allein in Kalifornien zwölf solcher Fälle gegeben), und auch angesichts der zahlreichen Geheimdienstberichte, die er gelesen hatte, war Präsident Clinton fest davon überzeugt, dass »höchstwahrscheinlich« eine Terroristengruppe »innerhalb der nächsten Jahre« auf amerikanischem

Boden einen Angriff mit chemischen oder biologischen Waffen durchführen oder androhen werde. Er sagte, die US-Regierung müsse mehr tun, um die Bioabwehrmaßnahmen des Landes zu verstärken.

Gleichzeitig mache er sich jedoch Sorgen, dass die Ausdehnung der Regierungsbefugnisse im Zeichen der Antiterrorismus-Programme unweigerlich auch eine Bedrohung der bürgerlichen Freiheiten mit sich brächten. Unter Berufung auf die historische Tatsache, dass Amerika von Menschen gegründet wurde, die nicht unter der Regierung fremder Länder zu leiden gehabt hätten, sondern unter ihrer eigenen, betonte Clinton seine feste Entschlossenheit, auch beim Ausbau der Abwehrmaßnahmen des Landes die individuelle Freiheit und die bürgerlichen Freiheitsrechte zu schützen.

Letztlich aber, fügte er hinzu, stiegen Amerikas Chancen, sich gegen nichtkonventionelle Kampfstoffe wirksam zu verteidigen, mit den Fortschritten, die die Wissenschaft bei der Entzifferung des genetischen Materials von Mikroben und Menschen mache. Dann nämlich könne man genau passende Impfstoffe entwickeln und damit einem Angriff schnell begegnen. Auf diese Weise könnten die Verteidiger gegenüber den Angreifern das Heft in der Hand behalten. Das Human Genome Project, eine mit viel Geld von der US-Regierung unterstützte Forschungsanstrengung zur Kartierung des menschlichen Erbguts, sei in dieser Hinsicht äußerst wertvoll – ein wichtiger Teil des Verteidigungsschildes, um dessen Aufbau er sich bemühe. Wenn die Geheimnisse des menschlichen Genoms erst einmal entschlüsselt seien, prophezeite Clinton, wären eines Tages Wissenschaftler in der Lage, »eine Blutprobe zu entnehmen, und dann gibt es da ein Computerprogramm, das uns zeigt, ob wir es, sagen wir, mit einer Anthrax-Variante zu tun haben«.

Eindeutig – vielleicht sogar ein wenig zu eindeutig – stand der Präsident im Banne von Craig Venters enthusiastischen Prognosen. Dieser hatte ihm antibiotische Wunderwerke und andere großartige Abwehrmöglichkeiten für Angriffe mit Biowaffen versprochen, die sich wie von Zauberhand aus der Entschlüsselung des menschlichen Genoms ergeben würden. Clinton hoffte, Amerika würde sich »jede neue Entwicklungswelle der Technologie« zunutze machen, »um die Lücke zwischen Angriff und Verteidigung zu schließen«. Diesen Optimismus teilten allerdings weite Kreise der Militärexperten und Forscher im Regierungslager nicht.

Bevor eine derart schnelle Entdeckung von Biowaffenangriffen und eine umgehende Reaktion auf sie möglich sei, müssten sich die Vereinigten Staaten auf die Abschreckung von Angreifern konzentrieren, die mit Biowaffen drohten. In vager Anspielung auf erfolgreiche, aber nicht an die große Glocke gehängte Aktionen seiner Regierung, durch die man die Bemühungen von Schurkenstaaten und Terroristen, sich in den Besitz von Biowaffen zu setzen, verzögert habe, warnte der Präsident vor dem Einsatz solcher Waffen gegen Amerikaner. Wenn Washington dahinter komme, wer sie benutzt habe, sei eine »mindestens gleichwertige, wenn nicht gar überproportional heftige Antwort« die unweigerliche Folge. Was er damit meinte, war nicht klar, aber Clinton weigerte sich, die Dinge zu präzisieren. Wie sein Amtsvorgänger George Bush war er der Ansicht, dass es besser sei, solche Drohungen bewusst vage zu lassen.

Clinton beschrieb Bestandteile seines Vorschlags zur Verstärkung der Terroristenabwehr, den er am nächsten Tag öffentlich verkünden wollte. Obwohl er es nicht direkt aussprach, sollten die Ausführungen des Präsidenten suggerieren, dass seine Initiativen zur Bekämpfung des Terrorismus und zur Stärkung der amerikanischen Biowaffenabwehr letztlich wichtiger seien – und im Endeffekt in der Bilanz seiner Regierungszeit auch prominenter dastehen würden – als seine unbedeutende Affäre mit einer Praktikantin aus dem Weißen Haus. Die Gewährung dieses Interviews war mit Sicherheit Teil einer entsprechenden Strategie.

Als seine Mitarbeiter ihm sagten, die für das Interview vorgesehene halbe Stunde sei um, wich Clinton noch schnell einer Frage zu den Folgen der Lewinsky-Affäre für seine Familie aus. Das Schlimmste sei wohl überstanden, beschied er die Reporter. Außer einer anderen Frage, nämlich ob er sich selbst gegen Anthrax habe impfen lassen – er war nicht geimpft, aber der Geheimdienst hatte ihm geraten, nicht darüber zu sprechen –, war die auf den Skandal bezogene Frage die einzige, der er im Interview aus dem Weg ging. Doch auch als seine Terminmanager mit Nachdruck sagten, die Zeit sei um, und als andere Mitarbeiter, die das Interview diskret auf Tonband mitgeschnitten hatten, ihre Geräte ausschalteten und den Raum verließen, hörte Clinton nicht auf zu reden.

Diejenigen, die argumentierten, seine Regierung übertreibe die Gefahren des Bioterrorismus, hätten leider keine Ahnung. Anthony Lake, sein ehemaliger Sicherheitsberater, ein früher Befürworter verstärkter Abwehrmaßnahmen gegen Bioterroristen, habe ihm einmal, nur halb im Scherz, gesagt, die Leistungen, auf die eine Regierung am stolzesten sein könne, seien jene, die der Verhinderung von Schlimmerem gedient hätten – »also der Hund, der nicht bellen musste«, sagte Clinton. Die 10 Milliarden Dollar, die er beim Kongress beantragen werde, um jeglicher Form von Terrorismus zu begegnen, seien bestens angelegtes Geld. Und das gelte, ganz gleich, was Skeptiker und Kritiker der neuen, exotischen Bedrohungen des 21. Jahrhunderts auch sagten. Und wenn es wirklich keine schlimmen Zwischenfälle geben sollte, dann »wäre in zwanzig Jahren niemand glücklicher darüber als ich«. Seine Kritiker würden dann wahrscheinlich sagen: »Da seht ihr's, der Clinton war doch ein Scharlatan. Es ist gar nichts passiert.« »Aber ich«, fuhr er fort, »ich wäre dann der glücklichste Mensch der Welt.«

Am nächsten Tag verkündete Präsident Clinton seine Entscheidung, den Kongress um die Bewilligung von 2,8 Milliarden Dollar zu bitten. Dieses Geld sei für die Verhinderung von Angriffen mit biologischen und anderen exotischen Waffen bestimmt sowie für die Verhinderung und Bekämpfung eines angedrohten Computerkriegs. Die Finanzmittel für diesen Zweck im Haushaltsjahr 2001, mehr als die doppelte Summe der beantragten Mittel für 2000, seien Teil einer Gesamtforderung von 10 Milliarden Dollar zur Verteidigung der USA gegen den Terrorismus.

Mit Josh Lederberg an seiner Seite skizzierte Clinton wesentliche Elemente seiner erweiterten Kampagne gegen den Terrorismus in einer Rede, die er in der National Academy of Sciences hielt – und damit vor einem besonders geneigten Publikum. Mitglieder seines Kabinetts, wichtige und prominente Wissenschaftler aus dem militärischen und zivilen Bereich sowie zahlreiche Amtsinhaber aus den Reihen der Katastrophen- und Kriseneinsatzkräfte applaudierten und jubelten, als der Präsident sein Programm vor rund dreihundert Zuhörern verteidigte, die den Hörsaal in der Akademie bis auf den letzten Platz gefüllt hatten.

Zu den verkündeten Initiativen gehörten: ein Ausbildungsprogramm für das Notfallpersonal amerikanischer Städte zur Bewältigung eines chemischen oder biologischen Angriffs (Ansatz: 683 Millionen Dollar); der Schutz von Regierungsgebäuden und -einrichtungen (206 Millionen Dollar); Forschungsprogramme für die Untersuchung gefährlicher Krankheitserreger und die Entwicklung neuer Impfstoffe und Therapien, für Entwicklung und Beschaffung neuer Technologien zur Entdeckung und Diagnostik seltener Erkrankungen sowie für Dekontaminationsmaßnahmen (zusammen 381 Millionen Dollar).

Ferner beantragte das Weiße Haus 87 Millionen Dollar, 23 Prozent mehr als im Vorjahr, für die Verbesserung des öffentlichen Gesundheitsüberwachungssystems und 52 Millionen Dollar für den weiteren Aufbau der Vorräte an Antibiotika und Arzneien gegen Anthrax, Pocken und Lungenpest. Überdies forderte Clinton eine Verdreifachung der laufenden Ausgaben (auf insgesamt 24 Millionen Dollar) für die Einrichtung von 25 ärztlichen Katastrophenteams in den wichtigsten amerikanischen Städten. Bisher seien nur vier Städte (Miami, Denver, Washington und Charlotte, North Carolina) in der Lage gewesen, solche Teams zusammenzustellen und speziell für ihre Ausgaben auszubilden.

Zwar sollte immer noch der größte Teil der geplanten 10 Milliarden Dollar für verstärkte Sicherheitsmaßnahmen in US-Botschaften im Ausland und bei Regierungseinrichtungen im Inland ausgegeben werden, aber die leitenden Beamten des öffentlichen Gesundheitswesens waren hocherfreut. »Zum ersten Mal in der amerikanischen Geschichte«, sagte Gesundheitsministerin Donna

Shalala, werde nun das öffentliche Gesundheitswesen in die nationale Sicherheitsplanung mit einbezogen.
Auch Lederberg hatte nun einen Teil der gewünschten Mittel für die grundlegende Erforschung gefährlicher Krankheitserreger bekommen. In seiner kurzen Einführungsrede für den Präsidenten und für Lederberg sagte Sandy Berger, Clintons Sicherheitsberater, Lederberg habe als Nobelpreisträger (er gewann den Preis schon mit 33 Jahren) seinen Platz auf dem Parnass der Wissenschaften schon sicher. Aber auch der Präsident stehe im Vergleich zu Lederberg gar nicht schlecht da: Er sei im selben Alter bereits Gouverneur des Staates Arkansas gewesen. Am Anfang seiner Rede sagte Clinton dem Publikum, aus der Tatsache, dass er in die Politik gegangen sei, könne man schließen, dass er in Chemie und Biologie nicht gut gewesen sei. Das launige Geplänkel zwischen dem Präsidenten und »Josh« auf einer solchen Bühne und an einem solchen Tag war als unmissverständliches Signal an die Regierungsbürokratie gedacht: Lederberg und andere Befürworter von Abwehrmaßnahmen gegen den Bioterrorismus hatten Einfluß im Weißen Haus. Ihr Anliegen konnte nicht länger ignoriert werden.

Der erste Test dafür, wie weit der Einfluss der Bioabwehrexperten reichte, stand schon nach wenigen Monaten auf der Tagesordnung, als in der Regierung darüber debattiert wurde, ob man die letzten bekannten Proben des Pockenvirus auf der ganzen Welt vernichten solle.
Auf den ersten Blick schien das eine leichte Aufgabe zu sein. Denn die Ausrottung der Pocken war eine der großen historischen Leistungen des öffentlichen Gesundheitswesens. Der letzte bekannte Ausbruch der Krankheit war 1977 in Somalia verzeichnet worden, und drei Jahre später hatte die Weltgesundheitsorganisation die Krankheit offiziell für ausgerottet erklärt. 1996 hatte die Führung der WHO die Vernichtung der letzten verbliebenen Proben empfohlen, die unter strikten Sicherheitsvorkehrungen an zwei Orten aufbewahrt wurden – in den Centers for Disease Control and

Prevention (CDC) in Atlanta und in Vector, dem sibirischen Institut, das Lew Sandachtschiew leitete. Die Vernichtung sollte bis Juni 2000 erfolgen.

Doch russische und amerikanische Geheimdienstexperten glaubten, dass andere Länder noch geheime Vorräte an Pockenviren besaßen. Sandachtschiew hatte gesagt, er sei sicher, dass unter anderem Nordkorea geheime Pockenviren aufbewahre. Dieser Ansicht waren auch die amerikanischen Experten.

Die Beamten des Pentagon gaben zu bedenken, dass eine öffentliche Zeremonie, bei der die endgültige Ausrottung der Pockenviren bekanntgegeben würde, die reinste Farce sei. Erstens habe die WHO keinerlei Handhabe, zu kontrollieren, ob alle Länder ihre Zusagen auch wirklich eingehalten und ihre letzten Proben entweder zerstört oder an die WHO übergeben hätten. Die WHO habe die entsprechenden Erklärungen einfach akzeptiert. Zweitens glaubte man im Pentagon, dass mehrere Länder, darunter auch Verbündete der USA, insgeheim beschlossen hätten, Pockenproben heimlich aufzubewahren. Und selbst wenn wirklich alle Länder vollkommen pockenfrei wären, ließe sich das tödliche Virus aus verwandten Mikroben rekonstruieren, wenn es ein Land wirklich darauf anlege, neue Pockenvorräte herzustellen. Denn Pockenviren seien, hieß es, einfach ein zu verlockender biologischer Kampfstoff, als dass man freiwillig darauf verzichten werde.

Der letzte gewichtige Einwand lautete, dass die Zerstörung der russischen und amerikanischen Vorräte die Bemühungen komplizierter machen werde, neue Impfstoffe und Medikamente gegen diese Viren zu entwickeln. Besonders die amerikanische Bevölkerung, die seit 1972 nicht mehr gegen Pocken geimpft wurde, sei verwundbar. Ein amerikanischer Experte sagte, wenn dieses ansteckende Virus bei einem terroristischen Angriff verwendet werde, dann »sind wir alle Indianer«.[24] Damit spielte er auf die verheerenden Folgen von Pockenepidemien unter den nordamerikanischen Ureinwohnern nach der Ankunft europäischer Siedler an.

Präsident Clinton stand unter massivem politischem Druck seitens der Befürworter von Rüstungskontrollmaßnahmen und anderer

Gruppen unter seinen Wählern, die Viren auf jeden Fall zu vernichten und so mit einer »moralisch guten« politischen Aktion der Welt ein Beispiel zu geben. Angesehene Wissenschaftler wie Donald A. Henderson, ein ehemaliger wissenschaftlicher Berater im Weißen Haus, der die Kampagne zur Vernichtung der Pockenviren angeführt hatte, argumentierten, dass für die Impfstoffentwicklung die Vorhaltung lebender Viren gar nicht erforderlich sei. Hendersons Argumente stießen bei vielen Regierungsbeamten und in vielen Entwicklungsländern auf Sympathie.

Lederberg und anderen Gegnern der Virenvernichtung war klar, dass sie überzeugende Argumente ins Feld führen mussten, wenn sie einen Aufschub für die Vernichtung der Viren erreichen wollten. Zum Glück hatten sie einen Verbündeten im Weißen Haus, einen effizienten Bürokraten mit makellosem wissenschaftlichem Renommee, der gerade eine Abteilung im Nationalen Sicherheitsrat leitete – jener Institution, die Präsident Clinton eingerichtet hatte, um zentrale Fragen des öffentlichen Gesundheitswesens und der nationalen Sicherheit zu untersuchen und zu bewerten.

Für Kenneth Bernard, der als Stellvertretender Generalarzt tätig gewesen war, bevor er den neuen Posten im Weißen Haus übernommen hatte, war die politisch korrekte Position »selbstverständlich«, wie er Freunden unter den Befürwortern der Biowaffenabwehr sagte. Bernard wusste nicht nur von den Bedenken hinsichtlich des Irak und Nordkoreas, sondern auch, dass Ken Alibek gewarnt hatte, die Sowjets hätten Pockenviren für Biowaffen verwendet und die Russen könnten immer noch genetisch modifizierte Virenvorräte für den Waffengebrauch aufbewahren. Natürlich musste deshalb nach Bernards Überzeugung die endgültige Vernichtung der Pockenviren aufgeschoben werden. Gleichwohl würde es nicht einfach sein, dafür überzeugende Argumente zu präsentieren. Schließlich hatte die Regierung 1996 die Vernichtung selbst befürwortet; es wäre also eine Kehrtwende um 180 Grad.

Wohl wissend, dass Präsident Clinton sicher auf den Rat wissenschaftlicher Experten hören würde und einer der führenden Pockenexperten des Landes, Donald Henderson, sich leidenschaftlich für die Virenvernichtung einsetzte, hatte Bernard die National Academy of Sciences gebeten, ein Expertenkomitee zu berufen.[25] Dabei gelang es ihm, die Akademie davon zu überzeugen, dass die Ausgangsfrage für die Gutachter nicht lauten sollte, ob man die Viren aufbewahren oder zerstören solle, sondern ob Fortschritte in der Behandlung möglicherweise ausblieben, wenn man das Virus jetzt endgültig vernichtete.

Diese geschickte Fragestellung brachte schließlich die Entscheidung. Im März 1999 kam das Expertengremium zu dem Schluss, dass man in der Tat solche Behandlungsmöglichkeiten opfern würde, wenn man das Virus zum gegenwärtigen Zeitpunkt vernichtete. Die Befürworter der Zerstörung waren wütend, denn ihnen war klar, dass sie in der Debatte nun höchstwahrscheinlich unterliegen würden, wenigstens zum gegenwärtigen Zeitpunkt. Einen Monat später, im April 1999, verkündete Clinton, die USA würden sich bei der im Mai in Genf tagenden WHO-Vollversammlung dafür einsetzen, die Vernichtung der Pockenstämme noch hinauszuschieben. Da sich Russland und Amerika einig waren, folgte ihnen der Rest der Welt, wenn auch zögerlich. Die WHO beschloss, die Vernichtung der Bestände bis mindestens 2002 aufzuschieben. Bernard, Lederberg und ihre Verbündeten hatten eine wichtige Runde in diesem Kampf für sich entschieden.

Anfang 1999 reiste Bill Patrick nach Alabama, um vor Offizieren im Counterproliferation Center (Nichtverbreitungszentrum für ABC-Waffen) der Air Force zu sprechen, das im Luftwaffenstützpunkt Maxwell ansässig war. Er beschrieb, wie Terroristen Biowaffen einsetzen. Gegen Ende seines Vortrags zeigte Patrick auf einer Leinwand zwei Dias. Es ging um einen Vergleich der amerikanischen und sowjetischen Industriekapazitäten für biologische Kampfstoffe auf dem Höhepunkt der Produktion. Dabei wurde schlagartig deutlich, wie ungeheuer groß Moskaus Kapazitäten waren. Er merkte allerdings an, dass Washingtons Erreger besser aufbereitet und die amerikanischen Waffen effizienter bei der Ausbringung der Kampfstoffe gewesen seien. Gleichwohl erschienen Amerikas Anstrengungen auf diesem Gebiet im Vergleich eher moderat.

Vergleich der Produktion gefriergetrockneter Erreger (in Tonnen pro Jahr)		
	USA	**Sowjetunion**
Staphylokokken-Enterotoxin B	1,9	0
F. tularensis (Tularämie, Hasenpest)	1,6	1500
Coxiella burnetii (Q-Fieber, Balkangrippe)	1,1	0
B. anthracis (Anthrax, Milzbrand)	0,9	4500
VEE-Viren (Pferdeenzephalitis)	0,8	150
Botulinum-Toxin	0,2	0
Yersinia pestis (Beulenpest)	0	1500
Variola-Viren (Pocken)	0	100
Actinobacillus mallei (Rotzkrankheit)	0	2000
Marburg-Virus	0	250

»Schauen Sie doch mal unten auf die Grafik«, sagte er. »Schauen Sie all diese Killer an. Pest, Rotzkrankheit, Marburg – alles absolut tödlich.« Ungläubig kommentierte er diese Zahlen und nannte sie irreal. »Was zum Teufel wollen die denn mit 4500 Tonnen Anthrax anstellen?«, fragte Patrick. »Schauen Sie sich die Pocken-Spalte an. Wir haben Pocken nicht zu Waffen verarbeitet, aber sie hatten 100 Tonnen davon.«[26]

An Pocken musste auch Andy Weber im Herbst 1999 häufig denken. Er nahm in Kolzowo an einer Party zum 25-jährigen Bestehen von Vector teil, der offiziellen russischen Aufbewahrungsstätte für Pockenviren, wo man sich früher darauf spezialisiert hatte, aus Viren Waffen zu machen. Die Festlichkeiten, die den ganzen Tag andauerten, fanden auf dem Fußballplatz der sibirischen Stadt, die ehemals Sperrgebiet war, statt. Zur Feier des

Tages wurden Reden gehalten, in denen an die großen Leistungen des Instituts in der Vergangenheit erinnert wurde – Leistungen, die allerdings niemand offen benennen durfte. Und es gab Paraden der Vector-Veteranen, Tanzvorführungen der Kinder von Institutsangehörigen – die Belegschaft umfasste zweitausend Wissenschaftler, Ingenieure und Techniker – sowie Vorführungen von Selbstverteidigungstechniken durch russische Spezialtruppen.

Nach dem Mittagessen an diesem bitterkalten Tag begleitete Weber zusammen mit einer amerikanischen Freundin den Institutsdirektor Lew Sandachtschiew und einige von dessen russischen Kollegen auf den Friedhof der Stadt.[27] Dort erhob Sandachtschiew zum Gedenken an Nikolai Ustinow einen Plastikbecher mit Wodka. Ustinow, ein Wissenschaftler am Institut, war im Frühjahr 1988 gestorben, nachdem er sich versehentlich mit dem Marburg-Virus infiziert hatte, einem tödlichen Erreger, der zu inneren Blutungen führt und den er mit seinen Kollegen hatte waffentauglich machen wollen.

An der Seite von Ustinows Witwe Jewgenia stand Sandachtschiew am Fußende des immer noch kontaminierten Grabes und prostete dem gefallenen Freund und Kollegen zu, der das Fortschreiten seiner Erkrankung in einem Tagebuch festgehalten hatte, das mit seinem eigenen Blut befleckt war. Dann leerte Sandachtschiew den restlichen Inhalt des Bechers auf das Grab des Freundes, dessen verzinkter Sarg nun von Blumen und Gras bedeckt war.

Wodka, dachte Weber, als er zu Boden starrte. Wie viele Russen, insbesondere Wissenschaftler, die an Biowaffen arbeiteten, hatten wohl ihr Elend und ihre moralischen Skrupel in Wodka ertränkt?

Es gab keine Gedenkplakette und keine öffentliche Würdigung für Ustinow, keinen offiziellen Hinweis auf seine Todesursache. Doch Ustinow hatte auf eine perverse, typisch sowjetische Art die Unsterblichkeit erlangt. Denn nach seinem Tod hatten seine Kollegen in Vector das Virus, das ihn getötet hatte, kultiviert. Es hatte in Ustinows Körper Mutanten gebildet – eine laut Ken Alibek besonders virulente neue Variante. Und sie hatten bei der Waffenproduktion die Originalviren durch diese Variante ersetzt. In Vector hatte man sie »Variante U.« getauft.[28]

Sandachtschiew wandte sich ab. Unter Tränen sagte er: »Gott sei Dank, das ist vorbei.«

Wirklich?, fragte sich Weber.

Kapitel 11
Verteidiger

Ein heißer, trockener Sommer neigte sich dem Ende zu, als am 23. August 1999 Deborah S. Asnis, Spezialistin für Infektionskrankheiten im Medical Center des Flushing Hospital im New Yorker Stadtteil Queens, im Gesundheitsamt von New York City anrief. Sie hatte keine guten Nachrichten: Zwei ältere Patienten waren mit Symptomen gekommen, die nach einer neurologischen Erkrankung aussahen – Fieber, Muskelschwäche und Verwirrungszustände. Vier Tage später rief sie erneut an. Inzwischen wiesen vier Patienten ähnliche Symptome auf. Obwohl alle Erkrankten verschiedene Ärzte konsultiert hatten und ein Patient sogar in einem anderen Krankenhaus lag, erschienen Asnis die Symptome, über die diese Patienten klagten, beunruhigend ähnlich.[1] Vielleicht war dies der Anfang einer gefährlichen Epidemie. Marcelle Layton, die Leiterin der Meldestelle für ansteckende Krankheiten im Gesundheitsamt der Stadt New York, sagte Asnis, sie solle dem Amt unverzüglich Proben für Labortests schicken. Außerdem rief sie in den US Centers for Disease Control and Prevention (CDC) in Atlanta an.

Ende August waren bereits acht Fälle der mysteriösen Erkrankung identifiziert. Dabei war Layton und ihrer medizinischen Assistentin, die die Familien der Opfer befragt hatte, aufgefallen, dass alle in einem rund 40 Quadratkilometer großen Gebiet im nördlichen Queens wohnten und abends draußen gewesen waren – zu einer Zeit, in der besonders viele Mücken unterwegs sind. Während die meisten Symptome mit denen einer von Viren verursachten Gehirnhautentzündung (Enzephalitis) übereinstimmten, einer Erkrankung, die von Mücken übertragen werden kann, passte die ernsthafte Muskelschwäche der Patienten nicht in dieses Krankheitsbild.[2]

New York galt als eine der Städte in den USA, die am besten auf bakterielle oder virale Epidemien vorbereitet waren. Nach dem Bombenanschlag von 1993 auf das World Trade Center hatte Bürgermeister Rudolph Giuliani massiv in Maßnahmen zur Terrorismusabwehr investiert. New York hatte zu den ersten Städten gehört, die Bundesmittel für die Ausbildung von Erstreaktionskräften (Einsatzleitern u.a.) bei Angriffen mit nichtkonventionellen Waffen erhalten hatten. Die Stadt hatte mehr als eine Million Dollar für zwei mobile Einsatzstationen investiert, die dafür ausgerüstet waren, im Falle eines Angriffs gefährliche Chemikalien zu erkennen. Eine gleichartige Ausrüstung für biologische Kampfstoffe fehlte allerdings. Während die meisten Städte kaum in der Lage waren, einige 10 000 Dollar für solche Vorbeugungsmaßnahmen zusammenzukratzen, hatte New York bereits jährlich Millionen für den Aufbau von Kriseneinsatzkräften ausgegeben. Dazu gehörten auch Vereinbarungen mit Krankenhäusern der Region, um Behandlungskapazitäten für den Notfall bereitzuhalten.
Jerome Hauer, von Giuliani 1995 zum Leiter eines neuen Amtes zur Verbesserung des städtischen Katastrophenschutzes (Office of Emergency Management) berufen, hatte eng mit dem Gesundheitsamt der Stadt zusammengearbeitet, um die Reaktionsmöglichkeiten New Yorks auf nichtkonventionelle Angriffe zu verbessern. Besondere Sorgen machte sich Hauer wegen der möglichen Auswirkungen eines Angriffs mit biologischen Kampfstoffen. Denn mit rund 9400 Einwohnern pro Quadratkilometer war New York doppelt so dicht bevölkert wie Chicago, das der Stadt in puncto Bevölkerungsdichte am nächsten kam. Der 50-jährige Hauer, von Haus aus Medizinalbeamter mit einschlägigem Studienabschluss, war zuvor Chef der Notfalleinsatzkräfte in Indianapolis gewesen und hatte 1998 zu der Expertenrunde gehört, die Präsident Clinton geeignete Schritte zur Abwehr des Bioterrorismus empfehlen sollte.
Schon bald nach seiner Amtsübernahme hatte Hauer ein computergestütztes System entwickelt, mit dem man die Patientenaufnahme in elf Krankenhäusern der Stadt nachverfolgen konnte.

New York hatte auch damit begonnen, das Personal der Notaufnahmestationen so auszubilden, dass es auf bestimmte Symptomkombinationen achtete, die sich möglicherweise auf die Verbreitung von Anthrax oder anderen biologischen Kampfstoffen zurückführen ließen.

Im August 1999 verhielt sich Deborah Asnis vom Flushing Medical Center also genau so, wie Hauer es sich vorgestellt hatte: Sie nahm sich eines ungewöhnlichen Erkrankungsmusters mit Tatkraft und Eigeninitiative an.

Die Serumproben aus Queens wurden zur genaueren Untersuchung an das CDC-Labor in Fort Collins, Colorado, geschickt. Duane Gubler, Experte für durch Insekten verbreitete Krankheiten, und seine Wissenschaftler nahmen an, dass es sich wohl um die im Südosten der USA verbreitete Saint-Louis-Enzephalitis (SLE) handelte. Nachdem er die Muster von Antikörpern gegen sechs Viren durchgeprüft hatte, die von Insekten in den Vereinigten Staaten häufig übertragen werden, ergab sich ein positives Testergebnis für SLE. Am 3. September meldeten das New Yorker Gesundheitsamt und die CDC, ihre Untersuchungen der Blutproben und der entnommenen Rückenmarksflüssigkeit hätten die Labordiagnose erhärtet. In einer Pressemitteilung der Stadt hieß es, der Tod eines älteren Patienten und zwei weitere Erkrankungen in Queens stünden »nachgewiesenermaßen mit der Saint-Louis-Enzephalitis in Zusammenhang, einer Viruserkrankung, die durch Mücken übertragen wird«.[3]

Hauer verkündete den Beginn einer Kampagne, bei der für 6 Millionen Dollar Pestizide versprüht werden sollten, um die Mücken der Stadt auszurotten. Zwar gab es Einwände dagegen, große Teile der Stadt mit Malathion, einem starken Insektenvernichtungsmittel, zu besprühen, aber Hauer sah keine Alternative. New York hatte im 20. Jahrhundert noch keine ernsthafte Epidemie mit von Mücken übertragenen Krankheiten erlebt, und die Stadt hatte, anders als die Nachbarstaaten New Jersey und Connecticut, Ende der achtziger Jahre ihr Mückenüberwachungs- und Kontrollprogramm eingestellt. Die Stadt beschloss, großflächig zu sprühen, um die Mückenpopulation schnell zu töten.[4] Denn Impfstoffe oder Medikamente gegen SLE waren nicht bekannt.

Außerdem stellte Hauers Amt im ganzen Land unauffällig alle Vorräte an Insektenvertreibungsmitteln sicher.[5] Anschließend wurden von einer kleinen Armee von 500 städtischen Angestellten rund 400 000 Sprühdosen in Feuerwachen und Polizeistationen vor Ort verteilt und gelagert. Sein Amt und das Gesundheitsamt der Stadt verfassten und druckten gemeinsam eine achtsprachige Broschüre über die Krankheit in einer Auflage von 250 000 Exemplaren. Überdies wurden Informationen über die Krankheit auf der Website des städtischen Gesundheitsamtes ins Internet gestellt. Gesundheitsinformationen auf dem jeweils neuesten Stand wurden in relativ kurzen Abständen über ein Faxsystem an die Krankenhäuser der Stadt geschickt. Der Bürgermeister, Hauer und Beamte des Gesundheitsamtes hielten täglich Pressekonferenzen ab.

Die Offiziellen der Stadt hatten allen Grund, mit ihrer Leistung zufrieden und erleichtert zu sein, dass die Epidemie relativ glimpflich zu verlaufen schien. Als die kühleren Herbsttemperaturen der Epidemie wenigstens vorläufig ein Ende bereiteten, waren 62 Personen an dem Virus erkrankt, die meisten von ihnen ältere Menschen. Nur sieben Patienten waren gestorben. Dank Asnis' schneller Meldung und der genauso schnellen Reaktion des Gesundheitsamtes konnte nach nur elf Tagen – in Rekordzeit – eine Diagnose gestellt werden.

Allerdings gab es, wie sich herausstellte, doch ein ernsthaftes Problem: Die Diagnose war falsch. Hinweise auf einen möglichen Irrtum kamen aus einer nicht gerade naheliegenden Quelle. Schon seit Mitte August machten sich Veterinärpathologen im Zoo des Stadtteils Bronx wegen eines ernsthaften Problems Sorgen, das zunächst mit der anderen Epidemie nichts zu tun zu haben schien: Eine große Zahl von Krähen und anderen Vögeln war verendet. Vier Tage, nachdem die Stadt die Diagnose »Saint-Louis-Enzephalitis« verkündet hatte, waren mehrere exotische Vögel im Zoo gestorben. Allerdings keine Emus. Und das wiederum machte Tracey S. McNamara nervös. McNamara, Leiterin des pathologischen Labors im Zoo, wusste, dass SLE eine Erkrankung ist, die von Vögeln beherbergt werden kann und von Mücken übertragen wird, dass aber die Vögel, die als Wirtsorganismen dienen, normalerweise nicht daran erkranken.

Zwar wiesen die toten Vögel innere Blutungen und Gehirnhautentzündung auf – somit ähnliche Symptome wie die an SLE erkrankten Menschen. Aber bei den Vögeln waren auch schwere Herzschäden und andere Organerkrankungen zu verzeichnen. McNamara dachte darüber nach, ob auch Grippeviren oder andere geläufige Viren im Spiel sein könnten, die bei Vögeln ähnliche Symptome hervorrufen; aber der pathologische Befund passte einfach nicht. Sie hatte überdies an einem Kurs zur Erkennung ausländischer Tierkrankheiten im veterinärpathologischen Labor des US-Landwirtschaftsministeriums in Plum Island, New York, teilgenommen und wusste daher, dass solche Infektionen auch die einheimischen Hühnerrassen des Zoos in Mitleidenschaft ziehen würden. Doch den Hühnern schien es blendend zu gehen. Ebenfalls verworfen wurde von McNamara die Möglichkeit einer von Mücken übertragenen Pferdeenzephalitis (EEE), denn diese entwickelt andere Entzündungsformen und zieht andere Gehirnpartien in Mitleidenschaft als jene, die McNamara an den Vogelkadavern sah, die sich in ihrem Kühlraum türmten. Überdies schienen die Emus im Zoo – eine australische Laufvogelart, die für EEE-Viren besonders anfällig ist – von den Erkrankungen nicht betroffen zu sein. Die Ursachen der Epidemie mussten also komplizierter sein.

Weil McNamara überzeugt war, dass es einen Zusammenhang zwischen den Todesfällen bei Vögeln und Menschen gab, benötigte sie Hilfe. Die New Yorker Gesundheitsbeamten bemängelten später, dass sie sich nicht an den Expertenstab im New Yorker Gesundheitsamt gewandt hatte. Denn auch einige dieser Experten hätten der ersten Diagnose nicht ganz getraut. Zu ihrer Rechtfertigung sagte McNamara jedoch, sie habe dort absichtlich nicht angerufen, weil in diesem Stab kein Tierarzt vertreten gewesen sei. Außerdem hätte diese Gruppe nicht über ein zuverlässiges Labor verfügt, in dem man ihre toten Zoovögel und die Proben toter

Krähenvögel hätte analysieren können. Stattdessen schickte sie ihre Proben also an das National Veterinary Service Laboratory des US-Landwirtschaftsministeriums in Ames, Iowa. Außerdem rief sie beim Seuchenkontrollzentrum CDC an, um die Wissenschaftler darauf hinzuweisen, dass die toten Vögel und die Epidemie unter den Menschen in einem Zusammenhang stehen könnten. Das CDC-Labor in Fort Collins, durch die menschlichen Gewebeproben aus New York ohnehin überlastet, tat ihren Hinweis jedoch als unwahrscheinlich ab und weigerte sich anfangs sogar, ihre Vogelgewebeproben überhaupt zu analysieren. Schließlich waren Vögel die natürlichen Wirte für Flaviviren, jene Gruppe von Krankheitserregern, die beim Menschen bekanntermaßen Enzephalitis hervorrufen. Doch ein gleichzeitiger Ausbruch von Infektionen bei Vögeln und Menschen war zuvor noch niemals beobachtet worden. Unbeirrt schickte McNamara ihre Proben trotzdem nach Colorado.
Überdies stand sie mit ihren Überzeugungen nicht allein da. Auch Ward Stone, der Leiter der Abteilung für Wildtiere im Umweltministerium des Staates New York, hatte seine Amtskollegen in den Nachbarstaaten New Jersey und Connecticut wegen der seltsamen Krankheit unter der Vogelpopulation von New York City alarmiert. Doch während des ganzen Spätsommers schien die Suche nach den Krankheitsursachen bei Vögeln und Menschen weitgehend unabhängig voneinander abzulaufen. Während die CDC sich endlich doch bereit erklärten, einige ihrer Proben zu analysieren, beschwerte sich McNamara, dass die Mitarbeiter dieses Amtes auf ihre täglichen Anrufe fast eine Woche lang nicht reagiert hätten.
Bei ihrem Ringen um eine zutreffende Diagnose der mysteriösen Erkrankungen in New York dämmerte es den Ärzten und Wissenschaftlern, die sich mit den bei Menschen auftretenden Fällen befassten, erst spät und ganz allmählich, dass die erkrankten Vögel auch für sie relevant sein könnten. Bei den Planungen der Bundesregierung, wie eine Stadt einen plötzlichen Krankheitsausbruch entdecken und darauf reagieren könnte, hatten die Verantwortlichen alle möglichen Szenarien in Erwägung gezogen. Doch

niemand war vorher darauf gekommen, dass bei einem Krankheitsausbruch entscheidende Hinweise auch von einem Veterinär oder Wildbiologen kommen könnten.

Als sich das Labor des Landwirtschaftsministeriums in Ames schließlich bei Frau McNamara meldete, waren die Befunde alarmierend: Die Virologen waren einfach nicht in der Lage, das Virus zu identifizieren, dem die Vögel zum Opfer fielen. Nur eines war sicher: Es handelte sich um eine Art Flavivirus, aber um eine Spezies, die die Veterinäre noch nie gesehen hatten. Weil von keinem Flavivirus je bekannt geworden war, dass es bei Tieren Erkrankungen verursacht hatte, war weder das Labor in Ames noch irgendein anderes Veterinärlabor im Lande im Besitz des für eine spezifische Diagnose erforderlichen Testmaterials. Nur die CDC-Labors und andere Einrichtungen des öffentlichen Gesundheitswesens, die menschliche Gewebeproben untersuchten, besaßen die einschlägigen Reagenzien und Chemikalien. Also sandte McNamara noch weitere tierische Gewebeproben an die CDC. Und da inzwischen mehr als ein Dutzend Vögel verendet und mehr als hundert menschliche Verdachtsfälle für SLE verzeichnet waren, rief sie ebenfalls im Medizinischen Forschungsinstitut für Infektionskrankheiten der US-Army an. Dort kannte sie einen Pathologen, den sie um einen Gefallen bitten wollte. Ihm erläuterte sie ihre Theorie, dass die Erkrankungen bei Vögeln und Menschen zusammenhängen müssten, und bat ihn um eine Analyse ihrer Vogelgewebeproben.

Normalerweise nahm das Armeelabor in Fort Detrick, Maryland, in dem einst Bill Patrick aus Krankheitserregern Waffen gemacht hatte und das sich inzwischen militärischen Forschungen zur Biowaffenabwehr widmete, keinerlei zivile Aufträge an. Aber der besagte Pathologe machte eine Ausnahme, und zwei Tage nach Erhalt von McNamaras Proben stand fest, dass es sich *nicht* um SLE-Erreger handeln konnte. Da das Labor des Landwirtschaftsministeriums das Virus isoliert hatte und weitere Gewebeproben aus dem Zoo in der Bronx vorlagen, konnten weitere Tests unternommen werden. Am 24. September 1999 bestätigten Fort

Detrick und die CDC, dass man in den Vogelgewebeproben ein Virus gefunden habe, das »dem Erreger der West-Nil-Enzephalitis sehr ähnlich« sah.

Nach diesem Anstoß durch die Vogel-Untersuchungsergebnisse benutzte das CDC-Labor in Fort Collins ähnliche Techniken des genetischen Fingerabdrucks, um die Humangewebeproben zu analysieren. Ungefähr zur selben Zeit führte auch Ian Lipkin, Direktor eines Labors der University of California in Irvine zur Erforschung der Ausbreitung neuer Krankheiten, Labortests durch, um dem rätselhaften Erreger auf die Spur zu kommen; er war gerade als Gastprofessor in New York tätig, und die Beamten des öffentlichen Gesundheitswesens im Bundesstaat New York hatten ihn um Hilfe gebeten. Lipkin bestätigte den Gesundheitsämtern des Staates und der Stadt New York, dass der Erreger der West-Nil-Enzephalitis in der Tat auch Menschen infiziert hatte. Am 27. September kam die offizielle CDC-Bestätigung: Ein »dem Erreger der West-Nil-Enzephalitis sehr ähnliches Virus« sei für die Infektionen bei Menschen und Vögeln verantwortlich. Das Ergebnis war sehr erstaunlich, denn dieses Virus hatte in der westlichen Hemisphäre noch nie eine Epidemie verursacht.[6]

Diese Entdeckung raubte vielen mit der Biowaffenabwehr befassten Wissenschaftlern und Regierungsbeamten den Schlaf. Sie sahen in der Epidemie eine Art Generalprobe für einen bioterroristischen Angriff, einen Test, wie gut das öffentliche Gesundheitswesen auf die plötzliche Ausbreitung eines Krankheitserregers vorbereitet war, der in den USA normalerweise nicht vorkam. Viele hatten das Gefühl, dass die Ereignisse dieses Sommers ein Schlaglicht auf verschiedene Schwachstellen im Netzwerk für die Entdeckung sich ausbreitender Krankheiten warfen.

Eigentlich hatte das öffentliche Gesundheitswesen in mancherlei Hinsicht gut funktioniert. Eine wachsame Ärztin hatte eine Häufung mysteriöser Krankheitsfälle beim Gesundheitsamt gemeldet. Die Behörden hatten ihrerseits die wahrscheinlichen Krankheitsüberträger schnell als Mücken identifiziert. Marcelle Layton sagte, ohne die wache Reaktion von Deborah Asnis wäre zweifelhaft ge-

wesen, »wann oder ob der Beginn dieser Epidemie entdeckt worden wäre«.[7]
Ebenso war die Stadt umgehend aktiv geworden, um die Ausbreitung des Virus zu stoppen – trotz der anfänglichen Fehldiagnose. Das Versprühen von Insektiziden hatte die Anzahl der Infektionen durch das Weltenbummler-Virus bei den Menschen in Grenzen gehalten. Weil die Stadt bereits in die Abwehr möglicher terroristischer Angriffe mit Biowaffen investiert hatte, kannten sich die örtlichen Gesundheitsbeamten und die Beamten der Kriseneinsatzstäbe bereits und konnten deshalb recht gut zusammenarbeiten. Wie Frank Young, der ehemalige Spitzenbeamte aus dem US-Gesundheitsministerium, sagte, ist ansonsten der Schauplatz einer Katastrophe ja »nicht gerade der rechte Ort oder der richtige Zeitpunkt für den Austausch von Visitenkarten unter Regierungsbeamten«.[8]
Gleichwohl enthüllte der Zwischenfall einige bedenkliche Schwächen im System. Die langatmigen, oft zwei Stunden dauernden täglichen Konferenzschaltungen, an denen bis zu hundert Beamte aus 18 verschiedenen Ämtern auf lokaler, einzel- und bundesstaatlicher Ebene beteiligt waren, raubten den einzelnen Verantwortlichen zu viel Zeit, die sie für die eigentliche, konkrete Auseinandersetzung mit der Krise dringend gebraucht hätten. Und durch Kompetenzstreitigkeiten war oft unklar, welche Behörde in welcher Stadt, welchem Staat oder welchem Bezirk wofür zuständig war.
Obwohl die Epidemie relativ begrenzt war, kam eine Studie des US-Rechnungshofes, den der Kongress auf diese Sache angesetzt hatte, zu dem Ergebnis, dass sie die Ressourcen einer der größten und erfahrensten städtischen Gesundheitsbehörden des Landes bis an die Grenzen beansprucht hatte. Wenn das schon eine relativ bescheidene Epidemie mit natürlichen Ursachen im New Yorker Gesundheitswesen vermocht hatte, was würde dann geschehen, wenn irgendwo anders im Land eine Massenepidemie ausbrach?
Die medizinisch-diagnostischen Untersuchungen hatten außerdem

die begrenzten Laborkapazitäten der Bundesregierung stark beansprucht. Das CDC-Labor in Fort Collins hatte in drei Monaten mehr als zweitausend Proben untersucht; damit war die Kapazitätsgrenze fast erreicht. Überdies erwies sich Fort Collins, jedenfalls im Jahre 1999, als das einzige Labor des öffentlichen Gesundheitswesens im ganzen Land, das in der Lage war, das West-Nil-Virus korrekt zu diagnostizieren. In seinem Bericht über diese Episode konnte der Rechnungshof nicht genau angeben, wie viele amerikanische Labors überhaupt in der Lage waren, sicher mit derart gefährlichen Krankheitserregern umzugehen. Der Bericht kam zu dem Schluss, dass das Land unbedingt weitere solcher Labors benötige, und zwar mit noch größeren Kapazitäten und Möglichkeiten.

Der Rechnungshof und eine Untersuchung eines Senatsausschusses stellten ebenfalls fest, dass die CDC ihrem eigenen Motto bei der Seuchenüberwachung und -kontrolle untreu geworden seien: »Rechne mit dem Unerwarteten«. Bei ihrer Analyse der Proben der ersten Erkrankten hatten die CDC-Wissenschaftler nur nach sechs im Lande relativ häufig vorkommenden Viren gesucht; sie hatten etliche mit Epidemien im Ausland oder mit Biowaffen verbundene Erreger von vornherein ausgeschlossen, darunter eben auch den Erreger der West-Nil-Enzephalitis.

Amerikanische Geheimdienstexperten gingen der Möglichkeit nach, dass das West-Nil-Virus im Rahmen eines Biowaffenangriffs auf Amerika freigesetzt worden sein könnte. Im April 1999 hatte ein Mann, der behauptete, früher Saddam Husseins persönlicher Chauffeur gewesen zu sein, in Großbritannien ein Buch veröffentlicht, in dem der irakische Führer mit dem Ausspruch zitiert wird, er werde eines Tages vielleicht dieses Virus gegen seine Feinde einsetzen.

Doch letztlich verwarfen die Experten die Idee, dass es sich bei dem epidemischen Ausbruch der West-Nil-Enzephalitis um einen Biowaffenanschlag handelte. Allerdings waren die Wissenschaftler auch nicht in der Lage, genau zurückzuverfolgen, wie das Virus aus dem Nahen Osten nach Nordamerika gelangt war. Die New

Yorker Variante war fast nicht von einem virulenten Stamm zu unterscheiden, der 1998 in einer israelischen Gänsefarm gefunden worden war, und sie ähnelte ebenfalls einem Stamm in der russischen Virensammlung. Wo immer es herkam, das Virus überwinterte in Amerika und tauchte im Sommer 2000 in einem breiten Streifen entlang der Atlantikküste der USA bei Mücken und Tieren wieder auf.

In den Monaten, die auf die Epidemie folgten, erfuhren Beamte aus dem öffentlichen Gesundheitswesen und Verantwortliche für die nationale Sicherheit nicht nur mehr über die Fehler bei der Entdeckung und im Umgang mit der Krankheit, sondern auch über das mysteriöse Virus selbst. Stephen M. Ostroff, Associate Director der CDC für Epidemiologie, sagte, die Wissenschaftler hätten herausbekommen, dass rund 78 verschiedene Vogelarten an der tödlichen Viruserkrankung gestorben und schätzungsweise zwischen einer und zwei Millionen Vögel im Nordosten der USA infiziert seien. West-Nil-Viren hatte man außerdem bei Kaninchen, Eichhörnchen, Backenhörnchen, Waschbären, Fledermäusen und sogar bei Pferden gefunden.

Während die Wissenschaftler anfangs angenommen hatten, dass sich diese Krankheit ohne Mücken nicht verbreiten könne, wurde ihnen jetzt klar, dass Vögel sie auch im direkten Kontakt untereinander weitergeben konnten. Außerdem waren, wie die Forscher erfahren hatten, tote Vögel das sicherste Anzeichen dafür, dass die Erkrankung bald auch beim Menschen ausbrechen würde. In New York hatte man daraufhin einen sogenannten »Index der Dichte toter Vögel« ausgearbeitet, um die Reaktionen auf das Virus statistisch zu gewichten. Je mehr tote Vögel man fand, desto mehr mussten die Gesundheitsbehörden gegen die Seuche unternehmen.

Bei einer anschließenden Manöverkritik mussten die Gesundheitsbehörden der Stadt New York zu ihrem Leidwesen feststellen, dass die Epidemie beim Menschen schon wesentlich früher ausgebrochen war als bislang gedacht.[9] Bei einer Durchsicht der Krankenhausunterlagen stellte sich heraus, dass der erste Fall schon am

8. August 1999 aufgetreten war, also mehr als zwei Wochen, bevor Asnis die Häufung mysteriöser Krankheitsfälle gemeldet hatte. Hätte man bereits diesen ersten Fall als Anfang einer Epidemie erkannt, dann wären vielleicht einige der 62 Betroffenen, von denen sieben Menschen starben, nicht erkrankt. Wie Ostroff feststellte, unterstrich die West-Nil-Enzephalitis-Epidemie die Notwendigkeit, in den Städten neue Überwachungssysteme für Symptome ernsthafter Infektionskrankheiten zu schaffen. Ostroff und andere waren übereinstimmend der Ansicht, dass die anfängliche Weigerung der CDC-Labors, Tracey McNamaras Beobachtungen und Forderungen ernst zu nehmen, die korrekte Diagnose wesentlich erschwert habe – wie überhaupt ein Mangel an regelmäßigem Informationsaustausch zwischen den unterschiedlichen, für Mensch und Tier zuständigen Abteilungen des öffentlichen Gesundheitswesens zu beklagen sei. Anschließend trafen sich Forscher aus den Bereichen der Human- und der Veterinärmedizin zum ersten Mal zu einem gemeinsamen Kongress in Chicago, um Möglichkeiten einer besseren Zusammenarbeit zu erörtern. Die Tierärztin McNamara fühlte sich bestätigt; der Dank, den ihr die CDC zollten, auch wenn sie ihre Verfolgung der Krankheitsursachen halb im Scherz als »stur« bezeichneten, tat ihr gut.[10]

Was indes am wichtigsten war: Die Epidemie unterstrich nachhaltig, wie wichtig und wie dringend Investitionen ins öffentliche Gesundheitswesen waren. Jetzt wurde nach relativ bescheidenen Erhöhungen der Haushaltsansätze viel neues Wissen gesammelt, und viel wurde initiiert. Nach Auftreten der Seuche wurden in Washington für das Haushaltsjahr 2000 25 Millionen Dollar für Forschungen und Behandlungsmöglichkeiten im Zusammenhang mit dem West-Nil-Virus bewilligt. Wissenschaftler an der University of Texas in Galveston machten bei der Anwendung eines vorhandenen Impfstoffes gegen Japanische Enzephalitis und Gelbfieber auf die West-Nil-Enzephalitis gute Fortschritte. Forscher im Army-Labor in Fort Detrick und bei den CDC arbeiteten gemeinsam an einem neuen Impfstoff gegen die West-Nil-Enzephalitis. Tom Monath, der Wissenschaftler, der an der Expertenrunde bei

Präsident Clinton teilgenommen hatte, half bei der Entwicklung eines Impfstoffs in seiner inzwischen von Acambis aufgekauften Firma OraVax. »Es ist bemerkenswert, was man alles tun kann, wenn die Gelder da sind«, sagte Ostroff.

Für die Entscheidungsträger im Weißen Haus jedoch waren die Fehler bei der Identifizierung des West-Nil-Virus nur ein weiteres Beispiel für die praktischen Schwierigkeiten, mit denen sie in allen Bereichen konfrontiert waren, als es galt, Präsident Clintons Unterstützung der Biowaffenabwehr in die Praxis umzusetzen. Clintons Enthusiasmus für dieses Thema hatte sich in wachsenden Budgets für die Abwehr biologischer Gefahren niedergeschlagen, und die Bundesbehörden wetteiferten nun miteinander um ein möglichst großes Stück von diesem Kuchen. Doch niemand hatte die Gesamtverantwortung dafür, wie das Geld ausgegeben wurde. Dick Clarke besaß im Weißen Haus weiterhin eine beträchtliche Macht als Boss der Maßnahmen gegen den Terror. Aber er konnte weder Budgets umgestalten noch Kabinettsmitglieder auf Linie bringen. Die Biowaffen-Abwehrmaßnahmen waren im Regierungsbereich im wahrsten Sinne des Wortes grenzüberschreitend: vom Verteidigungsministerium über das Justizministerium und den Geheimdienst bis hin zum Gesundheitsministerium und zur Bundesbehörde für Katastropheneinsätze (Federal Emergency Management Agency). Der ganze Themenbereich war, wie ein alter Hase aus der Regierung Clinton später einmal sagte, eine »Waisenmission« – alle hatten ihre Finger im Spiel, aber niemand den Überblick und die letzte Verantwortung.

Im Jahre 1999 geriet das Anthrax-Impfprogramm des Pentagon für die amerikanischen Truppen in neue Schwierigkeiten. Mark Zaid, der Rechtsanwalt, der einige der ersten Soldaten vertrat, die eine Impfung verweigert hatten, war durch eine Klage nach dem Freedom of Information Act in den Besitz von Akten im Umfang von Tausenden von Seiten gekommen. Einige dieser Unterlagen widersprachen den eindeutigen Behauptungen der Regierung hinsichtlich der Sicherheit und Wirksamkeit des Impfstoffs. Zaid gab

Pressemeldungen über die Dokumente heraus und versorgte Journalisten mit Kopien.

In Militärstandorten im ganzen Land hatten sich etliche hundert Soldaten geweigert, dem Impfbefehl Folge zu leisten. Zwar handelte es sich nur um eine kleine Minderheit der rund 200 000 Soldaten, die in der Anfangsphase der Kampagne geimpft wurden, aber die Fälle fanden große Aufmerksamkeit, und das Militär ging dazu über, die Soldaten, die sich weigerten, vor Kriegsgerichte zu stellen.

Anfang 1998 hatten Pentagon-Beamte unbeabsichtigt zu einer Ausweitung der Rebellion beigetragen, als sie im Namen der Fairness eine umstrittene Entscheidung trafen.[11] Die erste Runde der Schutzimpfungen betraf nur jene Soldaten, die permanent in Regionen stationiert waren, in denen ein hohes Risiko für einen Angriff mit Biowaffen bestand, zum Beispiel im Nahen Osten. Reservisten, die weniger als 30 Tage Dienst in solchen Regionen taten, waren nicht einbezogen. Diese Unterscheidung erschien den Verantwortlichen im Pentagon aber unsinnig. Sie hatten seit etlichen Jahren darauf hingearbeitet, die Reservisten besser in die militärischen Operationen einzubinden. Warum sollten nun also ausgerechnet die Reservisten einem größeren Anthrax-Risiko ausgesetzt werden? Daher verkündete das Pentagon eine neue Linie: Jeder, der im Nahen Osten oder in Südkorea Dienst tat, und sei es nur für wenige Tage, sollte sich zum Schutz impfen lassen. Diese Direktive verärgerte die Reservisten jedoch, ganz besonders die Piloten in den Lufteinheiten der Nationalgarde. Viele von ihnen bestritten ihren Lebensunterhalt problemlos als Piloten für kommerzielle Fluglinien. Und anders als ihre Kollegen im aktiven Militärdienst, die von Kriegsgerichtsverfahren bedroht waren, wenn sie die Impfung verweigerten, konnten die Piloten der Nationalgarde den Dienst problemlos quittieren. Einige taten es auch, während andere sich bei ihrem Kongressabgeordneten beschwerten.

Das lenkte die Aufmerksamkeit eines republikanischen Kongressabgeordneten aus Connecticut auf diese Angelegenheit. Chris Shays galt in seiner Fraktion im Repräsentantenhaus eher als Exot.

Denn der gemäßigte Politiker aus Neuengland hatte früher unter anderem als Freiwilliger im Peace Corps gedient. Er hatte seinen Posten als Vorsitzender eines parlamentarischen Unterausschusses dazu benutzt, Anhörungen abzuhalten und dem Pentagon wegen seines Umgangs mit dem Golfkriegssyndrom die Hölle heiß zu machen. Shays besaß ein gutes Gespür dafür, wie man aus komplizierten Themen öffentliche Dramen machen konnte. Bei seinen Anhörungen zum Golfkrieg hatte er unter dem sogenannten Golfkriegssyndrom leidende Veteranen gegen die Verantwortlichen im Pentagon und in der Veterans Administration ausgespielt. Jetzt beauftragte er seinen langjährigen Mitarbeiter Larry Halloran damit, den Fall eines Piloten der Nationalgarde aus Connecticut zu recherchieren, der lieber bei der Reserve ausgestiegen war, als sich impfen zu lassen. Die Militärs behaupteten, es handele sich um einen Einzelfall, doch Halloran spürte allein in Connecticut acht Piloten auf, die ebenfalls den Dienst quittiert hatten. Nun war Shays' Misstrauen geweckt, und er bat den Rechnungshof, das Impfprogramm genauer zu untersuchen. Außerdem forderte er im Pentagon lückenlose Unterlagen zur Anthrax-Debatte an.

Der Ausschussvorsitzende, dem Shays als Vorsitzender eines Unterausschusses Bericht zu erstatten hatte, der Abgeordnete Dan Burton aus Indiana, war einer von Präsident Clintons eingefleischtesten Gegnern im Kongress. Er war ein Liebling der strammen Konservativen und gehörte zu den strikten Befürwortern einer Amtsenthebung des Präsidenten. Niemals ließ er eine Gelegenheit aus, die Demokraten vorzuführen. Außerdem war er ein hartnäckiger Kritiker von Impfprogrammen für Kinder, weil er Zweifel hatte, dass die Wissenschaftler dabei auch die langfristigen Nebenwirkungen bedachten. Burton war darum hocherfreut, dass Shays' Unterausschuss das Anthrax-Impfprogramm des Pentagon unter die Lupe nahm.

Im April 1999 gab der Rechnungshof bei einer Anhörung vor Shays' Unterausschuss seine vorläufigen Untersuchungsergebnisse bekannt[12] und brachte dabei einige der komplizierten Fragen ans Licht, mit denen sich die Pentagon-Experten abseits der Öffentlichkeit schon seit Jahren herumgeschlagen hatten. Kwai-Cheung Chan, ein Prüfer des Rechnungshofs, berichtete den Kongressabgeordneten, dass es keine medizinische Langzeitstudie zur Sicherheit des Impfstoffs gebe. »Darum ist die Schlussfolgerung, dass es keine langfristigen Nebenwirkungen gebe, unzulässig.« Zur Wirksamkeit des Impfstoffs gegen eingeatmete Anthrax-Sporen zeigten die Tierversuche widersprüchliche Ergebnisse. Allerdings scheine es so zu sein, dass die Impfungen wenigstens »etwas Schutz« böten.

Außerdem berichtete Chan dem Unterausschuss, dass die einzigen Wirksamkeitskontrollen an Menschen mit einer ähnlichen, aber nicht identischen Version des Impfstoffs durchgeführt worden seien. Ein anderer Prüfer des Rechnungshofes, Sushil K. Sharma, widersprach der Broschüre des Verteidigungsministeriums über den Impfstoff, in der es hieß: »Der Impfstoff wurde sicher und routinemäßig Tierärzten, Laborpersonal, Viehhändlern und allen, die mit lebenden Tieren zu tun haben, verabreicht.«[13] Tatsächlich aber, sagte Sharma, hatte man den Anthrax-Impfstoff bis 1990 höchstens einigen tausend Menschen verabreicht.

General Eddie Cain, der Leiter des Amtes der US-Streitkräfte für Biowaffenabwehr, wurde in den Ausschuss entsandt, um das Impfprogramm zu verteidigen. Er sagte, das Impfprogramm laufe gut. Nur 8 von bisher 260 000 Geimpften hätten über Impfreaktionen berichtet, die einen Krankenhausaufenthalt erforderlich machten oder zu einer dienstlichen Abwesenheit von mehr als einem Tag führten.[14]

Der Rechnungshof habe außerdem keinerlei Beweise dafür vorgelegt, dass der Impfstoff gefährlich sei oder ein Gesundheitsrisiko darstelle. Die Aussagen der Prüfer hätten aber einige Fragen aufgeworfen, auf die es keine einfachen Antworten gebe. Die Berichterstattung in den Medien habe den Verantwortlichen im Pentagon hart zugesetzt. In einer E-Mail an einen hochrangigen Beamten im Pentagon gab Cain zu, dass das Impfprogramm einen schweren Rückschlag erlitten habe: »Zwei entscheidende Punkte, bei denen wir nicht gut dastehen, sind die Behauptung des Rechnungshofs, dass 1. der lizensierte Anthrax-Impfstoff NICHT der getestete sei, und 2. die Frage, wie das Verteidigungsministerium (DoD) sagen könne, dass die gemeldeten Krankheitsfälle der Operation Wüstensturm nicht durch Anthrax-Impfstoff verursacht seien, wenn wir gar keine Unterlagen darüber haben, wer geimpft wurde? Wenn wir diese Fragen nicht beantworten können, sind wir (DoD & die Regierung) in ernsten Schwierigkeiten.«[15] Tatsächlich hatte der Rechnungshof in beiden Punkten recht.

Shays hielt allein 1999 fünf Anhörungen zum Thema Anthrax ab, die mehr als zwanzig Stunden Zeugenaussagen umfassten. Mark Zaid, der Anwalt, der einige der Soldaten vertrat, die die Impfung verweigert hatten, verstärkte die Zweifel noch, als er in den Unterlagen auf Dokumente der US-Armee stieß, in denen den Firmen, die Anthrax-Impfstoff herstellten, Freiheit von Schadenersatzklagen zugesichert wurde. Ein solches Dokument vom September 1991 besagte, dass die Hersteller Anspruch auf diesen besonderen Schutz hätten, weil die gesetzlichen Haftungsrisiken bei der Herstellung eines solchen Produkts »ungewöhnlich risikoreich« seien.[16] Denn Klagen könnten sowohl mit negativen Impfreaktionen begründet werden als auch mit der eventuellen Unwirksamkeit der Impfungen, hieß es in dem Dokument. Die von der FDA vorgeschriebenen Tests des Impfstoffs hätten einfach nicht genügend Testpersonen einbezogen, um vorhersagen zu können, was geschehen werde, wenn der Impfstoff einer großen Zahl von Menschen verabreicht würde. »Nur ein verbreiteter Gebrauch kann diese Datenbasis zur abschließenden Bewertung liefern«, hieß es weiter. Außerdem gebe es »keinerlei Prognosemöglichkeiten«, ob der Impfstoff bei Angriffen mit biologischen Kampfstoffen wirklich gegen die eingesetzten Erreger wirksam sei. In einer späteren Version dieser Vereinbarung, die speziell für das Labor in Michigan aufgesetzt worden war, waren dieselben Punkte enthalten.[17] Zaid machte diese Dokumente einem Reporter des *San Diego Union-Tribune* zugänglich, der daraus einen Beitrag auf der Titelseite seines Blattes machte.[18]

Das Pentagon spielte die Bedeutung der Dokumente mit der

Bemerkung herunter, es handele sich allein um juristische Vorsichtsmaßnahmen. Man könne sie mit einer Versicherungspolice vergleichen, die ein Hausbesitzer gegen Feuer und andere Schäden abschließe.[19] Doch die Soldaten, die die Dokumente im Internet lasen, zogen ganz andere Schlussfolgerungen.

Einen Monat später versprach das Pentagon die Durchführung einer Langzeitstudie zur Sicherheit des Impfstoffs – mehr als ein Jahr, nachdem das Impfprogramm der Streitkräfte begonnen hatte. Die Verantwortlichen im Pentagon glaubten, sie bekämen das Problem mit den Abgeordneten im Kapitol schon in den Griff. Doch im der zweiten Jahreshälfte 1999 hatte das Impfprogramm mit einer noch viel gewichtigeren Herausforderung zu kämpfen. Denn BioPort, die Firma, die das Labor in Michigan gekauft hatte, konnte die Auflagen und Produktionsstandards der FDA nicht einhalten. Wenn indes die Impfstoffproduktion nicht schnell wieder in Gang käme, würde dem Militär der Impfstoff zur Fortsetzung der Impfkampagne ausgehen. Finanziell stand die Firma überdies auf wackeligen Beinen. Im August erklärte sich das Pentagon bereit, den Preis für eine Dosis Anthrax-Impfstoff von 4,36 auf 10,64 Dollar anzuheben.[20]

Im revidierten Vertrag wurden der Firma zusätzliche 24 Millionen Dollar bewilligt, davon 18,7 Millionen vorab, um BioPort über die Runden zu helfen. Vertreter der Firma sagten, sie hätten die Produktionskosten unterschätzt, als sie die Firma gekauft und den Vertrag mit dem Verteidigungsministerium ausgehandelt hätten. Wie sich herausgestellt habe, hätte der Staat Michigan wesentlich höhere Produktionssubventionen an sein Labor gezahlt, als man bislang gewusst habe.

Und das war nicht die einzige schlechte Nachricht. Die Nachtests im Anschluss an die FDA-Inspektion von 1996 kosteten BioPort aus unterschiedlichen Gründen mehr als 3 Millionen Impfstoffeinheiten.[21] Fast 1,5 Millionen Dosen scheiterten im Wirksamkeitstest. Andere Partien wurden von der FDA zurückgewiesen, weil BioPort die Sterilitätsvorschriften nicht eingehalten hatte. Abnehmende Impfstoffreserven veranlassten das Pentagon, sein Impfprogramm zu reduzieren. Im November 1999 versetzten die FDA-Inspektoren dem Programm einen weiteren Schlag. Die Renovierungsarbeiten im Labor in Michigan waren schon im Januar beendet worden, aber BioPort hatte die Produktion immer noch nicht in vollem Unfang wieder aufgenommen. In einem neuen Inspektionsbericht waren erneut mehr als dreißig Beanstandungen verzeichnet. Die wichtigsten hatten damit zu tun, dass die Firma die FDA-Richtlinien nicht einhielt, denen zufolge jede Arzneimittelcharge dieselben spezifischen Eigenschaften haben und auf identische Weise hergestellt sein musste.

Die Arzneimittelkontrolleure hatten ihre Standards seit den siebziger Jahren, als das Labor in Michigan seine erste Lizenz erhalten hatte, erheblich verschärft. Sie verlangten jetzt wesentlich mehr Präzision. Während es ursprünglich geheißen hatte, die Anthrax-Bakterien sollten zwischen 22 und 28 Stunden wachsen, verlangten die neueren FDA-Richtlinien ein deutlich genaueres Rezept, zum Beispiel eine Wachstumsphase zwischen 22 und 24 Stunden. Jede Veränderung in der Herstellungsformel zog ganze Testreihen nach sich, damit der Nachweis geführt werden konnte, dass das Produkt identisch war. Das alles kostete viel Zeit. Daraufhin verlangsamte das Pentagon im Dezember 1999 sein Impfprogramm nochmals, damit die schwindenden Vorräte noch etwas länger reichten.

Die Verantwortlichen im Pentagon sahen sich nun nach Alternativen zum Labor in Michigan um. Einige schlugen vor, man solle eine neue, regierungseigene Fabrik bauen, aber genau diese Idee war in den ersten Jahren der Regierung Clinton schon einmal abgelehnt worden. Außerdem hätten diese Pläne keine schnelle Abhilfe gebracht. Nach Schätzungen der Regierungsexperten hätte es sieben Jahre gedauert, eine solche Fabrik zu errichten und die FDA-Lizenz zu bekommen.[22] Pentagon-Beamte sagten, sie hofften nun, dass BioPort die FDA-Produktionsgenehmigung bis Anfang 2002 erhalten würde – vier Jahre nach der vorübergehenden Schließung der Anlage in Michigan mit dem Ziel, sie von Grund auf zu renovieren.

Robert Myers, der wissenschaftliche Leiter von BioPort, sagte, er lasse sich von den wiederholten Rückschlägen nicht unterkriegen. Die FDA habe ihre Standards verschärft, und die Fabrik in Michigan sei sicher nicht die einzige Firma, die mit der Einhaltung der Vorschriften Probleme habe. Er glaube immer noch, dass die Produktion von Anthrax-Impfstoff letztlich wieder aufgenommen werden könne. »Am Ende werden wir nicht als die Gang in Erinnerung bleiben, die nicht mal geradeaus schießen konnte, sondern als die kleine Maschinerie, die es geschafft hat«, sagte er.

Im April 2000 legte Dan Burtons Committee on Government Reform einen kritischen Bericht vor, der peinlich genau mit Fußnoten versehen war und den Titel trug »Das Anthrax-Impfprogramm des Verteidigungsministeriums: Ein unbewiesener Schutz für die Streitkräfte«. Der Ausschuss war zu dem Schluss gekommen, dass die Anthrax-Impfungen eine »gut gemeinte, aber überzogene Reaktion auf die Bedrohung durch Anthrax als biologische Waffe« seien.[23] Denn mit den Mitteln der Gentechnologie könne man neue, impfresistente Stämme züchten. Dadurch werde aus dem Impfprogramm des Verteidigungsministeriums eine »medizinische Maginot-Linie, ein unbeweglicher Befestigungswall, der nur in einer Richtung gegen Angriffe schützt«.[24]

Doch in gewisser Hinsicht war das Anthrax-Programm auch ein Erfolg.[25] Das Militär hatte mehr als eine halbe Million Soldaten geimpft, und nur eine Handvoll von ihnen hatte über ernsthafte Nebenwirkungen geklagt. Ein nichtmilitärisches Expertenkomitee, vom Pentagon eingesetzt, um die Berichte über Negativfälle (»adverse events«) zu untersuchen, fand heraus, dass von den der FDA bis Mitte 2001 gemeldeten 1530 Fällen, in denen über Nebenwirkungen geklagt wurde, nur 16 übrig blieben, bei denen wirklich schwerwiegende Impfreaktionen aufgetreten waren. Elf Personen waren wegen Schwellungen am Arm in der Nähe der Injektionsstelle ins Krankenhaus gekommen. Vier Soldaten litten unter systemischen Reaktionen auf den Impfstoff, aber zu einem Impfschock war es nirgends gekommen. Ein Geimpfter litt vorübergehend unter ernsthaften Lungenproblemen, die aber wieder abklangen. Das Expertenkomitee kam zu dem Schluss, dass nirgends bleibende Schäden zu verzeichnen waren. Damit schien die Zahl negativer Impfreaktionen sogar ausgesprochen niedrig zu sein – vergleichbar der bei Schutzimpfungen von Kindern oder sogar noch besser. Berichte über Todesfälle gab es überhaupt nicht. Gleichwohl war es dem Pentagon nach wie vor nicht möglich, vielen Soldaten oder wichtigen Kongressabgeordneten den Wert der Anthrax-Impfungen nahe zu bringen. Das Misstrauen aufgrund der Art und Weise, wie das Verteidigungsministerium mit dem Golfkriegssyndrom umgegangen war, saß tief und wurde durch die anfänglichen großmäuligen Ankündigungen des Anthrax-Impfprogramms noch weiter vertieft. Kritiker bezweifelten überdies, ob die freiwilligen Meldungen an die FDA die ganze Wahrheit widerspiegelten. Viele Soldaten zögerten angeblich, ihre gesundheitlichen Beschwerden zu Protokoll zu geben, weil sie befürchteten, dass ihre Karriere darunter leiden könnte.

Die anfängliche Public-Relations-Strategie des Pentagon erwies sich in der Tat als schwerwiegende Fehlkalkulation, gerade in jenen Bereichen, in denen alle relevanten Dokumente – von den vernichtenden Bewertungen des Labors in Michigan durch die FDA bis hin zu den Berichten über negative Impfreaktionen – im Internet verfügbar waren. Die Beamten im Pentagon taten den Widerstand gegen die Impfungen als Internet-Paranoia ab. Tatsächlich wurden die heikelsten Fragen jedoch – darauf wies Mark Zaid immer wieder hin – durch die Pentagon-Dokumente selbst aufgeworfen. »Dies sind nicht meine Worte«, wurde Zaid nicht müde zu sagen, wenn er mit Pentagon-Memos wedelte, »sondern eure eigenen.«

Im Laufe der Zeit gab das Militär den Soldaten genauere Informationen über den Impfstoff. Das erste Informationsblatt für die Geimpften enthielt als Antwort auf die Frage »Welche Nebenwirkungen können auftreten?« nur den Hinweis auf vorübergehende Beeinträchtigungen: wunde Arme oder Rötungen der Impfstelle. Im Herbst 2000 gab das Pentagon jedoch eine neue, wesentlich präzisere Version des Informationsblattes heraus. »Jeder Impfstoff kann ernsthafte Reaktionen hervorrufen, die unter Umständen sogar einen Krankenhausaufenthalt erforderlich machen«, hieß es dort.[26] »Beim Anthrax-Impfstoff ist das statistisch bei weniger als einer von 200 000 Impfungen der Fall. Schwere allergische Reaktionen treten in weniger als einem von 100 000 Fällen auf.«

Privat gaben die Pentagon-Offiziellen zu, dass sie bei ihrem Werben um die Akzeptanz des Impfprogramms den Mund etwas zu voll genommen hatten. Besonders die pauschalen Behauptungen über die Sicherheit des Impfstoffs waren übertrieben. In einer im Jahre 2000 fertiggestellten Studie kam ein vom renommierten Institute of Medicine an der National Academy of Science eingesetzter Gutachterausschuss zu dem Schluss, dass es für die Bewertung der Frage, ob mit der Anthrax-Impfung »langfristige gesundheitliche Beeinträchtigungen« verbunden seien, nur »unzureichende/ungenügende Beweise« gegeben habe. Es liege »nicht genug publizierte, von Fachleuten begutachtete Literatur« vor und darin seien überdies nur »wenige Kurzzeitstudien« beschrieben.[27] Die Forschungen, die das Pentagon am häufigsten als Beleg seiner These angeführt habe, dass der Impfstoff sicher sei – nämlich die Überwachung von 1590 geimpften Beschäftigten in Fort Detrick –, sei zur endgültigen Klärung der Frage nicht ausreichend, befanden die Gutachter. Denn die Teilnehmer an der 25 Jahre dauernden Studie in Fort Detrick seien nach chronischen Symptomen nicht eigens befragt worden.

In den Jahren nach Beginn der Anthrax-Schutzimpfungen klagten einige geimpfte Soldaten über Schwindelgefühle, schwere Lethargie und Erschöpfungssymptome, die denen des Golfkriegssyndroms ähnelten. Staatliche Gesundheitsexperten glaubten, dass der Impfstoff für diese Erkrankungen nicht verantwortlich sei. Doch es waren einfach noch weitere Forschungen nötig, wie das Institute of Medicine feststellte. Seinen eigenen Bericht bewertete der Gutachterausschuss als »einen frühen Schritt in dem komplexen Prozess zur Feststellung der Sicherheit des Impfstoffes«.[28]

Die Auswirkungen der Kontroverse waren indes klar. Hunderte von Reservepiloten kehrten dem Militär den Rücken. Bis Mitte

2000 waren mehr als 400 Soldaten disziplinarisch belangt worden, weil sie die Impfung verweigert hatten, 51 hatte man vor ein Kriegsgericht gestellt. Einige wurden zu kurzen Arreststrafen verurteilt.

Einige der Probleme, mit denen das Team von US-Verteidigungsminister Cohen bei der Umsetzung der Schutzimpfungen gegen biologische Kampfstoffe konfrontiert war, ließen sich nicht vermeiden. Ärzte, die für Impfungen gegen gefürchtete Krankheiten plädieren, können immer auf messbare Vorteile verweisen, die den potentiellen Beeinträchtigungen gegenüberstehen. So starben zum Beispiel vor Einführung der Masern-Schutzimpfungen im Jahr 1963 jährlich bis zu 500 Kinder an der Krankheit. Seit die Kinder geimpft wurden, betrug die Zahl der tödlich verlaufenden Erkrankungen nur noch ein bis zwei pro Jahr – und das war im Vergleich zur äußerst geringen Zahl ernsthafter Impfkomplikationen ein riesiger Gewinn.[29]

Dagegen konnten die Befürworter der Schutzimpfungen gegen biologische Kampfstoffe nicht auf vergleichbare Vorteile verweisen. Nur die Risiken waren gewiss. Eine ansonsten gesunde Gruppe von Männern und Frauen erhielt Impfschutz gegen Gesundheitsgefahren, die vielleicht niemals auftreten würden. Andere Nationen hatten Risiken und Vorteile einer solchen Impfung ebenfalls kalkuliert und waren zu anderen Ergebnissen gekommen. Großbritannien impfte seine Truppen auf freiwilliger Basis gegen Anthrax. Frankreichs Soldaten wurden überhaupt nicht geimpft.

Die Pentagon-Führung hatte die technischen Schwierigkeiten des Anthrax-Impfprogramms bei weitem unterschätzt. Impfstoffe in einem streng beaufsichtigten neuen Umfeld herzustellen, war eine eher entmutigende Aufgabe, wie die fortdauernden Rückschläge und Bemühungen bei BioPort zeigten. Stephen Joseph, der Gesundheitsbeamte aus dem Pentagon, hatte gehofft, die Anthrax-Impfungen könnten den Anfang eines neuen Zeitalters markieren, in dem Impfungen Bestandteil der Militärdoktrin wären. Doch die Anthrax-Impfungen hatten anscheinend genau den gegenteiligen Effekt. Viele Beamte im Pentagon konnten sich kaum vorstellen, dass sie versuchen würden, in naher Zukunft noch einmal ein breit angelegtes Impfprogramm in die Wege zu leiten, etwa gegen Botulinum-Toxin. Im Rückblick auf seine Zeit im Pentagon konnte Richard Danzig nur noch den Kopf schütteln. Er hatte die ganze Dimension der Probleme in Michigan nicht erfasst, als er sich in den Jahren 1995 und 1996 mit aller Macht für die Impfungen einsetzte. Aus heutiger Perspektive verschärfte die Entscheidung, das Programm auszuweiten und alle 2,4 Millionen aktiven Soldaten einschließlich der Reservisten impfen zu lassen, die Probleme ganz erheblich. Danzig glaubte, sein ursprünglicher Vorschlag, nur Soldaten zu impfen, die in stark bedrohten Gebieten im Einsatz waren, wäre bei den Streitkräften besser angekommen. Und die schrumpfenden Impfstoffvorräte wären bei einem weniger ehrgeizigen Programm auch kein so gravierendes Problem geworden.

Im letzten Jahr der Clinton-Administration setzten die Verantwortlichen in der Bundesregierung alles daran, die Wirksamkeit der neuen Zivilverteidigungsmaßnahmen unter Beweis zu stellen. Im August 2000 inszenierten sie eine Übung, die laut einer Pressemitteilung 3,5 Millionen Dollar kosten und die größte jemals durchgeführte Katastrophenschutzübung werden sollte. Die »Operation TopOff« (»TopOff« war eine Abkürzung für »Top Officials«, Spitzenbeamte) sollte weit mehr testen als die Möglichkeit einer amerikanischen Großstadt, auf einen Biowaffenangriff angemessen zu reagieren. Es sollte eine Art mehrtägiger Ausnahmezustand herrschen, bei dem das Management der Katastrophenfolgen im Mittelpunkt stehen sollte. 20 000 Regierungsangestellte aus 28 Behörden sollten beteiligt sein. Und die Übung wäre sogar noch ehrgeiziger ausgefallen, wenn sie nicht an finanzielle, logistische und politische Grenzen gestoßen wäre.

Das Ganze war eine Idee des Kongresses gewesen. 1999 hatten die Abgeordneten, nachdem sie mittlerweile Hunderte von Millionen Dollar für die Ausbildung von Erstreaktionskräften in den Städten im ganzen Land bewilligt hatten, das Justizministerium und die Bundesbehörde für Katastropheneinsätze, Federal Emergency

Management Agency (FEMA), in Abstimmung mit dem Nationalen Sicherheitsrat beauftragt, zu überprüfen, ob sich die Investitionen in die Ausbildung und in neue Programme auch gelohnt hätten. Doch zu dem Zeitpunkt, als diese breit angelegte Übung angesetzt wurde, hatte sich der Reiz des Neuen bei diesen »Sandkastenspielen« zu fingierten Terrorangriffen schon gelegt.[30] Zwei Monate vor Übungsbeginn waren Justizministerin Janet Reno und FEMA-Direktor James Lee die beiden einzigen »Top Officials«, die sich für die Teilnahme noch interessierten.

Die ursprünglichen Planungen sahen vor, dass in die Übung mindestens drei Städte einbezogen sein sollten. Bei einer Konferenz im Frühjahr 1999 entwarfen die beiden Unternehmen, die vom Justizministerium mit der Durchführung der Übung beauftragt worden waren – Science Applications International Corporation (SAIC) und Research Planning Inc. –, ein umfangreiches, kompliziertes Szenario. Dabei kamen chemische, nukleare und biologische Angriffe ebenso vor wie Hackerangriffe auf Computersysteme in mindestens drei, möglichst aber sechs Städten. Bis zum folgenden Mai hatte dieses Übungsszenario bescheidenere Dimensionen angenommen; jetzt ging es nur noch um einen verdeckten biologischen Angriff in Denver und einen Chemiewaffenangriff in Portsmouth, New Hampshire. Ebenso hatten die offiziellen Auftraggeber zugestanden, dass die Übung deutlich weniger als die ursprünglich angesetzten zehn Tage dauerte, damit tatsächlich etliche US-Spitzenbeamte teilnehmen konnten. Die verwendeten Kampfstoffe sollten geheim bleiben, ebenso die genauen Daten und Orte der Angriffe, damit ein Überraschungselement erhalten blieb und die Tests so wirklichkeitsnah wie möglich abliefen.

Die Reaktionen der Regierungsbehörden auf den hypothetischen Senfgas-Angriff auf die Teilnehmer eines Volkslaufes zugunsten wohltätiger Organisationen in Portsmouth am Samstag, den 20. Mai, waren relativ effizient. Obwohl es außerordentlich lange dauerte, bis die 170 »Opfer« der simulierten chemischen Sprühaktion behandelt wurden, gab es keine Rebellion und auch kaum Chaos. Nachdem ein Sondereinsatzkommando des FBI das angenommene Versteck der angeblichen Terroristen – mit dem schönen Namen »Group for Liberation of Orangeland and Destruction of Others« – gestürmt hatte, wurden zwei Postbedienstete befreit, die von den Terroristen als Geiseln genommen worden waren. Innerhalb von 48 Stunden war die Ordnung wiederhergestellt. In Denver dagegen liefen die Dinge ganz anders.

In Portsmouth waren rund 3000 Regierungsbeamte für die Übung mobilisiert worden; in Denver dagegen spielten sich wichtige Teile der Übung nur auf dem Papier ab. Obwohl an der dortigen Übung rund 2500 Regierungsmitarbeiter teilnahmen, wurden die diagnostischen Tests zur Identifizierung des mysteriösen Erregers, die Ausgabe echter Arzneien sowie andere Schlüsselereignisse nur simuliert.

Das Szenario begann am 17. Mai, einem Mittwochabend, mit der Tat eines hypothetischen terroristischen Einzeltäters, der, so die Annahme, in der Frischluftanlage des Denver Center for the Performing Arts Lungenpest-Erreger *(Yersinia pestis)* ausgebracht hatte. Bis zum Samstag, den 20. Mai, an dem das eigentliche Rollenspiel begann, hatten sich zahlreiche virtuelle »Opfer« des Angriffs in der Notaufnahme des Denver Medical Health Center und zweier anderer Krankenhäuser in der Region eingefunden. Sie klagten über Schüttelfrost, Husten, Fieber und andere nicht diagnostizierte grippeähnliche Beschwerden.

Am späten Vormittag fand ein Zimmermädchen in einem angeblichen Motel, das die Organisatoren der Übung in einem aufgelassenen Armeestützpunkt eingerichtet hatten, beim Saubermachen einen Toten. Der 25-jährige Mann (eine Schaufensterpuppe aus Plastik) wies um den Mund Spuren von Blut und Erbrochenem auf, er hatte Wundbrand an einem Zeh und am ganzen Körper Hautverletzungen. Die örtliche Polizei fand in dem Zimmer außerdem eine Waffe, einschlägige Literatur und Instruktionen für die Herstellung einer Sprühanlage. Man rief das FBI, um den Fall zu untersuchen, und ein Bereich von vier Häuserblöcken im Umfeld des Motels wurde abgesperrt.

Bis Samstagnachmittag hatten sich schon 500 Patienten zur Behandlung in örtliche Krankenhäuser begeben. 25 von ihnen waren bereits verstorben. Nachdem das CDC-Labor in Fort Collins bestätigt hatte, dass Pest die Todesursache war, wurden 31 reale Bedienstete nach Denver geschickt, um bei der Behandlung der Kranken und Sterbenden zu helfen und die Epidemie einzudämmen.[31] Der Notstand wurde ausgerufen.

Am späten Nachmittag meldeten sich Mitglieder des Pflegepersonals krank. Antibiotika und Ventilatoren wurden knapp; letztere wurden benötigt, damit die Kranken besser Luft bekamen. Einige Ärzte und Schwestern hatten begonnen, Schutzkleidung zu tragen. Das Amt des Gouverneurs beschränkte per Erlass den Reiseverkehr mit Flugzeugen, Bussen und Bahnen von und nach Denver und Umgebung. Die Behörden des öffentlichen Gesundheitswesens wiesen die Bewohner der Region an, sich in die Krankenhäuser zu begeben, wenn sie sich krank fühlten oder Kontakt mit Erkrankten gehabt hätten. Die übrigen Bürger sollten in ihren Häusern bleiben. Warnungen über die Medien und Pressekonferenzen wurden mit einem Team von Pseudoreportern inszeniert, die schwarze Satinjacketts mit der Aufschrift VIRTUAL NEWS NETWORK trugen. Die Organisatoren der Übung hatten lieber diese vermeintlichen Reporter hinzugezogen, als eine Auseinandersetzung mit echten Reportern zu riskieren – eine Aussicht, die ein Übungsteilnehmer als mindestens so schlimm einstufte wie die Pest.

Am Sonntag, den 21. Mai, wurden – trotz Warnungen der CDC an die benachbarten Staaten über Ausbruch und Ursachen dieser Pestepidemie – bereits Krankheitsfälle aus mehreren Staaten gemeldet, sogar aus England und Japan. »Katastropheneinsatzpackungen« mit Antibiotika aus dem Arzneimittelvorrat, den die Regierung Clinton im Vorjahr hatte anlegen lassen, trafen in Denver ein. Mehrere Krankenhäuser erreichten ihre Kapazitätsgrenze, ebenso die Leichenschauhäuser der Stadt. Rund 1300 Ventilatoren wurden in die Region geschickt, fast die Hälfte des gesamten US-Vorrats. Bis zum Ende des Tages war die Zahl der gemeldeten Pestfälle auf 1800 gestiegen; fast 400 Menschen waren der Seuche bereits zum Opfer gefallen.

Am Montag brach das Gesundheitssystem der Region wegen Überlastung zusammen, doch die Stadt und der Bundesstaat Colorado hatten immer noch keinen Verteilungsplan für Antibiotika bewilligt. Die Gesundheitsämter ermutigten die Bewohner von Denver, Gesichtsmasken zu tragen oder, da diese ebenfalls kaum noch zu haben waren, ersatzweise »Bronco«-Halstücher, die zum Zubehör der Football-Fans und der Cowboys gehörten. Beides, Football und Cowboys, stand in Denver sehr hoch im Kurs. Die CDC drängten den Gouverneur, die Quarantäne über Colorado zu verhängen, aber die Entscheidungsträger weigerten sich, weil sie keine Vorsorge für die Lieferung von zusätzlichen Nahrungsmitteln und anderen Gütern getroffen hatten. Darum lasse sich ein solcher Erlass überhaupt nicht durchsetzen. Auch leide die für Straßensperren zuständige Verkehrspolizei unter Personalmangel. Die Polizei machte sich Sorgen wegen möglicher Unruhen; die Menschen könnten versuchen, die wertvollen Antibiotika an sich zu bringen. Das medizinische System, die Regierungsbürokratie, ja die ganze Gesellschaft standen am Rande des Zusammenbruchs.

Die Übung ging am Dienstag, den 23. Mai, zu Ende, als die Epidemie außer Kontrolle geriet. Die Schätzungen darüber, wie viele Menschen erkrankt und gestorben waren, gingen weit auseinander. Einigen Berichten zufolge hatte man schätzungsweise 3700 Pestfälle registriert, davon 950 Todesfälle. Andere Übungsteilnehmer schätzten, dass mehr als 4000 Bewohner erkrankt und rund 2000 gestorben seien – fast doppelt so viele wie in der »offiziellen« Statistik.[32]

Die Verantwortlichen des Bundes, des Staates Colorado und der Stadt Denver beeilten sich zu verkünden, dass die Katastrophenschutzübung erfolgreich verlaufen sei. Das Szenario »Zehn Tage im Mai« hatte tatsächlich zwar nur viereinhalb Tage gedauert, aber diese hatten bereits genügt, um das Katastrophenmanagement der Nation bis aufs Äußerste zu beanspruchen. In seinen Anmerkungen zum Wert der Übung sagte Richard E. Hoffman, der oberste Medizinalbeamte im Gesundheitsministerium des Staates Colorado, man habe wirklich viel gelernt, weil die Planungsgruppe dankenswerterweise seinem Vorschlag gefolgt sei, für den fingierten Terroranschlag einen hochgradig ansteckenden Erreger zu wählen: Pestbakterien.[33] Nicht alle Krankheiten seien gleich, sagte er, und sie würden auch die Gesellschaft nicht auf die gleiche Weise strapazieren. Was die Schlagkraft angehe, so ähnele ein Angriff mit Anthrax-Erregern, die nicht ansteckend seien, einem Chemiewaffenangiff. So schrecklich Milzbrand auch sei, eine solche Epidemie könne man in Grenzen halten. Doch die Pest sei eines der von Präsident Clinton erwähnten »Geschenke, die sich unablässig weiterverschenken«.[34] Diese Seuche zu stoppen, sei wesentlich schwieriger. Die Übung sei nach dem vierten Tag zu Ende gegangen, sagte Hoffman, weil zumindest im Szenario zu diesem Zeitpunkt bereits klar gewesen sei, »dass man die Sache keinesfalls mehr unter Kontrolle bekommen konnte«.

Eine wesentliche Lektion der Übung bestand auch in der Erkenntnis, dass Demokratien wahrscheinlich immer schlecht gerüstet sind für emotional aufgeladene Entscheidungen etwa über die Frage, ob die knappen Ressourcen für die Behandlung der Kranken oder für den Versuch verwendet werden sollten, die Epidemie einzugrenzen. »TopOff« demonstrierte, dass selbst gut vorbereitete Städte sich sehr schwer tun würden, beides zu versuchen und zu bewältigen. Nach Aussage mehrerer Teilnehmer lieferten sich die Beamten beim Seuchenmanagement bittere Gefechte darüber, wer denn nun Antibiotika erhalten solle und wer nicht. Die ursprünglichen Vorräte waren schnell aufgebraucht, und nach übereinstimmender Meinung hatte der Staat zu lange gezögert, bis er die Kontrolle über diesen Bereich übernahm.

Die meisten Verantwortlichen im Gesundheitswesen und im Katastrophenschutz traten dafür ein, dass das Personal der Katastropheneinsatzleitung, der Polizei und der Krankenhäuser samt ihren Familien Priorität haben müsse, damit sie gesund blieben und sich weiter gegen die Katastrophe stemmen könnten. Auch würde diese Prioritätensetzung sie ermutigen, ohne Scheu zur Arbeit zu kommen. Andere, besonders die gewählten Volksvertreter, argumentierten jedoch, es sei nicht akzeptabel, dass die Beamten und ihre

Familien die lebensrettenden Medikamente bekämen, während die Kranken sie eigentlich bräuchten und der Rest der Bevölkerung ganz ohne Schutz bleibe. Die Politiker wurden überstimmt – vielleicht auch nur, weil Gouverneur Bill Owens, ein Republikaner, der Präsident Clintons Initiative zur Stärkung der Biowaffenabwehr skeptisch gegenüberstand, sich geweigert hatte, an der Übung »TopOff« teilzunehmen. Stattdessen gab es politische Ratschläge von einigen der wichtigsten politischen Berater von Gouverneur Owens.

Nicht alle Teilnehmer waren mit der Auswahl der Pest als Übungsgegenstand glücklich. »Weltuntergangsszenarien, die einem den Magen umdrehen« und die das Gesundheitswesen einer Stadt rettungslos überfordern, seien »leicht zu entwerfen, aber nicht sehr hilfreich«, kritisierte Tommy F. Grier jr., der Leiter des örtlichen Büros des Colorado Office of Emergency Management.[35] Er glaubte, dass »TopOff« wesentlich nützlicher gewesen wäre, wenn man eine »realistischere Größenordnung« gewählt hätte und damit auch ein »wahrscheinlicheres« Szenario.

Der Großraum Denver hatte in der Tat schon überdurchschnittlich viel und oft für den Katastrophenfall trainiert. Alle drei Städte, die an der Übung »TopOff« beteiligt waren, Denver, Aurora und Colorado Springs, waren unter den ersten 120 Städten gewesen, die nach den Vorgaben des Kongress-Programms zum Katastrophenschutz Übungen durchgeführt hatten. 1993 hatte Denver umsichtig den Papstbesuch organisiert, 1998 ein internationales Gipfeltreffen der Präsidenten und Regierungschefs. Auch den Prozess wegen des Bombenanschlags von Oklahoma City hatte die Stadt gut über die Runden gebracht.

Überdies waren mehrere Teilnehmer der Übung der Ansicht, dass es ein Fehler gewesen sei, keine echten Reporter zuzulassen. Denn ohne sie war es nicht möglich, abzuschätzen, wie die Ereignisse des Szenarios der Öffentlichkeit wirklich dargestellt worden wären.

»TopOff« war sehr teuer.[36] Griers Office of Emergency Management, das eine Summe von 200 000 Dollar zur Begleichung der Übungskosten erhalten hatte, gab am Ende wesentlich mehr aus –

auch weit mehr, als das Justizministerium später offiziell angab. In diesem Punkt waren sich viele Beamte einig. Die Zahlen der Bundesregierung zeigten, dass die wahren »TopOff«-Kosten eher bei 10 Millionen Dollar lagen. Der Löwenanteil davon ging allerdings an die Unternehmen, welche die Organisation und Durchführung der Übung übernommen hatten.

Während die Beamten auf staatlicher und lokaler Ebene recht gut zusammengearbeitet hatten, kam es zwischen Gesundheitsbeamten, Krankenhausmanagern und FBI zu beträchtlichen Spannungen. Diese Beteiligten kamen nicht nur aus völlig unterschiedlichen Welten, sondern sie sprachen auch unterschiedliche Sprachen. Viele Mitarbeiter des öffentlichen Gesundheitswesens zum Beispiel waren mit der ewigen Wiederholung des Katastrophenschutz-Einmaleins nicht vertraut und entsprechend frustriert. »Wir sangen nicht alle nach derselben Melodie«, sagte Greg Moser, Spezialist für Antiterrormaßnahmen im Office of Emergency Management des Staates Colorado.[37]

Moser und die meisten anderen Experten sagten, dass »TopOff«, und ganz besonders die Fehlschläge, eine äußerst hilfreiche Lektion gewesen seien.[38] Wie beim realen Ausbruch der West-Nil-Enzephalitis in New York hatten sich die endlosen telefonischen Konferenzschaltungen, an denen bis zu hundert Beamte beteiligt waren, als zeitraubend und lästig erwiesen. Doch oft gab es keine andere Möglichkeit, sich zu verständigen, als diese verabredeten Telefonate. In den überlasteten Gesundheitsbehörden und selbst bei der Polizei ging sonst oft niemand mehr ans Telefon.

Die meisten Krankenhäuser in Denver hatten keine Notfallpläne für Massenepidemien oder Katastrophen mit vielen Verletzten; ihr Vorrat an Ausrüstungsgegenständen, Impfstoffen und anderen Medikamenten war begrenzt. Nur 3 der 22 Krankenhäuser in Denver waren in der Lage gewesen, die für eine Beteiligung an »TopOff« erforderlichen Ressourcen an Zeit und Geld einzubringen, und eines dieser drei Häuser musste wegen Überbeanspruchung durch reale Patienten auch noch vorzeitig aussteigen. Nur wenige Leichenbestatter hatten auch nur einen Gedanken daran verschwendet, wie man mit solch einer Katastrophe aus ihrer Sicht umzugehen hätte. Die Entscheidung der Stadt, zwangsweise Kühllastwagen der Brauerei Coors für Lagerung und Transport der Leichen zu rekrutieren, war zwar eine geniale Notmaßnahme, aber für die anstehenden, emotional und politisch heiklen Entscheidungen, wie und wo die Leichen der Krankheitsopfer zu beseitigen wären, war dies sicher kein gangbarer Weg. »In den dreißiger Jahren war die Struktur unseres öffentlichen Gesundheitswesens in mancherlei Hinsicht besser auf den Umgang mit einer solchen Epidemie vorbereitet als heute«, sagte Tara O'Toole, eine Gesundheitsexpertin, bei der Auswertung der Übung.[39]

Der Vorrat der USA an Antibiotika erwies sich bei diesem ersten ernsthaften Test als ausreichend, aber nur so eben. Während die Centers for Disease Control and Prevention (CDC) in der Lage waren, innerhalb von 48 Stunden nach Erhalt der Anforderung Arzneien nach Denver zu schicken – eine wirklich beeindruckende Leistung –, landete das Flugzeug, das sie an Bord hatte, gerade in dem Augenblick auf dem Denver International Airport, als der Bürgermeister beschloss, den Flughafen dicht zu machen. Auch konnten die Antibiotika nicht schnell genug verteilt werden. Es standen nur wenige Arbeitskräfte zur Verfügung, die die riesigen Antibiotika-Packungen für den Katastropheneinsatz (»push packs«) in handliche Größen aufteilen konnten. Ein Mitarbeiter des Gesundheitsamts fuhr in einen Safeway-Supermarkt, um Plastiktüten zu kaufen, in denen die Antibiotika verteilt werden konnten.[40] Doch diese Fahrt hätte, wie die »TopOff«-Organisatoren schätzten, in Straßen, die von in Panik geratenen Menschen verstopft waren, mindestens sechs Stunden gedauert.

Die beteiligten Beamten beschwerten sich über zu viele miteinander konkurrierende Einsatzzentren; man habe nicht gewusst, wer denn nun wirklich das Sagen gehabt hätte. Zu Spannungen kam es auch, als die richtigen seuchenhygienischen Entscheidungen zu treffen waren, und zwar schnell. Trotz aller Katastrophenschutzübungen in Denver gab es keine praktikablen Pläne für die Isolierung der ansteckenden Kranken und für die Verteilung der

Medikamente an normale Bürger. Die Pläne, mit denen die Organisatoren der Übung in New York gute Erfahrungen gemacht hatten, erwiesen sich in Denver als unpassend. Die festgelegten »Verteilungspunkte« für Antibiotika konnten in Denver pro Stunde nur 140 Menschen versorgen – was angesichts einer Einwohnerzahl von 2 Millionen absolut unzureichend war.[41]

Als die Übung zu Ende ging, debattierten die Verantwortlichen immer noch darüber, ob über Colorado eine Quarantäne verhängt werden solle und könne. Den Bewohnern, die hypothetisch schon seit 72 Stunden ihre Häuser nicht mehr hatten verlassen dürfen, gingen nun die Nahrungsmittel und andere Vorräte aus. Unruhen brauten sich zusammen. Die Krankenhäuser wären in Kürze gestürmt worden. Fazit: Trotz aller vorangehenden Ausbildungsmaßnahmen und Übungen wäre Denver zum Untergang verurteilt gewesen.

Das sich anbahnende Chaos bei »TopOff« kam für Amy Smithson nicht überraschend, die als Systemanalytikerin im Henry L. Stimson Center in Washington arbeitete.[42] Nachdem sie achtzehn Monate lang in über dreißig Städten im Land Beamte aus dem öffentlichen Gesundheitswesen und aus Katastrophenschutzbehörden interviewt hatte, war Amy Smithson im Herbst 2000 zu dem Schluss gekommen, dass die Regierungsverordnungen und die neuen Gesetze des Kongresses ein Durcheinander von Programmen geschaffen hatten. Diese waren konzeptionell oft zweifelhaft, bürokratisch redundant und schlecht koordiniert, und ihre Umsetzung war nicht selten katastrophal.

Smithson, eine Südstaatlerin, liebte die Politik und hatte in den fünfzehn Jahren, die sie nun in Washington war, schon mehrere Trends und Moden im Bereich der nationalen Sicherheit kommen und gehen sehen. Sie war also in der Lage, neue Entwicklungen zu erkennen. Das persönliche Engagement des Präsidenten bedeutete, dass etliche Milliarden Dollar an neuen Mitteln zur Verfügung stehen würden. Und nach dem Ende des Kalten Krieges waren die Sicherheitsbehörden verzweifelt darum bemüht, ihre Daseinsberechtigung nachzuweisen und sich neu zu positionieren. Der Saringas-Anschlag der Aum-Sekte in der Tokioter U-Bahn von 1995 und die Bombenanschläge auf zwei afrikanische US-Botschaften im Jahre 1998 hatten die Regierung in die Lage versetzt, enorme Budgeterhöhungen für die Terrorismusabwehr und die Bewältigung von Terrorismusfolgen im Kongress durchzusetzen. Die politischen Imperative waren offenkundig. Wer konnte etwas dagegen haben, verrückte Eiferer zu bekämpfen, die es auf Amerikaner abgesehen hatten? Kein Abgeordneter, Senator oder Regierungsbeamter würde gern nach einem verheerenden Terroranschlag erklären müssen, dass man Menschenleben hätte retten können, wenn die Regierung nicht so mit dem Geld geknausert hätte. Da war es für den Kongress und die Regierung schon einfacher, neue Programme zu entwerfen. Insgesamt stiegen die Bundesmittel für Terrorismusbekämpfung von 6,5 Milliarden Dollar im Haushaltsjahr 1998 auf 9,3 Milliarden Dollar im Haushaltsjahr 2001.[43] Dabei stieg der Anteil der Mittel für die Bewältigung von Terrorismusfolgen von 645 Millionen Dollar im Jahre 1998 auf 1,6 Milliarden Dollar in 2001.

Die beim Ausbau der Terrorismusabwehr am stärksten engagierten Experten wussten, dass wahrscheinlich Mittel verschwendet würden. Die Regierung, sagten viele von ihnen hinter vorgehaltener Hand, komme immer erst langsam in Gang und werde auf dem neuen Weg mit Sicherheit auch erst einmal ins Stolpern geraten. Gleichwohl hatten Smithson und einige Rechnungsprüfer der Regierung das Gefühl, dass manche Initiativen erkennbar die reinste Geldverschwendung waren. Zu den schärfsten Kritikern zählte, als Wachhund des Kongresses, der Rechnungshof (General Accounting Office).[44] Ende 1997 warnte er in einer Reihe von Berichten und Erklärungen, das Programm der Regierung basiere nicht auf einer eingehenden, klaren Bewertung der terroristischen Bedrohung, denen die USA ausgesetzt seien, sondern auf der *potentiell unendlichen* Verwundbarkeit amerikanischer Bürger im Inland und amerikanischer Streitkräfte im Ausland. Ohne schlüssige und strikte Risiko- und Bedrohungsanalysen, argumentierte der

Rechnungshof, könne man weder wissen, ob die Regierung zu wenig, zu viel oder gerade genug Geld für die Bekämpfung des Terrorismus ausgebe, noch, ob die Haushaltsmittel effizient eingesetzt würden.

In den Berichten des Rechnungshofs wurde die Einzigartigkeit des Bioterrorismus und der von ihm ausgehenden Bedrohung unterstrichen. Trotz riesiger Investitionen in Geheimdienste und Abwehrbereitschaft gebe es wahrscheinlich keine Möglichkeit, mit Sicherheit Ausgangspunkt und Ziel eines Angriffs vorherzubestimmen, geschweige denn die verwendeten Krankheitserreger. Darum könne man auch nicht sagen, wie die Vereinigten Staaten am besten zu schützen seien.

Viele Analytiker wiesen darauf hin, dass Angriffe mit biologischen Kampfstoffen und unkonventionellen Waffen bislang äußerst selten gewesen seien – Sicherheitsexperten sprechen in solchen Zusammenhängen von »Ereignissen mit geringer Wahrscheinlichkeit«. Wenn Täter chemische oder biologische Kampfstoffe verwendeten oder wenigstens versucht hatten, sie auszubringen, dann hatten sie meistens keine Substanzen gewählt, die als Massenvernichtungsmittel einzustufen wären. Die vom Center for Nonproliferation Studies am Monterrey Institute of International Studies gesammelten Daten zeigten, dass es seit 1976 weltweit 285 Zwischenfälle gegeben hatte, bei denen Terroristen chemische oder biologische Waffen eingesetzt hatten. In 44 Prozent dieser Fälle war niemand getötet oder ernsthaft verletzt worden, in 76 Prozent waren bis zu fünf Personen verletzt worden. Angesichts solcher Zahlen war nach Auffassung vieler Experten schon rein statistisch die These unhaltbar, die Frage laute nicht, *ob*, sondern, *wann* Terroristen Anschläge mit Biowaffen verüben würden.[45]

Trotz ihrer Kritik an der Übertreibung der biologischen Bedrohung glaubten Anne Smithson und andere Experten jedoch, dass angesichts der schnellen Fortschritte in der Biotechnologie und angesichts des Zusammenbruchs des sowjetischen Biowaffenimperiums die Vergangenheit – und nur darauf bezog sich die Statistik – nicht unbedingt als Maßstab für die Zukunft gelten könne. So arbeite zum Beispiel auch Südafrika in geringem Umfang, aber doch auf hohem Niveau an der Entwicklung von Biowaffen. Die Statistik zeige nämlich auch, dass die Anzahl der Terroranschläge im letzten Jahrzehnt zwar abgenommen habe, die Zahl der Opfer jedoch steil angestiegen sei. Überdies wurde Amerika immer öfter zum Ziel solcher Anschläge. So gering die Wahrscheinlichkeit für einen Angriff mit nichtkonventionellen Waffen also auch sein mochte, die absehbaren Folgen waren so gravierend, dass jede verantwortlich handelnde Regierung geeignete Schritte ergriffen hätte, um das eigene Volk zu schützen. Bei ihrer Kritik am Kongress und an der Regierung Clinton ging es Smithson und anderen Experten allein darum, *wie* man die Sache in Angriff genommen hatte.

Zum Beispiel waren nur 315 Millionen der 8,4 Milliarden Dollar, die die Regierung im Haushaltsjahr 2000 für Terrorismusbekämpfung ausgab, dafür gedacht, Helfer in den Städten und Bundesstaaten so auszubilden, dass sie auf einen verdeckten biologischen Terroranschlag angemessen reagieren konnten. Nur ein kleiner Anteil des Geldes, weniger als 4 Prozent, wurde außerhalb des Großraums Washington ausgegeben. Und unverhältnismäßig viel Geld wurde ausgegeben für das, was Befürworter nachhaltiger Verbesserungen im öffentlichen Gesundheitswesen »Tatü-tata« nannten, also für Spezialautos, nicht funktionierende Detektoren und anderes »Spielzeug«. Nur 6 Prozent der Haushaltsmittel für die Bekämpfung von Terroranschlägen mit nichtkonventionellen Waffen wurden der Stärkung der Infrastruktur im öffentlichen Gesundheitswesen zugewiesen – aber genau hier lag das Herzstück einer angemessenen und sinnvollen Vorbeugungsstrategie gegen biologische Kampfstoffe.

Das Gesetz von 1996, in dem die Ausbildung von Katastrophenschutzpersonal in den 120 größten Städten der USA gefordert wurde, ging von einer einfachen Struktur aus: Federführend sollte das Verteidigungsministerium sein. Doch innerhalb von vier Jahren hatte sich, wie Smithson feststellte, unter Berufung auf das Gesetz ein Wildwuchs von Katastrophenschutzprogrammen ausgebreitet. Die Beamten vor Ort konnten zwischen rund neunzig konkurrierenden Programmen wählen, die von verschiedenen Bundesbürokratien anboten wurden. Überdies gab es enorme Unterschiede bei Qualität und Inhalt. Trotzdem war keine Institution des Bundes beauftragt worden, die Programme zu bewerten oder den Städten Entscheidungshilfen zu geben, welches Programm ihren Bedürfnissen am ehesten entgegenkam. Oft wurden die Haushaltsmittel für Ausbildungszwecke zum großen Teil pauschal an Unternehmen übertragen, die im Auftrag der Regierung arbeiteten (so genannte »beltway bandits«). Städte und Bundesstaaten aber mussten die letzten Cents zusammenkratzen, um Schutzkleidung und Katastrophenausrüstung anschaffen zu können.

Smithson argumentierte in ihrem Buch, die Regierungsbürokratie habe in den frühen Jahren des Antiterrorismusprogramms Krankenhäuser und das öffentliche Gesundheitswesen systematisch benachteiligt. Die Finanzierung eines nationalen Vorrats an Impfstoffen und Antibiotika hatte erst 1998 begonnen, zwei Jahre vor dem Ende von Präsident Clintons zweiter Amtszeit. Und ernsthafte Bemühungen um eine Wiederbelebung des kriselnden nationalen Überwachungssystems für Infektionskrankheiten hatten sogar erst ein Jahr später eingesetzt. Dabei war dieses System für die Unterscheidung zwischen natürlich vorkommenden und absichtlich in Gang gesetzten Epidemien von entscheidender Bedeutung. Bis Ende 1998 war das US-Gesundheitsministerium nicht einmal in die Diskussionen über das Vorgehen gegen den Bioterrorismus einbezogen gewesen. Und es hatte noch einmal ein Jahr gedauert, bis das Ministerium über sichere Kommunikationsmöglichkeiten verfügte, damit es auch geheime Informationen sichten und diskutieren konnte.

Trotz aller guten Absichten hatten in den Regierungsinitiativen zur Inlandsverteidigung, so Smithson, »Zweckentfremdung und Filz« triumphiert. Die Einsatzbereitschaft sei dabei auf der Strecke geblieben.

Bei den meisten Programmen des Bundes, die sich mit der Abwehr terroristischer Bedrohungen befassten, wurden biologische

Kampfstoffe mit anderen – chemischen, radioaktiven und nuklearen – Massenvernichtungswaffen über einen Kamm geschoren. Biowaffen waren dabei meistens das fünfte Rad am Wagen, kaum eines ernsthaften Gedankens wert.

Die Bemühungen der Regierung, die Gefahren zu reduzieren, die von den ehemals sowjetischen Biowaffenforschern in Russland ausgingen, fanden im allgemeinen ein positiveres Echo als die diffusen, redundanten Programme im Inland. Doch selbst hier gab es Probleme.

Während 1991 die Senatoren Nunn und Lugar dafür gesorgt hatten, dass Geld zur Verfügung stand, um frühere Sowjetwissenschaftler davon abzuhalten, ihre nichtkonventionellen Waffen oder ihr tödliches Wissen an Schurkenstaaten oder Terroristen zu verkaufen, stellte die Regierung Clinton in nennenswertem Umfang Finanzmittel erst Jahre nach Beginn des eigenen Programms für biologische Abwehrmaßnahmen zur Verfügung.

Als Ergebnis von Budgetkämpfen zwischen Regierung und Parlament sowie innerhalb des Kongresses und innerhalb der Regierung wurden im US-Außenministerium die Mittel für die Nichtweiterverbreitung biologischer Waffen Jahr für Jahr reduziert. Betroffen waren davon das International Science and Technology Center in Moskau und andere wissenschaftliche Austausch- und Kooperationsprojekte für ehemals sowjetische Biowaffenforscher. Im Haushaltsjahr 2000 standen im Außenministerium für solche Projekte insgesamt 12 Millionen Dollar zur Verfügung – so viel wie nie zuvor, aber im Vergleich zu anderen wichtigen Regierungsanstrengungen immer noch ein Tropfen auf den heißen Stein.

Das Gleiche galt für das Energieministerium. Die meisten seiner Mittel für die Nichtweiterverbreitung nichtkonventioneller Waffen gingen in die russischen Atomstädte und -programme. Für Biowaffenexperten blieb da kaum etwas übrig.

Andy Webers Bemühungen, Allianzen mit den ehemals sowjetischen Biowaffenexperten zu bilden und ihr Vertrauen zu gewinnen, hatten von Anfang an nur bescheidene Haushaltsmittel zur Verfügung. Dieses Programm begann 1996 mit 5 Millionen Dollar und wuchs bis 2001 auf 12 Millionen Dollar an, aber selbst diese Summe stellte gerade einmal 3 Prozent der Mittel dar, die für Kooperationsprogramme mit Russland insgesamt zur Verfügung standen. Das meiste Geld wurde dafür verwendet, die Bedrohung durch das Arsenal atomarer und chemischer Waffen zu reduzieren.

Obwohl russische Wissenschaftler die amerikanische Regierung wiederholt gewarnt hatten, dass der Iran auf der Jagd nach russischen Experten sei und besonders jene im Visier habe, die gentechnologische Kenntnisse über Krankheitserreger bei Pflanzen und Tieren besaßen, erhielt das US-Landwirtschaftsministerium erst 1999 Haushaltsmittel für Programme zur Abwehr des Bioterrorismus. Und in zwei aufeinanderfolgenden Jahren hatten jeweils die Haushaltsexperten der Regierung (Office of Management and Budget) oder die des Kongresses einen Antrag des Landwirtschaftsministeriums abgelehnt, 70 Millionen Dollar für die Erweiterung und Verbesserung des regierungseigenen Forschungs- und Diagnosezentrums für tierische Krankheitserreger in Plum Island, New York, zu bewilligen.

Keine Haushaltsprobleme und keinen Mangel an Unterstützung im Kongress gab es hingegen bei den Bemühungen des Pentagon, im organisatorischen Rahmen der Nationalgarde schnelle Eingreiftruppen zu schaffen. Bis zum Januar 2001 waren mehr als 143 Millionen Dollar in dieses Projekt investiert worden, das damit dem ursprünglichen Zeitplan weit voraus war.

Als die Armee-Experten Verteidigungsminister Cohen 1998 in einem Memo das Konzept erläuterten, hatten sie gemeint, es werde drei Jahre dauern, die neuen Einheiten zu trainieren und auszurüsten – was für eine derart komplizierte Mission eine außerordentlich kurze Zeit war.[46] Die Verantwortlichen in der Armee, die das Programm der Nationalgarde koordinierten, setzten sogar einen noch kürzeren Zeitplan an und gingen davon aus, dass Ende 2000 die ersten zehn Teams einsatzbereit wären.

Als Zugeständnis an die Bedenken der Bürgerrechtler hatte das Pentagon das ursprünglich geplante martialische Akronym für diese Einsatzkräfte (RAID) fallengelassen und einen viel freundlicheren Namen gewählt: »Civil Support Teams« klang einfach mehr nach Unterordnung unter die Imperative von Zivilisten.

Im Januar 2001 legte der Generalinspektor des US-Verteidigungsministeriums ein unabhängiges Gutachten über das Projekt vor. Darin schilderte er die reinste Katastrophe.[47]

Die Generalinspektoren der Regierung haben die undankbare Aufgabe, die Effizienz von Regierungsprogrammen zu prüfen und zu bewerten. Sie sind eine unabhängige Instanz, und Präsident Ronald Reagan hat einmal gesagt, er wünsche sich diese Leute so scharf und gemein wie »Hunde, die einen Schrottplatz bewachen«. Meistens üben die Prüfer dezente Kritik in zurückhaltender Sprache. Der Bericht über die Initiative der Nationalgarde jedoch war ungewöhnlich scharf; er gehörte zu den vernichtendsten internen Gutachten, die das Pentagon jemals veröffentlichte. Der Generalinspektor des Verteidigungsministeriums kam zu dem Schluss, dass das 19-köpfige Gremium, das dieses Programm in einer eigens geschaffenen Dienststelle entworfen und geleitet hatte, völlig versagt habe. Man solle es schnellstens auflösen. Trotz jahrelanger Arbeit und Ausbildung könne man keines der zehn Teams irgendwohin schicken. Wegen schwerer Managementfehler, fehlender oder schadhafter Ausrüstung und unzureichender Ausbildung würden diese Einheiten, die eigentlich im Januar 2000 einsatzbereit sein sollten, bei Katastropheneinsätzen in Großstädten wahrscheinlich selbst zur Katastrophe werden, befanden die Prüfer.

Eigentlich hätten die Einheiten in einem Radius von höchstens 400 Kilometern Entfernung von 90 Prozent der amerikanischen Bevölkerung stationiert sein sollen, sagten die Prüfer, aber die vorhandenen Stützpunkte auf Militärbasen ließen solche Vorgaben manchmal unrealistisch erscheinen. Die vorgeschlagene Stationierung des für Florida zuständigen Teams in Camp Blanding, Florida, habe zum Beispiel zur Folge, dass es zwar nur 400 Kilometer bis Atlanta seien, diese Stadt aber zum Einzugsbereich des Teams aus Georgia gehöre. Andererseits aber seien es mehr als 560 Kilometer bis Miami.

Nur fünf der zehn Teams bestanden aus den vorgesehenen 22 Mitgliedern, und viele Teamangehörige seien nicht in der Lage gewesen, an den Ausbildungsübungen teilzunehmen.[48] Bei allen Teams fehle immer noch Schutzkleidung, und neun der zehn Teams könnten mangels Kommunikationsausrüstung keine Verbindung mit dem Hauptquartier aufnehmen. Nur zwei Teams hatten tragbare Geräte zur Erkennung biologischer Erreger erhalten. Als die Teams ihre ersten Übungen abhielten, verfügte keine der Einheiten über ein mobiles Labor mit der Ausrüstung, die man benötigte, um potentielle Erreger zu identifizieren. Und als die Kleinlastwagen mit der Laborausrüstung schließlich kamen – jedes dieser mobilen Labors kostete 1,6 Millionen Dollar und bildete das »Herzstück« des ganzen Projekts –, waren manche Luftfilter falsch herum installiert. Jeder Wagen sollte ein »Handschuhfach« enthalten, ein abgeschlossenes Abteil zur Untersuchung eines biologischen Erregers. Weil diese Boxen jedoch schlecht entworfen und zu groß waren, blieb für die Teammitglieder nicht mehr genügend Arbeitsplatz im Wagen. Außerdem hatten viele Teammitglieder keine Ahnung, wie sie mit den »Handschuhfächern« umgehen und wie sie diese warten sollten, denn die Boxen kamen ohne Gebrauchsanweisung.

Die Gasmasken der Teams waren niemals getestet worden; sie enthielten Teile, die nicht zueinander passten. Während die Masken und die dazugehörigen Gebläse bei korrekter Montage vielleicht funktioniert hätten, sagte ein Teamkommandeur den Prüfern: »Mit den Dingern da würde ich mein Leben bestimmt nicht aufs Spiel setzen.«

Bei Ausbildungsübungen erhielten einige Teams nur teilweise gefüllte Lufttanks zu ihren Masken und mussten diese dann bei der örtlichen Feuerwehr nachfüllen lassen. Damit wurden die Mitglieder der Garde eher zur Last für die Leute, denen sie eigentlich zu Hilfe eilen sollten. Die Mikroskope erwiesen sich als zu groß für die Laborwagen; sie konnten dort nicht angebracht werden, und überdies hätten sie zusammen mit ihrem Zubehör fünf Steckdosen benötigt. Im ganzen Wagen gab es aber nur drei. Das Ergebnis sei, berichteten die Prüfer, dass viele Teammitglieder und ihre Kommandeure nun demoralisiert seien, obwohl sie der Bericht als »engagierte« und »hoch motivierte« Menschen beschrieb, die »mit dem Herzen bei der Sache« seien. Die Inspekteure vermerkten, dass die Kommandeure und ihre Teams kein »Vertrauen in die unbekannte, nicht erprobte und nicht bewährte Verlässlichkeit der Ausrüstung, die man ihnen geschickt hatte«, besäßen, vom Vertrauen in die Leiter des Programms ganz zu schweigen.

Es herrschte Verwirrung darüber, wie das Einsatzteam den Verantwortlichen vor Ort genau helfen sollte. Die hochentwickelte Ausrüstung zur Entdeckung biologischer Erreger hätte für entsprechende Tests durchaus nützlich sein können. Doch das FBI, das seine eigene Einheit für Gefahrenstoffe gebildet hatte, sagte der US-Armee im Herbst 2000, man werde nicht zulassen, dass jemand ohne Erlaubnis des FBI am Gefahrenort Proben entnehme. Das FBI erinnerte die Nationalgarde mit Nachdruck daran, dass es selbst die federführende Behörde für das »Krisenmanagement« im Inland sei.

Die US-Armee bestritt einige Beanstandungen des Generalinspektors. Sie sagte zum Beispiel, man habe das Problem mit den Mikroskopen dadurch gelöst, dass man allen Teams Zelte zur Verfügung gestellt habe, die sie direkt neben dem Laborwagen aufschlagen könnten. Doch die Prüfer erlaubten sich die Frage, was denn wohl wäre, wenn ein terroristischer Anschlag an einem Tag geschehe, an dem es stark regne oder stürme.

Das Pentagon zweifelte die Ergebnisse des Berichts nicht an und beschloss, die Dienststelle, die dieses Projekt gemanagt hatte, sofort zu schließen – noch bevor der Untersuchungsbericht offiziell übergeben worden war. Charles L. Cragin, amtierender stellvertretender Verteidigungsminister für die Angelegenheiten der Reserve und als solcher auch mit der Dienstaufsicht über die Nationalgarde befasst, sagte Anfang 2001, seine Organisation arbeite »mit großem Nachdruck« daran, die von den Prüfern aufgedeckten Probleme zu lösen; viele seien bereits gelöst. Cragin machte für die Fehlleistungen den Druck verantwortlich, der auf der Nationalgarde gelastet habe, so viele hohen Ansprüchen genügende Teams für komplizierte Einsätze in kürzester Zeit aufzustellen. Die Verantwortlichen bei der Nationalgarde bekräftigten, die technischen Probleme seien mittlerweile weitgehend gelöst und die »Civil Support Teams« würden bald einsatzbereit sein.

Eine weitere Schwachstelle in Amerikas Biowaffenabwehr war das hartnäckige Versagen bei der Herstellung eines preiswerten, zuverlässigen Detektors, der bei Angriffen mit biologischen Erregern Alarm schlagen würde. Schon seit den frühen Tagen des amerikanischen Biowaffen-Offensivprogramms hatte das Militär versucht, solche Geräte zu bauen. Das Pentagon hatte sich ein einfaches Gerät wie einen Rauchmelder gewünscht, das die Luft sondieren und bei einem biologischen Angriffsversuch einen Krankheitserreger schnell identifizieren konnte. Seit dem Golfkrieg, als die Kommandeure zu ihrem großen Erstaunen erfahren mussten, dass ihnen keine wirksamen Warnanlagen zur Verfügung standen, waren durchaus gewisse Fortschritte gemacht worden. Aber die Detektoren steckten immer noch in der Erprobungsphase, und die Ansprüche wuchsen. Ende der neunziger Jahre, als die US-Regierungsverantwortlichen an die Planung von Abwehrmaßnahmen gegen biologische Angriffe gingen, maß man Biodetektoren schon eine Schlüsselrolle in allen Plänen zu. Schließlich würden die Vereinigten Staaten niemals in der Lage sein, jeden ihrer Bürger gegen alle denkbaren Krankheiten zu impfen, deren Erreger Terroristen oder Schurkenstaaten zu Gebote standen. Daher kam den Detektoren möglicherweise eine entscheidende Rolle beim Aufbau einer glaubhaften Zivilverteidigung zu. Wenn die Verantwortlichen des öffentlichen Gesundheitswesens sofort wüssten, dass ihre Stadt mit Biowaffen angegriffen wurde, könnten sie rechtzeitig mit Evakuierungen, Quarantäne- und Behandlungsmaßnahmen beginnen. Gegenwärtig jedoch waren die Amerikaner selbst die hauptsächlichen Detektoren für biologische

Angriffe. Der Alarm würde erst ausgelöst werden, wenn in Panik geratene Erkrankte scharenweise die Notaufnahmen der Krankenhäuser stürmten und viele Menschen gleichzeitig über mysteriöse Symptome klagten. Im Fall von Lungenmilzbrand, das wussten die Militärs nur zu gut, kämen solche Berichte erst mehrere Tage nach Ausbruch der Krankheit, und dann wäre es für eine Behandlung bereits zu spät.

Die Bemühungen der Regierung Clinton konzentrierten sich anfangs auf Projekte, die hauptsächlich für das Militär relevant waren.[49] Was die Kommandeure wollten, war ein Detektor, der rechtzeitig warnte, so dass die Soldaten einem Angriff mit Biowaffen ohne Schäden entkommen konnten oder wenigstens Zeit hatten, ihre Schutzausrüstung anzulegen. Eine Warnung, die nicht ganz so schnell, aber immer noch rechtzeitig kam, könnte den Infizierten ausreichend Zeit verschaffen, sich zu impfen, Antibiotika zu nehmen oder andere lebensrettende Maßnahmen zu ergreifen. Das Pentagon hatte mit einem Labor experimentiert, das auf einen Lastwagen montiert war und die Luft sondieren sollte. Auch Spezialflugzeuge, die Wolken aus Partikeln verfolgen sollten, waren erprobt worden sowie ein elektronisches Netzwerk auf verschiedenen Militärbasen, bei dem viele Sensoren miteinander verbunden waren, um die Resultate sofort zu überprüfen und Fehlalarm möglichst zu vermeiden. Doch alle Methoden waren mit schweren Fehlern behaftet.

Im September 2000 kritisierte der Generalinspekteur des Pentagon eine der eher kostspieligen Bemühungen auf diesem Gebiet.[50] Das von Lockheed-Martin entwickelte Joint Biological Point Detection System verwendete einige der fortschrittlichsten Technologien. Im Jahr 2000 hatte die Firma begonnen, im Rahmen eines milliardenschweren Programms eine erste Teillieferung von 970 Detektoren herzustellen. Doch der Generalinspekteur kam zu dem Schluss, dass dieser Prototyp nur einer von zehn an ihn gestellten Anforderungen gerecht wurde. Das Gerät versagte wiederholt den Dienst und war oft nicht in der Lage, tödliche Erreger zu erkennen. Doch Lockheed bestand darauf, dass die Firma angesichts der immensen technischen Herausforderung das Bestmögliche gegeben habe.

Die Herstellung eines Detektors ist vor allem deshalb so schwierig, weil die zu entdeckenden Ziele praktisch überall anzutreffen sind. Selbst klare, reine Luft enthält Milliarden von Keimen, und harmlose Keime sind nur schwer von tödlichen zu unterscheiden. Das führt zu Fehlidentifizierungen. Doch während ein Fehlalarm für das Militär im Krieg gerade noch hinnehmbar wäre, so wäre das Letzte, was eine Großstadt wie New York oder Washington gebrauchen könnte, ein biologischer Fehlalarm.

Frustriert wendeten sich die Planer des Pentagon schließlich an die Waffenlabors, die die Atombombe und die Wasserstoffbombe erfunden hatten. In den neunziger Jahren hatten diese Labors neue Arbeitsgebiete erschlossen, indem sie sich den Bedrohungen durch Massenvernichtungswaffen widmeten, speziell denen durch Biowaffen.

Das Lawrence Livermore National Laboratory, vom Bund finanziert, auf einem eine Quadratmeile großen Gelände mitten in Kalifornien, stürzte sich auf die Entwicklung von Detektoren. Man konzentrierte sich von Anfang an auf die Gene und versuchte, diese eindeutigsten Signaturen der Mikroorganismen zu identifizieren – ganz so, wie es Craig Venter Präsident Clinton beim Abendessen am Renaissance Weekend vorgeschlagen hatte.[51] Zuerst entwickelte das Labor eine Möglichkeit, das genetische Material eines Mikroorganismus zu kartieren, und zwar mit derselben Ausrüstung, die man benutzt hatte, um das menschliche Genom zu dekodieren. Diese Signaturen wurden dann in künstlich hergestellte DNA-Schnipsel kopiert.[52] Wurden diese Schnipsel mit einem in Frage kommenden Mikroorganismus vermischt, der bereits genetisch dekodiert worden war, beispielsweise Anthrax, dann band der DNA-Schnipsel im Regelfall das genetische Material dieses Mikroorganismus an sich. Dabei wurde eine kleine Menge fluoreszierender Substanz freigesetzt. Richtige Beleuchtung vorausgesetzt, fing die Probe an zu glühen.

Livermore miniaturisierte die Erfindung anschließend, und so wurde aus einer riesigen Masse von Röhren, Flaschen und elektronischen Teilen ein Gerät, das in einen Koffer passte oder als Detektor mit der Hand zu halten war. Bis 1999 hatte das Labor eine kleine Kammer mit einem Silikonchip perfektioniert, die – wenigstens theoretisch – in der Lage war, in sieben Minuten gefährliche Mikroben zu identifizieren.[53] Bis 2001 hatte das Gerät die richtige »Packungsgröße« erreicht und lief nun unter der Bezeichnung HANAA (Handheld Advanced Nuclear Acid Analyser, tragbares fortgeschrittenes Analysegerät für Nukleinsäure). Es wog nur noch 2 Pfund, wurde mit Batterien betrieben und war in hohem Maße computerisiert. HANAA wurde an verschiedenen Orten in Feldversuchen getestet, darunter bei den CDC in Atlanta, bei der FDA und im Katastropheneinsatzzentrum von Los Angeles County.

Das Lawrence Livermore National Laboratory kündigte an, es werde seine Erfindung einer Firma übertragen, und diese werde die Detektoren herstellen und verkaufen. In der Tat, die kleinen Geräte waren vielversprechend. Ob sie allerdings den lange erhofften Durchbruch bringen würden, ließ sich nur durch weitere Tests feststellen.

Nach dem Wahlsieg George W. Bushs bei den Präsidentschaftswahlen im Herbst 2000 erhob sich Frage, ob die Kooperationsprogramme bestehen bleiben würden, die Andy Weber so sehr am Herzen lagen. Doch nach einer Überprüfung durch die neue Regierung kam ein eingeschränktes Plazet. Gleichwohl gab es auf beiden Seiten der Partnerschaft nach wie vor Probleme. Zwar hatten die russischen Verantwortlichen den früheren Biopreparat-Chef Juri Kalinin entlassen. Trotzdem herrschte in den politischen Kreisen Russlands kein Mangel an Kritikern, die sich einer engeren Zusammenarbeit mit Amerika widersetzten. Und diese Kritiker gab es nicht nur in Russland. Einige Offizielle in den Regierungen Usbekistans und Kasachstans hatten ebenfalls versucht, das gemeinsame Programm zur Reduzierung der Bedrohung durch nichtkonventionelle Waffen zu unterlaufen, indem sie sich, was die Auflagen durch den US-Kongress und die Clinton-Regierung anging, nicht gerade kooperativ zeigten. Trotz beharrlichen Drängens der Amerikaner hatten die Kasachen bis Mitte 2001 die Biowaffen-Konvention von 1972 immer noch nicht ratifiziert. Usbekistan hatte seine Unterschrift unter ein Rahmenabkommen für die gemeinsamen Kooperations- und Hilfsprogramme bis zum Frühjahr 2001 verzögert. Doch im Vergleich zu Russland hatten die Programme mit den zentralasiatischen Staaten trotz gelegentlicher Rückschläge schon große Fortschritte gemacht.

In Washington behinderte der anhaltende Verdacht, dass Russland mit amerikanischer Hilfe in die Lage versetzt werde, Forschungen durchzuführen, die einem Biowaffenprogramm zugute kommen könnten, weiterhin das Kooperationsprogramm. Auch Weber selbst hatte Enttäuschungen erleben müssen, die Wasser auf die Mühlen der Kritiker des Kooperationsprogramms waren. Beide Seiten, die früheren Sowjetinstitute und die Amerikaner, trugen die Verantwortung für die Reibungsverluste. Und die militärischen Labors blieben den Amerikanern nach wie vor verschlossen.

In Stepnogorsk, das in Webers Wunschvorstellungen zum »Paradebeispiel« für den Segen werden sollte, den die Nichtverbreitung biologischer Waffen bringen könnte, brach ein amerikanisch-kasachisches Joint Venture zur Arzneimittelherstellung schon vor dem eigentlichen Start zusammen.[54] Ein Vertrag im Wert von 3 Millionen Dollar wurde 1997 storniert; nur 2 Millionen dieser Summe konnten gerettet werden. Ein Plan, in der ehemaligen Fabrik für biologische Kampfstoffe Einwegspritzen herzustellen, nahm im folgenden Jahr ebenfalls kein gutes Ende, weil die Produktion wegen unbezahlter Strom- und Wasserrechnungen eingestellt werden musste. Ein weiterer Plan, in einem wiederum anderen Teil des ehemaligen Fabrikkomplexes bis zu 2 Millionen Spritzen zu sterilisieren, scheiterte an Unterfinanzierung und an fehlendem Kobalt 60, einem radioaktiven Isotop, das man zur Abtötung der Keime einsetzt. Trotzdem konnte das Pentagon die Anlage systematisch demontieren. Bis zum Sommer 2000 hatte man die riesigen Fermenter abgebaut und verschrottet. Alle Ausrüstungsgegenstände, mit denen man Biowaffen hätte herstellen können, waren zerstört worden. Filtersysteme, mit denen einst die kontaminierte Luft im Innern der Labors festgehalten wurde, waren herausgerissen worden und stapelten sich jetzt außerhalb der Produktionsgebäude. Im Jahr 2000 hatten Kasachstan und das US-Verteidigungsministerium zwar beschlossen, die Gebäude abzubrechen, doch die Verhandlungen waren wegen des zu zahlenden Preises ins Stocken geraten.

Die Anlage als solche stellte also keine Bedrohung mehr dar. Gleiches konnte man jedoch von den Wissenschaftlern und Ingenieuren nicht behaupten. Das Pentagon hatte dabei geholfen, ihr Lebenswerk zu zerstören, aber man hatte ihnen fast nichts gegeben, was an diese Stelle hätte treten können. Im ehemaligen Fabrikkomplex gab es keine Arbeit mehr. Das kleine, gut ausgestattete toxikologische Labor, zu dessen Eröffnung Washington 750 000 Dollar beigesteuert hatte, beschäftigte im Stadtzentrum von Stepnogorsk rund sechzig ehemalige Biowaffenhersteller. Doch weitere Hunderte suchten einen Arbeitsplatz.

Die Bevölkerung der Stadt hatte um die Hälfte abgenommen, und die Arbeitslosigkeit war immer noch horrend. Weber und andere Verantwortliche in Amerika setzten sich dafür ein, dass die USA mehr tun sollten, um sicherzustellen, dass die Wissenschaftler, die früher waffenfähiges Anthrax hergestellt hatten, jetzt Arbeit im zivilen Bereich fänden, wenn irgend möglich in Kasachstan. Doch dieser Gedanke fand im Kongress kaum Unterstützung. Dort wollte man lieber Geld in den Abbruch gefährlicher Fabrikanlagen investieren. In der Tat, die bauliche Infrastruktur der Todesfabriken war weitgehend zerstört. Weiterhin ungelöst blieb jedoch das quälende Problem, wie man die Wissenschaftler davon abhalten könnte, dem Iran oder anderen Interessenten ihr Knowhow zu verkaufen.

Kapitel 12
Die Zukunft

Im Frühjahr 2000 berief der Leiter der CIA, George Tenet, das Non-Proliferation Advisory Panel ein, den Ausschuss zur Nichtweiterverbreitung von Biowaffen. Dieser Ausschuss, der sich aus führenden Biowaffenexperten zusammensetzt – Wissenschaftlern, Bundesbeamten, Gesundheitsexperten und einigen Geschäftsführern von Pharmaunternehmen –, hat gegenüber der CIA-Spitze beratende Funktion. Tenet, der für seinen barschen Umgangston sowie seine kreativen Flüche im privaten Gespräch hinlänglich bekannt ist, hatte seine Behörde gedrängt, sich entschiedener mit der Bedrohung durch Biowaffen auseinanderzusetzen.[1] Zu Beginn seiner Karriere, als er noch Senatsmitarbeiter war, hatte er sich mit Fragen der atomaren Rüstungskontrolle befasst, unter anderem mit den Überwachungsmöglichkeiten von gegnerischen Raketen und Sprengköpfen.

Das Problem, das sich stellte, war diesmal allerdings weitaus komplizierter, und dafür brauchte er Hilfe. Er erklärte dem Ausschuss, seine Erwartungen seien schlichtweg »trivial«; die CIA suche nämlich nach einer kühnen, phantasievollen Lösung – etwas, das dem Bioterrorismus das Genick bräche.

Die Sowjetwissenschaftler, die Andy Weber solche Sorgen bereitet hatten, spielten in Tenets Vorstellung von der vor ihm liegenden Gefahr eine große Rolle. Wenige Wochen zuvor hatte er den Kongress gewarnt, eine wachsende Zahl von Nationen versuche, das nötige Know-how zu importieren, um »dramatische Fortschritte« bei der Produktion von biologischen Kampfstoffen und Ausbringungssystemen zu erzielen.[2] »Sie können das Fachwissen kaufen und sich damit den Vorteil eines technologischen Überraschungseffekts sichern«, sagte Tenet. Auch Terroristen experimentierten mit Biowaffen. Man habe Erkenntnisse, dass Osama bin Ladens

Organisation Al Qaida für den Einsatz biologischer und chemischer Waffen trainiere, warnte er.

Was er in der öffentlichen Sitzung nicht sagte, war, dass die CIA und das Pentagon seit beinahe drei Jahren parallel an verschiedenen streng geheimen Projekten arbeiteten, die ihnen ein besseres Verständnis der vom Ausland entwickelten Biowaffen und Trägersysteme vermitteln sollten. Diese Programme gehörten zu den bestgehüteten Geheimnissen der Regierung, ihre Codenamen waren nur einer Handvoll Beamter bekannt. Die Beteiligten hatten besondere Sicherheitserklärungen unterzeichnen müssen, in denen sie auf das Recht verzichteten, sich im Falle einer unzulässigen Preisgabe von Informationen gegen die juristische Verfolgung dieses Delikts zu wehren.

Es gab mehrere Gründe für so außerordentlich strenge Sicherheitsvorkehrungen. Ein Teil der Untersuchungen befasste sich mit dem mangelnden Schutz amerikanischer Einrichtungen, und die Beamten wollten Terroristen und andere Nationen nicht wissen lassen, welche Kampfstoffe oder Techniken gegen ihre Soldaten und Bürger am wirksamsten waren. Inoffiziell räumten die Beamten noch einen weiteren Grund für ihre Vorsicht ein: Die Projekte brachten die Vereinigten Staaten sehr viel näher an die vom Biowaffen-Abkommen 1972 gezogenen Grenzen. Einige Bundesbeamte hatten ernsthafte Skrupel bezüglich dieser Forschung und hatten ihre Kollegen vor einem möglichen diplomatischen Desaster gewarnt, sollten die Geheimprogramme öffentlich bekannt werden.

Die Biowaffenkonvention war sehr vage gehalten, und die Anwälte der Regierung hatten Jahre mit dem Versuch zugebracht, die darin vorgesehenen Vorkehrungen in praktische Regeln zu übersetzen. Experten aus Regierungskreisen waren sich einig, dass das Abkommen ein breites Spektrum an Experimenten mit Biowaffen und Giftstoffen zuließ, solange deren Ziel in der Verteidigung bestand und die Erregermengen gering blieben. Bei der Entwicklung von Waffen war die Sache problematischer. Der Vertrag verbot Entwicklung, Herstellung, Erwerb, Besitz und Lagerung von Biowaffen oder andere Mitteln zur Ausbringung von Kampfstoffen

»für feindselige Zwecke oder in einem bewaffneten Konflikt«.[3] Die juristischen Experten der Regierung hatten sich nie formal damit auseinandergesetzt, ob ein Land eine Biowaffe kaufen, stehlen oder herstellen und diese verwenden dürfe, um an ihr Standards festzumachen, mit deren Hilfe sich Impfstoffe oder andere Mittel zur Verteidigung würden testen lassen. Einige Experten waren der Ansicht, solche Experimente seien akzeptabel, solange sie nicht kriegerischen Zwecken dienten. Andere hielten dagegen, dass eine Waffe per definitionem dazu gebaut sei, Schaden anzurichten, und deshalb für Verteidigungszwecke tabu sei. Eine Bombe ist und bleibt eine Bombe, sagten sie.

Amerikas Verfechter einer Biowaffenabwehr waren vor jeder Art von Experimenten auf der Hut, die einer Verletzung des Vertrages auch nur im entferntesten nahe kamen. Viele gehörten der Regierung seit den achtziger Jahren an, seit den Tagen von Senator John Glenn, auf dessen Untersuchung und Anhörung sich die verstärkten Beschränkungen der Biowaffen-Forschung stützten. In den darauf folgenden Jahren hatten sich die Wissenschaftler von Fort Detrick bei ihrer Arbeit penibel auf Erreger oder Toxine beschränkt, die auf der »aktuellen Gefahrenliste« des Militärs standen, einem formalen Dokument, das unter den Geheimdiensten kursierte. Militärforscher beanstandeten jedoch, die Liste sei seit Jahren überholt und überdies fehlten auf ihr viele der tödlichsten Waffen, die in Russland gerade entwickelt wurden. Aufgrund der Schwierigkeiten der Geheimdienste war es ausgesprochen problematisch, eine Bedrohung als »aktuell« einzustufen, und Glenns Vorgehen wurde als Würgegriff für die Defensivforschung betrachtet. Wie auch immer, niemand wollte noch mehr Ärger mit dem Kongress riskieren.

Mitte der neunziger Jahre ging Glenn in den Ruhestand, und die Beschränkungen wurden ein wenig gelockert. Das Armeelabor in Fort Detrick hatte jedoch Budgetkürzungen hinzunehmen und nur wenige Mittel verfügbar, um die flexibler gewordenen Bestimmungen auch nutzen zu können. Bei der CIA war die Lage anders, dort weiteten die Experten ihre Programme zur Einschätzung der

Verbreitung von atomaren, biologischen und chemischen Waffen beträchtlich aus.

Für CIA-Experten stellte das 1995 gegenüber der UNSCOM abgegebene Geständnis des Irak, dem zufolge im Land viele tausend Liter waffentauglicher Erreger hergestellt worden seien, keine Überraschung dar. Sie wussten, dass der Irak wiederholt versucht hatte, Cluster-Bomben zu kaufen, die sich zu Biowaffen umrüsten ließen. Bei den führenden Politikern – den »Kunden«, wie die Behörde sie nannte – erregten Bagdads Geständnisse jedoch verstärktes Interesse. Plötzlich wollten viele in Washington mehr über biologische Waffen wissen. Die CIA forderte ihre Agenten auf, mehr Informationen zu sammeln, und die National Security Agency, die weltweit die Telefon-, Fax- und E-mail-Kommunikation auswertet, tat es ihr gleich.

Bill Patrick, der gelegentlich als Berater für die CIA arbeitete, war ebenfalls der Ansicht, dass diese mehr leisten könne. Seit Jahren hätten die Geheimdienste des Landes ihre Arbeit zu sehr eingeengt; sie seien lediglich der Entwicklung und Erforschung von pathogenen Kampfstoffen nachgegangen, verkündete er. Erwerb und Anzucht virulenter Organismen waren wichtige erste Schritte für Staaten oder Organisationen, die sich ernsthaft mit biologischer Kriegsführung befassten. Aber wie Patrick selbst in den fünfziger Jahren gelernt hatte, war dies nur der Anfang.

Große Mengen getrockneter Erreger von der richtigen Partikelgröße zu produzieren, war eine vergleichbar gigantische Aufgabe, und die Konstruktion effizienter Bomben, Raketen oder Zerstäuber nicht minder. Die CIA, kritisierte Patrick in einem Vortrag vor Offizieren der Luftwaffe, habe sich zu lange auf »Agens, Agens, Agens« konzentriert.[4] Das sei, so sagte er, »das einzige, was sie im Auge haben«. Nach Patricks Auffassung sei es genauso wichtig, das Innenleben der Munition und ihrer Ausbringungssysteme zu verstehen. Wenn Sie den größten Teil ihrer Erreger nicht ans Ziel bringen, erklärte Patrick den Offizieren, »haben Sie ihre Arbeit nicht anständig gemacht«.

Als Tenet, der lange Zeit zweithöchster Beamte innerhalb der CIA war, im Juli 1997 als deren Direktor vereidigt wurde, teilte er seinen führenden Beratern umgehend mit, er wolle mehr Engagement bei der Biowaffenabwehr sehen. Kurz darauf verpflichtete er John A. Lauder, einen altgedienten CIA-Beamten, als Leiter des Non-Proliferation Panel, jener Expertengruppe, die der Verbreitung nichtkonventioneller Waffen nachspüren sollte. Weitere Spezialisten wurden eingestellt, und die Behörde berief einen Ausschuss von auswärtigen Experten ein. Unter anderem überredete man den Virologen Thomas P. Monath, der schon Mitglied von Präsident Clintons Expertenrunde gewesen war, sich für den Vorsitz zur Verfügung zu stellen.

Dass erneut Gewicht auf biologische Waffen gelegt wurde, war Balsam für Experten wie Gene Johnson, einen Schützling Patricks, der von der Behörde eingestellt worden war. Johnson, ein Virologe, der etliche Jahre in Fort Detrick gearbeitet hatte, war ein kreativer Mann – ein Macher, der einst in Afrika auf der Spur des Ebola-Virus sein Leben aufs Spiel gesetzt hatte. Er ist einer der am lebhaftesten gezeichneten Charaktere in Richard Prestons Roman *Hot Zone,* in dem es um das Ebola-Virus geht. Seine Kollegen berichten allerdings, dass ihnen Prestons Beschreibung seiner Person nicht besonders zugesagt habe: »Gene Johnson ist ein großer, um nicht zu sagen, massiger Mann mit einem breiten, kantigen Gesicht und lose herabhängenden Haaren, einem dichten braunen Bart, einem Bauch, der über den Gürtel hängt, und funkelnden tiefgründigen Augen«, schrieb Preston. »Wenn man ihn in eine schwarze Lederjacke gesteckt hätte, wäre er glatt als Roadie der Rockgruppe *Grateful Dead* durchgegangen.«[5]

Johnson war mit Patrick weitgehend einer Meinung, dass es wichtig sei, die Wirkungsweise der Munition zu durchschauen, und er drängte seine Kollegen, sich eingehend mit den Waffensystemen zu befassen, die von der Sowjetunion für einen biologischen Angriff vorgesehen worden waren. Wie waren diese Bomben konstruiert? Wie effektiv funktionierten sie? Konnten sie kopiert werden? Allmählich nahm das Projekt Formen an. Die CIA-Beamten nannten es Clear Vision – den Versuch, in die Zukunft der biologischen

Kriegsführung zu blicken, indem man ihre Vergangenheit zu verstehen suchte.
Geheimdienstler behaupteten, das Hauptziel der CIA habe darin bestanden, Art und Qualität der für die Regierung gesammelten Informationen zu verbessern. Zudem wollte die Behörde in der Lage sein, die von ihr in der Vergangenheit gesammelten geheimen Informationen über fremde Biowaffen besser einzuschätzen; gleiches galt für die Glaubwürdigkeit der Personen und Quellen, aus denen sie diese bezogen hatte.
Das Hauptinteresse galt ausländischen Biowaffen, und deren Analyse musste zügig vorangetrieben werden. Johnson hatte ziemlich genaue Vorstellungen von den feindlichen Waffensystemen, die es zu überprüfen galt. Er zeigte seinen Kollegen die Blaupause eines Sprengkopfs, mit dem die Behörde sich womöglich befassen müsste.
CIA-Beamte waren der Ansicht, dass dieses Vorgehen mit dem Biowaffen-Abkommen vereinbar sei, also mit den Vorschriften konform ging, die die Defensivforschung erlaubten. Clear Vision war angewiesen, einem Projekt nur dann nachzugehen, wenn den amerikanischen Geheimdiensten detaillierte, glaubwürdige Berichte über eine Bedrohung durch einen potentiellen Feind vorlagen. Die CIA hatte keineswegs die Befugnis, sich mit aus der Luft gegriffenen Theorien über *mögliche* Pläne eines bösen Wissenschaftlers zu befassen.
Clear Vision schoss sich auf die von der Sowjetunion entwickelten Waffensysteme ein. Im Unterschied zu den Amerikanern hatten die Russen Langstreckenraketen gebaut, deren Sprengköpfe sich mit Biowaffen bestücken ließen. Sie hatten auch begonnen, Cruise Missiles herzustellen, die sich unterhalb von Radarsystemen bewegen konnten und mit einer für die Ausbringung von tödlichen Erregerwolken idealen Geschwindigkeit flogen. Ein paar Jahre zuvor hatte Alibek Patrick und seinen CIA-Kontaktleuten von Moskaus erfolgreichen Entwürfen von Bomben und Raketen berichtet. Die beiden Männer verfassten später ein Geheimpapier, in dem die Programme ihrer beiden Länder verglichen wurden. Es gab jede

Menge offene Fragen. Einige der wichtigsten drehten sich um die im militärischen Sprachgebrauch als Tochtergeschosse bezeichneten Minibomben, die die Sowjets zur Verteilung von Erregern entwickelt hatten. Wie passten diese kleinen Bomben in einen Sprengkopf? Wie und wann wurden sie bei einem Angriff freigesetzt? Wie effektiv funktionierten sie?

Die erste Generation der von den Vereinigten Staaten und Russland in den fünfziger Jahren produzierten biologischen Waffen waren ungeschlachte Dinger: Flüssige oder getrocknete Erregerpräparate wurden in eine mit Sprengstoff gefüllte Metallbombe gegossen oder gestopft. Die Detonation und die Hitzeentwicklung während der Explosion zerstörten einen Großteil des biologischen Kampfstoffes. Bei seinem Vortrag vor den Luftwaffenoffizieren berichtete Patrick, dass bei den ersten amerikanischen Bomben lediglich ein oder zwei Prozent der Milzbrand-Erreger die Detonation überstanden hätten – eine schamlose Untertreibung.

Im Laufe der Jahre hatten Moskau und Washington das Problem auf unterschiedliche Weise gelöst. Die Amerikaner hatten Tochtergeschosse angefertigt und sie mit Freon als Kühlmittel gefüllt. Die Russen hingegen hatten, wie Alibek offenbarte, ihre Tochtergeschosse in Plastikpellets gepackt; diese absorbierten die Explosionshitze und minderten so den Druck auf die Erreger.

Johnson war versessen darauf, die Eigenschaften der sowjetischen Biobomben zu untersuchen, und das CIA-Hauptquartier wies amerikanische Geheimdienstler in Übersee an, eine davon zu beschaffen, wenn möglich eine aus den unabhängig gewordenen ehemaligen Sowjetrepubliken. In den Jahren 1997 und 1998 wurden auch die zur Insel Wosroschdenije entsandten amerikanischen Teams, die eigentlich den Auftrag hatten, Proben der von den Sowjets dort seinerzeit vergrabenen Anthax-Erreger zu sammeln, auf diese Fährte angesetzt. Selbst ein Teilchen einer solchen Bombe sei von Nutzen, erklärte man ihnen, und schließlich fanden sie eines. Johnson war hocherfreut.

Der Wunsch des Clear-Vision-Teams, eine Bombe sowjetischer Bauart auseinanderzunehmen, war geschürt worden durch Berichte aus den neunziger Jahren, denen zufolge mehr als ein Land Tests durchführte mit dem, was augenscheinlich biologische Munition darstellte. Um etwa dieselbe Zeit bemerkte die Behörde auch erste Anzeichen dafür, dass der Irak sein Biowaffenprogramm wieder aufnahm. Bagdads Versuche zum Bau von Biowaffen aus den späten achtziger Jahren waren nicht erfolgreicher gewesen als die vergleichbaren frühen Versuche der Sowjets und der Amerikaner. Was aber, wenn der Irak einen sowjetischen Wissenschaftler eingestellt hatte, der das Konstruktionsprinzip solcher Kapseln kannte? Und wenn dem Irak der Bau einer Bombe gelänge, wie effizient wäre diese wohl?

»Wir wollten alles wissen, was es zu wissen gab, über vergangene Versuche zur Waffenherstellung und mögliche künftige Versuche, die sich gegen uns richten könnten«, berichtete ein führender CIA-Beamter, der von dem Programm Kenntnis hatte. »Wir wollten weit ausholen und Materialien beschaffen, Systeme, die in der Vergangenheit benutzt worden waren, und mit ihrer Hilfe herausfinden, womit wir es in Zukunft voraussichtlich zu tun haben werden.« Die Analyse der Wirkungsmuster einer Bombe konnte Aufschluss darüber geben, wie sie im Falle eines Angriffs gegen die Amerikaner eingesetzt werden würde.

Die CIA-Beamten waren der Ansicht, das Abkommen erlaube den Test einer voll funktionsfähigen Waffe. Aber sie entschieden sich dagegen. Geheimdienstler behaupteten, die auf Geheiß der Clear-Vision-Gruppe angefertigte Munition könne nicht als funktionstüchtige Waffe gelten, die sich auf dem Schlachtfeld einsetzen ließe. Ihr gehe die notwendige Sprengkraft ab, eine von einem Flugzeug abgeworfene Bombe detonieren zu lassen. Außerdem sei sie mit einem Placebo gefüllt, nicht mit dem tatsächlichen Kampfstoff. An den internen Behördendokumenten lässt sich einige Verwirrung ablesen bezüglich dessen, was tatsächlich unternommen wurde. Diverse Schreiben nehmen Bezug auf die »Rekonstruktion« eines Geschosses – ein Begriff, der nach Auskunft der Beamten ungenau ist, da die betreffende Munition nie wirklich gebaut wurde. CIA-Anwälte besahen sich das Projekt unter juristischen Aspekten und kamen zu dem Schluss, dass es im Einklang mit dem Abkommen stehe. Die Behörde machte weiter, ohne die Zustimmung des Weißen Hauses einzuholen.

Anfang 1999 startete Johnson einen neuen Versuch, an Ausrüstungsgegenstände heranzukommen, die möglicherweise im sowjetischen Biowaffenprogramm verwendet worden waren. Die Mission begann mit ein paar amerikanischen Beamten, die im kasachischen Stepnogorsk außerhalb eines eigens verstärkten Bunkers, in dem einst Erregervorräte aufbewahrt worden waren, auf ein Gerät stießen, das wie eine Maschine zum Bestücken von Biobomben aussah. Geheimdienstexperten zeigten Ken Alibek Fotos dieses Geräts, und auch er war der Auffassung, dass es eine Maschine zum Abfüllen von Kampfstoff sei. Johnson wollte unbedingt mit eigenen Augen sehen, wie das Gerät funktionierte, dessen Möglichkeiten einschätzen, und er hoffte, vielleicht zum guten Schluss doch noch Spuren des sowjetischen Superanthrax-Erregers zu finden, der in Alibeks Firma hergestellt worden war. Er forderte das Pentagon auf, das Gerät von den Kasachen zu kaufen und in die Vereinigten Staaten zu bringen. Die CIA stellte 150 000 Dollar für den Kauf zur Verfügung, doch die Offiziellen in Stepnogorsk, die dieses Ansinnen samt der ganzen zugehörigen Geheimniskrämerei einigermaßen verblüffte, stimmten schon bei 10 000 Dollar dem Verkauf zu. Informierten Kreisen im Ausland und in der amerikanischen Beamtenschaft zufolge wurde die Maschine im Frühjahr 1999 auf geheimen Wegen in die Vereinigten Staaten verfrachtet und anschließend eingehend untersucht. Man hoffte, Spuren von Milzbrand-Bakterien oder irgendeinem anderen pathogenen Kampfstoff zu finden. Nach Wochen der Analysen standen die Ergebnisse fest. In der vermeintlichen Bombenabfüllmaschine hatten sich keine Spuren von Anthrax-Erregern gefunden. Tatsächlich, so hatte die Untersuchung ergeben, war das verdächtige Gerät gebaut worden, um Flaschen abzufüllen und mit Deckeln zu verschließen.

Die Beamten aus Stepnogorsk konnten das Geheimnis schließlich

lüften: Als die Kühlanlagen der Molkerei von Stepnogorsk Ende 1990 ihren Dienst versagten, hatte der Direktor der Biowaffenfabrik, Gennadi Lepjoschkin, dem einzigen Milchlieferanten der Stadt angeboten, seine Maschinen in seinen Bunker zu stellen, um dort mit der Produktion fortzufahren. Die Maschine war wie ein Dutzend andere derselben Bauart, die in der benachbarten Molkerei ebenfalls nun unbenutzt herumstanden, nie zum Abfüllen von Bomben benutzt worden, behaupteten die kasachischen Beamten. Sie hatte Milchflaschen verstöpselt. Ein anschließender Besuch in der Molkerei und etliche Gespräche mit den Angestellten dort schienen diese Darstellung zu bestätigen. Die CIA hatte 10 000 Dollar für eine Milchflaschen-Abfüllmaschine bezahlt.
Doch dieses Urteil fiel alles andere als einmütig aus. Trotz aller Laboruntersuchungen, der Gespräche mit den kasachischen Offiziellen und des Besuchs in der Molkerei vertraten einige Experten noch immer den Standpunkt, dass diese Maschine nicht so harmlos war, wie es den Anschein hatte. Ken Alibek, der ja der CIA gegenüber ausgesagt hatte, es handle sich bei dem Gerät um eine Füllmaschine für Bomben, beharrte in einem späteren Interview auf seiner Behauptung und erklärte, dieses sei nur eines von vielen »mehrfach nutzbaren« Geräten aus dem sowjetischen Biowaffenprogramm. Die Maschine könne genauso gut Behälter mit Milchpulver füllen wie – im Fall Stepnogorsk – mit Anthraxpulver. Er kenne die Maschine gut, sagte er. Zu Anfang seiner Laufbahn im Biowaffengeschäft sei er Leiter einer sowjetischen Fabrik in Moskau gewesen, die genau solche Geräte hergestellt habe.

Mitte 1999 stellte die CIA dem Non-Proliferation Advisory Panel das Projekt Clear Vision vor. Gene Johnson ließ Aluminium-Nachbildungen der Munition herumgehen. Insgesamt stand das Gremium dem Programm positiv gegenüber, nur einer der Berater, Josh Lederberg, fühlte sich unwohl dabei. Eine Waffe, welcher Art auch immer, zu bauen, grenze hart an das Verbot des Biowaffen-Abkommens, erklärte er den Beamten. Er regte eine juristische Überprüfung an. Ein anderes Ausschussmitglied fragte, ob dieses

Projekt nicht doch besser dem Präsidenten zur Genehmigung vorgelegt werden müsse.

Einige der Experten stellten in Frage, dass der Gewinn, den der Geheimdienst aus diesen Projekten zog, das damit verbundene politische Risiko wert sei. Die Anwälte der Behörde mochten mit ihren juristischen Spitzfindigkeiten womöglich recht haben, aber der Imageverlust könnte verheerend sein, wenn das Projekt publik würde. Die Vereinigten Staaten hatten sich vehement für das Biowaffen-Abkommen eingesetzt und Dutzende anderer Rüstungsabkommen unterzeichnet – aus Eigeninteresse freilich, nicht aus Altruismus. Eine solche Kontroverse könne eine Fülle von globalen Bemühungen untergraben, die, so unvollkommen sie auch waren, derzeit manchen potentiellen Gegner vermutlich doch wirksam im Zaum hielten.

Auf jeden Einwand hatte die CIA ein Gegenargument zugunsten von Clear Vision parat. So gaben die Beamten beispielsweise zu bedenken, sie seien dafür verantwortlich, dass keines der amerikanisch-russichen Forschungsprojekte – beispielsweise das von Andy Weber im Pentagon oder die Projekte des Energie- und Außenministeriums – mit der nationalen Sicherheit in Konflikt gerate. Die CIA müsse den genauen Stand der russischen Biowaffen-Forschung kennen, um beurteilen zu können, ob die amerikanischen Erfahrungen den Russen nicht sogar dabei helfen würden, bessere Waffen zu bauen.

Etwa um dieselbe Zeit erfuhren hohe Regierungsbeamte von der Arbeit des Clear-Vision-Programms an sowjetischer Munition. Lauder, der Direktor des Non-Proliferation Center erwähnte das Projekt zwei Beratern des Nationalen Sicherheitsrats gegenüber. Neugierig und – der Erinnerung von Kollegen zufolge – ein wenig besorgt baten diese die CIA um detailliertere Informationen.[6]

Gene Johnson begab sich zum Weißen Haus, um das Ganze mit Grafiken und Tabellen vorzustellen. Anfang Herbst 1999 beschrieb er das Programm mehreren Mitgliedern des Nationalen Sicherheitsrats. Er erklärte, die CIA-Anwälte glaubten, es gebe keinen Konflikt mit dem Biowaffen-Abkommen. Die Beamten im

Weißen Haus waren von der Dringlichkeit des Projekts nicht vollständig überzeugt, und erkundigten sich bei den Kollegen, was die Herstellung dieser Munition tatsächlich bringe. Für sie lag die größte Gefahr darin, dass die Arbeit öffentlich bekannt werden könnte. Man stelle sich vor, zu welchem Schluss die Vereinigten Staaten kommen müssten, wenn sie entdeckten, dass der Irak beispielsweise seine eigene Biobombe nach sowjetischem Muster gebaut und getestet hatte.

Das Weiße Haus forderte die CIA auf, auch das Außenministerium und das Pentagon über das Programm zu informieren. Die CIA erklärte, sie sei bereits dabei. James E. Baker, ein Anwalt im Weißen Haus, der sich mit Geheimakten für den Nationalen Sicherheitsrat befasste, wurde von den Offiziellen im Weißen Haus gebeten, Clear Vision noch einmal gesondert »abzuklopfen«, um sicherzustellen, dass es Amerikas vertraglichen Verpflichtungen entspreche. »Jamie« Baker, den das Außenministerium ans Weiße Haus »ausgeliehen« hatte, stand in dem Ruf, rasch, sorgfältig und fair zu beraten. Er kam zu dem Schluss, dass Clear Vision, so wie die CIA es beschrieb, nicht mit dem Entwicklungsverbot für Biowaffen kollidiere, da es die Aufgabe habe, fremde Munition nachzubauen und die amerikanische Verteidigung im Falle eines biologischen Angriffs zu verbessern.

Ein Berater im Weißen Haus sandte ein Schreiben an Sandy Berger, den Berater für nationale Sicherheit, in dem er Clear Vision beschrieb und dessen Ziele umriss. Er wurde darin nicht aufgefordert, eine Entscheidung zu fällen oder seine Zustimmung zu geben. Die CIA habe das Weiße Haus nicht gebeten, das Projekt abzusegnen, betonten die Beamten später. Die Behörde habe den Sicherheitsrat lediglich von ihren Plänen in Kenntnis gesetzt. Beamte im Weißen Haus berichteten, dass Präsident Clinton nie von dem Programm erfahren habe.

Mit stillschweigender Duldung durch ein paar Beamte im Weißen Haus ging das Projekt ungehindert seinen Gang.

In den folgenden Monaten führte Battelle, ein Rüstungsunternehmen, das über gut ausgestattete Labors in Columbus, Ohio, verfügte, mindestens zwei Testserien an einem Modell der Clusterbomben durch. Unter anderem wurden deren Streumuster gemessen, und es wurde untersucht, wie sich die Wirkung unter verschiedenen atmosphärischen Bedingungen verändern würde. Eine Reihe von Windkanalversuchen gab Aufschluss darüber, wie die Tochtergeschosse nach der Freisetzung aus dem Sprengkopf ihrem Ziel entgegenfallen. Mitte 2000 waren die Tests abgeschlossen und das ganze Projekt wurde als großer Erfolg gefeiert.

Um etwa diese Zeit erhoben sich aus anderen Teilen der Regierung neue Fragen zur Vereinbarkeit von Clear Vision mit dem Biowaffen-Abkommen. Die CIA hatte die Geheimdienstausschüsse des Kongresses und andere Regierungsstellen informiert. Das Programm war umstritten, räumte ein führender Geheimdienstbeamter ein, weil es »testete, wie weit man gehen kann, bevor das, was man tut, als illegal oder unmoralisch gilt«.

Der stellvertretende CIA-Direktor John A. Gordon forderte eine interne Überprüfung durch die Behörde. Nun befasste sich eine größere Gruppe von Anwälten, der auch Beamte aus dem Pentagon, dem Außen- und dem Justizministerium angehörten, mit Clear Vision.

Die Sitzungen zogen sich über Monate hin. Die Vertreter des Außenministeriums vertraten den Standpunkt, dass das Abkommen sämtliche Tests ausschließe, denen Waffen zugrundelägen. Die CIA gab nicht nach. Projekte wie Clear Vision, so die Behörde, stellten eine Reaktion auf geheimdienstliche Erkenntnisse über einen möglichen Gegner dar. Damit seien sie defensiver Natur und eindeutig konform mit dem Abkommen. Die Debatte endete ohne greifbares Ergebnis. Die CIA-Beamten blieben dabei, dass der Vertrag ihnen das Recht zuerkenne, aus Gründen der Verteidigung probeweise Munition für Biowaffen zu entwickeln und zu testen. Dennoch stießen sich die führenden Beamten schließlich an einigen der Vorschläge Gene Johnsons. »Brauchen wir wirklich Raketen?«, fragte ein Beamter.[7] Im Schlepptau der Kontroverse über das Clear-Vision-Projekt ermutigten die Leute an der Spitze der Behörde die Spezialisten für die Biowaffenabwehr, ihre Bemühungen über das Sowjeterbe hinaus auszudehnen. Die CIA musste sich darüber klar werden, was ein »Low-Tech«-Terrorist bewirken kann. »Was kann man mit einem Aktenkoffer anrichten? Mit einem Röhrchen?«, habe er die Biowaffenexperten gefragt, erinnerte sich der Beamte.

Obwohl Clear Vision sich zunächst ausschließlich mit sowjetischen Waffen befasst hatte, war Geheimdienstbeamten zufolge den Gründern des Projekts von Beginn an klar gewesen, dass sie sich früher oder später mit den militärischen Möglichkeiten der Gentechnik würden auseinandersetzen müssen. Bestärkt wurde dies durch neue Berichte über Forschungsprogramme im Ausland. Im Auftrag der Behörde unternahmen Wissenschaftler die ersten Schritte zur Schöpfung eines »Superbug«. Mitarbeiter des Geheimdienstes erklärten, dieses Projekt habe sich mit einer Reihe von gentechnischen Experimenten zur Identifizierung von Genen befasst, die sich in Pathogene einführen lassen, um deren tödliche Wirkung zu steigern. Das Projekt wurde jedoch ausgesetzt, und die Mitarbeiter des Geheimdienstes erklärten später, dass ein derartiges Gen niemals in einen Zielorganismus verpflanzt worden sei. Wie auch immer, offiziellen Quellen zufolge sind die Anwälte der CIA nach wie vor davon überzeugt, dass diese Forschungsrichtung das Biowaffen-Abkommen nicht verletze.

Ob Clear Vision nun die unschätzbaren Einblicke geliefert hat, die seine Befürworter in Aussicht gestellt hatten oder nicht, dem Projekt selbst ging jedenfalls die Schubkraft verloren. Anfang 2001 war nicht mehr zu übersehen, dass die CIA die Begeisterung für Projekte verloren hatte, die sich im prekären Grenzbereich des Abkommens bewegten. Einige CIA-Beamte mochten zwar noch erklärtermaßen hinter Clear Vision stehen, das Programm wurde jedoch nicht mehr mit genügend Mitteln ausgestattet. Gene Johnson, der zum stellvertretenden Leiter der biologischen Abteilung der CIA bestellt worden war, gab seinen Posten auf, um sich in führender Position an der Biowaffenabwehr zu beteiligen. Das Gremium externer Experten, das die Erkenntnisse der CIA über die biologische Bedrohung vertiefen sollte, löste sich auf, und

das gentechnische Programm Clear Vision wurde vorerst unterbrochen.
Als sich die Kunde von diesen geheimen Forschungsprogrammen innerhalb der eng miteinander verstrickten Wissenschaftlergemeinde, die die Regierung in Fragen der Rüstungskontrolle beriet, herumsprach, erhoben sich von mehreren Seiten heftige Einwände gegen das Vorgehen der CIA. Barbara Rosenberg, die das Thema Biowaffen mit Präsident Clinton erörtert hatte, beharrte auf dem Standpunkt, das Abkommen gebe keiner Nation das Recht, Bomben oder irgendwelche anderen Biowaffen herzustellen, und sie verlieh ihrer Verwunderung Ausdruck, dass die Regierung dies überhaupt in Betracht gezogen habe. Ferner unterstrich sie, dass, auch wenn Juristen den Vertragstext eingehend geprüft hätten, ihres Wissens niemand eine solche Interpretation der Biowaffenkonvention vertreten würde. Überdies, erklärte sie, sei das Forschungsprogramm unnötig. Ob eine Bombe 5 oder 50 Prozent ihrer tödlichen Ladung freisetze, sei letztlich unerheblich, wenn die Erreger von hinreichender Wirksamkeit seien, und was die Einschätzung der Bedrohung und die Planung des Verteidigungsfalles angehe, müsse das Militär zwangsläufig vom Schlimmsten ausgehen.

Das Pentagon hatte ebenfalls diverse Geheimprogramme zur Verteidigung gegen einen Angriff mit biologischen und anderen nichtkonventionellen Waffen initiiert. Diese Programme liefen unter exotischen Codenamen wie Bite Size, Back Star und Druid-Tempest und verfolgten unterschiedliche Ziele. Einige sammelten Geheiminformationen, die den Experten helfen sollten, die drohende biologische Gefahr besser einzuschätzen. Andere suchten nach neuen Möglichkeiten zur Zerstörung gegnerischer Biowaffen, ohne dabei eine Epidemie auszulösen.
Seit Mitte der neunziger Jahre vergrub das Pentagon Teile seiner Bio- und Chemiewaffenproduktion in dem unterirdischen Tunnelsystem im regierungseigenen Testgebiet in Nevada. Es sollten Erkenntnisse darüber gewonnen werden, ob die für die Zerstörung

von Munitionsdepots und Bunkern konstruierten Bomben diese vernichten konnten. Diese Tests hatten ihren Ursprung im Golfkrieg. Die Generäle Schwarzkopf und Powell waren sich nämlich im unklaren darüber, ob ein Angriff auf den Irak nicht womöglich Zehntausenden von Zivilisten oder alliierten Soldaten das Leben kosten könne.

Im Jahre 1998 startete das Pentagon ein ehrgeiziges Projekt, in dessen Rahmen geklärt werden sollte, ob es möglich sei, eine Biowaffenfabrik mit Hilfe von einfachen, handelsüblichen Komponenten zu bauen. Dieses Programm stand unter der Aufsicht der Defense Threat Reduction Agency (DTRA). Die DTRA ging aus der Zusammenlegung verschiedener Ämter hervor, die sich bis dahin jeweils in Eigenregie mit Fragen der Verbreitung von Biowaffen befasst hatten.

Das Projekt erhielt den Codenamen Bacchus – ein Insiderwitz ganz nach dem Geschmack der beteiligten Wissenschaftler.[8] Bacchus ist der römische Gott der Fruchtbarkeit und des Weines. Wein entsteht bekanntlich durch Gärung, und dieser Prozess ist auch ein entscheidender Schritt bei der Entwicklung einer Biowaffe. DTRA-Beamte hatten sich zum Ziel gesetzt, in den Vereinigten Staaten und in anderen Ländern die notwendigen Komponenten zusammenzukaufen, um damit eine funktionsfähige Fabrik zu errichten, in der durch Anzucht von harmlosen Bakterien die Massenproduktion von Anthrax-Bakterien simuliert werden sollte. Der bis Juni 2001 amtierende Leiter der Behörde, Jay C. Davis, Physiker am Lawrence Livermore National Laboratory, erklärte, im Rahmen des Bacchus-Projekts werde nach dem gesucht, was amerikanische Geheimdienstkreise als »signature« bezeichnen – verräterische Anzeichen für verborgene Gegenstände oder Aktivitäten. In diesem Fall galt die Suche charakteristischen Mustern beim Erwerb von Ausrüstungsgegenständen. Ein Anzeichen für den möglicherweise bevorstehenden Bau einer Atombombe wären zum Beispiel umfangreiche Urankäufe. Davis erklärte, Bacchus stelle folgende Fragen: »Kann ich feststellen, wo ein kleines Biowaffensystem aufgebaut wird? Bemerke ich die Anzeichen dafür?

Und kann ich es hinreichend charakterisieren, um es anzugreifen?« Die Anwälte des Pentagon prüften das Projekt und kamen zu dem Schluss, dass es das Abkommen nicht tangiere. Es werde kein biologischer Kampfstoff hergestellt, und die Zielsetzung sei eine rein defensive.

Mit 1,6 Millionen Dollar an Fördermitteln und einem Stapel Kataloge für herkömmliche Laborausrüstungen begann ein kleines Team von DTRA-Angestellten im März 1999, neue und gebrauchte Ausrüstungsgegenstände zusammenzukaufen, um im Testgebiet von Nevada eine kleine Biowaffenfabrik einzurichten. Binnen weniger Wochen hatten die Beamten beinahe alles zusammen, was sie für ihre Zwecke benötigten. Rohre und Filter zur Reinigung kontaminierter Luft bezogen sie bei dem bekannten Baumarkt Lowes Hardwarestore. Zwei Monate dauerte es, bis der wichtigste Teil der Ausrüstung beschafft war: ein Fermenter zur Kultivierung und Anzucht von Erregern. Von einem europäischen Vertrieb für Laborbedarf bezogen sie eine Fünfzig-Liter-Einheit. Eine Firma im Mittleren Westen verkaufte ihnen ein handelsübliches Mahlwerk, mit dem sich die Klumpen getrockneter Keime derart zerkleinern ließen, dass damit beim Menschen eine Infektion bewirkt werden konnte.

Im Sommer 2000 hatte die Gruppe eine funktionsfähige Fabrik gebaut und bereits zwei Pfund »Produkt« – Anthrax-Erregerimitat – hergestellt. Die technisch anspruchslose Fabrik stellte *Bacillus thuringiensis* her, jenes Biopestizid, das der Irak nach dem Golfkrieg in Al Hakam gefertigt hatte, sowie *Bacillus globigii*, ein harmloses Bakterium, mit dem man bereits seit langem die Anthrax-Erreger-Produktion simulierte. Die gefriergetrockneten weißen und beigefarbenen Partikel maßen einen bis fünf Mikrometer im Durchmesser – die ideale Größe für einen Einsatz als Biowaffe. Hätten sich in dem Fermenter Anthrax-Bakterien befunden, hätten die Vereinigten Staaten genug Material für einen tödlichen Angriff herstellen können.

Das Projekt hatte bewiesen, was zu beweisen war: Eine Nation oder eine terroristische Organisation konnte sich, ausgestattet mit dem nötigen Wissen, aus herkömmlichen Materialien ohne Probleme eine Biowaffenfabrik einrichten. Die DTRA-Beamten berichteten, dass Einkäufe im Ausland nicht bemerkt würden. Aus dem Experiment ging hervor, dass ein Staat oder eine Terrorgruppe für erschreckend wenig Geld aus handelsüblichem Material eine kleine Biowaffenfabrik bauen und betreiben konnte, die den Geheimdiensten mit größter Wahrscheinlichkeit nicht auffallen würde. »Das ist einer der Gründe dafür, warum diese Übung so nützlich war«, erklärte Davis.

Im Frühjahr 2001 nutzte die DTRA ihre Fabrik noch auf andere Weise. Ein Militärkommando sollte einen Scheinangriff ausführen mit dem Auftrag, die Einrichtung zu »neutralisieren«. Der Fermenter und das Mahlwerk sollten funktionsuntüchtig gemacht werden, ohne dass dabei Erreger freigesetzt wurden. Die Operation trug den Decknamen Divine Junker und wurde als erfolgreich eingestuft.

Das Projekt Bacchus und andere, ähnlich geartete Forschungsprojekte waren von einem Ausschuss im Verteidigungsministerium genehmigt worden, der eigens dazu bestellt war, darauf zu achten, dass solche Operationen sich im Einklang mit bestehenden Rüstungskontrollvereinbarungen befanden. Doch nur wenige Beamte außerhalb des Pentagon – und offenbar auch nicht viele im Haus – hatten eingehendere Kenntnis von dem Projekt. Ein Sprecher des Verteidigungsministeriums erklärte, die DTRA wisse nicht, ob Minister Cohen oder ein anderer Pentagonbeamter Bacchus abgesegnet habe oder auch nur darüber informiert gewesen sei. Die einzige Person im Kongress, die davon Kenntnis hatte, war weder Senator noch Kongressabgeordneter, sondern ein Mitarbeiter des House Government Affairs Committee. Führende Mitarbeiter des Nationalen Sicherheitsrates und mehrere Mitarbeiter des Weißen Hauses behaupteten, nie davon gehört zu haben.

Hinzu kam, dass es offenbar niemanden in der Regierung gab, der das ganze Spektrum an laufenden Geheimprojekten zur Steigerung der Verteidigungsfähigkeit gegen einen Biowaffenangriff im Blick hatte. Hätte man im Weißen Haus gewusst, dass die Vereinigten Staaten eine Fabrik gebaut hatten, die imstande war, Biowaffen herzustellen, und dass man bereits eine Biobombe getestet hatte, wäre wohl eine umfassendere juristische Überprüfung angeordnet worden, erklärte ein Beamter. Aber die führenden Clinton-Berater waren nur über Clear Vision unterrichtet worden – über einen »Teil des Eisbergs«, wie ein Beamter es ausdrückte, der mit dem Biowaffen-Abkommen in Konflikt zu geraten drohte.

Beamte des Weißen Hauses erklärten, weder Präsident Clinton noch seine Berater hätten je das gesamte Paket an laufenden Projekten zu Gesicht bekommen. Ob es wirklich weise war, dass die Vereinigten Staaten sich sowohl mit Biowaffen-Experimenten als auch mit der Einrichtung einer Fabrik befassten, die zur Herstellung von großen Mengen an biologischen Kampfstoffen geeignet war? Diese Frage wurde nie auf höchster Ebene diskutiert.

Die geheimen Unternehmen Bacchus und Clear Vision fielen in einen diplomatisch äußerst delikaten Zeitraum. Nach Jahren der Auseinandersetzung kamen die Nationen der Welt endlich einer Einigung über Mittel zur Durchsetzung der Biowaffen-Konvention näher. Die neue Sprachregelung wurde in ein »Zusatzprotokoll« zum Abkommen gegossen, das von allen Nationen verlangte, sämtliche Laboratorien aufzuführen, in denen hoch entwickelte Forschung stattfand, und diese unabhängigen Inspektionen zugänglich zu machen. Die Bestrebungen zur Formulierung dieses Protokolls genossen die vehemente Unterstützung des NSC-Mitglieds Elisa Harris, hatten aber sonst so ziemlich jede andere Behörde gegen sich.

Das Handelsministerium hatte etwas dagegen, weil es fürchtete, es werde Amerikas Pharmahersteller unnötigerweise aufdringlichen Inspektionen aussetzen, durch die wertvolle Betriebsgeheimnisse verlorengehen könnten. Die Mitgleider des Nationalen Sicherheitsrates waren der Ansicht, das Abkommen sei auch mit der neuen Sprachregelung jederzeit leicht zu unterlaufen; Schurkenstaaten würden zwangsläufig immer weiter betrügen. Die Vereinigten

Staaten hingegen wären den Vertragsbedingungen zufolge möglicherweise gezwungen, einige ihrer geheimen Biowaffen-Forschungsprogramme offenzulegen. Das vorläufige Protokoll würde beispielsweise verlangen, dass die im Rahmen von Clear Vision geplanten gentechnischen Projekte offen dargelegt werden. Der von dem ungarischen Diplomaten Tibor Toth verfasste Text verlangte von allen Ländern die Angabe jeder Art von »Manipulation an Nukleinsäuren, Organismen und Mikroorganismen zur Schaffung neuer Moleküle oder zur Hinzufügung neuer Merkmale.«

Die Beamten waren der Ansicht, dass ernsthaft in Frage stehe, wie das von dem Protokoll vorgesehene Inspektionsverfahren funktionieren solle. Auf Verlangen des Kongresses hatten die Verwaltungsbehörden zwischen 1994 und 1996 Gruppen von Inspektoren zusammengestellt, die Pharmaunternehmen und Universitätslabors begehen sollten, in denen zweifelsfrei Defensivforschung betrieben wurde. Die Ergebnisse vermittelten den Befürwortern des Biowaffen-Abkommens eine erschreckende Einsicht. Wenn man sie voreingenommen betrachtete, wirkten sogar völlig harmlose Experimente wie Bestandteile eines Biowaffenprogramms. Die Besuche, ursprünglich dazu gedacht, Zweifel zu zerstreuen, waren einzig dazu angetan, diese zu vertiefen.

Unerschrocken fuhr Harris fort, für das neue Protokoll zu kämpfen. Doch die Behörden blieben hart. Stillstand war die Folge.[9]

Nach einer Neubewertung, an der alle relevanten Regierungsbehörden beteiligt waren, machte die Regierung Bush 2001 ihre Ablehnung des Protokolls öffentlich. Das vorgeschlagene Abkommen, so die Regierung, sei übertrieben indiskret und ungeeignet, Betrüger zu entlarven. Fast jedes andere Land, selbst Washingtons enge Verbündete Großbritannien und Japan, kritisierten jedoch diesen Schritt und unterstrichen ihre Zustimmung zum Protokoll.

Während sich die Nationen der Welt darüber stritten, wie sich das Abkommen verbessern lasse, machte die neue Biologie mit ungebremster Geschwindigkeit weitere Fortschritte. Die kühnen Arbeiten der Sowjets, von denen immer mehr Einzelheiten an die

Öffentlichkeit drangen, galten als Vorboten künftigen Unheils. Die amerikanische Führung wusste sehr wohl, dass die Sowjets die vom Pentagon betriebene Forschung an Rekombinanten in den achtziger Jahren weit überflügelt und Designer-Erreger zu tödlichen Waffen verarbeitet hatten. Bei ihren Gedankenspielen darüber, wie die Zukunft wohl aussehen werde, fanden sich die Amerikaner immer häufiger in der Nähe von Männern wie Sergei Popow, der Forschung zur biologischen Kriegsführung bis an die Grenzen der Wissenschaft und noch ein Stück weit darüber hinaus betrieben hatte.

Sergei Popow war nach dem Zusammenbruch der Sowjetunion 1992 nach Großbritannien übergelaufen und später nach Dallas gezogen. Zum Zeitpunkt des Gesprächs – Anfang 2001 – arbeitete er für Advanced Biosystems Inc., ein neues Unternehmen vor den Toren Washingtons. Dessen Geschäfsführer war Alibek, und die Firma erwies sich als Schwamm, der ehemalige sowjetische Biowaffenforscher ebenso aufsog wie die Forschungsmittel des Bundes. Unternehmensziel war es, Erkenntnisse aus der Biowaffenforschung friedlichen Zwecken zuzuführen, indem man sie auf die Erforschung von Maßnahmen zur Biowaffenabwehr anwandte. Diese Arbeit brachte Popow dazu, über das, was er früher getan hatte, nachzudenken und zu sprechen. »Acht Jahre lang habe ich versucht zu vergessen«, berichtete er. »Aber es ist schwer, die Vergangenheit abzuschütteln und ein ganz neuer Mensch zu werden.« Alibek hatte von Popows Arbeiten und Moskaus Riesenprogramm zur Entwicklung rekombinanter Erreger in Geheimdienstverhören und in seinem 1999 erschienenen Buch *Biohazard* berichtet. Es wurde jedoch kritisiert, dass der Manager Alibek sein persönliches Wissen womöglich etwas zu sehr strapaziert hatte. Bei Popow hingegen bestanden keinerlei Zweifel. Er hatte die Zukunft *gelebt*. Kaum ein anderer Mensch auf der Welt hatte sich die neue Biologie zur Schaffung neuer Biowaffen stärker zunutze gemacht als er. All das ging weit über die traditionellen Methoden zum Töten oder Verletzen von Menschen hinaus. Popow und seine

Kollegen hatten Erreger entwickelt, die die Kontrolle über den menschlichen Stoffwechsel übernehmen und den Körper veranlassen würden, sich selbst zu zerstören.

Popow hatte 1976 in Biochemie promoviert, genau zu der Zeit, als die gentechnische Revolution einsetzte. Der sowjetische Biochemiker Lew Sandachtschiew war auf ihn aufmerksam geworden; er war damals gerade mit der Gründung von Vector beschäftigt – jenem geheimen Zentrum für Virusforschung, das Andy Weber besucht hatte. Als Popow dort ankam, arbeiteten in Vector nur ein paar Leute; später sollten es über viertausend werden. Popow berichtete, dass er und seine Kollegen Ende der siebziger Jahre mit der Synthese von Genen für Substanzen wie Endorphine begonnen hatten, schmerzlindernden Hormonmolekülen, die Euphoriegefühle auslösen, wie sie beispielsweise zwei Liebende beim Küssen erleben – oder Langstreckenläufer nach einem gewissen Pensum. Das Ziel war ein überbordendes Glücksgefühl. Mit »Designerbugs«, die die Ausschüttung von Unmengen an Endorphinen bewirkten, hofften die Wissenschaftler, eine Überdosis zu erzeugen, die zum Koma und möglicherweise zum Tode führte. Aber der Plan schlug fehl. Die Wissenschaftler brachten diese Gene in Viren ein und infizierten Labortiere mit den veränderten Erregern; doch die Wirkung war nicht tödlich. Bei Amtsantritt der Regierung Reagan Anfang der achtziger Jahre strukturierten Popow und seine Kollegen ihre Arbeitsgruppen um. Ein Team blieb auf derselben Linie und fand nach langwierigen Arbeiten die, wie Popow es formulierte, besten Orte für die Insertion fremder Gene in Virusgenome, um eine befriedigende tödliche Wirkung zu garantieren.

Popow hingegen versuchte sich an etwas noch Heimtückischerem. Statt Pathogene in unnatürliche Hybride umzuwandeln oder fremde Gene in Mikroorganismen hineinzuschmuggeln, die diese zur Ausbildung neuer Toxine veranlassten, suchte er nach Möglichkeiten, Autoimmunreaktionen auszulösen. Der Trick bestand darin, die körpereigene Abwehr in die Selbstzerstörung zu treiben. Man kennt dies von Erkrankungen wie Lupus erythematodes oder rheumatoider Arthritis oder – sehr rasch eintretend – vom

anaphylaktischen Schock. Dagegen wirkten Toxine höchst grobschlächtig. Popow zufolge genügen manchmal winzige Mengen bestimmter Fremdsubstanzen, um die Immunreaktion »ziemlich verheerend« werden zu lassen. Er führte ein Beispiel an: Seine Gruppe hatte Gene in Viren eingeschleust, die Proteinfragmente des Myelins herstellten, jener fettreichen Substanz, die sich zu Isolierschichten um die Fortsätze von Nervenzellen verdichtet. Die sowjetischen Forscher stellten fest, dass sie bei Tieren nach der Infektion mit diesen Hybriden Autoimmunreaktionen auslösen konnten, die in der Zerstörung des Gehirns gipfelten. Dieser Befund war ein echter Durchbruch. Im Prinzip hatte die Gruppe einen Weg gefunden, binnen kürzester Zeit Multiple Sklerose ablaufen zu lassen, jene degenerative Erkrankung des Zentralnervensystems, bei der im ganzen Körper nach und nach Nervengewebe zerstört wird, bis der Patient schließlich gelähmt ist und stirbt.
Mitte der achtziger Jahre wurde Popow durchs Land geschickt, um Wissenschaftlern in den Labors von Obolensk vor den Toren Moskaus bei ähnlichen Pionierarbeiten zu helfen – in diesem Fall ging es nicht um Viren, sondern um Bakterien, die Forschungsdomäne dieses Zentrums. Die Arbeit war erfolgreich. In einem Fall veränderten Popow und seine Kollegen in Obolensk *Legionella,* den unangenehmen, in aller Regel jedoch nicht tödlichen Erreger einer Form von Lungenentzündung, die unter dem Namen Legionärskrankheit bekannt ist. Dieser Organismus hatte im Rahmen der biologischen Kriegsführung bislang kaum Interesse erregt, aber Popow berichtete, die sowjetischen Basteleien hätten aus ihm einen Killer gemacht.
Wieder bestand der Trick in der Zerstörung des Myelins. Die Wissenschaftler injizierten Meerschweinchen modifizierte Legionellen, in deren Genom sie Myelingene eingefügt hatten. Zunächst entwickelten die Tiere leichte Symptome einer Lungenentzündung. Sobald der Erreger sein Werk getan hatte und alle Anzeichen einer Infektion zurückgegangen waren, begann mit der metabolischen Reaktion des Wirtes auf die Myelinfragmente eine zweite, sehr viel dramatischere Krankheitsphase. Die Meerschweinchen

erlitten zunächst schwere Hirnschädigungen und Lähmungen und starben schließlich mit einer Rate von nahezu 100 Prozent.

»Aber die Symptome waren durch und durch ungewöhnlich«, berichtete Popow. »Die ersten Lähmungserscheinungen beobachteten wir in den Hinterläufen, so dass die Tiere zur Hälfte gelähmt und zur Hälfte noch aktiv waren.« Mit den Vorderbeinen manövrierten sie mühsam den unbeweglichen Hinterleib. Der Institutsdirektor selbst bemühte sich ins Tierhaus, was ungewöhnlich war, um die schaurigen Resultate in Augenschein zu nehmen. Für die Wissenschaftler war ziemlich klar, wie sich der Designerorganismus auf den Menschen auswirken würde: Zu dem Zeitpunkt, an dem er sein tödliches Werk beginnen würde, wäre die Infektion vorüber, das infektiöse Agens verschwunden, und damit wären auch alle Spuren verwischt, die den Medizindetektiven Hinweise auf die Ursache des Problems vermitteln könnten.

Popow und seine Mitarbeiter hatten nicht nur einen Killer konstruiert, sondern einen hoch infektiösen obendrein. Bei einer normalen Infektion mit Legionellen sind viele tausend Bakterien nötig, um ein Tier erkranken zu lassen. Von den rekombinanten Erregern aber wirkten schon einige wenige Zellen. Die Bioingenieure des Militärs mussten also nicht mit einer Krankheit beginnen und diese verschlimmern. Vielmehr konnten sie eine völlig neue schaffen und weit überbieten, was die Evolution im Laufe der Zeit hervorgebracht hatte.

Ungefähr 1989 trug Popow seine Ergebnisse in Obolensk einer Gruppe von über fünfzig wichtigen Biopreparat-Mitarbeitern vor – führenden Wissenschaftlern und Vertretern des Militärs. Ohne den Namen Popow zu erwähnen, beschreibt Alibek in *Biohazard,* was nach dem Vortrag des Bioingenieurs geschah: »Im Saal herrschte vollkommene Stille. Wir alle wussten um die Implikationen dieser wissenschaftlichen Errungenschaft. Die Wissenschaftler hatten eine neue Waffe geschaffen. Erstmals waren wir in der Lage, Waffen zu produzieren, die auf körpereigenen Substanzen basieren. Sie konnten das Nervensystem schädigen, Bewusstseinsveränderungen herbeiführen und psychologische Veränderungen auslösen. Unser Herz wird von Peptiden reguliert. Wenn es ungewöhnlich hohen Dosen ausgesetzt wird, können diese Peptide Herzrhythmusstörungen auslösen und in seltenen Fällen sogar zum Tode führen.« [11]

Popow bemängelte, Alibeks Darstellung des Experiments in *Biohazard* sei ungenau. Bei dem Versuch seien Meerschweinchen verwendet worden und keine Kaninchen, wie Alibek schreibt. Zudem gehe es um die Reaktionen des Körpers selbst, nicht um eine Vergiftung durch natürliche Substanzen. Popow erklärte, das Experiment sei weitaus raffinierter und bedrohlicher als das, was Alibek beschreibe.

Glaubt man Popow, so war auch die offizielle Reaktion weit weniger begeistert als von Alibek beschrieben. Die sowjetischen Militärs, die sich in Obolensk und Vector regelmäßig über die jüngsten Fortschritte informierten, standen solchen futuristischen Forschungen eher skeptisch gegenüber. Vor dem Zusammenbruch der Sowjetunion wurden nur sehr wenige Erkenntnisse aus dem Gentechnikprogramm je in Waffen umgesetzt, berichtet er. Seine rekombinanten Legionellen wurden nie zu Munition verarbeitet oder anderweitig verwendet.

Eine Ausnahme bildete der Pesterreger, eine der ältesten und gefährlichsten Biowaffen. Wie Pasetschnik gegenüber Lederberg und anderen aussagte, hatten die Sowjets hart daran gearbeitet, diese Seuche noch tödlicher zu machen. Popow berichtete, die Wissenschaftler in Obolensk wären auf die Idee gekommen, das Gen für das Diphtherietoxin – das Fieber, Schüttelfrost, Kopfschmerzen, Übelkeit und, falls es zu keiner Behandlung kommt, schließlich Herzversagen bewirkt – in Pestbakterien zu inserieren. Diese Superpest mit dem eingebauten Diphtherietoxin sei, so Popow, extrem ansteckend gewesen. »Ich weiß, dass sie ihre rekombinanten Stämme an Primaten getestet haben, und die Ergebnisse waren sehr vielversprechend.«

Haben sich die Wissenschaftler in Obolensk und Vector je mit moralischen Fragen oder ethischen Bedenken herumgeschlagen? »Wir haben nie bezweifelt, dass wir das Richtige taten«, erklärte

Popow nahezu gleichlautend mit Bill Patrick. »Wir haben versucht, unser Land zu verteidigen.« Ob sie sich je gefragt hätten, wie Programme den Feind abschrecken sollten, wenn diese streng geheim blieben? Popows Antwort: »Die Mehrheit der Leute um mich herum – ich selbst, glaube ich, auch – war stets mehr mit den wissenschaftlichen Fragen beschäftigt als mit den militärischen Anwendungen.« Die Entwicklung neuer Arten von Erregern war eine Möglichkeit, in diesem System zu überleben. »Ich hatte keine Alternative«, schlussfolgerte er

Popow ist der Ansicht, dass die verheerendsten Entdeckungen noch vor uns liegen. »Dies ist eine äußerst wirksame Technik«, sagt er über die Gentechnologie. »Wenn jemand die Gentechnologie nutzen will, um Waffen herzustellen, dann werden die aufregendsten Entdeckungen erst noch gemacht werden. Ich glaube, sie eröffnet Tag für Tag neue Möglichkeiten zur Schaffung von Gefährlichem, zur Gestaltung neuer Waffen.«

Popow gesteht, dass er auch heute noch seine frühere Arbeit als spannend empfindet – eine Faszination, die ihm zu schaffen macht. Es war schwer, aufzuhören, berichtet er, und im Geiste mit immer neuen Möglichkeiten zur Herstellung von Designerwaffen zu jonglieren. In Anbetracht seiner eigenen Gefühle ist er zu der Überzeugung gelangt, dass Biologen sich deutlicher zu den neuen Techniken äußern müssten. »Es ist ein guter Zeitpunkt, seinen Befürchtungen Ausdruck zu verleihen«, meint er. »Die ganze Technologie wird immer leichter verfügbar. Es wird immer einfacher, neue biologische Gebilde zu schaffen, und diese können sehr, sehr gefährlich sein.«

Kurz nach dem Gespräch berichtete Popow, amerikanische und italienische Wissenschaftler hätten in der Zeitschrift *Nature Immunology* gerade einen Artikel über Myelinpeptide veröffentlicht, der genau die Art von Forschung wiedergibt, die er unter höchster Geheimhaltungsstufe für die Sowjetunion geleistet habe.[12] Die Wissenschaftler berichten in diesem Artikel, sie hätten einen Mechanismus ausgelöst, der Mäuse in die Selbstzerstörung treibt – einen Mechanismus, den Paul Ehrlich einst als *Horror autotoxicus* bezeichnete, eine schwere allergische Reaktion, bei der das Immunsystem des Körpers das eigene Gewebe zu zerstören versucht. Dieser Versuch hätte Ähnlichkeiten mit seinem Forschungsprojekt zu Zeiten der Sowjetunion, stellte Popow fest. »Und zwar erhebliche.«

Die futuristische Militärforschung von Popow, Alibek und den anderen sowjetischen Wissenschaftlern stellte Amerikas Verteidigungsstrategen vor eine bedrückende Herausforderung. Das Ausgeliefertsein von Soldaten und Zivilisten im Falle eines Angriffs wurde immer evidenter. Bei dem stillschweigenden biologischen Wettrüsten, das sich zum größten Teil hinter verschlossenen Labortüren abspielte, hatte die Offensive die Defensive längst überholt. Bereits bevor die Gentechnik zur Routine wurde, ließ sich ein Erreger binnen weniger Jahre perfektionieren, während sich die Produktion und Zulassung eines Impfstoffs über mindestens ein Jahrzehnt hinzog. Über zehn Jahre nach dem Golfkrieg befindet sich der in den Vereinigten Staaten entwickelte Impfstoff gegen Botulinum-Toxin noch immer im Experimentalstadium. Antibiotika haben den Krieg gegen Erreger verloren, die ihre eigene natürliche Gentechnologie betreiben und sich durch Mutation langsam, aber sicher dem Zugriff der meisten wirksamen Medikamente entwinden.

Ende der neunziger Jahre hatte das Pentagon die Mittel zur Bekämpfung von Infektionskrankheiten drastisch erhöht und Millionen Dollar zur Biowaffenabwehr in die Defense Advanced Research Projects Agency (DARPA) gepumpt. Die DARPA, eine kleine Behörde innerhalb des Pentagon, die das Internet und eine Reihe von Techniken zur Geheimhaltung entwickelte, besaß keine eigenen Wissenschaftler oder Laboratorien. Ihre Manager waren bereit, sich für die kühnsten Forschungsprojekte einzusetzen, denn sie hofften, neue Wege zu eröffnen, die von der Industrie bislang vernachlässigt oder wieder aufgegeben worden waren. Von Anfang an war klar, dass diese Forschung mit einem hohen Risiko verbunden war. Viele Projekte würden scheitern.

Der erste Leiter des DARPA-Forschungsprogramms Unconventional Countermeasures, Shaun Jones, hatte klare Vorstellungen von der Zukunft.[12] Als Arzt und Marinekommandeur sowie Angehöriger der Navy-Eliteeinheit SEAL war Jones in geheimer Mission um die Welt gereist. Seiner Ansicht nach erforderte die Verteidigung gegen Biowaffen radikal neue Ansätze.

Die medizinischen Fortschritte im ausgehenden 20. Jahrhundert waren in vielen Fällen vom Profitdenken beherrscht. Die Pharmaunternehmen hatten an der Behandlung bestimmter Krankheiten und Leiden Milliarden verdient. Es gab höchst profitable Spezialpräparate gegen Allergien, Kahlköpfigkeit und nachlassende sexuelle Potenz. Jones strebte in die entgegengesetzte Richtung; er suchte nach bahnbrechenden Konzepten, aus denen sich ein breitgefächerter Schutz ergeben würde. Einen Schwerpunkt bildeten multivalente Impfstoffe, die das Immunsystem des Körpers veranlassen würden, ein ganzes Spektrum an Mikroorganismen auf einmal abzuwehren. Eines Tages würden die Forscher vielleicht mit einer einzigen Impfung aufwarten können, die beispielsweise Immunität gegen Pest, Milzbrand und Botulismus verleiht. Darüber hinaus faszinierte Jones das Potential antiviraler Medikamente. Viren, die in menschliche Zellen eindringen und sich dort verstecken, waren den Waffen der Medizin lange Zeit entkommen. Jones war jedoch der Ansicht, die Forschung werde womöglich auch neue Wege aufzeigen, mit unseren viralen Feinden, den Pocken beispielsweise, umzugehen.

Als junger Kollege Lederbergs machte sich Jones den Nimbus dieses renommierten Wissenschaftlers zunutze, um junge Forscher für seine Projekte anzuwerben. Zu den ersten, die sich bei ihm verpflichteten, gehörte der Stanford-Pionier Stan Cohen, der 1973 zusammen mit Herb Boyer die ersten Rekombinanten geschaffen hatte. 1998 wurden im Rahmen dieses Programms von Wissenschaftlern dreiundvierzig verschiedene Projekte bearbeitet.[14]

Stephen A. Johnston vom Southwestern Medical Center der University of Texas war ein typischer Fall. Er hatte schon immer hochfliegende Ideen, und die National Institutes of Health, die Hauptquelle zur Bereitstellung von Bundesmitteln, hatten seine Anträge mit schöner Regelmäßigkeit als zu unrealistisch oder nicht förderungswürdig abgelehnt. Mit den DARPA-Mitteln im Rücken hatte Johnston die Gene von Krankheitserregern in Bruchstücke zerlegt und diese Fragmente Mäusen gespritzt. Im nächsten Schritt wurden die Tiere mit dem ursprünglichen Erreger infiziert. Im Regelfall fielen die Tiere diesem Totalangriff auf ihr Immunsystem zum Opfer. Einige überlebten jedoch; sie waren resistent geworden. Auf diese Weise entdeckte Johnston, welche der ihnen injizierten Fragmente sich nutzen lassen würden, um die Immunreaktion anzukurbeln und Krankheiten wirksamer entgegenzutreten. Er nannte diese neuartige Methode Expression Library Immunization, kurz ELI.[15] »Die Grundidee ist, sich vom Immunsystem sagen zu lassen, was funktioniert«, erklärte er. Kollegen feierten seine Forschung als »überraschend und elegant«.

Johnstons Arbeit war ein wichtiger Schritt nach vorn auf dem Weg zur Immunisierung mit DNA. Traditionelle Impfstoffe bedienen sich abgeschwächter oder abgetöteter Krankheitserreger beziehungsweise inaktivierter Toxine und Proteine aus den Erregern, um dem Immunsystem des Körpers eine Art Vorwarnung zukommen zu lassen, was im Falle einer Infektion auf es zukommen wird. So wird es in die Lage versetzt, rechtzeitig eine entsprechende Verteidigung aufzubauen. Johnstons Impfstoffe bestehen aus reiner DNA – in vielen Fällen handelt es sich um Plasmide. Sobald die Gene in den Körper injiziert und in dessen Zellen aufgenommen werden, sondern sich einige wenige Teile des Erregers ab, die die Immunisierung in Gang setzen. Ein solcher Ansatz funktioniert präzise wie ein Skalpell. Den Patienten wird nur genau das injiziert, was unbedingt nötig ist, um sie gegen die Krankheit zu immunisieren. Diese Methode befindet sich zwar noch im Versuchsstadium, scheint aber vielversprechend. Mit ihr ließen sich unter anderem die Infektionsrisiken umgehen, mit denen mehrere Impfstoffe aus lebenden oder abgeschwächten Erregern behaftet sind. Zudem würde sich möglicherweise die Produktion beschleunigen lassen – womöglich auch die Zulassung durch die Bundesbehörden, deren kompliziertes Verfahren den Einsatz des Anthrax-Impfstoffs so lange vereitelt hatte. DNA-Impfstoffe sind chemische Produkte, keine biologischen. Damit verringert sich das Risiko von Verunreinigung und Verfall. Schließlich sind diese Impfstoffe auch höchst stabil, und im Unterschied zu herkömmlichen Impfstoffen, die gekühlt aufbewahrt werden müssen, ließen sie sich unter allen möglichen Bedingungen und Temperaturen trocken oder in Lösung aufbewahren, wodurch ihre Verteilung ungemein erleichtert würde.

Johnstons Forschungsprogramm war wichtig, weil es die Identifizierung geeigneter DNA-Schnipsel beschleunigte. Johnston setzte die Suchdauer von einem Jahr auf zwei Monate herab, und er fuhr fort, den Prozess zu beschleunigen und durch den Einsatz winziger Roboter zu automatisieren. Sein Ziel war die sogenannte Instantimmunisierung; ein weiteres bestand darin, pro Tag einen neuen Impfstoff zu entwickeln. Falls er damit erfolgreich wäre, würde dies Wissenschaftlern helfen, extrem rasch auf Designerwaffen zu reagieren, mit denen bisher noch niemand konfrontiert worden war.

Einige der abenteuerlichsten Forschungsprojekte der DARPA wurden von Maxygen durchgeführt, einer kleinen Firma in Redwood City, Kalifornien, mit der Johnston unmittelbar nach ihrer Gründung in Kontakt getreten war. Sie hatte eine Form von künstlicher Evolution erfunden, die sie als »DNA-Shuffling« bezeichnete. Das Prinzip war eine elegante Weiterführung der Entdeckung von Cohen und Boyer. Hatten die Pioniere der Gentechnik einst ein Gen aus einem Organismus entnommen und in einen anderen eingefügt, so mixte nun Maxygen Hunderte, ja Tausende von Genen zu einem einzigen neuen Produkt zusammen. Versuch und Irrtum – die Natur arbeitet ganz ähnlich. Im Laufe der Jahrmillionen mutieren alle Wesen, und manche von ihnen verbessern dabei ihre Anpassungsfähigkeit an die Umgebung. Die Forscher von Maxygen hatten einen Weg gefunden, den Evolutionsprozess zu beschleunigen, indem sie Gene auf tausendfältige Weise rekombinierten.[16] Bei einem der ersten Projekte ging es um ein Enzym, das in Waschmitteln enthalten ist und Grasflecken auflösen soll.

Die Forschung versuchte seit Jahren, dieses Molekül zu perfektionieren. In den Labors von Maxygen wurden zahllose Genkombinationen getestet, bis schließlich eine neue genetische Vorlage geschaffen wurde, die nie zuvor in der Natur existiert hatte. Die Informationen aus sechsundzwanzig Genen, wobei jedes einer anderen Bakterienart entstammte, waren kombiniert worden. Das Ergebnis war ein sehr viel leistungsstärkeres Enzym für den Einsatz in Waschmitteln.

Jones war auf der Stelle klar, welche Anwendungen sich für dieses Produkt in der Biowaffenabwehr ergaben. Im Jahre 1998 schloss die DARPA mit Maxygen einen Vertrag über 3,8 Millionen Dollar, in dem Maxygen sich verpflichtete, das Enzym weiter zu optimieren und ihm letztlich die Fähigkeit zu verleihen, nicht nur Grasflecken, sondern auch Anthrax-Bakterien und andere Erreger aufzulösen, die ähnlich dauerhafte Sporen bilden. Vielleicht würde das Militär eines Tages über ein Detergens verfügen, mit dem man Kontaminierte besprühen konnte, um einen biologischen Angriff wirkungslos zu machen. Ein weiterer Maxygen-Vertrag aus dem Jahre 1999 hatte ein Volumen von 7,7 Millionen Dollar und betraf die Entwicklung besonders starker DNA-Vakzine, die dem menschlichen Körper eine Art Superimmunität gegen bakterielle und virale Erreger verleihen sollten. Das Militär hatte die Firma darüber hinaus beauftragt, inhalationsfähige Impfstoffe in Aerosolform gegen ein breites Spektrum an Erregern zu produzieren. Eine über etliche Quadratkilometer versprühte Impfstoffwolke wurde als potentiell einfachste Möglichkeit zum Schutz von Mensch und Tier vor Epidemien angesehen.

Ein Hauptziel der Forschung bestand in der Manipulation und Neukombination der genetischen Grundlage von Erregerproteinen und -antigenen, die dem Körper signalisieren, einen Antikörperschutz aufzubauen. Durch Manipulation der natürlichen Antigene von Anthrax beispielsweise hoffte die Firma, eine verstärkte Immunreaktion hervorzurufen. Russell J. Howard, der Präsident von Maxygen, verkündete, die vorläufigen Ergebnisse seien ermutigend; es zeichne sich die Möglichkeit ab, in absehbarer Zeit Impfstoffe herzustellen, die nicht nur wirksamer seien, sondern sogar gegen mehrere Krankheiten angewendet werden könnten.

Zu Anfang wurden viele DARPA-Projekte kritisiert, weil sie ungemein radikal wirkten. Der Versuch, Toxine und Mikroorganismen durch modifizierte rote Blutkörperchen auszuschalten, wurde belächelt, weil niemand dies zuvor probiert hatte und man davon ausging, dass es sich zumindest in absehbarer Zukunft als reines Hirngespinst erweisen werde. Andere Projekte verliefen jedoch in überraschend kurzer Zeit sehr aussichtsreich und weckten kommerzielles Interesse. Shapiro von der Stanford University, der ein vielen Bakterien gemeinsames Enzym isoliert hatte, wurde für diese Entdeckung, die auf Antibiotika von breiter Wirksamkeit hoffen ließ, allgemein gelobt. Und die Firma Maxygen, deren Berichte auf den ersten Blick so extravagant erschienen, wurde recht bald in ihren Erkenntnissen bestätigt, als konkurrierende Firmen begannen, sich dieselben Techniken zunutze zu machen.

Ein Gradmesser für den Erfolg des Programms und die positive Einstellung des Pentagon war das stetig anwachsende Budget der DARPA für die Biowaffenabwehr. Zu den Aufgabenbereichen der DARPA gehörte nicht nur die Entwicklung von medizinischen Behandlungsmöglichkeiten, sondern auch die Entwicklung von Geräten wie Biodetektoren. Das jährliche Budget stieg von 59 Millionen Dollar im Jahr 1998 auf 162 Millionen Dollar im Jahr 2001, und es wird im Jahr 2006 bei 205 Millionen Dollar erwartet.[17] Im Verlauf dieses Zeitraums wird die Behörde über Mittel in Höhe von 1,2 Milliarden Dollar verfügen, und das macht sie zu einer neuen Kraft in der Welt der Biomedizin. Der Nutzen der DARPA-Forschung für die Biowaffenabwehr wird noch Jahre, wenn nicht Jahrzehnte im Ungewissen bleiben. Jones räumte ein, dass sich einige Projekte sicher als »außerordentliche Fehlschläge« erweisen werden, während sich der Wert anderer erst dann zeigen wird, wenn diese konsequent am Menschen erprobt worden sind. Eine vielversprechende Reaktion in einer Petrischale oder bei einer Maus ist letztlich noch kein Garant für menschliches Wohlergehen. Diese Art von Auswertung erfordert ein langsames, mühseliges, sorgsam überwachtes Vorgehen mit Hilfe klinischer Studien, bei denen Ärzte und Freiwillige sich die Verantwortung für die Suche nach unerwarteten Nebenwirkungen beziehungsweise für den Nachweis von Sicherheit und Wirksamkeit teilen. Jones und die Firma betrachteten jedoch die Initiative als gute Rückversicherung, als eine vergleichsweise billige noch dazu, wenn man in Rechnung stellt, was auf dem Spiel steht.

In den letzten Tagen der Clinton-Regierung wagte das Pentagon, wenn auch zögerlich, den Schritt zur eigenen gentechnologischen Forschung an Krankheitserregern. Die Frage, mit deren Abwägung sich die Verantwortlichen jahrelang abgemüht hatten, lautete, ob man den von russischen Wissenschaftlern hergestellten impfresistenten Anthrax-Stamm reproduzieren solle oder nicht. Die Zielsetzung war eminent praktisch: Die Verantwortlichen im Pentagon mussten wissen, ob der amerikanischen Soldaten millionenfach verabreichte Impfstoff aus Michigan gegen die genetisch veränderten Anthrax-Erreger wirksam war oder nicht.
Seit russische Wissenschaftler die Existenz dieses Erregers 1995 bei einer Konferenz in Großbritannien enthüllt hatten, hatten die Vereinigten Staaten versucht, eine Probe dieses Stammes zu bekommen. Amerikanische Offizielle hatten großzügige Forschungsbeihilfen für das Institut in Obolensk arrangiert, wo der betreffende Stamm hergestellt worden war. Wiederholt versprachen die Russen, ihren amerikanischen Partnern den Erreger zur Verfügung zu stellen, aber es wurde nichts daraus. Vielleicht lag das Problem in Russlands Innenpolitik; die Beziehungen zwischen Moskau und Washington waren über weite Strecken der neunziger Jahre nicht spannungsfrei. Vielleicht lag es auch an der legendären russischen Bürokratie. Vielleicht wollten aber auch Hardliner aus dem ehemaligen sowjetischen Forschungsestablishment einfach nichts von dem aus der Hand geben, was die Amerikaner so verzweifelt begehrten. Aus welchen Gründen auch immer, das Superbakterium fand niemals seinen Weg in amerikanische Labors. Darum mach-

ten Ende der neunziger Jahre Geheimdienstbeamte Druck: Dann müssten die Vereinigten Staaten eben selbst eine eigene Version des Superbakteriums herstellen.

Die CIA war der Ansicht, die Biowaffenkonvention von 1972 erlaube solche Forschungen. Gleichwohl zögerten die Verantwortlichen des Geheimdienstes, einen solchen Stamm herzustellen, ohne dass spezifische Erkenntnisse vorlägen, dass irgendjemand irgendwo konkret daran arbeite, aus solchen Erregern eine biologische Waffe herzustellen. Die reine Existenz eines gentechnologisch veränderten Bakterienstamms war nach Meinung der CIA kein ausreichender Grund für eigene Forschungen dieser Art.

Die politischen Implikationen solcher gentechnologischen Forschungen machten der Regierung Clinton zu schaffen. Unter Wissenschaftlern war die Genmanipulation längst Routine geworden. Aber die Verantwortlichen des Geheimdienstes zögerten noch immer. Sie sahen schon die möglichen Schlagzeilen der Boulevardpresse vor sich: »USA stellen Killerbakterien her«.

Anfang 2001, in den ersten Monaten der Regierungszeit von Präsident Bush, beschloss das Pentagon, nicht länger auf die russische Lieferung des besagten Anthrax-Stammes zu warten. Die konkrete Herstellung des Superbakteriums wurde einem geheimen DIA-Programm mit dem Codenamen »Project Jefferson« übertragen.[18] Dieses war Anfang 1998 mit einem bescheidenen Jahresbudget von 2 Millionen Dollar ins Leben gerufen worden und leitete seinen Namen aus einer Maxime des US-Gründervaters Thomas Jefferson her: »Ewige Wachsamkeit ist der Preis der Freiheit«. Anfangs widmete sich »Project Jefferson« den klassischen Biowaffenagenzien, den »guten alten Bekannten«, wie Bill Patrick sie gern nannte. Eine frühe Untersuchung des Programms beschäftigte sich mit der Frage, ob man wirklich 8000 bis 10 000 Anthrax-Sporen benötige, um einen Menschen zu infizieren. Große Teile der geheimen Forschungsaktivitäten beschränkten sich darauf, geheime und offen publizierte Fachliteratur auszuwerten.[19] Bei anderen Forschungen wurden Computer benutzt, um virtuelle Erreger und Waffen herzustellen.

Den Auftrag zur Herstellung der genetisch modifizierten Anthrax-Bakterien erteilte der militärische Geheimdienst DIA der Firma Battelle in Columbus, Ohio, die schon beim CIA-Projekt Clear Vision mit dem Geheimdienst zusammengearbeitet hatte.[20] Die Geheimdienstverantwortlichen der USA sagten, sie seien sich der Bedeutung des Schrittes bewusst, den sie hier tun wollten. Dies sei die einzige genetische Manipulation, die das Pentagon bisher in Erwägung gezogen habe. Um nicht mit den Restriktionen des Biowaffenvertrags von 1972 in Konflikt zu kommen, wolle die DIA nach Angaben der Verantwortlichen nur kleine Mengen des Superbakteriums herstellen lassen – ein Gramm oder sogar noch weniger. Bei solchen Mengen, sagten die Verantwortlichen, könne die Zielrichtung nur als defensiv angesehen werden.

Die Juristen im Pentagon hatten das Geheimprojekt, das im Rahmen des »Project Jefferson« abgewickelt werden sollte, begutachtet und gebilligt. Die Verantwortlichen verliehen ihrer Hoffnung Ausdruck, dass der Auftragnehmer des Militärs, besagte Firma in Columbus, bis zum Ende des Jahres in der Lage sein werde, die neue Anthrax-Form herzustellen und in Tierversuchen zu testen. Andere Stimmen aus der Forschung bezweifelten jedoch, dass sich ein so ehrgeiziger Zeitplan einhalten lasse. Mitte 2001 waren die Vorarbeiten an diesem Projekt angelaufen, mit der eigentlichen gentechnologischen Veränderung des Bakteriums hatte man aber noch nicht begonnen. Experten sagten, man werde wahrscheinlich mindestens ein Jahr brauchen, um das Superbakterium herzustellen und anschließend festzustellen, ob es den amerikanischen Impfstoff wirkungslos mache oder nicht.

Die Mitglieder des Nationalen Sicherheitsrats erfuhren ziemlich bald nach Amtsantritt der Regierung Bush vom »Project Jefferson« und standen ihm wohlwollend gegenüber, wie ein Spitzenbeamter aus dem Weißen Haus sagte. Das Plazet des Nationalen Sicherheitsrats sei gar nicht erforderlich, hieß es. Der Verteidigungsminister sei befugt, die Sache selbständig weiterzuführen. Der Beamte aus dem Weißen Haus sagte, die neue Regierung sehe durchaus den Wert solcher Arbeiten und plane, auch in ähnlichen

Fällen so zu verfahren, wenn es dem Aufbau der Biowaffenabwehr diene und das Leben von Amerikanern schützen könne. Solche Forschungen aus prinzipiellen Erwägungen zu unterlassen, könnte geradezu »kriminell« sein.

Ken Alibek sagte, er habe nichts an den Begründungen auszusetzen, die für die geheime Untersuchung gentechnologisch veränderter Krankheitserreger vorgebracht wurden. Aber auf die juristischen Feinheiten komme es gar nicht an, warnte er. Wenn die geheimen Forschungsvorhaben letztlich doch herauskämen, würden viele Kritiker die Sache anders sehen. Man werde die Vereinigten Staaten anklagen, den Biowaffenvertrag in betrügerischer Absicht gebrochen zu haben. Alibek, der ehemalige Arzt, der zum biologischen Krieger geworden war und lange Jahre seines Lebens mit der Arbeit an geheimen Waffenprogrammen verbracht hatte, war jetzt der Ansicht, wenn man so etwas überhaupt mache, dann müsse man es offen tun.

»Das geht nicht im Geheimen«, sagte er. »Wenn so etwas geheim läuft, kann man sich die Probleme doch lebhaft vorstellen.«

Die genau abgewogene Entscheidung der Regierung, nunmehr den ersten Schritt zur Genmanipulation bei Krankheitserregern zu tun, stand in scharfem Kontrast zu dem hektischen, regellosen Chaos, das sonst in modernen gentechnologischen Labors herrscht. In kommerziellen Labors gingen Genmanipulationen in rasend schnellem Tempo voran, und nicht selten geriet man dabei auf gefährliches neues Terrain. Wie Popow sagte, begannen die Wissenschaftler in den kommerziellen Labors, nun ganz offen das zu tun – und mit immer mehr zufälligen Ergebnissen –, was das sowjetische Militär einst absichtlich, gezielt und im Geheimen getan hatte.

Im Februar 2001 verkündeten australische Wissenschaftler, sie hätten mit einem von ihnen hergestellten Virus unabsichtlich Dutzende von Mäusen getötet, deren Immunsystem durch die Viren schwer geschädigt worden sei. Zunächst hatten diese Forscher nur die australische Regierung und das australische Militär über ihre bereits 1998 und 1999 durchgeführten Experimente informiert.

Aber nach intensiven Debatten hatten sie sich dann doch entschlossen, ihre Ergebnisse zu veröffentlichen.[21] Man habe auch andere Forscher über die potentiellen Gefahren informieren müssen, falls solche Zufallsentdeckungen doch irgendwann einmal gegen Menschen gewendet würden. Wie die australischen Forscher berichteten, hatten sie ihre tödlichen Viren zufällig produziert, als sie versuchten, im Rahmen eines Projekts, bei dem es um Gegenmaßnahmen gegen Pest ging, Mäuse unfruchtbar zu machen. Der Erreger, mit dem sie experimentiert hätten, sei ein bei Laboruntersuchungen häufig verwendetes Virus: Mäusepocken, ein Verwandter des Pockenvirus, das den Menschen befallen kann. Die Wissenschaftler hatten dem Virus ein Mäusegen eingepflanzt, das die Produktion von Interleukin-4 steuert. Bei Interleukin-4 handelt es sich um einen Botenstoff, der dem Immunsystem dabei behilflich ist, Eindringlinge abzuwehren. Ziel des Versuches war es, das Immunsystem schwangerer Mäuse so überempfindlich zu machen, dass die eigenen Eier als Fremdkörper abgestoßen würden. Um dies zu erreichen, wurden die Mäuse mit modifizierten Mäusepockenviren infiziert; die gentechnologische Veränderung bestand darin, dass die Viren auch Träger des Interleukin-4-Gens von Mäusen geworden waren. Das Resultat war eine massive Überproduktion dieses mächtigen Kontrollstoffes für das Immunsystem.

Doch als die Wissenschaftler ihre Mäuse mit ihrem Designervirus infiziert hatten, wurden diese nicht nur unfruchtbar, sondern gingen sogar ein. Und zu ihrer Überraschung mussten die Wissenschaftler feststellen, dass auch gegen Mäusepocken geimpfte Tiere starben. So war aus Geburtenkontrolle eine Kontrolle über Leben und Tod geworden.

Weil auch Menschen das Interleukin-4-Gen, das ihr Immunsystem steuert, in sich tragen, wurde dem Forschungsteam klar, dass eine Überproduktion dieser Substanz bei Menschen ebenfalls deren Tod auslösen könnte. Schlimmer noch, den Australiern ging auf, dass ein Schurkenstaat oder eine Terroristengruppe mit Pockenviren ein ähnliches Resultat beim Menschen erreichen könnte. Die verheerenden Folgen einer Pockenepidemie sind bekannt. Und so, wie das modifizierte Mäusepockenvirus dem entsprechenden Impfstoff widerstanden hatte, könnten auch genetisch veränderte Pockenviren den menschlichen Pockenimpfstoff umgehen. Dabei wäre dieser Impfstoff, sollte die Krankheit je wieder aufkommen, der einzige vorhandene Schutz.

»Wir hielten es für besser, diese Information zu veröffentlichen – für den Fall, dass jemand auf die Idee kommen sollte, etwas noch Hinterhältigeres zu entwickeln«, sagte Ronald J. Jackson, der Leiter des Forschungsteams. »Wir hielten das für unsere moralische Pflicht.«[22]

Die Nachricht aus Australien schlug in Washington wie eine Bombe ein. Dort hatte man sich unter den Experten für die nationale Sicherheit bereits Sorgen gemacht, dass das Pockenvirus als terroristische Bedrohung wieder auftauchen könnte, weil die USA dafür äußerst anfällig waren. Die Sowjetunion hatte Pockenviren tonnenweise hergestellt. Moskaus angebliche Erfolge bei der Genmanipulation von Krankheitserregern – und besonders bei Pockenviren – hatten die neue Gefahrendimension nachdrücklich unterstrichen und dazu beigetragen, dass sich die Regierung Clinton zum Handeln gedrängt sah. Die Regierung hatte begonnen, Impfstoffvorräte anzulegen, nicht nur für das Militär, sondern auch für die Zivilbevölkerung. Diese angestrengten Bemühungen waren nicht ohne Schwierigkeiten verlaufen. Fast drei Jahre lang hatte sich die Regierung um die Produktion neuer Impfstoffchargen bemüht. 2001 gab es schließlich zwei getrennte Impfprogramme. Der Vertrag, den das Militär mit einer Produktionsfirma abgeschlossen hatte, belief sich auf eine Gesamtsumme von 22 Millionen Dollar für 300 000 Dosen; der zivile Vertrag mit einer anderen Firma hatte ein Volumen von 168 Millionen Dosen für 343 Millionen Dollar. Während das Weiße Haus darauf gedrungen hatte, dass Pentagon und Gesundheitsministerium ihre Aufträge zusammenlegten, um einen günstigeren Preis herauszuholen, hatte das Militär die Kooperation verweigert. Der Kostenunterschied war erheblich, weil das Militär anfangs rund 70 Dollar für eine Impfstoffdosis zahlen sollte, gegenüber 2 Dollar pro Dosis beim wesentlich umfangreicheren Zivilauftrag. Das Pentagon argumentierte, auch seine Kosten würden sinken, wenn man mehr Impfstoff bestelle. Mit der Produktion der zivilen Impfvorräte hatte das Gesundheitsministerium die Firma von Tom Monath beauftragt, jenem Wissenschaftler, der im auswärtigen Gutachter- und Expertenausschuss der CIA den Vorsitz hatte. Indes, weder der zivile noch der militärische Impfstoff würden schnell verfügbar sein – frühestens 2005 oder 2006.

Nun jedoch hatte das Weiße Haus schon wieder ein neues ernsthaftes Problem. Wenn es, wie die Australier angedeutet hatten, einem Staat oder einer Terroristengruppe gelänge, ein Designer-Pockenvirus zu entwickeln, das zum Beispiel mit dem Interleukin-4-Gen versetzt wäre, dann könnten – zumindest theoretisch – weder der zivile noch der militärische Impfstoff garantieren, dass die Amerikaner bei Ausbruch einer Epidemie geschützt werden könnten. Vielleicht würde man eine futuristische antivirale Medizin benötigen, um der neuen Bedrohung entgegentreten zu können.

Nachdem sie von den australischen Interleukin-4-Forschungsergebnissen erfahren hatten, sandten Offizielle und Forscher, so der Hinweis eines Wissenschaftlers im Dienst der Regierung, sofort Memos an die Mitglieder des Nationalen Sicherheitsrates der neuen Regierung Bush. Der Pockenimpfstoff, an dessen Entwicklung gerade gearbeitet werde, könnte sich als nutzlos erweisen, warnten die Wissenschaftler.

Es folgten Diskussionen in den Bundesbehörden, ob im »Project Jefferson« die australischen Forschungen wiederholt werden sollten, damit die Vereinigten Staaten die potentielle Bedrohung besser beurteilen könnten. Am Ende ließ man diese Idee jedoch fallen. Es gab keine klare Defensivmotivation. Man hätte kaum glaubhaft argumentieren können, dass eine Bedrohung aus dem Ausland eine solche wissenschaftliche Untersuchung erforderlich gemacht hätte. Australien war schließlich ein befreundetes, kein feindliches Land. Und Mäusepocken standen auch nicht auf der DIA-Liste der potentiellen Bedrohungen. Das

Problem bestand einfach in dem rasanten Fortschritt der Biowissenschaften.

Eine beunruhigende Zukunft, so schien es jenen Wissenschaftlern, die vor mehr als einem Vierteljahrhundert die neue Biologie erfunden hatten, stand nun unmittelbar vor der Tür. Ob beabsichtigt oder nicht, manche Forscher entwickelten neue, noch schrecklichere Arten, den Tod herbeizuführen.

Matt Meselson und Josh Lederberg, jene beiden Forscher, die die neue Wissenschaft an vorderster Front mitgestaltet hatten, waren weiterhin unterschiedlicher Ansicht, wie man auf die Bedrohung durch Biowaffen reagieren sollte. Lederberg sah die modernen Trends als besorgniserregend an und befürwortete so viele vernünftige Verteidigungsschritte wie möglich. Meselson fand die bislang geringe Zahl von Biowaffenanschlägen ermutigend und glaubte, die natürliche Zurückhaltung der Menschen beim Einsatz solcher Waffen könne durch neue globale Übereinkommen noch verstärkt werden. Lederberg neigte dazu, nach wissenschaftlichen Lösungen zu suchen, weil er annahm, dass die vorhandenen Waffen letztlich irgendwann auch zum Einsatz kommen würden. Meselson hingegen befürwortete politische Lösungsansätze.

In vielen Punkten stimmten sie aber auch überein. Beide Männer gestanden ein, dass ihre Hoffnung, Biowaffen könnten abgeschafft werden, enttäuscht worden sei und dass eine bestürzend große Zahl ihrer Kollegen, ob in der Sowjetunion, im Irak oder in Südafrika, ihre Lebensaufgabe darin gesehen hatte, Krankheitserreger zu produzieren, die massenhaft töten konnten. Sie gaben auch zu, dass die Abwehrmaßnahmen, die sie beide befürwortet hatten, sich als wesentlich komplizierter erwiesen hatten als erwartet. Die Bemühungen, das Biowaffen-Abkommen von 1972 zu stärken, drohten trotz Meselsons unermüdlichem Einsatz zu scheitern. Und das militärische Programm der Anthrax-Schutzimpfungen, so hatte sich herausgestellt, war praktisch und politisch wesentlich komplizierter, als Lederberg sich das je hatte vorstellen können.

Beiden Wissenschaftlern bereitete Sorge, dass die Regierung

Clinton die Bedrohung durch Biowaffen übertrieben dargestellt hatte, was zumindest kurzfristig mehr Schaden als Nutzen gebracht hatte. Lederberg ließ kein gutes Haar an Bill Cohens Auftritt mit der Zuckertüte. Wer die Durchschlagskraft biologischer Waffen übertrieb, der motivierte Terroristen vielleicht erst recht, solche Waffen zu erwerben. Und Meselson fragte sich, ob Amerikas neue Obsession mit Biowaffen nicht vielleicht auch den Kurswert von Wouter Basson steigen ließ, jenes Forschers, der das südafrikanische Apartheid-Biowaffenprogramm geleitet hatte. Menschen in anderen Ländern könnten in dem plötzlichen Interesse der USA an Biowaffen, in den Gerüchten über Geheimprojekte und in dem Zurückscheuen vor einer Stärkung des Biowaffen-Abkommens schließlich auch eine stille Rückkehr des Interesses an biologischen Offensivwaffen sehen. Um sich selbst zu schützen, würden diese Länder dann ebenfalls wieder eigene Biowaffenprogramme initiieren.

Beide Männer waren sich einig, dass die Bedrohung durch Biowaffen real sei. Kritikern, die behaupteten, das sei doch alles maßlos übertrieben, begegnete Lederberg meistens mit der Frage: »Gibt es Verrückte auf der Welt? Ja. Also können wir auch Probleme mit ihnen bekommen.«

Beide Wissenschaftler brachten Zweifel zum Ausdruck, ob es weise sei, Massenimpfungen gegen zukünftige Bedrohungen zu veranstalten. Was die Zivilisten angehe, sagte Lederberg, so neige er dazu, die Frage der Pockenschutzimpfungen erst einmal aufzuschieben. Schließlich brächten solche Impfungen auch gesundheitliche Risiken und hohe Kosten mit sich. Man solle sich auf die Entwicklung von wirksamen Arzneimitteln gegen Viren konzentrieren. Davon gebe es gegenwärtig nur sehr wenige, und mit ihrer Hilfe könnte es in Zukunft vielleicht einfacher sein, Pockenepidemien unter Kontrolle zu halten. Inhaltlich stimmte Lederberg mit dem Plan der US-Regierung überein, den neuen Pockenimpfstoff für Zivilisten auf Vorrat zu legen, ihn aber nur dann einzusetzen, wenn es gelte, einen epidemischen Krankheitsausbruch zu begrenzen.

Meselson setzte seine Hoffnungen darauf, eine globale Übereinstimmung zu erreichen, der zufolge Herstellung und Verwendung von Biowaffen ein Verbrechen darstellten.[23] Der vorhandene Vertrag beziehe sich auf Staaten, nicht auf Einzelpersonen. Doch eine neue, im Strafrecht gründende Übereinkunft könne politische Führer vielleicht davon abhalten, Biowaffen zu entwickeln. Auch Firmen würden abgeschreckt, ihnen dabei behilflich zu sein, und die führenden Nationen würden angehalten, nicht wegzuschauen, wenn flagrante Verstöße deutlich würden. Meselson merkte an, dass die Vereinigten Staaten bereits an sieben derartigen Abkommen beteiligt seien – Abkommen gegen Flugzeugentführungen, gegen die Verletzung diplomatischer Immunität und gegen Geiselnahmen. Der neue Pakt sollte einfach den Gerichten der Mitgliedsstaaten die Kompetenz übertragen, Biowaffenverbrecher aus anderen Ländern abzuurteilen.

Lederberg sagte, dass sich die Herstellung von Superbakterien als schwieriger erwiesen habe als zunächst angenommen. Vielleicht sei nur ein Prozent der Versuche von Erfolg gekrönt. Doch wenn genug Zeit zur Verfügung stünde und genug in wissenschaftliche Ressourcen investiert werde, dann könne auch eine so geringe Erfolgsquote ausreichen, neue Gefahren heraufzubeschwören. Schließlich hatte schon Popow neue Superbakterien geschaffen, und selbst zivile Labors wie das in Australien seien mit Arbeiten beschäftigt, die potentiell missbraucht werden könnten.

Ähnlich hin und her gerissen war Lederberg bei der Frage der ethnisch ausgerichteten Waffen. Viele Experten verwiesen solche Waffen in das Reich der Science-fiction, obwohl sich sowohl Russland als auch Südafrika darum bemüht hatten.[24] Lederberg merkte an, dass Rassenmischung und die mangelnde Eindeutigkeit von ethnischen Definitionskriterien gleichbedeutend seien mit der Tatsache, dass kein einzelnes genetisches Merkmal einem Angreifer eine genügend große Angriffsfläche biete. Doch in einem halben Jahrhundert, sagte er, könnte die Wissenschaft vielleicht fortgeschritten genug sein, eine subtile genetische Merkmalskombination zu bestimmen, die für einzelne Menschenrassen konstitutiv ist. Und Anthrax und andere traditionelle tödliche Mikroorganismen würden weiterhin mit großer Effizienz massenhaft den Tod bringen.

Meselson sah für die Zukunft ebenfalls ermutigende und beunruhigende Zeichen zugleich. Ausländische Forschungen zu Designerviren oder Designerbakterien seien oft unbeholfen oder unlogisch. Sie würden einfach deshalb unternommen, weil ehrgeizige Wissenschaftler ihren militärischen Vorgesetzten gefallen wollten. Das Biowaffen-Thema habe zwar unter mancherlei Übertreibungen gelitten, sagte er, aber langfristig sei die Gefahr durchaus ernst zu nehmen.

In Zukunft, stellte Meselson fest, würden biologische Kampfstoffe vielleicht nicht nur zum Töten entworfen und hergestellt, sondern auch zur Manipulation aller Lebensprozesse: Denken, Entwicklung, Fortpflanzung, alles. Kurz gesagt, sie würden die Macht verleihen, alles zu verändern, was den Menschen zum Menschen macht. Meselson stellte eine beunruhigende Frage: Würde irgendeine Gruppe in Zukunft versuchen, solche Mittel einzusetzen, um eine andere Gruppe zu versklaven?

Hitler habe versucht, die Polen zu versklaven und sie für Deutschland als Reservoir an Arbeitskräften zu erhalten. »Können wir wirklich so sicher sein, dass wir nach zehntausend Jahren durch Zeugnisse belegter Menschheitsgeschichte völlig aufgeklärt sind, selbst wenn Hitler vor noch gar nicht allzu langer Zeit sein Unwesen trieb?«, fragte er. »Sind wir inzwischen von solchen Plänen kuriert? Ich weiß es nicht.«

Schluss

Ist die Bedrohung durch biologische Waffen nun real oder übertrieben? Unsere Antwort lautet: sowohl – als auch. Bei zahlreichen Gelegenheiten in den letzten Jahren haben Spitzenpolitiker die Gefahr eines biologischen Angriffs übertrieben dargestellt und ihrem Anliegen damit letztlich geschadet. In den meisten Fällen könnte eine Fünf-Pfund-Tüte mit Anthrax-Erregern zwar viele Menschen töten, aber selbst im ungünstigsten Fall nicht einmal die Hälfte der Bewohner der amerikanischen Hauptstadt Washington.[1] Auf ähnliche Weise unterminierten die politischen Führer ihre Glaubwürdigkeit auch, als sie behaupteten, ein Angriff mit Biowaffen auf die Vereinigten Staaten sei in den nächsten Jahren unausweichlich – es sei nicht die Frage, ob, sondern nur noch, wann es geschehe.

Solche Gewissheiten gibt es nicht. Biowaffen spielten in den Kriegen und bei den Terroranschlägen des 20. Jahrhunderts – eines Jahrhunderts immerhin, in dem Wissenschaftler neue industrielle Massentötungsmethoden wie die Atombombe und die Gaskammer erfanden – nur eine untergeordnete Rolle. Die meisten Nationen entschieden sich, ihre biologischen Waffen nicht einzusetzen, wenn sie in den Krieg zogen. Terroristen haben in den vergangenen drei Jahrzehnten Gebäude in die Luft gejagt, Dutzende von Flugzeugen entführt und ohne Ansehen der Person gemordet. Doch nur eine Handvoll terroristischer Gruppen hat biologische Angriffe versucht, und erfolgreich war von diesen Anschlägen eine noch geringere Zahl. Bislang hat sich der Salmonellenangriff der Rajneeshees auf die Bürger des Städtchens The Dalles in Oregon im Jahre 1984 als anomaler Einzelfall erwiesen.

Gleichwohl kommen wir zu dem Ergebnis, dass die Bedrohung durch Biowaffen real ist und zunimmt. Dazu tragen neue wissenschaftliche Entdeckungen ebenso bei wie politische Unruheherde auf der ganzen Welt. Wie die fehlgeschlagenen Anschläge der Aum-Shinrikyo-Sekte zeigen, kommt es bei einem erfolgreichen biologischen Anschlag gar nicht so sehr auf die Verfügbarkeit einer fortschrittlichen Laborausrüstung oder virulenter Mikroorganismen an, sondern auf Fachwissen. Entscheidend ist das Knowhow. Doch genau dieses ist in zunehmendem Maße verfügbar. Mit dem Zusammenbruch der Sowjetunion wurden Tausende erfahrener Biowaffenexperten, Wissenschaftler wie Ingenieure, plötzlich arbeits- oder mittellos. Auch der Untergang von Südafrikas Apartheidsregime und die Niederlage des Irak im Golfkrieg haben dem Expertenpool, aus dem man Biowaffen-Wissenschaftler für neue Projekte rekrutieren könnte, neue Fachkräfte zugeführt.

Arzneimittel und Impfstoffe werden inzwischen auf der ganzen Welt hergestellt, und damit haben viele Nationen auch die Möglichkeit erlangt, Biowaffen herzustellen. Die Vereinigten Staaten und die Sowjetunion benötigten in der Anfangsphase ihrer Biowaffenprogramme in den fünfziger Jahren mehr als ein Jahrzehnt, bis sie die Geheimnisse der Herstellung beherrschten. Drei Jahrzehnte später lernten irakische Wissenschaftler schon in wenigen Jahren, wie man zigtausend Liter Anthrax-Schlamm und Botulinum-Toxin herstellt.

Der Vergleich mit Atomwaffen illustriert, warum viele in Biowaffen die »Atombombe des kleinen Mannes« sehen. Eine Nation, die in den Besitz von Plänen zur Herstellung einer primitiven Atombombe gekommen ist, steht erst ganz am Anfang einer überaus komplexen technischen Herausforderung, die immense, leicht zu entdeckende Investitionen in Bergwerke, Fabriken und Atomreaktoren erfordert. Wissenschaftler wie Bill Patrick und Ken Alibek behaupten dagegen, dass sie einer Terroristengruppe beibringen könnten, wie man aus ein paar Handvoll Gartenerde mit relativ leicht erhältlichen Laborgeräten verheerende Biowaffen herstellt.

Der Aufstieg der Vereinigten Staaten zum mächtigsten Land der Welt hat die Wahrscheinlichkeit von Biowaffenangriffen auf dieses Land erhöht. Gegner, die sich gegen Amerikas globale Dominanz wehren, die den USA ihren Reichtum neiden oder Angst vor ihrer überwältigenden Militärmacht haben, können am wirkungsvollsten mit nichtkonventionellen Waffen zurückschlagen. Der Angriff auf das US-Kriegsschiff *Cole* im Oktober 2000, bei dem ein mit Sprengstoff vollgepacktes Beiboot von Selbstmordattentätern zur Explosion gebracht wurde und ein modernes Schlachtschiff beinahe versenken konnte, zeigt, wie scheinbar Machtlose einen verheerenden Militärschlag ausführen können. In den kommenden Jahren könnten sich Attentäter, die bereit sind, für ihre Sache zu sterben, stattdessen dafür entscheiden, Pockenviren freizusetzen oder mit Hilfe von Marburg-Viren als Märtyrer ins Paradies einzugehen.

Auch das Tempo des wissenschaftlichen Fortschritts hat die Bedrohung durch Biowaffen intensiviert. Die gentechnologischen Pionierarbeiten von Cohen und Boyer vor einem Vierteljahrhundert haben den Wissenschaftlern neue Werkzeuge an die Hand gegeben, um Ernten zu verbessern und Krankheiten zu heilen. Doch die Genmanipulation kann auch missbraucht werden, um zu desorientieren, zu verstümmeln und zu töten. Niemand kann vorhersagen, was die rekombinante Zukunft für uns bereithält. Gegenwärtig sieht es jedenfalls so aus, als würde die genetische Revolution nicht unbedingt Killerviren von der Art, wie sie in Richard Prestons Thriller *Cobra* geschildert werden, hervorbringen. Also keine Gehirnpocken. Im realen Leben liegt die Gefahr wesentlich näher, dass die klassischen Krankheitserreger, die »guten alten Bekannten«, so manipuliert werden, dass ihnen Arzneien, Gegenmittel und Impfstoffe nichts mehr anhaben können. Die Verbreitung gentechnologischen Wissens auf dem Wege des Austauschs von Wissenschaftlern und der kommerziellen Verwertung hat selbst mittelmäßig begabten Wissenschaftlern die Möglichkeit eröffnet, enormes Unheil anzurichten. In ein oder zwei Jahrzehnten müssen Terroristen vielleicht nicht einmal mehr Biowaffenexperten anheuern, sondern sind es bereits selber.

Zunehmen wird die Bedrohung noch durch eine einzigartige Eigenschaft von Biowaffen – die Ungewissheit, die sie mit sich bringen. Explodierende Bomben lassen kaum Zweifel an der Zahl der Opfer. Bei biologischen Angriffen würden die Verantwortlichen in einer Stadt jedoch nicht sofort wissen, woher der Ausbruch der Krankheit kommt, welcher Art er ist und wie viele Opfer er wirklich gefordert hat. Wie Josh Lederberg sagte, wären die Behörden gezwungen, das Schlimmste anzunehmen. Sie müssten versuchen, so viele Menschen wie möglich zu schützen. Dadurch würden sie die Panik aber unausweichlich verstärken.

Die internationale Reaktion auf die zunehmenden Gefahren von Biowaffen blieb weit hinter dem zurück, was eigentlich nötig gewesen wäre. Die Konvention von 1972 war ein nützlicher Schritt, der die internationale Übereinstimmung darüber festschreibt, dass Waffen dieser Art moralisch verwerflich sind. Doch das Verhalten der Sowjetunion, des Irak und Südafrikas, die den Vertrag unterzeichnet hatten, ihn aber anschließend flagrant verletzten, unterstreicht, auf welch schwachen Füßen diese Übereinkunft steht. Wir glauben, dass die neuesten Bemühungen, das Übereinkommen durch Sanktionsmöglichkeiten zu stärken, mit Nachdruck verfolgt werden sollten. Auf diese Weise werden die Chancen zur Durchsetzung verbessert. Man kann dabei ein Gleichgewicht finden zwischen der Notwendigkeit, legitime Forschungsvorhaben zu schützen, und dem Gebot, unbedingt Nachforschungen anzustellen, wenn betrügerische Machenschaften Verdacht erregt haben. Die Erfahrungen der Welt mit dem Irak zeigen jedoch auch deutlich die Grenzen internationaler Inspektionen auf. Es lohnt indes, Biowaffen moralisch stärker zu tabuisieren und zugleich die praktischen und politischen Kosten für den Bau biologischer Bomben zu erhöhen. Erst nachdem die Welt Saddam Husseins chemische Angriffe auf kurdische Zivilisten achselzuckend hingenommen hatte, ließ der Irak sein Biowaffenprogramm auf Hochtouren laufen.

Führende Wissenschaftler haben in aller Ruhe begonnen, darüber zu debattieren, ob nicht Gentechnologen und andere Praktiker der »neuen« Biologie eine Art hippokratischen Eid ablegen sollten, etwa »Richte keinen Schaden an!«. Ein solcher Schritt wäre zwar weitgehend symbolischer Natur, aber er würde die Forscher vielleicht stärker für die ethischen Fragen sensibilisieren, die mit ihrer Arbeit verbunden sind.

In den letzten Jahren hat die internationale Gemeinschaft Tribunale für die Verfolgung von Kriegsverbrechen eingerichtet. Wir glauben, dass das ganze Gewicht des Völkerrechts auch gegen all jene zum Tragen kommen sollte, die sich mit biologischen Waffen befassen – ein Vorschlag, den Matthew Meselson und andere unterbreitet haben. Eine engere internationale Zusammenarbeit ist auch bei der Begrenzung der Verkäufe tödlicher Krankheitserreger durch offizielle oder kommerzielle Kulturensammlungen nötig. Die Vereinigten Staaten haben gut daran getan, ihre Regeln für solche Verkäufe wesentlich strikter zu fassen und zu handhaben, nachdem 1996 ein rechtsradikaler Sektierer versucht hatte, Pest-Bakterien von der American Type Culture Collection zu kaufen – derselben Firma, die Ende der achtziger Jahre auch Anthrax-Bakterien an den Irak verkauft hatte. Wir erkennen an, dass der globale Kampf gegen Infektionskrankheiten den freien Austausch gefährlicher Krankheitskeime unter Wissenschaftlern erforderlich macht. Doch muss auch hier ein Gleichgewicht der unterschiedlichen Interessen gefunden werden.

Jedes Land sollte außerdem, wie die Vereinigten Staaten, schärfere Gesetze verabschieden und durchsetzen. Ma Anand Sheela, die Führerin der Rajneeshee-Sekte, die wegen tätlicher Angriffe, wegen mehrfachen Mordversuchs, Brandstiftung und der Vergiftung Hunderter Menschen in Oregon zu einer Gefängnisstrafe verurteilt worden war, wurde nach nur 29 Monaten Strafverbüßung 1988 aus dem Gefängnis entlassen. (Sheela zog anschließend in die Schweiz und begann ein neues Leben als Leiterin von Altenpflegeheimen.)[2] Heute, nach einer Verschärfung der Gesetze durch den Kongress, würden ihre Verbrechen eine wesentlich längere Haftstrafe nach sich ziehen.

Die Regierung Clinton hat sich wirklich ernsthaft um Abwehrmaßnahmen gegen die Bedrohung durch Biowaffen bemüht. Mehrere ihrer Initiativen sind lobenswert. Nachdem wir selbst Anlagen wie Vector und Stepnogorsk besucht haben, sind auch wir der Meinung, dass die Vorteile von Kooperationsprogrammen mit der früheren Sowjetunion die potentiellen Gefahren bei weitem überwiegen. Trotzdem haben solche Programme natürlich auch ihre Risiken. Einige amerikanische Fachleute glauben, dass Russlands Militär weiterhin in Labors, die Außenstehenden verschlossen bleiben, Biowaffen herstellt. Und Moskau lügt auch weiterhin, was seine Biowaffenforschung in der Vergangenheit betrifft, selbst wenn unwiderlegbare Beweise vorliegen.

Doch die Vorteile der Zusammenarbeit waren substantiell. Geheimdienstexperten geben gerne zu, dass vieles von dem, was sie über das ehemalige sowjetische Biowaffenprogramm erfahren haben, bei dem offenen Informationsaustausch unter Wissenschaftlern ans Licht kam, den Andy Weber und andere US-Beamte arrangierten. Im April 2001 waren Weber und seine Kollegen die ersten westlichen Experten, die ein wissenschaftliches Institut in Kasan, der Hauptstadt von Tatarstan, besuchen durften, ein zuvor unbekannter Winkel des sowjetischen Biowaffenimperiums. Dort hatten Wissenschaftler an biologischen Kampfstoffen zur Infektion von Viehherden gearbeitet.

Solche wissenschaftlichen Kooperationsvereinbarungen führen zum Aufbau grenzüberschreitender fachlicher und persönlicher Beziehungen. Auf diese Art verlieren selbst autoritäre Regierungen einen Teil ihrer Macht. Wie Dave Franz, der ehemalige Leiter der Abteilung für Biowaffenabwehr in Fort Detrick, erläutert, wird ein Russland, dessen wichtigste Wissenschaftler regelmäßig per E-Mail mit ihren westlichen Kollegen korrespondieren, kaum noch in der Lage sein, verdeckte Biowaffenprogramme fortzuführen.

Die, wenn auch verspäteten, Investitionen der Regierung Clinton in das öffentliche Gesundheitswesen, in die Seuchenüberwachung und den Aufbau von Vorräten an Gegenmitteln erscheinen sinnvoll. Sie werden höchstwahrscheinlich zur Rettung von Leben beitragen, selbst wenn die Vereinigten Staaten niemals mit einem Biowaffenangriff konfrontiert sein sollten. Trotzdem ist Amerika in mancherlei Hinsicht heute weniger gut auf eine tödliche Krankheitsepidemie vorbereitet als vor einem halben Jahrhundert. Das größte Krankenhaus in The Dalles, Oregon, hatte 125 Betten, als die Rajneeshees 1984 zuschlugen.[3] Heute sind es noch 49. In manchen Kliniken des öffentlichen Gesundheitssystems fehlen Mikroskope, von Computern oder einem Zugang zum Internet ganz zu schweigen. Die New Yorker Erfahrungen mit dem West-Nil-Virus haben die Schlüsselrolle demonstriert, die dem öffentlichen Gesundheitswesen bei der Entdeckung und Abwehr einer Virusinfektion zukommt, wo auch immer ihr Ursprung liegen mag. Ein Schritt nach vorne wäre die Entwicklung von computergestützten Systemen, die es den Epidemiologen ermöglichten, neuartige Infektionskrankheiten zu verfolgen.

In Präsident Clintons Regierungszeit wurden Steuermittel in beträchtlichem Umfang verschwendet. Die Biowaffenabwehr verkam zu einer Art Selbstbedienungsladen für Bundesbehörden, private Auftragnehmer und Regierungsberater. Viele Projekte waren sicher gut gemeint, doch die Regierung versäumte es, klare Verantwortlichkeiten festzulegen und die Kompetenzen an einer einzigen, klar benannten Stelle zu konzentrieren, Doppelungen zu vermeiden, für Disziplin zu sorgen und die Haushaltsmittel dorthin zu leiten, wo sie den größten Effekt gehabt hätten. Die chaotischen Bemühungen um eine Einbeziehung der Nationalgarde sind nur ein Beispiel für derartige Koordinationsmängel.

Obwohl der Präsident zwei große Reden zum Thema der biologischen Kriegsführung und ihrer Gefahren hielt, bündelte die Regierung zu keinem Zeitpunkt ihre Kräfte, um die Biowaffenkonvention von 1972 stärker zur Geltung zu bringen oder ein zusammenhängendes Programm zur Abwehr biologischer Gefahren zu entwickeln. Wegen der Ablenkungen durch das Amtsenthebungsverfahren gegen Präsident Clinton war die Aufmerksamkeit der Regierung für diesen Themenbereich zwar intensiv, aber episodisch. Das ist jedoch kein geeignetes Rezept, um dem amerikanischen Volk ein kompliziertes Problem zu erklären. Richard Danzig benötigte mehr als ein Jahr, um die obersten Befehlshaber der Streitkräfte im Pentagon, ein außerordentlich gut informiertes Gremium, dazu zu bewegen, in ihrem praktischen Handeln angemessen auf die Bedrohung durch Biowaffen zu reagieren. Niemand kann davon ausgehen, dass sich der Kongress oder die Gesamtbevölkerung leichter gewinnen lassen. Großaktionen wie Zwangsimpfungen gegen Anthrax müssen detailliert, klar und offen erläutert werden.

Dasselbe gilt auch für die Bemühungen der Geheimdienste im Kampf gegen Biowaffen. Die Konvention von 1972 erlaubt, was Forschungsprogramme angeht, im Namen der Verteidigung fast alles. Und manche dieser Arbeiten sind auch zweifellos gerechtfertigt. Doch andere Forschungen bewegen sich schon weit in einer Grauzone zwischen Defensiv- und Offensivwaffen. Wir können uns defensiv ausgerichtete Forschungsvorhaben vorstellen, die eine Nation legitimerweise geheim hält, zum Beispiel Experimente zur Erforschung der Schwachpunkte vorhandener Impfstoffe. Doch wo immer das möglich ist, sollten die amerikanischen Verantwortlichen wenigstens in Umrissen offenlegen, dass es solche Forschungen gibt. In einer Demokratie lassen sich nur wenige Dinge tatsächlich dauerhaft geheimhalten, und wenn dann Forschungen an gentechnologisch manipulierten Superbakterien oder der Bau von biologischen Minibomben ans Licht kommen, wird unweigerlich ein tiefes Misstrauen geweckt. Die USA unterminieren das Übereinkommen von 1972, an dessen Zustandekommen sie maßgeblich beteiligt waren, und auch ihre eigene moralische Autorität gegenüber anderen, wenn sie die wichtigsten Aspekte ihrer Biowaffenabwehr mit dem Mantel der Geheimhaltung umgeben.

Die Experten, die sich 1998 mit Präsident Clinton trafen, drängten ihn, eine Expertenrunde ins Leben zu rufen, die diese geheimen Arbeiten als unabhängiges Gutachtergremium begleiten sollte.[4] Zwar berief die CIA während Clintons Regierungszeit ein solches Komitee, aber es kam nur selten zusammen und erhielt auch nicht die erforderlichen Kompetenzen und Druckmittel, um die im gesamten Regierungsapparat verstreuten Programme wirklich begutachten zu können. Wir meinen, dass Clintons Expertenrunde von 1998 recht hatte. Ein solches Gutachtergremium mit echten Kontrollfunktionen würde im In- und Ausland erhebliches Vertrauen schaffen, dass sich die USA im Bereich der Biowaffenabwehr korrekt verhalten.

Vor einem halben Jahrhundert warnte eine Gruppe prominenter, angesehener Bürger den damaligen Verteidigungsminister James Forrestal, dass die Vereinigten Saaten Angriffen mit biologischen Waffen schutzlos ausgeliefert seien.[5] Doch ihre Empfehlungen – bessere Geheimdienstarbeit, mehr Forschung, Aufbau von Arzneimittelvorräten und medizinischen Überwachungssystemen – wurden weitgehend ignoriert. In den folgenden fünf Jahrzehnten war eine ganze Reihe amerikanischer Präsidenten mit diesem Problem konfrontiert. Sie untersuchten verschiedene Möglichkeiten, Abhilfe zu schaffen, und legten das Thema dann ad acta. »Zu schwierig«, hieß es. Eine solche Verdrängung ist menschlich verständlich. Denn die Bioabwehr hat in Washington keine angestammte politische Lobby. Der militärisch-industrielle Komplex, der sich für die Entwicklung von Waffensystemen einsetzt, hat kaum Interesse an Impfstoffen und am öffentlichen Gesundheitswesen.

»Man sollte Pläne ausarbeiten für die Errichtung angemessener Laborkapazitäten und Impfstofffabriken sowie Vorräte an wichtigen Arzneimitteln für die Grundversorgung anlegen, für den Fall, dass eine unmittelbare Gefahr durch feindliche Angriffe droht«, lautete die Schlussfolgerung von Forrestals Experten schon im Jahre 1949. »Man sollte sofort aktiv werden, um ein Programm der Zivilverteidigung vorzulegen.«

Diese Worte hätten auch gestern geschrieben sein können. Die Frage lautet also, ob es sich die Vereinigten Staaten leisten können, nochmals fünfzig Jahre zu warten, bevor sie entsprechend handeln. Wenn man der Auffassung folgt, dass die Biowaffenbedrohung letztlich nur ein Papiertiger ist, dann geben wir schon jetzt zu viel Geld dafür aus. Wenn die Gefahr aber real ist – und zu diesem Schluss kommt unser Buch –, dann sind unsere Investitionen viel zu diffus und unsystematisch. Letztlich sind wir immer noch sträflich unvorbereitet auf eine Katastrophe, die keiner anderen gliche, welche die USA je erlebt haben.

Anmerkungen

Bemerkung zur Quellenlage

Zum Teil stützt sich unsere Darstellung auf Archive privater und staatlicher Dokumente im Internet. Was das amerikanische Programm zur Herstellung von Biowaffen betrifft, sind im Defense Technical Information Center (DTIC) in Fort Belvoir, Virginia, tausende staatlicher Dokumente verfügbar. Zahlreiche Dokumente finden sich unter http://www.dtic.mil. Kopien können auch per Post oder über das Internet bestellt werden. Die Einsicht in weitere Dokumente dieser Einrichtung ist gemäß dem amerikanischen Gesetz zur Informationsfreiheit nur auf Antrag möglich. Bei allen Dokumenten aus diesem Archiv wird auf das DTIC verwiesen. Hunderte Dokumente von Joshua Lederberg, wissenschaftliche Beiträge, Zeitungsartikel und Briefe, finden sich in den Joshua Lederberg Papers der National Library of Medicine in Bethesda, Maryland, oder unter http://profiles.nlm.nih.gov/BB. Diese Quellen werden im folgenden die Lederberg Papers genannt. Schließlich stehen tausende sensibler bundesstaatlicher Akten und freigegebener Geheimdienstberichte über den Irak, den Golfkrieg von 1991 und seine Folgen unter http://www.gulflink.sod.mil zur Verfügung. Wir beziehen uns auf diese Dokumente unter Gulflink. Angehörige der Armee sind im Text nach ihrem Rang bezeichnet, den sie zum Zeitpunkt der Ereignisse bekleideten. In den Anmerkungen bezeichnen wir die Offiziere nach dem Rang, den sie innehatten, als sie in den Ruhestand gingen.

Kapitel 1: Der Angriff

Dieses Kapitel basiert auf Interviews, die von Dezember 1999 bis Ende 2000 mit Personen in Oregon geführt wurden, die von den Salmonellenattentaten der Rajneeshees betroffen waren, unter anderem auf einem Interview mit Jeanie Senior, damals Reporterin für den *Oregonian*, die während der ganzen Zeit über die Sekte berichtete, auch über die Strafverfolgung ihrer Mitglieder. Weitere Interviewpartner waren Michael Skeels, Carla Chamberlain, H. Robert Hamilton, Richter William Hulse, Dave Lutgens, Lyn Enyart, Dan Ericksen, Arthur Van Eaton, Patricia Johnson, Karen Le Breton und Dave Frohnmayer. Außerhalb Oregons wurden Interviews mit Wissenschaftlern und Spezialisten zum Thema bakteriologische Waffen und öffentliche Sicherheit geführt, u.a. mit Thomas J. Török, Robert V. Tauxe, William C. Patrick III und W. Seth Carus.

1 Hugh Milne, *Bhagwan: The God That Failed* (New York: St. Martin's Press, 1986); Lewis F. Carter, *Charisma and Control in Rajneeshpuram: The Role of Shared Values in the Creation of a Community* (New York: Cambridge University Press, 1990); »For Love and Money«, 20-teilige Reihe von Scotta Callister, James Long und Leslie L. Zaitz im *Oregonian*, 30. Juni 1985–19. Juli 1985; »On the Road Again«, Sonderbericht von Scotta Callister, James Long and Leslie L. Zaitz im *Oregonian*, 30. Dezember 1985; Frances FitzGerald, »A Reporter at Large: Rajneeshpuram – I« und »Rajneeshpuram – II«, *New Yorker,* 22. September 1986 und 29. September 1986; Frances FitzGerald, *Cities on a Hill: A Journey Through Contemporary American Cultures* (New York: Simon & Schuster, 1986).

2 »For Love and Money«, *Oregonian*, 30. Juni 1985. Satya Bharti Franklin, *The Promise of Paradise: A Woman's Intimate Story of the Perils of Life with Rajneesh* (Barrytown, N.Y.; Station Hill Press, 1992), Kapitel 1, 2, 3.

3 Interview mit W. Seth Carus sowie W. Seth Carus, »The Rajneeshees (1984)«, in: *Toxic Terror: Assessing Terrorist Use of Chemical and Biological Weapons,* hrsg. von Jonathan B. Tucker (Cambridge, Mass.; MIT Press, 2000), S.119. Interviews mit Justizvollzugsbeamten.

4 Interview mit Dan Ericksen.

5 Die biologische Bezeichnung des Bakteriums ist *Salmonella enterica*

vom Serotyp Typhimurium; es ist eine häufige Ursache von Lebensmittelvergiftungen. Das Bakterium schreibt sich zwar *Salmonella* Typhimurium, wir haben uns aber dennoch für die Schreibweise *Salmonella typhimurium* entschieden, die auch im *Merck Manual*, einem bekannten medizinischen Nachschlagewerk, angewendet wird. Interviews mit Carus, Chamberlain und Skeels.

6 Thomas J. Török, Robert V. Tauxe, Robert P. Wise, John R. Livergood, Robert Sokolow, Steven Mauvais, Kristin A. Birkness, Michael R. Skeels, James M. Horan und Laurence R. Foster, »A Large Community Outbreak of Salmonellosis Caused by Intentional Contamination of Restaurant Salad Bars«, *Journal of the American Medical Association* (6. August 1997), S. 389–395.

7 Interviews mit Thomas Török, Robert Tauxe; Török u.a., »A Large Community Outbreak«.

8 Interview mit Carla Chamberlain. In The Dalles ist seit 1978 nicht ein Fall mehr aufgetreten, und vor 1978 wurden nur ein oder zwei Fälle bekannt. »The Town That Was Poisoned«, Anmerkungen von James Weaver, demokratischer Abgeordneter für Oregon, *Congressional Record,* 99. Kongress, 1. Sitzung, 28. Februar 1985, 131, Nr. 23.

9 Interview mit Hulse.

10 »Preliminary Report – Salmonellosis Outbreak, The Dalles, Oregon, September 1984«; behördeninterner Bericht, Bundesstaat Oregon, 7. November 1984.

11 Weaver, »The Town That Was Poisoned«.

12 Interviews mit H. Robert Hamilton, Dave Frohnmayer.

13 Interview mit W. Seth Carus sowie Carus, »The Rajneeshees«, S. 227f.; Interviews mit Michael Skeels.

14 Justizministerium Oregon und Bundespolizei Oregon, Protokoll der Befragung von Krishna Diva, 25. November 1985, S. 42.

15 Verhör von Ava Kay Avalos, Abschrift vom 22. Oktober 1985, Akten der Generalstaatsanwaltschaft, S. 9f.; Interviews mit Justizvollzugsbeamten.

16 Die Sprecherin des ATCC bestritt in einem Telefoninterview zunächst, dass die Bakterienbank jemals Bakterien geliefert habe. Nach Vorlage einer Kopie des Dias mit der ATCC-Rechnung teilte das Unternehmen mit, dass »über die Angelegenheit nicht gesprochen werden dürfe«, weil sie »gerichtlich anhängig« sei.

17 Michael Skeels legte eine Kopie der Rechnung mit Datum vom

25. September 1984 über eine Reihe gefährlicher Wirkstoffe vor, die in der Zeit zwischen den beiden Salmonellenausbrüchen von der Sekte bestellt wurden. Justizvollzugsbeamte hatten sie bei der Durchsuchung der Ranch 1985 gefunden. Dr. Skeels sagte, dass er und andere Beamte im öffentlichen Gesundheitswesen erst 1998 Kenntnis davon bekamen. Auch Dr. Török und Dr. Tauxe bestätigten, dass sie das Dia nicht kannten und von den anderen Wirkstoffen nichts wussten, die Puja bestellt hatte.

18 Interviews mit Michael Skeels sowie William C. Patrick III.

19 Interview mit Michael Skeels.

20 Interviews mit W. Seth Carus und Carus, »The Rajneeshees«, S. 126f.; Interviews mit Justizvollzugsbeamten und William C. Patrick III.

21 Carus, »The Rajneeshees,« S. 125.

22 Carus, »The Rajneeshees«, S. 126; Interviews mit Justizvollzugsbeamten, insbesondere mit H. Robert Hamilton.

23 Carus, »The Rajneeshees«, S. 127f.; Interviews mit Justizvollzugsbeamten und Michael Skeels.

24 Verhör von Ava Kay Avalos, S. 16.

25 Interviews mit Justizvollzugsbeamten.

26 Interviews mit Justizvollzugsbeamten.

Kapitel 2: Der Krieger

Dieses Kapitel beruht auf Interviews mit Bill Patrick zwischen 1998 und 2001 sowie auf persönlichen Unterlagen und biographischem Material, das er uns zur Verfügung stellte. Journalistische Vorarbeit ist ein Profil von Patrick, das William J. Broad und Judith Miller verfasst haben: Scientist at Work: Bill Patrick; Once He Devised Germ Weapons; Now He Defends Against Them«, *New York Times,* 3. November 1998, S. F1. Weitere Interviewpartner waren Herbert F. York, Robert S. McNamara, Philip D. Zelikow, Leonard A. Cole, Susan Wright, Riley D. Housewright und Matthew S. Meselson. Eine Reihe aktiver und ehemaliger Bundesbeamter und Bakterienexperten, von denen die meisten anonym bleiben wollten, bestätigten die Aussagen dieser geheimnisvollen Geschichte oder gingen in einigen Fällen sogar über das hinaus, was Patrick sagen wollte. Einer davon war Housewright, 1956 bis 1969 wissenschaftlicher Leiter von

Fort Detrick. Wir haben uns bemüht, die unterschiedlichen Quellen im Text und in den Anmerkungen deutlich zu machen. Die Geschichte von Bill Patrick und dem amerikanischen Programm für biologische Kriegsführung wird im folgenden nicht an Hand von Interviews und privaten Papieren aufgezeichnet, sondern auf der Grundlage von Berichten, wissenschaftlichen Darstellungen und freigegebenen Dokumenten der US-Behörden. In manchen Fällen gehen diese Dokumente, auch einige Bundesbeamte in ihren Offenlegungen, weiter als Patrick.

1 Detrick Infections: 1945–1969,« Graphik, US-Armee, Fort Detrick, Maryland, undatiert.
2 Frederick R. Sidell u.a. (Hg.): *Medical Aspects of Chemical and Biological Warfare* (Washington, D.C.: U.S. Army Surgeon General, 1997), S. 440. Diese Quelle ist mit ihren 721 Seiten der beste bundesstaatliche Einzelnachweis über die Geschichte und Wissenschaft biologischer Kriegsführung.
3 Diese Zahl entstammt Vergleichen der US-amerikanischen und der möglichen irakischen biologischen Waffen kurz vor dem Ausbruch des Golfkriegs im Jahre 1991. »Iraq Biological Warfare Threat,« Armed Forces Medical Intelligence Center, 22. Oktober 1990. Gulflink.
4 Robert L. Mole und Dale M. Mole, *For God and Country: Operation Whitecoat, 1954–1973* (Brushton, N.W.: Teach Services, 1998), S. 35. Laut Patrick nahmen weniger als die Hälfte der 2200 Freiwilligen an diesem Experiment teil.
5 Samuel Saslaw u.a., »Tularemia Vaccine Study«, *Archives of Internal Medicine,* Mai 1961, S. 121–133.
6 Leonard A. Cole, *Clouds of Secrecy: The Army's Germ Warfare Tests over Populated Areas* (Totowa, N.J.: Rowman & Littlefield, 1988).
7 »Detrick Infections: 1945 – 1969«.
8 Norman M. Covert, *Cutting Edge: A History of Fort Detrick, Maryland* (Fort Detrick: U.S. Army, 1997), S. 41.
9 Erhard Geissler und John Ellis van Cortland Moon (Hg.), *Biological and Toxin Weapons: Research, Development and Use from the Middle Ages to 1945* (New York: Oxford University Press und Internationales Institut für Friedensforschung, Stockholm, 1999), S. 8 bis 34; Sidell u.a., *Medical Aspects,* S. 416f.
10 Sidell u.a., *Medical Aspects,* S. 32.
11 Cole, *Clouds of Secrecy,* S. 12.

12 Covert, *Cutting Edge,* S. 17; zur Sichtweise der Armee hinsichtlich der Entwicklung bakteriologischer Waffen vgl. Sidell u.a., *Medical Aspects,* S. 427f.

13 Richard M. Clendenin, »Science and Technology at Fort Detrick, 1943–1968« (Fort Detrick Technical Information Division, Frederick, Md., April 1968), S. 19; für einen Überblick über die Anfänge von Detrick vgl.: Sidell u.a., *Medical Aspects,* S. 42–44.

14 Covert, *Cutting Edge,* S. XL, XLI, 17–25, 37–40.

15 »Iraq Biological Warfare Threat«. Für einen Überblick über Clostridium botulinum verweisen wir auf Sidell u.a., *Medical Aspects,* S. 634 bis 645.

16 Sheldon H. Harris, *Factories of Death: Japanese Biological Warfare, 1932–1945, and the American Cover-up* (New York und London: Routledge, 1994); Ralph Blumenthal und Judith Miller, »Japan Rebuffs Requests for Information About Its Germ-Warfare Atrocities«, *New York Times,* 4. März 1999, S. A12.

17 Caryl P. Haskins u.a., »Report of the Secretary of Defense's Ad Hoc Committee on Biological Warfare«, 11. Juli 1949. Der Bericht entstand auf Anweisung von Verteidigungsminister James Forrestal, wurde aber nach dessen Tod im Mai 1949 an seinen Nachfolger Louis Johnson weitergeleitet.

18 Theodor Rosebury, *Peace or Pestilence* (New York: Whittlesey House, 1949).

19 Covert, *Cutting Edge,* S. 40, verweist auf die allgemein übliche Erklärung für alle neuen Beschäftigten.

20 Ed Regis, *The Biology of Doom: The History of America's Secret Germ Warfare Project* (New York: Holt, 1999), S. 132f.

21 Cole, *Clouds of Secrecy,* S. 52–54, 75–104. Zwei Kapitel dieses Buches sind Edward J. Nevin gewidmet, der seiner Infektion im Stanford Hospital erlag. Es stellt dar, dass der Richter im Prozeß von 1981 gegen die Regierung befangen war. Er stand auf der Seite der Staatsanwaltschaft und war voreingenommen gegen den Kläger, den Enkel des Verstorbenen. Der Richter wies die Aussage eines Experten zugunsten des Klägers ab. Unter den sachverständigen Zeugen für den Kläger war Matthew S. Meselson, ein Harvard-Biologe. Der Richter sprach die Regierung in der Sache frei, mit der Begründung, dass der Tod »weder mittelbar noch unmittelbar eine Folge« der Freisetzung von Bakterien gewesen sei.

22 Mark H. Beers und Robert Berkow (Hg.), *The Merck Manual of Diagnosis and Therapy,* 17. Auflage (Whitehouse Station, N.J.: Merck Forschungslabors, 1999), S. 1215f.

23 Charles Piller und Keith R. Yamamoto, *Gene Wars: Military Control over the New Genetic Technologies* (New York: William Morrow, Beech Tree Books, 1988), S. 100, 272. Siehe auch Sidell u.a., *Medical Aspects,* S. 429.

24 Matthew Meselson, »Averting the Hostile Exploitation of Biotechnology«, *CBW Conventions Bulletin,* Juni 2000, S. 16–19.

25 K.L. Calder u.a., »Preliminary Discussion of Methods for Calculating Munition Expenditures, with Special Reference to the St Jo Program«, (Camp Detrick, Frederick, Md., 11. August 1954), S. 74, 76.

26 Sidell u.a., *Medical Aspects,* S. 503–508.

27 Ebenda, S. 439.

28 Arnold J. Levine, *Viruses* (New York: Freeman, Scientific American Library, 1992), S. 209–211.

29 John Postgate, *Microbes and Man,* 4. Aufl. (New York: Cambridge University Press, 2000), S. 145.

30 Sidell u.a., *Medical Aspects,* S. 541f.

31 F. Fenner u.a., *Smallpox and Its Eradication* (Genf: Weltgesundheitsorganisation, WHO, 1988) S. 102, 165, 195.

32 Sidell u.a., *Medical Aspects,* S. 44.

33 Ein paralleles Verfahren zur Züchtung von Viren innerhalb des Programms für bakteriologische Kriegsführung der Sowjetunion beschreiben Ken Alibek und Stephen Handelman, *Biohazard: The Chilling True Story of the Larges Covert Biological Weapons Program in the World – Told from the Inside by the Man Who Ran It* (New York: Random House, 1999), S. 111f.; dt.: *Bioterror. Tod aus dem Labor* (München: Econ, 2001).

34 Ein 1999 veröffentlichter Artikel beschreibt verschiedene Experimente der Vereinigten Staaten zur Perfektionierung von Gelbfieber als Waffe: die Operationen Bellwether, Big Buzz, Magic Sword und Big Itch. Einige wurden von einem Subunternehmer, Lewis P. Gebhardt, damals Leiter des Instituts für Bakteriologie der University of Utah, und dem Chemical Corps durchgeführt. In zwei Feldversuchen, bekannt unter dem Namen Operation Bellwether, wurden 1959 zehn Männer »im gleichen Abstand von der Grenze eines Kreises aufgestellt« und dann »100 Überträgerinsekten« freigelassen. Die Studie

kam zu dem Ergebnis, dass die Windgeschwindigkeit die Angriffsfreudigkeit entscheidend beeinflusste. Die Studie ergab darüber hinaus eine »Angriffsfreudigkeit der Mücken draußen von etwa 40 Stichen pro 100 Mücken innerhalb der untersuchten Zeit«.

In Bellwether II stellten die Wissenschaftler in vierzehn Feldversuchen von August bis Ende Oktober 1960 fest, dass »die Angriffsfreudigkeit dann am niedrigsten war, wenn sich die Versuchspersonen in ständiger Bewegung befanden«, und dass »Personen in der Nähe von Gebäuden häufiger gestochen wurden als Personen im freien Gelände«.

Operation Big Itch brachte die Forscher zu dem Schluss, dass »sich Flöhe sehr gut transportieren, bis zu einem bestimmten Entwicklungsstadium züchten und in ein Zielgebiet verbringen lassen, wobei, wenn überhaupt, nur wenige starben«.

Operation Big Buzz wurde in Georgia mit einer Million Mücken durchgeführt. Dabei wurde festgestellt, dass es sich bei Gelbfieber »um die wahrscheinlichste biologische Antipersonenwaffe handelt, die von Ländern des Warschauer Paktes gegen die Vereinigten Staaten oder die europäischen NATO-Staaten eingesetzt werden könnte, weil sich Mücken zwei Wochen lang in E-14-Munition lagern und in einer Höhe von 90 Metern ausbringen ließen« und mit dem Wind und aus eigener Kraft 610 Meilen mit dem Wind vom Punkt ihrer Aussetzung zurücklegten.

Die Autoren des Artikels kommentierten die Information, die sie dank des amerikanischen Gesetzes zur Informationsfreiheit zusammentragen konnten, folgendermaßen: »Ein politisches System, das sich so sicher ist, derartige Information freizugeben, ist zu bewundern.«

Alastair Hay, »A Magic Sword or a Big Itch: An Historical Look at the United States Biological Weapons Programme«, *Medicine, Conflict and Survival,* 15 (1999), S. 215–234.

35 Westliche Counterproliferation-Experten erkennen heute eine Kernliste mit dreiundvierzig Viren, vier Rickettsien, neunzehn Bakterien und vierzehn Toxinen an. Vgl. Tom Mangold und Jeff Goldberg, *Plague Wars: The Terrifying Reality of Biological Warfare* (New York: St. Martin's Press, 1999), S. 379.

36 Mole and Mole, *For God and Country,* S. 17–41.

37 Laut Clendenin »Science and Technology«, S. 63, wurde 1955 ein Viren- und Rickettsien-Labor für 4 Millionen US-Dollar eingerichtet.

38 Regis, *The Biology of Doom,* S. 171; Clendenin, »Science and Technology«, S. 54f.
39 Sidell u.a., *Medical Aspects,* S. 528–530.
40 Beers and Berkow, *The Merck Manual,* S. 1233.
41 Sidell u.a., *Medical Aspects,* S. 526.
42 Regis, *The Biology of Doom,* S. 3–6, 172–175.
43 Videoband, Counterproliferation-Center der US-Luftwaffe, Air War College, »Biological Warfare Briefing by Bill Patrick, Microbiologist«, AUTV Video Production, Air University, Luftwaffenstützpunkt Maxwell, Alabama, F3569-99-0019, 23. Februar 1999. Unser Dank gilt der Person – es war nicht Bill Patrick –, die uns das Band zur Verfügung stellte, jedoch auf Wahrung ihrer Anonymität bestand.
44 Sidell u.a., *Medical Aspects,* S. 54.
45 Michael R. Beschloss, *Mayday: Eisenhower, Khrushchev and the U-2 Affair* (New York: Harper & Row, 1986), S. 121; die Federation of American Scientists in Washington, D.C., stellte eine beeindruckende Sammlung freigegebener amerikanischer Spionagefotos von sowjetischen Testgebieten für Biowaffen zusammen.
46 Valentine Bojtzov und Erhard Geissler, »Military Biology in the USSR, 1920–1945«, in: Erhard Geissler und John Ellis van Cortland Moon (Hg.), *Biological and Toxin Weapons: Research, Development and Use from the Middle Ages to 1945* (New York: Oxford University Press und Internationales Institut für Friedensforschung Stockholm SIPRI, 1999), S. 153–167; Alibek, *Biohazard,* S. 32–38, 111f.
47 Sidell u.a., *Medical Aspects,* S. 50f., 429.
48 Ebenda, S. 572f.
49 Memorandum, »Discussion at the 435th Meeting of the National Security Council, Thursday, February 18, 1960«, Ann-Whitman-Akte, Eisenhower Papers, 1953–1961, Dwight D. Eisenhower Library.
50 Stephen E. Ambrose, *Eisenhower: The President* (New York: Simon & Schuster, 1984), S. 554–563.
51 Regis, *The Biology of Doom,* S. 185f.
52 US Army, Dugway Proving Grounds, »Field Evaluation of the General Mills Liquid Agent Line Source Disseminator, E42«, Abschlussbericht, Juli 1963. DTIC, AD338223.
53 Sidell u.a., *Medical Aspects,* S. 59.
54 Ebenda, S. 60.
55 Regis, *The Biology of Doom,* S. 186, 198; William C. Patrick III, »A

History of Biological and Toxin Warfare,« in: Kathleen C. Bailey (Hg.), *Director's Series on Proliferation,* Bd. 4 (Livermore, Kalifornien: Lawrence Livermore National Laboratory, 23. Mai 1994), S. 17.

56 Memorandum, L. L. Lemnitzer, Chef des US-Generalstabs, an den US-Verteidigungsminister, »Subject: Justification for US Military Intervention in Cuba«, 13. März 1962. Dieses damals streng geheime Schreiben sowie ein dazugehöriger Bericht über Vorwandstrategien befinden sich im National Security Archive unter www.gwu.edu/%7/Ensarchiv/news/20010430/. Die These von den Vorwandoperationen wurde veröffentlicht in James Bamford, *Body of Secrets: Anatomy of the Ultra-Secret National Security Agency from the Cold War through the Dawn of a New Century* (New York: Doubleday, 2001), S. 82–91.

57 Anatoli I.Gribkov und William Y. Smith, *Operation Anadyr: U.S. and Soviet Generals Recount the Cuban Missile Crisis* (Chicago: Edition Q, 1994), S. 141f.; Dino A. Brugioni, *Eyeball to Eyeball* (New York: Random House, 1990), S. 256, 371, 409–411; Aleksandr Fursenko und Timothy Naftali, *One Hell of a Gamble* (New York: Norton, 1997), S. 212; Seymour M. Hersh, *The Dark Side of Camelot* (Boston: Little Brown, 1997), S. 341f.

58 Hersh, *The Dark Side*, S. 341, 355; Brugioni, *Eyeball to Eyeball,* S. 297, 411.

59 Videoband, United States Air Force Counterproliferation Center, Air War College, »Biological Warfare Briefing by Bill Patrick, Microbiologist«.

60 Sidell u.a., *Medical Aspects,* S. 626f.

61 Ebenda, S. 572f.

62 Ebenda, S. 524, 528–530.

63 Jahrzehntelang beschuldigte Kuba die Vereinigten Staaten des wiederholten Einsatzes biologischer Waffen, obwohl es zu keinem Zeitpunkt einen eindeutigen Beweis für diese Anschuldigung gab. Siehe Raymond A. Zilinskas, »Cuban Allegations of Biological Warfare by the United States: Assessing the Evidence«, *Critical Reviews in Microbiology*, 24, Nr. 3 (1999), S. 173–227.

64 US-Verteidigungsministerium, »United States and Allied Capabilities for Limited Military Operations to 1 July 1962«, undatiert.

65 Lawrence K. Altman, William J. Broad und Judith Miller, »Smallpox:

The Once and Future Scourge?« *New York Times*, 15. Juni 1999, S. F1; Fenner u.a., *Smallpox and Its Eradication*, S. 1363, stellt fest, dass es bereits 1967 einen Anstieg der Pockenopfer auf 15 Millionen pro Jahr gegeben hat.

66 U.S. Senate, »Unauthorized Storage of Toxic Agents«, *Hearings of the Select Committee to Study Governmental Operations with Respect to Intelligence Activities*, 94. Kongress, 1. Sitzung, Bd. 1, 16., 17. und 18. September 1975, S. 190; siehe auch Regis, *The Biology of Doom*, S. 214.

67 Oberstleutnant George W. Christopher, Oberstleutnant Theodore J. Cieslak, Major Julie A. Pavlin und Oberst Edward M. Eitzen jr., »Biological Warfare: A Historical Perspective«, *Journal of the American Medical Association*, 6. Aug. 1997, S. 414.

68 Regis, *The Biology of Doom*, S. 10, 219.

69 Thomas D. Brock u.a., *Biology of Microorganisms*, 7. Aufl. (Englewood Cliffs, N.J.: Prentice Hall, 1994), S. 185, 228f.

70 Sidell u.a., *Medical Aspects*, S. 542f.

71 Nicholas Hahon, »Screening Studies with Variola Virus« (Biological Warfare Laboratories, Fort Detrick, Oktober 1958), S. 69. DTIC, AD322280.

72 Postgate, *Microbes and Man*, S. 125f.

73 Robert S. Hutton u.a., »Selection of Process for Freeze-Drying, Particle Size Reduction, and Filling of Selected BW Agents« (Army Biological Labs, Frederick, Md., October 1952). DTIC, AD325415.

74 Hahon, »Screening Studies«, S. 15, 55.

75 Joshua Lederberg (Hg.), *Biological Weapons: Limiting the Threat* (Cambridge, Mass.: MIT Press, 1999), S. 56.

76 »Miscellaneous Publication 7« (U.S. Army Biological Laboratories, Fort Detrick, Juli 1965), S. 20, 32. Rechtzeitig verfügte man über die Möglichkeit, trockene Keime zu beschichten, um die Mikroben widerstandsfähiger gegenüber Sonnenlicht und anderen Umwelteinflüssen zu machen. Siehe J. H. Nash u.a., »Dissemination Properties of Encapsulated Particles« (Litton Systems, Inc., August 1967). DTIC, AD826013.

77 »Miscellaneous Publication 7,« S. 34. Der Scheinangriff machte schließlich Schlagzeilen. Siehe Ken Ringle, »Army Sprayed Bacteria on Unsuspecting Travelers«, *Washington Post*, 5. Dezember 1984, S. B1.

78 »Miscellaneous Publication 7«, S. 20.
79 Sidell u.a., *Medical Aspects,* S. 542–546.
80 Fenner u.a., *Smallpox and Its Eradication,* S. 338, 345f.
81 Ebenda, S. 338, 345f.
82 Susan Wright, »Evolution of Biological Warfare Policy: 1945–1990«, in: Susan Wright (Hg.), *Preventing a Biological Arms Race* (Cambridge, Mass.: MIT Press, 1990), S. 38f.
83 Seymour M. Hersh, *Chemical and Biological Warfare: America's Hidden Arsenal* (Garden City, N.Y.: Anchor, 1969), S. 265f.
84 Ebenda.
85 Matthew Meselson, »The United States and the Geneva Protocol of 1925«, private Unterlagen, Biological Laboratories, Harvard University, September 1969, 13 Seiten.
86 Eine Darstellung der zurückhaltenden Rolle des Pentagon bei der Umsetzung des Verbots durch Nixon findet sich bei Mangold und Goldberg, *Plague Wars*, S. 54–56.
87 Sekundärquellen zeigen starke Abweichungen im Hinblick auf die genaue Wortwahl Nixons in seiner Verzichtserklärung. Dieses Zitat ist den Original-Verlautbarungen des Weißen Hauses vom 25. November 1969 entnommen. Sie finden sich in: U.S. Senate, »Unauthorized Storage of Toxic Agents«, S. 200f.
88 Matthew Meselson, »What Policy for Toxins?«, private Unterlagen, Biological Laboratories, Harvard University, 22. Januar 1970, 8 S.
89 Wright, *Preventing a Biological Arms Race*, S. 40.
90 Siehe beispielsweise Matthew Meselson, Rezension von Jacquard Hirshon Rothschild: *Tomorrow's Weapons, Chemical and Biological,* in: *Bulletin of the Atomic Scientists,* Oktober 1964, S. 35f. Er stellt fest: »Mit der Lösung der technischen Probleme bei der Verbreitung biologischer Wirkstoffe stehen enorme zerstörerische Kräfte bei minimalen Kosten zur Verfügung, da bereits kleinste Mengen ausreichen würden, um große Gebiete anzugreifen. Dabei würde die Eingliederung derart billiger Massenvernichtungswaffen in die Waffenarsenale gar nicht so sehr die Großmächte stärken, sondern vielmehr Dutzende relativ kleiner Länder mit äußerst destruktiven Kräften ausstatten. Solche Waffen könnten sogar in die Hände von Dissidentengruppen oder Einzelpersonen gelangen. Deutlich wird, dass die Großmächte gut daran tun, den Krieg als kostspielige Angelegenheit beizubehalten.«

Kapitel 3: Enthüllungen

Dieses Kapitel stützt sich auf Gespräche mit Joshua Lederberg, Paul Berg, Douglas J. Feith, William Kucewicz, William C. Patrick III, John Weitz, Susan Wright, Richard Spertzel, Gary Crocker, Matthew S. Meselson, Douglas MacEachin, Bill Richardson, Oberst Harry G. Dangerfield, General Brent Scowcroft, Eilen R. Choffnes, General Philip K. Russel, Philip Brachman und einer Reihe aktiver sowie ehemaliger Wissenschaftler und Geheimdienstmitarbeiter von Fort Detrick, darunter Oberst David R. Franz, ehemaliger Leiter des United States Army Medical Research Institute of Infectious Diseases. Die im folgenden angegebenen Quellen liefern den Hintergrund zu den Kernaussagen dieses Kapitels.

1 Thomas F. Lee, *Gene Future: The Promise and Perils of the New Biology* (New York: Plenum Press, 1993), S. 16f.

2 B. Lee Ligon, »Joshua Lederberg: PhD; Nobel Laureate, Geneticist and President Emeritas of the Rockefeller University«, *Seminars in Pediatric Infectious Diseases,* Oktober 1998, S. 345–355. Lederberg Papers; siehe auch Harriet Zuckerman, *Scientific Elite: Nobel Laureates in the United States* (New York: Free Press, 1977), S. 166f.

3 Joshua Lederberg, »Genetic Recombination in Bacteria: A Discovery Account«, *Annual Review of Genetics,* 21 (1987), S. 23–46. Lederberg Papers.

4 Norman M. Covert, *Cutting Edge: A History of Fort Detrick, Maryland* (Fort Detrick: U.S. Army, 1997), S. 17–20.

5 William Lanouette und Bela Szilard, *Genius in the Shadows: A Biography of Leo Sziland, the Man Behind the Bomb* (New York: Charles Scribner's Sons, 1993), S. 317, 384, 390, 403, 457.

6 Susan Wright, *Molecular Politics: Developing American and British Regulatory Policy for Genetic Engineering, 1972–1982* (Chicago: University of Chicago Press, 1994), S. 71.

7 Joshua Lederberg, »Swift Biological Advance Can Be Bent to Genocide«, *Washington Post,* 17. August 1968, S. A14. Lederberg Papers. Sechs Jahre lang, von 1966 bis 1971, schrieb er eine wöchentliche Kolumne für die *Washington Post* unter dem Titel »Science and Man«.

8 Schreiben von Joshua Lederberg an Riley D. Housewright vom 11. März 1969. Lederberg Papers.

9 Wright, *Molecular Politics*, S. 119.

10 Clement J. Zablocki, Abgeordneter für Wisconsin, »Dr. Lederberg Speaks Out on Biological Warfare Hazards,« *Congressional Record*, 91. Kongress, 2. Sitzung, 11. September 1970, 112, Teil 23, S. 31395f. Ein Auszug aus der Rede findet sich in: Joshua Lederberg, *Biological Weapons: Limiting the Threat* (Cambridge, Mass.: MIT Press, 1999), S. 325–329.

11 »Text of the 1972 Biological Weapons Convention«, in: *Preventing a Biological Arms Race,* hrsg. von Susan Wright (Cambridge, Mass.: MIT Press, 1990), S. 371.

12 Stanley N. Cohen, »The Manipulation of Genes«, *Scientific American,* Juli 1975, S. 25–33; Bruce Wang, »Cohen: DNA Genius on the Farm«, *Stanford Daily,* 10. November 1999; James D. Watson u.a., *Recombinant DNA,* 2. Aufl. (New York: Freeman, Scientific American Books, 1998), S. 73f.

13 Nicholas Wade, *The Ultimate Experiment: Man-Made Evolution* (New York: Walker, 1977), S. 26f.; Cohen, »The Manipulation of Genes«, S. 31.

14 Wright, *Molecular Politics,* S. 151.

15 Wade, *The Ultimate Experiment,* S. 51.

16 Joshua Lederberg, »DNA Splicing: Will Fear Rob Us of Its Benefits«, *Prism,* American Medical Association, November 1975, S. 33–37. Lederberg Papers.

17 U.S.-Senate, »Alleged Assassination Plots Involving Foreign Leaders: An Interim Report of the Select Committee to Study Government Operations with Respect to Intelligence Activities«, 94. Kongress, 1. Sitzung, 20. November 1975.

18 Ed Regis, *The Biology of Doom: The History of America's Secret Germ Warfare Project* (New York: Holt, 1999), S. 182–185.

19 Ebenda, S. 193–196.

20 U.S. Senate, »Unauthorized Storage of Toxic Agents«, *Hearings of the Select Committee to Study Governmental Operations with Respect to Intelligence Activities,* 94. Kongress, 1. Sitzung, Bd. 1, 16, 17 und 18. September 1975, S. 214f.

21 Ebenda, S. 2.

22 U.S. Senate, »Examination of Serious Deficiencies in the Defense Department's Efforts to Protect the Human Subjects of Drug Research«, *Hearings Before the Subcommittee on Health and Scientific Research*

of the Committee on Human Resources, 95. Kongress, 1. Sitzung, 8. März und 23. Mai 1977, S. 248.

23 U.S. Senate, »Unauthorized Storage of Toxic Agents«, S. 6.

24 U.S. Senate, »Examination of Serious Deficiencies«, S. 243.

25 Ebenda, S. 246. Das Dokument trägt den Titel »Summary Report on CIA Investigation of MKNAOMI«, der Codename des CIA für die geheime Zusammenarbeit mit den Biologen von Fort Detrick. Wir fanden nur einen Experten, einen Deutschen, der die Geschichte von Schacht aufdeckte. Siehe hierzu Erhard Geissler, *Biologische Waffen – Nicht in Hitlers Arsenalen: Biologische und Toxin-Kampfmittel in Deutschland 1915–1945,* 2. Aufl. (Münster: LIT-Verlag, 1999), S. 336f. John Weitz, ein amerikanischer Schacht-Biograph, bezweifelt die Vergiftung. In seinem Buch *Hitlers Banker: Hjalmar Horace Greeley Schacht* (New York: Little, Brown, 1997) erwähnt er hierzu nichts. In einem Interview sagt Weitz, ein ehemaliger OSS-Offizier, der in Europa stationiert war, dass es sich bei der Aussage des CIA vor dem Kongress über die Vergiftung um eine Lüge gehandelt haben kann, mit der Absicht, das eigene Toxin-Programm zu rechtfertigen.

26 William L. Shirer, *The Rise and Fall of the Third Reich* (New York: Simon & Schuster, 1959), S. 145f., 189f.

27 U.S. Senate, »Examination of Serious Deficiencies«, S. 246. Obwohl das CIA-Dokument ganz klar feststellt, dass es sich bei dem Schacht angeblich verabreichten Toxin um ein Staphylokokkenenterotoxin handelte, ist es bemerkenswert zu lesen, dass selbst die besten Aufzeichnungen über die Waffenentwicklung in Fort Detrick während des Zweiten Weltkrieges keine Hinweise auf die Herstellung oder Verwendung dieses Giftes enthalten. Zum Beispiel John Ellis van Courtland Moon, »US Biological Warfare Planning and Preparedness: The Dilemmas of Policy«, in: *Biological and Toxin Weapons: Research Development and Use from the Middle Ages to 1945,* hrsg. von Erhard Geissler und John Ellis van Courtland Moon (New York: Oxford University Press und Internationales Institut für Friedensforschung Stockholm, 1999), S. 239–242, 244–247. Dennoch deutet der CIA in seinem Dokument, in dem er die Verantwortung für den Anschlag auf Schacht übernahm, an, dass Fort Detrick die Quelle für das Enterotoxin war. »Dieser Wirkstoff befand sich in dem für den CIA aufbewahrten Material« der Special Operations Division in Fort

Detrick, hieß es in dem Dokument bei der Beschreibung des Anschlags.

28 S. Shirer, *The Rise and Fall,* S. 411–413, 918, 1073f., 1143.

29 Arkady N. Shevchenko, *Breaking with Moscow* (New York: Knopf, 1985), S. 34, 172 – 174, 179, 202.

30 Jeanne Guillemin, *Anthrax: The Investigation of a Deadly Outbreak* (Berkeley: University of California Press, 1999), S. 7–9; Tom Mangold und Jeff Goldberg, *Plague Wars: The Terrifying Reality of Biological Warfare* (New York: St. Martin's Press, 1999), S. 71–74.

31 Mangold und Goldberg, *Plague Wars,* S. 75.

32 Leslie H. Gelb, »Keeping an Eye on Russia«, *New York Times Magazine*, 29. November 1981, S. 31; siehe auch Guillemin, *Anthrax*, S. 9.

33 Interview mit Matthew S. Meselson.

34 Schreiben an die Autoren, Matthew S. Meselson, 12. Juni 2001.

35 Julian Robinson, Jeanne Guillemin und Matthew Meselson, »Yellow Rain in Southeast Asia: The Story Collapses«, in: Wright, *Preventing a Biological Arms Race,* S. 220–238.

36 Bernard Gwertzman, »U.S. Says Data Show Toxin Use in Asia Conflict«, *New York Times,* 14. September 1981, S. A1; Barbara Crossette, »U.S. Presents an Analysis to Back its Charge of Toxin Weapons' Use«, *New York Times,* 15. September, 1981, S. A1.

37 Joan W. Nowicke und Matthew Meselson, »Yellow Rain – A Palynological Analysis«, *Nature,* 17. Mai 1984, S. 205f.; Thomas D. Seeley u.a., »Yellow Rain«, *Scientific American,* Sept. 1985, S. 128–137.

38 Gelb, »Keeping an Eye on Russia«, S. 31; Guillemin, *Anthrax,* S. 41 bis 42.

39 British Medical Association, *Biotechnology, Weapons and Humanity* (Amsterdam: Harwood Academic Publishers, 1999), S. 38, 130.

40 Ebenda, S. 49.

41 U.S. Arms Control and Disarmament Agency, *Biological Weapons Convention: Confidence Building Measures,* Anhang 6, »Declaration of Past Activities in Offensive and/or Defensive Biological Research and Development Programs«, April 1996, S. 23.

42 US-Verteidigungsministerium, *Soviet Military Power* (Washington, D.C., 1984), S. 73.

43 William Kucewicz, »Soviets Search for Eerie New Weapons«, *Wall Street Journal,* 23. April, 1984. Weitere Beiträge in der Reihe erschie-

nen am 25. April, 27. April, 1. Mai, 3. Mai, 8. Mai, 10. Mai, 18. Mai und am 28. Dezember 1984.

44 Walter Stoessel u.a., *Report of the Chemical Warfare Review Commission* (Washington, D.C.: U.S. Government Printing Office, Juni 1985), S. 69–71; Nachdruck des Kapitels über biologische Kriegsführung in Wright, *Preventing a Biological Arms Race,* S. 423–425.

45 Defense Intelligence Agency, »The Soviet Biological Warfare Threat«, 1986, DST-1610F-057-86.

46 Aussage von Douglas J. F Feith, Deputy Assistant Secretary of Defense, zuständig für Verhandlungsstrategie, Subcommittee on Oversight and Evaluation of the House Permanent Select Committee on Intelligence, 8. August 1986, Nachdruck in Wright, *Preventing a Biological Arms Race,* S. 425–432; siehe auch Charles Piller und Keith R. Yamamoto, *Gene Wars: Military Control over the New Genetic Technologies* (New York: William Morrow, Beech Tree Books, 1988), S. 16.

47 U.S. Senate, »Global Spread of Chemical and Biological Weapons«, *Hearings Before the Committee on Governmental Affairs and Its Permanent Subcommittee on Investigations,* 101. Kongress, 1. Sitzung, 17. Mai 1989, S. 184.

48 Seth Shulman, *Biohazard: How the Pentagon's Biological Warfare Research Program Defeats Its Own Goals* (Washington, D.C.: Center for Public Integrity, 1993), S. 33.

49 Ralph R. Isberg und Stanley Falkow, »A Single Genetic Locus Encoded by *Yersinia pseudotuberculosis* Permits Invasion of Cultured Animal Cells by *Escherichia coli*«, *Nature,* 19. September 1985, S. 262–264.

50 Piller und Yamamoto, *Gene Wars,* S. 134.

51 William Kucewicz, »When Arms Control Falls Short«, *Wall Street Journal,* 18. Mai 1984.

52 Piller und Yamamoto, *Gene Wars,* S. 133.

53 Department of the Army, U.S. Army Medical Research Acquisition Activity, Request for Proposals, 16. Mai 1985, DAMD 17-85-R-0078.

54 Die Anfänge der Einrichtung in Michigan werden in einer Zusammenfassung für Mitarbeiter des General Accounting Office vom 8. Oktober 1996 beschrieben. Ursprünglich war es das Michigan Department of Health Biologic Products Division. Die Behörden in Michigan erwogen den Verkauf an die private Wirtschaft, als Impfstoffe Mitte

der achtziger Jahre knapp wurden. Das geht aus dem Dokument hervor, das dem House Committee on Government Reform vorgelegt wurde.

55 U.S. Army Medical Material Development Activity, Memorandum for: Commander, U.S. Army Medical Research, Subject: Minutes of Source Selection Board for Request for Proposal, (RFP) DAMD17-88-R-0149, 8. September 1988, S. 1. Diese Mitteilung von Anna Johnson-Winegar bestätigt, dass »die Erfahrung« der Labors in Michigan »in der Herstellung gewissermaßen begrenzt war«.

56 U.S. Army Medical Research Acquisition Activity, Fort Detrick, Maryland, Vertrag mit dem Michigan Department of Public Health, 30. September 1988 bis 29. September 1993.

57 U.S. Army, »Minutes of Source Selection Board«, S. 4.

58 Defense Intelligence Agency, »Biological Warfare Production and Use«, 28. Juni 1988. Gulflink.

59 Rechnung: American Type Culture Collection for University of Baghdad, Charge Nr. 010072, Versand am 2. Mai 1986.

60 Rechnung: American Type Culture Collection for Iraqi Technical and Scientific Materials Import Division, Kunden Nr. 022913; Versand: 29. September 1988.

61 Department of Commerce, Bureau of Export Administration, »Removal of Unilateral National Security Controls; Additional Controls on Chemicals and Biological Agents and Precursors«, *Federal Register,* 54 FR 8281, 28. Februar 1989.

62 Laurie Garrett, *The Coming Plague: Newly Emerging Diseases in a World out of Balance* (New York: Penguin, 1995), S. 6.; dt.: *Die kommenden Plagen* (Frankfurt am Main: S. Fischer, 1996).

63 Piller and Yamamoto, *Gene Wars,* S. 116.

64 U.S. Senate, »Global Spread of Chemical and Biological Weapons«, S. 204f. Siehe auch Shulman, *Biohazard,* S. 25, 65.

65 General Accounting Office, »Biological Warfare: Better Controls in DOD's Research Could Prevent Unneeded Expenditures«, Dezember 1990, S. 2.

66 Seeley, »Yellow Rain«, S. 132f.

67 Matthew Meselson, Julian Robinson und Jeanne Guillemin, »Yellow Rain: The Story Collapses«, *Foreign Policy,* Herbst 1987, S. 100 bis 117.

68 R. Jeffrey Smith und Philip J. Hilts, »Soviets Deny Lab Caused An-

thrax Cases: Tainted Meat Blamed for 1979 Deaths«, *Washington Post,* 13. April 1988, S. A1.

69 Matthew S. Meselson, »The Biological Weapons Convention and the Sverdlovsk Anthrax Outbreak of 1979«, Federation of American Scientists, *FAS Public Interest Report,* September 1988, S. 4.

70 U.S. Senate, »Biological Weapons Proliferation and the New Genetics«, S. 210.

71 Mangold und Goldberg, *Plague Wars,* S. 83–85, 91–105; Ken Alibek with Stephen Handelman, *Biohazard: The Chilling True Story of the Largest Covert Biological Weapons Program in the World – Told from the Inside by the Man Who Ran It* (New York: Random House, 1999), S. 137–145; dt.: *Bioterror. Tod aus dem Labor* (München: Econ, 2001).

72 Defense Intelligence Agency, »The Nuclear Research Center«, 29. Juni 1990. Gulflink.

Kapitel 4: Saddam

Dieses Kapitel basiert auf Interviews mit Oberst Arthur M. Friedlander, Margaret L.M. Pitt, Hauptmann Larry Seaquist, Oberst Harry G. Dangerfield, General Robert Belihar, Peter Collis, General H. Norman Schwarzkopf, Oberst James D. Bales jr., Oberst George E. Lewis, Oberst Martin Crumrine, Admiral Edward Martin, General John Jumper, General Robert B. Johnston, General Colin Powell, General Brent Scowcroft, Anna Johnson-Winegar und einer Reihe weiterer Angehöriger der Bush-Administration.

1 Die Untersuchung wurde in Gesprächen von zwei ihrer Autoren, Arthur M. Friedlander und Louise Pitt, beschrieben. Sie wurde erstmals auf der Interscience Conference on Antimicrobial Agents and Chemotherapy in Chicago im September 1991 vorgestellt. Arthur M. Friedlander, Susan Welkos, Margaret L. M. Pitt u.a., »Postexposure Prophylaxis Against Experimental Inhalation Anthrax«, *Journal of Infectious Diseases,* 167 (1993), S. 1239–1242.

2 Ebenda, S. 124.

3 Michael R. Gordon und General Bernard E. Trainor, *The General's War* (Boston: Little, Brown, 1995), S. 45f.; Anthony H. Cordesman

und Abraham R. Wagner, *The Gulf War*, Bd. 4 von: *The Lessons of Modern War* (Boulder, Colorado: Westview Press, 1996), S. 43. Armeeangehörige berichteten den Autoren, dass die Übung keine biologische Kriegsführung beinhaltete.

4 Interview mit General Robert B. Johnston.

5 Navy Operational Intelligence Center 0604327, »Iraqi Offensive Biological Warfare Capabilities«, 6. August 1990. Gulflink.

6 Armed Forces Medical Intelligence Center, »AFMIC Special Weekly Wire 32-90 (C) (U)«, 8. August 1990. Gulflink.

7 Der AFMIC-Bericht liefert keine beweiskräftigen Einzelheiten. Der Einsatz biologischer Waffen gegen den Iran durch den Irak wurde nie bestätigt.

8 The Central Intelligence Agency, »Iraq's Biological Warfare Program: Saddam's Ace in the Hole«, 8. August 1990. Gulflink.

9 Dieses Treffen ist Gegenstand eines Berichtes des Department of the Army, Office of the Surgeon General für HQDA (DAMO-SWC), »Medical Biological Warfare (BW) Defense Plan, 18. März 1991«. Gulflink.

10 Joint Chiefs of Staff, Logistics Directorate (J4), »Biological Defense Chronology«, MPOD 3821, 12. Februar 1992. Die 33-seitige Chronologie gehört zu den ausführlichsten Aufzeichnungen über die biologische Verteidigung während des Golfkrieges. Die Mitglieder des Oberkommandos der Streitkräfte werden nach ihren Funktionen unterteilt. J4 ist zuständig für die Logistik einschließlich der Versorgung mit medizinischen Hilfsmitteln. Die Chronologie, die auf der Gulflink-Website des US-Verteidigungsministeriums veröffentlicht und verbreitet wurde, beschreibt zahlreiche wichtige Treffen zu diesem Thema. Soweit dies möglich war, haben wir die Aufzeichnungen mit anderen Quellen oder Unterlagen abgeglichen. Der Name des Verfassers dieses Dokuments ist nicht bekannt. Die erste Seite von »J4 BD Chronology, 12 Feb 92« wurde von Hand geschrieben. Das Dokument wird in den folgenden Quellenangaben als Joint Staff Chronology bezeichnet.

11 Central Command, »Memorandum for Chief, NBC Defense Division, CENTCOM, 25. August 1990, Subject: Meeting notes, 23 Aug 90«. Gulflink.

12 Den Stand bei der Herstellung von Impfstoffen beschreibt ein nicht unterzeichneter Beitrag zu den Aufzeichnungen mit dem Titel »Trip

Report – 27 Aug 90«. Das Dokument stammt aus den Akten der U.S. Army Medical Research Acquisition Activity.

13 Central Command, »Memorandum for Chief, NBC Defense Division, CENTCOM, 25 Aug. 90, Subject: Meeting notes, 23 Aug. 90«.

14 Ein Protokoll über das Treffen des Ausschusses findet sich in: »After Action Report: Inaugural Meeting of Biological Warfare Ad Hoc Working Group, 1100–1600, 20 August 1990«. Gulflink.

15 Daily Staff Journal, ARCENT, »Dead Livestock in Eastern Sector of AOR 29, Aug 90«. 29.–30. August. Gulflink.

16 Joint Staff Chronology, S. 2.

17 Oberstleutnant Sharon Falkenheimer, US-Luftwaffe, »Background Paper on Medical Defense Against Chemical and Biological Warfare in Support of Operation Desert Shield«, 24. September 1990. In ihrem Beitrag fasst sie die widersprüchlichen Einwände hoher Offiziere zusammen. Sie beginnt mit der Bemerkung, dass der Irak »wahrscheinlich waffentaugliches Anthrax und Botulismussporen hat«, und führt weiter aus, dass die Stabschefs am 21. September 1990 beschlossen haben, die Impfung auszusetzen, »bis die Bestände ausreichten, um sie mit den Alliierten zu teilen bzw. bis sich die Bedrohungslage verändert.« Die Stabschefs begründeten ihre Entscheidung mit dem, was sie als »geringe Bedrohung (kein Nachweis für eine Bewaffnung) und unzureichende Dosis« betrachteten. Gulflink.

18 Interview mit Powell; Joint Staff Chronology, S. 4.

19 Interview mit General John Jumper.

20 Albert J. Mauroni, *America's Struggle with Chemical-Biological Warfare* (Westport, Conn.: Praeger, 2000) zeichnet die Geschichte der Bio-Detektoren in den sechziger Jahren nach, S. 99–101.

21 Albert J. Mauroni, *Chemical-Biological Defense* (Westport, Conn.: Praeger, 1998) beschreibt die Versuche, einen Detektorprototypen zu entwickeln, und den Flugzeugabsturz, durch den das Programm sein Ende fand, S. 34f., 51.

22 Interview mit Collis.

23 Interview mit Anna Johnson-Winegar.

24 »Memorandum for the Record, 18 Oct. 1990, Third Tri-Service Task Force (Project Badger)«. Gulflink.

25 »Memorandum for Record, Third Tri-Service Task Force, Oct. 10, 1990«. Gulflink. Das Treffen war auch Thema eines Gesprächs mit Oberst Harry G. Dangerfield.

26 Libby schied nach der Niederlage von US-Präsident Bush aus dem Amt und war als Rechtsanwalt tätig. 2001 trat er als Leiter des Mitarbeiterstabes von US-Vizepräsident Dick Cheney wieder in die Regierung ein.

27 Interview mit Hauptmann Larry Seaquist.

28 Zehn Jahre später kehrte Rice als Sicherheitsberaterin für Präsident George W. Bush in das Weiße Haus zurück.

29 Vuonos Ärger über die unzureichende Verteidigung gegen Biowaffen ist dokumentiert in: US Army »Memorandum for Record, Army Surgeon General«, 23. November 1990. Gulflink.

30 General H. Norman Schwarzkopf erläuterte seine Gedanken über die mangelnde Verteidigung in einem ausführlichen Interview, in dem er aus Tagesprotokollen über Treffen und Telefongespräche vorlas, die während des Krieges für ihn angefertigt wurden.

31 Armed Force Medical Intelligence Center, »Iraq Biological Warfare Threat«, 22. Oktober 1991. Gulflink.

32 Defense Intelligence Agency, »Chemical and Biological Warfare in the Kuwait Theater of Operations; Iraq's Capability and Posturing«, undatiert. Gulflink.

33 Ebenda, S. 7.

34 Central Intelligence Agency, »Iraq as a Military Adversary«, November 1990. Gulflink.

35 Iraq Interagency Biological Warfare Working Group, Fusion Committee, »Estimate of Casualties Resulting from Coalition Air Strikes on Iraqi BW Related Facilities«, 9. Januar 1991. Gulflink.

36 General Horner sprach über seine Erfahrungen mit einem Luftwaffenhistoriker. Siehe hierzu: U.S. Air Force, »Oral History, Interview of Lt. Gen. Charles A. Horner, by: Perry Jamison, Rich Davis and Barry Barlow«. 4. März 1992. Gulflink.

37 »Estimate of Casualties Resulting from Coalition Air Strikes«; Interview mit William Patrick.

38 General Jumpers Telegramm wurde von General Schwarzkopf, dessen medizinischem Assistenten Oberst James David Bales jr. und Oberst George E. Lewis, einem Experten für biologische Waffen, beschrieben, der für General Jumper arbeitete und bei der Formulierung der Nachricht behilflich war. Der Vorschlag war im Krieg nicht sehr bekannt und widersprach dem Vorschlag des Army Surgeon General, der lautete: »Impfen, impfen, impfen« (so beschrieb es ein Offizier im Gespräch).

39 Interview mit Oberst Bales.
40 Joint Staff Chronology, S. 17. Schwarzkopf beschrieb den Inhalt seines Telegramms in einem Interview.
41 Schwarzkopf nannte das Datum des Treffens unter Bezug auf sein Tagebuch der Golfkriegsereignisse.
42 Um die Wirkung der Anthraxgaben zu verstärken, beschlossen die Briten, ihren Soldaten einen Impfstoff für Kinder gegen Keuchhusten zu verabreichen. Einem Dokument aus dem Jahre 1989 ist zu entnehmen, dass dies den Körper auf eine raschere Immunisierung vorbereitet. Britische Experten beschlossen, ihren Truppen eine Kombination zu verabreichen, obwohl diese an Menschen nie zuvor getestet worden war. Ende Dezember teilte das britische Gesundheitsministerium den Militärdienststellen mit, dass erste Tests an Tieren »zu einer starken Verschlechterung des Allgemeinzustandes und zu Gewichtsverlust« führten. Das Fax mit dieser Nachricht kam abhanden, und die britischen Behörden führten das Impfprogramm durch. Nachfolgende Forschungen erbrachten keinen Nachweis, dass der Impfstoff gegen Keuchhusten den britischen Soldaten schadete. Großbritannien veröffentlichte einige der Unterlagen zu diesem Vorfall. Diese finden sich in: British Ministry of Defense, »Background to the Use of Medical Countermeasures to Protect British Forces during the Gulf War (Operation Granby)«, 28. Oktober 1997. Siehe auch British Ministry of Defense, »Implementation of Immunisation Programme against Biological Warfare Agents for UK Forces During the Gulf Conflict 1990/91«, Januar 2000.
43 Interviews mit Schwarzkopf und Bales.
44 General H. Norman Schwarzkopf, *The Autobiography: It Doesn't Take a Hero*, zusammen mit Peter Petre (New York: Bantam Books, 1992), S. 389f.
45 Die Bemühungen Schwarzkopfs, die begrenzten Impfstoffbestände angemessen zu verteilen, beschrieben Belihar, Bales und Schwarzkopf in Gesprächen. Belihar legte seine Überlegungen auch in einer Rede am 12. Januar 1996 vor dem Presidential Advisory Committee über die Erkrankungen von Veteranen des Golfkrieges dar, das eine öffentliche Anhörung im Westin Crown Center Hotel in Kansas City, Missouri, abhielt. S. 95f.
46 Interview mit Bales.
47 Bales und Belihar beschrieben das Dilemma in Interviews. Belihar

nennt die Bestandsmengen an Impfstoff in einer Mitteilung vom 15. Januar 1991 an den Deputy Commander in Chief zum Thema »Befreundete Mächte und Anthrax«. Demnach planten die Vereinigten Staaten die Lagerung ausreichender Reserven zur Impfung von 20 000 Soldaten. Belihar empfahl, die Hälfte der Bestände den »befreundeten Mächten« für den Fall eines mutmaßlichen oder nachgewiesenen Anthraxanschlags zur Verfügung zu stellen.

48 Die Diskussionen in der Luftwaffe über die Verteidigung gegen Biowaffen sind in einem Dokument der Luftwaffe vom 11. Dezember 1990 belegt. »Background Paper on Biological Warfare (BW) Inoculation Priority«. Gulflink.

49 Army Surgeon General, »Iraq's Biological Capabilities, Update Assessment 11 December, 1990«. Gulflink.

50 Joint Staff Chronology, S. 21.

51 Interview mit Brent Scowcroft.

52 Aussage Belihar, S. 98; Interview mit Belihar.

53 Schreiben von Enrique Mendez, Assistant Secretary of Defense for Health Affairs, an Ronald Kessler, Commissioner of Food and Drugs, 28. Dezember 1990, und Kesslers zustimmende Antwort vom 31. Dezember 1990.

54 Dargelegt von Schwarzkopf in einem Interview und aufgezeichnet in seinem privaten Tagebuch.

55 Interview mit General Robert Johnston; Email-Interview mit General James M. Myatt.

56 Diese Szene beschreibt Bales in seiner Aussage vom 12. Januar 1996 vor dem Presidential Advisory Committee über die Erkrankungen von Veteranen des Golfkrieges in Kansas City, Missouri, S. 124.

57 CENTCOM, »Personal for LTG Reimer from LTG Waller, 19 January 1991«, Mitteilung von General Waller an General Reimer. Gulflink.

58 Mauroni, *Chemical-Biological Defense,* S. 71f.

59 Interview mit Scowcroft.

60 Gordon und Trainor, *The General's War*, S. 197.

61 Colin L. Powell mit Joseph E. Persico, *My American Journey* (New York: Random House, 1995), S. 503–505; dt. *Mein Weg* (München: Piper, 1997).

62 Quayles Anmerkungen und ihre Bedeutung sind wiedergegeben in William M. Arkin, »Calculated Ambiguity: Nuclear Weapons and the

Gulf War«, 22. September 1996, *Washington Quarterly*, S. 3. Arkins Artikel basiert auf freigegebenen Dokumenten und Interviews und bleibt die maßgebliche Betrachtung dieses Themas.

63 »Q & A's, Respond to Task 3864, 31. Januar 1625 Hrs, Response to Question 3A«. Gulflink. UN-Inspektoren fanden keine Beweise für die Herstellung von biologischen Waffen in der »Babymilch«-Fabrik. Amerikanische Stellen bestehen weiter darauf, dass es sich um eine Anlage handelte, die für diese Zwecke mühelos hätte umgerüstet werden können.

64 Mitteilung an den Army Surgeon General vom 18. Januar 1991 von Ronald Williams, Kommandeur des U.S. Army Medical Research and Development Command, Fort Detrick. Gulflink.

65 Defense Intelligence Agency, Beurteilung vom 23. Januar 1991. Gulflink.

66 Interview mit Bales.

Kapitel 5: Geheimnisse und Lügen

Die Informationen dieses Kapitels gründen sich auf Interviews mit Richard Spertzel, Rolf Ekeus, Theodore Prociv, Joshua Lederberg, Anthony Lake, Matthew S. Meselson, William C. Patrick III, William J. Clinton, Admiral Edward Martin, Oberst David R. Franz, Robert Gates, Douglas MacEachin, General Philip K. Russell und anderen Beamten der UNSCOM, der Clinton-Administration und der National Academy of Sciences.

1 Einschätzung der Defense Intelligence Agency, BDA-81-91, 22. März 1991, Gulflink.

2 Die Armee bestand zunächst darauf, dass die Patriot-Raketen mehr als 80 Prozent der Ziele über Saudi-Arabien und 50 Prozent über Israel getroffen hätten. Anlässlich eines Frühstücks mit Journalisten am 12. Januar 2001 sagte Cohen, die Patriot »habe« während des Krieges »nicht funktioniert«. »Es gibt keinen Nachweis für eine Zerstörung durch Scud-Raketen« auf Videobändern während der Kämpfe. Cohens Aussagen zitiert John Aloysius Farrell, »The Patriot Gulf Missile ›Didn't Work‹. Defense Secretary Speaks Out«, *Boston Globe,* 13. Januar 2001, S. 1.

3 Die Frage, warum der irakische Präsident keinen Gebrauch von seinen biologischen Waffen machte, bleibt unbeantwortet. Rolf Ekeus, der Leiter von UNSCOM, berichtete 1996 dem Permanent Investigations Subcommittee des Senats von einem Gespräch mit dem irakischen Außenminister Tariq Aziz. Der irakische Diplomat sagte, dass die Andeutungen von US-Außenminister James Baker in Genf als die Androhung nuklearer Vernichtung verstanden wurden und »entscheidend« waren. »Das ist die Version, die Aziz verbreitet«, sagte Ekeus. »Diese Geschichte erzählen sie gerne jedem, der mit ihnen spricht. Man sollte darum vorsichtig sein.« Ekeus' Aussage ist nachzulesen in: US Senate, *Hearing Before the Permanent Subcommittee of Investigations of the Committee on Governmental Affairs,* 104. Kongress, 2. Sitzung, Teil 2, »Global Proliferation of Weapons of Mass Destruction«, 13., 20. und 22. März 1996, S. 92.

4 Tom Mangold und Jeff Goldberg, *Plague Wars: The Terrifying Reality of Biological Warfare* (New York: St. Martin's Press, 1999), S. 138–149.

5 Die Bemühungen des Irak zur Geheimhaltung werden beschrieben in einem an die Vereinten Nationen gerichteten Schreiben vom 27. Januar 1999 der »Permanent Representatives of The Netherlands and Slovenia to the United Nations Addressed to the President of the Security Council«. 29. Januar 1999, S 1999/94. Die Rolle von Tariq Aziz wird beschieben von Scott Ritter, *Endgame: Solving the Iraq Problem – Once and for All* (New York: Simon & Schuster, 1999), S. 105, und von anderen Inspekteuren der UNSCOM.

6 Peter James Spielmann, »Iraq Denies Biological Warfare Capability – US Objects«, Associated Press, 19. April 1991. In dem neunseitigen Dokument heißt es: »Der Irak besitzt keine biologischen Waffen oder ähnliche Objekte.«

7 Tim Trevan, *Saddam's Secrets: The Hunt for Iraq's Hidden Weapons* (London: HarperCollins, 1999), S. 28f.

8 Der ehemalige Inspekteur Ekeus äußerte diese Einschätzung zu Al Hakam in einem Interview.

9 Eine Zusammenfassung des Geheimdienstberichtes der CIA-Führung, »BW Missile Programs«, von 1991 nennt keine Quelle. Die Zusammenfassung stammt von »Anfang Mai 1991«. Gulflink. Der Bericht galt in der CIA-Studie »Intelligence Related to Possible Sources of

Biological Agent Exposure During the Persian Gulf War« als »zuverlässige Quelle«, August 2000, S. 4.

10 Central Intelligence Agency, »Status of BW«, August 1991. Gulflink.

11 Eine Bewertung des CIA vom September 1991 darüber, wie viele irakische Einrichtungen den Krieg überstanden hatten, findet sich in »Intelligence Related to Possible Sources«, S. 9.

12 Ebenda, S. 9.

13 Interviews mit UNSCOM-Inspekteuren.

14 Trevan, *Saddam's Secrets,* S. 117f.

15 Information eines UNSCOM-Inspekteurs.

16 Die Erfahrungen der UNSCOM 20 finden sich in: »Intelligence Related to Possible Sources«, S. 4; Abbildung der Bombe, S. 5.

17 In einem Schreiben des Leiters der UNSCOM vom 25. Januar 1999 wird das Codierungssystem des Irak dargestellt.

18 Die Ergebnisse des Projekts Badger wurden von Mitgliedern der Gruppe beschrieben.

19 US Army, »Biological Defense Concept«, 27. Februar 1991, S. 11. Gulflink. Die Pläne der Armee, Impfungen in Friedenszeiten durchzuführen, werden in den beigefügten Unterlagen dargelegt. Die Beamten, die die Mitteilung für den Secretary of the Army verfassten, forderten in einem separaten Dokument Impfungen in Friedenszeiten. Siehe US Army, »Medical Biological Warfare – BW-Defense Plan«, 18. März 1999, S. 2. Armeeangehörige empfohlen die Immunisierung »erster Einsatzkräfte gegen bestimmte BW-Wirkstoffe schon in Friedenszeiten zur Optimierung der Bereitschaft und Einsatzlage«.

20 US-Armee, Konzept zur Verteidigung gegen biologische Waffen, 8. April 1991. Gulflink.

21 Medical Biological Warfare Defense Plan, 8. April 1991. Gulflink.

22 Joint Staff Chronology, S. 37.

23 Ebenda, S. 32.

24 Ebenda, S. 31f.

25 Ebenda.

26 Mangold und Goldberg, *Plague Wars,* S. 159f.; Interviews mit ehemaligen Mitgliedern der Bush-Administration.

27 Interview mit ehemaligen Mitgliedern der Bush-Administration; Mangold und Goldberg, *Plague Wars,* S. 165.

28 R. Jeffrey Smith, »Yeltsin Blames '79 Anthrax on Germ Warfare Efforts«, *Washington Post,* 16. Juni 1992, S. A1.

29 Jeanne Guillemin, *Anthrax: The Investigation of a Deadly Outbreak* (Berkeley: University of California Press, 1999), S. 52–54.

30 Ebenda, S. 179–182.

31 Bill Gertz, »Defecting Russian Scientist Revealed Biological Arms Efforts«, *Washington Times,* 4. Juli 1992, S. A4; R. Jeffrey Smith, »Russia Fails to Detail Germ Arms; U.S. and Britain Fear Program Continues in Violation of Treaty«, *Washington Post,* 31. August 1992, S. A1.

32 Mangold und Goldberg, *Plague Wars,* S. 174–176.

33 Ken Alibek mit Stephen Handelman, *Biohazard: The Chilling True Story of the Largest Covert Biological Weapons Program in the World – Told from Inside by the Man Who Ran It* (New York: Random House, 1999), S. 262; dt. *Bioterror. Tod aus dem Labor* (München: Econ, 2001).

34 US-Präsident Clinton beschrieb die Bedeutung des Anschlags auf das World Trade Center für seine Einstellung zum Bioterrorismus in einem Interview mit Judith Miller und William J. Broad am 21. Januar 1999. Auf die Frage, für wie groß er die Gefahr eines Anschlags mit Biowaffen halte, sagte er: »Sie haben mich gefragt, was mich nachts nicht schlafen lässt, und das ist es, was mich beunruhigt ... dieses Thema Biowaffen.«

35 Das Szenario für Civex '93 beschrieben Frank E. Young und William Clark in Gesprächen.

36 Interview mit dem ehemaligen Berater von Aspin.

37 Die Pläne der Armee wurden in einer ausführlichen Mitteilung erläutert, die von der Gruppe des Army Surgeon General erstellt wurde: »Biological Defence Vaccine Production Facility«, 7. Januar 1993. Gulflink.

38 Der Streit wurde von einigen ehemaligen Regierungsangehörigen beschrieben, darunter von General Philip K. Russell, Kommandant des medizinischen Forschungszentrums der US-Armee von 1986 bis 1990.

39 U.S.-Russian Collaborative Program for Research and Monitoring of Pathogens of Global Importance Committee, *Controlling Dangerous Pathogens: A Blueprint for U.S.-Russian Cooperation,* Bericht an das Cooperative Threat Reduction Program of the US Department of Defense (Washington, D.C.; National Academy Press, 1997). Das Vorwort des Berichtes gibt Einblick in die Entstehung des Programms. Es

informiert auch über erste laufende Forschungen und verweist auf die gemeinsame Forschung mit Vector. Die an diesem Projekt beteiligten US-Forscher waren Peter B. Jarhling vom Armee-Labor in Fort Detrick, Bernard Moss von den National Institutes of Health und Joseph Esposito von den Centers for Disease Control and Prevention.

40 Defense Science Board, Summer Study, 1993. Das Dokument ist der Öffentlichkeit nicht zugänglich. Der Ausschnitt ist zitiert in Richard Danzig, »Biological Warfare: A Nation at Risk – a Time to Act«, National Defense University Strategic Forum, Institute for National Strategic Studies, Nr. 58, Januar 1996.

41 Department of Defense, »DODD 6205.3 DoD Immunization Program for Biological Warfare Defense«, 26. November 1993.

42 U.S. Army, FY 95 PDB Executive Summary, »Vaccine Production Facility«, 14. Dezember 1993. Laut diesem Dokument, einer Zusammenfassung der Etatpläne für die Haushaltsjahre 1995 bis 1997, wurden 135 Millionen US-Dollar für den Bau einer Produktionsanlage für Impfstoffe »bis zum Abschluss einer Studie zur Prüfung der Möglichkeiten zur Beschaffung erforderlicher Impfstoffe« aus dem Finanzplan gestrichen. Die Debatte über diese Frage beschreiben ehemalige Pentagonmitarbeiter.

43 Deutch begann im Pentagon als Unterstaatssekretär für Beschaffung, wurde 1994 Deputy Defense Secretary und 1995 Leiter der Nachrichtendienste.

44 Schreiben von Josh Lederberg an Sicherheitsberater Anthony Lake, 11. Juni 1994.

45 Matthew Meselson u.a., »The Sverdlovsk Anthrax Outbreak of 1979«, *Science* (18. November 1994), S. 1202–1208. David Walker, der Pathologe der Gruppe, der an der University of Texas arbeitete und bereits früh öffentlich sagte, dass alles für eine Inhalation von Anthrax spreche, gehörte nicht zu den sieben Verfassern des Papiers.

46 Schreiben von Matthew Meselson an die Autoren vom 12. Juni 2001.

47 Guillemin, *Anthrax*, S. 188–191.

48 Ebenda, S. 190f.

49 Ebenda, S. 192f., 242.

50 Alibek, *Biohazard,* S. 70–86.

51 Die ersten Kontakte zum israelischen Geheimdienst wurden von Tim Trevan geknüpft, einem leitenden Inspekteur der UNSCOM-Mission, der das Treffen in *Saddam's Secrets* beschreibt, S. 267–269, 287f.

52 The Armed Forces Medical Intelligence Center, »Iraq Biological Warfare Threat, Oct. 22, 1990«. Gulflink.

53 Defense Intelligence Agency, »Respond to Task 3864, Pass to the ITF OPS Officer, 31 Jan. 91, 1625 Hrs«; U.S. Navy, »Iraqi Chemical and Biological Warfare Capabilities, 19 November, 1990« beschreibt die Beschaffung mikrobenhaltigen Materials. Gulflink.

54 John Murphy, »The Deadly Tools of ›Dr. Death‹«, *Baltimore Sun,* 26. Mai 2000, S. 2A; Suzanne Daley, »In Support of Apartheid: Poison Whisky and Sterilization«, *New York Times,* 11. Juni 1998, S. A3.

55 James Adams, »Gadaffi lures South Africa's Top Germ Warfare Scientists«, *Sunday Times,* London, 26. Februar 1995. Siehe auch James Adams, »The Dangerous New World of Chemical and Biological Weapons«, in: *Terrorism with Chemical and Biological Weapons,* hrsg. von Brad Roberts (Alexandria, Virginia: The Chemical and Biological Arms Control Institute, 1997), S. 24–26.

56 William Finnegan, »The Poison Keeper«, *New Yorker,* 15. Januar 2001, S. 73.

Kapitel 6: Die Sekte

Dieses Kapitel basiert auf Gesprächen mit Richard A. Clarke, General Charles Krulak, Richard J. Danzig, John Sopko, Kyle B. Olson, Frank E. Young, Joshua Lederberg, Pamela Berkowsky, Admiral William Owens, Stephen C. Joseph und einer Reihe von Mitgliedern der Clinton-Administration. Die zitierte Literatur ist jeweils angegeben.

1 Über dieses Treffen wurde von den Teilnehmern berichtet.

2 Die Unterlagen, in denen Aum als neues New Yorker Unternehmen beschrieben und als gemeinnützig dargestellt wird, sind wiedergegeben in: U.S. Senate, *Hearings Before the Permanent Subcommittee of Investigations of the Committee on Governmental Affairs,* 104. Kongress, 1. Sitzung, »Global Proliferation of Weapons of Mass Destruction«, Teil I, 31. Oktober und 1. November 1995, S. 547 bis 554.

3 Den Umgang mit Aum durch die US-Regierung stellen erstmals dar: Jim McGee und Brian Duffy, *Main Justice* (New York: Simon &

Schuster, 1996), S. 353–358. Einige ehemalige Regierungsbeamte bestätigten das und berichteten ausführlich über dieses Thema.

4 Die beste Darstellung der Geschichte der Aum-Sekte findet sich in David E. Kaplan und Andrew Marshall, *The Cult at the End of the World* (New York: Crown, 1996). Einige Autoren unterstreichen das Scheitern von Aum bei der Herstellung funktionsfähiger biologischer Waffen: Sheryl WuDunn, Judith Miller und William J. Broad, »Sowing Death: A Special Report; How Japan Germ Terror Alerted World« *New York Times,* 26. Mai 1998, S. A1; Milton Leitenberg, »The Experience of the Japanese Aum Shinrikyo Group and Biological Agents«, in: *Hype or Reality? The »New Terrorism« and Mass Casualty Attacks,* hrsg. von Brad Roberts (Alexandria, Va.; Free Hand Press, 2000), S. 159–170.

5 U.S. Senate, *Hearings Before the Permanent Subcommittee of Investigations of the Committee on Governmental Affairs,* 104. Kongress, 2. Sitzung, »Global Proliferation of Weapons of Mass Destruction«, Teil 3, 27. März 1996, Aussage von Bill Richardson, S. 81.

6 Präsident Clinton nahm am 22. April hierzu Stellung: »Es gab kürzlich einen Vorfall, über den ich sehr gut informiert bin und der den raschen und geheimen Einsatz größerer Einheiten des FBI« und von Rettungskräften »erforderlich machte«. »Wir suchten den Ort auf«, sagte er, »und wir waren bereit zu reagieren. So waren wir von Anfang an auf dem laufenden.« Stephen Labaton, »Threat to Disneyland, Mentioned by Clinton, Is Termed a Hoax«, *New York Times,* 23. April 1995, S. A36.

7 Sopkos Enthüllungen über Aum sind zusammengefasst in: U.S. Senate, *Hearings Before the Permanent Subcommittee of Investigations of the Committee on Governmental Affairs,* 104. Kongress, 1. Sitzung, »Global Proliferation of Weapons of Mass Destruction«, Teil 1, interne Studie, S. 47–102.

8 Kaplan und Marshall, *The Cult at the End of the World,* S. 95f.

9 Olsons Bericht ist wiedergegeben in: U.S. Senate, »Global Proliferation«, Teil I, S. 603–607.

10 Eine Zusammenfassung des größten Teils des hinter verschlossenen Türen tagenden Seminars wurde als Broschüre gedruckt und an eine begrenzte Zahl von Regierungsbeamten verteilt. *Proceedings of the Seminar on Responding to the Consequences of Chemical and Biological Terrorism,* 11.–14. Juli 1995, finanziert vom U.S. Public Health

Service, Office of Emergency Preparedness, durchgeführt in der Uniformed Services University of Health Sciences, 4301 Jones Bridge Road, Bethesda, Md., USA, Abschnitt 1, S. 1–7.

11 Ebenda, Abschnitt 1, S. 62–64.

12 Ebenda, Abschnitt 3, S. 68.

Kapitel 7: Das Reich des Bösen

Dieses Kapitel basiert auf Gesprächen, die Judith Miller zwischen 1998 und Mitte 2001 in Washington, D.C., und auf ihren zahlreichen Reisen in die ehemalige Sowjetunion – Kasachstan, Russland, Usbekistan, Tadschikistan – geführt hat. Gesprächspartner waren u.a.: Andy Weber, Ken Alibek, Anne M. Harrington, Gennadi L. Lepjoschkin, Lew S. Sandachtschiew, Igor W. Domaradskij, Valeri M. Lipkin, Jewgeni Severin, Peter und Marika Sweschnikow, Wladimir P. Sawjalow, Randall Beatty, David Kelly, Frank Miller, William Potter, Jonathan B. Tucker, Oberst David R. Franz, der ehemalige Senator Sam Nunn und Senator Richard Lugar.

1 Besuche im Oktober 1998 und im Mai 2001; Ken Alibek und Stephen Handelman, *Biohazard: The Chilling True Story of the Largest Covert Biological Weapons Program in the World – Told from the Inside by the Man Who Ran It* (New York: Random House, 1999), S. 88 bis 106, dt. *Bioterror. Tod aus dem Labor* (München: Econ, 2001). Gulbarshyn Bosheyeva, Yerlan Kunakbayev, Dastan Yeleukenov, »Former Soviet Biological Weapons Facilities in Kazakhstan: Past, Present, and Future«, Center for Nonproliferation Studies, Monterey Institute of International Studies, Juni 1999, S. 8–15; Tom Mangold und Jeff Goldberg, *Plague Wars: A True Story of Biological Warfare* (London: Macmillan, 1999) S. 186–189.

2 Laut Alibek war Biopreparat auch bekannt unter dem Namen »das System«, *Biohazard,* S. 191; Mangold und Goldberg, *Plague Wars,* S. 65; Anthony Rimmington, »From Military to Industrial Complex? The Conversion of Biological Weapons' Facilities in the Russian Federation«, *Contemporary Security Policy,* 17 (April 1996), S. 87.

3 Alibek, *Biohazard,* S. 22; Mangold und Goldberg, *Plague Wars,* S. 92, 95, 99f.; Rimmington, »From Military«, S. 80–112; M. Leitenberg, »The Conversion of Biological Warfare Research and Development

Facilities to Peaceful Uses«, in: *Control of Dual-Threat Agents: The Vaccines for Peace Programme,* hrsg. von Erhard Geissler und John P. Woodall, Stockholm International Peace Research Institute, Chemical and Biological Warfare Studies, Nr. 15 (Oxford: Oxford University Press, 1994), S. 77–105.

4 Die vier amerikanischen Experten, die Weber auf seiner historischen Mission begleiteten, waren: ein Nachrichtendienstler, der nicht genannt werden möchte, Ron Waggoner, Lester C. Caudle III und Jeffrey Weiss.

5 Judith Miller, »One Last Explosion at Kazakh Test Site to Aid Arms Treaty«, *New York Times,* 25. September 1999, S. A1.

6 Judith Miller, »U.S. and Uzbeks Agree on Chemical Arms Plant Cleanup«, *New York Times,* 25. Mai 1999, S. A3.

7 Der erste Hinweis auf die wahre Rolle der Insel findet sich in einem kürzlich freigegebenen Dokument mit dem Titel »The Soviet Biological Warfare Threat« der Defense Intelligence Agency, DST-1610F-057-86, 1986. Der Bericht, der auch eine Bewertung der Ereignisse von Swerdlowsk enthält, erwähnt Biopreparat nicht. Gezeigt wird jedoch die Insel auf einer Karte mit folgender Beschreibung: »Lage der möglichen Biowaffen – Testanlage auf der Insel Wosroschdenije im Aralsee«. Siehe auch Rimmington, »From Military«, S. 86, und Bozheyeva u.a., »Former Soviet«, S. 5–8.

8 Judith Miller, »Poison Island: A Special Report; at Bleak Asian Site, Killer Germs Survive«, *New York Times,* 2. Juni 1999, S. A1.

Kapitel 8: Der Durchbruch

Dieses Kapitel basiert auf Gesprächen mit Richard Spertzel, Rolf Ekeus, Stephen Joseph, Admiral William Owens, Pamela Berkowsky, General Richard Hearney, General Dennis J. Reimer, Joshua Lederberg, Harold Smith, Billy Richardson, General John M. Shalikashvili, Richard J. Danzig, Richard Preston und mehreren Mitgliedern der Clinton-Administration im Pentagon und an anderen Stellen.

1 Eine Kopie des Schriftstücks mit dem Eingeständnis Tahas, das die Überschrift: »Talking Points on the Biological Program« trug, erhielten die Autoren von einem ehemaligen UNSCOM-Inspekteur.

2 Kamel legte der UNSCOM nur eine grobe Beschreibung des irakischen Programms vor. Am 20. Februar kehrte er für westliche Regierungsbeamte völlig überraschend in den Irak zurück. Drei Tage später verkündete der Irak, dass Kamel und zwei seiner Brüder von »Verwandten« erschossen worden seien. Daniel Williams, »Iraqi Defectors Killed on Return to Baghdad; Relatives Reportedly Shot Brothers«, *Washington Post,* 24. Februar 1996, S. 1.

3 Gespräch mit Spertzel. Die UNSCOM konfrontierte Taha niemals direkt mit den Widersprüchen zwischen ihren eigenen Aussagen über das Programm und dem Material, das sie selbst herausgegeben hatte. Die Inspektoren waren der Ansicht, dass es sinnlos wäre, sie noch stärker zu verärgern.

4 Gespräch mit Spertzel.

5 UNSCOM beschrieb die irakischen Einlassungen in »Letter Dated 27 January, 1991 from the Permanent Representatives of The Netherlands and Slovenia to the United Nations Addressed to the President of the Security Council«, S/1999/94, S. 84–157, 29. Januar 1999.

6 Diese Bewertung findet sich in Central Intelligence Agency, »Intelligence Related to Possible Sources of Biological Agent Exposure During the Persian Gulf War«, August 2000, S. 13.

7 Stephen C. Joseph, Assistant Secretary of Defense for Health Affairs, Memorandum für den stellvertretenden US-Generalstabschef, Joint Chiefs of Staff, Subject: Anthrax Vaccine, 25. Juli 1995. Joseph schreibt hierin, dass er die Untersuchung seines Beauftragten für biologische und chemische Kampfstoffe, General Russ Zajtchuk, wiedergibt.

8 Meryl Nass legte vor dem Committee on Government Reform, Subcommittee on National Security, Veterans' Affairs and International Relations, am 29. April 1999 die umfangreichen Ergebnisse der veröffentlichten Studien über die Wirksamkeit von Anthraximpfstoffen bei Meerschweinchen und Mäusen dar.

9 U.S. Army, Medical Department Center and School, Fort Sam Houston, David C. Jackson, Colonel, Director, Combat and Doctrine Development, Memorandum for See Distribution, Subject: Operational Requirements Document (ORD) for the Improved Anthrax Vaccine (IAV), 13. März 1995, S. 2.

10 Die Anfänge des Impfstoffes sind dargestellt in einem »Informations-

papier« vom 10. November 1995, verfasst von Michael J. Gilbreath, medizinischer Projektleiter, Joint Program Office, Biological Defense. Das Dokument mit dem Vermerk »Nur für den behördlichen Gebrauch« verblieb im Pentagon. Darin wird festgestellt, dass erste Untersuchungen der Wirkung von Anthrax-Impfstoffen auf Menschen mit einem Produkt durchgeführt wurden, das zwar dem Produkt des Michigan Department of Health ähnelt, aber nicht mit ihm identisch ist. Die Untersuchung führte laut Gilbreath zu »unzureichenden Daten für einen Nachweis des Schutzes vor Erkrankungen durch Inhalation (aerosol)«. Die erste Anwendung des Impfstoffes beschrieb Kwai-Cheung Chan, Leiter für Sonderuntersuchungen und Evaluierung, U.S. General Accounting Office, in einer Anhörung vor dem Committee on Government Reform, Subcommittee on National Security, Veterans' Affairs und International Relations. 106. Kongress, 1. Sitzung, 29. April 1999, S. 9–38.

11 SAIC-Corporation-Plan, 29. September 1995, Anlage zum Memorandum von Anna Johnson-Winegar (U.S. Army) an Dr. Robert Myers, U.S. Army Medical Research and Material Command, Fort Detrick, Md., 5. Oktober 1995.

12 Oberstleutnant David L. Danley, stellvertretender Leiter des Joint Program for Medical Systems, Memorandum über die Veränderung der Food-and-Drug-Administration-Lizenz für das Michigan Department of Health (MDPH) hinsichtlich eines Anthrax-Impfstoffes für militärische Zwecke, 13. November 1995. Darin heißt es, »der Mangel an geeignetem tierischem Surrogat« bedeute eine ernste Komplikation für die Änderung der Lizenz.

13 U.S. Senate, *Hearings Before the Permanent Subcommittee of Investigations of the Committee on Government Affairs,* 104. Kongress, 1. Sitzung, »Global Proliferation of Weapons of Mass Destruction«, Teil 1, 31. Oktober und 1. November 1995, S. 5.

14 Ebenda, S. 274.

15 Ebenda, S. 276.

16 Ebenda, S. 280.

17 Ebenda, S. 279f.

18 Sheryl WuDunn, Judith Miller und William J. Broad, »Sowing Death: A Special Report; How Japan Germ Terror Alerted World«, *New York Times,* 26. Mai 1998, S. A1.

19 Ebenda. Regierungsstellen bestätigen, dass sie von der Aussage vor

Gericht über die Anschläge auf US-Marinestützpunkte in Japan keine Kenntnis hatten.

20 Die Ergebnisse finden sich in: A.S. Kaufmann, P. Keim, K. Taniguchi, N. Okabe und T. Kurata, »Kameido Incident: Documentation of a Failed Bioterrorist Attack«, Fourth International Conference on Anthrax, Annapolis, Md., 10.–13. Juni 2001.

21 Laut Darstellung der Teilnehmer.

22 Schätzung der Mitarbeiterzahlen von USAMRIID auf Anfrage der Autoren.

23 Von diesen Plänen berichteten ehemalige Regierungsbeamte in »Chemical and Biological Defense, Emphasis Remains Insufficient to Resolve Continuing Problems«, General Accounting Office, 12. März 1996, S. 7.

24 Oberstleutnant Glenn D. Baker, Joint Chiefs of Staff, J4, »Point Paper«, 30. Januar 1996. Darin heißt es: »Das Chairman's Program Assessment empfiehlt keine Immunisierungen, das Anlegen von Basisbeständen und eine Verlagerung der R&D-Maßnahmen hin zu schnelleren Maßnahmen und Gegengiften«. Weiter heißt es, dass Anthrax-Impfstoff mit insgesamt 500 Gaben pro Jahr in den USA selten verabreicht wird.

25 General Accounting Office, »Emphasis Remains Insufficient«.

26 Senate Judiciary Committee, »Interstate Transportation of Human Pathogens«, Serien-Nr. J-104-67, 6. März 1996, S. 22.

27 WuDunn, Miller und Broad in »Sowing Death«.

28 Permanent Subcommittee on Investigations, 27. März 1996, S. 22.

29 Beide Inspektionen werden in E-mails von Michael Gilbreath, Joint Program Office for Biological Defense, beschrieben. Die erste Inspektion führte James Kenimer, Berater aus Virginia, vom 12. bis 16. Februar durch; E-mail vom 8. April 1996 von Gilbreath an Oberstleutnant David Danley, General John Doesburg, Winifrede Fanelli und Oberstleutnant Bob Ranhofer. Gegenstand ist der Bericht von Dr. Kenimer über das MDPH. Eine zweite Prüfung im Mai 1996 wurde von einer von SAIC zusammengestellten Gruppe von Inspekteuren durchgeführt. Siehe E-mail von Gilbreath vom 20. Mai 1996 an Fanelli, Walter Busbee, Doesburg, Danley und Richard Paul unter der Überschrift »Preliminary feed-back on MBHI facility«.

30 Walter Busbee an Finelli, Doesburg, Danley, Paul am 20. Mai 1996. Der Inhalt der E-mail lautet: »Ich glaube, wir sollten parralell [sic]

auch die Wirkung analysieren, wenn wir uns entschließen sollten, unsere Verluste zu verringern, oder die FDA handelt auf eigene Verantwortung. Ich streute Zweifel auf der letzten Danzig/JROC-Versammlung, dass wir tatsächlich keine Mobilisierungsbasis für Impfstoffe mit Ausnahme der MDPH/MBPI haben, die nach heutigen Standards eine antiquierte Einrichtung ist. Niemand reagierte, aber wir sind Drs. Prociv & Joseph eine Information schuldig, wenn wir ein größeres Problem haben – und zwar vor der nächsten Sitzung zu diesem Thema am 31. Mai.«

31 Joint Program Office for Biological Defense, vorläufiges Memorandum, 29. Mai 1996, von Michael Gilbreath an Anna Johnson-Winegar zum Thema: »Hersteller von Anthrax-Impfstoffen weltweit«, Ziel: »Information über die aktuellen Hersteller von Anthrax-Impfstoffen«.

32 Bradley Graham, »Military Chiefs Back Anthrax Inoculations«, *Washington Post,* 2. Oktober 1996, S. A1.

Kapitel 9: Auf zur Tat

Dieses Kapitel basiert auf Gesprächen mit zahlreichen Fachleuten für biologische Kriegsführung und mit Regierungsmitgliedern. Zu nennen sind vor allem Joshua Lederberg, John P. White, Andy Weber, Anne M. Harrington, John J. Hamre, Pamela Berkowsky, Oberst David R. Franz, William C. Patrick III, Ken Alibek, Stephen C. Joseph, Richard A. Clarke, Richard J. Danzig, Philip C. Bobbitt, W. Seth Carus, Ashton B. Carter, Margaret A. Hamburg, Randall Beatty, Lew S. Sandachtschiew, Nikolai A. Starizin, Alexei Stepanow, Igor W. Domaradskij, Nikolai N. Urakow, ehemalige sowie aktive Wissenschaftler und Experten für biologische Kriegsführung aus der Clinton-Administration, die um Wahrung ihrer Anonymität baten, und eine Reihe ehemaliger und noch aktiver Wissenschaftler und Nachrichtendienstmitarbeiter aus dem Umfeld von Fort Detrick. Die im folgenden angegebenen Quellen und Gespräche bilden den Hintergrund für viele Ereignisse, die Gegenstand dieses Kapitels sind.

1 Gespräch mit John P. White, ehemaliger stellvertretender US-Verteidigungsminister. Wenige Wochen zuvor sagte White vor dem Ausschuss des Präsidenten, der sich mit den Erkrankungen im Golfkrieg

befasste: »Diese Frage ist sehr wichtig für uns. Es geht um unsere Glaubwürdigkeit als Institution.« Die Niederschrift seiner Aussage »Statement of Deputy Secretary of Defense before the Presidential Advisory Committee on Gulf Veterans Illnesses« findet sich unter Gulflink.

2 Schreiben von Stephen C. Joseph, Assistant Secretary of Defense for Health Affairs, an Michael A. Friedman, Lead Deputy Commissioner of Food and Drugs, 4. März 1997.

3 Schreiben von Michael A. Friedman, Lead Deputy Commissioner of Food and Drugs, an Stephen C. Joseph, Assistant Secretary of Defense for Health Affairs, vom 13. März 1997.

4 Eine redigierte Fassung des Berichtes mit geschwärzten Passagen wurde von der FDA veröffentlicht. Der 8-seitige Bericht vom 11. März 1997 beschreibt die Inspektion vom 18. November bis zum 27. November 1996 und ist gerichtet an: »Robert Myers, DVM, Leiter des Michigan Biological Products Institute«.

5 Memorandum von Michael Gilbreath, Joint Program Office for Biological Defence, an General John Doesburg, Walter Busbee, Oberstleutnant David Danley, Oberstleutnant James Estep, 25. März 1997. Gilbreath stellte zwei Fragen: »1. Welche Informationen übermittelt DoD an FDA aufgrund von Tests? 2. Bedeutet das, dass DoD nicht glaubt, dass die vorläufig von der FDA zugelassene Impfstoffqualität gut ist?«

6 Stephen C. Joseph an Deputy Secretary of Defense Through USD (Personnel and Readiness), »Biological Warfare-Information-Memorandum«. Die Kopie dieses 14-seitigen Memos, das den Autoren vorliegt, ist undatiert, aber John White, stellvertretender US-Verteidigungsminister, sagte, es fasse die Argumente zusammen, die ihm Anfang 1997 vorgetragen wurden.

7 Judith Miller, *One, by One, by One* (New York: Simon & Schuster, 1990).

8 Judith Miller und William J. Broad, »The Germ Warriors: A Special Report; Iranians, Bioweapons in Mind, Lure Needy Ex-Soviet Scientists«, *New York Times,* 8. Dezember 1998, S. A1.

9 Judith Miller, »In a Gamble, U.S. Supports Russian Germ Warfare Scientists«, *New York Times,* 20. Juni 2000, S. F1.

10 Gespräch mit Nikolai A. Starizin, Obolensk, Mai 2000.

11 Eric Schmidt, »Cohen Details Faults of General in Bombing«, *New*

York Times, 1. August 1997, S. 4. Cohen lehnte die Beförderung Schwaliers ab, und der General kündigte seinen Rücktritt an.

12 Die Bewertung findet sich in Assistant Secretary of Defense for Health Affairs, *Chronology for Desicion-Making in and Context for Developing Anthrax Protection Effort,* 16. Mai 2000. Das interne Dokument, erstellt von Gesundheitsexperten im Pentagon, enthält die Schlüsselinformationen der Anthrax-Debatte von 1970 bis September 1998. Der Eintrag vom September 1997 lautet: »Das DoD-Team besucht MBPI und stellt fest, dass die Anlage deutliche Verbesserungen aufweist und FDA-Mängel weiter abstellt.«

13 Norm Brewer und John Hanchette, »FDA: Pentagon Ignored in Bosnia Experimental Vaccine Lessons Learned in Gulf«, Gannett News Service, 8. Oktober 1997. Der Artikel zitiert ein Schreiben vom 22. Juli 1996 von FDA-Commissioner Michael Friedman an das Pentagon, in dem er das Verschweigen möglicher Nebenwirkungen des Impfstoffes anmerkt. Der GAO prüfte die Akten von 588 Soldaten, die gegen die von Zecken übertragene Enzephalitis geimpft wurden, und stellt fest, dass bei 24 Prozent entsprechende warnende Hinweise fehlten. GAO, »Defense Health Care – Medical Surveillance Improved Since Gulf War, but Mixed Results on Bosnia«, 13. Mai 1997, S. 13.

14 Gespräch mit Charles Duelfer, stellvertretender Leiter UNSCOM; siehe auch United Nations, Report of the Executive Chairman on the Activities of the Special Commission Established by the Secretary-General Pursuant to Paragraph 9 (b) (I) of Resolution 687 (1991), S/1998/920, New York, Oktober 1998.

15 Gespräche mit William C. Patrick III und Ken Alibek.

16 Jonathan B. Tucker und Jason Pate, »The Minnesota Patriots Council (1991)«, in: *Toxic Terror: Assessing Terrorist Use of Chemical and Biological Weapons,* hrsg. von Jonathan B. Tucker (Cambridge, Mass.; MIT Press, 2000), S. 167.

17 Gespräch mit William C. Patrick III.

18 William J. Broad und Judith Miller, »Thwarting Terror: A Special Report; Germ Defense Plan in Peril as Its Flaws Are Revealed«, *New York Times,* 7. August 1998, S. A1.

19 Susanne M. Schafer, »Military to Get Anthrax Inoculation«, Associated Press, 16. Dezember 1997.

20 Abschrift, Federal News Service, White House Briefing, »Press Conference with President Bill Clinton«, 16. Dezember 1997

21 A.P. Pomerantsev, N.A. Starizin, Y.V. Mockov und L. I. Marinin, »Expression of Cereolysine AB Genes in *Bacillus anthracis* Vaccine Strain Ensures Protection Against Experimental Hemolytic Anthrax Infection«, *Vaccine,* Dezember 1997, S. 1846–1850.
22 Gespräch mit Nikolai A. Starizin, Obolensk, Russland.
23 Gespräch mit Joshua Lederberg.
24 Judith Miller, »U.S. Aid Is Diverted to Germ Warfare, Russian Scientists Say«, *New York Times,* 25. Januar 2000, S. A6.

Kapitel 10: Der Präsident

Dieses Kapitel basiert auf Gesprächen mit William J. Clinton, Joshua Lederberg, Pamela Berkowsky, Richard A. Clarke, Oberst David R. Franz, Richard J. Danzig, Philip C. Bobbitt, William C. Patrick III, Thomas Schneider, Mark S. Zaid, Gregory T. Nojeim, J. Craig Venter, William A. Haseltine, Richard Preston, John J. Hamre, Ken Alibek, Lew S. Sandachtschiew, Andy Weber, Nikolai N. Urakow, John W. Huggins, Lucille Shapiro, Barbara H. Rosenberg, Thomas P. Monath, Jerome M. Hauer, Frank E. Young, Brad Roberts, Margaret A. Hamburg, William Clarke, Donald A. Hendersson, Tara O'Toole, Jewgenia Ustinow und weiteren Beamten und Fachleuten, die unter der Bedingung Auskunft gaben, dass sie anonym bleiben. Das Kapitel zog darüber hinaus die im folgenden angegebenen Quellen hinzu.

1 Thomas Schneider, ein Freund der Clintons, der mit Venter die Renaissance-Dinner arrangierte und 1997 dem Vorstand des Instituts angehörte, erinnerte daran, dass sich die beiden Männer persönlich und auf intellektueller Ebene sehr gut verstanden. Schneider sagte, Venter fügte der Bedrohung durch den Terrorismus eine neue Dimension hinzu – die Gefahr superpotenter biologischer Waffen. Der Präsident, sagt er, reagierte sofort auf die Ausführungen Venters über die »dunklen Seiten der Biotechnologie«. Schneider sagte, Clinton mochte Venters Geradlinigkeit, seine Offenheit, seine Kreativität – Qualitäten, die Clinton auch sich selbst bei seiner Amtsführung zuschrieb. Clinton, fügte er hinzu, schätzte auch die Tatsache, dass Venters Frau, Claire M. Fraser, selbst eine starke Frau war, eine Wissenschaftlerein von Weltformat. »Es gab viele Parallelen« zwischen den

beiden Paaren, erinnerte sich Schneider, »viele geistige Gemeinsamkeiten«.

2 Tim Weiner, »Soviet Defector Warns of Biological Weapons«, *New York Times,* 25. Februar 1998, S. A1.

3 Judith Miller, »Poison Island: A Special Report; at Bleak Asian Site, Killer Germs Survive«, *New York Times,* 2. Juni 1999, S. A1.

4 2001 zeigten Folgetests in einem der US-Labors ebenfalls, dass die Anthraxsporen auf der Insel Wosroschdenije genau den Anthraxproben entsprachen, die aus dem Gebiet stammen, wo es 1979 den verheerenden Unfall in der sowjetischen Anlage für biologische Waffen in Swerdlowsk gegeben hatte. Zum Zeitpunkt der Veröffentlichung dieses Buches waren die Ergebnisse der Untersuchung, der zufolge das Anthrax von der Insel Wosroschdenije aus der Biowaffenfabrik in Swerdlowsk stammte, immer noch nicht veröffentlicht.

5 Es gibt Hinweise darauf, dass die Behörden, als die Clinton-Administration damit begann, die sowjetische Biokriegsführung aufzudecken, indem sie russische Wissenschaftler verpflichtete, bei der Überprüfung eines möglichen Missbrauchs von US-Mitteln und des möglichen Einsatzes von Fachwissen, das aus zivilen Projekten heraus für militärische Zwecke eingesetzt wurde, nicht so streng waren, wie sie es hätten sein sollen. Ein Bericht des NASA-Generalinspekteurs, der auf der Website der Raumfahrtbehörde am 13. Oktober 2000 veröffentlicht wurde, schloss damit, dass die Behörde nie die Mittel überprüft habe, die sie von 1994 bis 1997 über ihr »Russian Science Research Program« russischen Instituten »für mögliche biologische Kriegsführungszwecke« zukommen ließ. In dem Bericht heißt es weiter, dass »keine Betriebsbesichtigungen geplant waren, um sicherzustellen, dass die NASA-Mittel nicht für die biologische Kriegsführung eingesetzt wurden«, obwohl drei der Empfänger dieser Mittel »zum sowjetischen biologischen Kriegsführungsprogramm gehörten«. Der Bericht unter dem Titel »NASA Oversight of Russian Biotechnology Research, 1994–1997« drängte die NASA zur sofortigen »sorgfältigen Abstimmung« ihrer Aktivitäten auf diesem Gebiet mit dem State Department's Bureau of Nonproliferation (http://www.hq.nasa.gov/office/oig/hq/inspections/g-00-007.pdf).

Die NASA-Untersuchung wurde von einem *New-York-Times*-Artikel ausgelöst, der argumentierte, dass Biopreparat Geld aus diesem und anderen Spendenprogrammen für seine Institute abgezweigt habe. Judith Miller, »U.S. Aid Is Diverted to Germ Warfare, Russian Scientists Say«, *New York Times*, 25. Januar 2000.

6 Obwohl Moskau bestreitet, jemals Pockenversuche in offenem Gelände durchgeführt zu haben, bestätigt ein ausführlicher Bericht des Monterey Institute of International Studies Center for Nonproliferation Studies, dass die Sowjetunion solche Tests auf Wosroschdenije durchgeführt hat. Eine Quelle zur Verifikation wird nicht genannt, aber der Bericht gilt allgemein als zuverlässige Beschreibung der sowjetischen Biowaffenforschung in Kasachstan; siehe Gulbarshyn Bozheyeva, Yerlan Kunakbayev und Dastan Yeleukenov, »Former Soviet Biological Facilities in Kazakhstan: Past, Present, and Future«, Center for Nonproliferation Studies, Monterey Institute of International Studies, Juni 1999, S. 6.

7 Richard A. Falkenrath, Robert D. Newman und Bradley A. Thayer, *America's Achilles' Heel: Nuclear, Biological, and Chemical Terrorism and Covert Attack*, BCSIA Studies in International Security (Cambridge, Mass.: MIT Press, 1998), S. 1–27, 337–340.

8 Interviews mit: Michael T. Osterholm, ehemaliger Epidemiologe des Bundeststaates Minnesota sowie Präsident und Vorstandsmitglied von Ican, Inc. (siehe auch sein Buch *Living Terrors: What America Needs to Know to Survive the Coming Bioterrorist Catastrophe* [New York: Delacorte Press, 2000]; Donald A. Henderson, emeritierter Dekan der Johns Hopkins School of Public Health; Amy E. Smithson und Leslie-Anne Levy, *Ataxia: The Chemical and Biological Terrorism Threat and the U.S. Response* (Washington, D.C.: Henry L. Stimson Center, 2000).

9 Gespräche mit Mitarbeitern des Weißen Hauses und des nationalen Sicherheitsrats. Siehe auch Judith Miller und William J. Broad, »Exercise Finds U.S. Unable to Handle Germ War Threat«, *New York Times,* 26. April 1998, S. A1.

10 Gespräche mit William A. Haseltine.

11 Miller und Broad, »Exercise Finds U.S. Unable«.

12 Federal Document Clearing House, »Secretary of Defense Delivers Remarks at the National Press Club«, 17. März 1998, S. 9.

13 Ehemalige leitende Pentagonbeamte beschrieben die Anfänge des Programms der Nationalgarde und der SAIC-Studie zu diesem Thema.

14 Die Einschätzung ist einem Teil des SAIC-Berichtes auf der Website

der Natioalgarde (http://www.ngb.dtic.mil) entnommen. Sie trägt den Titel »Section 6. Overview of the WMD Study Process«. Demnach sollte sich die Studie auf zwei vom US-Kongress abgesegnete Aufgabenbereiche erstrecken und die SAIC erhielt »insgesamt 7 538 137 US-Dollar« dafür. Drei leitende Pentagonmitarbeiter bestätigten, dass das Geld von den Unterstützern der Nationalgarde auf dem Kapitol in Finanzierungsvorhaben für die Verteidigung integriert wurde und dass die Firma Lobbyisten dafür mobilisierte.

15 Berater von Minister Cohen sagten, dass die Studie wenig oder gar keine Auswirkungen auf ihre Planungen für die Rolle der Nationalgarde im Kampf gegen chemischen, biologischen oder nuklearen Terrorismus hatte.

16 Interviews mit Experten.

17 Judith Miller, »U.S. Unprepared for Bioterrorism, Experts Say«, *New York Times,* 3. Juni 1998, S. A14.

18 Judith Miller und William J. Broad, »Thwarting Terror: A Special Report; Germ Defense Plan in Peril as Its Flaws Are Revealed«, *New York Times,* 7. August 1998, S. A1.

19 In einem Gespräch sagte Barbara Rosenberg, dass sie nicht glaube, dass solche Forschungen im Geheimen durchgeführt werden sollten, aber einige andere Diskussionsteilnehmer wiedersprachen ihr und unterstrichen damit die Schwierigkeit, diese Frage angemessen zu beantworten.

20 Linda D. Kozaryn, »Hamre: Ancient Tactics, Modern Strategy«, American Forces Press Service, 2. Juli 1998.

21 William J. Broad und Judith Miller, »Pentagon Seeks Command for Emergencies in the U.S.«, *New York Times*, 28. Januar 1999, S. A21.

22 »Thwarting Tomorrow's Terrors«, *New York Times,* 23. Januar 1999, S. A18.

23 Judith Miller und William J. Broad, »Clinton Describes Terrorism Threat for 21st Century«, *New York Times,* 22. Januar 1999. S. A1.

24 Gespräch mit Elizabeth A. Fenn, Medizinhistorikerin an der George Washington University. Sie erklärte, dass die Menschheit durch die Ausrottung der Pocken und die nachfolgende Aussetzung der Impfungen »100% anfällig« werde. Lawrence K. Altman, William J. Broad und Judith Miller, »Smallpox: The Once and Future Scourge?« *New York Times,* 15. Juni 1999, S. F1.

25 Der vom Institute of Medicine der Akademie herausgegebene Bericht

trägt den Titel »Assessment of Future Scientific Needs for Live Variola Virus«, National Academy Press, Washington, D.C., 1999.

26 Videoband, United States Air Force Counterproliferation Center, Air War College, »Biological Warfare Briefing by Bill Patrick, Microbiologist«, AUTV Video Production, Air University, Maxwell Air Force Base, Ala., F3569-99-0019, 23. Februar 1999. Wir danken der Person, die uns das Band unter der Bedingung, dass sie anonym bleiben werde, zur Verfügung stellte. Es war nicht Bill Patrick. Patrick sagt in diesem Videofilm, dass ihm Ken Alibek, der sowjetische Deserteur, die Produktionszahlen aus Moskau genannt habe. Alibek wiederum zitiert einige Daten aus Patricks Grafik in: Ken Alibek mit Stephen Handelman, *Biohazard: The Chilling True Story of the Largest Covert Biological Weapons Program in the World – Told from Inside by the Man Who Ran It* (New York: Random House, 1999), S. 99, 122, 166; dt. *Bioterror. Tod aus dem Labor* (München: Econ, 2001). Er behauptet des weiteren, auf Seite 230, dass er nach seiner Desertion mit Patrick an »einer Geheimsache« des sowjetischen und amerikanischen Bakterienprogramms zusammengearbeitet habe. Diese Zusammenarbeit erfolgte offensichtlich im Auftrag des amerikanischen Geheimdienstes.

27 Judith Miller begleitete Weber an diesem Tag sowie auf einigen seiner Reisen in die ehemaligen sowjetischen Waffenlabors.

28 Alibek, *Biohazard,* S. 132.

Kapitel 11: Verteidiger

Dieses Kapitel basiert auf Gesprächen mit Amy E. Smithson, Jerome M. Hauer, Tracey S. McNamara, Marcelle Layton, Mark S. Zaid, Robert Myers, Oberst John Grabenstein, Tara O'Toole, stellvertretende Leiterin des Johns Hopkins Center for Civilian Bio-Defense Studies in Baltimore, Michael L. Moodie, Leiter des Chemical and Biological Arms Control Institute, Washington, D.C., sowie weiteren Mitarbeitern aus den Bereichen Öffentliches Gesundheitswesen und Katastrophenbereitschaft in Denver, unter ihnen David B. Sullivan, Greg Moser, Tommy F. Grier jr., Richard Hoffman, Gregory M. Bogdan und Peter T. Pons. Darüber hinaus bezieht es sich auf die im folgenden genannte Literatur.

1 U.S. General Accounting Office, »West Nile Virus Outbreak: Lessons for Public Health Preparedness«, September 2000, S. 9.

2 Annie Fine und Marcelle Layton, »Lessons from the West Nile Viral Encephalitis Outbreak in New York City, 1999: Implications for Bioterrorism Preparedness«, elektronische Publikation, 15. Januar 2001, *Clinical Infectious Diseases,* 32 (2001), S. 277–287, Infectious Diseases Society of America, S. 2: www.journals.uchicago.edu/CIK/journal/issues/v32n2/001285/001285.text.html.

3 Bericht des Minority Staff, Senate Governmental Affairs Committee, »Expect the Unexpected: The West Nile Virus Wake Up Call«, 24. Juli 2000, S. 11.

4 Ebenda, S. 13, 15.

5 Fine und Layton. »Lessons from the West Nile Viral Encephalitis Outbreak«, S. 6; Jennifer Steinhauer und Judith Miller, »In New York Outbreak, Glimpse of Gaps in Biological Defenses«, *New York Times,* 11. Oktober 1999, S. A1.

6 Bericht des Minority Staff, »Expect the Unexpected«, S. 17. Der Bericht des Senate Minority Staff zitiert die Aussage Gublers, nach der es sich bei dem plötzlichen Ausbruch des West Nile Virus »um die bedeutendste Entwicklung in der Arbovirologie Nordamerikas in den letzten fünfzig Jahren« handelt (S. 20).

7 Fine und Layton, »Lessons from the West Nile Virus Encephalitis Outbreak«, S. 3.

8 Gespräch mit Frank Young; siehe auch ähnliches Zitat in: Amy E. Smithson und Leslie-Anne Levy, *Ataxia: The Chemical and Biological Terrorism Threat and the U.S. Response* (Washington, D.C.: Henry L. Stimson Center, 2000), S. 124.

9 Gespräch mit Steven M. Ostroff; siehe auch Denis Nash, Neal Cohen und Marcelle Layton, »West Nile Virus Infection in New York City: The Public Health Perspective«, S. 15; Manuskript vorgelegt von Layton.

10 Die Konferenz »West Nile Virus: Bridging the Gap Between the Zoo and Public Health Communities« fand am 21. und 22. Juni 2001 im Lincoln Park Zoo in Chicago statt. Hauptorganisatoren waren das CDC, Centers for Disease Control, Dominic Travis, Veterinär-Epidemiologe im Lincoln Park Zoo, und Tracey S. McNamara, Wildlife Conservation Society (Bronx Zoo).

11 Schriftliche Aussage von John J. Hamre, General Anthony Zinni, Ge-

neral John Keane, David Oliver und General Ronald R. Blanck, Subcommittee on Military Personnel, House Committee on Armed Services, 30. September 1999. Die »One Day Policy« vom 30. März 1999, sagten sie, erforderte die Anthrax-Immunisierung für alle, die länger als einen Tag in den »stark bedrohten Bereichen« arbeiteten, S. 7.

12 U.S. House, *DOD's Mandatory Anthrax Vaccine Immunization Program for Military Personnel,* Anhörung vor dem Subcommittee on National Security, Veterans' Affairs und International Relations of the Committee on Government Reform, 106. Kongress, 1. Sitzung, 29. April 1999, S. 10–20.

13 Ebenda, S. 31. Die Forderung nach Routineimpfungen für Veterinärmediziner wurde im Pentagon-Fact-Sheet »What Every Service Member Needs to Know About the Anthrax Vaccine« erhoben. Das Fact Sheet ist undatiert, wurde aber 1998 herausgegeben.

14 Ebenda, S. 70. General Cains Biographie stellt fest, dass er im Chemical Corps der US-Army ausgebildet wurde.

15 E-mail-Nachricht von General Eddie Cain an Oberst John V. Wade und Oberst Bob Borowski. Gegenstand: »Anthrax-Impfstoff«. Wade antwortete an dem Tag, dass es das »starke Gefühl« unter den Pentagon-Mitarbeitern gebe, dass »die GAO in der Befragung den Sieg davontrug«. Wade sagte, dass der Verteidigungsminister die FDA oder das Department of Health and Human Services anrufen würde, um sich zu beschweren, dass »wir hier keine gute Figur gemacht haben«. Die E-mail-Nachricht bezieht sich auf ein wachsendes Unbehagen unter Pentagon-Mitarbeitern im Hinblick auf den BioPort-Vertrag. Wade stellte fest, dass David Oliver, stellvertretender Unterstaatssekretär für Beschaffung und Technologie im US-Verteidigungsministerium, eine Übersicht von der »Wiege bis zur Bahre« forderte, um festzustellen, wie das Pentagon in dieses Geschäft mit dem Unternehmen aus Michigan kommen konnte.

16 U.S. Army, Secretary of the Army, Memorandum of Decision, 3. September 1991, Gegenstand: Authority Under Public Law 85-804 to Include an Indemnification Clause in Contract DAMD17-91-C1086 with Program Resources, Inc.

17 U.S. Army, Secretary of the Army, Memorandum of Decision, 3. September 1998, Gegenstand: Authority Under Public Law 85-804 to Include an Indemnification Clause in Contract DAMD17-91-C1086 with Michigan Biologic Products Institute.

18 Dwight Daniels, »Anthrax Shots Bad Medicine« Vaccine's Possible Dangers Admitted in Military Papers«, *San Diego Union-Tribune,* 29. Juni 1999, S. 1.

19 Defense Department, DoD News Briefing, Kenneth H. Bacon, 29. Juni 1999, S. 1.

20 Steven Lee Myers, »U.S. Doubles Payment to Sole Source of Anthrax Vaccine«, *New York Times,* 5. August 1999, S. 16.

21 Einschätzung der bei erneuten Tests verlorengegangenen Dosen von Robert Myers, leitender wissenschaftlicher Mitarbeiter von BioPort, in einem Gespräch vom Mai 2001.

22 Senate Armed Services Committee, Niederschrift des Federal Document Clearing House vom 12. Juli 2000, S. 46. David Oliver, stellvertretender Unterstaatssekretär für Beschaffung und Technologie im US-Verteidigungsministerium, sagte, ohne die Zusammenarbeit mit BioPort würde ein Unternehmen sieben Jahre brauchen.

23 Committee on Government Reform, »The Department of Defense Anthrax Vaccine Immunization Program: Unproven Force Protection«, 106. Kongress, 2. Sitzung, House Report 106–556, 3. April 2000, S. 2.

24 Ebenda, S. 2.

25 Gespräch mit Oberstleutnant John Grabenstein. Die Zahlen entsprachen denen von Mai 2001.

26 U.S. Department of Defense, »What Everyone Needs to Know About the Anthrax Vaccine«, 10. November 2000.

27 Institute of Medicine, »An Assessment of the Safety of the Anthrax Vaccine, A Letter Report«, Washington, D.C., 30. März 2000, S. 5f.

28 Ebenda, S. 6.

29 Centers for Disease Control, *Epidemiology and Prevention of Vaccine-Preventable Diseases,* 6. Aufl., Januar 2001, S. 123f. 1989 bis 1991 trat die Krankheit wieder in dem Maße auf, wie der Prozentsatz der geimpften Kinder deutlich abnahm. 123 Menschen starben, die Hälfte davon waren Kinder unter 5 Jahren.

30 David S. Cloud, »U.S. Plans for Mock Terrorist Attacks Get Mixed Response from Top Officials«, *Wall Street Journal,* 20. März 2000, S. B14.

31 Thomas Inglesby, Rita Grossman und Tara O'Toole, »A Plague on Your City: Observations from TopOff«, *Biodefense Quarterly*

(September 2000), S. 3; siehe auch http://www.hopkins-biodefense.org/pages/news/Quarter2_2html.

32 Ebenda. S. 5.

33 Gespräch mit Richard E. Hoffman.

34 Selbst die Pest muss nicht zwangsläufig zur Apokalypse führen, was die Pessimisten in TopOff befürchteten. Helen Epstein, eine Mikrobiologin, die den Kampf gegen Aids in Uganda aufgenommen und Infektionskrankheiten in vielen armen Ländern untersucht hat, stellte fest, dass bei dem Ausbruch der Pest in Indien 1994 trotz des desolaten Gesundheitswesens in dem Land nur 5 Menschen gestorben sind. Die Pest selbst ist häufig von Umweltfaktoren bestimmt. Die meisten Amerikaner sind beispielsweise wohlgenährt, gesund und leben nicht in dicht besiedelten Gebieten unter unzureichenden sanitären Verhältnissen, was die Ausbreitung der Krankheit begünstigt.

35 Gespräch mit Tommy F. Grier jr.

36 Die Ungewissheit über die Kosten ist nur eine von zahlreichen offenen Fragen zu TopOff. Fast ein Jahr nach der Übung hatte das Justizministerium den lange geplanten Bericht zur Bewertung der Stärken und Schwächen der Übung immer noch nicht herausgegeben. Der Entwurf einer vierzigseitigen Einschätzung, der den Autoren vorliegt, zieht unter anderem den folgenden Schluss: Die Krankenhäuser waren »den Anforderungen nach einem großen WMD[weapons of mass destruction]-Zwischenfall nicht gewachsen.« Es gab kein »allgemein anerkanntes Konzept oder einen Plan zur Bewältigung eines großen Angriffs mit Biowaffen«, und die Vorkehrungen für den Umgang mit den »Planspiel-Toten« waren »besonders konfus«. Im Hinblick auf die National Guard Civil Support Teams »fehlte es am erforderlichen Personenschutzgerät und Spüreinrichtungen«, und die »Verfahren zur Einschränkung des internationalen Reiseverkehrs ansteckender infizierter Personen« mussten einer Neubewertung unterzogen werden. Informationen über die Epidemie wurden nicht »in angemessener Zeit ausgetauscht oder koordiniert«, und es war »unklar«, wer für die Reaktion auf die Scheinkatastrophe zuständig war. Die Beschaffung von Medikamenten und die Behandlung infizierter Personen erwiesen sich als schwieriger, als sich das die Beteiligten vorstellen konnten. Schließlich, so endet der Bericht, konnten auch einige Schlüsselressorts der Regierung und der Ministerien aufgrund von Etatkürzungen nicht teilnehmen. Office of Justice Programs and Fede-

ral Emergency Management Agency u.a., »Top Officials (TopOff) 2000, Exercise Observations Report, Executive Summary«, S. 1–40.

37 Gespräch mit Greg Moser.

38 Gespräch mit David B. Sullivan, stellvertretender Leiter des City and County of Denver Office of Emergency Management; siehe auch: David Sulivan, »Exercise TOPOFF 2000: Lessons Learned«, *Bulletin of the International Association of Emergency Managers,* unter www.jaem.com.

39 Gespräch mit Tara O'Toole.

40 Ingelsby, Grossman und O'Toole, »A Plague on Your City«, S. 8.

41 Ebenda, S. 8.

42 Amy E. Smithson und Leslie-Anne Levy, *Ataxia: The Chemical and Biological Terrorism Threat and the U.S. Response* (Washington D.C.: Henry L. Stimson Center, 2000).

43 Executive Office of the President, Office of Management and Budget, »Annual Report to Congress on Combating Terrorism«, 18. Mai 2000, S. 47–51, 58–65.

44 Siehe die GAO-Reports, darunter: »Combating Terrorism: Spending on Governmentwide Programs Requires Better Management and Coordination«, GAO/NSIAD-98-39, 1. Dezember 1997; »Combating Terrorism: Threat and Risk Assessments Can Help Prioritize and Target Program Investments«, GAO/NSIAD-98-74, 9. April 1998; »Combating Terrorism: Observations on Federal Spending to Combat Terrorism«, Aussage von Henry L. Hinton jr., Assistant Comptroller on National Security and International Affairs Division, vor dem Subcommittee on National Security, Veterans' Affairs and International Relations Committee on Government Reform, 11. März 1999; »Combating Terrorism: Need for Comprehensive Threat and Risk Assessments of Chemicals and Biological Attacks«, GAO/NSIAD-99-163; »Combating Terrorism: Linking Threats to Strategies and Resources«, Aussage von Norman J. Rabkin, Director, National Security Preparedness Issues, National Security and International Affairs Division, GAO/T-NSIAD-00-218, 26. Juli 2000; »Combating Terrorism: Need to Eliminate Duplicate Federal Weapons of Mass Destruction Training«, GAO/NSIAD-00-64, März 2000; »Chemical and Biological Defense: Units Better Equipped but Training and Readiness Reporting Problems Remain«, GAO-01-27, November 2000.

45 Smithson und Levy, *Ataxia*, S. 68. Siehe auch Jonathan B. Tucker und

Amy Sands, »An Unlikely Threat«, *Bulletin of the Atomic Scientists* (Juli–August 1999), S. 47; W. Seth Carus, »Biowarfare Threats in Perspective«, Press Briefing, »Biological Weapons and U.S. Security«, Washington, D.C., 27. April 1998: http://www.brook.edu/fp/events/19980427_carus.htm.

46 Dod Tiger Team, »Department of Defense Plan for Integrating National Guard and Reserve Component Support for Response to Attacks Using Weapons of Mass Destruction«, Januar 1998, Kapitel 4 (unter www.defenselink.mil/pubs/wmdresponse/).

47 Büro des Generalinspekteurs, US-Verteidigungsministerium, »Management of National Guard Weapons of Mass Destruction – Civil Support Teams«, Report No. D-2001-043, 31. Januar 2001. Alle Zitate sind dem 59-seitigen Bericht entnommen.

48 Associated Press, »National Guard Anti-Terrorism Teams at Risk; Faulty Equipment, Training Leave Units Unready After 3 Years, Review Finds«, *Washington Post,* 26. Februar 2001, A. A4.

49 Department of Defense, *Chemical and Biological Defense Program: Annual Report to Congress,* März 2000, S. A1–A25.

50 Büro des Generalinspekteurs, US-Verteidigungsministerium, Auditbericht, »The Low-Rate Initial Production Decision for the Joint Biological Point Detection System«, 11. September 2000, D-2000-187. Eine Übersicht über die Probleme in diesem Bereich findet sich in: David R. Walt und David R. Franz, »Biological Warfare Detection: A Host of Detection Strategies Have Been Developed, but Each Has Significant Limitations«, *Analytical Chemistry* (1. Dezember 2000), S. 738a–746a.

51 Arnie Heller, »Uncovering Bioterrorism«, *Science and Technology Review,* Lawrence Livermore National Laboratory (Mai 2000), S. 4–12.

52 Katie Walter, »Reducing the Threat of Biological Weapons«, *Science and Technology Review,* Lawrence Livermore National Laboratory (Juni 1998), S. 4–9.

53 Phillip Belgrader u.a., »PCR Detection of Bacteria in Seven Minutes«, *Science* (16. April 1999), S. 449f.

54 Michael Dobbs, »Soviet-Era Work on Bioweapons Still Worrisome; Stall in U.S. Dismantling Effort Could Post Proliferation Threat«, *Washington Post,* 12. September 2000, S. A1.

Kapitel 12: Die Zukunft

Dieses Kapitel basiert auf Gesprächen mit Ken Alibek, Sergei Popow, Shaun Jones, Stephen S. Morse, Stephen A. Johnston, Russell J. Howard, Joshua Lederberg, Matthew S. Meselson sowie vielen aktiven und ehemaligen Regierungsmitarbeitern und Wissenschaftlern, die sich unter der Bedingung äußerten, dass ihre Anonymität gewahrt bleibt. Das Kapitel bezieht sich darüber hinaus auf die zitierte Literatur.

1 Eine Überblick über die Initiativen der Behörde findet sich in: John A. Lauder, Special Assistant for Nonproliferation des CIA-Direktors, Statement vor der Commission to Assess the Organization of the Federal Government to Combat the Proliferation of Weapons of Mass Destruction, 29. April 1999.

2 Statement des CIA-Direktors George J. Tenet, vorbereitet für die Aussage vor dem Hearing des Senate Select Committee on Intelligence zum Thema »Die weltweite Bedrohung im Jahr 2000: Globale Realitäten unserer nationalen Sicherheit«, 2. Februar 2000.

3 Der Vertrag verpflichtet seine Mitgliedstaaten insbesondere »niemals und unter keinen Umständen (1) mikrobiologische oder andere biologische Wirkstoffe oder Toxine ungeachtet ihrer Herkunft oder ihres Herstellungsverfahrens in Formen oder Mengen, die nicht der Prophylaxe, dem Schutz oder anderen friedlichen Zwecken dienlich sind, und (2) Waffen, Geräte oder Transporteinrichtungen, die geeignet sind, diese Wirkstoffe oder Toxine keiner friedlichen Nutzung oder bewaffneten Konflikten zuzuführen, zu entwickeln, herzustellen, zu lagern oder auf andere Weise zu beschaffen oder zu halten«.

4 Videoband, United States Air Force Counterproliferation Center, Air War College, »Biological Warfare Briefing by Bill Patrick, Microbiologist«, AUTV Video Production, Air University, Maxwell Air Force Base, Ala., F3569-99-0019, 23. Februar 1999. Wir danken der Person, die uns das Band unter der Bedingung, dass sie anonym bleiben wird, zur Verfügung stellte. Es war nicht Bill Patrick.

5 Richard Preston, *The Hot Zone* (New York: Random House, 1994) S. 44f.; dt. *Hot Zone* (München: Droemer, 1995).

6 Mitarbeiter des US-Nachrichtendienstes stellten in Gesprächen fest, dass sie Angehörige des nationalen Sicherheitsrates und andere Regierungsvertreter, die über derart sensible nachrichtendienstliche Aktivi-

täten Bescheid wissen mussten, in der Regel auch informierten. Sie hätten sogar begonnen, leitende Regierungsbeamte über Clear Vision zu informieren, noch bevor der nationale Sicherheitsrat darum gebeten hatte, betonten die Nachrichtendienstler.

7 Mitarbeiter des US-Nachrichtendienstes bestritten in Gesprächen, dass die CIA jemals vorhatte, eine Rakete sowjetischer Bauart für Testzwecke zu bauen.

8 Obwohl sich die Autoren dafür entschieden haben, die allgemein übliche Schreibweise des Projektnamens zu übernehmen, erscheint in einigen Geheimunterlagen des Pentagon die Schreibweise »Bachus«.

9 Wie die Bush-Administration das bürokratische Patt beendete, beschreiben Michael R. Gordon und Judith Miller, »U.S. Germ Warfare Review Faults Plan on Enforcement«, *New York Times*, 20. Mai 2001, S. A1.

10 Obwohl Popow seit 1992 in den Vereinigten Staaten ist, wurde er nur selten interviewt. In dem aussagekräftigsten seiner Interviews sagte Popow, dass weder der britische noch der amerikanische Nachrichtendienst an seinen Forschungen zur bakteriologischen Kriegsführung in der Sowjetunion interessiert gewesen sei, weil »niemand« mit ihm über seine Arbeit gesprochen habe, »erst viel später in Dallas«. Selbst dann, so eine gut informierte US-Quelle, fragte der Geheimdienstmitarbeiter Popow nur nach dem Transfer sensibler Biotechnologie in den Iran, in den Irak und andere Schurkenstaaten. Er wollte so gut wie nichts über dessen Tätigkeit wissen. Popow sprach über seine Forschungen zur Modifizierung von Genen ausführlich mit Oberst a.D. Randall Larsen, dem Leiter des ANSER Institute for Homeland Security. »Inside the Soviet Union's Biowarfare Program: Interviews with Dr. Ken Alibek and Dr. Sergei Popov«, ANSER Institute for Homeland Security, 11. Juni 2001; Gespräch vom 1. November 2000, S. 26. Eine frühere Fassung dieses Gesprächs findet sich in »Sergei Popov Interview«, *Journal of Homeland Defense,* 13. November 2000, unter www.homeland-defense.org.

11 Ken Alibek und Stephen Handelman, *Biohazard: The Chilling True Story of the Largest Covert Biological Weapons Program in the World – Told from Inside by the Man Who Ran It* (New York: Random House, 1999), S. 164; dt. *Bioterror. Tod aus dem Labor* (München: Econ, 2001).

12 Rosetta Pedotti u.a., »An Unexpected Version of Horror Autotoxi-

cus: Anaphylactic Shock to a Self-Peptide«, *Nature Immunology* (März 2001), S. 217–222.

13 Eine frühe Beschreibung der Bemühungen und der Reaktion der Wissenschaftler findet sich in: Elliott Marshall, »Too Radical for NIH? Try DARPA«, *Science* (7. Februar 1997), S. 744–746. Ein früher Bericht des Leiters von DARPA findet sich in: Larry Lynn, Leiter der Defense Advanced Research Projects Agency, Statement vor dem Committee on Armed Services, Subcommittee on Acquisition and Technology, United States Senate, 11. März 1997 unter www.darpa.mil/body/NewsItems/lynn_03_11_97.htm. Siehe auch Paul Jacobs, »Attack of the Killer Microbes«, *Los Angeles Times,* 9. August 1999, S. A1.

14 Eine Auflistung findet sich in: Defense Advanced Research Projects Agency, »Unconventional Pathogen Countermeasures«, undatierte Programmbeschreibung unter www.darpa.mil/dso/thrust/bwd/upc/navindex/index.html.

15 Kathryn F. Sykes und Stephen Albert Johnston, »Linear Expression Elements: A Rapid, in vivo, Method to Screen for Gene Functions«, *Nature Biotechnology* (17. April 1999), S. 355–359; Michael A. Barry, Wayne C. Lal und Stephen Albert Johnston, »Protection Against Mycoplasma Infection Using Expression-Library Immunization«, *Nature* (19. Oktober 1995), S. 632–635.

16 Andrew Pollack, »Selling Evolution in Ways Darwin Never Imagined; If You Can Build a Better Gene, Investors May Come«, *New York Times,* 28. Oktober 2000, S. C1. Experten stellten fest, dass die Techniken des Unternehmens, etwa zur Verstärkung von Eigenschaften wie Resistenz gegenüber Antibiotika, auch zur Herstellung von Superbakterien für Kriegszwecke genutzt werden könnten. Siehe dazu: Steven M. Block, »Living Nightmares: Biological Threats Enabled by Molecular Biology«, in: *The New Terror: Facing the Threat of Biological and Chemical Weapons,* hrsg. von Sidney D. Drell u.a. (Stanford: Hoover Institution Press, 1999), S. 57f.; Carina Dennis, »The Bugs of War«, *Nature* (7. Mai 2001), S. 232–253.

17 Defense Advanced Research Projects Agency, »RDT&E Budget Item Justification Sheet«, Februar 2000.

18 Mitarbeiter des US-Verteidigungsministeriums behaupten, dass viele Projektanalysen und Berichte nicht geheim sind und sogar veröffentlicht werden können. Dennoch wird das Jefferson-Projekt weitgehend

geheimgehalten. Das Projekt und seine Programme sind ausführlich in denjenigen Ausschüssen des Kongresses dargelegt worden, die die Nachrichtendienste und die Forschungen zur Bioverteidigung überwachen. Auch sind sie mit den anderen Nachrichtendienstbehörden besprochen worden. Mitarbeiter der US-Nachrichtendienste behaupten, dass das Weiße Haus sowohl unter der Clinton- als auch unter der Bush-Administration über Jefferson informiert war. Aber sie geben zu, dass das Weiße Haus unter Clinton über die neuesten Forschungen mit genverändertem Anthrax möglicherweise nichts wusste, weil das Ersuchen, mit der Arbeit zu beginnen, mit dem Übergang von der demokratischen zur republikanischen Administration zusammenfiel. Mitarbeiter der Nachrichtendienste behaupten auch, dass die DIA dieses Projekt von der CIA übernommen habe, die sich dagegen entschieden hatte, dies unter der Bezeichnung Clear Vision zu tun, aus Gründen, die weder die CIA noch die DIA öffentlich diskutieren will. Einer der seltenen Hinweise auf das Jefferson-Projekt fand sich kürzlich in einer Untersuchung für das Pentagon, in der das Projekt als ein »Werkzeug« des Nachrichtendienstes beschrieben wird, das »der wissenschaftlichen Bewertung von Bedrohungen« diene. Brad Robert, »Biological Weapons in Major Theater War«, Institute for Defense Analyses, 1998, 1999, S. 6.

19 Informationen über das Jefferson-Projekt werden in einer riesigen, weitgehend geheimen Datenbank namens BACHWORTH gespeichert. US-Geheimdienstmitarbeiter sagen, dass zivile Behörden wie die Departments of Agriculture and Health and Human Services sich zunehmend der riesigen DIA-Datenbank bedienen, wenn es gilt, Bedrohungen für amerikanisches Getreide, die Viehbestände und die öffentliche Gesundheit einzuschätzen. Eine andere Gruppe von Beratern der Regierung und anderer Institutionen, das sogenannte Team »2020«, berät Jefferson hinsichtlich des militärischen Potentials der neuesten Forschung.

20 Das Unternehmen Battelle, das Judith Miller im April 2000 den Besuch seines Firmensitzes in Columbus, Ohio, und seines nur zwanzig Minuten entfernten Werks in West Jefferson gestattete, verweigerte jeden Kommentar zu den Arbeiten für das DIA-Jefferson-Projekt oder für Clear Vision der CIA. Battelle verwies darauf, dass die »Kunden« des Unternehmens die Debatte über diese Arbeit nicht schätzten. Battelle zog eine undatierte Broschüre zurück, die zuvor über das Projekt

veröffentlicht worden war. Die Broschüre stellt fest, dass Jefferson auf die Einschätzung von Bedrohungen aus dem Ausland abzielt, indem das Projekt »Risiken bestehender/neuer Erreger« durch »Prüfung der Literatur« und »Laboruntersuchungen« bestimmt. Auch werde die »Waffenfähigkeit und Wirksamkeit von Ausbringungsmöglichkeiten« bewertet, und zwar mit Hilfe von Verfahren, die US-Nachrichtendienstmitarbeiter nicht zu debattieren wünschten. Ebenso würden die »biotechnologische Infrastruktur und andere biotechnologische Aktivitäten« analysiert.

21 Ronald J. Jackson u.a., »Expression of Mouse Interleukin-4 by a Recombinant Ectromelia Virus Suppresses Cytolytic Lymphocyte Responses and Overcomes Genetic Resistance to Mousepox«, *Journal of Virology* (Februar 2000), S. 1205–1210.

22 William J. Broad »Australians Create a Deadly Mouse Virus«, *New York Times,* 23. Januar 2001, S. A6.

23 Philip Heyman, Matthew Meselson und Richard Zeckhauser, »Criminalize the Traffic in Terror Weapons«, *Washington Post,* 15. April 1998, S. A19.

24 Eine wissenschaftliche Stellungnahme zur Frage der ethnischen Waffen findet sich in: British Medical Association, *Biotechnology, Weapons and Humanity* (Amsterdam: Harwood Academic Publishers, 1999), S. 53–67.

Schluss

1 Gespräch mit William C. Patrick III. Eine interessante Demonstration der Resonanz von Minister Cohens unzutreffender Aussage in seinem Interview aus dem Jahr 1997 mit ABC findet sich im Editorial des *Wall Street Journal* von Freitag, dem 27. Juli 2001. Das Editorial bestätigt, dass »eine Menge von der Größe einer Fünf-Pfund-Packung Zucker New York City auslöschen könnte«. *Wall Street Journal,* S. A8.

2 Dies berichtete erstmals Jeanie Senior, »Anand Sheela Tends Patients in Switzerland«, *The Oregonian*, 26. Dezember 1999. In einem Telefongespräch vom März 2000 sagte Sheela Birnstiel, wie sie nun heißt, dass sie in der Nähe von Basel zwei Pflegeheime besitze und betreibe, in denen siebzehn Menschen in einer »freundlichen, warmen und

bedrohungsfreien« Atmosphäre arbeiteten. Sheela sagte, dass ihr Alzheimer-Patienten am liebsten wären. Auch wenn diese »Medikamente zur Beruhigung« benötigten, sagte sie, schließe sie die Patienten niemals weg. Sie sagte, sie habe »alle schlechten Erinnerungen hinter sich gelassen«, und bestand darauf, dass sie für die Giftanschläge, für die sie verurteilt wurde, nicht verantwortlich sei. Sie sei nur dem Diktat »des Mannes, den ich liebte«, gefolgt, sagte sie, und meinte Bhagwan Shree Rajneesh. Der Guru starb 1990 in seinem Heimatland Indien, nachdem er 1985 wegen Verstoßes gegen das Einwanderungsgesetz verurteilt und aus den Vereinigten Staaten ausgewiesen wurde. Sheela sagte, sie habe keinen Kontakt zu irgendwelchen Sektenmitgliedern und ein reines Gewissen. Sie habe sich nur schuldig bekannt, um die Strafe zu verbüßen und die Angelegenheit zu beenden. »Aber ich war nicht schuldig, und ich bin nicht schuldig«, sagte sie. »Liebende begehen keine Verbrechen. Ich war eine Liebende.«

3 Gespräch mit Gayle Jacobson, Pathologin am Mid-Columbia Hospital.

4 Der Ausschuss nannte sich Non-Proliferation Advisory Panel und bestand aus Wissenschaftlern, Regierungsbeamten, Professoren und Experten des öffentlichen Gesundheitswesens.

5 Caryl P. Haskins u.a., »Report of the Secretary of Defense's Ad Hoc Committee on Biological Warfare«, 11. Juli 1949.

Ausgewählte Literatur

Die folgenden Titel waren unserer Meinung nach besonders wichtig für unsere Recherche. Wir empfehlen Sie dem interessierten Leser zur ausführlicheren Information.

Allgemeine Darstellungen

Cole, Leonard A. *The Eleventh Plague: The Politics of Biological and Chemical Warfare.* New York: W.H. Freeman, 1997.

Drell, Sidney D./Abraham B. Sofaer/ George D. Wilson (Hg.). *The New Terror: Facing the Threat of Biological and Chemical Weapons.* Stanford, Calif.: Hoover Institution Press, 1999.

Falkenrath, Richard A./ Robert D. Newman/ Bradley A. Thayer. *America's Achilles' Heel: Nuclear, Biological, and Chemical Terrorism and Covert Attack.* Cambridge, Mass.: MIT Press, 1998.

Harris, Robert/ Jeremy Paxman. *A Higher Form of Killing: The Secret Story of Chemical and Biological Warfare.* New York: Hill & Wang, 1982.

Institute of Medicine. *Chemical and Biological Terrorism: Research and Development to Improve Civilian Medical Response.* Washington, D.C.: National Academy Press, 1999.

Lake, Anthony. *6 Nightmares: Real Threats in a Dangerous World and How America Can Meet Them.* New York: Little, Brown, 2000.

Lederberg, Joshua (Hg.). *Biological Weapons: Limiting the Threat.* Cambridge, Mass.: MIT Press. 1999.

Mangold, Tom/ Jeff Goldberg. *Plague Wars: The Terrifying Reality of Biological Warfare.* New York: St. Martin's Press, 1999. Ein Insider-Bericht mit ausführlichen Informationen über das sowjetische und das südafrikanische Programm.

McDermott, Jeanne. *The Killing Winds: The Menace of Biological Warfare.* New York: Arbor House, 1987.

Osterholm, Michael T./ John Schwartz. *Living Terrors: What America*

Needs to Know to Survive the Coming Bioterrorist Catastrophe. New York: Delacorte Press, 2000.

Roberts, Brad (Hg.). *Hype or Reality? The »New Terrorism« and Mass Casualty Attacks.* Alexandria, Va.: Free Hand Press, 2000.

Sidell, Frederick R. /T. Takafuji/ David R. Franz (Hg.). *Medical Aspects of Chemical and Biological Warfare.* Washington, D.C.: Borden Institute, Walter Reed Army Medical Center; Falls Church, Va.: Office of the Surgeon General, United States Army, 1997. In diesem Werk geht es zwar um Krankheiten, aber es beschreibt auch die Geschichte der biologischen Kriegsführung mit besonderem Augenmerk auf dem amerikanischen Programm.

Stern, Jessica. *The Ultimate Terrorists.* Cambridge, Mass.: Harvard University Press, 1999.

Stockholm International Peace Research Institute. *The Problem of Chemical and Biological Warfare.* Stockholm: Almquist & Wiksell, 1971–1975. Das sechsbändige Werk, veröffentlicht in der Zeit zwischen dem Verzicht der Vereinigten Staaten auf den Gebrauch von Biowaffen und der Unterzeichnung der Biowaffenkonvention, bietet die beste Übersicht über dieses Gebiet.

Tucker, Jonathan B. (Hg.). *Toxic Terror: Assessing Terrorist Use of Chemical and Biological Weapons.* Cambridge, Mass.: MIT Press, 2000.

Wright, Susan (Hg.). *Preventing a Biological Arms Race.* Cambridge, Mass.: MIT Press, 1990. Die Anhänge verweisen auf mehr als ein Dutzend Primärquellen, einschließlich des National Security Decision Memorandum mit dem Verzicht von US-Präsident Nixon auf Biowaffen sowie des Wortlautes der Biowaffenkonvention von 1972.

Die Anfänge

Diamond, Jared M. *Guns, Germs, and Steel: The Fates of Human Societies.* New York: Norton, 1997; dt. *Arm und Reich. Die Schicksale menschlicher Gesellschaften.* Frankfurt am Main: S. Fischer, 1998. Wie die endemischen Erkrankungen erobernder Völker die eroberten Völker vernichteten.

Geissler, Erhard/ John Ellis van Courtland Moon (Hg.). *Biological and Toxin Weapons: Research, Development and Use from the Middle*

Ages to 1945. New York: Oxford University Press and Stockholm International Peace Research Institute, 1999.

Harris, Sheldon H. *Factories of Death: Japanese Biological Warfare, 1932–45, and the American Cover-up*. New York: Routledge, 1994.

Kolata, Gina. *Flu: The Story of the Great Influenza Pandemic of 1918 and the Search for the Virus That Caused It*. New York: Farrar, Straus and Giroux, 1999; dt. *Influenza. Die Jagd nach dem Virus*. Frankfurt am Main. S. Fischer, 2001.

Das amerikanische Programm

Cole, Leonard A. *Clouds of Secrecy: The Army's Germ Warfare Tests over Populated Areas*. Tatowa, N.J.: Rowman & Littlefield, 1988.

Covert, Norman M. *Cutting Edge: A History of Fort Detrick, Maryland, 1943–1993*. Fort Detrick, Md.: U.S. Army, 1997. Eine Geschichte der Forschungseinrichtung mit interessanten Details.

Hersh, Seymour M. *Chemical and Biological Warfare: America's Hidden Arsenal*. Indianapolis: Bobbs-Merrill, 1968.

Mauroni, Albert J. *America's Struggle with Chemical-Biological Warfare*. Westport, Conn.: Praeger, 2000.

Mole, Robert L. /Dale M. Mole. *For God and Country: Operation Whitecoat, 1954–1973*. Brushton, N.Y.: Teach Services, 1998. Eine gute Quelle über die Freiwilligen der Sieben-Tage-Adventisten.

Regis, Ed. *The Biology of Doom: The History of America's Secret Germ Warfare Project*. New York: Holt, 1999. Der beste allgemeine Überblick über die frühen Bemühungen der Vereinigten Staaten.

Die Rajneeshees

Carter, Lewis F. *Charisma and Control in Rajneeshpuram: The Role of Shared Values in the Creation of a Community*. New York: Cambridge University Press, 1990.

Franklin, Satya Bharti. *The Promise of Paradise: A Woman's Intimate Story of the Perils of Life with Rajneesh*. Barrytown, NY: Station Hill Press, 1992.

Milne, Hugh. *Bhagwan: The God That Failed.* New York: St. Martin's Press, 1986.

Irak und der Golfkrieg

Butler, Richard. *The Greatest Threat: Iraq, Weapons of Mass Destruction, and the Crisis of Global Security.* New York: Public Affairs, 2000.

Cordesman, Anthony M./Ahmed S. Hashim. *Iraq: Sanctions and Beyond.* Boulder, Colo.: Westview Press, 1997.

Gordon, Michael R./ General Bernard E. Trainor. *The Generals' War: The Inside Story of the Conflict in the Gulf.* Boston: Little, Brown, 1995.

Hersh, Seymour M. *Against All Enemies: Gulf War Syndrome: The War Between America's Ailing Veterans and Their Government.* New York: Ballantine, 1998.

Mauroni, Albert J. *Chemical-Biological Defense: U.S. Military Policies and Decisions in the Gulf War.* Westport, Conn.: Praeger, 1998.

Powell, Colin L., mit Joseph E. Persico. *My American Journey: An Autobiography.* New York: Random House, 1995; dt. *Mein Weg.* München: Piper, 1997.

Ritter, Scott. *Endgame: Solving the Iraq Problem – Once and for All.* New York: Simon & Schuster, 1999.

Schwarzkopf, General H. Norman, mit Peter Petre. *The Autobiography: It Doesn't Take a Hero.* New York: Bantam Books, 1992.

Trevan, Tim. *Saddam's Secrets: The Hunt for Iraq's Hidden Weapons.* London: Harper-Collins, 1999.

Das sowjetische Programm

Alibek, Ken, mit Stephen Handelman. *Biohazard: The Chilling True Story of the Largest Covert Biological Weapons Program in the World – Told from Inside by the Man Who Ran It.* New York: Random House, 1999; dt. *Bioterror. Tot aus dem Labor.* München: Econ, 2001.

Guillemin, Jeanne. *Anthrax: The Investigation of a Deadly Outbreak.* Berkeley: University of California Press, 1999.

Die Aum-Sekte

Kaplan, David E./Andrew Marshall. *The Cult at the End of the World.* New York: Crown Publishers, 1996.

Öffentliches Gesundheitswesen

Garrett, Laurie. *Betrayal of Trust: The Collapse of Global Public Health.* New York: Hyperion, 2000.

Garrett, Laurie.*The Coming Plague: Newly Emerging Diseases in a World Out of Balance.* New York: Farrar, Straus and Giroux, 1994; dt. *Die kommenden Plagen.* Frankfurt am Main: S. Fischer, 1996.

Lederberg, Joshua/ Robert E. Shope/ Stanley C. Oaks, jr. (Hg.). *Emerging Infections: Microbial Threats to Health in the United States.* Washington, D.C.: National Academy Press, 1992.

Pocken

Fenn, Elizabeth Anne. *Pox Americana: The Great Smallpox Epidemic of 1775–1782.* New York: Hill & Wang, 2001.

Fenner, Frank, u.a. *Smallpox and Its Eradication.* Genf: Weltgesundheitsorganisation, 1988.

Institute of Medicine. *Assessment of Future Scientific Needs for Variola Virus.* Washington, D.C.: National Academy Press, 1999.

Die neue Biologie

Wade, Nicholas. *The Ultimate Experiment: Man-made Evolution.* New York: Walker, 1977.

Watson, James D. *A Passion for DNA: Genes, Genomes, and Society.* Cold Spring Harbor, N.Y.: Cold Spring Harbor Laboratory Press, 2000.

Michael Gilman/Jan Witkowski/Mark Zoller. *Recombinant DNA,* 2. Aufl. New York: Scientific American Books, 1992.

Wright, Susan. *Molecular Politics: Developing American and British*

Regulatory Policy for Genetic Engineering, 1972–1982. Chicago: University of Chicago Press, 1994.

Waffen und neue Biologie

British Medical Association. *Biotechnology, Weapons and Humanity.* Amsterdam: Harwood Academic Publishers, 1999.

Piller, Charles/ Keith R. Yamamoto. *Gene Wars: Military Control over the New Genetic Technologies.* New York: Morrow, 1988.

Landwirtschaft

Frazier, Thomas W./ Drew C. Richardson (Hg.). *Food and Agricultural Security: Guarding Against Natural Threats and Terrorist Attacks Affecting Health, National Food Supplies, and Agricultural Economics.* New York: New York Academy of Sciences, 1999.

Danksagung

Viele haben uns bei den mehr als dreijährigen Recherchen geholfen. Unser Dank gilt zunächst allen Fachleuten, Wissenschaftlern, Nachrichtendienstlern, Militärs und Bundesbeamten, die dieses Buch erst möglich gemacht haben. Außer an die Personen, die in den Anmerkungen zu den Kapiteln namentlich genannt wurden, richtet sich unser besonderer Dank an Ken Alibek, Richard J. Danzig, Oberst David R. Franz, Oberst Arthur M. Friedlander, Stephen C. Joseph, John J. Hamre, Jerome M. Hauer, Joshua Lederberg, Matthew S. Meselson, William C. Patrick III, Barbara H. Rosenberg, Richard Spertzel, Frank E. Young und Mark S. Zaid für die großzügige Bereitstellung von Zeit, Material und Einsichten.

Besonders danken wir ehemaligen und amtierenden Regierungsmitarbeitern, die unter der Bedingung der Wahrung ihrer Anonymität Auskunft gegeben haben und deren Namen ungenannt bleiben. Dank dieser Personen konnten vertrauliche Berichte, Programme und Treffen berücksichtigt werden. Wir sind davon überzeugt, dass ihre Hilfe dazu beitragen wird, die Wurzeln unserer Demokratie zu festigen.

Für ihre Unterstützung in zahlreichen Belangen danken wir Kelly D. Akers vom Defense Technical Information Center, Paul Berg, Christopher F. Chyba und Sidney D. Drell von der Stanford University, Robert Blitzer von der Science Applications International Corporation, Lieutenant Commander James E. Brooks vom Büro für Öffentlichkeitsarbeit der Defense Intelligence Agency, Queenie A.M. Byars vom Defense Department, Abteilung Öffentlichkeitsarbeit, Leonard A. Cole von der Rutgers University, Chuck Dacey von Fort Detrick, Oberst Edward M. Eitzen jr. und Caree Vander Linden vom United States Army Medical Research Institute of Infectious Diseases, Joseph J. Esposito, James M. Hughes, Scott

R. Lillibridge, Brian Mahy, Joseph E. McDade, Stephen M. Ostroff, Barbara S. Reynolds, Robert V. Tauxe und Thomas J. Török von den Centers for Disease Control and Prevention, Goutam Gupta und Paul J. Jackson vom Los Alamos National Laboratory, Bill Harlow von der Central Intelligence Agency, Artemis Housewright, Russell J. Howard von Maxygen, Stephen Aftergood und Kevin P. Kavanaugh von der Federation of American Scientists, Ronald P. Koopman und Susan Houghton vom Lawrence Livermore National Laboratory, Lieutenant Commander Jeanette Lucas vom Armed Forces Radiobiology Institute, Stephen S. Morse von der Columbia University, Janice O'Connell vom US-Senat, Oberst Gerald W. Parker vom US-Army Medical Research & Material Command, Richard Preston, David Rigby vom Büro für Öffentlichkeitsarbeit der Defence Threat Reduction Agency, General Philip K. Russell, Seth Shulman vom Center for Public Integrity, John F. Sopko, James Turner vom Defense Department, Abteilung für Öffentlichkeitsarbeit, Jan Walker von der Defense Advanced Research Projects Agency, Alan P. Zelicoff von den Sandia National Laboratories, Philip D. Zelikow von der University of Virginia und Raymond A. Zilinskas von der Johns Hopkins University und dem Monterey Institute of International Studies.

Hinsichtlich der Rajneeshee-Geschichte danken wir Jeanie Senior (und ihrem Ehemann, dem Fernsehjournalisten Tom Senior) nicht nur für ihre Unterstützung vor Ort in Oregon, sondern auch dafür, dass sie uns an ihrem großen Wissen über die Sekte und die Reaktionen der Bürger von Oregon teilhaben ließ. Wir danken auch W. Seth Carus, dessen akribischer Bericht über die Sekte und andere, ähnliche Gruppen eine äußerst wertvolle Quelle für unsere Arbeit war. Unser besonderer Dank gilt Robert Hamilton und Michael Skeels, deren anhaltendes Interesse an dem Fall zu unseren Schlussfolgerungen beigetragen hat.

Für ihre Unterstützung zum Thema Golfkrieg danken wir Oberst James D. Bales jr., Oberst Martin Crumrine, Oberst Robert Eng, Anna Johnson-Winegar, Oberst George E. Lewis, Admiral Edward Martin, General H. Norman Schwarzkopf, Hauptmann Lar-

ry Seaquist und General Bernard E. Trainor. Für ihre Hilfe im Hinblick auf die Arbeit der UNSCOM im Irak sind wir Rod Barton, Charles Duelfer und David Kelly zu Dank verpflichtet.
Für die Unterstützung zum Thema Russland danken die Autoren der Abteilung »Cooperative Threat Reduction and Public Affairs« des US-Verteidigungsministeriums. Sie machte es möglich, dass Judith Miller Andy Weber und andere Regierungsbeamte auf einigen Reisen nach Russland und Kasachstan begleitete. Außerdem gestattete sie Weber und anderen Beamten, den Autoren Informationen über die Bemühungen der USA zu geben, die Verbreitung von Biowaffen zu stoppen. Dank schulden die Autoren auch anderen amerikanischen Regierungsbeamten, vor allem Anne M. Harrington, Bill Richardson und Floyd P. Horn, die Aufschluss über die Geschichte, die Entwicklung und den Stand der Nichtweiterverbreitungsbemühungen gaben, an denen sie beteiligt waren. Für die wertvolle Unterstützung des Moskauer Büros der *New York Times* danken wir insbesondere Viktor Klimenko, Nikolai Chalip, Natascha Bubenowa und Sophia Kischkowski. Unseren Dank auch an die russischen Wissenschaftler und Institutsleiter Lew S. Sandachtschiew, Nikolai N. Urakow, Wladimir P. Sawjalow, Jewgeni Sewerin, Anatoli A. Makarow, Valeri Lipkin, Igor W. Domaradski und Gregori Schtscherbakow.
Für ihre Hilfe zum Thema Kasachstan danken wir Wladimir Schkolnik, Erlan Idrissow, Olga Tjupkina, Bolat Nurgaliew, Gennadi Lebjoschkin, Dastan Jeleukenow, Marina Woronowa, dem kasachischen Botschafter in Washington, Kanat Saudabajew, Roman Vassile, Sadigappar Mamadaliew und Bakyt B. Atschabar.
In Usbekistan danken wir Sodik Safajew, Isan M. Mustafojew, Dschaloliddin A. Asimow, Islamow Abuschair, Abdusattor Abdukarimow und Ian Small.
Zahlreiche Experten, darunter Regierungsmitglieder, waren uns bei der Recherche zur schwierigen Materie der Bioverteidigung behilflich. Einige dieser Personen wollten anonym bleiben. Anderen möchten wir namentlich danken: Pamela B. Berkowsky, Philip C. Bobbitt, Frank Ciluffo, Richard A. Clarke, William Clark, Jay

Davis, Margaret A. Hamburg, Frank Miller, Kyle B. Olson, Billy Richardson und Brad Roberts.
Hilfe erhielten wir auch von einigen Initiativen für Rüstungskontrolle, die sich unter anderem mit nichtkonventionellen Waffen befassen. Als außerordentlich hilfreich erwiesen sich deren Beratung, Informationen und Webseiten. Unser besonderer Dank geht an das Monterey Institute of International Studies Center for Nonproliferation und insbesondere an William C. Potter, Jonathan B. Tucker, Amy Sands und John V. Parachini, Michael L. Moodie vom Chemical and Biological Arms Control Institute, Ruth A. David und Randall J. Larsen vom ANSER Institute for Homeland Security, Donald A. Henderson, Tara O'Toole und Thomas V. Inglesby vom Johns Hopkins Center for Civilian Bio-Defense Studies, Amy E. Smithson vom Henry L. Stimson Center, Joseph S. Nye, Graham T. Allison, Ashton B. Carter, Richard A. Falkenrath und Paul M. Doty von der John F. Kennedy School of Government und John D. Steinbruner, Leiter des Center for International and Security Studies der Maryland University.
In New York City danken wir Marcelle Layton und Tracey S. McNamara. In Washington bedanken wir uns für die Unterstützung bei Marilyn Melkonian und Frances Cook.
Wir profitierten in starkem Maße von Autoren, die sich dieser Thematik bereits vor uns angenommen hatten. Zu nennen sind insbesondere Tom Mangold und Jeff Goldberg: *Plague Wars,* Seymour M. Hersh: *Against All Enemies,* Charles Piller und Keith R. Yamamoto: *Gene Wars* sowie Ed Regis: *The Biology of Doom.*
Dieses Buch ist das Ergebnis einer Reihe von investigativen Artikeln für die *New York Times,* die seit 1998 erschienen. Wir danken den Redakteuren und Reportern, die uns in unserem Vorhaben bestärkten, insbesondere Joseph Lelyveld, Bill Keller, Andrew Rosenthal, Susan Chira, Michael Oreskes, Lawrence K. Altman, John Broder und Sheryl WuDunn. Ebenso danken wir den Kollegen der *Times*, die uns während der ganzen Zeit unterstützten, insbesondere Raymond Bonner, Diane Ceribelli, Cornelia Dean,

Michael R. Gordon, Gina Kolata, Jane Perlez, Eric Schmitt und Nicholas Wade.

Zahlreiche Experten, von denen einige anonym bleiben möchten, haben unser Manuskript gelesen, um Fehler zu korrigieren. Wir danken Rocky Collins, Edward Engelberg, Helen Epstein, Paul S. Fishleder, Robert J. Kanasola, Bill Kesser, Joe Sexton und Stuart Wachs. Für alle eventuell verbliebenen Fehler übernehmen wir natürlich selbst die Verantwortung.

Wir danken unseren Agenten Andrew Wylie und Peter Matson sowie dem Team vom Verlag Simon & Schuster, die stürmischen Phasen der Autorenschaft mit Professionalität und Gelassenheit begegneten. Einen herzlichen Dank auch an unsere Lektorin Alice Mayhew sowie an Roger Labrie, Martha Schwartz, Bonnie Thompson, Victoria Meyer, Aileen Boyle und Leslie E. Jones.

Für Unterstützung und Ermutigung danken wir ganz besonders unseren Familien, insbesondere Tanya Mohn, Gabrielle Glaser und Jason Epstein sowie Max, Izzy und Julie Broad und Ilana und Moriah Engelberg. Ihre Jahre des Bioterrorismus sind vorbei.

Schließlich möchten wir einander danken. Die Entscheidung dreier Personen, zusammen ein Buch zu schreiben, ist sicher der Triumph der Hoffnung über die Logik. Es gibt nur wenige menschliche Unternehmungen, die individualistischer sind als das Schreiben. Wir haben uns daher bemüht, zeitweise sogar heftig, unsere Beiträge und Schreibstile miteinander in Einklang zu bringen. Wir wollten ursprünglich angeben, wer jedes einzelne Kapitel geschrieben hat. Am Schluss aber gab es kaum einen Absatz oder Satz, der nicht aus der Arbeit und den Ideen von uns allen hervorging. Die entstandene Synergie ließ ein Buch entstehen, das, davon sind wir überzeugt, keiner von uns hätte allein schreiben können.

Register

Gerd Ruge

Weites Land

Russische Erfahrungen – Russische Perspektiven

Nichts ist entscheidender für die Zukunft Europas, ja des gesamten globalen Staatengefüges, als die Frage nach der Entwicklung Russlands. Bleibt es ein ständiger Unruheherd am Rande Europas? Oder wird es zu einer rohstoffreichen, aber chaotischen Schwellenmacht wie Brasilien? Gerd Ruge greift in diesem großen, seine lange Erfahrung mit Russland zusammenfassenden Buch in die Geschichte zurück, um die neuesten Entwicklungen des Landes zu erklären und eine behutsame Prognose zu wagen.

»Gerd Ruge ist ein Glücksfall ..., denn er kann hinreißend beschreiben und beredt schweigen.«
Friedrich Nowottny

Knaur

Gerd Ruge

Sibirisches Tagebuch

Weites Land – Gerd Ruge unterwegs in Sibirien

Während der Dreharbeiten zu einer TV-Reihe entstand 1997 auch dieser persönliche Reisebericht. In Gerd Ruges Gesprächen mit Politikern, Ökonomen und einfachen Menschen wird das wahre Sibirien erkennbar, das fernab des boomenden Moskau einen eigenen Weg durch die Ära des Umbruchs sucht.

Der bekannte Fernsehkorrespondent arbeitete viele Jahre für die ARD in Moskau. Er verfasste mehrere Bücher, darunter den Bestseller »Weites Land«.

Joschka Fischer bei Knaur

Für einen neuen Gesellschaftsvertrag

Eine politische Antwort auf die globale Revolution

Mein langer Lauf zu mir selbst

Knaur